北京顺义年鉴

BEIJING SHUNYI NIANJIAN

2016

北京市顺义区党史区志办公室 编

光明日报出版社

图书在版编目（CIP）数据

北京顺义年鉴．2016／北京市顺义区党史区志办公室编．
－－北京：光明日报出版社，2016.10
ISBN 978-7-5194-2431-2

Ⅰ．①北… Ⅱ．①北… Ⅲ．①顺义区－2016－年鉴
Ⅳ．① Z521.3

中国版本图书馆 CIP 数据核字（2016）第 267620 号

书名：北京顺义年鉴 2016

著　者：北京市顺义区党史区志办公室 编

责任编辑：曹杨
封面设计：北京海风神舟文化传播有限公司
责任校对：费连荣

出版发行：光明日报出版社
地　址：北京市东城区珠市口东大街 5 号，100062
电　话：010-67022197（咨询），67078870（发行），67019571（邮购）
传　真：010-67078227，67078255
网　址：http://book.gmw.cn
E-mail：gmcbs@gmw.cn　lijuan@gmw.cn
法律顾问：北京德恒律师事务所龚柳方律师

印刷：北京市艺辉印刷有限公司
装订：北京市艺辉印刷有限公司
本书如有破损、缺页、装订错误，请与本社联系调换

开本：787*1092　1/16
字数：560 千字　印张：30.25
版次：2016 年 12 月第 1 版　印次：2016 年 12 月第 1 次印刷
书号：ISBN 978-7-5194-2431-2

定价：140.00 元

北京顺义区地方志编纂委员会

顾　问

王　刚

主　任

卢映川　　高　朋

副主任

周颖博　车克欣　林向阳　肖承继
冯庆森　李向英　田建国

委　员

（按姓氏笔划排列）

丁文强　王金广　王　颖　王　颀
王　奎　刘克祥　刘振河　刘　峰
李国新　杨卫东　张尚强　张守旺
吴耀新　单成刚　赵殿江　郭振江
秦拥军　梁　军　黄海鹏　董建华
解长春

《北京顺义年鉴》编纂委员会

主　任

卢映川　　高　朋

副主任

李向英

委　员

梁　军　费连荣

《北京顺义年鉴（2016年卷）》
编辑部

主　编　梁　军

副主编　费连荣

编　辑　张东清　刘秀娟　兰　岚

编辑说明

一、《顺义年鉴》(以下简称“年鉴”)是一部综合性、资料性工具书和文史资料。在中共顺义区委和区人民政府领导下，由区地方志编纂委员会主持编纂，区党史区志办公室负责实施编纂。

二、本年鉴以马列主义、毛泽东思想、邓小平理论、“三个代表”重要思想和科学发展观为指导，以“与时俱进、内容客观、资料翔实、服务大众”为宗旨，坚持科学发展观及实事求是的原则，提供最新的数字、情况和信息。

三、本年鉴全面记述上一年顺义经济和社会发展各方面的基本情况和重大事件，对区域内中央、市属等其它单位亦进行记述，以反映顺义的全貌。2016年年鉴记述时限为2015年1月1日至2015年12月31日。凡在本书中直书月、日的，均指2015年的日期，文中“本年”、“年内”一律指2015年。

四、本年鉴采用分类编纂体例，用文章和条目两种形式，以条目为主，用规范的语体文、记述体直陈其事，文字力求言简意赅。全书设类目、分目、子目、条目四个层次。条目的标题统一用黑体外加【 】标明。类目、分目、子目的标题分别用不同字号的字体加以区别。

五、本年鉴的文字内容，设有特载、专记、大事记、中国共产党北京市顺义区委员会、顺义区人民代表大会及其常务委员会、顺义区人民政府、顺义区政协、天竺综保区、纪检·监察、民主党派、群众团体、政法·军事、综合经济管理、大型国有企业和上市公司、商业旅游、农业、经济和信息化·乡镇企业、金融·保险、城乡建设及管理、科技·教育、文化·卫生计生·体育、社会生活、街道·镇、人物、统计表、附录等类目。还配以地图、照片、表格，力求具体、形象、生动地反映顺义区的面貌。

六、本年鉴收录顺义区党、政、军、团体、街道、镇和部分企业负责人及顺义区域内有关单位负责人名录，以2015年任职为限，其中有任免情况的分别予以注明。

七、选入本年鉴的文章和条目，除部分资料由年鉴编辑人员直接收集外，其它均由各部门、各单位确定的专人撰写或提供，并经部门、单位主管领导审核。区属组织机构等部门、区域内有关单位负责人名单由区委组织部、区人事局提供。统计资料由区统计局提供，照片由各有关单位提供。

八、本年鉴的编辑工作得到各撰稿单位及各方面的热情关怀和大力支持，在此深表谢意。由于水平有限，对本书的疏漏之处及不足，恳请各界批评指正。

目　录

保密工作

精神文明建设

党校工作

党史工作

老干部工作

区直属机关工委工作

区委社会工作

顺义区人民代表大会常务委员会

顺义区人民政府

纪检 · 监察

民主党派

群众团体

顺义区总工会

共青团顺义区委员会

顺义区妇女联合会

顺义区工商业联合会

大型国有企业和上市公司

商业・旅游

农　　业

经济和信息化·地方企业

社会生活

顺义概况

顺义区是北京市16区之一，位于北京东北郊，城区距市区30公里。北邻北京市怀柔区、密云区；东界北京市平谷区，南与河北省三河市、北京市通州区接壤，西南、西与北京市朝阳区、昌平区隔温榆河为界。地理位置北纬40° 00′～40° 18′，东经116° 28′～116° 58′，区域东西长45公里，南北宽30公里，总面积1021平方公里。地势北高南低，东北边界屏障燕山，境内平原为河流洪水携带沉积物质造成，表面堆积物主要是砂、亚砂土，面积占95.7%。北部山地最高点海拔为637米，境内最低点海拔为24米，平均海拔35米。潮白河等河流分流其间，均呈南北走向，地下水源丰富，年均可开采量4亿立方米，部分地区蕴藏有地热资源。全境属温带大陆性半湿润季风气候，四季分明。年平均气温11.5℃，年日照时数2746小时，年相对湿度58%，无霜期195天左右，年均降雨量610毫米。

顺义历史悠久，夏商周三代随北京地区属冀、幽、燕。西汉时，汉高祖五年（公元前202）至十二年（公元前195）置狐奴、安乐两县属渔阳。唐贞观二十二年，以内附契丹别帅析纥便部置归顺州，本为契丹松漠府弹汗州（松漠府在今辽宁省阜新、彰武一带），天宝元年（742）改称归化郡，乾元元年（758）复称归顺州，领怀柔县（与今怀柔区无关），州、郡、县治所同一。明朝于洪武元年（1368）十二月，降顺州为顺义县，属北平府，后为顺天府所辖。民国三年（1914）十月，改顺天府为京兆特别区，民国十七年（1928）六月，北京改称北平，顺义直属河北省。1948年12月8日顺义县城解放。1949年8月，顺义属河北省通州专署领导。1958年4月，划归北京市，1998年12月，经国务院批准撤销县制，设立顺义区。

2015年，顺义区下设12个镇、7个地区办事处（加挂镇牌）和6个街道办事处，辖426个村民委员会，114个居民委员会。人口为614872人，其中，非农业人口360729人，农业人口254143万；男性人口304883人，女性人口309989人。

顺义区作为北京东北部发展带的重要节点、重点发展新城之一，是首都国际航空中心核心区，是服务全国、面向世界的临空产业中心和现代制造业基地，是北京东北部面向区域、具有核心辐射带动作用的现代化综合新城。先后获得“首都文明区”、“全国创建文明村镇工作先进区”、“全国文化先进区”、“全国体育先进区”、“国家卫生区”、“全国绿化模范城市”、“全国双拥模范城市”、“全国食品安全示范区”等荣誉称号。

特　　载

顺义区区委四届十一次全会工作报告

（2015 年 12 月 18 日）

中共顺义区委书记　王刚

受区委常委会委托，我向全会作工作报告，请予审议。

一、关于 2015 年工作

2015 年是“十二五”收官之年，在市委的坚强领导下，区委常委会全面贯彻落实党的十八大、十八届三中、四中、五中全会精神，深入贯彻落实习近平总书记系列重要讲话特别是视察北京重要讲话精神以及市委各项决策部署，紧紧围绕“四个全面”战略布局，自觉服从服务首都城市战略定位，主动融入京津冀协同发展大局，加快推动区域发展转型升级，着力稳增长、调结构、促改革、惠民生，保持了区域经济社会持续健康发展的良好态势。

一年来，区委常委会聚焦中心任务，重点抓了以下工作：

一、深入学习贯彻落实中央、市委精神。

区委常委会把学习贯彻中央、市委精神作为首要政治任务，通过常委（扩大）会、专题会议、理论学习中心组、干部培训讲座等多种形式，及时、全面传达学习中央、市委各项重要会议、重要讲话、重要文件精神，引导广大党员干部自觉用中央、市委精神武装头脑、指导实践、推动工作，切实做到在思想上政治上行动上始终和中央、市委保持高度一致。我们坚持学以致用，自觉把顺义发展置于全局中考量，着力加强对“四个全面”战略布局等重大问题的研究，聚焦服从服务首都城市战略定位、融入京津冀协同发展大局、促进区域发展转型升级等重点任务，科学提出经济社会发展的全面安排和政策举措。特别是深刻认识 2015 年是“十三五”规划编制之年的特殊重要意义，深入学习领会党的十八届五中全会和市委十一届八次全会精神，多次邀请有关专家学者进行规划精神解读，多次召开专题会议研究讨论决定建议起草及规划编制等重大问题，并广泛听取区人大、区政协、专家咨询委员会以及社会各界意见，切实抓好建议起草和规划编制工作。经过深入学习实践，全区广大党员领导干部进一步增强了围绕当前中心工作主动担当、敢于作为的责任感紧迫感，全区经济社会发展保持了稳中求进的好势头，社会呈现和谐稳定的好局面。

二、认真落实京津冀协同发展战略。

区委常委会深刻认识到，融入京津冀协同发展大局是服从服务首都城市战略定位、实现区域可持续发展的必由之路和内在要求，必须以更高的认识和自觉抓好落实。为加强政策研究和重大事项统筹协调，我们建立完善京津冀协同发展机制，成立顺义区推动京津冀协同发展领导小组，制定出台落实京津冀协同发展战略的工作方案，明确了6方面26项重点任务及具体举措。我们坚持“控”、“疏”双管齐下，既全力抓好存量调整，清理退出不符合区域产业定位的企业42家；也全力抓好增量调控，全面开展全要素评价和负面清单管理。我们积极承接中心城区科技创新资源在顺义孵化和产业化，乐视智能手机、三帝打印孵化基地等一批高精尖项目落户；积极承接中心城区优质公共服务资源，北京城市学院迁入杨镇和现代职业技术学院划转管理工作顺利完成，友谊医院顺义院区建设稳步推进。我们积极推进产业对接合作，先后与河北威县、怀来县签订战略合作协议，园区共建和产业转移取得初步成效；积极探索人才交流互动机制，组建重点产业人才联合培养平台，在共用高端人才上不断开拓思路、创新方式。

三、重点领域改革成效显著。

区委常委会认为，全面深化改革是推进区域发展转型升级的根本动力，随着改革向纵深推进，必须进一步聚焦重点领域和关键环节，全力抓好顶层设计和改革举措落地。我们不断加强组织领导和统筹协调，12大领域、1项市级重点改革事项、30项区级重点改革任务逐一启动落实。探索村级治理新机制，着力推进“以村规民约为抓手创新农村协同共治模式”的市级重点改革事项，深入抓好六类试点村的工作。完成新城管理体制改革方案设计，新城建设管理体制进一步理顺。深化国资国企改革，进一步强化国资国企监管，建立区属国有企业薪酬考核体系，房地产、市政、建设投资服务三大板块整合基本完成。推进转变政府职能，基本完成政府机构改革任务和事业单位分类，实现行政审批清理、取消、下放事项全部落实到位、承接到位和公开到位，区镇财政管理体制机制进一步理顺，公务用车制度改革即将全面完成。围绕解决群众关心的热点难点问题，实施了医疗卫生服务一体化建设、代履行费用追缴、老旧小区物业规范等改革措施，推进了教育、文化等社会领域改革。深化全国党代表任期制联系点工作，组织区党代表参加区委全会、开展调研月活动和专题询问，建立意见办理反馈机制，推进区领导组团驻室工作，对充分发挥党代表作用进行了有效探索。改革和完善反腐败协调小组职能，修订完善区反腐败协调小组工作机制和联席会议制度，切实加强查办党员干部和国家工作人员违纪违法案件的协作配合。

四、努力提高经济发展的质量和效益。

区委常委会认真落实中央、市委关于推动京津冀协同发展、调整疏解非首都功能等方面的要求，科学把握经济发展新常态，实现了经济稳中有进、稳中提质。我们坚持把经济结构战略性调整作为加快转变经济发展方式的主攻方向，着力推动创新驱动发展，加快战略性新兴产业布局，实施创业摇篮计划和一揽子政策，积极构建“高精尖”经济结构。扎实推进首都国际航空中心核心区建设，制定出台天竺综合保税区和临空经济核心区融合创新发展实施意见，北京国际科技贸易基地顺利揭牌，全国首个海外回流文物口岸交易市场投入运营。跨境电子商务、融资租赁等新型服务业态加速聚集，科技、文化创意高端服务业对经济增长的贡献率不断提高。在全区上下的共同努力下，预计全年地区生产总值按不变价计算同比增长7%；预计完成一般公共财政预算收入124.76亿元，同比增长12.8%；预计实现社会消费品零售额408亿元，全社会固定资产投资450亿元，分别增长8.5%和4.1%，投资与消费协调拉动的格局进一步得到巩固。

五、统筹推进城乡一体化发展。

区委常委会认为，实现城乡均衡协调发展，必须加大城乡统筹力度，加快健全城乡一体化的体制机制，不断促进城乡人口、技术、资本等要素相互融合。我们扎实推进以人为核心的新型城镇化，统筹新城、重点镇、新型农村社区三个梯次建设。围绕重点新城功能定位，加快推进重点公共服务设施建设，区医院急诊病房综合楼全面竣工并投入使用，劳动力实训基地、文化中心等新城重大功能项目主体结构完工。创新完善人口综合调控机制，既积极稳妥推动就地城镇化，有序推进农业转移人口市民化；又不断深化人口服务管理，引导人口合理分布、有序流动。着力提升城市精细化管理水平，进一步健全完善城市管理综合执法机制，统筹推进交通秩序、市容环境等综合治理。创新社区治理方式，启动“八型社区”建设，社区治理能力不断提高。加大农村改革创新力度，积极推进“新三起来”工程，规范农村产权流转交易，新农村建设更加深入。加快推动区域协调发展，建立健全推动河东河西协调发展的体制机制，进一步强化政策、资金、资源集成，推动优质市政基础设施和公共服务资源向河东地区辐射、延伸。稳步推进浅山综合开发，举办了一批具有较大影响力的赛事活动，舞彩浅山知名度和影响力不断提升，富民惠民效果日益显现。

六、着力加强和改善民生。

区委常委会坚持把让群众过上幸福美好生活作为一切工作的出发点和落脚点，努力改善群众生活、促进社会公正、增进人民福祉。我们坚持就业是民生之本，不断加强和改进就业工作，全区城乡劳动力二三产业就业率始终保持在95%以上，连续4年动态保持充分就业成果，城镇居民人均可支配收入和农村居民人均可支配收入预计分别增长9%和10%。充分发挥社会保障兜底作用，不断完善覆盖城乡全体居民的社会保障体系，城乡低保标准提高至月人均710元，大病救助封顶金额提高到20万元。积极推进医疗卫生服务水平提升三年行动计划，区医院成为首都医科大学教学医院，区中医院晋升三级甲等中医院，北京儿童医院顺义妇儿医院挂牌成立，区域医疗服务水平显著提升。高标准通过国家义务教育均衡发展验收评估，基层公共文化设施不断健全，百村万户助农健身工程全面启动，群众的精神文化生活更加丰富多彩。努力改善群众住房条件，保障性住房、棚户区改造安居住房、老旧小区综合整治等工作圆满完成年度目标任务。

七、不断加强生态文明建设。

区委常委会牢固树立“绿水青山就是金山银山”的理念，把绿色发展、循环发展、低碳发展作为基本途径，扎实推进生态文明建设各项工作。我们聚焦大气污染治理，严格落实“减煤换煤”、“煤改电”、“煤改气”等重点治理任务，全年各项污染物平均浓度全部实现较大幅度降低，特别是PM2.5平均浓度同比下降14.6%。着力加强水资源管理，完成南水北调水源补水工程，积极推进现代农业节水示范区建设，加大中小河道治理和污水处理设施建设力度，切实维护了水安全、改善了水环境。高标准、高水平完成平原造林任务，加强舞彩浅山生态景观打造，森林覆盖率达到29.98%，区域生态空间得到进一步拓展。持续加强城乡环境综合治理，加大违法建设查处力度，截至目前共拆除违法建设1409宗、379万平方米，腾退土地5312亩。

八、切实加强民主法制建设。

区委常委会认真落实中央市委要求和重大部署，支持人大及其常委会依法履行职责，充分发挥各级政协组织的重要作用，认真做好新形势下统战工作，鼓励工青妇等群团组织创造性开展工作，形成了同心协力谋发展的生动局面。我们深刻领会中央、市委关于坚持和完善人民代表大会制度的重要指示精神，召开区委第三次人大工作会议，就新形势下加强和改进人大工作出台意见。完善人大讨论决定重大事项制度，广泛调动各级人大代表行权履职积极性。积极发挥人民政协作为协商民主重要渠道作用，建立完善年度民主协商计划制度，推动协商民主建设制度化、规范化、程序化发展。切实加强统战工作，严格落实《中国共产党统一战线工作条例（试行）》，支持民主党派、工商联和无党派人士开展坚持和发展中国特色社会主义学习实践活动，进一步巩固共同思想政治基础，为区域发展献计出力。坚持把群团工作纳入党委工作总体格局，着力加强和改进党对工青妇等群团组织的领导，召开区委党的群团工作会议，支持引导广大群团组织依法依章独立自主开展工作。圆满完成区总工会换届工作。

九、全力维护社会安全稳定。

区委常委会深化“维护首都安全稳定是第一位政治责任”的认识，不断强化底线思维，切实履行维护区域安全稳定职责。我们聚焦“两大安保”任务，时刻绷紧反恐维稳这根弦，扎实做好重点群体、重点部位稳控，确保了重要会议、重大活动、敏感时期的安全稳定。扎实推进“平安顺义”建设，积极推进重大决策社会稳定风险评估工作制度化建设，切实加强信访工作和社会矛盾调解体系建设，努力从源头有效预防风险。创新完善立体化社会治安防控体系建设，扎实推进治安重点地区排查整治，严厉打击各类违法犯罪，群众安全感和满意度保持在较高水平。深入实施安全发展战略，加强安全生产管理，完善城市安全运行管理体系，全区未发生重特大安全生产事故，保持了安全生产的良好势头。

十、从严落实党委主体责任。

区委常委会坚持党要管党、从严治党，严格落实党建主体责任和党风廉政建设主体责任，以改革创新精神统筹抓好思想建设、组织建设、制度建设、党风廉政建设等各项工作。

我们把“三严三实”专题教育作为持续深入推进党的思想政治建设、作风建设的重要举措和严明党的政治纪律、政治规矩的重要抓手，始终坚持以上率下，注重立根固本，从严开展学习研讨、从严查摆问题、从严整改落实，430余条区处两级班子问题、2200余条领导干部问题纳入整改清单，全部明确整改时限，一批群众关心关注的热点难点问题得到有效解决，专题教育成效不断显现。认真学习贯彻执行《中国共产党廉洁自律准则》和《中国共产党纪律处分条例》，把握从严治政、廉洁从政要求，严守纪律和道德底线。深入学习贯彻落实中央关于《党委（党组）意识形态工作责任制实施办法》文件精神，把意识形态工作摆在重要位置，牢牢把握意识形态工作领导权和主导权，切实加强对网络舆论等各类思想文化阵地的管理。坚持理论先导、舆论先行，广泛开展培育和践行社会主义核心价值观主题教育活动，大力弘扬顺义精神，讲好顺义故事，凝聚顺义力量，为区域改革发展营造了良好氛围。

我们坚持把抓好党建作为最大的政绩，着眼事业发展需要选干部、配班子，建立处级领导班子和领导干部综合考核评价机制，注重加强年轻干部多岗位锻炼，注重加大重要部门、关键岗位干部轮岗力度，全年共调整干部446名，全区处级干部队伍的年龄结构、学历结构、专业结构得到进一步优化；认真贯彻落实中央、市委从严治党、从严治吏要求，着力推动从严管理监督干部常态化；加强国有企业党的建设，在深化国有企业改革中始终坚持党的领导，建立完善国有企业党建工作机制；深度开展党员意识提升行动，强化党性党风教育；着力强化基层党组织的战斗堡垒作用，深入推进基层服务型党组织星级创建，强化村级干部待遇保障，依托“第一书记”等机制，推动软弱涣散基层党组织整顿提升，全面落实非公党建责任要求，稳步推进村“两委”换届选举工作，圆满完成社区换届选举和村党组织换届选举；坚持人才优先发展战略，深化人才体制机制和政策创新，临空经济高端人才聚集区成功纳入全市人才工作重点。

我们全面加强党风廉政建设和反腐败工作，制定出台落实党风廉政建设“两个责任”的实施意见，分级别、分类别、分层次建立起落实党风廉政建设责任制的责任清单和责任体系。切实加强农村（社区）基层党员干部廉政履职监督管理工作，创新建立农村（社区）干部廉洁履职档案管理、约谈、承诺等系列制度，进一步规范农村（社区）基层干部履职行为。切实加大纪律审查和反腐败工作力度，截至目前共立案查处案件116件，党纪政纪处分80人。适时启动约谈、问责等机制，对党风廉政建设责任制考核排名靠后的11家单位进行了集中约谈。充分发挥案件的警示教育作用，连续对多起违纪违法典型案件进行了通报曝光。持之以恒抓好作风建设，深入开展不作为、慢作为和乱作为专项整治，查处违反中央八项规定精神的问题16件。

一年来，区委常委会高度重视自身建设。认真学习贯彻中央、市委各项决策部署，不断强化政治意识、规矩意识，自觉与中央、市委保持高度一致，确保政令畅通。认真贯彻民主集中制，坚持“三重一大”事项上常委会制度，坚持人大常委会党组、政协党组主要领导列席区委常委会制度，坚持会前沟通和会上讨论相结合，坚持重大事项集体领导，区委决策的科学化、民主化水平不断提高。截至目前召开区委常委会32次，审议通过议题131个，区委专题会6次，审议议题10个，就区镇财政管理体制改革、基层软弱涣散党组织整顿、“十三五”规划编制、“智慧城市”建设等事关区域发展的重大问题进行了重点研究和推进。强化以上率下，带头严格落实中央八项规定、市委实施意见和区委制度体系，深入践行“三严三实”要求，坚持在每月第一次区委常委会上进行纪律教育专题学习，发挥好示范引领作用，努力在全区营造守纪律、讲规矩的良好政治氛围。

以上报告的是区委常委会一年来的主要工作。这些工作的开展和成绩的取得，是市委正确领导的结果，是全区群众共同奋斗的结果，是广大党员干部扎实工作的结果。

在总结工作的同时，区委常委会也对我区当前改革发展稳定所面临的一些新情况新问题进行了深刻分析，认真查找了工作中的不足和差距，主要体现为：经济下行的压力持续加大，资源要素对经济增长的制约愈发明显，经济转型升级的任务紧迫而艰巨，创新驱动步伐有待进一步加快；城市功能品质与经济社会发展的要求还存在一定差距，城市规划的引领性仍需加强，基础设施亟待完善跟进，城市管理精细化水平有待进一步提升；保障和改善民生还有很多工作需要加强，社会保障兜底功能仍需强化，教育、医疗、养老等社会事业均衡化、优质化发展还需付出更大努力，社会治理体系有待进一步完善。党建主体责任还需强化，干部人才队伍结构仍需优化，人才服务保障地区发展的能力有待增强，基层党建创新需要深入推进，反腐倡廉建设仍需深入。对存在的问题和不足，我们必须高度重视，增强责任意识、担当精神，采取切实有效措施着力克服和解决。

二、关于2016年工作

2016年是“十三五”开局之年。扎实做好明年经济社会发展各项工作，确保开好局、起好步，对于“十三五”时期各项目标任务的圆满完成具有重要意义。做好明年工作，区委常委会认为，必须全面贯彻党的十八大、十八届三中、四中、五中全会精神，全面贯彻习近平总书记系列重要讲话特别是视察北京重要讲话精神，深入落实“四个全面”战略布局，按照市委的统一部署，坚持以创新、协调、绿色、开放、共享五大发展理念引领区域改革发展实践；必须自觉服从服务首都城市战略定位，深度融入京津冀协同发展，积极参与区域协作，在融入大局中实现自身发展；必须更加深刻地认识区域发展面临的阶段性特征，切实增强推动区域发展转型升级的责任感和紧迫感，加快推动区域发展转型升级。

统筹考虑各方面因素，经区委常委会研究，

建议2016年经济社会发展的主要目标确定为：地区生产总值按不变价计算增长7%左右；一般公共财政预算收入增长8%左右；万元地区生产总值能耗、水耗分别下降3.1%和6%，PM2.5年均浓度力争下降5%左右；城乡劳动力二三产业就业率保持在95%以上；城镇居民人均可支配收入增长8%左右，农村居民人均可支配收入增长9%左右。

实现2016年各项预期目标，重点要在以下几个方面实现新的突破。

一是要在国际航空中心核心区建设上取得新突破。

“首都国际航空中心的核心区”是市委赋予我区的功能定位。落实好这一定位，是我区服务首都城市战略定位和京津冀协同发展大局的重要基础，也是我区进一步扩大开放、提升经济发展质量的重要支撑。要紧紧围绕强化枢纽、口岸和交往等核心功能，切实加强与民航总局、首都机场集团公司和市有关部门的沟通协调，积极推动机场第四跑道、新国展二三期、机场周边路网结构完善等重大工程，加快推动国家对外文化贸易基地、国家对外科技贸易基地建设，积极承接具有重大影响的国际会议、文体活动，实现区域服务国际交往软硬件环境的全面提升。要紧紧围绕壮大临空经济核心产业，推动天竺综合保税区和临空经济核心区融合创新发展，在规划、产业、功能、运营保障等方面率先取得突破，扎实推进天竺综合保税区和临空经济核心区与周边镇街在规划、市政、交通等方面有机衔接；着力引进航空设备制造、电子信息等高端制造业，发展航空物流、租赁、维修、保险、信息服务等相关配套产业，壮大专业会展、跨境电子商务等高端服务业，打造各具特色的产业集群。要紧紧围绕提升航空中心核心区的核心影响力和辐射力，把握京津冀协同发展、新机场建设等带来的重大机遇，加快临空经济核心区“一区多园”建设，充分发挥临空经济发展联盟平台作用，推动临空经济“走出去”，迈好国家临空经济示范区建设的第一步。

二是要在构建“高精尖”经济结构上取得新突破。

加快转变经济发展方式，加快构建“高精尖”经济结构，是适应经济发展新常态、落实京津冀协同发展战略的必然选择。要进一步强化创新驱动，充分利用中关村顺义园等政策平台优势，积极承接中心城区科技创新资源在顺义中试、交易和产业化，加强战略性新兴产业的培育和引进，积极构建以企业为主体、市场为导向、产学研相结合的技术创新体系。要进一步改造提升传统产业，发展都市型现代农业，推动区内汽车、食品饮料等产业改进技术、工艺，借助“互联网+”培育新兴业态、创新发展模式，向产业链的高端环节延伸。要严把新增产业准入关，全面落实《北京市新增产业禁止和限制目录》，严格执行全要素评价和负面清单管理，对不适宜在我区发展的产业和行业进行禁止和限制。要加强存量疏解，根据全市的整体安排和区域实际，明确拟疏解企业目录，制定分年度分行业疏解计划，坚决淘汰不符合区域功能定位的产业项目。要着力稳定投资、扩大消费，加强政府投资对社会资本的引导，广泛运用PPP等模式，利用新三板产业加速器，加大基础设施建设、环境保护、公共服务供给等重点领域投入力度；积极适应消费需求新变化，围绕满足群众多层次、多样化需求，进一步营造良好消费环境，着力培育旅游、文化、体育、健康等新的消费增长点。要充分发挥市场在资源配置中的决定性作用，加强区域经济交流合作，依托中关村顺义园怀来分园和顺义·威县产业园等平台，积极鼓励区内企业走出去，推动企业实现在更大空间、更高层次的发展。

三是要在重点新城建设上取得新突破。

我区作为北京重点新城，是中心城区人口和功能疏解的重要承接地，这对完善城市功能、提高城市品位提出了新的更高要求。要进一步提高新城建设标准，全面落实区域功能定位，进一步加大在基础设施、公共服务等方面的工作力度，统筹推进城乡一体化发展和人口资源环境协调发展。要进一步强化与市级有关部门的沟通对接，在加快推进北京城市学院、北京友谊医院顺义院区建设的基础上，积极承接中心城区更多优质教育、医疗等公共服务资源。要进一步加快推动浅山区综合开发，充分发挥北京城市学院在交通、水电气热等基础设施方面的带动作用和人才、商业等资源要素的集聚作用，引领河东地区加快发展。要进一步加快推进“智慧城市”建设，进一步完善“互联网＋城市治理”模式，全面提升区域城市管理精细化水平。

四是要在生态环境建设上取得新突破。

绿色是永续发展的必要条件和人民对美好生活追求的重要体现。对此我们必须深刻认识，始终坚持尊重自然、敬畏自然、呵护自然，在维护绿水青山中打造金山银山，在共享发展的物质成果中共享发展的生态成果。要继续落实好清洁空气行动计划，严格大气环境承载能力红线管理，充分运用法律、行政、经济和技术手段持续完善治理措施，确保PM2.5年均浓度持续下降。要严格水资源开发利用红线、用水效率控制红线和水功能区限制纳污红线“三条红线”管理，既着力推进水环境治理，又依托潮白河、温榆河等打造水域文化景观，以水兴城，做大“水”文章。要着力扩大环境容量生态空间，扎实推进东郊森林公园建设、城市绿道扩建、浅山综合开发等工程，给顺义留下更多的绿。要继续保持对违法建设的高压态势，建立健全违法建设管控责任体系，持续加大违法建设查处力度。要坚持节约优先、强化指标管理，进一步健全完善环境保护约束激励机制，加大环境监察执法力度，强化环境信息公开，探索建立以改善环境质量为核心、更加严格的环保考核机制和责任追究制度。

五是要在全面深化改革上取得新突破。

改革开放只有进行时、没有完成时。做好明年工作，必须继续把改革作为区域发展的第一动力，着力推动重点领域和关键环节改革，进一步激发内生活力、释放改革红利。要坚持问题导向和目标导向，科学设计2016年改革实施计划及改革工作要点，把编制好各专项领域改革方案与落实“十三五”规划纲要结合起来，积极稳妥、系统有序推进各项改革，发挥好改革政策对疏解功能、调控人口、优化布局、促进协同的牵引作用。要充分发挥全面深化改革领导小组和各改革专项小组的作用，在统筹推进各项改革的同时，加快推进行政管理体制改革、国有企业改革、社会治理体制改革、城市管理体制改革、医药卫生体制改革等重点改革事项。特别是要进一步深化“以村规民约为抓手创新农村协同共治模式”市级重点改革事项，努力形成可复制可推广的经验做法。

六是要在保障和改善民生上取得新突破。

保障和改善民生是发展的根本目的，广大群众对美好生活的向往就是我们的奋斗目标。我们要按照“普惠性、可持续、均等化”的思路，在保基本、兜底线的基础上，继续加大财政对民生领域的投入力度，进一步提高区域公共服务的均衡化、优质化水平。要进一步完善城乡就业政策体系，提高公共就业服务信息化水平，加大创业扶持力度，积极实施创业摇篮计划，营造“大众创业、万众创新”良好氛围。要完善各项“托底”政策，健全全方位、多层次的城乡救助体系，切实保障困难群众基本生活。要持续深入实施医疗卫生服务水平提升行动计划，全力做好友谊医院顺义院区建设、中医院迁建、基层医疗卫生网底建设等重点工作，加快构建布局合理、分工协作的医疗卫生服务体系和分级诊疗就医格局。要进一步优化教育布局，切实加强学前教育，创新联合办学方式，不断提升教育质量。要加快构建全方位、立体化的公共安全网，完善立体化社会治安防控体系，有效防范、化解、管控各类风险，努力建设平安顺义。要强调一点，在保障和改善民生的各项工作中，要积极听取基层群众意见，真正把握好群众所想所盼，有针对性地满足群众需求，力争把好事办的更好，取得最佳实际效果。

七是要在加强和改进党的领导上取得新突破。

做好顺义的各项工作，必须全面落实党建主体责任，切实加强和改进党的领导。要进一步强化政治意识、规矩意识，及时深入学习领会、贯彻落实中央、市委精神，确保在思想上政治上行动上始终与中央、市委保持高度一致。要进一步强化党的领导核心作用，加强和改进对经济社会重大事务的战略谋划和综合协调，坚持法治思维，增强法治观念，不断提高依法执政、依法行政水平，切实维护社会公正和谐。要严格贯彻落实意识形态工作责任制，强化舆论宣传平台和渠道建设，坚持党管媒体原则，牢牢把握正确舆论导向。要着眼事业发展需要，按照好干部标准，深入推进干部人事制度改革，统筹做好区镇两级班子换届和干部调配工作。要深入推进基层服务型党组织星级创建工作，扎实推进村委会换届选举和软弱涣散基层党组织整顿，全面加强农村基层党建工作，探索建立区域化党建工作新格局。要实行人才优先发展战略，深入推进临空经济高端人才聚集区建设，加强区域人才交流合作。要切实履行好党风廉政建设党委主体责任和纪委监督责任，着力健全廉政风险防控机制，着力强化党风廉政教育，着力加大腐败案件查处力度。要进一步健全改进作风长效机制，巩固和拓展党的群众路线教育实践活动成果，自觉践行“三严三实”，营造良好政治生态。要进一步强化党对统战和群团工作的领导，创新工作体制机制和方式方法，动员社会各方面力量参与区域建设，凝聚区域发展强大合力。

同志们，抓好明年工作，意义十分重大。我们必须牢固树立机遇意识和责任意识，深入学习贯彻落实中央、市委各项决策部署，紧紧围绕融入京津冀协同发展大局、服务首都城市战略定位等中心工作，以时不我待、只争朝夕的干劲，进一步抢抓机遇、开拓创新、团结奋进，为“建设绿色国际港、打造航空中心核心区、共筑和谐宜居新家园”努力奋斗！

顺义区第四届
人民代表大会常务委员会工作报告

——2016年1月7日顺义区第四届人民代表大会第五次会议

顺义区人大常委会主任 胡尚云

各位代表、同志们：

我受第四届区人大常委会委托，向大会报告工作，请予审议。

2015年工作回顾

2015年，区人大及其常委会在区委的领导下，全面贯彻党的十八大和十八届三中、四中、五中全会及习近平总书记系列重要讲话精神，紧紧围绕全区工作大局，认真履行宪法和法律赋予的各项职权。按照区委全会和市、区人大工作会议精神，继续推动人大制度在我区的新实践，为全区经济社会发展和民主法制建设作出了积极贡献。全年共召开常委会6次、主任会议18次；开展视察、执法检查12次；听取和审议"一府两院"专项工作报告12项，任免国家机关工作人员80人次，圆满完成了区四届人大四次会议确定的各项工作任务。

一、把握正确方向，推进依法治区建设。

2015年，区人大及其常委会从全区改革发展大局出发，以推进依法治区为统领，自觉坚持党的领导、人民当家作主和依法治国的有机统一，认真行权履职。一是始终坚持在党的领导下开展工作。常委会自觉在思想上政治上和行动上同区委保持高度一致，牢牢把握正确的政治方向。紧紧围绕区委中心工作，认真执行重大事项向区委请示报告制度，切实维护区委总揽全局、协调各方的领导核心地位，确保区委意图的实现和各项决策的贯彻落实。二是始终坚持人大工作与时俱进。区委不断加强对人大工作的领导，3月份召开第三次人大工作会议。会后印发了《关于新形势下加强和改进人大工作的意见》，为全区人大工作指明了方向。人大常委会党组主动适应新形势、新要求，创新理念，勇于实践，不断把人大工作提升到新水平。三是始终坚持推进依法治区。常委会以党的十八届四中全会精神为指导，把全面推进依法治区作为历史任务，把运用法治思维和法治方式解决问题作为根本目的，多措并举，深化改革。通过举办"人大在法治顺义建设中如何发挥作用"研讨会，进一步明确了人大在推进依法治区中肩负的光荣使命。在此基础上，常委会全力推进"一府两院"依法行政、公正司法，法治顺义建设取得明显成效。

二、着眼深化改革，推动经济社会科学发展。

2015年，区人大及其常委会紧紧围绕区委中心工作，以全面深化改革和推动经济社会转型升级为重点，依法开展监督工作。

加强宏观监督，力促经济平稳运行。常委会高度关注宏观经济发展趋缓状态下的区域经济运行，专题调研经济发展现状，听取和审议区政府上半年计划执行、顺义区协调发展、"十二五规划"落实及"十三五"规划编制情况报告，视察重点工程、重大产业项目、经济功能区整合与发展，联系京津冀协同发展大局，建议政府科学研判形势，找准共谋发展的契合点，通过深化改革，实现产业转型升级。同时，对如何应对挑战、把握机遇、促进经济平稳发展的具体工作，提出有力度的希望和要求。

强化预算监督，规范政府收支行为。结合区委理论中心组学习，组织全区领导干部听取新预算法专题讲座。针对新预算法的实施，加强对预算编制、执行、调整、决算的全过程监督。听取和审议政府预算执行、决算和审计情况工作报告。2015年，常委会首次邀请预算监督顾问参与预算审查工作，就进一步推进预算管理制度改革、强化国有资本经营预算等提出审议意见，增强了人大对政府预算监督工作的专业化和权威性，提升了政府预算编制的科学化水平。5月份，对24家单位一般预算项目的事后绩效评价结果开展专题询问，督促政府抓好预算绩效管理，不断提高资金使用效益。此外，区人大指导镇人大加强预算监督，促进了各镇预算工作的规范化、制度化和科学化。

重视民生改善，积极回应群众关切。常委会始终把民生工作放在重要位置，抓住事关群众切身利益的民生问题开展监督。2015年，听取和审议《顺义区2013—2017清洁空气行动计划》年度落实情况报告；组织代表视察了供暖锅炉煤改气、汽车尾气监管、交通运输监管，回迁房质量保证体系建设及施工工地扬尘监管，平原造林后期管护及开发利用，管控查处违法占地违法建设等工作情况；专题调研村（居）规民约制定落实，区文化中心、体育中心建设情况。围绕全区卫生事业发展，再次听取了《关于加快顺义区卫生事业发展的议案办理情况报告》，并视察了区医院门诊综合楼使用情况等等。一批群众关心、社会关切的民生问题得到解决，增强了群众对党和政府的信任，也赢得了社会对人大工作的认可。

依法行权履职，力促政府依法行政。常委会注重更新法治理念，切实加强法律监督，推进法治政府建设。听取和审议区政府2014年依法行政工作情况报告，认真做好政府规范性文件备案审查工作；围绕《中华人民共和国环境保护法》、《中华人民共和国民办教育促进法》、《中华人民共和国安全生产法》、《北京市安全生产条例》四部法律法规的实施进行执法检查，全面了解我区执行相关法律法规的具体情况；协助市人大开展《中华人民共和国水法》、《中华人民共和国水污染防治法》、《北京市水污染防治条例》、《北京市河湖保护管理条例》、《北京市公园条例》执法检查，汇总代表建议，为市人大做好审议工作以及修改相关法规建言献策。

加强司法监督，促进社会公平正义。为推动"两院"公正司法，常委会听取和审议了区法院关于行政审判工作情况报告、区检察院关于规范司法行为工作情况报告，要求司法机关加大行政诉讼制度的宣传力度，完善行政首长出庭应诉机制，强化法律监督职能，规范司法行为；专题调研法院人民陪审员发挥作用情况和检察院新刑诉法贯彻落实情况，提出加强人民陪审员管理，改善履职环境，充分发挥陪审员作用；检察机关需加强学习培训与宣传，确保新刑诉法顺利实施等建议，进一步促进司法公信力的提升。

关注人民期盼，做好人大信访工作。自觉践行人大代表人民，把力所能及地为群众解决实际问题作为自己的责任和义务，认真做好群众的来信来访工作。同时，对涉法涉诉典型案件尽力协调化解，进而息诉息访，为保障群众权益、化解社会矛盾、维护社会稳定作出了应有贡献。2015年，接待群众来访总数为103件148人次，来信来电80余件次。对3件涉法、涉诉信访进行了重点督办，履行了人大应尽的职责。

三、完善服务平台，充分发挥代表作用。

人民代表是人大的主体。常委会把代表工作作为一项基础性工作来抓，努力为代表更好地行使职权、履行义务、发挥作用创造条件。

加强培训，提高代表履职能力。2015年，常委会先后邀请专家学者就如何发挥人大职能作用、代表如何履职、人大常委会监督及其发展趋

势、政府全口径预决算的审查和监督等内容对全体区人大代表和人大干部进行培训。除了集中学习培训外，常委会继续坚持为人大代表订阅、寄送人大刊物、法律书籍、人大工作通讯等学习资料，不断提高代表的综合素质和履职能力。

完善制度，搭建代表履职平台。制定《顺义区人大常委会关于建立“人大代表之家”的实施意见》，明确相关制度和标准，切实为代表联系选民搭建平台；坚持“人大代表之家”按时开展活动，通过“人大代表之声”信息服务平台收集闭会期间人大代表建议、意见，保障代表参与权、表达权、监督权。全年共组织46名区人大代表向选民进行了述职。

强化督办，促进代表议案建议办理。常委会继续坚持和完善代表议案建议办理“三方见面会”制度，先后对13件重点建议进行现场督办。继续加大对卫生事业发展议案的督办力度，医疗卫生服务水平提升三年行动计划得到全面实施。目前，区医院门诊综合楼已投入使用，北京中医院、地坛医院、友谊医院等医联体建设顺利推进。四届四次人代会代表所提91件建议已全部办复完毕。

四、加强自身建设，提高依法履职能力。

区人大及其常委会主动适应新形势、新要求，结合“三严三实”专题教育，全面加强自身建设，依法履职能力不断提升。

学习培训贴近实际。常委会机关始终坚持政治、业务学习制度，人大干部的政治理论素养和专业能力进一步提高；为提高预算编制水平，增强预算监督实效，对政府委办局、各镇相关工作人员进行了预算法培训；为做好2016年区镇人大代表换届选举工作，市人大决定在我区进行选民登记信息管理系统试点。常委会及时安排系统的试用培训，顺利完成了推演工作，为今年的区镇换届做好了相应准备。

制度建设与时俱进。根据需要，对原有的工作制度进行了修订，先后完善了《顺义区人民代表大会常务委员会议事规则》、《顺义区人民代表大会常务委员会检查法律法规实施情况的办法》、《顺义区人民代表大会常务委员会人大代表视察的办法》等工作制度；按照全国人大和市人大的要求，制定了《顺义区国家工作人员宪法宣誓办法》，进一步规范了人事任免程序，切实加强国家工作人员的宪法意识。

指导工作更具实效。常委会认真贯彻落实市、区党委人大工作会议精神。需要强调的是：2014年区委一号文件转发的人大常委会党组关于加强镇人大工作的指导性意见，取得可喜成效。目前，各镇人大活动更加规范、内容更加丰富、形式更加多样。比如：李遂、李桥、南彩等镇人大围绕镇域环境卫生、安全生产、食品安全等内容，成立人大代表小组开展工作视察、执法检查、专题调研。在镇域发展中，人大发挥了显著作用。区委一号文件及我们的做法得到了市人大的关注和肯定，在区内外产生了深远影响，外区县和外埠同仁多次前来考察学习。

各位代表，同志们：

过去一年，区人大及其常委会取得的成绩，是区委正确领导和市人人精心指导的结果，是常委会组成人员和全体代表共同努力的结果，也是“一府两院”积极配合和大力支持的结果。在此，我代表区人大及其常委会向大家表示衷心的感谢！

在肯定成绩的同时，我们还必须清醒的看到，常委会的工作与宪法法律的要求、与人民群众的期待相比，还有不小差距，主要是：监督工作的力度需要进一步增强；议案建议办理实效需要进一步突出；人大代表的主体作用需要进一步发挥；常委会自身建设需要进一步提升。对于这些问题，我们将在今后的工作中不断探索改进，也诚恳希望各位代表和同志们提出宝贵意见。

2016年的主要工作

2016年是全面推进深化改革的关键之年，是“十三五”规划的开局之年，同时也是常委会的换届之年。区人大及其常委会将在区委的领导下，依法履职、务求实效，为实现“建设绿色国际港、打造航空中心核心区、共筑和谐宜居新家园”的目标作出积极贡献。

一、统一思想认识，在依法治区上力求新作为。

党的十八届四中全会作出了全面推进依法治国的战略部署，深刻阐述了坚持和完善人民代表大会制度的重大意义；去年6月，中共中央转发《中共全国人大常委会党组关于加强县乡人大工作和建设的若干意见》，意见对进一步开好人代会、依法行使重大事项决定权、加强和改进监督工作、做好人事选举任免工作提出了明确要求；市、区党委人大工作会议的相继召开，都为做好新形势下人大工作提供了遵循。面对新形势，我们必须进一步强化责任意识，认真行使好法定职权，全面推进依法治区进程，为推动我区经济社会转型升级提供制度保障；必须进一步创新思路和举措，积极顺应推进国家治理体系和治理能力现代化的新要求，以改革创新的实践为人大制度和人大工作注入新活力；必须进一步提升能力和水平，主动适应发展新常态，努力开创人大工作新局面。

二、主动服务大局，在监督工作上力求新突破。

紧紧围绕全区改革发展稳定大局，增强人大责任感，科学选择监督议题，灵活运用法定监督形式，提高监督实效。

*关注经济运行，促进科学发展。*听取和审议国民经济和社会发展计划执行情况报告、“十二五”规划终期评估情况报告，专题调研河东河西协调发展情况，推动经济结构的调整和经济发展方式的转变；听取和审议区政府预决算情况报告，促进财政工作平稳运行；专题调研国有资本经营预算编制和执行情况，推动国有资本经营预算的规范化管理。

*关注民生问题，促进民生改善。*围绕教育、卫生、环境建设等人民群众最关心、最直接、最现实的利益问题开展监督，让改革和发展成果更多更公平地惠及全区人民。听取和审议《中华人民共和国环境保护法》实施情况报告，对节水型城市示范区建设、教师队伍建设、社区卫生情况、住宅小区物业管理等开展工作视察，督促政府改进工作，促进民生问题的有效解决。

*关注依法行政、公正司法，促进社会公平正义。*听取和审议区政府依法行政工作报告，认真做好群众来信来访工作，对《北京市控制吸烟条例》、《北京市生活垃圾管理条例》实施情况开展执法检查；听取和审议法院关于多元化纠纷解决机制建设情况报告，检察院关于履行法律监督职能工作情况报告，专题调研两院司法改革进展、公安局警务督察工作、司法局社区矫正工作情况等，为经济社会发展营造良好的法治环境。

三、拓展服务平台，在代表工作上力求新进展。

进一步加强对代表的培训，不断提高代表整体素质和履职水平；坚持邀请代表参加执法检查和工作视察等制度，保障和提升代表主体地位，更好地发挥代表参与管理国家和社会事务的作用；继续推进和完善“人大代表之家”建设；通过代表建议办理“三方见面会”机制，继续加大代表建议办理工作的跟踪督办力度；加强对换届选举工作的领导，把好人大代表“入口关”，圆满完成今年区、镇两级人大代表换届选举工作。

四、强化自身建设，在履职能力上力求新水平。

深入贯彻中央十八号文件精神，探索建立预算工作委员会和重大事项工作委员会，增加常委会专职人员比例；进一步加强人大机关建设，继续提高机关干部整体素质和工作能力；加强对镇人大规范化建设的指导。

各位代表、同志们：

党中央“四个全面”战略部局引领航向，推进治理体系和治理能力现代化前景灿烂，建设和谐宜居新家园任重道远。让我们在区委的坚强领导下，继续坚持和完善人民代表大会制度，振奋精神、扎实工作，为推动全区民主法治建设、全面建成小康社会做出新的更大贡献！

政府工作报告

顺义区第四届人民代表大会第五次会议

顺义区人民政府代区长　高朋

2015年，在市委、市政府和区委的坚强领导下，在区人大及其常委会的监督下，在区政协的支持帮助下，区政府认真开展“三严三实”专题教育，积极转方式、调结构、促改革、惠民生，全区经济社会继续保持了平稳健康发展的良好态势。初步预计，实现地区生产总值1433亿元，按不变价计算增长7%；完成一般公共预算收入124.76亿元，增长12.8%；实现社会消费品零售额408亿元，增长8.5%；完成固定资产投资450亿元，增长4.1%；城镇居民和农村居民人均可支配收入分别增长9%和10%；城镇登记失业率控制在1.5%以内，较好地完成了区四届人大四次会议审议批准的年度目标任务。主要开展了以下六方面工作：

一、深入推进环境治理与生态文明建设，城乡面貌持续改善。

全面落实清洁空气行动计划。大气治理取得阶段性成果，全年投入77亿元，完成38项年度重点任务,各项污染物平均浓度实现了全面下降。狠抓源头治理，否决不符合环保要求的项目750个。完成1200蒸吨燃煤锅炉清洁能源改造，压减燃煤28.1万吨，中心城区实现无煤化。农村减煤换煤扎实推进，实现优质燃煤替代全覆盖，完成6000户农宅煤改电工程。强化机动车排放治理，淘汰老旧机动车1.4万辆，完成全年任务的171%。加强工业污染防治，全面开展企业环境信息公开，督促企业严格履行社会主体责任。继续保持环境执法检查高压态势，处罚486起，罚款1925万元，分别增长149%和315%。顺利完成2万亩平原造林任务，全区平原造林千亩以上林地达到26处，森林覆盖率达到29.98%。

加快推进垃圾综合治理。加大垃圾坑和垃圾堆放点治理力度，完成18处市级挂账非正规垃圾填埋场整治，高标准实施5个拆迁村垃圾整治工程。开展建筑垃圾规范化管理，合理布局消纳场所，强化执法检查，垃圾清运基本实现全覆盖、全消纳。加强农村地区生活垃圾管理，强化清运环节监督、检查和考核，基本实现农村生活垃圾清运日产日清。生活垃圾焚烧二期工程污水处理系统完工。

积极推进污水处理和中小河道治理工作。水环境治理成效明显，区污水处理厂升级改造工程竣工，北小营再生水厂完成主体工程。实施河道排污口治理，38处排污口治理工程开工。一、二阶段中小河道治理基本完成。南水北调水源回补工程试验性补水。

深入开展环境整治。累计投入2.3亿元，完成2906项市区两级环境建设台账任务。全年累计拆除违法建设1409宗、379万平方米，腾退土地5312亩。制定出台代履行费用追缴办法，有效震慑违法行为人，坚决遏制违法建设。

二、加快推进产业转型升级和功能承接疏解，发展质量和效益进一步提升。

积极促进产业结构优化升级。深入开展产业项目全要素评价和负面清单管理，从源头上把好项目准入关。大力推进创新创业发展，制定创业摇篮计划和一揽子政策，第三代半导体材料及应用联合创新基地等一批高精尖项目落户。创新产业发展思路，建立重大产业项目定向扶持机制，设立丰收未来产业基金，扶持和吸引优质产业项目落地成长。出台电子商务产业发展办法，推动“互联网+”应用和传统产业创新发展。新兴金融产业聚集区建设加快推进，北京银行信用卡中心、南车投资基金管理公司等30家优质机构落户，金融机构总量达到220家。加大创业企业上市支持力度，全国首个新三板产业加速器在赵全营镇揭牌，全年10家企业挂牌上市，挂牌上市企业累计达到30家。企业创新能力不断增强，新增93家国家级高新技术企业。东方雨虹获批企业国家重点实验室，实现我区国家重点实验室建设零的突破。

切实加快临空经济发展。认真落实国际航空中心核心区发展战略，推进天竺综保区与临空经济核心区融合创新发展。天竺综保区功能进一步拓展，引进林德、日上免税行等10余家跨境电商企业，国家对外文化贸易基地入驻企业规模不断扩大，北京国际科技贸易基地顺利落户，北京整车进口口岸进口整车数量同比增长2.9倍。临空经济核心区、科技创新功能区与各镇二三产业基地合作共建，助推各镇产业转型升级。国家地理信息产业园加快发展，累计注册企业33家，注册资金达到18亿元。成功举办第八届中国临空经济论坛，成立中国临空经济发展联盟，临空经济发展的领军地位进一步巩固。

深入落实京津冀协同发展战略。先后与河北威县、怀来县签订战略合作协议，对接合作深入开展，园区共建、产业转移等工作取得初步成效。积极承接中心城区疏解功能，北京城市学院迁入杨镇和现代职业技术学院划转管理工作顺利完成。加大落后产业淘汰力度，关停调整退出企业42家，圆满完成北京市下达的任务。

三、努力破解发展难题，城市建设管理水平稳步提升。

加快推动新城开发建设。重点工程建设稳步推进，顺平辅线俸伯桥主体工程完工，市民之家（政务中心）开工建设，京沈客专顺义段拆迁启动。完成乡村公路大修90公里，改造危桥4座。完成94万平方米老旧小区建筑节能综合改造，1.3万户居民受益。完成4个居民小区天然气改造置换和供热管网改造，惠及1.7万户居民。强化电力保障，梁庄110千伏变电站竣工，庄子营110千伏变电站完成土建工程，马坡220千伏和新城、军营110千伏变电站启动建设。土地开发切实加快，入市交易14宗，成交金额119亿元。处置清理闲置土地35宗，处置率达到100%。

积极改进城市管理。系统推进交通综合治理，在城区交通设施优化和城乡停车规范方面取得实效。不断完善公交场站设施和线网优化，新建50座公共候车亭。加强智能交通建设，“顺义公交”APP正式上线。大力推进公共自行车建设，新建、扩容站点42个，投放自行车1700辆，累计达到3300辆。出台社区物业管理办法，启动8个老旧小区治理试点，在规范物业管理、探索解决老旧小区问题方面迈出了重要一步。创新社区治理方式，启动“八型社区”建设，社区治理能力不断提高。智慧城市建设加快推进，信息基础设施不断完善，光纤覆盖率达到100%。加强防灾减灾管理，成立突发事件预警信息发布中心。

切实加强人口调控。全区流动人口总量得到有效控制，完成了市政府下达的102.2万人的调控任务。针对首都机场、城区周边等人口增势较快的区域，采取坚决措施，清理违法出租、违法经营，整治低端市场，开展村庄综合治理试点，全年关闭疏解市场3家、清理废品回收站95个、整顿违法群租房121处。

加大城乡统筹力度。针对河东河西发展不平衡的问题，制定出台协调发展实施意见和任务方案。深入推进新农村建设，完成农宅抗震节能单项改造、新建翻建及自建楼综合改造1.5万户，马坡镇石家营村、庙卷村新型农村社区建设取得阶段性成果。以创建现代农业节水示范区为契机，深入推进种植结构调整，建立地下水超采核心区高耗水作物有序退出机制，小麦种植面积减少2.3万亩，农业用水减少2000万立方米。成功举办第六届国际社区支持农业大会。浅山开发稳步推进，运营维护机制进一步完善，全年累计接待游客24万人次。

四、积极落实各项惠民政策措施，民生服务不断改善。

着力解决关系人民群众切身利益的就医、就业、住房等方面问题，全年一般公共预算用于民生保障的支出达到151亿元，占区本级一般公共预算支出的80%。

全面落实医疗卫生服务水平提升三年行动计划。区医院成为首都医科大学教学医院，急诊病房综合楼全面投入使用。北京中医医院顺义医院晋升为三甲医院，并成立了全市首个中医医联体。北京儿童医院顺义妇儿医院挂牌成立，郎景和院士工作站正式落户，一体化管理建设取得成效。启动首批50个专科建设项目，实现每天超过40名三级医院专家出诊，患者在本区就享受到了高水平的诊疗服务。采取PPP模式，与凤凰医疗集团合作共建新型社区医疗卫生服务体系试点建设全面启动。基层卫生设施不断完善，旺泉街道社区卫生服务中心竣工。

扎实做好就业服务和社会保障工作。积极促进偏远地区劳动力创业就业，深入开展企业新型学徒制试点，城乡劳动力二三产业就业率继续保持在95%以上。深入实施新农合“共保联办”合作模式，新农合人均筹资标准提高到每人每年1200元。社会救助力度加大，城乡低保标准由月人均650元提高至710元，困难家庭大病救助封顶金额由16万元提高至20万元。北京市养老护理照料示范中心、区老年公寓二期等一批工程投入使用，新增养老床位2000余张，并配套引进优质医疗资源，实现“医养结合”。圆满完成第九届社区居委会选举。“全国双拥模范城”四连冠争创工作扎实推进。

切实加强保障房和回迁安置房建设。全年开复工面积544万平方米、5.5万套，其中竣工87万平方米、8317套。8个自住型商品房项目全部开工，建设面积35.7万平方米。沙坨村棚户区改造项目拆迁顺利完成。加大拆迁村民回迁安置力度，实现天竺、西马坡等6个村、12317人回迁。积极探索保障房投资运营管理机制，组建燕顺保障房投资公司。

不断改善基本公共服务。高标准通过国家义务教育均衡发展评估验收，接收5所小区配套幼儿园，完成1所幼儿园迁建工程，新增学位1860个。加强基层公共文化设施建设，深入开展百村万户助农健身工程，成功举办全民健身体育节等一批赛事活动。

切实做好安全稳定工作。深入推进安全生产标准化建设和隐患排查治理，不断完善安全生产责任体系，全区安全生产形势总体平稳。持续开展食品药品安全专项整治，食品、药品抽检合格率分别达到98.2%和100%。各类突发事件得到及时有效处置，城市运行安全有序。加大各类信访问题化解力度，全区信访总体平稳。强化社会治安防控体系建设，严厉打击各类违法犯罪行为，全区治安形势良好，群众安全感、满意度进一步提升。

五、全面深化改革，重点领域改革取得实效。

认真落实行政审批改革要求，实现各项清理、取消、下放事项全部落实到位、承接到位和公开到位。政府机构改革任务和事业单位分类初步完成。企业注册登记实现“三证合一”、“一照一码”。完成不动产登记机构整合，管理基础进一步夯实。新城建设管理体制机制不断完善。经济功能区改革深入开展，临空经济、科技创新、绿色生态三大板块管理职责进一步理顺。区属国有企业改革加快实施，基本实现监管全覆盖，现代企业制度全面建立，房地产开发、市政、建设投资服务三个板块整合工作基本完成。综合监管执法机制改革积极展开，城市环境管理和市场监督管理两个执法委员会相继成立。与北京环卫集团开展合作，环卫体制改革取得积极进展。

六、深入开展“三严三实”专题教育，政府自身建设取得新进展。

紧密结合“三严三实”专题教育，认真开展“为官不为”、“为官乱为”问题专项治理工作，深入治理庸政懒政怠政、推诿扯皮等问题，取得明显成效。厉行勤俭节约，加强党政机关、事业单位食堂规范化管理，积极推进公务卡制度改革，全区公务卡改革单位达到301家。公务用车制度改革稳步推进。

积极推进政府科学管理和调控。制定向区人大及其常委会报告重大决策事项的实施意见，出台政府投资项目全过程管理办法和政府购买公共服务意见。完成区镇财政体制改革，出台转移支付资金管理办法。推进预算项目库建立，财政预算和政府投资项目管理进一步完善。建立健全财政存量资金管理制度，有效盘活存量资金。进一步加大对财政资金事后绩效评价和转移支付管理，提高了财政绩效。在全市率先启动重大合同审核备案机制的基础上，将各区属单位签订的合同纳入事前审核范围，促进行政决策规范和廉政建设。建立政府信息公开联合协调机制。区域合作扎实推进，与云南省玉溪市、贵州省安顺市等6个地区建立友好合作关系。

各位代表，一年来，我们高度重视民主法制和精神文明建设，自觉接受人大监督，积极听取政协意见，支持配合法院、检察院加强司法建设，人事人才、广播电视、民族宗教、外事侨务、对台、档案等工作切实加强，国防后备力量建设和工会、共青团、妇女、儿童、残疾人等各项事业都取得了新成绩。

这些成绩的取得，是市委、市政府和区委正确领导、全区人民团结奋斗的结果，是区人大、区政协监督支持、社会各界共同努力的结果。在此，我代表区政府，向全区人民，向各位人大代表、政协委员，向各民主党派、工商联、无党派和社会各界人士，向驻区中央、市属单位、部队和企业，表示衷心的感谢。

在看到变化和进步的同时，我们更清醒地认识到，处在转型发展过程中，全区经济社会发展还存在着不少矛盾和问题。主要表现在：受国内外经济环境的影响，部分经济指标增速放缓，加快创新发展和转型升级的任务依然艰巨；城市功能和品质与人民群众的要求还存在一定差距；大气、水环境治理和城乡环境整治需要付出长期艰苦的努力；社会治理体系有待进一步完善，保障和改善民生还有很多工作需要落实；信息公开申请大幅增加，行政诉讼案件呈上升趋势，依法行政面临新的考验；改进作风和勤政廉政建设还需常抓不懈。对存在的问题和不足，我们将高度重视，采取切实有效措施着力克服和解决。

二、2016年重点工作

今年是“十三五”规划实施的开局之年，做好今年经济社会发展各项工作意义重大。我们要按照区委四届十一次全会部署，全面贯彻落实党的十八届五中全会和中央经济工作会议、中央城市工作会议精神，深入学习贯彻习近平总书记系列重要讲话精神，坚持“四个全面”战略布局，牢固树立创新、协调、绿色、开放、共享的发展理念，遵循“把握发展的阶段性特征，推动经济社会转型升级”工作总要求，自觉融入京津冀协同发展，服从服务首都城市战略定位，着力在治理环境、优化结构、协调城乡、补齐短板、深化改革、扩大开放上取得新的突破，以“五大统筹”引领城市建设发展，加快推动区域转型升级，为“十三五”发展开好局、起好步。

综合各方面因素，全区经济社会发展的主要预期目标是：地区生产总值按不变价计算增长7%左右；一般公共预算收入增长8%；单位地区生产总值能耗、水耗分别下降3.1%和6%；PM2.5年均浓度下降5%；城乡劳动力二三产业就业率保持在95%以上；城镇居民和农村居民人均可支配收入分别增长8%、9%左右。

为实现上述目标，我们将重点抓好以下几方

面工作：

一、大力推进城乡环境治理和生态文明建设，着力提升城乡环境质量。

把创造优良人居环境作为中心目标，统筹生产、生活、生态三大布局，推动生态建设向资源节约、环境友好转型升级，努力让顺义“天更蓝、地更绿、水更清”。

持续抓好大气综合治理。继续落实清洁空气行动年度计划，做好各项任务目标的分解落实。全年压减燃煤20万吨。全面推进煤改气工程，实现规模以上企业全覆盖，改造燃煤锅炉770蒸吨。加大农村减煤换煤实施力度，完成12万吨减煤换煤任务和22个村的煤改电工程。强化机动车排放监管，淘汰老旧机动车8160辆。加大执法资源整合力度，严厉打击各类环境违法行为。推进重点企业环境信息公开全覆盖。

深入开展垃圾规范化管理。坚持减量为先，全面推进城镇地区生活垃圾分类管理，对新建居住小区开展垃圾分类，对已实施的居住小区强化检查考核，切实提高生活垃圾分类率。加强农村地区生活垃圾管理，加大垃圾运输处理设施投入，启动垃圾分类体系建设。加强建筑垃圾、土方砂石规范化管理，形成消纳合同审查、现场勘查、终端监管无缝链接。加快生活垃圾焚烧二期、餐厨垃圾处理等工程建设，确保年内完成主体工程。

大力推进水环境治理。加快污水处理设施建设，完成牛栏山、李遂、北务3个镇级再生水厂工程，启动区污水处理厂扩建项目，新增污水处理能力8.9万吨，推进污泥无害化处理。加快配套管网建设，新增污水管线7.5公里、再生水管线7公里，进一步提升污水收集和中水回用能力。完成105公里中小河道治理任务。全面完成205处河道排污口治理，启动小中河、龙道河等城市建成区河道黑臭水体整治和村庄污水处理工程，杜绝污水直排入河，有效改善出界河流断面水质。加强南水北调水源回补工程沿线及周边环境整治，保障回补区水源安全。

加强生态环境建设。加大平原地区绿化力度，完成造林8000亩。强化林木资源管护，完成7.5万亩平原造林工程的竣工移交，落实5万亩绿化隔离地区和“五河十路”生态林管护政策调整工作，保护好来之不易的造林成果。启动温榆河、京密引水渠绿道建设，打造高标准生态景观廊道。完成东郊森林公园配套设施建设及周边环境整治和金牛山生态修复项目。加强小微绿地和城市绿地建设，为广大市民创造更多的绿色活动空间。

深入开展环境整治。坚持抓常态规范、治重点难点、建长效机制。高标准、高质量完成14项市级、191项区级环境建设任务。紧密围绕重大活动的举行，持续开展城市公共空间设施治理、建筑渣土综合治理等专项整治，下决心解决一批痼疾顽症和突出矛盾，提升环境质量。加强环境建设考核，严格执行问责机制，对环境整治不彻底、反复出现问题的责任单位，坚决进行问责。坚持群众满意度调查和引入第三方评价机制，对全区环境建设开展全面深入的监督检查考核。

二、加大开放力度，打造国际航空中心核心区。

进一步强化核心功能，壮大核心产业支撑，提升核心影响力和辐射力，推动临空经济区向国际航空中心核心区转型升级。

全面强化枢纽、口岸和交往功能。深化与首都机场的目标协同、规划协同和行动协同，配合首都机场完善配套设施。推动天竺综保区贸易多元化发展，加快国家对外文化贸易基地和北京国际科技贸易基地建设，努力成为北京服务业扩大开放综合试点的桥头堡。完善丰富口岸功能，申报设立进口水果、鲜花等口岸，探索开展高端进口汽车口岸展示，满足市场多样化消费需求。加快新国展文化创意产业功能区建设和功能提升，促进会展关联产业集聚融合发展。

创建国家临空经济示范区。推动天竺综保区和临空经济核心区融合创新发展，推进体制机制创新和国家政策先行先试，实现在规划、产业、功能、公共服务、运营保障等方面一体化发展。强化与首都机场、周边镇街在规划、市政、交通等方面的有机衔接，着力构建以航空物流、专业会展、跨境电子商务为代表的高端临空产业体系，为建设国际航空中心核心区提供产业支撑。

引领全国临空经济发展。推动顺义临空经济走出去，临空经济核心区要探索建立“一区多园”发展模式，充分依托首都机场集团多场管理的优势，在京津冀区域内建设分园，将品牌、资金、管理、人才、产业优势转化为拓展发展新空间的驱动力。推动天竺综保区带动区域协同发展，探索推行电子围网管理模式，将网内保税政策延展至网外区域。

三、围绕创新创业发展，全面推进产业转型升级。

统筹改革、科技、文化三大动力，落实好去产能、去库存、去杠杆、降成本、补短板等各项措施，提高区域发展的持续性，加快推动产业发展向创新创造转型升级。

全力推动创新创业发展。抓好创业摇篮计划的实施。着力培育一批创业基地，完成北京临空创新创业示范基地等10家创业基地建设。着力引进一批创业型项目，依托首都高校和科研院所资源，吸引优质创业企业100家以上。着力探索创新创业新模式，推动众创空间集聚，支持众包、众扶、众筹发展。加快区内闲置资源“腾笼换鸟”步伐，研究出台闲置腾退土地综合利用管理办法，为“高精尖”项目的引进提供空间。深入开展“筑巢育凤”计划，依托新三板产业加速器平台优势，吸引拟上市、挂牌企业入驻，打造上市企业培育孵化基地。积极实施“人才海聚”计划，着力引进和培养一批掌握国际领先核心技术、有助于提升自主创新主导权的研发人才。探索采取政府购买服务的方式，支持、引导小微企业和创业团队开展研发创新活动。

大力发展高端优势产业。加快培育新的发展动能，聚焦智能制造、新一代健康诊疗、信息服务等核心领域，推动“互联网+”广泛应用和相关产业发展，创建“中国制造2025”示范区，实现“顺义制造”向“顺义创造”转型。优化提升汽车产业，推动产业链条向研发设计、展示贸易等高端环节延伸，争取北京市新能源智能汽车专项在顺义布局。加快航空发动机、复合材料等航空产业发展，着力吸引相关创新型项目集聚。改造提升传统产业，推动生产制造向数字化、网络化、智能化、绿色化方向发展，引导中小微企业走“专精特新”发展道路。加快国家地理信息科技产业园发展，着力集聚地理信息、新一代信息技术等战略性新兴产业。加快新兴金融产业聚集区建设，发展产业金融，推进商业保理试点，引进新兴金融资源，确保金融机构数量达到240家以上。全面落实产业促进扶持政策，放大财政资金的带动、激励和杠杆效应，引导社会资本投入区域重大产业发展。

加快功能区创新发展。推进功能区与各镇二三产业基地的合作共建，制定具体开发方案和实施计划，建立项目审批、引进、收益共享分配机制。中关村顺义园要以第三代半导体材料及应用联合创新基地为依托，推进科技研发和成果转化，成为全区创新驱动发展的先行区。要确保502所卫星应用智能装备产业基地等项目开工建设，促进荣宝斋文化创意产业园、煤科天玛自动化产业基地项目竣工投产。绿色生态产业功能区要加强规划统筹和资源整合，积极发展以体育运动、旅游休闲等产业为核心的体验型经济，打造人与自然和谐共处的“微旅游、慢生活”模式。

积极促进消费增长。主动适应商业模式、消费群体和消费方式的变化，推动传统百货向综合性购物中心转型，鼓励传统商业企业发展线上业务。加快天竺、后沙峪、马坡等区域商业设施建设，确保沃尔玛山姆会员店上半年开工，年底前完成新城马坡组团鲁能华联商场主体工程。加快万达广场项目前期手续办理，力争年内开工。大力发展生活性服务业，完善社区平价直营菜店布局，推进社区和农村电子商务应用体系建设。继续培育浅山生态消费，打造优美景观节点，提升接待能力。不断完善汉石桥湿地等旅游景点基础设施，促进旅游消费。完善区域公用充电设施网络，扩大新能源汽车等绿色消费。

全面落实京津冀协同发展工作方案。调整疏解不符合区域功能定位的产业，向河北威县和怀来县两个共建园区梯度转移。加快顺鑫石门农产品批发市场升级改造。认真落实新增产业禁限目录，严把产业项目准入关，全年调整退出企业45家。继续做好区域对口帮扶工作。

四、推动城乡区域协调发展，建设和谐宜居新家园。

把握城市发展规律，坚持以人为本理念，统筹规划、建设、管理三大环节，提高城市工作的系统性，着力推动重点新城向和谐宜居新家园转型升级。

加快新型城镇化步伐。统筹空间、规模、产业三大结构，提高新城建设的全局性。强化新城对中心城区功能疏解的支撑作用，完善新城基础设施，积极承接符合区域定位的功能，着力引进优质公共服务资源和企业总部。深入研究潮白河绿色生态廊道建设方案和南部地区发展规划，更好地服务北京行政副中心建设。积极争取小城镇发展基金，切实加快重点镇建设。推进地铁15号线沿线土地综合开发，以地铁沿线综合开发引导现代高端服务业集聚，带动地铁沿线各镇城镇化进程。

加快河东地区发展。全面落实河东河西协调发展意见，将政策资金更多地向河东地区倾斜，力争使河东地区在较短的时间内提升发展水平。对符合河东地区功能定位和实际需求的重大项目和重大活动，优先配置，优先布局。把加快杨镇发展作为加快河东地区发展的重要支撑，深入研究杨镇发展定位、空间布局，促进“三规合一”。进一步强化基础设施建设对河东地区发展的带动作用，统筹实施一批交通、环境、水资源、能源项目建设。着力推进地铁15号线东延项目前期工作。

坚决把人口调控落到实处。强化属地和部门管理责任，落实好年度人口调控工作任务分解，确保全区常住人口控制在106万人以内。严控低端产业，强化市场监管、安全监管，运用倒逼机制，促使低端产业调整退出。坚持集中整治与常态化管理相结合，加强对出租房屋的依法监督和动态管理。对违法建设继续保持高压态势，对既有违法建设，要建台账、定计划，逐步分期拆除。对新生违法建设管控不力的，要严格问责，确保零增长。

加强新城建设管理。着力建设智慧城市，通过“互联网+城市治理”模式，全面提高城市服务管理水平。着力建设海绵城市，加强地下和地上基础设施的规划建设。加快重点工程建设，完成体育中心、文化中心、劳动力实训基地、电子政务中心及党校迁建工程，启动档案馆新馆建设。加快基础设施建设，完成顺平辅线俸伯桥、华中路、复兴东街及行政中心市政配套工程，启动减河北路东延、木孙路、顺平南辅线东延工程建设，扎实做好通怀路、四纬路东延等道路前期工作。认真做好京沈客专顺义段工程征地拆迁工作，加强顺义西站站点一体化设计。启动东风商场片区改造和新城重点街区市政基础设施建设。完成仓上小区等3个老旧小区配电改造工程，加快马坡220千伏和新城、军营110千伏变电站建设。实施老旧小区改造试点和物业管理规范，完成136万平方米改造任务。

加紧畅通工程实施和交通治理。深入落实交通治理行动纲要，推进交通管理精细化。开展公交服务规范管理，实施公交运营补贴新机制。研究开通服务功能区的袖珍公交、镇域之间的支线公交、农村微循环公交、边远地区就业班车，为群众提供良好的公交服务。加大公共自行车投放力度，新增自行车3000辆。深入开展城乡停车设施规范管理和停车秩序整治，充分挖掘停车资源，在城市重点区域和有条件的村庄施划停车位，缓解停车难问题。继续完善区域交通客货分流，加强高速路出入口货运通道治理，最大限度减少物流车辆对区域交通的影响。

深入推进农村改革发展。认真落实中央深化农村改革综合性实施方案，全面推进集体土地、集体资产、集体林权等各项改革。加快已拆迁并实现回迁村的集体资产处置，稳步推进村委会建制撤销。加强农村三资管理，依托市级交易平台规范农村产权交易行为，提高集体资产经营效益。加快农村土地确权登记，年底前完成总任务量的60%以上。加快农业结构调整，优化发展都市型现代农业。抓好现代农业节水示范区建设，建成5个节水示范基地，为全市节水农业发展形成示范和带动。大力改善农村人居环境，完成60个左右村庄的美丽乡村建设。继续实施农宅抗震节能改造工程，完成单项改造、新建翻建及自建楼综合改造1.5万户，单项改造基本实现全覆盖。认真落实中央扶贫开发工作会议精神，千方百计促进低收入农户增收。

全力维护社会和谐稳定。全面落实安全生产“党政同责、一岗双责、齐抓共管”制度，持续开展重点行业专项整治，坚决防范重特大事故发生。不断完善食品药品、农产品安全监管体系，坚决查处各类食品药品违法行为。实施老旧住宅电梯政府救济机制，逐步消除老旧住宅电梯安全隐患。健全应急管理体系，强化应急演练，提升全民安全救护意识，有效预防和处置突发事件。完善社会治安防控体系，加大技防建设投入，整合社会力量和资源，治理各类公共安全风险隐患，确保安全稳定。

五、着力补短板、解难点，持续改善民生保障和公共服务。

保障和改善民生是发展的根本目的。要抓好各项惠民政策措施落实和项目实施，着力构建和谐社会，推动社会建设向共建共享转型升级。

继续加大投入，持续实施医疗卫生服务水平提升三年行动计划。做好友谊医院顺义院区、中医院迁建、妇儿医院门诊病房楼、区医院教学科研楼等重大基建项目前期工作，确保年内开工。加快推进疾病预防控制中心及卫生监督所迁建工程建设。启动光明、胜利街道和北小营镇、李桥镇社区卫生服务中心建设。推进新型社区医疗服务体系中的快捷诊疗中心建设试点，通过联合办院、组建医联体等方式，织牢基层医疗卫生网底，提升网底服务能力。强化慢病综合防控，力争通过国家慢病综合防控示范区评审。

加大住房保障和回迁安置力度。全年开复工回迁安置房和保障性住房235万平方米、2.9万套，竣工49万平方米、6400套。探索保障性住房实施市场化运作，对全区保障房建设实施科学布局、规模建设、规范管理，为民生建设、人才引进提供保障。做好幸福西街棚户区改造前期准备工作，力争年内启动。抓紧出台行政事业单位住房补贴工作实施方案，确保年内全面落实。

抓好就业和社会保障政策落实。稳妥做好京津冀协同发展和产业结构转型升级过程中企业职工的分流安置。积极开发社会公益性就业岗位，为困难弱势群体提供更多的就业机会。加大对河东地区劳动力、以大学生为主的青年群体的创业扶持力度，为创业者提供精准化、便捷化的创业服务。启动机关事业单位养老保险制度改革，确保改革顺利实施。完善城乡最低生活保障和专项救助制度，增强综合救助能力。加快养老事业发展，推进老年餐试点建设，新建5家镇街养老照料中心，满足多样化养老需求。深入开展“八型社区”创建。做好第十届村委会换届选举工作。加强双拥工作，着力为部队解决实际问题。

进一步改善基本公共服务。继续推进教育综合改革，做好顶层设计，明确工作路径和目标任务。成立教育质量评价中心，运用互联网模式、现代信息技术手段建立评价系统。推进教师研修学院建设，加强教师培养。进一步优化教育布局，继续实施学前教育三年行动计划，满足学位需求，提升教育质量。创建首都公共文化服务示范区。大力开展全民健身活动，提高市民健康水平。深入推进基层公共文体设施达标创建，广泛开展各类文体活动。落实好各项惠民政策措施和便民实事，确保承诺兑现。

六、继续推进全面深化改革，增强发展活力。

坚持问题导向，从制约当前全区发展最突出的矛盾入手，从群众反映最强烈的领域改起，立足于严、着眼于实，加快重点领域改革。

深入推进简政放权。继续做好中央和北京市取消、下放行政审批事项的落实和承接工作。清理非行政许可审批事项。健全完善权力清单制度，建立责任清单制度，面向社会公开。进一步加强事中事后监管，更好地实现放管结合。加快社会信用和个人诚信体系建设。

积极实施财政体制改革。建立预算项目库制度，试编滚动项目规划，进一步编准、编实项目预算。完善项目评审、政府采购等工作流程，加快财政支出进度。完善财政转移支付方案，确保各项任务落实。建立镇级指标管理系统，实现区镇两级财政联网互通，提高镇级财政财务管理水平。深化国库集中收付制度改革，启动国库业务电子化改革试点。

深入推进国资国企改革。引导区属国有企业适应经济发展新常态，主动为区域转型发展提供重要支撑。继续推进国有企业重组整合，完成建筑业板块组建，加快推进商业、物业板块的整合重组工作。推进低效资产清理退出，有效盘活国有资产。加速优质资产证券化，提升国有资本价值。

推进综合监管执法机制改革。进一步完善城市环境管理和市场监督管理两个委员会的运行执法机制，明确相关部门职责分工，统筹全区执法力量，推进执法重心下移，形成主体清晰、权责明确、部门联动、协调有力、执法到位、运行高效的综合执法体系。

实施新城建设体制改革。理清新城管委会职能，理顺部门、属地之间权责关系，切实加强对新城建设和新型城镇化的统筹谋划与协调推进。发挥政府收储、开发、供应土地的统筹作用，确保新城建设科学有序，重点突出。

深化医药卫生体制改革。完善公立医院法人治理结构，建立政府主导的多元卫生投入机制，健全现代医院管理制度。继续深化基层医疗卫生机构综合改革，实施区域医疗卫生资源整合，积极推进分级诊疗服务模式。

结合全区改革创新实践，积极争取国家及全市的改革创新试点。抓好空港街道管理体制改革试点，为统筹推进全区街道体制改革探索路径、积累经验、做出示范。

中国人民政治协商会议 北京市顺义区第四届委员会 常务委员会工作报告

（2016年1月5日政协北京市顺义区第四届委员会第五次会议）

闫志广

各位委员：

我受政协北京市顺义区第四届委员会常务委员会委托，向大会报告工作，请审议。

一、2015年工作回顾

一年来，区政协在区委的正确领导下，深入学习贯彻党的十八大、十八届三中、四中、五中全会，习近平总书记系列重要讲话精神和市委重要工作部署，按照区委提出的“把握发展的阶段性特征、推动经济社会转型升级”的工作总要求，坚持“四主”工作理念，切实履行政治协商、民主监督、参政议政职能。自四届四次会议以来，共召开常委会、主席会、协商议政座谈会21次；向党政部门提出各类意见建议346条，其中书面协商意见41条，提交提案151件；开展调查研究、视察考察、座谈研讨、特约监督等各类履职活动119项次，有效地发挥了协调关系、汇聚力量、建言献策、服务大局的重要作用，为促进全区各项事业发展作出了积极贡献。

一、坚持正确政治方向，不断巩固共同团结奋斗的思想政治基础。

区政协采取多种形式组织委员学习贯彻中央精神、市委部署和区委决策。举办了有全体委员参加的学习十八届四中全会精神报告会。通过《政协时讯》和有关会议，对经济发展“新常态”、“四个全面”战略布局、京津冀协同发展等新论述、新要求进行宣传和解读。区委四届十次全会结束后，迅速召开了区政协四届十六次常委扩大会议，及时传达贯彻了区委书记王刚同志的重要讲话精神，区委常委、常务副区长于庆丰同志解读了区委副书记、区长卢映川同志所作的《关于2015年上半年经济社会发展情况和下半年工作安排的报告》，委员们对区委、区政府在宏观环境复杂、经济下行压力大的情况下，稳增长、调结构、促改革、惠民生的积极作为给予了充分肯定。以上举措在政协委员中收到了凝心聚力、共谋发展的积极效果。

二、扎实做好履职工作，紧紧围绕全区发展大局献策出力。

*以全会为平台开展全面协商。*充分利用每年一次的全体委员会议这一政协履行职能的最高形式，积极搭建优质高效协商议政平台。历年都是全力以赴、精心组织，特别是全会协商议政座谈会，是参与区级领导和部门最多、委员重视程度最高、议题涉及领域最广、履职影响力最大的参政议政形式，更是高度重视，周密安排，超前准备，务求实效。四届四次会议上，刘彦斌、刘学娥等15名委员围绕促进全区经济社会科学发展

建言献策，形成了“推进首都国际航空中心核心区建设”、“促进金融产业发展”、“促进医疗卫生事业发展”、“利用移动互联网改进政府工作”等十个方面23条意见建议，为党政部门科学决策提供了参考依据，得到各方面的高度重视。

*以常委会为依托开展专题协商。*充分发挥常委会的领导示范作用。区政协四届十五次常委会，聚焦城乡一体化建设，以新时期新阶段更好推进全区新农村建设为专题，组织委员视察了马坡镇石家营村新型农村社区建设情况和佳和宜园回迁小区管理工作，听取了区住建委有关情况通报，就推进城乡一体化建设进行了座谈交流。委员们充分肯定了石家营村的建设模式，认为这是新型农村社区的发展方向，值得大力推广。委员们还从“高度重视规划，做好顶层设计；加强水环境建设，促进绿色环保；提升公共服务，均衡优质发展；强化长效管理，发动社会共建”等四个方面提出了18项意见建议，并报送区委、区政府领导及相关部门参阅。

*以专委会为抓手开展界别协商。*充分发挥专委会的平台优势，组织相关委员先后到南法信物流中心、区交通指挥调度中心等14个单位，实地视察了我区高端服务业、交通管理、大气污染治理、安全生产监管、养老服务业和执行《道路交通安全法》等方面的工作情况，召开了北京市总体规划修改征求意见座谈会，先后听取了区经信委、区交通局等六部门的情况通报，并开展对口协商。委员们充分肯定了区委、区政府及有关职能部门在大气污染治理、安全生产监管等各项工作上付出的辛苦和努力，有针对性地提出了优化产业结构、完善企业引入和退出机制、提高环保意识、加强企业动态监管等意见建议，为有关部门更好地开展工作提供智力支持，发挥了专委会的组织优势和专业特长。

充分发挥专委会的界别优势，组织界别活动小组开展各类履职活动。“三八”妇女节组织女委员开展五彩浅山基础设施建设成果考察体验活动，委员对浅山建设工作给予积极评价，并提出意见建议。春节前夕组织部分委员到区社区服务总中心看望生活在儿童部的孩子，呼吁社会关注弱势儿童的健康成长和权利保障问题。组织部分医药卫生界委员到木林镇义诊，为300多名当地群众提供了检查、诊断、咨询等医疗服务，体现了政协委员深入基层、服务群众的朴素情怀。一年来，11个界别活动小组共开展活动34次，充分彰显了政协的界别特色和优势，进一步释放了界别的履职潜能。

充分发挥专委会的基础作用，结合顺义经济社会发展实际，围绕2015年政治协商议题，配合区级领导重点调研课题任务，认真开展调查研究，形成了《创建首都公共文化服务示范区提升顺义文化建设水平》、《关于加快推进河东河西地区协调发展的研究》、《关于发展顺义区养老服务业的研究》、《关于加强顺义区大气污染治理的研究》等多篇调研报告，为党政部门进一步做好相关工作提供了参考依据。

*以配合各级各单位重点工作为契机献计出力。*安排区政协有关领导和部分委员参加区委全会、区委常委会、区政府常务会、政府工作征集意见建议座谈会、“十三五”规划征集意见建议座谈会、政府工作报告征集意见建议座谈会等咨询协商性质的会议，共计14次189人次，围绕全区重点工作积极建言献策。根据市政协、区委、区政府和相关单位的工作需要，多次承办和参与了一系列对外交流活动和接待服务工作，起到了推介顺义、互学互鉴的作用。按照市政协和区史志办的工作部署，完成了《北京顺义临空经济发展文史集萃》编辑工作、纪念中国人民抗日战争胜利70周年史料征集工作、《北京政协年鉴》和《北京年鉴》中有关顺义区政协部分的文稿编写工作以及政协大事记的撰写工作，发挥了政协文史存史、资政、团结、育人的作用。

*以提案办理协商为重点认真履职。*一是提案质量不断提高。自区政协四届四次会议以来，委

员共提交提案160件，经审查立案151件，立案率94%，大部分提案达到了立意较高、选题较好、格式规范、内容清晰，调研深入实际、分析有理有据、建议具体可行的质量要求。二是提案形式不断创新。151件立案提案中，界别提案12件、联名提案17件，占提案总数的19.2%，参与人数达60余人，其数量和参与人数均创历年新高。开展界别提案议题征集工作，以11个界别活动小组为平台，围绕全区经济建设、城市管理、民主法治建设、生态环境治理和科教文卫体事业发展提出界别提案议题15个，拓展了征集提案的新形式，实现了界别活动与履职功能的紧密结合。三是提案办理协商水平显著提升。区政协积极搭建协商平台，召开了有区委、区政府有关领导及相关部门参加的提案工作座谈会；分别在区公路分局、区民政局召开了提案办理工作现场会，柴维玺等12名委员就如何进一步推进提案办理工作发表了意见；区政协提案委员会与区委督查室、区政府督查室建立了联合提案分办机制，加大了提案督办力度，确保委员提案分办合理、办理高效。提案办理过程充分体现了民主协商，提办双方良性互动，提案办复率达100%，委员满意率达99.3%。四是服务委员提案工作积极主动。举办提案知识讲座，增强委员对提案工作的认识和了解；围绕中央精神、市委部署和区委决策，编制年度《提案征集目录》，为委员确定提案议题提供参考；编发《优秀提案选编》、《优秀委员先进事迹》，积极宣传委员履职成果；在本次会议的预备会暨提案工作表彰会上，表彰张涌森、林金开等50位委员提出的35件优秀提案，邓瑶等四位委员作典型发言，起到了示范引领作用。

*以促进党风廉政建设为目标开展民主监督。*一是召开区政协四届十七次常委会听取了区纪委关于全区党风廉政建设的情况通报，委员们对区委全面从严治党的一系列举措和“三严三实”专题教育的成果给予充分肯定；二是改进监督方式，提高监督效果。坚持寓民主监督于政协各项履职活动中，通过视察调研、座谈研讨、提案办理、专题协商等多种形式开展民主监督，对党政部门转变作风、改进工作起到了促进作用；三是开展特约监督，提高监督实效。由区政协推荐的25名特约监督员，积极参加全区党风廉政建设检查工作和区政府、区法院、区检察院等单位组织的特约监督活动，全年共计9次53人次，有效发挥民主监督作用，促进了全区党风政风建设。

三、大力倡导双职奉献，积极释放政协委员服务社会的正能量。

区政协一贯倡导各界委员岗位建功、双职奉献，热心公益、服务社会，实践中涌现了一批先进典型。例如：民建顺义支部、民革顺义总支部的委员，几年来为支持特殊教育、医疗救护、扶贫帮困、结对助学等建立慈善基金，捐助款物共计1400多万元。其中，王庆国委员作出了突出贡献。于宝鑫、唐细忠委员积极作为，促成农工党顺义支部与北医三院支部联合举办第7届“北京京顺健康节”，邀请20多家三甲医院的百余名专家服务顺义患者15000人次。宋晓东、王文宇、董丽清等委员也以不同形式积极参与顺义社会公益事业。政协委员双职奉献、服务社会的先进事迹不胜枚举，集中体现了各界委员的社会责任担当，充分释放了正能量，值得我们充分肯定、大力弘扬。

四、着力加大宣传力度，充分发挥媒体促进政协委员履职作用。

一是加强与区内媒体合作，开展重点宣传，全年共制作播出“委员风采”、“政协之声”、“政协之窗”9期，采访报道了金丽娟、范伟博、高海岩等7名委员，展示了政协工作亮点和委员履职风采。二是充分利用自办的“顺义政协网”、《政协时讯》、宣传橱窗，加大对区政协各类会议、活动和委员先进事迹的宣传报道力度。特别是着力提升《政协时讯》办刊水平，加大了信息容量，全年共编发《政协时讯》31期，刊发各类资料信息共计70篇，宣传报道了王磊、刘旭东、吕海燕等14名委员的先进事迹，较好地发挥了委员知情窗口、议政论坛、学习园地、交流平台的多重功效。通过加大宣传力度，有效发挥了各类媒体促进区政协和广大委员认真履职的作用。三是开展了以“幸福顺义”为主题的艺术作品征集和展示活动，引导广大委员关注顺义、了解顺义、热爱顺义、建设顺义，激发了委员履行职责的积极性、主动性。

五、切实加强机关建设，着力提升服务委员履职效能。

以在机关开展“三严三实”专题教育为契机，通过党组书记讲党课、机关党员领导干部围绕“严以修身”、“严以律己”、“严以用权”三个专题进行学习研讨、狠抓问题整改等一系列举措，推进了机关作风建设，提升了服务保障功能。坚持机关集体学习制度，积极参加市政协、区委组织的各类学习培训，有效提高了机关工作人员的政治水平和业务素质。政协机关学习贯彻落实市委《关于制定实施北京市政协协商年度工作计划的意见》的文件精神，积极探索完善民主协商机制，围绕制定顺义区政协协商年度工作计划，形成了初步建议方案。研究制定了《政协北京市顺义区委员会关于加强服务委员履职工作的意见》，进一步规范了服务委员履职行为，促进了履职工作的开展。修订和完善了《联系走访政协委员的工作规则》，设立了委员联络机构，提高了委员联络工作的制度化、规范化水平。机关自身建设的全面加强，为更好发挥服务保障功能奠定了可靠基础。

各位委员，区政协一年来取得的工作成绩，与区委的正确领导和市政协的有力指导，与区人大、区政府及各职能部门的大力支持，与全体委员和各民主党派、工商联、各人民团体、各族各界人士的共同努力密不可分。值此机会，我代表区政协第四届委员会常务委员会，对一贯关心、支持政协工作的各级领导、各界人士，表示衷心的感谢！

回顾区政协一年来的工作，虽然取得了一定成绩，但面对当前加强政协协商民主建设的新形势和中央、市委的新部署新要求，还存在差距和不足，主要是：广泛多层制度化开展政协协商民主的相关工作机制需要进一步研究和完善；加强政协组织履职能力建设的举措和方法需要进一步丰富和创新；政协机关的服务保障能力需要进一步加强和提升。对此，我们要在今后的工作中认真研究和解决。

二、2016年工作思路

各位委员：

2016年是全区人民在区委领导下，深入学习贯彻中共十八届五中全会精神，认真制定和实施“十三五”规划，积极落实京津冀协同发展战略，大力推进全区经济社会转型升级、科学发展的重要一年，也是区政协和全体委员围绕中心、服务大局，认真履职、有所作为的一年。

2016年区政协工作的总体要求是：坚持以邓小平理论、“三个代表”重要思想和科学发展观为指导，深入贯彻落实党的十八大，十八届三中、四中、五中全会，习近平总书记系列重要讲话精神和市委重要工作部署，在区委的正确领导下，认真贯彻落实区委全会的各项重大决策，紧紧围绕服务京津冀协同发展、有序疏解非首都功能的战略大局，坚持“创新、协调、绿色、开放、共享”的发展理念，以“把握发展的阶段性特征、推动经济社会转型升级”为工作总要求，切实加强委员队伍建设和履职能力建设，充分发挥政协作为协商民主重要渠道和专门协商机构的作用，扎实推进政协协商民主建设进程，为促进顺义区经济社会更好更快发展作出更大贡献。

一、广泛开展宣传教育，凝聚巩固政治共识。

深入学习贯彻党的十八届五中全会精神，凝心聚力助推区域科学发展。中共十八届五中全会，研究通过了关于制定国民经济和社会发展第十三个五年规划的建议。市委十一届八次全会和区委四届十一次全会分别通过了北京市和顺义区关于“十三五规划”的建议，描绘了全国、北京市及顺义区今后五年国民经济和社会发展的蓝图，提出和诠释了“创新、协调、绿色、开放、共享”的发展理念，为区政协今后开展履职工作指明了方向。区政协要把学习党的十八届五中全会，市委十一届八次、九次全会和区委四届十一次全会精神作为首要政治任务，将全体委员和社会各界人士的思想和行动统一到中央精神、市委部署和区委决策上来，统一到京津冀协同发展、有序疏解非首都功能的战略大局上来，增强服务区域经济社会科学发展的思想自觉和行动自觉。全体政协委员，一方面要将个人、企业的发展自觉主动地融入到京津冀协同发展的大局中，克服困难，勇于承担，为有序疏解非首都功能作出积极贡献。另一方面，要紧紧围绕落实首都城市战略定位、构建高精尖经济结构、推进新型城镇化、加强生态文明建设、治理“城市病”、全面深化改革、推进依法治理等重大问题开展调查研究，积极履职献策，为顺义破解京津冀协同发展难题、促进经济社会发展提供智力支持。

*深入学习贯彻北京市第四次政协工作会议精神，推进顺义协商民主建设。*2015年12月3日，市委召开北京市第四次政协工作会议，就充分发挥人民政协作为协商民主重要渠道和专门协商机构的作用、大力推进首都协商民主建设作出部署，并出台了《关于进一步加强政协协商民主建设的实施意见》。区政协要按照区委的工作部署，认真抓好会议精神的贯彻落实。要通过组织学习，使广大政协委员深刻认识到社会主义协商民主建设的重大意义和人民政协在其中肩负的重要责任；要紧密结合区政协工作实际进行深入思考，找准政协协商民主建设的方向和着力点，更加规范有序地开展专题协商、对口协商、界别协商、提案办理协商，在提高协商水平上深化认识、形成共识；要将学习贯彻北京市第四次政协工作会议精神与学习贯彻中央统战工作会议精神相结合，不断巩固团结奋斗的共同思想政治基础，凝心聚力，为顺义的改革发展增添正能量；要认真总结好顺义区开展政协协商民主建设的实践经验，组织委员就推进协商民主建设的有关问题进行深入研究和讨论，提出建设性的意见，积极配合区委做好贯彻落实北京市第四次政协工作会议精神的有关工作。

二、充分发挥职能作用，全力助推区域发展。

要在区委领导下，认真贯彻落实有关文件精神，与有关部门密切配合，切实抓好政协年度协商计划的制定和落实，扎实开展各个层次、多种形式的履职活动，全力促进区域经济社会发展。

*精心组织会议协商。*充分发挥人民政协作为协商民主重要渠道和专门协商机构的作用，认真组织不同层面的协商议政座谈会，不断提高政协协商民主制度化、规范化、程序化水平。一要高度重视政协全体会议这一政治协商的最高形式，全力抓好以政协全会为平台的全面协商，着力组织好协商议政座谈会和委员分组讨论，引导委员围绕京津冀协同发展、“十三五”规划的研究与落实等区域经济社会发展中的重大问题建言献策。二要重点抓好以政协常委会会议为平台的专题协商，重点关注：“贯彻五中全会精神，建言顺义‘十三五’规划的实施”；“进一步完善社会治理功能，提高治理能力和水平”；“把握京津冀协同发展机遇，加快顺义区发展步伐”；“加快推进航空中心核心区建设，进一步完善核心区功能”；“加强党风廉政建设和反腐败工作”等。三要切实抓好以各专委会会议为平台的对口协商，重点关注：金融服务业发展情况、中关村顺义园建设发展情况、南水北调（顺义段）运行情况、小城镇建设情况、科技工作情况、依法行政情况、区内民族学校建设发展情况等。四要配合区委、区政府搞好咨询协商。认真组织委员参加区委、区政府征求意见建议座谈会等各类议政

咨询会议，不断提高参政议政水平。同时，继续加强各层次协商议政会议所形成的协商意见的整理、报送工作，切实发挥《协商意见》的载体作用，切实推进各类会议协商制度化、规范化、程序化。

完善提案办理协商。提案办理协商是健全社会主义协商民主制度的重要形式和途径，要着重提升提案办理协商的能力和水平，实现提案办理实效和社会效益的最大化。要切实提高提案质量，在加大提案征集工作力度的基础上，鼓励委员多搞深入调研、深度调研，多提界别提案、联名提案，提高提案价值和含金量。要坚持和完善长期形成的有效机制，拓展提案办理协商形式，规范提案办理运行机制，扩大提案办理协商公开力度，增强提案办理合力，建立健全提案办理考核和评议机制。要继续加强提案办理追踪工作，探索完善工作机制，助推提案办理协商成果的转化和利用。认真做好提案办理协商工作总结，继续加大宣传力度，扩大提案办理协商的社会影响。

有效提升界别协商水平。由界别组成是政协组织基本特点和独特优势。要继续引导和支持各界别活动小组开展发挥界别优势的履职协商活动，着力突出界别特色，着重提升活动的履职功能和社会效益。要规范界别协商的制度体系建设，推动界别活动全面平衡发展，强化界别活动小组的制度化、规范化建设，完善活动记录、情况通报、经验交流、建议汇总等工作，形成界别活动小组的常态管理。要通过召开界别活动小组调研议题征集会等形式，引导界别委员结合自身岗位，开展本界别内的行业调研、深度调研、追踪调研，形成若干高质量的调研报告或提案，把界别协商进一步做深、做实。要切实发挥好界别活动小组的平台补充作用，继续办好利民实事，开展“一助一”、走访慰问、义诊服务等多种形式的连民心、办实事、送温暖活动，以实际行动为构建和谐新顺义贡献力量。

切实强化民主监督。要坚持寓监督于协商、议政、视察、提案、调研等各项履职活动之中，认真总结工作经验，积极探索监督形式，着力完善民主监督机制，不断提高民主监督工作水平。要重点围绕十八届五中全会，市委十一届八次、九次全会和区委四届十一次全会精神的贯彻落实情况、顺义区“十三五”规划的制定和实施情况，重要法律法规和重大方针政策的执行情况，政府部门及其工作人员的履职情况，党风廉政建设责任制落实情况等内容，有计划地组织开展民主监督，促进党政部门科学执政、民主执政、依法执政。要继续认真开展特约监督工作，切实加强与有关部门的协调配合，不断强化特约人员的责任意识，努力提高监督实效。

三、强化委员队伍建设，提升履职能力。

政协委员是人民政协履行职能的主体，切实强化委员队伍建设，提高履职能力素质，是增强政协组织肌体生机和活力的基础，是发挥政协政治协商、民主监督、参政议政职能作用的关键。要加强政协委员学习教育培训工作，采取委员自我学习与组织培训相结合的方法，努力提高政治理论素养、文化科学知识素养及社会活动能力、分析判断能力，不断提高履职水平。要引导政协委员认真履行权力和义务，妥善处理做好本职工作与履行委员职责的关系，提倡二者兼顾、有机结合、发挥优势、双职奉献。要继续完善委员管理服务机制，做好委员履职情况统计工作，并及时公开履职情况，表彰先进，激励落后；继续探索和实践有利于充分发挥政协委员作用的退出机制；继续坚持表彰优秀提案、优秀艺术作品，宣传优秀政协委员等有效做法，不断探索和完善激励委员履职的新途径、新办法。要认真做好政协委员五年履职情况的总结工作，并为遴选新一届政协委员提供参考依据。

四、加强机关自身建设，提高服务保障能力。

要继续坚持以“四主”工作理念为引领，切实加强区政协自身建设，着力强化各项基础性、经常性工作，全力保障和促进履职工作开展。要继续严格执行《中国共产党廉洁自律准则》等系列制度文件，切实加强机关作风建设，巩固党的群众路线教育实践活动和“三严三实”专题教育成果，防止“四风”反弹回潮，为政协开展工作创造风清气正的履职环境。要继续加强机关队伍建设，通过集中培训、轮岗交流、实践锻炼等途径，提高机关干部的政治素质和工作能力，努力打造一支政治坚定、作风优良、学识丰富、业务熟练的高素质政协工作干部队伍。要坚持把服务委员履职作为第一要务，认真贯彻落实有关文件精神和制度规定，强化服务意识，增强服务的主动性和自觉性，全面做好为委员履职服务的各项保障工作。要加强督促和考核，充分调动各方面积极性，进一步强化联系和走访委员工作。要进一步加强与宣传部门、信息部门和新闻媒体的联系与协作，切实加大宣传工作力度。认真办好“政协之窗”、“政协之声”、“委员风采”专题栏目，切实提高节目的质量和效果；认真办好《政协时讯》和“顺义政协网”，及时、全面反映政协工作动态。要继续在各界委员中开展艺术作品征集展示活动，加强引导，不断提高作品质量和活动效果。要认真做好顺义政协年鉴和大事记的撰写工作，力求发挥存史、资政、团结、育人的作用。

各位委员，新的形势和新的任务，对人民政协工作提出了新的更高要求，也为人民政协履行职能、发挥作用提供了更加广阔的舞台。让我们更加紧密地团结在中共顺义区委的周围，围绕中心、服务大局，发挥优势、积极履职，为“建设绿色国际港、打造航空中心核心区、共筑和谐宜居新家园”作出新的更大贡献！

全面加强纪律建设　忠诚履行职责使命
——中共北京市顺义区第四届纪律检查委员会第六次全体会议工作报告
（2016年2月22日）

肖韵竹

我代表顺义区第四届纪律检查委员会常务委员会向第六次全体会议报告工作，请予审议。

这次全会的主要任务是：深入学习贯彻习近平总书记系列重要讲话精神，落实中央纪委六次全会、市委八次和九次全会、市纪委十一届五次全会、区委四届十一次全会工作部署，总结2015年纪律检查工作，部署2016年任务。刚才，张才雄常委和王刚书记作了重要讲话和重要指示，对坚持全面从严治党，强化党内监督，深入推进我区党风廉政建设和反腐败工作提出了新要求，我们要认真学习、深刻领会，抓好贯彻落实。

一、2015年工作回顾

2015年，在市委、市纪委和区委的坚强领导下，全区各级党组织和各级纪检监察机关牢固树立问题导向和目标导向，切实找准工作中存在的制约环节和突出问题，认真履行全面从严治党主体责任和监督责任，从严教育管理，从严监督执纪，驰而不息纠正“四风”，切实加大纪律审查力度，坚决遏制腐败滋生蔓延势头，全区党风廉政建设和反腐败工作取得了新的明显进展。

一、强化担当“抓落实”，坚决确保“两个责任”落地生根。

坚持牢牢抓住党委主体责任的“牛鼻子”和纪委监督责任的“总抓手”，强化压力传导，强化责任担当，在全区上下营造守土有责、守土尽责、守土负责、失职追责的良好政治氛围。

*健全制度明责任。*区委制定下发《关于落实党风廉政建设责任制党委主体责任和纪委监督责任的实施意见》、《关于进一步健全完善党风廉政建设和反腐败工作制度的意见》等制度，对党风廉政建设责任制党委的主体责任、纪委的监督责任以及组织领导、分工负责、工作报告、工作约谈、检查考核等作出明确规定。

*统一思想强意识。*通过组织召开落实党风廉政建设责任制工作推进会、举办落实“两个责任”专题培训班、开设“一把手”在线访谈栏目、实行二级班子党政正职向区纪委全委会述责述廉全覆盖等多种方式，切实把广大党员干部特别是主要领导干部的思想认识统一到中央、市委、区委对党风廉政建设和反腐败工作的形势任务判断上来，统一到当前加强和改进区域党风廉政建设和反腐败工作的重点工作任务上来，统一到履职尽责、敢于担当的工作状态上来。

*完善体系防虚置。*制定个性化的党风廉政建设责任清单，进一步明确不同岗位、不同人员党风廉政建设责任制的责任内容；改进责任书签订方式，区四套班子主要领导以上率下，率先作出主体责任第一责任人履职承诺；全区纪检监察干部签字背书，对监督责任作出集体承诺；区、处、

科队站所、村、社区分层级、分类别建立党风廉政建设责任清单，在全区上下形成人人有责、人人明责、人人担责、一级抓一级、层层抓落实的党风廉政建设责任体系。

科学考核重运用。进一步改进和优化区内党风廉政建设责任制检查考核工作，对镇街、区直单位部门、国有企业等实施分类考核，通过开展第三方民意调查、现场检查、日常工作评估等方式，强化检查考核的民意导向、问题导向、办案导向和业绩导向，并对考核结果实行“双反馈、一通报、一备案”机制，真正使党风廉政建设责任制的检查考核成为各级党委、纪委日常工作的风向标和指挥棒。

严肃追责逼落实。按照“有责必问、问责必严”的标准，认真开展责任追究案件的调查核实，切实加大责任追究工作力度。2015年，我们对发生顶风违反中央八项规定精神问题的领导班子和领导干部，对发生“为官不为、为官乱为”问题的领导班子和领导干部，对履行全面从严治党主体责任和监督责任不力的领导班子和领导干部，进行了责任追究；对责任制检查考核排名靠后单位和部门的主要负责同志进行了约谈。

二、持续用力“不松劲”，坚决拧紧纪律作风螺丝扣。

坚持把纪律和规矩挺在法律的前面，把加强和改进作风建设作为严明纪律的重要切入点，以常抓不懈的劲头和毫不松懈的态势，推动我区党员干部队伍作风的进一步好转。

巩固成果不反弹。以“三严三实”专题教育为契机，深化巩固群众路线教育实践活动成果，持续抓好中央八项规定精神、市委十五条实施意见和区委改进工作作风密切联系群众制度体系的贯彻落实，紧盯元旦、春节、五一、十一等重要节点不放松，下发严明纪律通知，加大监督检查力度，切实巩固“四风”整治成果。

狠刹“四风”不手软。坚持“快速反应、准确定性、严肃查办”的基本原则，将违规吃喝、违规用车、违规操办、滥发款物等违反中央八项规定精神的行为列为纪律审查重点，对顶风违纪的涉事人员严肃查处，对发生顶风违纪问题单位部门的党组织和纪检监察机关进行严肃的责任追究。全年共查处违反中央八项规定精神类问题25件38人。

治庸治乱不放任。制定下发《关于开展“为官不为”、“为官乱为”问题专项治理的工作方案》，不以问题小而姑息，不以情节轻而放任，重点治理发生在群众身边的、群众反映强烈的态度冷漠、消极应付、暴力执法、选择性执法等不作为、乱作为问题。全区各单位共自查“为官不为、为官乱为”问题425项；区纪检监察机关共查处“为官不为、为官乱为”违纪违法问题14件14人。

三、严查快办“零容忍”，坚决保持纪律审查高压态势。

坚持把纪律审查作为各项工作的重中之重，集中力量，严肃查办，在全区上下形成有错必纠、有案必查、有腐必惩的强大震慑。全年共接受纪检监察业务范围内信访举报411件，初核问题线索207件，同比上升223.4%；立案调查145件，同比上升229.5%；党政纪处分127人，同比上升209.8%。区检察机关共立案侦查贪污贿赂、渎职侵权等职务犯罪11人；区法院共审结一审贪污贿赂案件3件、渎职侵权案件3件。

打出执纪组合拳。全面修订完善区反腐败协调小组工作机制和联席会议制度，制定出台《顺义区反腐败协调小组工作规则》和《关于在查办党员干部和国家工作人员违纪违法案件中加强协作配合的意见》，进一步加强、改进和规范纪检监察机关与公检法机关在查办违纪违法案件中协作配合的规则、程序和要求，形成了定期沟通、及时通报、线索移送、协同办案的长效工作机制，并对被定罪处刑和被行政处罚的违纪违法党员和监察对象进行了清理排查。

抓住重点严查办。坚持紧扣纪律开展工作，将市委巡视组和上级纪委交办的问题线索、顶风违反中央八项规定精神类问题线索、国有企业领域违纪违法问题线索、农村基层不正之风和消极腐败问题线索等作为纪律审查重点，自觉转变思维定势，在线索处置、执纪审查、执纪审理各个环节，坚持用党纪的尺子衡量，用纪律的语言描述，集中力量，快速查办。

*层层发力扭局面。*层层传导压力、层层落实责任，加大对基层党委纪委纪律审查工作情况的督办和检查考核力度，明确提出对基层党委纪委纪律审查工作的量化考核标准，部署推进基层党委纪委纪律审查工作。2015年，基层纪委办案数量占到全区纪检监察机关办案总数的1/3，初步扭转了基层党委纪委不愿监督执纪、不敢监督执纪、不会监督执纪的工作状况，形成了上下联动的监督执纪工作新格局。

*揭短亮丑强震慑。*坚决克服“家丑不外扬”的错误思想认识，敢于揭短、敢于亮丑，充分发挥纪律审查的治本功能。切实加大违纪违法案件通报曝光工作力度，第一时间对立案查处的典型违纪违法案件进行通报曝光，及时向广大人民群众传递区委抓好党风廉政建设和反腐败斗争的鲜明态度和坚强决心，切实增强广大党员干部廉洁自律意识和广大人民群众对抓好党风廉政建设和反腐败工作的信心和满意度。精心编写《警示就在身边》警示教育读本，对近年来我区立案查处的涉及行政执法、国企监管、征地拆迁、作风建设等多个领域的12件典型违纪违法案件的违纪事实、处理结果、案发原因及教育警示进行全面阐释，达到了以案施教、以案明纪、以案示警的目的。

四、教育防控“做在前”，坚决堵住消极腐败滋生源头。

坚持惩防并举工作方针，在严肃查办违纪违法问题、保持惩治腐败高压态势的同时，强化教育管理监督，从源头上减少和预防违纪违法问题的发生。

*强化教育筑防线。*紧紧抓住纪律教育的关键少数，将纪律教育作为区委常委会、区委理论中心组学习、区纪委常委会的一项重要内容，以上率下、层层传导，在全区上下营造守纪律、讲规矩的良好政治氛围。紧紧抓住纪律教育的绝大多数，开展“从严从实，遵规守纪”主题纪律教育季活动，着力发挥党风廉政五大教育基地功能作用，全年共组织各类教育培训活动100余次5万余人次，实现了党员干部纪律教育全覆盖。紧紧抓住纪律教育的关键环节，对295名新调整岗位和新任职的处级领导干部开展廉政谈话，对77名新任处级领导干部进行任职前廉政法规知识测试。

*加大宣传重引领。*强化主动发声，注重依靠群众，紧紧围绕党风廉政和反腐败工作当前形势和中心任务，对“绿港清风廉政网”进行全面改版升级，增设要闻要论、学思践悟、在线访谈、清风苑等栏目，突出监督举报、曝光台等纪律审查专栏，及时传递中央、市委、区委关于党风廉政建设和反腐败工作的指示精神，及时发布中央、市委、区委关于党风廉政建设和反腐败工作的重大决策部署、重要活动安排，进一步畅通广大人民群众监督举报渠道，积极搭建广大人民群众与纪检监察机关沟通联络的有效平台，切实提升广大人民群众对党风廉政建设和反腐败工作的知情满意度。

*源头防控建机制。*实行惩防体系年度任务分解及台账式管理，明确31家牵头单位在惩治和预防腐败工作中的67项年度重点任务，形成了“党委统一领导、纪委统筹协调、部门各司其职、全党全社会共同推进”的惩治和预防腐败良好氛围。推行廉洁准入制度，制定出台《关于在建设工程项目和政府采购领域开展行贿犯罪档案查询的暂行办法》，从源头上把好工程建设、政府采购的“廉洁”关。紧抓农村基层党风廉政建设，制定出台《关于健全完善农村（社区）干部廉洁履职监督管理工作机制的意见》，构建“教育引导、制度约束、监督制衡、约谈提醒、惩处威慑”“五位一体”的农村社区干部廉洁履职长效机制。

*抓早抓小防未然。*转变执纪理念和方式，探索运用监督执纪的“四种形态”，坚持提醒在前，建立实施区委、区纪委党风廉政建设和反腐败工作约谈制度，对存在苗头性、倾向性问题的党员干部和单位部门的主要负责同志，采取约谈提醒、函询谈话等方式，指出问题、听取情况、责令整改，让咬耳扯袖、红脸出汗成为常态，让问题消

灭在萌芽状态。

五、打造过硬队伍，坚决践行“忠诚、干净、担当”要求。

坚持正人先正己，主动自觉地加强和改进纪检监察干部队伍自身建设，努力打造“忠诚、干净、担当”的纪检监察干部队伍。

*切实加强区纪委常委会自身建设。*严格落实《区纪委常委会关于加强自身建设的意见》，改善区纪委常委会领导班子的年龄结构和知识结构，把年纪轻、能力强、专业素质好的干部选配到区纪委常委会领导班子，切实提高区纪委常委会领导班子的核心战斗力；认真开展“三严三实”专题教育，通过领导班子成员带头学习研讨、带头讲党课、带头履职尽责，从加强思想政治建设、强化责任担当、落实民主集中制、密切联系群众、切实改进作风等几个方面，为全区纪检监察干部树立“三严三实”的更高行为规范。

*全面提升能力素质。*加大对纪检监察干部纪律教育工作力度，集中学习《准则》《条例》，要求广大纪检监察干部既把党纪条规当做自己执纪的标尺，更把党纪条规当做自己行为的戒尺，在党性修养上追求高标准，在遵规守纪上追求严要求，坚决防止“灯下黑”。重点提升专业素养，积极组织纪检监察干部参加中央纪委、市纪委举办的各类业务培训班，选调20多名基层单位纪检监察干部到区纪委机关开展“以干代训”，抽调精干力量组建4个联合调查组，切实提升监督执纪能力。

在总结成绩的同时，我们也要清醒地认识到我们的党风廉政建设和反腐败工作还存在一些不容忽视的问题。区镇两级反腐败协调小组的职能作用发挥还不到位，运转还不顺畅、不充分，工作规则和程序仍需进一步细化和规范。有的党组织和党员领导干部对全面从严治党的紧迫性认识不深，对把纪律挺在前面的要求认识不到位，落实主体责任的主动性不强、办法不多，失责失管、顶风违纪的现象依然存在。有的纪检监察机关在思想认识、理念思路、方法举措上还存在思维惯性，没有完全适应把纪律挺在前面的要求，推进“三转”工作还不平衡，干部能力素质仍有短板，纪律意识、责任担当需要进一步增强。对此，我们必须高度重视，认真加以解决。

二、工作体会

党的十八大以来，随着党风廉政建设和反腐败斗争的不断深入，区纪委常委会越来越深切地体会到：习近平总书记的系列重要讲话精神和中央、市委、区委的指示精神是我们做好纪检监察工作的思想武器和行动指南，必须坚持学思践悟，在历史担当中思考，在全面从严中谋划，在坚定不移中推进。结合一年来的工作，我们有如下体会：

一是党委统一领导是深入推进党风廉政建设和反腐败斗争的根本前提。

坚持党的领导，是开展纪律检查工作的政治立场和方向；对党绝对忠诚，是各级纪委和纪检监察干部的政治品质。在推进中国特色社会主义事业的进程中，党的领导是最大特色，发挥着领导核心、协调各方的重要作用。在党风廉政建设和反腐败工作上，党委既是领导者，又是执行者，还是推动者，是我们监督执纪问责的坚强后盾。党的十八大以来，区委坚持有腐必反、有贪必肃，以身作则、率先垂范，层层建立个性化的责任清单，层层传导压力，狠抓责任落实，始终态度坚决和鲜明地领导和支持纪检监察机关加大纪律审查力度，为我们的纪律审查工作取得突破性进展提供了坚强的政治保证；各二级单位党委切实提高思想认识，认真履行主体责任，为纪检监察机关切实转变职能、聚焦主责主业提供了有力的组织保证；区级领导以上率下，坚持带队检查责任制落实情况，王刚书记亲自约谈考核排名靠后的3名党委书记，为纪检监察机关落实监督责任营造了良好工作氛围。实践证明，一个地方和部门党的领导加强了，那里的党风廉政建设和反腐败工作就会取得成效。我们要深刻把握党风廉政建设主体责任与监督责任的辩证统一关系，充分发挥党委的领导核心作用和党支部的战斗堡垒作用，以主体责任的落实，推动工作的深入开展。

二是严肃问责是推进责任落实的“撒手锏”。

动员千遍，不如问责一个。落实好党风廉政建设主体责任和监督责任，是党要管党、从严治党的必然要求和必须履行的政治责任，不落实就是严重失职，失职就要受到追究，否则，责任制就会流于形式、陷入空谈。2015年，区委切实加大对责任追究工作的领导和支持力度，坚持有责必问、有错必究，对落实党风廉政建设责任制不力、发生顶风违反中央八项规定精神问题、接二连三出现消极腐败案件的，要求区纪委一查到底，分清党委负什么责任、纪委负什么责任、有关领导干部负什么责任，进行严肃的责任追究，并对典型案件进行通报曝光。全年共针对违规改扩建办公楼配楼问题、多人违规用车问题等启动了对北务镇领导班子和区城管执法监察局领导班子和领导干部等的责任追究程序，并在“绿港清风”廉政网进行了通报曝光。严肃的问责让各级党组织和广大党员干部看到了区委坚决落实党风廉政建设党委主体责任和纪委监督责任的鲜明态度和坚强决心，让各级党组织和广大党员干部感受到了自身在全面从严管党治党中所担负的不可推卸的政治责任，让各级党组织和广大党员干部的责任意识更强了，履职自觉更大了，有效防止了两个责任的“虚置”和“空转”。事实告诉我们，各级党组织和各级纪检监察机关在抓党风廉政建设和反腐败工作中，必须切实用好责任追究这个“撒手锏”。

三是挺纪法前、严肃纪律是全面从严治党的治本之策。

人不以规矩则废，党不以规矩则乱。现实中，少数党员干部自由散漫、目无组织、弄虚作假、公权私用等行为，归根到底都是不守纪律、不讲规矩的表现；一些以身试法、贪污贿赂等的党员干部，则更是视纪律和规矩如无物、视国家法律法规如无物的表现。从我们查处的违纪违法案件情况来看，党员干部“破法”往往是从“破纪”开始的。党的十八大以来，区纪委认真落实中央、市委、区委指示精神，严格落实中央八项规定精神，严肃查处顶风违纪行为，持之以恒纠正“四风”，经常抓、抓经常，坚持不懈地把纪律执行下去，不断强化广大党员干部的纪律意识和规矩意识，推动了我区党风政风的明显好转。我们深刻地感到，纪律建设是全面从严治党的治本之策，是加强和改进党的作风建设的治本之策，是减少和预防消极腐败问题的治本之策。只有把纪律挺在前面，严格执行、抓早抓小、动辄则咎，才能把规矩严起来、立起来，才能用纪律管住“大多数”。在今后的工作中，要进一步加大执纪监督力度，正确把握和运用好监督执纪的“四种形态”，使咬耳朵、扯袖子，红红脸、出出汗成为常态；让党纪轻处分、组织调整成为大多数；重处分、重大职务调整的是少数；严重违纪涉嫌违法立案审查的只是极极少数。只有这样才能体现我们党对犯错误党员一贯坚持的“惩前毖后、治病救人”方针，体现纪律检查工作的职责定位。

四是改革创新、深化“三转”是推进纪律审查工作的不竭动力。

党的十八届三中全会作出了改革纪律检查体制的重大决策，全区各级纪检监察机关按照中央纪委、市纪委要求“转职能、转方式、转作风”，聚焦主业主责，监督执纪问责，完成区纪委机关内设机构调整改革，清理牵头或参与的议事协调机构，规范纪委书记工作分工，规范设置区处两级的反腐倡廉建设领导小组和反腐败协调小组，初步实现了党的支部委员会纪律检查委员设置的全覆盖，不断健全完善纪律审查工作的体制机制，为确保各级纪委履行党章赋予的监督执纪问责的工作职责提供了有力保障。实践证明，找准定位、聚焦主业、攥紧拳头打出去是纪检监察机关履职尽责的前提，必须坚持聚焦聚焦再聚焦、“三转”“三转”再“三转”，坚持、巩固和深化纪律检查体制改革工作成果，进一步转变思想观念，进一步找准职责定位，自觉把监督执纪问责作为纪检监察机关履行党章赋予神圣职责的实现路径，切实提高纪检监察机关和纪检监察干部发现问题能力、思想政治工作能力和纪律审查能力，以实际行动回应干部群众的新期待。

五是党风廉政建设和反腐败斗争永远在路上。

党的十八大以来，以习近平总书记为领导核心的党的新一届中央领导集体，以加强和改进党的作风建设为切入点，持之以恒、常抓不懈，挺纪法前、正风肃纪，以党风廉政建设和反腐败工作的实际成效，赢得了党心民心；以一抓到底、毫不松懈的力度和态势，让广大人民群众看到了党中央抓党风廉政建设和反腐败工作绝不是一阵风。中央纪委六次全会上，习近平总书记再次强调，党中央坚定不移反对腐败的决心没有变，坚决遏制腐败蔓延势头的目标没有变。这又一次告诉我们，党风廉政建设和反腐败工作永远在路上，只有进行时。2015年，我们的纪律审查工作力度空前，严肃查处了区自来水公司原财务科科长李海容、北京燕京饮料有限公司原副总经理姚殿佐等严重违纪违法案件，在全区上下形成了有力震慑。但我们必须看到，我区落实全面从严管党治党要求的任务依然艰巨复杂，腐败现象滋生的土壤依然存在，不敢腐的态势才刚刚形成，不能腐的制度建设和不想腐的思想教育依然任重而道远。我们必须始终保持坚强政治定力，持续保持高压态势，坚持不懈、持之以恒，积小胜为大胜，坚定不移地把党风廉政建设和反腐败斗争引向深入，以全面从严治党的实际成效，凝聚推动顺义改革发展的党心民心。

三、2016年主要任务

区委四届十一次全会确立了“建设绿色国际港、打造航空中心核心区、共筑和谐宜居新家园”的奋斗目标。深入贯彻落实区委全会精神是当前和今后一个时期全区的重要政治任务，各级纪检监察机关要加强监督检查，确保全会精神落到实处。2016年工作的总体要求是：全面贯彻党的十八大和十八届三中、四中、五中全会精神，深入学习贯彻习近平总书记系列重要讲话精神，落实中央纪委六次全会、市纪委五次全会和区委十一次全会工作部署，保持政治定力，坚持全面从严治党、依规治党，忠诚履行党章赋予的职责，聚焦监督执纪问责，深化标本兼治，创新体制机制，健全相关制度，强化党内监督，把纪律挺在前面，持之以恒落实中央八项规定精神、市委实施意见以及区委制度体系，加大纪律审查力度，着力解决群众身边的不正之风和腐败问题，形成不敢腐的持续震慑，建设忠诚干净担当的纪检监察队伍，不断取得党风廉政建设和反腐败工作的新成效。

一、加强纪律建设，严明党的纪律和规矩。

*加强对政治纪律的监督检查。*坚持把政治纪律的执行情况作为监督执纪问责的重点，加强监督检查，坚决纠正“上有政策、下有对策”以及有令不行、有禁不止行为，确保党的路线方针政策得到坚决贯彻，中央政令畅通，市委、区委重大决策部署落到实处。突出对党员领导干部这个“关键少数”的监督，严肃查处领导干部特别是“一把手”各行其是、阳奉阴违，政治利益与经济利益互相勾连问题。以首善标准严明政治纪律、组织纪律，加强对领导班子换届工作的监督，严格把好党员领导干部“党风廉政意见回复”关，营造良好政治生态。

*认真学习贯彻廉洁自律准则和党纪处分条例。*各级党组织要把学习贯彻廉洁自律准则和党纪处分条例作为一项重要政治任务，作为一段时期纪律建设特别是纪律教育的重要内容，列入各级党组织理论学习中心组学习和廉政教育计划，列为区委党校各类培训必修课程。要把2016年作为纪律教育年，紧密结合“两学一做”活动，通过多种方式，加大宣讲力度，营造学习氛围，使每位同志都受到严格的纪律教育，牢固树立高线意识和底线意识。要狠抓执纪监督，坚持原则，敢抓敢管，以“六项纪律”为尺子，切实履行管党治党责任。

*加强反腐倡廉制度建设。*认真执行《北京市党风廉政建设和反腐败制度建设工作规划（2015-2017）》，进一步健全完善廉政风险防

控等反腐倡廉制度体系，重点规范各级党政主要领导干部职责权限，加强对“一把手”行使权力的监督，进一步规范领导干部配偶、子女及其配偶经商办企业行为。各级党委要结合实际，不断完善党风廉政建设制度，各级纪委要加强对制度执行情况的监督检查，增强制度的刚性约束。

二、深化体制机制改革，进一步夯实“两个责任”。

强化全面从严治党主体责任。各级党组织要一以贯之地落实全面从严治党的政治责任，进一步强化主体责任的履职意识、担当意识，进一步深化对主体责任内涵的认识，彻底清除错误思想认识，在责任担当、方法措施上坚决贯彻落实中央、市委、区委部署，把责任落实到“五位一体”建设的全过程、各方面。各级纪委要认真履行监督责任，监督检查党组织和党员领导干部贯彻党的路线方针政策、加强党的建设、发挥战斗堡垒和先锋模范作用的情况。要继续发挥党风廉政建设责任制检查考核的导向作用，督促指导下级党组织和纪检监察机关切实履行职责。

坚持把责任追究作为倒逼责任落实的“撒手锏”。有权必有责，失职必追责。要把责任追究作为推动全面从严治党的重要抓手，作为倒逼责任落实的有效手段，进一步加大责任追究力度，让失责必问成为常态。要制定党风廉政建设责任追究实施细则，对执行党的路线方针政策不力、严重违反政治纪律和政治规矩，管党治党主体责任缺失、监督责任缺位，“四风”和腐败问题多发频发，选人用人失察、拉票贿选、任用干部连续出现问题的，严肃追究责任。既要追究主体责任、监督责任，又要追究领导责任、党组织责任。要加强问责常态化机制建设，规范批评教育、诫勉谈话、通报批评、组织处理、纪律处分等责任追究方式的适用情形和程序，健全责任追究情况定期报告、典型问题公开曝光制度，加强对基层责任追究工作的督导。要加大“一案双查”力度，对今年发生的违反中央八项规定精神类问题，一律启动责任追究程序。

实现派驻监督全覆盖。认真贯彻落实市委关于加强派驻机构建设的意见，研究制定我区落实的具体办法，探索单独派驻和综合派驻相结合的派驻模式，实现派驻监督全覆盖。进一步明确派驻机构的工作职责、监督权限、工作关系和管理保障，选好配强派驻班子和干部，切实发挥派驻机构“派”的权威和“驻”的优势。要从问题线索抓起，把监督触角延伸到前端，伸长耳朵、瞪大眼睛，发现苗头就及时提醒，有了问题就谈话诫勉，严重违纪就要立案查处。对重大问题该发现没发现就是失职，发现问题不报告、不处置就是渎职，都要追究责任。要掌握被监督单位的历史和特点，分析出现问题的深层次原因，提高发现和处置问题能力。纪检组组长要聚精会神干纪检，守住职责不发散，经常与被监督单位党组（党委）书记交换意见、通报问题。派驻干部要强化派驻意识，敢字当头、无私无畏。

落实双重领导体制。进一步落实“两为主”工作要求，强化上级纪委对下级纪委的领导，研究制定纪委书记、副书记的三个提名考察办法和查办腐败案件体制机制改革的实施细则、案件检查工作考核办法以及重要线索管理办法，加强线索处置和执纪审查情况报告工作，对瞒报、漏报和不按规定及时报告的，依规依纪严肃处理。区纪委机关要深入分析基层上报情况以及信访举报和执纪审查方面的情况，加强对党风廉政建设和反腐败形势的研判，为区委决策提供参考。

三、寸步不让抓作风，坚决打赢作风建设持久战。

持续发力抓好作风建设。作风建设永远在路上，抓一抓就好转，松一松就反弹。要严防死守，深化巩固作风建设成果。要继续紧盯重要时间节点，牢牢锁定易发多发违规问题，牢牢看住党员干部中的“关键少数”，切实加大明察暗访工作力度，进一步畅通广大人民群众监督举报渠道，对不收手、不知止的，从严查处、绝不姑息，持续释放执纪必严的强烈信号。对规避组织监督，出入私人会所，组织隐秘聚会的一律从严查处，对参加聚会的要找本人谈话，令其在民主生活会上作出深刻检查。对在执纪审查中发现的“四风”问题线索，要深挖细查、决不放过。要密切注意不正之风的新动向、新表现，对隐形变异的要深挖不放，露头就打，越往后处理越严。要继续开展“为官不为”、“为官乱为”问题专项治理，让广大人民群众切实感受到作风建设的实际成效。

抓党风、树新风。党风正则民风淳。各级党组织要切实履行对党员干部日常教育管理监督的职责，把贯彻执行廉洁自律准则作为改进作风的重要抓手,引导广大党员干部培养高尚道德情操、坚决抵制不良风气、主动按规矩办事、自觉依纪律行事，在广大党员干部中间营造风清气正的政治氛围。要大力弘扬中华民族优秀传统文化，汲取家规家风、村规民约中的精华，扬真抑假、扬善抑恶、扬美抑丑，移风易俗，推动社会风气持续好转。

四、加大纪律审查力度，保持惩治腐败高压态势。

用好监督执纪“四种形态”，保持高压态势不动摇。坚持把“四种形态”作为检验纪律审查工作的标准，严格执行问题线索“五类”处置方式，推进暂存线索清理制度化，用最坚决的态度减少腐败存量，用最果断的措施遏制腐败增量，始终做到态度不能变、决心不能减、尺度不能松。要切实把纪律挺在前面，紧紧扭住“常态”不放，扩大谈话、函询覆盖面，对出现违纪苗头或轻微违纪的，及时开展批评与自我批评，及时由党组织出面咬咬耳朵、扯扯袖子；对受到函询、诫勉和被巡视发现问题的，本人要在民主生活会和组织生活会上进行深刻检查，红红脸、出出汗。要正确把握“大多数”，对违反党的纪律的行为，只要一发现就要根据违纪行为的性质、情节及造成的后果，依据《中国共产党纪律处分条例》等党内法规及时作出党纪轻处分和组织处理，防止小错变成大错，坚决把腐败增量遏制住。要坚决惩处“少数”和“极极少数”，对构成严重违纪的，必须及时给予重处分、作出重大职务调整；如果构成严重违纪且涉嫌违法，必须果断进行立案审查，治病树、拔烂树。要突出惩治重点，把党的十八大后不收敛不收手、问题严重、群众反映强烈，现在重要岗位且可能还要提拔使用这三类情况同时具备的，作为重中之重，加大惩治力度，防止带病提拔。研究制定《顺义区国家行政机关向监察机关报送涉嫌违反行政纪律问题线索的办法》，进一步拓宽执纪审查线索来源，加强对区国家行政机关履职情况的执纪监督。

突出纪律审查的政治性和纪律性。纪律审查要讲政治、顾大局。从信访受理、线索处置、谈话函询，到执纪审查、调查谈话、审理报告各个环节，都要突出纪律特点。信访受理要加强基础、基层、基站工作，以纪律的尺子排查处置举报线索，加强定向分析，规范纪检监察信访举报的流程，提高处置效率，充分发挥纪律审查主渠道作用。纪检监察室要把握好一般性问题线索、指向性明确问题线索的处置方式,及时开展谈话提醒、函询核实，深入细致做好初核和再核实，切实提高审查谈话的思想政治工作能力。审理工作要增强审理报告的规范性，补充受处分对象对所犯错误的认识，增加个人检查、忏悔录、违纪见面材料等附件。加强申诉复查复议工作，切实保障党员权利。执纪审查是严肃的政治任务，审查纪律就是政治纪律。对私存线索、以案谋私、跑风漏气的，发现一起查处一起。加强涉案资料和款物管理，加大抽查力度，落实监管责任。把保障审查对象人身安全的责任落实到岗，坚持依纪依法安全文明办案。

五、坚决整治和查处侵害群众利益的不正之风和腐败问题，切实加强基层党风廉政建设。

把压力和责任传导到基层。层层传导压力，强化责任落实。二级班子党委要切实提高思想认识，切实担负主体责任，加强研判，分析形势，查找风险，健全制度，堵塞漏洞，切实抓好本单位本部门的党风廉政建设和反腐败工作。二级班子主要负责同志要抓好班子、带好队伍，既要督促班子成员认真履行“一岗双责”，抓好职责范围内的党风廉政建设和反腐败工作，又要把压力和责任向农村社区等下级党组织传导和延伸，突出抓好以村党组织书记等为重点的农村基层党员队伍建设。各级纪委要把查处侵害群众利益的不正之风和腐败问题作为主要工作任务，重点查处虚报冒领、截留私分、挥霍浪费等问题，有关职能部门要加强管理监督。对失职渎职的，要严肃追究责任。

加大对侵害群众利益问题的查处力度。继续开展“小官贪腐”专项整治，重点查处和纠正违规收缴群众款物或处罚群众，克扣群众财物、拖欠群众钱款等突出问题；集体“三资”管理、土地征收和惠农等领域强占掠夺、贪污挪用问题。严肃处理在办理涉及群众事务时吃拿卡要，甚至欺压群众的违纪行为。各单位各部门要结合实际，对症下药，什么问题突出就解决什么问题。要定期梳理问题线索，对反映集中、性质恶劣的，重点督办、限期办结。定期曝光违纪问题，自觉接受群众监督和舆论监督，坚决遏制基层不正之风和腐败现象。

六、从严从实，建设忠诚干净担当的纪检监察队伍。

持续聚焦，坚决守住党章赋予的神圣职责。全面从严治党越向纵深推进，越要发扬改革创新精神，实现思想观念、体制机制、管理监督、方式方法和工作作风的与时俱进。各级纪检监察机关和广大纪检监察干部要敢于担当、敢于负责，自觉巩固深化工作成果，进一步找准职能定位，进一步聚焦主责主业，自觉把思想和行动统一到深化“三转”、聚焦监督执纪问责上来，在创新组织形式和工作方式，把纪律挺在前面、践行“四种形态”上下功夫。

优化队伍，切实加强纪委领导班子建设和组织建设。配合党委做好纪委换届工作，进一步优化纪委及其常委会结构，把政治强、作风硬、德才兼备、敢于担当的干部选拔进纪委领导班子。明确纪委委员职责，发挥纪委委员作用，研究制定纪委委员发挥职能作用的工作规则。把纪律检查工作延伸到基层党组织，进一步规范机关党支部和农村社区基层党组织纪检委员配置，研究制定纪检委员履职办法。扩大纪检监察干部选人用人视野，加大交流力度，不断增强干部队伍的生机活力。

学思践悟，自觉锤炼过硬作风。巩固和深化群众路线教育实践活动、“三严三实”专题教育成果，强化思想理论、形势任务、优良传统的宣传教育，认真组织学习习近平总书记系列重要讲话精神，特别是《习近平关于党风廉政建设和反腐败斗争论述摘编》和《习近平关于严明党的纪律和规矩论述摘编》，学习党的理论与历史，不断提高党性修养、增强党的观念，夯实忠诚干净担当的思想基础。要加强纪检监察机关党的建设，以党的建设带动各项工作。要加强纪检监察干部能力建设，大批量、多层次培训纪检监察干部，提高调查研究能力、思想政治工作能力、纪律审查能力以及用好互联网和新媒体能力。

“严”字当头，进一步强化自我监督。纪检监察机关和纪检监察干部要坚持打铁还需自身硬，主动接受社会监督。纪委领导干部要强化责任担当，领好班子、带好队伍，坚持从严教育管理监督，对干部既大胆使用，又严管严教。坚持执纪者更要严格守纪，严明工作纪律，完善工作程序和业务流程，严格执行重大事项报告、回避和保密制度，对得过且过、作风漂浮、不敢担当、不愿负责的及时进行批评教育、组织调整、纪律处分。高度重视审查纪律，对违规私存案件线索，以案谋私、跑风漏气的，一律以违反政治纪律论处，坚决建设一支忠诚于党、让人民放心的纪检监察队伍。

同志们，全面从严治党是民心所向，是各级党组织和纪检监察机关的使命所系、职责所在。全区各级党组织和纪检监察机关要坚决按照中央纪委、市纪委和区委的要求部署，求真务实、真抓实干，锐意进取、坚持不懈，以实实在在的工作举措，不断取得我区党风廉政建设和反腐败工作的新成效，为“建设绿色国际港、打造航空中心核心区、共筑和谐宜居新家园”作出新的更大贡献！

关于顺义区2015年国民经济和社会发展计划执行情况与2016年计划草案的报告（书面）

（2016年1月6日顺义区第四届人民代表大会第五次会议）

顺义区发展和改革委员会主任 董建华

（审议稿）

各位代表：

我受顺义区人民政府委托，向大会提交顺义区2015年国民经济和社会发展计划执行情况与2016年计划草案的报告，请予审议，并请政协委员提出意见。

一、2015年国民经济和社会发展计划执行情况

今年以来，在市委、市政府和区委的坚强领导下，在区人大和区政协的监督支持下，我区深入落实“把握发展的阶段性特征，推动经济社会转型升级”工作总要求，主动适应发展新常态，紧紧围绕京津冀协同发展和首都城市战略定位，坚持问题导向，积极调结构、促改革、惠民生，国民经济和社会发展计划完成符合预期、各项措施执行有力，区四届人大四次会议审议批准的年度计划目标任务得到了较好完成，确保了“十二五”规划胜利收官，也为“十三五”时期全区发展顺利开局奠定了坚实基础。

（一）经济社会发展总体平稳

在经济下行压力持续加大的情况下，积极落实稳增长政策，出台一系列配套和细化政策措施，加强综合督促调度，稳定了预期，促进了发展，经济社会发展总体平稳、稳中有进、稳中有好。

经济运行稳中提质。初步预计，地区生产总值不变价增长7%，总量达到1433亿元。结构调整成效明显，三次产业比重预计调整为1.7 : 36.3 : 62。效益质量稳定向好，一般公共预算收入预计完成124.76亿元，增长12.8%。全区居民人均可支配收入预计完成28185元，增长9%。其中，城镇居民人均可支配收入预计完成33328元、农村居民人均可支配收入预计完成22759元，分别增长9%和10%。就业保持稳定，城镇登记失业率控制在1.5%以内的较好水平。绿色经济特征明显，资源消耗强度进一步降低，预计万元地区生产总值能耗、水耗分别下降3.9%和6%。

需求支撑逐步协调。有效发挥政府投资杠杆和导向作用，加大对不同领域和区域的倾斜力度，积极引导和撬动社会投资进入基础设施、生态环境、公共服务等领域和河东地区、城市和镇中心区、机场周边等区域，全社会固定资产投资预计完成450亿元，增长4.1%。消费市场繁荣稳定，电子商务、商业综合体等新业态快速发展，相互依托、相互补充的多业态共同发展局面已经形成。居民多元化消费需求进一步释放，预计实现社会消费品零售额408亿元，增长8.5%。旅游消费份额不断扩大，五彩浅山、国际鲜花港、汉石桥湿地生态消费圈加快构建，全区预计接待游客462万人次，旅游收入达到61.3亿元。全年预计完成进出口总额172亿美元，下降9.3%；实际利用外资预计完成5.5亿美元，增长5.1%。

（二）产业转型升级系统深入实施

围绕经济发展新的阶段性特征，紧抓服务业扩大开放综合试点机遇，一手抓构建高精尖经济

结构，一手抓调整疏解非首都功能，支撑经济提质增效的因素加速积累。

产业发展更加符合转型升级要求。积极开展项目全要素评价和禁限管理，坚决退出一般性产业特别是高消耗产业，关停退出企业42家。加快农业结构调整，启动实施了现代农业节水示范区建设。明确了商务领域新增产业禁止和限制目录清单，引导区域性批发市场调整腾退，南法信众合汽配等市场清退工作有序进行。服务业在调整疏解中呈现良好发展势头，新兴优势产业加速集聚，区域经济正加快向服务业主导转型升级。金融业多元化、规模化发展，新落户金融机构30家，汇集融资租赁企业34家，成长为支撑经济增长的第三大主导产业。积极推动传统产业应用“互联网+”发展，63家开展电子商务企业发展态势良好。

产业平台支撑引领作用不断增强。认真落实航空中心核心区发展战略，成功举办第八届中国临空经济论坛，深入推动天竺综保区与临空经济核心区融合创新发展，积极争创国家级临空经济区示范区。天竺综保区文化贸易、科技贸易、跨境电子商务、新型金融等产业快速发展，预计实现进出口总值800亿美元，增长1%；国家对外文化贸易基地入驻企业规模不断扩大，北京国际科技贸易基地建设加快推进，整车进口口岸实现一般贸易进口车560辆，增长2.9倍。临空服务、科技创新、绿色生态功能区整合优势逐步显现，预计实现一般公共预算收入52.4亿元，增长5.5%。临空经济核心区、科技创新功能区与镇级二三产业基地的合作共建不断深化。

创新创业氛围日渐浓厚。出台了创业摇篮计划和重大产业项目定向扶持办法等一揽子政策措施，加大了土地、楼宇等载体资源整合，设立了丰收未来产业发展基金，积极营造良好的区域创新创业生态环境，有效激发了创新创业活力。截至目前，引进高端创业企业20家，新设立市场主体7685户，10家创业示范基地正在筹建。全国首个新三板产业加速器在赵全营镇成立，正式与深交所建立战略合作关系，启动了新金融商会和上市企业协会筹备工作。新增挂牌上市企业8家，累计达到30家，主板、中小板、创业板、新三板、四板及海外市场等多层次资本市场格局已经形成。科技、文化创新取得新进展，新认定国家级高新技术企业93家，组建了代尔夫特中国研究院，第三代半导体材料及应用联合创新基地建设积极推进。天竺综保区引进文化创意类项目12个，成功举办了首届北京国际设计贸易交易会。

京津冀协同发展稳步推进。深入推进与河北威县、怀来县的战略合作，制订了我区落实京津冀协同发展工作方案，确立了6个方面26个重点领域的目标任务。有序开展了产业对接合作，区域发展空间得到了拓展，北京嘉寓新新投资公司光伏节能门窗幕墙建筑一体化项目入驻威县·顺义产业园；顺鑫控股、顺义科技创新产业功能区分别与怀来县签署合作协议。产业疏解转移有序进行，全面梳理区内企业京外投资情况及意向，12个外迁或意向外迁企业正在稳步推进相关工作。

（三）绿色宜居城市建设扎实推进

坚持绿色发展，坚持问题导向，细化政策措施和责任分解落实，区域承载能力和城市综合服务功能切实提高。

环境质量全面提升。加快落实清洁空气行动计划,38项年度重点任务圆满完成，大气质量得到明显改善，截至11月底，PM2.5年均浓度下降14.6%，二氧化硫、二氧化氮和PM10年均浓度分别下降37.1%、9.4%和20.9%。燃煤锅炉改造完成全年任务，淘汰老旧机动车1.4万辆。农村优质燃煤替代实现全覆盖，“煤改电”工程广泛推进。完成高污染燃料禁燃区划定，实施46个项目挥发性有机物（VOC）减排722吨，否决不符合环保要求项目750个。加大环境执法力度，一般程序行政处罚486起，增长149%。水环境质量提升工程全面推进，南水北调水源回补通水运行，累计引水3380万立方米。污水处理设施提升和中小河道治理加快实施，区污水处理厂升级改造竣工，北石槽再生水厂投入使用，北小营再生水厂主体完工，再生水利用率、城市污水处理率分别为80%和98.7%。中小河道治理一、二阶段工程正在扫尾，三、四阶段工程已启动实施。城乡生活环境状况有效改善，97个小区垃圾分类管理正常运转，农村生活垃圾收集和处理切实加强，全区生活垃圾无害化处理率达到98.9%。深入开展垃圾填埋场治理，18处市级挂账非正规垃圾填埋场治理完成。进一步规范建筑垃圾管理，审批经营许可企业45家，备案车辆244辆。绿色空间进一步拓展，平原造林2万亩任务圆满完成，四年累计造林18万亩，全区林木绿化率达到35.6%。新增城市绿地64.5亩，城区人均公共绿地面积为31.7方米。深入开展环境专项整治，市、区两级2906项环境建设台账任务全部完成。加大查违治砂力度，拆除违法建设1409宗、379万平方米，关停砂石料场65处。

*城乡建设统筹推进。*完成了顺义新城规划实施评估，开展了城市总体设计、村庄风貌设计和京沈客专站点一体化设计，进行了城市品质提升、生态红线和开发边界划定、机场综合交通体系等专题研究，出台了《关于推动河东河西协调发展的实施意见》。100项重点工程立项90项，开工60项。体育中心、区委党校具备交付条件，文化中心影剧院、劳动力实训基地、行政中心等项目进入装修阶段，区政务中心（市民之家）开工建设。老旧小区建筑节能综合改造全面推进，一期34.14万平米全部完工，二期60.87万平方米加快建设。农宅抗震节能改造深入推进，完成单项改造、新建翻建及自建楼综合改造1.5万户。浅山区开发稳步推进，启动了舞彩浅山郊野公园规划设计和前期手续办理，举办了山地马拉松、登山文化节等活动，初步确立了登山健身步道长效运维机制。

*城市服务和管理水平不断提高。*运行保障能力不断增强，梁庄110千伏变电站竣工发电，庄子营110千伏变电站土建完工；马坡220千伏和新城、军营110千伏变电站启动建设。仁和热力（城南）中心煤改气二期改造完成，高丽营镇中心区集中供热管网已完成立项批复。城南水厂投入运行，新增日供水能力3万立方米。累计入市交易土地14宗，成交金额119亿元，实现供地113.33公顷。综合施策缓解交通出行压力，顺平辅线俸伯桥主体完工，实施错峰作息时间，“顺义公交”APP上线运行，新建、扩容公共自行车站点42处。开通了区级信用信息公示系统，出台了《顺义区社区物业管理办法》及相关实施细则，加强了“八型社区”创建。切实保障群众饮食、用药安全，食品安全监测合格率、药品抽检合格率分别为98.21%和100%。全面落实人口规模调控方案，建立了镇、街道和区级部门“双调控”机制，通过多种方式引导人随业走，人随功能走。围绕依法治理群租房，整顿违法群租房屋121处、停租和拆除52户；围绕依法规范经营秩序，取缔无证无照商户435个、再生资源站点95家；围绕产业功能疏解，关闭疏解市场3家、清理农贸市场摊位784个。全区常住人口控制在102.2万人。

（四）民生保障与社会事业全面进步

坚持尽力而为、量力而行，积极回应群众关切，着力解决实际问题，民生持续改善，社会和谐稳定。

*公共服务能力进一步增强。*医疗卫生服务条件得到改善，区医院急诊病房楼交付使用，成为首都医科大学教学医院。北京中医院顺义院区通过三甲中医医院评审。北京儿童医院顺义妇儿医院合作成立。通过公私合作（PPP）模式，与凤凰医疗集团合作共建新型社区医疗卫生体系。疾病防控扎实有效，全区甲乙类传染病发病率控制在95/十万。妇幼保健工作深入开展，实施了8个社区儿保门诊和爱婴社区规范化建设。教育事业全面发展，“中小学三年行动计划”深入推进，义务教育均衡发展工作通过国家验收。入园难问题有效缓解，迁建幼儿园1所、接收小区配套幼儿园5所，新增学位1860个。积极承接中心城

区优质基本公共服务资源转移，北京城市学院顺义校区顺利开学，友谊医院顺义院区建设手续办理正在进行。公共文化服务标准化、均等化、数字化、社会化水平稳步提高。启动了体育生活化社区提档升级工程，开展了村居基础健身设施“三个一百”项目。群众性文体活动蓬勃开展，文艺创作、竞技体育水平不断提高。北京市养老护理照料示范中心、区老年公寓二期等重点工程顺利完工，新增养老床位2000余张，全部引进优质医疗资源，实现“医养结合”。

就业和社会保障水平不断提高。进一步健全城乡一体化就业政策体系，促进充分就业水平不断提升。将农村就业困难人员纳入公益性就业安置范围，鼓励劳动力就近就地绿色就业。加大职业技能培训和就业岗位信息服务，全区新增就业28100人，城乡劳动力二三产业就业率保持在95%以上，连续4年获评“北京市充分就业区”。社会保障力度不断加大，职工五险平均参保人数48.5万人，增长3.3%。新型农村合作医疗参合人数25万人，参合率达到97.4%。社会救助力度加大，低保标准提高至月人均710元，困难家庭大病救助封顶金额提高至20万元。保障房和回迁安置房开复工504万平方米，竣工87万平方米；天竺村、西马坡村等6个村完成回迁，回迁村民12317人。8个自住型商品房项目全部开工；沙坨村棚户区改造启动实施，拆迁腾退已经完成。

（五）重点领域改革取得积极进展

认真实施行政审批改革，实现了落实到位、承接到位、公开到位。政府机构和事业单位分类改革初步完成，企业“三证合一、一照一码”登记顺利实现，不动产登记机构完成整合。出台了政府投资项目全过程管理和政府购买公共服务办法，推进预算项目库建立，财政预算和政府投资项目管理进一步完善。经济功能区改革不断深化，管理职责更加顺畅。扎实推进区属国有企业改革，基本完成了房地产开发、市政、建设投资服务三个板块整合。新城地产法人治理结构不断完善，燕顺保障房投资公司成功组建。创新综合监管执法机制，成立了城市环境管理执法委员会和市场监督管理执法委员会。环卫体制改革积极推进。

（六）“十三五”规划研究编制任务圆满完成

重点工作有序开展。制定了“十三五”工作方案，召开了动员会、培训会等。加强了组织领导和全过程管理，成立了领导小组并下设办公室，建立了规划信息报送机制，规范了编制程序，统筹经费管理和进度推进。积极有效的进行了沟通协调，注重与市级部门衔接，注重与重点领域对接。坚持开门编规划，启动了公众建言活动，征集和收集到建言900余条，并进行了充分吸纳。坚持以规划确定项目、以项目落实规划，征集整理了“十三五”时期我区拟实施的重大项目。

研究编制成果丰硕。对“十二五”规划执行情况进行了终期评估；开展了33项重大前期课题研究，完成了1个纲要、5个重点专项规划和30个一般专项规划的文本编制。进一步强化了规划纲要的战略性、指导性和政策性，强化了专项规划的空间约束功能和指导专业领域发展、项目建设、投资安排的功能，为政府履行职责，编制实施年度目标任务和制定各项政策措施提供了规划依据。

未来蓝图提振人心。立足北京“四个中心”功能定位和建设国际一流的和谐宜居之都目标，确立了“建设绿色国际港，打造航空中心核心区，共筑和谐宜居新家园”的奋斗目标，要求“全力推进区域协同发展，全力打造国际航空中心核心区，加快构建‘高精尖’经济结构，大幅提升城市品质，持续加强生态文明建设、全面增进民生福祉”。“十三五”期末，小康社会全面建成。目标定位符合实际、鼓舞人心，体现了人民群众的发展要求，阐明了区委、区政府的战略意图。

总体来看，2015年我区经济社会保持了平稳发展态势，国民经济和社会发展计划执行符合预期。但也要清醒地认识到，我区正处在转型发展的重要时期，计划执行过程中存在的一些问题需要关注和解决。*一是稳增长压力不断加大*。经济增长速度明显放缓，稳增长的需求支撑尚不协调稳固、产业支撑集中并相对单一，适应新常态的新增长格局还未根本形成。转型升级任务更加艰巨，京津冀协同发展规划纲要和北京市的贯彻意见，对调整疏解和创新发展提出了更高的要求，推动制造业向创新创造转型升级，推动传统商业、交通运输等服务业调整升级的需求更加迫切，适合首都功能要求的金融、科技、信息等服务业仍需不懈推进。*二是城市服务品质需加快提升*。城市功能不完善、城市建筑特色不明和精品缺乏、医疗教育养老等优质公共服务资源不足等问题严重制约着城市品质的提升。轨道交通、公路体系、优质公共服务等提升城市功能的重大项目需要加快推进。设施不便、环境死角以及违法建设、交通秩序等需要继续整治。各种社会矛盾日益凸显。基层精细化管理能力和区域文明程度、市民素质还需进一步提升。*三是人口资源环境约束进一步显现*。随着北京城市空间布局调整和北京城市学院、友谊医院等一批项目的启动实施，人口调控难度将不断加大。土地资源红线管控力度加大，建设用地充分有效利用不足，且规划用途与产业转型升级需求不符。能源消费总量大且刚性需求多，工业等其他行业节能效果难以抵消航空运输业能耗增量，节能形势非常严峻。环境治理任务难度依然较大，以改善大气质量为重点的生态环境建设仍须不懈努力。

各位代表，2015年是“十二五”规划收官之年，各项年度计划指标的顺利完成为“十二五”发展划上了圆满的句号。刚刚过去的五年，地区生产总值年均增长10.6%，一般公共预算收入年均增长16.4%，社会消费品零售额年均增长17.7%，全社会固定资产投资累计完成2166.6亿元。城镇居民人均可支配收入和农村居民人均纯收入年均分别10.1%和11.1%，实现了与经济增长同步。成绩来之不易，需要我们在今后继承和发扬，努力为“十三五”开好局、起好步。

二、2016年国民经济和社会发展计划初步安排

2016年不仅是“十三五”规划的开局之年，更是全面建成小康社会决胜阶段的开局之年，安排好全区经济社会发展计划至关重要。

（一）发展计划安排总体思路

按照政府工作的总体安排，2016年计划安排的总体思路是：贯彻落实党的十八届五中全会精神和京津冀协同发展战略，牢固树立创新、协调、绿色、开放、共享的发展理念，主动适应经济发展新常态，坚持稳中求进总基调和首都城市战略定位，按照市委、市政府和区委的决策部署，遵循“把握发展的阶段性特征，推动经济社会转型升级”工作总要求，围绕“建设绿色国际港，打造航空中心核心区，共筑和谐宜居新家园”的奋斗目标，着力提升经济发展质量和效益，着力扩大生态空间和环境容量，着力加强城市精细化管理和品质提升，着力推进共享社会建设和民生保障，着力深化重点领域改革和扩大开放，以发展战略转变引领区域功能布局，以发展理念转变引领发展方式转变，积极破解发展难题，厚植发展优势，推动顺义更高水平的全面发展，努力实现“十三五”发展的良好开局。

在计划安排上重点把握四个坚持：一是坚持与“十三五”规划纲要指标体系相结合。注重年度指标的可操作性，平衡好当年计划和五年发展目标的关系。积极“认识新常态、适应新常态、引领新常态”，重点把握稳增长与调结构的平衡，促进经济社会发展与城市功能更加协调、与民生需求更加适应、与提质增效升级要求更加契合。二是坚持与首都城市战略定位结合。立足我区发展的阶段性特征，把推动转型升级作为改善经济效益和提升运行质量的根本途径。强化科技和文化创新，支持各类创新要素集聚，积极主动承接中心区疏解功能，促进区域内非首都功能合理转移，实现我区更高水平的科学发展。三是坚持与破解城市发展难题相结合。强化功能提升、区域协同导向，统筹“生产、生活、生态”空间，优化城市功能布局。紧扣民生关切和制约区域可持

续发展的热点难点，从功能定位、法规制度、市场机制、社会治理等深层次根源出发，研究治本之策，处理好发展与“治病”的关系，处理好促发展与惠民生的关系。主动融入和服务京津冀协同发展，促进合作共赢。四是坚持与推进全面深化改革相结合。把改革贯穿于经济社会发展的各个领域和各个环节，全面落实深化改革的各项部署，深入谋划、准确把握改革内容、路径、措施和保障等一系列重大问题，全面激发经济和社会活力。处理好政府与市场的关系，注重运用市场经济手段实现计划，使计划任务安排部署更符合发展规律、适应时代要求、反应人民意愿。

（二）发展主要目标初步安排

——地区生产总值不变价增长 7% 左右；

——一般公共预算收入增长 8%；

——城镇和农村居民人均可支配收入分别增长 8%、9% 左右；

——登记失业率控制在 2% 以内；

——万元地区生产总值能耗和水耗分别下降 3.1% 和 6%；

——森林覆盖率 30.18%；

——PM2.5 年均浓度下降 3%。

三、实现 2016 年国民经济和社会发展计划的主要措施

（一）加快产业转型发展

强化投资消费协调拉动。充分发挥投资对稳增长、调结构、惠民生和完善城市功能的关键作用，继续稳定固定资产投资。继续抓好生态环境提升、市政基础设施、民生保障、高精尖产业培育等方面 100 个重点工程建设。突出投资布局优化，补短板、添后劲，深入落实促进河东地区发展意见，加大项目支持，安排项目 26 个，同比增加 9 个。切实发挥好政府投资的杠杆和引导作用，加强金融服务创新，在基础设施、生态环境、公共服务等领域多渠道融资，积极推广 PPP、BOT 等模式。进一步强化项目和资金安排动态调配，加快土地一级开发在施项目扫尾和上市交易。着力扩大消费需求，提高天竺、后沙峪、马坡等区域商业服务能力，做好沃尔玛（山姆店）、金宝花园、马坡华联、春晖园商业广场等重点商业项目建设，推进万达茂和新国展二、三期手续办理。完善“一刻钟社区服务圈”建设，加快社区电子商务应用体系建设。积极扩大健康、养老等非基本公共服务供给，推进旅游设施和环境建设，培育消费新热点。加快消费模式和业态创新，大力发展电子商务，推动传统百货向综合性购物中心转型，鼓励传统商业企业发展线上业务和线下体验。

*积极构建高精尖产业结构。*做好服务业扩大开放综合试点工作，着力发展以航空服务、金融、文化创意为代表的高端服务业。以建设首都新型制造业基地为目标，积极争创“中国制造 2025”示范区，加快提升汽车和航空两大传统支柱产业，积极推动饮料、食品等龙头企业加快产业链高端环节控制和突破，疏解低端环节，强化总部功能；把战略性新兴产业作为产业优化升级的突破口，重点发展新一代信息技术、高端装备制造、新材料、新能源等战略性新兴产业。优化发展都市型现代农业，加速推进农业电子商务发展，打通农业价值增值通道。严格落实北京市禁限目录，强化项目全要素综合评价，严控低端项目进入。充分利用市场机制，做好产业“瘦身健体”，有效疏解主导产业链低端环节。

*推进功能区融合创新发展。*全面推进“创业摇篮”计划实施，以服务创新创业人群为核心，加快实体创客空间、虚拟创新平台建设，完成 10 家创业示范基地建设。积极争创国家级临空经济示范区，以规划、功能、产业、公共服务和运营保障五个协同为目标，搭建对接平台，全面推动天竺综保区和临空经济核心区融合创新发展。把握北京打造北部创新创业发展带机遇，依托科技创新产业功能区、中关村顺义园和创业基地，加快战略性新兴产业，高技术产业和生产性服务业聚集，大力培育区域“众创空间”，推进科技研发和成果转化，逐步成为智能微制造集聚区的主要载体。促进绿色生态板块提质发展，大

力发展生态农业和旅游观光，实现生态效益、经济效益和社会效益最大化。继续深化功能区与镇级二三产业基地合作共建，建立健全利益分享、风险共担机制。

主动融入京津冀协同发展。全面落实我区《京津冀协同发展工作方案》，加强督导督办，确保26个重点领域的目标任务扎实推进、取得实效。推动威县、怀来两地顺义产业园建设发展，积极开展招商引资和产业对接协作。充分发挥农业优势，联合河北等周边地区，发展具有顺义特色的大农业产业体系。深化旅游、就业等一体化合作和生态环境协同治理，推动京津冀三地共享共治。紧抓首都布局优化调整和中心城区功能疏解契机，积极承接医疗、科教、文化等优质公共服务资源；以企业总部、结算中心、运营中心为重点，加强产业对接和疏解企业承接。加强与市行政副中心的协同发展，开展李桥、李遂、北务等南部地区土地开发、生态建设、基础设施和公共服务设施提升等重点领域研究，加快推进生态隔离、顺通路改造、右堤路南延等工程实施。

（二）着力提升城市服务品质

严控人口规模。以控制常住外来人口为重点，加强属地和部门管理责任落实，进一步完善人口综合调控机制。发挥经济、法律、行政等调节作用，做好人口"加减法"，推动人口规模、结构、分布更加合理，全年新增常住外来人口2.6万人，总量控制在43万人以内。坚持"以产引人"，同步推进调结构和控增量，通过产业转型、结构调整，企业关停、外迁，小商品市场和废品回收市场清理、规范等手段，推动人随业走；通过吸引高精尖项目入驻、高端人才引进及服务，建设人才聚集区。深化"以房控人"，严厉打击房屋租赁违法违规行为，综合整治群租房、地下空间散租住人。制定历史遗留违建分阶段、分类处理计划，确保新生违建零增长，防止人口再度聚集。强化"以证管人"，严厉查处取缔无证无照经营行为。稳妥实施积分落户政策，建立居住证制度，加强常住人口社会管理。全面落实计划生育政策。完善人口动态监测制度，提高人口调控监测预警能力。

精细化管理城市。加强城市安全管理，切实提高维护公共安全的能力和水平。全力抓好反恐防恐措施，继续开展地下管线、危险化学品等隐患排查治理和人员密集场所的安全监管。坚持"海绵城市"发展理念，合理布局和建设地下蓄水池，整治蓄水坑塘20个，做好雨洪防范和利用。全面落实安全生产"党政同责、一岗双责、齐抓共管"制度，深入开展重点行业领域专项整治，遏制和防范事故发生。加大安全应急管理力度，及时妥善处置突发事件。加强城市生活必需品安全供应，完善食品药品安全体系建设，严把从农田到餐桌、从实验室到医院的每一道防线。加快绿色便捷交通体系建设，完善公交微循环，开通临空经济核心区、天竺综保区、中关村顺义园等功能区周边袖珍公交线路。新建公共候车亭50座，改建大孙各庄镇客运站。加大公共交通工具投放，新增新能源公交车200辆、公共自行车3000辆。深入实施大型货车运行分流方案和停车秩序规范管理，扎实推进货运场站和高速专业出入口建设。加强智慧城市建设，积极推进城市管理网、社会服务管理网、社会治安网"三网"融合、一体化运行。大力实施信息基础设施建设，建立健全"互联网＋城市服务管理"系统。深入开展"八型社区"创建。落实《顺义区社区物业管理办法》，将物业管理权限交给街道。积极破解老旧小区、回迁小区物业管理难题，对政府直管的10个小区安防和门禁系统进行改造，实施专业化物业服务。加强村规民约建设，引导群众积极参与村庄共同治理。

统筹城乡建设。加强时序调控和空间管控，合理布局新城功能。文化中心、体育中心、劳动力实训基地、电子政务中心和党校迁建等重大功能性项目实现竣工。加快市民之家建设，启动东风商场片区改造和新城重点街区市政基础设施建设。继续加大重点镇市政基础设施、生态环境和公共服务设施建设，着力发展特色产业。加快

河东地区发展，着力推动杨镇建设成为河东地区的中心镇。进一步增强城市承载能力，积极推动M15号线东延和城际铁路联络线S6建设，认真做好京沈客专征地拆迁和顺义西站站点一体化设计。完成顺平辅线俸伯桥、华中路、复兴东街及行政中心市政配套建设，启动减河北路东延、木孙路、顺平南辅线东延建设，扎实做好通怀路、四纬路东延等道路前期工作。加强电力设施建设，加快马坡220千伏和军营、顺义新城两座110千伏输变电工程建设。加快城乡供水一体化进程，做好北京城市学院市政供水，推进大孙各庄、龙湾屯、张镇等3座水厂新建和杨镇水厂改扩建，逐步实现单村供水向集约化供水模式转变。推进“菜篮子”工程，改造老旧设施农业3000亩。开展美丽乡村建设，完成60个左右美丽乡村建设。推进农村“新三起来”工程，大力推动农村土地确权登记，全面开展产权流转交易，进一步规范农民专业合作组织建设。加强浅山综合开发，完成步道标识系统和防火监控系统建设，完善休闲驿站等配套服务设施。

（三）持续增进民生福祉

完善社会保障体系。以创建充分就业示范区为目标，着力提升就业质量，健全产业结构调整与促进就业联动机制，推动劳动力高端、高效就业，做好退出企业职工分流安置。继续加大对重点地区、重点群体就业扶持。制定新的紧缺急需工种目录，在高端制造、航空服务等领域开展定向委托培养，着力培养一批高学历、高技能、高职称的智能复合型人才。健全劳动关系协调机制，确保劳动关系保持和谐稳定。坚持“全覆盖、保基本、多层次、可持续”的方针，建立更加公平可靠的社会保障制度。启动机关事业单位养老保险制度和医保个人账户管理方式改革，继续抓好扩面征缴。进一步拓展社会救助渠道，不断增强综合救助能力。突破现行困难家庭认定标准，探索“支出型”贫困群体救助制度，积极解决因病致贫、因病返贫问题。全面做好基本住房保障，加快推进以人才引进和产业配套为主的保障房建设，回迁安置房和保障性住房开复工235万平方米，竣工49万平方米。启动幸福西街棚户区改造。不断扩大城镇社会保障体系覆盖范围。完成老旧小区综合整治二期60.87万平米改造。扎实推进农宅抗震节能建设，单项改造、新建翻建及自建楼综合改造1.5万户。

增加优质基本公共服务供给。深入落实医疗卫生三年行动计划，研究制定第二个三年行动计划。启动友谊医院顺义院区建设，做好地坛医院顺义院区业务扩展，推进区医院老病房楼和门诊楼改造。加快区域中医医疗中心建设，巩固托管改革成果，区中医院迁址工程开工建设。进一步深化北京儿童医院顺义妇儿医院合作共建，启动扩建项目建设。光明、胜利社区卫生服务中心加快建设。整合农村地区卫生服务站和村卫生室资源，建设20分钟医疗服务圈。扎实推进区域医联体建设，实现基层社区卫生服务机构全部与市、区级医院建立对口协作。继续实施临床重点专科建设项目和外聘专家“百人工程”。加强卫生人才队伍建设，培养学科带头人2名，高学历专业技术人员50人。鼓励社会资本参与办医。做好公共卫生服务，加大甲乙类传染病防控，强化慢病综合防控，通过国家级慢病综合防控示范区评审。促进教育均衡优质发展，进一步优化教育布局，大力实施第二期学前教育三年行动计划，满足学位需求，提升学前教育质量。积极开展联合办学创新实验，共建首师大附属顺义实验小学。加快北师大附属实验中学顺义分校、杨镇一中教学楼等项目手续办理，力争开工建设。全面推进校长负责制、课程、教学、德育等教育综合改革。积极推进文体事业发展，进一步完善公共文体设施建设，扎实推进镇、街道、村、社区公共文化服务设施达标，加快档案馆新馆建设和现馆改造；实施村居基础健身设施、滨河森林公园球类场地、体育生活化社区提档升级、百村万户助农健身等4项体育惠民工程，加快15分钟健身活动圈建设。大力开展公共文体活动，建立区公共文化数字化服务平台，推进国民体质测试诊断平台运营服务。

拓宽政府购买文体服务范围，制定出台公共文体服务采购服务目录。满足多元化养老需求，进一步提升居家养老服务档次和管理水平；加强养老照料中心建设，新建镇、街养老照料中心5家。

（四）推进绿色宜居家园建设

落实大气治理任务。以降低PM2.5污染为重点，严格落实清洁空气行动计划年度任务，确保空气质量不断改善。有效压减燃煤使用，完成规模以上工业企业燃煤设施清洁能源改造，实现仁和地区无煤化。完成12万吨农村地区“减煤换煤”任务和21个村取暖煤改电工程。淘汰老旧机动车8160辆。严格执行污染行业调整退出目录，调整退出企业45家。深入推进节能减排，强化重点行业和企业排放监管，从严处罚违法违规行为。

提高垃圾处置水平。继续推进城镇地区新增居住小区垃圾分类，加强对已实施分类的居住小区检查考核。落实农村地区生活垃圾分类工作实施方案，推进垃圾分类体系建设。完成年度非正规垃圾填埋场治理任务，推进焚烧二期、餐厨垃圾处理项目建设。加大建筑垃圾监管，完善源头、消纳和运输“两点一线”长效管理机制。严格行政许可审批，科学布局消纳场所，全面推行清运合同管理，做好消纳终端管理。继续扩大废弃油脂规范收运范围。大力推广“吸、扫、冲、收”清扫保洁新工艺应用，定期公布环卫干净指数。

改善水环境品质。建成牛栏山、李遂、北务等3座再生水厂，启动区污水处理厂18万吨扩建，新增污水处理能力8.9万吨。加快配套管网建设，新增污水管线7.5公里、再生水管线7公里。完成中小河道三、四阶段任务治理。启动黑臭水体整治。推进污泥无害化处置，日处理能力达到300吨。深入推进现代农业节水示范区建设，完成5个不同类型的节水示范基地建设。加强南水北调水源回补工程沿线及周边环境综合整治，严格控制工业污水和农业面源污染，确保水体干净。落实“以水定地、以水定人”要求，分解落实用水指标，完善农村生活用水、农业机井取水装表计量。积极开展节水型区县创建。

拓展城市绿色空间。完成7.5万亩平原造林竣工移交，做好平原造林和三北防护林五期封山育林管护，认真落实北京市绿化隔离地区和“五河十路”绿色通道生态林用地及养护政策。继续开展荒山绿化，完成彩色树种造林500亩。注重扩大城市森林和绿地面积，系统规划和推进绿地绿道建设，启动温榆河、京密引水渠绿道建设，完成东郊森林公园入口环境整治。积极推进小微绿地和城市绿地建设，加快舞彩浅山郊野公园建设，启动金牛山和北小营2处生态公园建设。

（五）全面加强改革开放

深化重点领域改革。出台行政审批事项精简方案。建立完善行政审批、行政处罚事项权力清单和责任清单制度。加快社会信用和个人诚信体系建设。建立预算项目库制度，试编滚动项目规划。加快财政支出进度。完善财政转移支付方案。建立镇级指标管理系统。启动国库业务电子化改革试点。建立区属国有企业分类考核体系和国有资本经营预算、收益分享机制，做好经营性国有资产集中统一监管。完成商业、建筑业、物业板块国有企业的重组整合。加快劣势企业与低效资产清理退出，实现国有资产清理盘活。进一步完善城市环境管理和市场监督管理机构的运行执法机制，明确职责分工，推进执法重心下移。发挥新城管委会职能，理顺部门、属地之间权责关系。整合发挥政府收储、开发、供应土地的统筹作用，确保新城建设科学有序，重点突出。

构筑互利共赢开放新格局。以打造国际交往门户为目标，主动参与和融入全球分工。推动首都国际机场第四跑道建设，充分发挥中国临空经济发展联盟作用，加快航空高端要素集聚，增强航空资源控制能力和配置能力，夯实首都机场国际枢纽地位。强化天竺综保区服务贸易功能，积极拓展保税贸易新领域，大力发展文化和科技服务贸易、跨境电子商务、高端消费品保税展示交易。加快完善新国展配套设施建设，提升现有品牌会展，稳定占用场地少、附加价值高的制造业品牌会展。做好北京国际汽车展等40场展会服务保障。鼓励具有国际竞争力的区域企业“走出去”进行境外投资、对外承包工程、设立境外分支机构。积极做好与云南玉溪、贵州安顺、新疆皮墨的友好合作，扎实开展与河南西峡、内蒙巴林左旗的对口帮扶和支援工作。

各位代表，新的开局孕育着新的发展，让我们在市委、市政府和区委的正确领导下，在区人大和区政协的监督支持下，紧紧依靠和团结全区人民，以党的十八届五中全会精神为指引，认真贯彻落实区委四届十一次全会部署，牢牢“把握发展的阶段性特征，推动经济社会转型升级”工作总要求，进一步增强责任感和使命感，勇于担当、真抓实干，圆满完成各项目标任务，为“建设绿色国际港，打造航空中心核心区，共筑和谐宜居新家园”而努力奋斗！

附件：1.2015年国民经济和社会发展计划主要指标完成

2.2016年国民经济和社会发展计划主要指标(草案)

顺义区2015年国民经济和社会发展计划主要指标完成

指标名称	计量单位	2015年计划	2015年预计完成
一、经济发展			
地区生产总值增速（不变价）	%	7.5左右	7
临空经济区增加值增速（不变价）	%	7.5左右	7
*一般公共预算收入增速	%	7.5左右	12.8
区本级一般公共预算支出	亿元	149.42	188.54
全社会固定资产投资增速	%	基本持平	4.1
社会消费品零售额增速	%	8	8.5
全区进出口总额增速	%	5	-9.3
天竺综合保税区进出口总值增速	%	4	1
限额以上工业总产值增速	%	3.5左右	-5.3
二、社会发展			
*城镇登记失业率	%	1.5以内	1.5以内
*城乡劳动力二三产业就业率	%	95以上	95以上
*城乡居民养老保险参保率	%	96	96
*城镇居民医疗保险参保率	%	92	92
*城镇职工五项保险参保率	%	98	98
*食品安全监测合格率	%	98以上	98.21
*药品抽检合格率	%	99	100
户籍人口自然增长率	‰	8	8

常住流动人口	万人	41	40.4
户籍人口城镇化率	%	67.5	67.6
甲乙类传染病发病率	1/10 万	300 以内	95
新型农村合作医疗参合率	%	99	97.4
城镇居民人均可支配收入增速	%	9 左右	9
农村居民人均纯收入增速	%	10 左右	10
三、绿色发展			
*万元地区生产总值能耗下降率	%	4.13	3.9
*万元地区生产总值水耗下降率	%	6	6
*二氧化硫排放总量降幅	%	1.3	5.36
*氮氧化物排放总量降幅	%	1.4	3.34
*化学需氧量排放总量降幅	%	2.1	3.13
*氨氮排放总量降幅	%	2.1	4.54
*全区林木绿化率	%	35.6	35.6
*城区人均公共绿地面积	平方米	31.7	31.7
*再生水利用率	%	80	80
*城市污水处理率	%	98.7	98.7
*全区生活垃圾无害化处理率	%	98.5	98.9
二氧化硫、二氧化氮、PM_{10} 年均浓度下降	%	2	37.1、9.4 和 20.9（截至 11 月底）
$PM_{2.5}$ 年均浓度下降	%	5 左右	14.6（截至 11 月底）

注：

1. 表中带*的指标为“十二五”规划纲要指标体系中的约束性指标；
2. 公共财政预算收入、区本级公共财政预算支出两项指标从 2015 年起，分别调整为一般公共预算收入和区本级一般公共预算支出；
3. 常住流动人口是指离开户籍所在地半年及以上的外来人口；户籍人口城镇化率按（居住在城镇的户籍人口 + 户籍非农人口）/ 户籍总人口计算；
4.PM10 是指大气中直径等于或小于 10 微米可以进入人的呼吸系统的颗粒物，也称为可吸入颗粒物；
5.PM2.5 是指大气中直径小于或等于 2.5 微米的颗粒物，也称为可入肺颗粒物或细颗粒物。

顺义区2016年国民经济和社会发展计划主要指标

序号	指标名称	计量单位	2016年计划
1	地区生产总值增速（不变价）	%	7左右
2	第三产业增加值比重	%	64左右
3	*一般公共预算收入增速	%	8
4	区本级一般公共预算支出	亿元	174.48
5	全社会固定资产投资量	亿元	480
6	社会消费品零售额增速	%	8
7	限额以上工业总产值增速	%	5.5左右
8	*单位地区生产总值能耗下降率	%	3.1
9	*单位地区生产总值水耗下降率	%	6
10	*城镇登记失业率	%	≤2
11	城乡劳动力二三产业就业率	%	≥95
12	*食品安全监测合格率	%	≥98
13	*药品抽检合格率	%	≥99
14	甲乙类传染病发病率	1/10万	≤280
15	城镇居民人均可支配收入增速	%	8左右
16	农村居民人均可支配收入增速	%	9左右
17	*用水总量	亿立方米	3
18	*能源消费总量	万吨	1155
19	*常住人口总量	万人	106
20	*单位地区生产总值二氧化碳排放降低	%	4
21	二氧化硫排放总量降幅	%	2
22	氮氧化物排放总量降幅	%	2
23	化学需氧量排放总量降幅	%	2
24	氨氮排放总量降幅	%	2
25	*森林覆盖率	%	30.18
26	*城镇人均公共绿地面积	平方米	31.8
27	河道断面水质达标率	%	90
28	*城区污水处理率	%	98.8
29	*全区生活垃圾无害化处理率	%	≥95
30	*细颗粒物（$PM_{2.5}$）年均浓度下降	%	3

注：

表中带*的指标为“十三五”规划纲要指标体系中的约束性指标。

关于顺义区2015年预算执行情况和2016年预算（草案）的报告

——2016年1月6日顺义区第四届人民代表大会第五次会议

顺义区财政局局长 赵殿江

各位代表：

受顺义区人民政府委托，现将顺义区2015年预算执行情况和2016年预算（草案）的报告提请区第四届人民代表大会第五次会议审议，并请各位政协委员提出意见。

一、2015年预算执行情况

2015年，在市委、市政府和区委的正确领导下，在区人大和区政协的监督支持下，全区深入贯彻党的十八大、十八届三中、四中全会和习近平总书记系列重要讲话精神，按照全面深化财税体制改革的总体思路，积极适应经济发展新常态，以落实首都城市战略定位、推动京津冀协同发展为重点，加快转变政府职能，坚持依法理财，深入落实“把握发展的阶段性特征，推动经济社会转型升级”的工作总要求，充分发挥财政政策和资金的引导作用，大力组织财政收入，不断优化支出结构，圆满完成了全年预算任务，“十二五”规划顺利收官。

一、一般公共预算执行情况

2015年，全区一般公共预算收入完成124.76亿元，同比增长12.8%，完成预算的105.2%，其中，税收收入占一般公共预算收入的比重达到87.8%。一般公共预算支出完成225.11亿元，同比增长34.1%，完成预算的120.1%。

区本级一般公共预算收入完成93.31亿元，同比增长31.8%，完成预算的105%。加中央和市级返还及补助43.33亿元，专项转移支付30.88亿元，镇级上解13.8亿元，调入预算稳定调节基金22.96亿元，调入资金17.71亿元，上年结余14.83亿元，收入总计236.82亿元。

2015年区本级一般公共预算净结余和超收财力21.21亿元，根据《预算法》规定全部安排预算稳定调节基金。

区本级一般公共预算支出完成177.1亿元，同比增长27.4%，完成预算的118.5%。加上解市级支出1.22亿元，安排预算稳定调节基金28.43亿元，区对镇转移支付17.41亿元，年终结转12.66亿元，支出总计236.82亿元。

区本级一般公共预算收支平衡。

二、政府性基金预算执行情况

2015年，全区政府性基金预算收入完成85.68亿元，同比下降56.6%，完成预算的60.8%。未完成预算主要由于：一是受土地手续办理、征地拆迁等因素的影响，储备地块不具备上市条件，延缓了地块上市时间；二是受北京市限制工业用地上市政策影响，土地上市规模减少。以上两项因素导致我区土地市场持续低迷，对政府性基金预算产生较大影响。政府性基金预算支出完成77.88亿元，同比下降58.1%，完成预算的51.1%。

区本级政府性基金预算收入完成85.68亿元，同比下降56.6%，完成预算的60.8%。加专项转移支付4.79亿元，地方政府债券转贷收入43.79

亿元，上年结余34.37亿元，收入总计168.63亿元。

区本级政府性基金预算支出完成76.16亿元，同比下降58.6%，完成预算的50%。加区对镇转移支付2.54亿元，地方政府债券转贷支出43.79亿元，上解支出6.5亿元，调出资金16.7亿元，年终结转22.94亿元，支出总计168.63亿元。

区本级政府性基金预算收支平衡。

按照清理政府性基金预算结转资金的要求，应将单项政府性基金结转资金超当年该项基金收入30%部分调入一般公共预算，经测算，共涉及2.55亿元，并按要求将其补充预算稳定调节基金。至此，区本级预算稳定调节基金规模达到23.76亿元。

三、国有资本经营预算执行情况

2015年，国有资本经营预算收入完成0.95亿元，同比增长87.2%，完成预算的164.1%。加上年结余0.41亿元，收入总计1.36亿元。国有资本经营预算收入完成较好主要由于：国资委监管的19家一级企业均按照税后净利润20%的上缴比例上缴国有资本经营预算收入，上缴企业数和企业净利润均有所增加，带动国有资本经营预算收入增长较多。

国有资本经营预算支出完成1.36亿元，同比增长2倍，完成预算的135.4%。

国有资本经营预算收支平衡。

四、2015年预算执行效果

1、全区经济平稳运行，经济结构进一步优化。

以经济和财政收入双增长为目标，积极引导产业发展，大力支持产业结构调整升级。投入16.62亿元，支持重点经济功能区改革和发展，加大对中关村科技园区顺义园扶持力度，解决功能区在发展过程中的存量债务问题，保障天竺综保区运营及基础设施建设经费，推进重大产业项目落地。投入8.83亿元，鼓励重点企业发展，为国资中心、空港经济开发公司及生态旅游有限公司等企业注入资本金，设立企业上市扶持资金、总部企业在京发展奖励资金、产业发展扶持资金等政策性资金，打造特色产业，激发中小企业活力。从收入结构看，增值税、营业税、企业所得税三大主体税种占一般公共预算收入的比重达64.1%，总体较为稳定；天竺综合保税区、临空经济核心区、中关村顺义园和绿色生态产业功能区的一般公共预算收入占全区比重过半，成为推动全区经济发展的重要力量。从增长动力看，制造业、房地产业、交通运输仓储和邮政业、金融业发挥了支柱作用，占全区一般公共预算收入比重达62.9%，体现了我区经济结构不断优化的成果。

2、聚焦环境治理，推动城乡可持续发展。

加大空气治理投入力度。投入18.03亿元，用于平原造林建设、养护及土地流转补助等项目的开展，重点支持减煤换煤、锅炉改造、优质燃煤替代、清洁能源自采暖、清洁能源车等关键领域，鼓励污染企业调整退出，支持既有节能居住建筑热计量改造项目。

保障垃圾污水处理正常运转。投入5.06亿元，保障垃圾处理厂正常运行，支持垃圾分类、垃圾处理焚烧、非正规垃圾填埋场治理、垃圾处理厂除臭提升工程等项目的开展，重点支持小城镇污水处理市场化建设配套管网及污水处理厂运行等项目，支持河道维护治理工程，加强水源地保护。

支持交通环境治理工作。投入2.54亿元，重点用于公交客运票价折扣补贴、老年人免费乘车补贴、公交线路运营补贴等，保障公共交通平稳运行。支持乡村公路建设和维护，提高乡村道路环境水平。保障公共自行车服务系统运营，倡导绿色出行。

推动城乡环境改善。投入12.1亿元，对城市道路改造、供热管网改造、路灯运行维护等市政工程给予支持，对机场北线回民营桥、京密路沿线、京承高速通道等地区进行环境整治，改善城乡综合环境，支持东郊森林公园养护、潮白河沿岸环境整治，促进生态发展。

3、加大民生保障力度，促进基本公共服务均等化。

优化教育事业资金投向。投入28.79亿元，支持杨镇一中、沿河中心小学等学校新建及改扩建工程，创造优质办学条件。继续落实“两免一补”

减免政策及助学补助，提高教育资源均等化水平。支持村办园建设工程，开展幼儿园办园条件达标活动，保障学前教育水平。支持学生课外活动项目，提高学生综合素质，重点开展中小学生素质提升工程及落实课外活动计划。积极响应疏解首都教育功能政策，承接北京城市学院6000名师生落户顺义，并将现代学院、一职、汽职高和职教中心四个职业教育学院合并到北京城市学院，丰富了我区高等教育资源。

支持科技文化体育事业发展。投入5.01亿元，重点对国家对外文化贸易基地（北京）产业发展给予扶持，开展科普益民惠民、科技三项费及全民科学素质提升行动等项目，支持举办“星火工程”、顺义区大型文化品牌活动、健身体育节等特色文体活动，支持高效集约型智能变配电节能技术北京市工程实验室创新能力建设项目，支持区文化中心和基层文化活动中心的建设及改扩建工程，维护区级历史文化遗产，保障元圣宫等历史遗迹的修缮，保障区图书馆、文化馆、基层文化站的免费开放。

完善社会保障和就业政策。投入23.11亿元，重点落实城乡居民养老保险基础养老金、无保障老年居民福利养老金、城镇居民医疗保险资金及居家养老助残券补贴等政策。继续完善各项就业和再就业政策，保障就业困难人员工资性补贴、社会保险补贴、公益性就业组织岗位补贴、职业培训补贴等政策性资金及时足额到位。支持农村公益性公墓建设及管理，加快生态墓地建设。

健全医疗卫生投入机制。投入19.3亿元，加大医保和新农合补助力度，保障城乡居民享受基本医疗服务。大力推进医疗卫生服务水平提升三年行动计划，支持医疗卫生改革。支持疾病预防控制中心及卫生监督所迁建工程，保障区医院急诊病房综合楼设备购置资金，提高医疗卫生硬件设施条件。加强公共卫生服务体系建设，保障慢性病防治、疫苗接种、妇幼保健等各项政策落实。支持人口计生各项政策，给予人口计生发展资金扶持，提高人口素质，改善人口结构。

落实住房保障工程资金。投入3.57亿元，支持老旧小区综合整治、农宅抗震节能改造等重点项目，提高百姓居住条件。

加大“三农”支持力度。投入17.48亿元，加快“新三起来”工程建设，继续支持新农村建设，落实政策性农业保险等。开展老旧竹木大棚改造工程和新建联栋温室项目，支持果树产业发展项目，提升农业设施水平，切实提高农民收入。

需要说明的是，以上数据根据预算执行情况初步汇总，待财政决算完成后，还将有一些变化。

五、推进财税改革及落实区人大决议情况。

1、“一落实”，即全面落实区镇财政管理体制改革。

为促进镇间均衡协同发展，加快各镇转变经济发展方式，提高全区基本公共服务均等化水平，我区本着“保民生、优结构、利平衡、促发展、稳过渡”的基本思路，于2015年3月5日正式印发《顺义区人民政府关于顺义区区镇财政管理体制改革的意见》并组织实施。经过组织培训、数据核实等一系列工作，体制改革工作已全面落实到位。同时，为进一步提升各镇财力，引导各镇落实镇域功能定位，我区制定了《顺义区区对镇转移支付管理暂行办法》。通过设立功能性转移支付和专项转移支付资金，一方面推进了各镇的经济协调发展，加大了对各镇财力的倾斜力度，另一方面鼓励了承接区政府交办重大公益性任务的镇协助区政府完成转型升级发展。另外，为规范镇级预算编制，建立了镇级预算编报系统，通过系统指引功能，引导各镇按照规范要求编报年度预算，逐步形成“镇编预算，区级指导，区镇结合”的新型工作模式。同时，加强监督力度，督促各镇财政财务管理规范化，依据《顺义区区镇财政财务管理考核实施办法》，对各镇财政财务管理工作开展年度考核与检查，多方面推动各镇依法合规的开展财政财务管理工作，并督促各镇落实整改要求，形成正向反馈机制。

2、“二启动”，即平稳启动部门项目滚动支出规划、扎实启动镇级国库集中支付改革。

为建立跨年度预算平衡机制，提高政府统筹财政资金的能力，保障重大改革事项实施，区财政局按照财政部及市财政局关于编制中期财政规划的要求，平稳启动了部门项目滚动支出规划工作。通过编制未来三年的滚动预算，对未来三年重大财政收支情况进行分析预测，引导区级各部门提前规划未来事业发展路线，切实提高财政资金使用效率。

为提高镇级财政资金运行的规范性和有效性，打造“高效、规范、公开、透明”的财政资金管理方式，我区扎实启动了镇级国库集中支付改革。将所有区对镇转移支付资金（包括中央和市级转移支付资金）纳入改革，选择仁和镇和木林镇开展了镇级财政性资金国库集中支付改革试点工作，加强对各镇财政财务人员的业务培训和指导，确保了改革的顺利推进，2015年，镇级集中支付资金达到8.15亿元。同时，按照财政部和市财政局的要求，开展了镇级财政专户清理整顿、镇级公务卡制度改革以及预算执行动态监控工作。

3、“三推进”，即稳步推进全过程预算绩效管理工作、积极推进财政存量资金管理工作常态化、深入推进预决算公开工作。

为进一步强化对预算执行的监督，我区稳步推进了全过程绩效目标管理工作，考评方式由以事后评价为主，转变为事前评估、事中跟踪、事后评价、全过程绩效管理等多种绩效考评形式并存的考评方式新格局。同时，考评重点实现了绩效评价内容和绩效考评方式的双重转变，其中绩效评价重点从一般项目评价逐渐转变为一般项目、大额专项、部门整体支出全方位的绩效评价；考评方式由事后评价逐渐转向事前评估，从预算编制源头把关，践行预算管理与绩效管理的有机结合，提高了预算管理的科学化、精细化水平。2015年，区财政局对40个项目进行了绩效评价，其中一般预算项目28个，大额专项8个，部门整体支出4个，评价总金额为21.46亿元。此外，在2016年申报预算期间，对6个重点项目进行了事前评估，涉及财政资金1.69亿元，核减资金0.99亿元，核减率达58.6%，实现了评估结果在预算编制中的首次应用。

为更好地发挥积极财政政策作用，提高财政资金的使用效益，我区紧密围绕“盘活存量、用好增量”的目标，积极推进财政存量资金管理工作常态化。一是启动中期财政规划管理。通过研究编制三年滚动财政规划，加强项目滚动管理和储备，从源头上控制新增财政存量资金。二是加强结转结余资金管理。建立盘活财政存量资金长效机制，制定出台了《顺义区区级行政事业单位结余资金管理办法》，进一步规范和加强区级行政事业单位结余资金管理，增强政府统筹配置资源的能力。三是撤销归并财政专户。按照市财政局的要求，撤销了家电下乡和校舍安全资金两个待定区本级财政专户，其余区本级财政专户均为财政部和市财政局核准保留的专户。四是压缩预算稳定调节基金规模和消化预算周转金。根据《预算法》及中央文件精神，消化预算周转金1.01亿元，全部转入预算稳定调节基金。同时，压缩预算稳定调节基金规模，调入使用22.96亿元，统筹用于扶持产业发展、环境整治、机关事业单位工资制度及养老保险改革等项目，进一步规范了预算管理，提高了财政资金的使用效益。

为建立全面规范、公开透明的预算制度，我区深入推进了预决算公开工作，公开范围进一步扩大，公开内容进一步丰富，公开程度进一步细化，以公开促管理的效果逐步显现。一是93家区级部门公开了本部门2015年预算及“三公”经费预算，81家区级部门公开了本部门2014年决算及“三公”经费决算。二是按照“公开是原则、不公开是例外”的要求，除涉密信息外，将预算公开内容细化到支出功能分类的项级科目。三是推进行政经费公开工作，将2014年区级行政单位（含参照公务员法管理的事业单位）行政经费予以公开。

4、“四规范”，即规范公务用车管理、规范行政事业单位内控管理、规范党政机关事业单位食堂管理、规范税收等优惠政策管理。

一是为贯彻落实《党政机关厉行节约反对浪费条例》，加快建立新型公务用车制度，有效降低行政成本，区财政局积极配合公务用车改革领导小组，开展公务用车专项治理工作，起草了《顺义区财政局关于对违规车辆进行整改的意见》，规范了公务用车管理工作。整改意见要求，对于超标车辆应即刻封存停驶；对于用单位财政财务资金购置的个人户头车辆，应聘请第三方机构对车辆评估作价，并以此为底价对车辆进行处置，处置收益按照相关规定进行处理；对于占用下属单位、企业以及个人的车辆应一律退回。截至目前，133 辆超标车已分期分批移交给机关服务中心，由机关服务中心负责具体运维；186 辆个人户头车辆已按照文件规定进行认购、拍卖及报废处理，收回资金 671.95 万元；5 辆车由于流拍，仍在拍卖；215 辆借占用车辆已全部退回权属单位。

二是为提高行政事业单位内部管理水平，推动廉洁高效的服务型政府建设，加强对权力运行的监督和制约，区财政局不断加强内控规范的组织领导，研究起草了《顺义区财政局关于贯彻 < 行政事业单位内部控制规范 (试行)> 的实施意见》和《顺义区财政局 < 行政事业单位内部控制规范 (试行)> 贯彻实施工作方案(讨论稿)》文件，并召开动员大会，在全区范围内进行内控规范的宣传和培训。同时，选取文委、妇幼保健院、农委 3 家单位为我区内控试点工作单位，抓好内控规范的建设实施，把内控规范的各项制度要求逐项落实到位，为全面实施内控规范奠定基础。

三是为加强党政机关、事业单位食堂的规范化管理，更好地提高食堂财务管理水平，深入贯彻落实《顺义区党政机关事业单位“三公”经费管理实施细则（修订版）》文件精神，区财政局制定并出台了《顺义区党政机关事业单位食堂财务管理办法（试行）》。要求食堂财务要遵守“统一管理、独立建账、成本核算、收支平衡”的原则，完善内部稽核工作，严格控制成本支出，加强固定资产管理；食堂公务接待要严格执行工作餐制度，禁止超规格接待，禁止午餐饮酒，禁止经费超支。坚持“厉行节约、合理保障”，以“逐步实现由区机关事务管理服务中心统一购买社会服务，有效规范用工和服务行为”为目标，严格规范了党政机关事业单位食堂的财务管理与接待管理。

四是为推动区域经济发展，营造公平有序的发展环境，发挥市场在资源配置中的决定性作用，根据《国务院关于清理规范税收等优惠政策的通知》和《北京市清理规范税收等优惠政策工作实施方案》文件精神，区财政局针对各镇和功能区开展了清理规范各类税收等优惠政策工作，统一了税收政策的制定权限，规范了非税收入的管理，并结合镇级财政财务管理考核工作，对各镇税收等优惠政策进行检查，切实将规范工作落到实处。

各位代表，当前全区财政运行状况总体良好，但也面临着一些突出矛盾和问题：一是保持财政收入“稳增长”难度较大，财政收入的持续性和增长动力不足。二是财政资金在城市管理水平、推动产业结构转型升级、推动京津冀协同发展等领域的统筹能力亟需加大。三是在审计、财政监督及绩效评价过程中发现，部分预算单位存量资金较多，部分投入领域存在交叉重复，部分项目的绩效目标不够明确，进一步提高资金使用效益、规范资金管理的任务十分艰巨。下一步，我区将高度重视这些问题，继续采取有效措施，努力加以解决。

二、2016 年预算草案

一、2016 年预算编制的指导思想

根据《北京市财政局关于编制 2016 年市级部门预算的通知》要求，预算编制的指导思想是：深入贯彻落实党的十八大、十八届三中、四中、五中全会和中央经济工作会议精神，深入学习贯彻习近平总书记系列重要讲话和对北京工作的重要指示精神，认真贯彻实施《预算法》，全面落实深化财税体制改革的有关要求，坚持“职责、事责、钱责”相统一的改革方向以及“统筹、改革、创新”的工作方法，坚持依法理财，完善管理制度，创新管理方式，提高管理绩效，努力为顺义区经济发展及社会事业改革创新提供强力的

政策及财力支撑。

预算编制的原则是：收入预算编制要实事求是、积极稳妥、留有余地。支出预算要统筹兼顾、突出重点、勤俭节约。年度预算应与中期财政规划相衔接，同时，将地方政府债务分门别类纳入全口径预算管理，加大政府性基金、国有资本经营预算与一般公共预算的统筹力度，实行预算安排与绩效评价结果挂钩机制。

二、2016 年收支预算的总体安排

1、一般公共预算总体安排情况。

（1）收支安排主要考虑因素

收入方面。综合考虑国家宏观政策和经济社会发展等因素，2016 年我区财政收入存在较多的挑战：一是 2015 年 12 月 18 日召开的中央经济会议指出，要大力推动供给侧结构性改革，即从供给、生产端入手，通过解放生产力，提升竞争力，从而促进经济发展。要为改革营造稳定的经济环境，积极的财政政策将加大力度，实行减税政策，这将势必对财政收入产生影响。二是“营改增”试点改革将适时扩围至金融业、房地产业和生活服务业，在我区房地产业和金融业在产业结构中占比较高的情况下，减收影响突出。三是在京津冀协同发展和疏解非首都核心功能的背景下，以北京现代为代表的制造业将外迁，北京现代四厂、五厂成立后，将由独立企业转变为跨地区经营汇总纳税企业，税收征管办法和税款预算级次均发生变化，企业所得税将大幅下降，对我区财政收入产生较大影响。四是随着我区土地上市进度变缓及上市规模变小，教育资金计提将受到影响。

支出方面。按照收入预期增速，综合考虑北京市对区县财政体制、区对镇财政体制、全区重点工作资金需求等因素，统筹测算 2016 年财政支出。

（2）收支安排总体情况

全区一般公共预算收入预期 134.74 亿元，同比增长 8%，一般公共预算支出 230.27 亿元，同比增长 22.8%。

区本级一般公共预算收入预期 101.58 亿元，同比增长 8.9%。加中央和市级返还及补助 46.23 亿元，专项转移支付 15.24 亿元，镇级上解 13.84 亿元，调入预算稳定调节基金 15.5 亿元，上年结余 12.66 亿元，收入总计 205.05 亿元。

按照《国务院办公厅关于进一步做好盘活财政存量资金工作的通知》中关于“预算稳定调节基金编制年度预算调入后的规模一般不超过当年本级一般公共预算支出总额 5%”的规定，2016 年区本级预算稳定调节基金余额为 8.26 亿元，占调入预算稳定调节基金后区本级一般公共预算支出总额的 4.5%，符合中央规定。

区本级一般公共预算支出 181.62 亿元，同比增长 21.5%。加上解市级支出 1.1 亿元，区对镇转移支付 22.33 亿元，支出总计 205.05 亿元。

区本级一般公共预算收支平衡。

2016 年我区党政机关、全额拨款事业单位的“三公”经费财政拨款支出 1.21 亿元，较 2015 年预算降低 5%，主要是我区贯彻落实中央要求，继续严格控制“三公”经费规模，同时根据北京市公务用车改革工作要求，取消一般公务用车。其中：因公出国（境）费用 0.05 亿元，较 2015 年预算降低 5.4%；公务接待费 0.2 亿元，较 2015 年预算降低 4.8%；公务用车购置及运行维护费 0.96 亿元（其中，购置费 0.18 亿元、运行维护费 0.78 亿元），较 2015 年预算降低 5%。

2、政府性基金预算总体安排情况。

全区政府性基金预算收入预期 101.01 亿元，同比增长 17.9%，政府性基金预算支出 121.14 亿元，同比增长 59.1%。

区本级政府性基金预算收入预期 101.01 亿元，同比增长 17.9%，（其中，国有土地使用权出让收入 100 亿元；城市公用事业附加收入 0.8 亿元；新型墙体材料专项基金收入 0.2 亿元；彩票公益金收入 0.01 亿元），加专项转移支付 1.84 亿元，上年结余 22.94 亿元，收入总计 125.79 亿元。

区本级政府性基金预算支出 120.29 亿元，同比增长 58%，加地方政府债券付息支出 1.5 亿元，上解支出 4 亿元，支出总计 125.79 亿元。区本级政府性基金预算收支平衡。

3、国有资本经营预算总体安排情况。

国有资本经营预算收入预期1亿元，同比增长5.1%。

国有资本经营预算支出1亿元，同比下降26.6%。

国有资本经营预算收支平衡。

2016年预算年度开始后、预算草案提交区人代会批准前，参照2015年同期的预算支出数额安排必须支付的支出如下：2016年区级一般公共预算部门基本支出45.75亿元。

三、落实政策、统筹资金聚焦全区中心工作

2016年，牢牢把握“十三五”开局之年的有利时机，紧密围绕中央经济工作会议、中央城市工作会议和中央农村工作会议精神，推动结构性改革，转变城市发展方式，完善城市治理体系，提高城市治理能力，不断提升城市环境质量、人民生活质量、城市竞争力，促进区域发展，保护生态环境，保障改善民生，同时，积极推进农业现代化和新型城镇化，坚持以人为本，不断提升“三农”工作水平。统筹财政资金，聚焦四大中心领域，推动重点发展任务落地。

1、提升城市管理水平，推进宜居顺义建设，安排资金65.02亿元。

安排交通治理资金3.37亿元，主要用于公共交通建设，重点保障公交客运企业补贴，支持公共自行车服务系统运营和维护，服务范围扩大至部分镇及功能区，计划新增2000辆自行车，支持道路及附属设施运行维护等项目。

安排城市公共安全保障资金11.4亿元，主要用于支持信息化建设、政府购买社会服务等项目，保障公检法司等部门工作专项经费，开展城乡基层党组织服务群众工作，以及预算执行中的自然灾害等突发事件处理需要的开支。

安排城市基础设施建设及维护资金50.25亿元，主要用于政府固定资产投资，开展重点工程项目，推动京津冀协同发展，支持老旧小区治理、路灯运行维护、老旧管网改造等项目，支持昌金路市政配套燃气工程，支持高丽营、赵全营重点镇市政基础设施建设，完善城市管理功能，加大对河东镇的投入力度，促进河东河西协调发展。

2、加强生态环境保护，推进绿色顺义建设，安排资金30.91亿元。

安排大气污染治理和节能减排资金5.22亿元，主要用于燃煤锅炉清洁能源改造和减煤换煤工作，支持26家供热中心32台锅炉的煤改气项目，支持推广新能源汽车、淘汰落后产能、鼓励高污染企业退出等项目。

安排绿化建设养护资金7.63亿元，主要用于支持平原造林建设和养护、“五河十路”、第二道绿化隔离带绿化工程养护、重点绿化工程养护、生态林管护等项目。

污水处理和水环境保护资金2.2亿元，主要用于污水处理厂站运行及配电室配套设施建设改造、排水设施维修养护、循环水务建设、温榆河水资源利用工程设施运行、潮白河及减河水环境保护、市级水源地保护区工程等项目。

安排垃圾处理资金1.41亿元，主要用于垃圾处理厂运行、垃圾分类小区运行、垃圾分类达标村创建等项目。

安排环境综合整治和生态建设资金14.45亿元，主要用于天竺拆迁村环境整治项目，城乡环境建设补助、环境质量及污染源监控、农业减排配套、全区公厕管理服务水平提升。

3、保障和改善民生，推进和谐顺义建设，安排资金106.47亿元。

安排教育资金34.36亿元，主要用于提升幼儿园办园条件，落实学前教育优惠政策，支持中小学建设和办学条件达标，促进教育资源均等化发展，支持职业教育水平提升，安排党校新校办公设备及家具采购经费，积极开展教育信息化工程建设。

安排社会保障和就业资金23.22亿元，主要用于支持居家养老服务工作，落实各项财政支持政策，保障城乡居民养老保险基础养老金、无保障老年居民福利养老金、城镇居民医疗保险资金等政策的落实。支持居家养老服务工作，保障养老（助残）服务券、为老服务及养老机构建设和管理等政策的落实。支持各项就业促进政策的实施，保障社会公益性岗位补贴、就业困难人员保险及岗位补贴、职业技能培训、农民工转非安置等项目。

安排医疗卫生资金16.05亿元，主要用于保障新型农村合作医疗扶持基金，促进基本公共卫生服务均等化，支持妇女两癌筛查、慢病防控等公共卫生事业发展。落实公立医院改革政策，改善群众就医条件。推动卫生三年提升计划，支持三甲医院专家百人工程、重点专科建设、人才培养、医疗信息系统建设等工作的开展。

安排三农发展资金32.84亿元，主要用于推动农业综合开发，落实新农村各项政策，支持新农村建设，保障乡村公路大修及设施农业扶持资金，安排顺义新城温榆河水资源利用工程设施运行项目资金，保障污水处理厂运行及维护，支持杨柳飞絮治理工程，保障高效现代果品产业示范建设项目，支持平原造林工程土地流转及林木养护工程，保障农宅抗震节能建设工程配套资金。

4、支持创业创新，打造高精尖经济结构，推进新兴顺义建设，安排资金17.59亿元。

支持实施创新驱动发展战略，加快落实创业摇篮计划，扶持文化创意产业项目，促进文化体制机制改革和文化创意产业发展，兑现上市培育企业扶持资金，推动金融企业发展壮大，鼓励大众创业、万众创新。打造高精尖经济结构，保障天竺综合保税区、临空经济核心区、中关村顺义园和绿色生态产业功能区政策性资金，鼓励产业结构升级，形成“规模化、特色化、集群化、品牌化”的顺义特色发展模式。积极落实税制改革相关工作，保障“营改增”扶持资金，对税负增加的企业给予财政支持。

三、2016年财政主要工作及措施

2016年，财政及相关部门将全面贯彻党的十八届四中、五中全会精神，深化财税体制改革，加快经济转型升级，努力实现“十三五”的良好开局。

一、突出“紧”，重点围绕保存量、挖增量，扎紧收入的袋子

一是加强财政收入管理，建立收入预算预期制管理机制，依托财政收入管理系统，提升财政收入滚动预测、分析研判和征收管理的水平。对区域经济发展和各项经济政策进行深入研究分析，看清经济发展形势，做到“明晰企业动向、把握经济走向”。二是借助财政支出的投入和引导作用，一方面鼓励落后产能的输出和淘汰，另一方面培育高附加值、高技术含量的产能，打造多层次资本市场，建立多点支撑的经济可持续发展格局，实现宏观经济的稳定增长，从而保障财政收入的稳定性。三是推动税收制度改革，全面贯彻落实国家和北京市财政对税收制度改革的方针和要求，规范税收等优惠政策，充分利用“营改增”政策激发企业活力。

二、突出“明”，重点围绕提高预算透明度，加快公开的步子

一是公开范围不断扩大。2016年，除涉密部门外，力争推动所有使用财政资金的区级部门均公开预决算信息，并逐步将涉及面广、关注度高的行政事业性收费重点项目等信息予以公开。二是公开内容不断细化。将一般公共预算、政府性基金预算和国有资本经营预算三本预算支出均按其功能分类细化到项级科目，并首次将一般公共预算基本支出细化至经济分类的款级科目。

三、突出“严”，重点围绕提高财政资金使用效益，把好支出的口子

一是不断完善政府预算体系，发挥财政资金的统筹能力。加强全口径预算管理，建立定位清晰、分工明确的政府预算体系，明确一般公共预算、政府性基金预算和国有资本经营预算的功能定位和收支范围。统筹使用财政资金，尊重市场规律，厘清市场和政府支出边界。加强预算之间的统筹力度，将政府性基金预算、国有资本经营预算中应统筹使用的资金列入一般公共预算。

二是继续优化财政支出结构，促进财政资金使用效益最大化。严控“三公”经费等一般性支出，努力降低行政运行成本，推进节约型政府建设。根据重点工作的安排，立足自身财力，确保财政资金“有保有压、有扶有控、有缓有急”，将财政支出聚焦到提升城市管理水平、环境治理、产业升级、京津冀协同发展等重点领域，最大限度的发挥财政资金的使用效益。推动中期财政规划改革，全面实施部门项目滚动支出规划，通过科学合理测算，对未来三年财政收支进行统筹安排，提高财政政策的前瞻性、有效性和可持续性。

三是严格预算执行管理，增强预算执行的约束性。积极盘活财政存量资金，建立盘活财政存量资金长效机制，充分发挥预算执行的约束性，增强政府统筹配置资源的能力。同时，将盘活存量资金与预算安排有机衔接，形成盘活存量、绩效管理、预算安排“三位一体”的预算管理体系。

四、突出“效”，重点围绕深化管理，拓宽改革的路子

一是继续深化国库管理制度改革。进一步推进区镇两级国库集中支付改革，将新增区级预算单位全部纳入改革，将其余各镇本级财政性资金纳入改革，实现区镇两级国库集中支付改革全覆盖。推进国库业务电子化改革，进一步提高财政资金运行的安全性和有效性。深化公务卡制度改革，扩大改革单位公务卡开卡范围，提高公务卡使用率。完善动态监控机制，修订动态监控管理相关制度。按照财政部要求，全面清理已经发生的财政借垫款，严格控制新增财政对外借款，同时，规范财政对外借款审批程序以及日常管理，研究建立财政对外借款收回保证和责任追究机制。

二是加强政府性债务管理，规范债券置换工作。坚持实时更新政府性债务数据库中的各项数据信息，及时掌握债务项目新增及原项目的变化情况，避免发生逾期风险。通过债务率、新增债务率、偿债率、逾期债务率、综合债务率等指标进行监管，指标过高的地区，将被列入风险预警、提示名单。根据财政部及市财政局公开发行债券的工作要求，积极配合开展债券置换工作，切实做好新一期债券评级、项目对接等前期准备工作，妥善安排债券资金，严格债券资金管理，及时纳入预算管理，同时，加大监督管理力度，确保债券资金使用安全、有效。

三是推广政府购买服务。坚持“以事定费、费随事转”原则，按照《顺义区关于政府向社会力量购买服务的实施意见》文件要求，不断推广政府购买服务，完善政府购买服务指导性目录，研究在居家养老服务、道路保洁清扫作业、垃圾处理等重点领域推行政府购买服务，支持和规范社会组织参与政府购买服务。

四是健全绩效管理机制。不断推进全过程预算绩效管理，紧抓绩效目标管理，重视绩效评价全过程，加强与被考评单位的交流与沟通，借助专家和中介机构的力量，总结经验、发现问题，最终寻找到解决问题的新途径，逐步提升被考评单位的预算绩效管理水平。逐步加大事前绩效评估规模和力度，加强评估结果与预算编制的有机结合，完善结果应用机制，为科学理财提供有力决策依据。此外，加大绩效培训和宣传力度，借助处级干部轮训平台，加强对领导干部的绩效管理培训，提升领导干部的绩效意识和决策水平。

各位代表，2016年是实施我区“十三五”规划总体目标的开局之年，也是深入贯彻落实《预算法》和全面深化改革的关键之年，全区财政工作将在市委市政府和区委的坚强领导下，深刻认识新常态、主动适应新常态、努力引领新常态，积极接受区人大、政协的监督指导，坚定信心，深化改革，真抓实干，为“建设绿色国际港，打造航空中心核心区，共筑和谐宜居新家园”做出更大的贡献！

顺义区人民法院工作报告

—— 2016年1月7日顺义区第四届人民代表大会第五次会议

顺义区人民法院代理院长　李旭辉

各位代表：

现在，我代表顺义区人民法院向大会报告工作，请予审议。

2015年的主要工作

2015年，在区委的领导、区人大及其常委会的监督和上级法院的指导下，我院深入学习贯彻党的十八大和十八届三中、四中、五中全会精神，夯实基础，团结进取，服务大局，创新发展，为区域社会稳定和经济发展作出了应有的贡献，区委、区政府联合发文，予以高度肯定。

一、依法履行审判职责，服务改革发展稳定展现新作为

全年受理案件31661件，结案26100件，同比分别上升22.8%和12%，收、结案均创历史新高，法定审限内结案率达99.94%。

（一）认真履行刑事审判职责，全力维护社会和谐稳定。

受理刑事案件1282件，同比增长4.4%。一是依法严厉打击严重刑事犯罪。严惩妨害社会管理秩序的犯罪，审结了张海龙等9人非法组织卖血案，维护了国家血液管理制度；审结了苗成刚等12人盗采砂石、聚众斗殴、寻衅滋事、故意伤害案，有效打击了非法采矿等破坏环境资源犯罪活动；审理毒品犯罪案件75件，同比增长近1倍，坚决遏制毒品犯罪蔓延势头。充分保护公民的人身财产权利，审结了“国学班虐童”、高洪明持刀砍伤村干部、侯久霄等4人非法吸收公众存款等一批有重大社会影响的案件，审理的李朋阳等4人诈骗案入选全国“扫黄打非”办公室通报的典型案件，《焦点访谈》栏目进行了专题报道。二是严格执行罪刑法定、疑罪从无原则，确保有罪的人得到依法惩处，无罪的人不受刑事追究。审结刑事案件1167件，对1390人判处刑罚，改变检察机关指控罪名和事实的案件12件，因证据不足准许检察机关撤回起诉5件。三是依法严惩职务犯罪。审结原北京燕京饮料有限公司副总经理姚殿佐挪用资金、原区水务局张可瀚玩忽职守等案件，促进了反腐败斗争的深入开展。与区纪委建立党员犯罪案件沟通联络机制，及时查证并移送876名被告人的政治面貌等信息，为党纪政纪处理提供依据。四是积极参与社会治安综合治理。贯彻宽严相济的刑事政策，对轻微刑事犯罪中的427人依法适用非监禁刑，发挥社区矫正作用。加强未成年人权益保护，健全社会调查、心理评估、轻罪犯罪记录封存等制度，对13名未成年罪犯的轻罪记录予以封存，审结的毕某某寻衅滋事案入选最高法院校园刑事犯罪典型案例。发布涉航空类犯罪案件审判白皮书，预防航空类犯罪发生，维护航空运营安全。

（二）妥善化解民商事纠纷，切实保障区域发展转型升级。

受理民商事和知识产权案件22496件，审结18528件，同比分别增长26%和14.6%。一是依法保障涉诉民生权益。成立家事纠纷专业审判组，加强对妇女、儿童、老年人、残疾人权益的保护，审结婚姻家庭案件2043件。针对经济下行压力增大、劳动争议案件同比增长55.9%的新情况，更加注重平衡劳动者与用人单位之间的利益，审结此类案件1595件，妥善化解了北京朗姿服饰有限公司诉107名劳动者等一批涉众型纠纷。健全物业服务质量“案中判后追踪”机制，将物业服务质量变化作为裁判的重要依据，与区住建委等部门建立协作机制，探索从源头减少物业纠纷的发生，相关经验和做法被区政府出台的社区物业管理办法吸收。二是依法保障经济平稳发展。主动适应经济发展新常态，在买卖、金融、租赁等案件审理中，依法保护债权，同时在法律规定范围内尽量避免企业资金链断裂引发连锁反应。审结上述纠纷2941件，同比增长14.9%，涉案金额达6.7亿元。建立区属国有企业涉诉通报机制，在立案环节及时反馈、沟通涉及区属国有企业的诉讼信息，推动企业完善内部治理，全年审结股权转让、股东出资等与企业经营有关的案件107件。在北京顺特农机购销中心破产清算案件中，妥善安置企业职工37人，处理破产财产539.6万元，维护了相关市场的稳定。规范土地承包经营权流转，审结农村土地承包合同纠纷463件，妥善化解了大孙各庄村311户村民诉村委会纠纷。三是依法保护知识创新和经济功能区转型。充分发挥法院在知识产权保护中的主导作用，审结知识产权案件92件。成立天竺人民法庭，着力化解天竺、空港和李桥区域内的纠纷，为航空中心核心区建设提供司法保障。发布物流运输纠纷审判白皮书，促进物流运输行业健康发展。

（三）创新执行工作方式，积极兑现当事人合法权益。

执结案件6191件，执结标的额10.2亿元，执行标的到位率为86.7%，高出全市法院平均水平11.4个百分点。一是注重运用信息化手段提高执行效率。完善执行指挥中心功能，实现了执行指挥中心与执行现场之间信息双向传输、远程监控指挥，在春节前短短两周时间内妥善执结了4起司法强制腾退案件，保障了我区重点建设项目的顺利推进。运用执行财产网络查控系统，实现了对被执行人的存款、车辆、房产等财产信息的统一在线查询。目前，对银行存款的查询范围已经由北京市拓宽到全国，一经发现可执行存款，即可实施远程在线冻结。全年累计查询财产信息1.8万余人次，在线冻结存款4388万元。开展被执行财产司法网络拍卖44次，成交1.4亿元，解决了传统司法拍卖受众面窄、流拍严重等问题，成交率和溢价率明显提高。二是强化执行威慑力度，破解执行难题。与公安机关建立查控被执行人长效机制，对189名“老赖”实行网上布控，对123人实施司法拘留，对45人实施限制出境。与公安、工商、税务、银行等部门建立失信防范惩戒多元合作机制，对30余起案件进行媒体曝光，将1595人列入失信名单，严格限制失信企业负责人、失信被执行人申请银行贷款、设立公司、乘坐飞机高铁、入住星级宾馆，让失信“老赖”寸步难行。三是加大涉民生案件的执行力度。开通涉民生案件“优先受理、优先查控、优先处置”绿色通道，执结案件3576件，及时发放案款3540万元，切实解决农民工、交通事故受害人等特殊群体最关心的切身利益问题。

二、积极延伸审判职能，推进社会依法治理迈出新步伐。

充分发挥司法审判推进多层次多领域依法治理的作用，引导全社会在法治轨道上表达利益诉求、协调利益关系、解决利益冲突，提高社会治理科学化和法治化水平。

（一）严格落实立案登记制，畅通诉求表达渠道。

按照统一部署，自5月1日起严格执行立案登记制，对符合法律规定的起诉、自诉和申请，一律接收诉状，当场登记立案；对于当场不能判定是否符合法律规定的，一律在法定期限内决定是否立案，严禁在法律规定之外再设定案件受理条件，畅通人民群众依法表达诉求、维护合法权益的渠道，法定期限内立案率为100%。与立案登记制实施相配合，进一步完善诉讼服务体系。一是实行一次性全面告知和补正。对于起诉、自诉和申请材料不符合形式要求的，以书面形式一次性全面告知应当补正的材料和期限，减少当事人往返法院的次数。二是加强诉讼服务中心建设。完善立案大厅“一站式”诉讼服务，安排专人负责诉讼引导、材料收转、案件查询等工作，全年提供诉讼服务6.3万人次。充分发挥12368人工语音服务平台的功能，为社会公众和当事人提供诉讼咨询、联系法官、举报投诉等服务，全年接听来电758人次。在院机关和五个人民法庭建立电子触控诉讼服务平台，为当事人提供自助式诉讼服务。

（二）全面推进依法行政，构建和谐官民关系。

针对近年来涉及拆迁拆违、土地管理、信息公开的行政纠纷大幅增长的情况，不断强化对被诉行政行为的司法审查，既支持行政机关依法行政，又维护行政相对人合法权益。审结行政案件212件，其中判决驳回原告诉讼请求、裁定驳回起诉的案件占47%，判决撤销、确认违法和履行法定职责的案件占25.5%。一是积极推进行政机关负责人出庭应诉。向涉诉机关发送出庭应诉建议函，完善出庭应诉案件的庭审程序，定期组织行政机关负责人观摩庭审，引导行政机关依法参加诉讼活动，促进提升领导干部的法治思维和依法行政意识。一年来，区国资委、区工商分局等11家单位负责人先后出庭应诉，同比增长近1倍。二是加强涉民生行政案件的审理工作。坚持依法裁判和协调化解相结合，对工伤认定、食品监督、劳动和社会保障等与民生密切相关的行政案件，依法开展协调和解工作，促进行政争议实质性化解。审结相关案件104件，占全部行政案件的49%，其中38.4%的涉民生案件以撤诉方式审结。三是发布行政审判白皮书。坚持不护短、不遮脸，通过白皮书真名实姓地指出行政案件存在的问题，不加修饰地列出败诉机关排行榜。区政府将白皮书批转全区各行政机关学习，邀请我院在区政府常务会议上作专题解读，并将首次发布的十大典型案例纳入我区公务员法制培训课程。四是促进、支持行政机关依法行政。加强与政府法制部门、行政执法机关的经常性工作联系，通过召开联席会议等方式，通报涉诉情况和存在的突出问题。依法参与重大建设项目和重大决策的社会稳定风险评估，重点加强法律风险的分析研判，从源头预防和减少行政纠纷的发生。

（三）充分发挥引领作用，推动矛盾纠纷多元化解。

2010年8月，在区委、区政府的支持下，我院启动“人民调解进立案庭”工作，聘请专职人民调解员常驻法院从事立案前调解，经过多年发展，全院初步建立了多元化纠纷解决体系。2015年，我院进一步完善人民调解、仲裁、行政裁决、行政复议与诉讼有机衔接、互相协调的工作机制，努力凝聚化解纠纷的社会合力。一是深入推进战略布局。研究制定深化多元化纠纷解决机制建设的指导意见，设立诉非衔接中心，打造集纠纷过滤、诉调对接、诉非衔接等多项职能于一体的综合性工作平台，建立法院内部多阶段、多类型、多主体的全网式立体化解纷网络。区委常委会专题听取了我院工作汇报，并就进一步深化全区多元化纠纷解决机制建设提出明确要求。市高级法院院长作出批示，要求我院积极探索、及时总结，努力创造可以复制的经验。在全国法院多元化纠纷解决机制改革工作推进会上，我院作为唯一一家北京郊区法院，被最高法院评为“多元化纠纷解决机制改革示范法院”。二是继续扎实推进“人民调解进立案庭”工作。诉非衔接中心的专职人民调解员在立案法官的指导下，对适宜调解的纠纷进行立案前调解，调解成功后，予以立案并出具调解书；调解不成的，通过快速转审渠道及时移交审判庭审理。一年来，诉非衔接中心分流纠纷1579件，分流案件量占全院简易民事案件的13.4%，80%的纠纷在十天内成功化解。三是与区司法局建立司法确认协作机制。当事人在人民调解组织主持达成调解协议后，可以向我院提出司法确认申请。对于经审查符合要求的人民调解协议，依法赋予强制执行力，当事人可以据此申请强制执行。司法确认协作机制的建立，强化了人民调解工作的权威，充分发挥了人民调解组织化解社会矛盾的职能作用。

三、坚持从严从实管理，审判质效实现新提升。

从审判管理、队伍建设、廉政建设三个方面发力，确保审判权依法公正高效行使。全院审判质量综合指数位于全市法院第四名，审判质量、效率和效果实现同步提升。

（一）深入推进审判业务管理。

强化审判质量管理，成立案件评查委员会，制定案件评查工作办法，建立错案追究惩戒机制，对最近三年上级法院改判、撤销、发回重审、提起再审、指令再审的311件案件集中进行评查，案件质量进一步提升。全院上诉案件的二审维持率位于全市法院第二名，审结的13起案件入选《中国审判案例要览》、《中国法院年度案例》，两起案件经市高级法院审判委员会研究确定为北京法院参阅案例，用于统一全市法院类似案件的裁判尺度。针对立案登记制实施后案件大幅增长的新情况，着力加强审判效率管理。与区公安分局、区检察院、区司法局会签《关于开展刑事案件速裁程序工作的实施方案》，理顺工作职能，细化操作规定，适用速裁程序审结案件262件，占刑事结案总数的22.5%。制定《民商事速裁工作管理规范》，在民商事审判庭设立12个速裁审判组，明确速裁案件要在40天内审结，不能审结的要及时转出。通过速裁程序审理简易民商事案件6370件，占全部简易案件的39.9%，推动了案件繁简分流。开展长期未结案件专项清理活动，审理天数在一年半以上的未结案件数量由最初的129件下降到现在的26件，减少79.8%。

（二）着力强化审判队伍建设。

严格落实院、庭长办案责任制，院、庭长带头办理重大疑难复杂和具有社会影响力的案件3280件，占全院结案总数的12.8%。通过领导带头办案、一线法官观摩庭审的方式，充分发挥了院、庭长的“传帮带”作用，实现了审判经验的总结和传承。与市三中院建立干警交流机制，推荐5名法官前往三中院学习，三中院选派10名法官来我院挂职锻炼，通过双向交流，更新了审判思路，提高了审判技能，促进了整体审判队伍的成长。加强司法能力培养，组织各类培训班103期，培训1200余人次。在北京法院第三届司法业务技能比赛中，6名干警荣获“司法业务技能标兵”称号，获奖数量位于全市法院第六名、郊区法院第一名。在北京法院优秀裁判文书评比活动中，6篇裁判文书在全市法院获奖，我院被评为优秀组织单位，并在全市法院表彰大会上作经验介绍。加强理想信念教育，通过举行主题座谈交流会、举办心理健康讲座、拍摄系列微电影、组织系列文体活动、开展“关爱干警办实事”，进一步稳定了一线审判队伍，提高了队伍的战斗力、凝聚力。2015年，全员人均结案91件，法官人均结案161件，分别位于全市法院第三名和第五名。全院7个集体和26名个人获得市级以上荣誉，其中法警大队被最高法院授予“全国法院司法警察先进集体”称号。

（三）切实加强党风廉政建设。

认真开展“三严三实”专题教育活动，着力加强班子自身建设，对公务用车、办公用房、“三公”经费使用提出严格要求，确立“四个决不允许”政治规矩。建立个人奖惩档案、网上光荣榜、曝光台，推进审务督察常态化建设，对发现的问题不遮脸、不隐名，加大对审判纪律的监督落实力度，让“庸懒散奢”“冷硬横推”无处藏身。落实党组的党风廉政建设主体责任，建立不当过问案件备案制度，如实记录干预司法活动、插手过问具体案件的相关线索，深入整治“关系案、人情案、金钱案”。支持纪检监察部门依法执纪监督问责，建立纪检监察约谈制度，针对群众反映较多，存在苗头性、倾向性问题的部门和个人，及时进行约谈。

四、着力打造阳光司法，主动接受监督工作取得新进展。

（一）全面推进司法公开。

加强裁判文书上网公开，除涉及国家秘密、个人隐私、商业秘密和未成年人犯罪的案件外，所有生效裁判文书全部上传到北京法院审判信息网和中国裁判文书网向社会公开。积极探索信息化时代背景下司法公开的新方式，通过官方网站直播庭审112次，通过官方微博直播庭审302次，召开新闻通报会4次，与北京电视台合作录制“法官告诉你”普法微电视节目。最高法院官方微博走进我院，零距离全方位地展现了法院工作，网络点击量超过1200万人次。

（二）主动自觉接受监督。

主动接受人大及其常委会监督，积极配合区人大常委会开展专题调研和工作视察，向区人大常委会专项报告立案登记制改革、人民陪审员工作和行政审判工作，根据所提意见建议，积极采取措施予以改进。接受检察机关监督，通过召开联席会议、通报反馈信息、邀请检察长列席审判委员会会议等形式搭建监督平台，全年办理检察建议4件。

各位代表，一年来，我院能够完成繁重的审判任务，离不开区委、区人大、区政府、区政协以及有关方面的领导、监督和支持，各位代表为改进法院工作提出了许多建设性的意见和建议。在此，我代表区法院，向长期以来关心和支持法院工作的有关部门和人大代表表示衷心地感谢！

在各项工作取得新发展、新成效的同时，我们也清醒地认识到工作中还存在一些突出问题和困难：一是立案登记制实施后，案件量大幅攀升，法院案多人少的矛盾更加突出，个别案件的审判质量和效率有待提高，长期未结案件“边清边积”的问题仍然存在；二是新一轮司法改革力度大、要求高、任务重，对队伍稳定和审判工作产生较大冲击与影响，法官队伍还不能完全适应司法改革的各项要求；三是哄闹法庭、暴力抗法、伤害法官事件时有发生，法官职业保障亟待加强。上述问题，我院将认真研究并逐步加以解决。

2016年的工作任务

2016年，我院将深入贯彻落实党的十八大和十八届三中、四中、五中全会精神，深入探索依法治区新形势下服务全区中心工作的新方式、新途径，为我区改革发展稳定和“十三五”规划实施提供坚强有力的司法保障。

一、坚持实干兴院，充分发挥司法服务保障功能。

坚持惩罚犯罪和保障人权并重，依法严惩危害食品药品安全、破坏生态环境等犯罪，发挥刑事审判惩戒、教育、感化功能。树立创新、协调、绿色、开放、共享的发展理念，认真调研我区在落实京津冀协同发展战略过程中可能形成的诉讼，依法妥善审理疏解北京非首都功能、推动产业转型升级等重点领域的案件。推动实现行政机关负责人出庭应诉常态化、规范化，监督和支持行政机关依法行政。加大强制执行力度，积极参与社会信用体系建设，进一步解决执行难问题。加强和改进司法审判白皮书工作，及时向有关部门提出合理化建议，促进社会依法治理。

二、坚持公信立院，依法公正行使审判权。

完善独任制、合议庭和审判委员会运行机制，规范院、庭长审判监督权的行使，建立健全符合审判规律的司法权力运行机制。坚持严格司法，实行办案质量终身负责制和错案责任倒查问责制，确保案件处理经得起法律和历史检验。完善审判流程公开、裁判文书公开、执行信息公开三大平台建设，加大推广应用力度，构建开放、动态、透明、便民的阳光司法机制。自觉接受人大、政协、检察机关、律师和社会各界的监督，努力让人民群众在每一个司法案件中都感受到公平正义。

三、坚持改革治院，全力破解发展难题。

按照统一部署，全面深化司法体制改革，推行司法人员分类管理，推进审判权运行机制改革，理顺审判权、审判管理权与审判监督权的关系，实现“让审理者裁判、由裁判者负责”。深入推进多元化纠纷解决机制建设，健全诉非衔接中心职能，强化法院附设调解队伍建设，加强法院与非诉讼纠纷解决组织的工作对接，总结形成可复制可推广的经验。依托信息化进一步提高审判工作质量和效率，加强对审判执行活动的动态监控，加快建设人民法院信息化3.0版。

四、坚持人才强院，着力提升依法履职能力。

把思想政治建设摆在首位，加强理想信念教育，不断增强队伍凝聚力。以人员分类管理改革为契机，进一步加强对各类人员的管理和使用，健全工作业绩考核与激励奖惩、选人用人相衔接相统一的机制。完善法官任用、管理和培养机制，实施人才分类管理，加快培养高层次审判人才，提高法官依法裁判的能力。加强法官职业保障，推行“关爱干警办实事”长效机制。推进法院文化建设，建立以“一厅、一片、两廊、两室”为重点的法院文化格局，营造严谨、和谐、活泼的工作氛围。坚持从严管理队伍，强化执纪问责，对违法违纪行为绝不姑息。

各位代表，新的一年开启新的希望，新的目标引领新的发展。我院将在区委的坚强领导、区人大及其常委会的有效监督下，围绕中心，突出重点，求真务实，认真履职，为“建设绿色国际港、打造航空中心核心区、共筑和谐宜居新家园”作出新的贡献！

顺义区人民检察院工作报告

—2016年1月7日在区第四届人民代表大会第五次会议上

顺义区人民检察院检察长　张　豫

各位代表：

现在，我代表顺义区人民检察院，向大会报告检察工作，请予审议。

2015年主要工作

在区委和市检察院的领导、区人大及其常委会的监督下，我们深入学习贯彻党的十八大以来的中央全会和习近平总书记系列重要讲话精神，按照区四届人大四次会议要求，忠实履行宪法法律赋予的职责，各项检察工作取得新进展。

一、围绕中心服务大局，为经济社会发展提供司法保障。

我们紧紧围绕全区大局，充分发挥职能作用，积极营造保障改革发展、保障民生民利、促进社会治理的法治环境。

营造保障改革发展的法治环境。一是依法惩治金融诈骗、非法吸收公众存款等严重经济犯罪。批准逮捕破坏社会主义市场经济秩序犯罪案件12件19人，提起公诉46件66人，依法办理了虚构身份、故意夸大功效、隐瞒产品不具备合法批准手续、诈骗80余名被害人的薛兵等4人销售“天然松花粉”案。二是加大对制售假冒伪劣商品、侵犯知识产权等犯罪的打击力度。积极开展“行政执法与刑事司法衔接”工作，审查行政处罚报备案件7339件，监督立案的被告人章文亚犯销售伪劣产品罪被法院判处有期徒刑10年。三是跟进重点工程项目招投标环节的职务犯罪预防。与区监察局、发改委等单位制定《关于建设工程项目及政府采购领域行贿犯罪档案查询的暂行办法》，将廉洁准入制度纳入全区重点行业领域。坚持“当天申请，当天查询，立等可取”模式，提供行贿犯罪档案查询服务4223件，同比增长220%。

营造保障民生民利的法治环境。一是严厉惩治危害民生民利的犯罪。开展“破坏环境资源和危害食品药品安全犯罪专项立案监督活动”，积极参与全区治理非法盗采加工运输经营砂石土方工作，依法办理了市政法委高度关注、市检察院督办的肖震杰、苗成刚、侯劲鹏等35人犯聚众斗殴、非法采矿、寻衅滋事、故意伤害罪的系列团伙暴力犯罪案；建议区食品药品监督管理局移送线索、并监督区公安分局立案侦查了在血豆腐中违法添加甲醛的高某某危害食品安全案。二是开展查办和预防发生在群众身边、损害群众利益职务犯罪专项工作。依法查办惠农资金管理、利民惠民工程等与群众利益密切相关领域的贪污贿赂犯罪4件4人，立案查办了某镇政府新农村建设办公室出纳孙某涉嫌挪用燃煤替代工程款案、某村党支部书记梁某涉嫌贪污水库移民款案。三是向下延伸检察职能，积极服务群众“最后一公里”。加强派驻后沙峪、杨镇检察室建设，与后沙峪、牛栏山法庭建立民事案件信息沟通机制；深入镇村受理群众申诉、开展法制宣传79件次，让群众“少跑路、不跑路”，维护合法权益。

营造促进社会治理的法治环境。一是依法化解矛盾。积极适应涉法涉诉信访改革，坚持诉访分离原则，引导当事人依法律、按程序表达诉求。采取检察长接待、约访下访、远程视频接访、律师等第三方参与矛盾化解等有效措施，依法办理群众信访633件次，及时化解群体访7起。二是积极营造社会和谐。依法开展司法救助、法律援助、刑事和解、检调对接134件次。三是加强未成年人合法权益的司法保护。采取分案起诉、心理干预、案后帮教等措施，为罪错未成年人回归社会提供帮助。共落实法定代理人及合适成年人讯问到场38人次，封存未成年人犯罪记录26人次，与首都师范大学少年司法社会工作研究与服务中心合作，开展涉罪未成年人社会调查21人次。我们“蒲公英”青少年法制宣讲团为学校、社区授课13次，受众人数达700余人。

二、加强法律监督，深化平安、法治和反腐倡廉建设。

我们坚持完善执法办案机制，不断提升法律监督水平，积极推进平安、法治和反腐倡廉建设。

严格依法办案，积极参与平安顺义建设。一是严格把握逮捕条件。对侦查机关提请逮捕的案件，全部当面听取犯罪嫌疑人供述，认真核实证据。对重大复杂案件，派员参加现场勘验，引导侦查机关依法、规范、全面、及时收集证据。依法惩治危害公共安全犯罪，从严打击抢劫、抢夺等暴力犯罪和盗窃、诈骗等多发性侵财犯罪，批准逮捕437人；对证据不足、需要补充侦查的108人，依法作出不批捕决定，并督促侦查机关完善证据、查清事实。二是准确把握起诉标准。严格执行罪刑法定、疑罪从无、证据裁判等原则和规定，坚持我院“十个把握、四个保证”的公诉工作机制，要求承办检察官必须听取犯罪嫌疑人辩解，必须核实关键证人证言，必须听取辩护人意见；对侦查取证不符合法定程序、可能影响司法公正的，排除非法证据3件；坚持事实清楚、证据确实充分的标准，对各类犯罪依法提起公诉1438人；依法作出不起诉决定229人。三是开展刑事速裁程序试点。办理速裁案件207件，占受理案件总数的24%，单起案件审查起诉用时3至4天，起诉准确率为100%，服判率为99.4%。四是积极落实检察长直接办案工作。检察长、副检察长深入办案一线讯问犯罪嫌疑人，作为公诉人出庭支持公诉，先后办理了被告人张海龙、包玉国等九人非法组织卖血案和高某某、李某生产有毒、有害食品案等一批重大疑难复杂案件。

坚持查办与预防职务犯罪并重，深入推进反腐倡廉建设。一是依法查办职务犯罪大要案。立案侦查贪污贿赂犯罪10件10人，均为大案，其中百万以上大案2件2人、处级以上要案3件3人；立案查办了市院首批挂牌督办的反渎案件。我们还接受中纪委、市检院的抽调任务，参与办理了河北省委“11.20”专案、国家发改委“2.10”专案等一批在全国有影响的大要案。二是全流程规范职务犯罪侦查行为。严格执行讯问职务犯罪嫌疑人“全面、全部、全程”同步录音录像制度，做到凡接触犯罪嫌疑人必录、凡讯问必录、凡搜查必录；对拟逮捕或拟不起诉的，一律由上一级检察院批准。三是深化职务犯罪预防。撰写《预防职务犯罪年度报告》，对倾向性、苗头性问题提前预警。组织开展职务犯罪巡展、讲授廉政法制课、旁听职务犯罪案件庭审等预防警示教育111次，受众1000余人。与镇村组织沟通联系，对职务犯罪风险点提出预防建议，服务村级“两委”换届选举工作。

加强诉讼监督，促进严格执法、公正司法。一是加强对刑事立案、侦查、审判活动的监督。依法纠正有案不立、有罪不究、漏捕漏诉等问题。监督立案14件26人；对于不应当立案的依法监督撤销案件9件12人；追捕、追诉遗漏的犯罪嫌疑人71人；发出纠正违法通知书12份。李朋阳等4人冒充医学类核心期刊编辑制作假杂志诈骗案中，我们成功追加遗漏的犯罪事实771起，追加涉案金额166万元，4名被告人均被判处10年以上有期徒刑。二是加强对刑罚执行和监管活动的监督。开展监管监督1879次，与在押人员谈话教育304人次，针对监管活动中存在的苗头性问题提出建议12份。开展“社区服刑人员脱管、漏管专项检察活动”，及时纠正漏管、脱管案件

10件。开展羁押必要性审查工作，对50名不需要继续羁押的犯罪嫌疑人建议释放或变更强制措施。三是加强对民事、行政诉讼监督。对3件民事申请监督案件建议市检三分院提请抗诉，均获支持；针对法院执行活动、诉讼程序等方面存在的问题，发出检察建议3件均被采纳；对认为裁判正确的45件民事、行政申请监督案件，积极开展释法说理、服判息诉工作，维护司法权威。

三、坚持严格规范司法行为，保障检察权依法正确行使。

我们以开展规范司法行为专项整治工作为抓手，通过健全制度机制、完善监督管理、推进检务公开、提升能力素质，司法规范化建设取得了新成效。

深入开展规范司法行为专项整治工作。一是健全完善规范司法的制度机制。开展办案规范“废、改、立”工作，共废止9件，新制定13件，增强了规范性文件的指导性和可操作性。二是着力解决规范司法的突出问题。对查摆出的不规范问题，逐一列出问题明细与整改清单，确保对照检查不走过场。三是强化案件规范管理。全年办理的2066起案件全部纳入全国统一业务应用系统管理，及时纠正案件填录瑕疵，对执法办案活动实行全面、全程、直接、动态监督。

坚持问题导向，强化内部办案监督管理。一是坚持案件质量评查常态化。实行“随机评查”、“专项评查”、“全面评查”、“个案评查”的菜单式管理，对2015年办结的案件开展评查，对发现的卷宗装订瑕疵、法律文书制作漏洞等问题，我们召开全院通报会，责令承办人整改反思，切实形成了对司法不规范现象敢亮丑、动真格、见实招的严谨氛围。二是严把拟公开法律文书质量关。成立案件信息公开审核小组，严格审查拟公开的法律文书，对不符合公开条件的文书退回业务部门，保证了法律文书公开的严肃性与规范性。三是加强举报线索管理。对举报线索统一录入业务应用系统，严格按照时限进行分流处理，并运用定期线索清理、信访事项通报等多种方式进行跟踪催办，防止举报线索久拖不决。

坚持开门纳谏，自觉接受外部监督制约。一是接受人大代表、政协委员与特约监督员的监督。进一步强化“监督者更要接受监督”的意识，召开检察工作情况通报会、发出《征求意见表》，接受人大代表、政协委员、特约监督员对检察工作的监督14件次，做到件件有落实、事事有反馈。二是依法保障律师执业权利。接待律师418人次，提供查阅、复制卷宗2261册，主动听取律师提出的无罪、罪轻、变更强制措施等辩护意见，全部记录入卷并认真核实反馈。三是认真开展人民监督员工作。坚持人民监督员对职务犯罪“十一种情形”及时监督，有2件拟不起诉的案件接受了人民监督员的监督评议，最终均同意检察机关的处理意见。四是借助“互联网+”，积极推进检务公开。大力加强“两微一端”新媒体建设，在我院微信公众号推出了以真实案例为素材的“青春自护、家长先行”未成年人教育原创短片，24小时浏览量突破3000人次，与公众互动中获得广泛好评；大力加强网上案件信息公开工作，在全国人民检察院案件信息公开网向社会公布案件程序性信息2413件、法律文书1315份，实现案件信息全面、规范公开；大力加强检察门户网站建设，构建阳光检务信息公开平台和便民服务平台，增强检察工作透明度，让人民群众更便捷地了解、监督检察工作。

四、坚持提升素质和提优作风并重，努力打造过硬队伍。

我们以“政治过硬、业务过硬、责任过硬、纪律过硬、作风过硬”为要求，着力强化对检察队伍的严格管理、严格教育、严格监督，努力打牢检察工作发展根基。

大力加强思想建设。认真组织学习贯彻党的十八届五中全会精神，严格按照区委和市检察院部署，精心组织开展“三严三实”专题教育，全面落实各项任务，进一步筑牢思想、纪律、监督、制度“四个防线”。认真开展“立足岗位、知规守矩、服务发展”专题学习活动，积极巩固整治成果，提高检务效能，推进作风建设常态化和长效化。

狠抓队伍专业化建设。以执法办案人员为重点，扎实开展岗位练兵、业务竞赛等活动，开展教育培训82期，紧贴司法实践开展公诉、反贪、反渎等检察业务实训，通过设置“模拟庭审讯问犯罪嫌疑人”、“模拟询问证人、鉴定人”和“案件汇报与答辩”等实战课程，提升检察人员业务水平。

从严推进党风廉政建设。把“两个责任”作为重要工作来抓，组织召开党风廉政建设工作会，逐级签订党风廉政建设责任书。强化对检察业务工作、队伍建设和日常管理的监督检查，开展“守纪律、正检风、做表率”检务督察，教育检察人员严守职业道德和权力边界，确保办案安全。

扎实推进基层基础建设。认真落实《全国基层检察院建设规划》，推进检务保障建设，在区委、区政府的关心支持下，律师接待、案管大厅建设加速推进，办案条件和科技水平得到改善和提升。积极营造争先创优氛围，荣获了“全国检察宣传先进单位”、“首都文明单位标兵”等荣誉。

各位代表，检察工作所取得的成绩，是区委坚强领导、区人大及其常委会有力监督的结果，是区政府、区政协及社会各界和人大代表热情关心、有力支持、真诚帮助的结果。在此，我代表全体检察人员向大家表示衷心的感谢！

面对全面建成小康社会、全面深化改革、全面依法治国、全面从严治党的新形势和人民群众的新期待，我们清醒认识到，检察工作中还存在一些问题和不足。一是法律监督职能作用发挥还不充分，部分检察人员办理新型复杂案件、准确认定事实证据、出庭证明犯罪等能力仍有不足，对刑事、民事、行政诉讼活动的法律监督还需加强；二是刑事案件数量大、疑难复杂案件持续增多，而一线办案人员少，骨干人才缺乏等问题依然突出；三是检务公开需要进一步加大，司法行为不规范、司法活动不严格的问题还存在。对于这些问题和不足，我们将坚持问题导向，积极采取有力措施加以解决。

2016年工作安排

2016年，是“十三五”规划实施的开局之年，是全面深化改革的重要一年，是推动京津冀协同发展、保障顺义经济社会转型升级的关键一年，做好检察工作的意义更加重大。新一年，我们的总体思路是：认真贯彻落实党的十八大、十八届四中、五中全会和习近平总书记系列重要讲话精神，紧紧围绕区委四届十一次全会的部署，以维护公平正义为目标，以司法体制改革为契机，更加自觉地服务法治顺义、平安顺义建设，更加充分地履行检察职能，奋力开创检察工作新局面，为我区全面改革发展提供强有力的司法保障。围绕这一思路，我们将着重做好以下五方面工作：

一、牢固树立最严格的执法、最公正的司法就是对大局最好的服务的理念，切实有效履行法律监督职能。

认真贯彻落实区委四届十一次全会提出的“把握发展的阶段性特征、推动经济社会转型升级”的新时期工作总要求，坚持把检察工作摆到经济社会发展全局中谋划，主动服务经济发展新常态，深入研究京津冀协同发展的相关法律问题，增强工作前瞻性、主动性，准确把握检察工作切入点和结合点。依法履行检察职能，坚持有腐必反，充分发挥检察机关反腐败主力军的作用。结合办案加强预防工作，提出有效对策建议，促进从源头上解决腐败问题。进一步完善诉讼监督机制，切实做到严格依法监督，有效促进严格执法、公正司法，努力为我区经济社会发展大局创造良好的法治环境。

二、落实执法为民，全力保障人民权益、维护社会秩序。

坚持人民主体地位，把强化执法为民作为检察机关参与平安法治顺义建设的长期任务，认真抓好落实。坚持以法治为引领，深入参与社会治安综合治理。从严打击各类危害社会治安、破坏社会稳定的犯罪，突出打击暴力、涉恶和侵害民生民利犯罪，增强人民群众安全感。全面强化对资源环境的司法保障，切实保护顺义自然之美。积极运用法治思维和法治方式参与社会治理创新，不断提高社会治理法治化水平。深入抓好风险研判、检调对接、社会救助等工作，深入镇村，掌握社情民意、解决群众诉求，有效化解社会矛盾。

三、深入贯彻司法体制改革部署，完善检察权运行机制。

根据上级部署，做好司法改革准备工作。积极开展检察人员分类管理，适时开展检察官办案责任制改革。深入推进涉法涉诉信访工作机制改革，完善诉访分离、涉诉信访终结等工作机制，切实在法治轨道上解决涉法涉诉信访。深化检务公开改革，适应“互联网 +”时代要求，实现网上“一站式”服务。加强内部监督制约，建立内部人员过问案件的记录制度和责任追究制度，提升检察工作法治化水平。

四、始终坚持从严治检方针，抓好过硬检察队伍建设。

突出加强思想政治建设，全面建立思想政治工作责任制和检察人员思想状况定期分析制度，切实强化社会主义核心价值观、社会主义法治理念和检察职业道德教育。严格抓好党风廉政建设“两个责任”落实，加大督查问责力度。切实规范司法行为，坚持在查办自身违法违纪上严字当头，发现一起处理一起，绝不手软，绝不姑息。大力加强队伍业务能力建设，紧贴检察实践开展大规模教育培训和岗位练兵。深入推进检察重点人才建设工程，认真落实检察工作发展规划，引领检察人员不断提振精神、增强合力、争先创优。

五、牢固坚持党的领导，接受人大、政协和社会监督。

把坚持党的领导贯穿于检察工作的全过程和各环节，坚决贯彻党的路线方针政策，坚决执行区委决策部署，永葆对党忠诚、听党指挥的政治本色。自觉接受区人大的监督和区政协的民主监督，更加有力地抓好区人大及其常委会对检察工作决议、审议意见的落实，更加积极地做好人大代表、政协委员和特约监督员的联络工作。始终把群众满意作为衡量检察工作成效的最高标准，自觉接受社会各界监督。

各位代表，新的一年，我们决心在区委和市检察院的坚强领导下，认真落实本次会议的决议要求，创新进取，真抓实干，忠实履行好维护社会大局稳定、促进社会公平正义、保障人民安居乐业的职责使命，为“建设绿色国际港、打造航空中心核心区、共筑和谐宜居新家园”作出应有的贡献！

专 记

新年致（贺）词

顺义区人民政府区长　卢映川

各位市民朋友：

大家好！时光如水、日月如梭，转眼间我们即将告别2014，迎来新的一年。在这辞旧迎新的美好时刻，我谨代表顺义区委、区政府，向全区每一位市民，向关心支持顺义发展的各界朋友，向远离家乡的各位游子、乡亲，送上真挚的新年问候和美好的新春祝福！

回望过去一年，面对宏观经济下行压力不断加大、人口资源环境矛盾日益凸显的复杂形势和落实首都城市战略定位、推进转型发展的新要求，在市委、市政府和区委的正确领导下，我们致力于调结构、促改革、惠民生，全区在城市管理、生态建设、产业调整、民生改善等各个方面，都实现了新的发展、取得了新的成果。这些成果是各方关心支持、全区共同奋斗的结果，凝结着广大市民的默默付出和心血汗水，对此我们将永远铭刻在心里。

2015年是“十二五”规划的收官之年，全面深化改革、推进依法治理、共建美好家园的任务光荣而艰巨。新的一年我们将积极主动适应发展新常态，全面推进发展和管理转型，加快产业优化升级，提升城市服务品质，持续改善民生，积极倾听市民的声音，着力解决关系群众切身利益的热点难点问题，努力在建设和谐宜居新城和美丽乡村上迈出更大的步伐！

发展好、建设好、维护好顺义我们共同的家园，需要每一个企业、每一位市民、每一个社会成员共同参与，顺义的美好未来在我们每一个人的手中。新的一年让我们一同出发、并肩前行！

衷心的祝愿新的一年，每一位市民都有新的收获，每一个家庭都平安、幸福、如意！

大 事 记

1月

1日，《顺义区产业项目全要素综合评价实施办法（试行）》开始试行，该办法经过一年多的调研讨论，由相关职能部门组成领导小组，对项目的产业定位、环保安全、科技创新、投入产出、综合能耗、就业与人口调控、社会管理与公共服务、其他需要职能部门评价的内容共计八个方面开展深度评价，对新引进项目进行“全方位、多角度、立体化”评估评价，进一步加快转变发展方式，高效利用资源要素，不断提升区域项目质量，构建“高、精、尖”经济结构。该办法试行一年。

同日起顺义区划定禁止露天烧烤范围。根据规定，顺义中心城区范围（北至减河，东至右堤路，南至双河大街，西至西环路以内的公共场所）、新城马坡组团范围（东至右堤路，南至顺泽大街，西至京承铁路，北至顺丰大街以内的公共场所）、新城牛栏山组团范围（东至右堤路，南至永业东大街，西至京承铁路，北至昌金路以内的公共场所）和本区范围内的学校、医院、居民小区周边100米之内，以及公园、公共交通枢纽、公共绿地等公共场所；各镇、街道的主要大街或道路；经济功能区的建成区域范围，禁止烧烤。当空气质量发生预警二级（橙色）及以上污染时，全区范围内禁止露天烧

6日，区长卢映川一行调研李桥镇南半壁店村环境综合治理情况。区领导林向阳、于庆丰、张晓峰、李向英参加。

7日，区政府召开2015年第一次常务会议，审议《顺义区绩效管理考核办法》《顺义区镇（街道）绩效管理考核办法》和《顺义区交通治理行动纲要》。区长卢映川主持。

9日，顺义区召开违法用地违法建设工作通报会，部署2015年违法用地、违法建设治理工作。北京市国土资源局副局长李军，区委常委、常务副区长林向阳出席。

同日，第三十二届顺义区学生科技节闭幕，并举办科技教育成果展。本次科技节于2014年10月29日在牛栏山一中举办，科技节中6所中小学、10名科技主管干部、10名科技老师、20名中小学生分别获得“区科技教育先进集体”“区优秀科技教育工作者”“区优秀科技教育辅导员”“绿港小天使科学院小院士”称号，受到表彰。

同日，区长卢映川带队到北石槽镇、赵全营镇、牛栏山镇，调研“南水北调”工程沿线环境情况。南水北调来水入潮白河水源地工程，利用京密引水渠李家史山分水闸放水，经小中河6.27公里、东水西调2公里、牤牛河3.72公里、怀河3公里，来水自流至潮白河牛栏山橡胶坝上游，回灌潮白河水源地，补给地下水。设计引水能力每秒10立方米，年引水约1.5亿立方米。该工程自2014年7月底开工，11月底完成总工程量的80%，完成引水工程部分施工，具备通水条件。

12日，区委理论学习中心组举行2015年第一次集体学习，邀请中央财经大学财政学院教授、

博士生导师李燕专题辅导新《预算法》。区领导王刚、卢映川、胡尚云、杨宝华等参加学习。

13日，北京市人大顺义代表团举行市十四届人大三次会议会前活动。区人大常委会主任胡尚云、市人大常委会内司委委员马庚良、预算监督顾问雷德才、法制办主任李小娟及区委副书记、天竺综保区常务副主任闫立刚等24名市人大代表参加。区人大常委会副主任吴建国主持会议。市人大、市政府、市检察院、市高法、市财政等相关部门列席会议。会议通报关于召开市十四届人大三次会议的有关情况，推选胡尚云为顺义代表团团长，吴建国、李福成为副团长。会议传达市委十一届六次会议精神，讨论市政府工作报告、市人大常委会工作报告等各项工作报告征求意见稿，讨论《北京市居家养老服务条例（草案）》，布置市十四届人大三次会议相关工作。

同日，北京市就业工作检查组组长、市人力资源和社会保障局副局长张祖德到顺义区检查2014年度就业重点工作完成情况。区委常委、常务副区长林向阳出席汇报会。

同日，顺义首条贯穿东西的一级公路——白马路，东延工程建成通车。工程西起中干渠路，东至峪杨路。道路全长13.095公里，双向四车道，路基宽度24.5米至30米。其中，顺义境内长度为10.975公里，终点段平谷境内长度为2.12公里。共新建冉家河桥、金鸡河桥、丈子沟桥、东一干渠桥和无名河桥5座桥梁。

14日，顺义区出台《关于加强高技能人才队伍建设的实施意见》，《意见》扩大企业在职职工高技能人才培训的补贴范围，区外户籍职工参加紧缺急需工种的高级工及以上培训可享受财政补贴；引导辖区高考考生报考区域经济发展急需专业，联系企业和院校开展委培教育，区财政负担委培生50%学费；鼓励校企合作培养高技能人才，开展“校企合作”“企业办校”的企业，优先纳入“失业保险支持企业职工培训”试点范围，享受培训专项补贴资金；推进首席技师工作室建设，对首席技师工作室开展的技术研发、产品创新、技艺传承等项目，给予每年5万至10万元、最多连续2年的资金支持；完善高技能人才激励机制，每2年开展一次优秀高技能人才认定活动。

16日，顺义区启动申领“首都科技创新券”工作。“首都科技创新券”由北京市科委联合北京市财政局共同推出。持此券，小微企业和创业团队可以直接在中科院、清华大学、北京大学等单位398家实验室，购买测试检测、合作研发、委托开发、研发设计、技术解决方案、新技术新产品等研发服务，甚至开展联合创新创业。

同日，市供销社与蓝汛国际控股有限公司合作的云数据中心建设项目启动，标志着以云计算及大数据产业为代表的高科技产业在天竺综保区迈出实质性的一步。北京市供销合作总社以9.6亿元人民币定制由蓝汛独立开发的首鸣国际数据中心，双方将借助各自优势在天竺综保区内开展大数据中心领域的合作，在建设国内高等级、大规模数据中心基础设施的同时，为国内高端客户和国际知名客户提供大数据、云计算等服务。

17日，顺义区召开各镇、街道党（工）委书记抓基层党建工作述职评议考核会，市委组织部副部长张建春、组织处副处长单传华，区领导王刚、卢映川、闫立刚、周颖博、肖韵竹、车克欣等参加会议。

18日，区领导王刚、卢映川、胡尚云等分别深入李遂镇柳各庄村、大孙各庄镇薛庄村、杨镇李辛庄村等村，开展“民主日”活动。

19日，顺义区召开2015年第一次人才工作领导小组会议，审议并通过第一届“顺义区优秀青年人才”和第一批“顺义区人才工作创新项目”认定工作。区领导王刚、卢映川、车克欣、林向阳出席。

20日，区委全面深化改革领导小组第三次全体会议召开，区领导王刚、卢映川、胡尚云等出席。会议听取区委改革办及11个专项小组关于2014年全面深化改革工作进展情况及2015年改革工作安排的汇报，审议关于增设区域协同发展领域改革专项小组的建议方案、《北京天竺综合保税区深化改革创新发展纲要（审议稿）》和《2015 年全面深化改革实施计划（审议稿）》。

同日，顺义区区委常委班子整改落实情况通报会召开。区领导王刚、胡尚云、杨宝华等出席。区委书记、区委党的群众路线教育实践活动领导小组组长王刚通报区委常委班子整改方案落实情况。

21 日下午，区政府召开 2015 年第二次常务会议，会议审议《顺义区清洁空气行动计划 2015 年实施方案》和《顺义区高污染燃料禁燃区划定及实施计划方案》。区长卢映川主持会议。

25 日，北京市市委书记郭金龙来到北京市第十四届人民代表大会第三次会议顺义团，与代表共同审议《政府工作报告》。郭金龙指出，顺义要适应新常态，在首都发展全局中发挥更大作用。市领导李士祥、张延昆、夏占义，顺义区领导王刚、卢映川、胡尚云等参加分组审议。

26 日，隆华购物中心开始试营业。

28 日，北京农业发展集团有限公司（简称“顺鑫集团”）更名为北京顺鑫控股集团有限公司。

同日下午，顺义区政府召开 2015 年第三次常务会议，通报 2014 年第 4 季度及 2014 年 12 月份环境检查情况，审议《顺义区区镇财政管理体制改革意见》和《关于健全完善城市管理综合执法机制的方案》。区长卢映川主持会议。

29 日，区长卢映川调研区科技创新产业发展情况，听取科技创新集团公司、科技创新管委会基本情况及全区科技创新工作汇报。区领导盛德利、吴耀新参加。

30 日，2015 年北京市文化科技卫生“三下乡”集中示范活动在顺义区马坡镇石家营村举办，拉开本年度“三下乡”活动的序幕。中央政治局原委员、中国志愿服务联合会会长刘淇，市委常委、宣传部部长李伟，区领导王刚、卢映川、肖承继出席。

本月，顺义区国、地税，完成税费收入 71.80 亿元，同比增长 19.8%。完成区级一般公共预算收入 16.85 亿元，同比增长 14%，其中，国税、地税分别同比增长 23.3%、8.5%。第三产业税收规模增大，贡献率稳定增长，占总税收的 31%。第三产业税收持续保持三成以上占比，反映出经济结构继续优化。整合后的功能区发展态势良好。其中，科技创新产业功能区实现税收 26.92 亿元，同比增长 52.5%。税收总量、区级一般公共预算收入大幅增长。临空经济核心区实现税收 12.59 亿元，同比增长 8%。

本月，位于北小营镇西府村的 110 千伏输变电工程投入运行，日输电量 4.4 万千伏安，有效缓解北小营地区生活和工业用电的压力。该工程 2011 年动工，总投资 1.44 亿元，建设智能变电站 1 座，总建筑面积 2435 平方米；安装 31.5 兆伏安有载调压变压器 2 台；新立杆塔 48 基，架设架空线路 14 公里。

本月，出台《顺义区关于落实党风廉政建设责任制党委主体责任和纪委监督责任的实施意见》（简称《实施意见》）。《实施意见》分六部分内容：落实党风廉政建设主体责任和监督责任的总体要求；党委（党工委、党组）要切实履行主体责任，当好党风廉政建设的领导者、执行者、推动者；纪检监察机关要切实履行监督责任，从严监督、执纪、问责；严格检查考核，确保责任落实；实行“一案双查”，严肃责任追究；加强组织领导，建立健全落实主体责任和监督责任的工作保障机制。《实施意见》要求各级党委（党工委、党组）把党风廉政建设责任制作为总抓手，大力推进党风廉政建设和反腐败工作，结合实际，制定落实“两个责任”的具体实施办法，确保“两个责任”有效落实。

本月，区委组织部出台《顺义区加强党委联系服务专家工作办法》，确定包括在顺义区工作的两院院士，国家“千人计划”“万人计划”入选者，“首都杰出人才奖”获得者等专家为服务对象。

本月，顺义区第二十二届“二月新春”群众文化活动启动仪式在旺泉街道宏城花园社区文化活动中心举行，区委常委、宣传部部长肖承继，各镇、街道、工委、部分大型企业负责人、社会各界群众300人参加。本届活动由区委宣传部、区文化委、区农村工作委员会、区总工会、区广电中心、区文联共同主办，以“唱响中国梦、魅力新顺义”为主题，从2015年元旦到正月十五，在广泛开展基层群众文化活动基础上，举办百场歌舞庆新春、千场电影献基层、万册图书送下乡、万幅春联迎佳节、第十一届“高丽营杯”戏曲票友大赛、第十三届“赵全营杯”民间花会大赛、杨各庄“药王节”庙会、民间花会进社区活动等12项重点品牌活动。

本月，顺义区张镇被确定为国家档案局中央档案馆基层联系点。在今后工作中，国家档案局将采取联手共建、领导干部下基层等多种形式，对张镇的档案工作进行帮扶与指导，助力张镇经济社会发展及档案工作水平进一步提升。

本月，顺义区获评北京市建设学习型城市工作示范区。顺义区自2011年提出争创学习型城市工作示范区以来，在打造日益完备的终身教育体系和终身学习服务体系、建设数字化学习服务体系、建设学习型组织等方面不断创新，全面建设学习型城市。

2月

2日，区委常委会扩大会议召开，传达市“两会”精神。会议学习市人大十四届三次会议和市政协十二届三次会议精神，以及市委书记郭金龙出席顺义团讨论活动时的重要讲话精神。区领导王刚、卢映川、胡尚云、杨宝华等出席。

5日，中共北京市顺义区第四届纪律检查委员会召开第五次全体会议。会议传达中央纪委十八届五次全会、市纪委十一届四次全会精神。区委常委、纪委书记肖韵竹作题为“坚持从严治党要求，强化监督执纪问责，坚定不移推进党风廉政建设和反腐败斗争”的工作报告，部署2015年党风廉政建设和反腐败工作主要任务。市纪委常委张才雄，区领导王刚、卢映川、胡尚云、杨宝华等出席。

同日，区政府召开2015年第四次常务会议。会议审议《顺义区安全生产党政同责实施办法》《顺义区安全生产约谈办法》和《顺义区行政单位对生产经营单位安全生产监管（管理）职责的规定》。区长卢映川主持会议。

9日，区委书记王刚分别慰问老干部遗孀、优抚对象、困难残疾人和见义勇为人员，区委常委、区委办公室主任朱家亮参加。

同日，区委副书记、区长卢映川走访慰问退休老干部彭兴远、吴桂云、赵立军和被首都精神文明建设委员会授予首都见义勇为积极分子称号的郭殿友，为他们送去慰问金和米、面、油等生活必需品，并向他们致以节日的问候。

10日，召开医疗卫生服务水平提升三年行动计划推进会。2015年，顺义区将继续引入优质医疗资源，优化医疗资源布局；加强医疗服务体系建设，加快提升服务能力；加大基层网底覆盖范围，提升社区服务能力；构筑疾病防控屏障，提升公共卫生保障水平；强化保障措施，提高服务管理效率。会议对2014年卫生系统的先进集体和个人进行表彰。区领导王刚、卢映川、胡尚云、杨宝华等出席。

11日下午，顺义区政府召开2015年第五次常务会议，听取《顺义区2014年度行政复议案件统计分析报告》，审议《2015年顺义区城乡环境整治与垃圾治理推进实施方案》、《建设现代农业节水示范区实施方案》和《禁止设立食品生产加工作坊通告》。区长卢映川主持会议。

同日，区第四届人大常委会召开第20次会议。区人大常委会主任胡尚云，副主任冯庆森、赵贵恒、董占云、吴建国、白丽洁出席，区委常委、常务副区长林向阳列席。会上，胡尚云传达市十四届人大三次会议和市委人大工作会议精神。听取和审议区政府关于2014年依法行政工作情况报告，审议区政府相关部门关于常委会会议审议、执法检查所提意见办理情况报告。

同日，根据《中华人民共和国地方各级人民代表大会和地方各级人民政府组织法》第四十四条第九款的规定，经北京市顺义区人民政府区长卢映川提请，北京市顺义区第四届人大常委会第二十次会议决定：任命谢泉同志为北京市顺义区人民政府副区长（挂职一年）。

同日，郭铁相同志因达到退休年龄，向北京市顺义区人大常委会提出辞去北京市顺义区人民法院院长职务的请求。根据《中华人民共和国地方各级人民代表大会和地方各级人民政府组织法》第二十七条的规定，北京市顺义区第四届人大常委会第二十次会议决定：接受郭铁相同志辞去北京市顺义区人民法院院长职务的请求，并报北京市顺义区第四届人民代表大会备案。根据《中华人民共和国地方各级人民代表大会和地方各级人民政府组织法》第四十四条的规定，北京市顺义区第四届人大常委会第二十次会议决定：任命李旭辉同志为北京市顺义区人民法院副院长、代理院长。

16 日，区委副书记、区长卢映川来到龙湾屯镇，对农民专业合作组织发展情况进行调研。

同日，区委副书记、区长卢映川，副区长张晓峰来到龙湾屯镇北大沟林场，实地检查北大沟林场防火情况并慰问北大沟派出所工作人员及巡防队员。区农委、园林绿化局、应急办等相关单位负责同志参加。

18 日至 23 日（腊月三十至正月初五），顺义 25 家商、市场 6 天共实现销售收入 3.28 亿元，同比增长 4.8%。春节七天顺义区旅游企业共接待游客 240485 人，综合收入 6905.9 万元，与去年同期相比分别增长 0.5% 和 1.17%。

25 日，区政府召开全体会议，通报春节期间本区节日运行情况，并对 2015 年工作进行再动员、再部署。区领导卢映川、林向阳、于庆丰、朱家亮等出席会议。

27 日，区综治委召开 2015 年第一次全体（扩大）会议暨全国“两会”安保维稳部署会。区领导周颖博、吴建国、盛德利、孙桂祥出席。

是月，被首都综治委评为“首都社会治安综合治理先进区”。这是顺义区自 2002 年以来连续第十三年获得此项荣誉。

3月

2 日，区政府与首都医科大学附属北京儿童医院签订关于托管顺义区妇幼保健院框架协议，儿童医院将从人才培养、科研项目等多方面助力区妇幼保健院。托管后，区妇幼保健院将更名为北京儿童医院顺义妇儿医院。北京儿童医院派知名专家到顺义妇儿医院出诊，医生出诊的科室和频率根据患者就诊情况及时调整。两院之间将建立绿色通道，共同解决疑难杂症。推进妇幼保健院重点学科建设，争取在“十四五”末，使其医、教、研、防等综合能力达到三级甲等专科医院水平。

同日，区委理论学习中心组就落实和推进农村土地制度改革工作进行专题学习。区领导王刚、卢映川、胡尚云、杨宝华等参加。

3 日，区第四次党代会第一代表团召开第一次全体会议，区委书记王刚就如何充分发挥党代表作用，探索党代表任期制的有效形式与途径，与党代表进行交流。

4 日，市委“两会”安保督查组对全国“两会”期间顺义区安保维稳工作进行督查。区委副书记、政法委书记周颖博陪同。

同日下午，区政府召开 2015 年第六次常务会议，审议《顺义区 2015 年学法计划》和《顺义区关于规范农村产权交易工作的意见》。区长卢映川主持会议。

6 日，区委组织部制定出台《顺义区农村实用人才示范实训基地认定管理办法》，充分发挥优秀农村实用人才在新农村建设中的带动、示范和引领作用。

10 日，区委书记王刚、区长卢映川等专题调研区重点工程项目建设情况。

同日，部分区人大代表视察供暖锅炉煤改气

等工作。区人大常委会副主任赵贵恒参加。

11日，部分区人大代表视察区医院门诊综合楼建设。区人大常委会副主任董占云参加。

同日，区政府召开2015年第七次常务会议，审议《顺义区2014年度区级国家行政机关绩效管理考核结果》。区长卢映川主持会议。

同日，平谷区人大常委会主任刘军一行到我区调研。区人大常委会主任胡尚云，副主任冯庆森、吴建国陪同。

同日，北小营镇举办2015年“二月新春”群众文艺汇演。区委常委、宣传部部长霍光峰观看演出。

12日，顺义区党的群众路线教育实践活动领导小组召开第12次会议，王刚、卢映川、胡尚云等区领导出席。会议传达中央、市委有关精神，通报区教育实践活动进展情况。会议对调整补充区委教育实践活动办公室、成立区委党建工作督导办公室的相关工作进行说明。

同日，区长卢映川前往北汽自主品牌乘用车基地、北京平和精工汽车部件有限公司、北京李尔岱摩斯汽车系统有限公司生产一线，调研全区汽车产业发展。区领导朱家亮参加。

同日，北京汽车股份有限公司与梅赛德斯奔驰车辆技术集团签约，合资成立北京北汽德奔技术中心有限公司，标志着我国第一家专门为自主品牌提供专业化技术服务的机构形成。该技术中心致力于为北汽股份提供全面、专业的技术指导、咨询服务，以及产品研发方面的技术支持，提升北汽股份自主品牌乘用车整车产品及核心汽车零部件的开发能力。

14日，区领导王刚、卢映川等带队调研全区环境建设。区领导一行查看中絮棉纺厂旧址、前进花园一区停车场、铁西路周边、后沙峪镇火神营村、顺康路等地的环境情况。区相关单位负责人汇报目前环境建设中存在的问题。

16日，区委理论学习中心组前往密云县古北水镇，就文化旅游产业创新发展进行集体学习。区领导王刚、卢映川参加。

17日，区委书记王刚及相关部门负责人到顺丰优选、顺丰嘿客、北京玖美电子商务有限公司等几家企业，调研电子商务产业发展。区领导于庆丰、肖承继、霍光峰、李向英参加。

18日上午，中央组织部召开党代表任期制工作专题会，专门听取顺义区党代表任期制工作进展情况汇报。中组部副部长陈向群、顺义区委书记王刚、区委常委、组织部部长车克欣参加。

同日，区人大常委会对2014年区财政局选取的24个一般预算项目绩效评价结果进行专题询问。区人大常委会主任胡尚云，副主任冯庆森、赵贵恒、董占云、吴建国出席。区委常委、常务副区长于庆丰列席。

19日起，顺义区120急救纳入全市统一调度体系，市民拨打120急救电话后，等待时间将大大缩短，成为2015年全市推进120急救体系统一调度的首个郊区县。

20日，市委市政府理论学习中心组学习（扩大）电视电话会议举行，顺义区领导王刚、卢映川、胡尚云、杨宝华等在分会场集中收听收看。会议由市委常委、市委宣传部部长李伟主持；中央财经领导小组办公室副主任杨伟民作关于主动适应经济发展新常态的专题辅导报告，从“深化理解，统一认识”和“坚持发展，主动作为”两方面对如何适应经济发展新常态进行全面解读。

同日，北京现代第九代索纳塔正式上市销售。至此，北京现代已有包括三款SUV在内的共12款车型。2015年1–2月企业共生产汽车179900辆，销售轿车177321辆，实现产值169.9亿元，完成销售收入165亿元，吸纳就业14202人。

21日上午，顺义区总工会组织百名职工参加由北京市总工会、北京市体育局、通州区委区政府联合主办的2015年首都职工健步走活动——健步121手机APP上线启动仪式。

23日，区委理论学习中心组集中学习新《环保法》。会议要求各地区、各功能区、各部门要以此次学习为新起点，学习、贯彻、落实好新《环保法》，切实担负起相应责任，加快本区生态文明建设。同时各级党政干部要进一步树立法治思维，严格依法办事，切实转变工作方式，深入推进依法治区和全面深化改革。区领导王刚、卢映川、胡尚云、杨宝华等参加。

24日，区人大常委会举行第56次主任会议，专题调研《村（居）规民约》制定落实情况。顺义区2014年全面推进《村（居）规民约》的制定、推广工作。目前，372个村和76个社区基本完成修订工作。各村（居）因地制宜，创新机制，突出民主自治和个性化的特点。区人大常委会主任胡尚云，副主任冯庆森、赵贵恒、董占云、吴建国出席，副区长张晓峰列席。

同日上午9时整，北京市第四中级人民法院依法公开审理北京鸿宝方达工贸有限公司诉北京市顺义区人民政府收回国有土地使用权一案。区长卢映川首次作为顺义区政府法定代表人出庭应诉，市人大代表及顺义区政府相关部门主要负责人旁听案件。

25日，顺义区召开宣传思想文化工作会，强调做好新常态下的宣传思想文化工作。区委常委、宣传部部长霍光峰，副区长李向英出席。

26日，顺义区召开区委第三次人大工作会议，就《中共北京市顺义区委关于新形势下加强和改进人大工作的意见》进行说明。《意见》从深化对人民代表大会制度的认识，坚持和完善人民代表大会制度、做好全区人大工作，推进区委领导人大工作制度化建设三个方面明确人大工作思路和主要任务。区领导王刚、卢映川、胡尚云、杨宝华等参加。

同日，顺义区南彩镇丰荣航空公司在新三板成功上市。

27日，中信银行信息技术研发基地项目在新城马坡组团奠基，该项目是集研发、运营、培训等为一体的总部后台基地。 项目总投资35亿元，占地85亩，建筑规模17.9万平方米，主要包括研发中心和生产运营中心，计划2017年底完工，是集信息技术研发、单证中心、运营操作中心和培训中心为一体的中信银行总部后台基地。

同日，区长卢映川前往中国航信高科技产业园、北京飞机维修工程有限公司、民生国际通用航空有限责任公司等地，调研航空产业发展情况。

28日，顺义区第十三届“后沙峪”杯春季长跑比赛在顺义奥林匹克水上公园举行。本次比赛共设社会组老年、中年、青年男女和学校组小学、初中、高中男女共12个组别。来自全区140家单位的2000余名长跑爱好者报名参加比赛。

同日，第十三届中国优秀政务平台（智慧城市）评估总结大会暨2015年中国智慧城市建设与发展投融资论坛在北京举行，顺义区人民政府门户网站——顺义网城荣获2014年度“中国政务网站领先奖”，在87家直辖市所属区县政府网站中排名第六，北京市区县政务网站中排名第三。本次大会由中国信息化研究与促进网联合中国搜索、中国日报网等共同主办。

同日，39名在京“外专千人计划”专家、国家友谊奖专家，由国家外专局副局长刘延国带队到顺义区植树。此次植树活动以“绿色北京 播种梦想”为主题，在南彩镇西江头村栽植国槐100余株。

31日，首都文明委召开2015年首都精神文明建设工作大会，表彰2012年至2014年度首都精神文明创建工作先进单位和个人。顺义区获得首都文明示范区荣誉称号。同时，全区获评4个全国文明单位、2个全国文明村；17个首都文明单位标兵，50个首都文明单位，11个首都文明镇，75个首都文明村，24个首都文明社区，2个首都文明旅游景区；6人获得首都精神文明建设奖荣誉。

本月，顺义区划定17个高污染燃料禁燃区。禁燃区主要包括中关村科技园顺义园、北京临空经济核心区，以及胜利、光明、石园、旺泉、空港、双丰6个街道和仁和、马坡、牛栏山、后沙峪、天竺、南法信、北小营、南彩、李桥9个镇新城实际建成区域。在划定的禁燃区内，原（散）

煤、煤矸石、粉煤、煤泥、水煤浆、燃料油、各种可燃废物和直接燃用的生物质燃料（树木、秸秆、锯末、稻壳、蔗渣等），以及除生物气化利用外其他加工成型的生物质燃料和国家规定的其他高污染燃料，将禁止使用。对继续使用高污染燃料的，按照有关法律、法规予以处罚。

本月，《顺义区理论学习手机报》开通。手机报由区委宣传部和前线杂志社联合推出，设有要言要论、工作动态、理论参考、他山之石、新品推荐、新词热词等栏目，及时将中央和市委精神、区委重要部署和最新的理论知识、流行热词等发送到干部手中。

本月，顺义区个人可申请安装充电桩。

本月，顺义区北京国际鲜花港、北京顺鑫控股集团公司和北京兴农天力农机服务专业合作社三家单位被认定为首批北京市农业干部人才教育培训基地。

本月，根据首都环境办2014年度环境建设考核评价结果，按照“月、季度、半年、全年检查”考评机制，顺义区全年综合考评得分84.55分，被评为“首都城市环境建设示范区县”。同时，顺义区裕祥花园小区、东兴二社区、天竺花园小区被评为市级环境优美居住小区；石园大街被评为市级环境优美街巷胡同；马坡镇、石园街道办、园林服务中心等24家单位被评为首都城市环境建设样板单位。

4月

1日，北京市召开农村工作电视电话会议，总结2014年北京市农村工作，部署2015年任务。区领导卢映川、张晓峰参加。

同日，诺贝尔物理学奖获得者中村修二教授到顺义区考察，区领导朱家亮陪同。

1日至30日，开展春季环境整治月活动，提升全区城乡环境面貌。活动围绕“清、拆、整、修、擦、绿、美”标准，重点整治村周边林地内、出租承包地、废品收购点、种养殖等区域的私搭乱建、积存垃圾、乱堆乱放等问题。

2日，顺义区第四届人大常委会举行第21次会议。会议传达区委第三次人大工作会议精神，听取区政府关于区人大常委会会议审议、工作视察所提意见办理情况的报告，听取并审议区政府关于《顺义区2013—2017年清洁空气行动计划》落实情况报告。区人大常委会主任胡尚云，副主任冯庆森、赵贵恒、董占云、吴建国出席，区委常委、常务副区长于庆丰列席。

同日，根据《中华人民共和国地方各级人民代表大会和地方各级人民政府组织法》第四十四条第九项的规定，经区长卢映川提请，区第四届人大常委会第二十一次会议通过，决定任命：朱家亮同志为顺义区人民政府副区长。禹学垠同志为顺义区人民政府副区长。

同日，林向阳同志因工作变动，向区人大常委会提出辞去顺义区人民政府副区长职务的请求。根据《中华人民共和国地方各级人民代表大会和地方各级人民政府组织法》第二十七条第一款的规定，区第四届人大常委会第二十一次会议决定：接受林向阳同志辞去顺义区人民政府副区长职务的请求，并报区第四届人民代表大会备案。

8日下午，区政府召开2015年第八次常务会议，审议《顺义区社会公益性就业组织管理办法》和《顺义区社会公益性就业组织资金管理使用办法》。区长卢映川主持会议。

9日，落实党风廉政建设责任制工作推进会召开。推进分级别、分类别、分层次的党风廉政责任体系建设。会议通报2014年党风廉政建设责任制检查考核情况，分析查摆本区在贯彻落实党风廉政建设责任制中存在的主要问题，进一步统一思想、提高认识，强化担当精神和责任意识。区委书记王刚，区委副书记、区长卢映川，区人大常委会主任胡尚云，区政协主席杨宝华出席。

10日，顺义区发布《顺义区交通治理行动纲要（2014–2016）》（以下简称“纲要”）。“纲要”从管理措施，交通建设、宣传、引导三大类措施中，提出建立大型新（改）建项目（含建设、工业、商业、教育类）审批交通引导机制，完成 80 个交叉路口的信号配时优化工作，建立错时上下班、错峰作业机制等 36 项具体行动计划。

13 日至 5 月 10 日，举办第六届北京郁金香文化节，全国最大的“扦插花卉大黄鸭”与 400 万株郁金香一同亮相北京国际鲜花港。

16 日，启动 2015 年第二十二届“五月的鲜花”群众文化活动。活动以“我的中国梦、欢乐新顺义”为主题。4 月下旬至 6 月底，结合“五一”国际劳动节、“七一”庆祝中国共产党成立 94 周年等重大节日，开展合唱、卡拉 OK 大赛等基层群众文化活动。组委会还将举办第九届“天竺杯”文艺会演、“我的节目上电视”优秀节目展播等系列活动。

18 日，北京卫戍区司令员潘良时参加北京某预备役部队日常战备综合整治试点观摩会，区委书记王刚应邀参加。与会人员听取该部队日常战备建设情况汇报，观看日常战备综合整治情况录像片，参观指挥所、车炮库、应急器材库等地，并观摩紧急出动演练。

21 日，府前街交通局门前增设的行人过街信号灯投入使用，这是顺义区首个被采纳和实施的面向群众征集的城区交通整治意见和建议。

22 日，区政协四届十五次常委会召开，会议通报顺义区着力加快城乡一体化建设，提升城市品质，社会主义新农村建设和农村拆迁回迁工作。区政协主席杨宝华，副主席田建国、闫志广、孙桂祥、金泰希出席会议，副区长禹学垠列席。

同日，区政府召开 2015 年第九次常务会议，研究一季度全区经济社会发展形势和安全稳定形势。区长卢映川主持。

同日，曲美家具集团股份有限公司在上海证券交易所挂牌上市，共发行 6052 万股，发行价格为每股 8.98 元人民币。

23 日，区领导卢映川、朱家亮调研全区文创产业发展。

24 日，市委市政府理论学习中心组举行学习扩大会议。区领导卢映川、胡尚云、杨宝华等在顺义分会场参加学习。

27 日，区委理论学习中心组举行第七次集体学习，邀请北京市规划委副主任王飞作北京城市总体规划修改情况专题辅导报告。区领导王刚、胡尚云、杨宝华等参加学习。会议要求立足北京城市规划谋划顺义区域发展。

同日，顺义区与美国劳顿郡签署友好合作谅解备忘录，增强信息互享，加强深入合作，促进共同繁荣。区领导卢映川、朱家亮参加。

29 日，全国各省厅教育部门代表考察团到顺义区调研义务教育均衡发展。区领导卢映川、朱家亮陪同。

同日，北京市农林科学院与顺鑫控股集团有限公司签署科企合作协议。双方共同成立北京顺鑫农科种业科技有限公司。市农林科学院主要以 10 个系列品种的知识产权出资占股 43.5%，发挥研发优势和品种优势；顺鑫控股将实现种业上市运作，发挥资金优势和产业基础。副市长林克庆，区长卢映川、副区长张晓峰参加。

30 日起，全区实施新空气重污染应急预案，空气重污染条件下，强制性减排。

本月，经国务院和北京市人民政府批准，顺义区教育研究考试中心教研员孔凡艳获全国先进工作者称号，高志学、张平等 40 人荣获北京市劳动模范和先进工作者称号，顺义区杨镇第一中学新疆班等 7 个集体荣获北京市模范集体称号。

本月，北京银行股份有限公司信用卡中心成功落户顺义，成为继中加基金管理有限公司后北京银行第二家注册在顺义区的金融机构。此次落户顺义区是作为具有独立核算功能的分支机构注册登记的，目前已完成工商注册和税务登记工作。该中心经营业务包括：办理本外币信用卡的发行业务，办理信用卡项下的本外币贷款、结算、汇款、结汇和外汇兑换业务等。

本月，北京畅达公共自行车运营管理有限公司在顺义区正式注册成立。这是顺义区首家自行车运营管理有限公司，也是北京市第三家该类型企业。该公司畅导“绿色出行 低碳环保”的理念，提供的公共便民自行车项目是区政府为民办实事项目，通过互联网技术实现24小时智能管理、调度,保障站点全天候开放运营和车辆通借通还。

5月

5日,顺义人民广播电台(调频92.9兆赫)"有线广播午间版"节目正式直播，标志着该台开启"大直播"时代。目前该台全天播音时长17小时，其中直播节目8小时，直播时段涵盖早、中、晚黄金时间，节目类型包括新闻、娱乐、文化品读、健康养生等多个层次。

6日，区政府召开2015年第十次常务会议，通报一季度环境建设检查情况，审议医疗卫生服务水平提升2015年实施方案和2015年度审计项目计划。区长卢映川主持。

7日，副市长程红到本区调研旅游休闲步道建设情况，听取全市旅游休闲步道规划、总体安排以及顺义区、门头沟区、昌平区旅游产业发展情况汇报。区领导王刚、卢映川、张晓峰、李向英陪同。

10日，由顺义区教委、区妇联、区广电中心主办的"我为妈妈献才艺"顺义区第一届少儿才艺电视大赛落下帷幕。当天，组委会从103个作品中选取11个各具特色的节目进行会演，孩子们共同向妈妈们献上母亲节的礼物。

5月14–15日，顺义区政府与怀来县政府签署《北京市顺义区－河北省怀来县战略合作框架协议》，顺义科技创新产业功能区管委会与怀来县政府签署《怀来县人民政府与中关村科技园区顺义区建设中关村顺义园怀来分园战略合作协议》，北京顺鑫控股集团有限公司与怀来县政府签署《怀来县人民政府与北京顺鑫控股集团有限公司建设葡萄酒产业战略合作框架协议》。

15日，在全国科普示范社区——旺泉街道宏城花园社区启动2015年科技周活动，同时，社区科普体验厅揭牌。

20日，区委书记王刚、区长卢映川调研北京临空经济核心区工作。区领导车克欣、于庆丰、朱家亮、肖承继参加。

同日，区人大常委会举行推进依法治区研讨会，围绕"人大在推进法治顺义建设中如何发挥作用"进行座谈。区人大常委会主任胡尚云，副主任冯庆森、赵贵恒、吴建国参加。

同日，区长卢映川主持召开区政府第十一次常务会。会议审议《区法院行政案件司法审判年度报告》。

21日，区委书记王刚、区长卢映川带队调研本区绿色生态产业功能区建设情况。区领导车克欣、于庆丰、朱家亮、肖承继一同调研。

同日，区委书记王刚一行调研中关村科技园顺义园建设情况，区领导车克欣、于庆丰、肖承继一同调研。

26日，区委书记王刚来到北石槽镇中心幼儿园,慰问全体师生,为师生们送去节日的祝福。区委常委、区委办公室主任肖承继参加。

同日，区委副书记、区长卢映川来到西辛小学，查看学校环境及设施，听取学校基本情况介绍，观看教师和孩子们的课堂展示，向小朋友们致以节日的祝福，并向奋战在教育工作一线的全体教职员工致以崇高的敬意和亲切的慰问。

同日，肯尼亚欧凯利亚工业园区(OLKARIA INDUSTRIAL PARK)项目开发主任摩西·萨科瓦·威凯萨率肯尼亚发电公司（KenGen）代表团到顺义区参观临空经济核心区，实地考察热力一厂和在建的110千伏变电站。

27日，区人大常委会主任胡尚云来到天竺镇裕达隆小学慰问师生，给孩子们带来六一儿童节的祝福和礼物。

同日，区政协主席杨宝华来到木林镇李各庄学校，与孩子们共度节日，并送上节日的祝福。

29日，区委书记王刚以"深入学习践行'三严三实'，以优良作风推动顺义各项事业再上新台阶"为题，为全区党员干部上一堂专题党课。卢映川、胡尚云、杨宝华等区领导及全区各界党员干部一起聆听党课。

同日下午，顺义区政府召开2015年第十二次常务会议，审议《顺义区社区物业管理办法》和《顺义区集中式饮用水水源地保护区划定方案》。区长卢映川主持会议。

本月，顺义区人民调解协会成立。作为人民调解工作的行业自律性组织，调解协会成立后，将加大调解民间纠纷的力度，对外提供调解服务，对内提供专业指导，直接服务群众，防止民间矛盾纠纷激化，同时开展人民调解理论的研究，做好政府与人民调解组织之间的“桥梁”。

本月，区委开展区领导“组团式”驻党代表工作室活动，区领导王刚、卢映川、车克欣参加。

本月，顺义区与凤凰医疗集团签署合作共建新型社区医疗卫生体系协议，14家社区卫生服务站将采取托管形式，由凤凰医疗集团管理，通过公私合营伙伴关系合作模式，共建顺义区新型社区医疗卫生体系。此举开创本市社会资本进入基层医疗机构的先河。

6月

2日，区人大常委会主任、党组书记胡尚云为区人大机关处级以上党员领导干部讲党课。

同日，《顺义区“十三五”时期法治建设规划》调研编制工作启动。将依法治区建设纳入区“十三五”规划，委托中国社会科学院法学研究所负责相关规划的编制工作。自6月份开始，由14名专家将开展规划调研。从以下六个方面着手进行：总结归纳顺义区“十二五”依法治区建设情况；确定“十三五”依法治区建设基本思路；确定规划指标体系，提出2020年目标；确定依法行政等六个方面目标、任务和措施；明确牵头部门与配合部门职责；确定落实规划阶段步骤和保障机制。

5日，市人大常委会副主任柳纪纲一行到顺义区调研水污染治理工作及“两法两条例”执行情况。区长卢映川，区人大常委会主任胡尚云，副主任赵贵恒陪同。

6日晚，第24届燕京啤酒节在顺义水上公园拉开序幕。本届啤酒节取消招商引资环节，并在保留广场模式的同时新增3个啤酒大篷，引进“欧骑士”“酋长”等燕京新品，市民在更加充足的欢乐空间内畅饮不同的“燕京味道”。同时，在昌平回龙观、朝阳三里屯以及河北廊坊、香河等地开设50个大型啤酒花园，将持续开放到10月份。

8日，区委副书记、北京天竺综合保税区管委会党组副书记、常务副主任林向阳到SMC（北京）制造有限公司现场办公。综保区管委会党组成员、委员吴耀新，天竺海关、顺义区国税局等相关部门有关负责同志参加。

9日，区长卢映川结合政府工作，讲“三严三实”专题教育党课。区政府班子成员、天竺综保区管委会党组成员、相关单位行政正职参加。

10日，北京中医医院顺义医院升为三级甲等医院。医院目前有南、北两个院区，总建筑面积2.42万平方米，床位增加到450张。通过三甲创建，新扩建的门诊大厅、取药大厅、文化长廊等改善了患者的候诊环境，改扩建的ICU、CCU提高医院抢救急危重症患者的能力，新的64排螺旋CT、DR和呼吸机等大型医疗设备投入使用，为医生做出明确诊断提供更好的辅助。中医特色诊疗项目增加到65种，中医优势病种诊疗方案增加到74个，15个病区建立中医综合治疗室，开展34个中医专病专台，引进北京中医医院36种中药特色院内制剂。11个科室与北京中医医院联合建设，引进三甲医院顶级专家团队，开展更多的三级医院诊疗技术，提高综合诊疗能力。

同日，副市长程红一行到天竺综合保税区调研跨境电子商务发展。市商务委主任闫立刚，区领导王刚、卢映川、林向阳、李燕凌陪同。

同日，区政府召开今年第十三次常务会议，审议区财政局关于进一步加快综合支出进度的情况报告及2014年财政决算情况的报告。区长卢映川主持。

11日，市政协副主席闫仲秋一行30余人到马坡镇石家营村调研美丽乡村建设情况。顺义区委副书记、区长卢映川，副区长李向英，区政协副主席孙桂祥参加。

同日，以新疆和田地区地委副书记、行署专员艾则孜·木沙为首的新疆和田地区党政代表团一行到顺义区参观考察，北京市支援合作办副主任梁义，区领导卢映川、朱家亮、禹学垠参加。

同日，市政府办公厅党组成员、市政府机关事务管理办公室主任王建华一行到顺义区机关事务管理服务中心调研，区委常委、常务副区长于庆丰参加。

12日至14日，2015中国国际改装汽车展览会在新国展举办。本届展会展出规模4万平方米，有ABTSportsline、意大利OZ轮毂、奥地利之狼REMUS排气系统等100多家改装行业品牌参展，展出改装车辆超过500辆，同期还举办首届改装车迷大会，中国改装汽车评选大赛、漂移表演、改装车巡游、改装技术知识讲座及现场音乐会等众多车主互动活动。

15日，北京市端午节赛龙舟全民健身系列活动暨2015金海湖国际龙舟邀请赛在金海湖举办。各区县选拔出的21支龙舟队伍，来自澳大利亚、伊朗、俄罗斯等国家和地区的18支国际队伍参赛。顺义区仁和镇复兴村龙舟队赢得250米、500米直道竞速冠军，同时还获得团体总分冠军的称号。这是该队伍连续4年荣获北京市端午龙舟大赛三项冠军。

16日，全区第九届全民健身体育节“牛栏山杯”龙舟赛在水上公园举行，来自全区各镇、街道、委、办、局、公司的17支代表队近400名运动员参加比赛。

17日，市农工委书记、市农委主任孙文锴一行到顺义调研“调结构、转方式、发展节水高效农业及美丽乡村、新型农村社区建设”工作。区委副书记、区长卢映川，副区长张晓峰参加。

18日，区四届人大常委会召开第22次会议。会议听取审议区政府关于2014年财政预算执行和其他财政收支审计工作报告、2014年财政决算（草案）报告，审议区人大常委会执法检查组关于《民办教育促进法》和《北京市公园条例》的执法检查报告。区人大常委会主任胡尚云，副主任冯庆森、赵贵恒、董占云、吴建国、白丽洁出席。区委常委、常务副区长于庆丰列席。

同日，区政府召开2015年第十四次常务会议，审议《顺义区2015年政府投资计划（第二批）安排建议》和《顺义区财政局关于2014年镇级财政财务管理工作考核情况的报告》。区长卢映川主持会议。

19日，区领导卢映川、于庆丰到顺义供电公司调研。卢映川一行查看供电公司调度控制中心和110千伏庄子营变电站，了解地区电网基本情况和变电站工程建设情况。

23日，入驻天竺镇的北京首航直升机通用航空服务有限公司在新三板挂牌，成为在该板挂牌的首家通航运营企业，并以4.2亿元注册资本成为股本最高的挂牌公司。同时，更名为“北京首航直升机股份有限公司”。

同日，全区2015年征兵体检工作启动。第一阶段为大学生征兵，北京工业大学耿丹学院、北京现代职业技术学院115名在校及应届毕业生参加体检。第二阶段征兵工作的主要对象是社会男、女适龄青年。

同日，北京现代重庆工厂开工，这也是北京现代首座在西南地区投建的工厂。重庆工厂位于重庆两江新区鱼复工业区，占地187万平方米，总投资77.5亿元，预计2017年初竣工投产。重庆工厂的开工，标志着北京现代在全国产销体系中，又增加西南的支撑点，不仅可以加快产品物流供应，还与北京、河北的4座工厂遥相呼应，形成全国生产、销售“一盘棋”的格局。

24日，区政府召开2015年第15次常务会议，传达《京津冀协同发展规划纲要》，审议《2015年度顺义区政府工作目标管理综合责任书》和《进一步加强政府投资建设项目全过程管理意见》。区长卢映川主持会议。

26日，2015年第二十二届“五月的鲜花”群众文化活动颁奖演出在工人文化宫剧场举行，各镇、街道、工委、部分大型企业负责人、社会各界群众500人参加。全区各单位、各系统以“唱响中国梦、放歌新顺义”为主题，结合“燕京国际啤酒文化节”、纪念中国人民抗日战争胜利70周年和“七一”庆祝中国共产党成立94周年等重大节日，开展第四届“夏青杯”朗诵大赛顺义初赛、惠民文艺演出等形式多样的群众文化活动，共组织基层文艺比赛和演出495场，参与活动人数达到5万人次，吸引观众15万人次。

29日，区医院急诊病房综合楼由区城市建设重点工程办公室移交给区卫计委，标志着该综合楼的使用进入倒计时。目前，已确定将综合病房作为第一个迁入科室。区医院急诊病房综合楼工程总建筑面积56266平方米，建筑面积48466平方米，建筑分地上18层，地下3层，配置床位1000张。工程移交后将由区卫计委协同区医院调试完善各类系统，包括电脑、电话、床头导视等弱电系统，电梯、消防通道等进出系统，医用氧气传输系统，放射防护系统等。

同日，区委理论学习中心组举行集体学习，围绕“严以修身”展开专题交流研讨。区领导王刚、卢映川、周颖博、林向阳等参加。会上，区委常委会全体成员围绕“严以修身，加强党性修养，坚定理想信念，把牢思想和行动的总开关”这一主题，结合自身调研情况，交流各自学习体会。

30日，区领导王刚、卢映川、胡尚云、杨宝华等慰问老党员、优秀党员、生活困难党员等，向他们致以节日的问候。

同日，市安监局局长张树森一行到顺义调研“安全生产月”开展情况。区委副书记、区长卢映川，副区长禹学垠参加。

本月，顺义区首次尝试无人机给小麦打药，无人机一次飞行15分钟左右，实际作业效率16亩到20亩。作业过程中，技术人员在地面运用遥控器及GPS定位对该无人机操控。

本月，顺义区分别与河北威县和怀来县建立协同发展机制，签署建立“威县·顺义产业园”的合作协议，共同组建管委会，充分发挥两地优势，为非首都功能疏解提前布局。顺鑫控股、中关村科技园顺义园分别与河北怀来签署战略合作协议。顺鑫控股拟在怀来选址建设集葡萄种植、葡萄酒酿造、餐饮度假观光旅游等于一体的现代化葡萄酒产业基地。

本月，《中国文化报》等多家媒体对外公布2015年《北京市非物质文化遗产保护认定奖励名单》，顺鑫农业牛栏山酒厂被北京市文化局认定为“北京市非物质文化遗产生产性保护示范基地”。

本月，为纪念世界反法西斯战争胜利70周年暨中国人民抗日战争胜利70周年，顺义区充分整合文化资源，开展各类庆祝活动，带领广大群众回望历史，弘扬爱国主义民族精神。1.区文联举办群众文化艺术节“北京现代杯”第四届广场艺术演出活动，以舞蹈展现当年抗战岁月。2.区文化委创编《母亲》《寸草春晖》《抗日岁月》《庞山颂》四部反映顺义人民在党的领导下英勇抗击日本侵略者题材的现代评剧，并将在全区基层进行巡演。3.《顺义文艺》杂志与顺义作协共同举办纪念抗日战争胜利70周年征文活动。4.区美协广泛征集优秀美术作品，举办“铭记历史”庆祝中国人民抗日战争胜利70周年书画作品展。

7月

7月1日，纪念中国共产党成立94周年暨全国党代表任期制联系点工作会召开。区委书记王刚就进一步提高本区党建工作科学化水平、进一步深化本区党代表任期制联系点工作作重要讲话。区委副书记、区长卢映川主持大会。区领导胡尚云、杨宝华等出席。区委副书记周颖博通报全区党建工作情况；区委常委、组织部部长车克欣宣读《关于区党代表任期制联系点工作进展情况报告》。全区各镇、街道、区直处级单位主要负责同志以及本区的十八大党代表，市、区党代表，部分基层一线党代表和新发展党员代表一起观看反映全区党建工作的专题片——《顺义脊梁（五）》，并重温入党誓词。

同日，启动2015年“共产党员献爱心”捐献。王刚、卢映川、胡尚云、杨宝华等区领导参加。此次募集资金将用于区内开展助医、助学、助老和困难党员帮扶。

同日，区政府召开2015年第十六次政府常务会议，审议《顺义区创业摇篮计划实施方案》《顺义区创业摇篮计划支持政策实施细则》《北京综合保税区开发管理中心及所属企业公司制改造工作方案》。区长卢映川主持。

2日，区委全面深化改革领导小组第四次全体（扩大）会议召开。会议审议《区委全面深化改革领导小组2015年改革工作要点折子工程》和《关于以村规民约为抓手创新农村协同共治模式的改革实施方案》。区领导王刚、卢映川、胡尚云、杨宝华等参加。

3日，顺义区与首都机场集团公司召开战略合作推进会。双方就优化资源配置、港城深度融合建设发展等领域达成进一步合作意向。推进会上，双方在交通一体化发展、生态环境保护、产业转型升级等领域进行深入交流，对机场即将建设的第四跑道及机场周边区域噪声处置等工作进行探讨。首都机场集团公司总经理刘雪松，区领导王刚、卢映川等参加。

同日，平谷区领导姚忠阳、屈志奇到本区考察外来人口服务管理工作。区领导卢映川、盛德利陪同。

同日，区人大常委会开展《中华人民共和国水法》等“两法两条例”法律法规执法检查。区人大常委会副主任吴建国出席，副区长张晓峰陪同。

7日，千名党员、团员、少先队员到焦庄户地道战遗址纪念馆开展集体宣誓活动，重温入党、入团、入队誓词；各基层党组织全体党员在“七一”党的生日参观主题展览。

8日，区人大常委会组织部分人大代表视察区医院急诊病房综合楼。区人大常委会主任胡尚云，副主任冯庆森、赵贵恒、董占云、吴建国参加。区领导朱家亮、禹学垠陪同。

9日，顺义区工会第四次代表大会召开。北京市总工会党组书记、副主席曾繁新，区领导王刚、胡尚云、杨宝华等出席，来自全区各级工会组织、各行各业的工会代表等参会。

12日，召开第十七次区委常委（扩大）会议。会上，区委副书记、区长卢映川传达市委十一届七次全会关于京津冀协同发展的会议精神。区委书记王刚主持，区领导卢映川、胡尚云、杨宝华等参加。

14日，区长卢映川、副区长禹学垠带领区市政市容委、石园街道、南彩镇等13家单位的主要负责人来到12345北京市非紧急救助服务中心，接听市民热线。

同日，首都师范大学党委副书记缪劲翔一行到顺义区考察，参观北京现代第二工厂和燕京啤酒集团，并与区委常委、副区长朱家亮，区政协副主席田建国进行座谈。

15日，召开夏秋季征兵工作部署会。区领导卢映川、朱家亮出席。今年本区社会青年征兵8月1日至4日组织预征对象上站体检，8月中旬开展政治考核，9月1日批准入伍。

16日，区政府召开2015年第17次常务会议，审议《顺义区关于促进舞彩浅山地区就业创业工作的意见》以及《顺义区2015年新农村建设工作实施方案》。区长卢映川主持。

同日，区委常委、副区长朱家亮做客首都之窗在线访谈栏目，就顺义区教育部门“两个责任”落实情况以及顺义区“幼升小”“小升初”招生情况等方面问题与网民进行了在线交流。

22日，区人大常委会专题调研本区上半年经济完成情况，分析下半年经济形势。相关部门汇报上半年本区经济情况及税收完成情况。上半年本区实现地区生产总值656.6亿元，同比增长6.8%。国税局完成税收收入189.25亿元，区级一般公共预算收入28.23亿元；地税局完成各项税费收入94.02亿元，区级一般预算收入34.5亿元，实现“时间过半、任务过半”的阶段性目标。区人大常委会主任胡尚云，副主任赵贵恒、吴建国参加，区委常委、常务副区长于庆丰列席。

同日，区政府召开第18次常务会议，审议《顺义区上半年经济和社会发展情况和下半年工作安排报告》，听取12项重点工作任务上半年完成情况汇报。区长卢映川主持会议。

28日，《顺义区创业摇篮计划实施方案》（以下简称《方案》）及《顺义区创业摇篮计划支持政策实施细则（试行）》（以下简称《细则》）发布，全面启动创业摇篮计划，未来将打造最佳的创业摇篮和高精尖产业栖息地。

同日，云南省玉溪市委常委、常务副市长陈勇一行到顺义区调研，区委常委、常务副区长于庆丰参加。

29日，召开第19次政府常务会议，审议通过《顺义区企业环境信息公开办法<试行>》《顺义区企业环境信息公开实施方案》《顺义区促进产业结构调整和中小企业发展资金管理办法》。区长卢映川主持。29日上午，市纪委副书记李振奇一行到顺义调研纪律审查工作，实地察看办案点建设情况，重点听取1–7月份纪律审查工作开展情况汇报。顺义区委书记王刚、区长卢映川、区纪委书记肖韵竹参加调研。

31日，中共顺义区第四届委员会第十次全体会议召开。区领导王刚、卢映川、胡尚云、杨宝华等出席。区委书记王刚代表区委常委会作工作报告。报告指出，区委常委会立足区域实际，积极适应经济发展新常态，主动融入京津冀协同发展大局，深入落实“把握三个阶段性特征、推动四个转型升级”工作总要求，积极稳增长、调结构、促改革、惠民生，全区经济社会继续保持平稳健康发展的良好态势。区委副书记、区长卢映川作《关于上半年经济社会发展情况和下半年工作安排》的报告。上半年，全区经济社会继续保持平稳健康发展的良好态势，实现地区生产总值656.6亿元，增长6.8%。转型升级加快推进，临空经济核心区、科技创新、绿色生态功能区整合走向深入，优势逐步显现。生态文明建设取得新成效。城乡建设管理不断加强。民生服务持续改善。全面深化改革和京津冀协同发展取得积极进展。会议审议并通过这两个报告。

同日，区总工会组织本区100名职工在奥林匹克中心庆典广场，参与北京市职工千人健身操表演，助力北京申办2022年冬奥会。

至本月，顺义区驰名商标达到25件，著名商标48件。

本月，区总部企业高管服务中心组织顺丰速运、长久物流、首都航空等企业代表赴河北威县考察。考察团一行了解威县经济社会发展情况、顺义产业园建设情况和投资环境等。双方就顺丰速运“电商产业园”、北京长久物流“汽车零部件仓储”等项目进行深入交流。

本月，河南省南阳市西峡县县委书记李德成一行来到本区，双方就经济、文化等领域的合作共建展开交流，就宣传文化交流达成合作协议。根据协议内容，将在西峡县和顺义区两地设立文艺创作基地，定期举办文化创作及交流活动；共同进行传统文化资源挖掘、整理，力争创作出一批导向正确、内容健康、形式新颖的文艺精品；建立两地文化资源信息数据库和远程服务平台，满足两地群众的精神文化需求；定期组织双方新闻媒体编辑记者、新媒体人士到两地采访采风，扩大文化活动交流影响。

上半年，金融产业发展驶入快车道，实现属地财税收入19.79亿元，同比增长17.31%，新增上市公司5家，各业态金融机构218家。

上半年，顺义区农村居民人均可支配收入11863元，增长9.9%，城镇居民可支配收入17353元，增长9.3%，均高于全市平均增幅。

上半年，区级公务卡改革单位达到284家，已将符合条件的区级国库集中制度改革单位全部纳入公务卡改革，共办理公务卡1662张，比上年底增加262张；累计刷卡2824笔，比上年全年增加2217笔。

上半年，临空经济核心区累计实现属地税收

53.22亿元，较去年同期增长8%，占顺义区的16%；实现地方公共财政收入14.3亿元，较去年同期增长11%，占顺义区的20%。其中，航空及相关产业贡献最大，金融产业成税收增长亮点。

8月

5日，区政府召开第20次常务会，审议上半年经济社会发展等相关情况的报告。区长卢映川主持。

11日，顺义区“全民总动员、健康减重十万斤”活动启动仪式在水上公园举行。该活动以“减重比赛”为主线，从现在开始至明年2月结束。参与者可以通过相关活动，达到养成健康生活方式、保持健康体重的目的。活动期间主办方将通过微信平台定期推送相关知识、专家在线咨询、组织活动等形式普及健康知识，每月公布“减重擂台”霸主，设置“肉肉换红包”激励，最高可获价值5000元左右奖品。区委常委、副区长朱家亮参加启动仪式。

12日，区委书记王刚调研区医院急诊病房综合楼建设。王刚一行察看综合楼急诊功能分区、主要设备安装情况、就诊环境及总体建设情况，并详细了解就诊流程。区领导于庆丰、朱家亮、肖承继、禹学垠参加。

13日，区委理论学习中心组开展第17次学习，邀请市发改委副主任刘伯正作市委十一届七次全会精神专题辅导报告。区领导王刚、胡尚云、杨宝华等参加。

14日，区政协召开四届十六次常委会暨传达区委四届十次全会精神会议。于庆丰通报全区上半年经济社会发展情况和下半年工作任务。杨宝华传达区委四届十次全会精神并讲话。区政协主席杨宝华，副主席田建国、闫志广、孙桂祥、田家玉、金泰希出席，区委常委、常务副区长于庆丰应邀出席。

16日，北京市“职工技协杯”手木工技能比赛在本区开赛，“曲美家具”的两名员工获得一等奖。该活动由市总工会主办，经过初赛理论考试和实操比拼，从百名参赛职工中选拔前30名选手进入决赛。决赛的实操项目是制作相框，选手按照图纸的要求，在两个小时内手工完成刨平、打槽、抛光，主要考察选手榫卯接合的技艺。

17日，由区委宣传部、区文化委、区广电中心、区文联主办的“勿忘国耻、圆梦中华”纪念抗日战争胜利70周年群众文艺会演在焦庄户地道战遗址举行。

18日，区四届人大常委会召开第23次会议。会议听取和审议《区政府关于上半年国民经济和社会发展计划执行情况报告》《区政府关于2015年上半年财政预算执行情况报告》，批准2015年预算调整方案，审议“两法两条例”执法检查报告、代表意见建议办理报告。进行相关人事任免。区人大常委会主任胡尚云，副主任冯庆森、赵贵恒、董占云、吴建国出席，区委常委、常务副区长于庆丰列席。

24日，区委副书记、区长卢映川，副区长禹学垠带队来到牛栏山酒厂、曲美家具、顺义油库检查企业事故防范、危险化学品管理以及除尘设备使用等情况。

26日，第十三届北京国际图书节和北京国际图书博览会在中国国际展览中心（新馆）E3展馆开幕。此次图博会首次设立“国际儿童教育馆”。北京国际图书节与北京国际图书博览会同期同地举办，展期为期5天。来自美、英、法、日、约旦等82个国家和地区的2270家出版相关机构参加两大国际图书品牌活动。

同日，区领导王刚、卢映川、周颖博、林向阳带队检查北京首钢冷轧薄板有限公司、中国国际货运航空有限公司和北京空港航空地面服务有限公司等区内部分重点企业安全生产。

28日，召开落实党委主体责任暨纪律审查工作推进会。区委常委、区纪委书记肖韵竹传达北京市纪委纪律审查工作推进会主要精神，通报1至8月份本区纪律审查工作开展情况。区领导王刚、卢映川、胡尚云、杨宝华、林向阳、肖韵竹参加。

同日，召开反腐败协调小组工作会，传达学习中央有关文件精神，审议通过《顺义区反腐败协调小组工作规则》等制度文件。区领导王刚、肖韵竹、车克欣及反腐败协调小组成员单位参加。

本月，顺义区首家最大公办非营利性养老机构项目规划设计方案获批。该项目建设用地位于顺义新城第21街区西部，温榆河东侧，建设内容包括商品住宅和一处养老设施。其中，养老院设施为本区首家最大公办非营利性养老机构，床位500张，总建筑面积约2.8万平方米。

本月，顺义区农村能源创新项目“太阳能加温大棚”在全市农业系统推广，通州、大兴等5个郊区县6家生态农业园区共建设新模式试点大棚12座。

截至8月31日晚，顺义区利用河道、坑塘、闸坝、沟渠累计集蓄雨洪800余万立方米。今年6至8月全区降雨414.8毫米，接近常年平均水平，比近十年平均多一成。

截至8月底，顺义区淘汰老旧机动车9679辆，已完成全年任务量的117%。经核算，淘汰这些老旧车辆可年减少一氧化碳、氮氧化物、碳氢化合物和颗粒物排放近2800吨。

9月

2日，顺义区政府召开2015年第22次政府常务会议，传达学习《中共北京市委组织部关于全市各级领导班子和领导干部以奋发有为的精神状态全力推动京津冀协同发展的意见》、审议《顺义区代履行费用追缴实施办法》《支持创业企业上市发展办法》和《顺义区人民政府与玉溪市人民政府建立友好市（区）关系协议书》。区长卢映川主持会议。

3日上午，纪念中国人民抗日战争暨世界反法西斯战争胜利70周年大会在北京天安门广场隆重举行。由全区各单位、镇、街道代表和群众代表组成的400人观礼团在现场共同见证难忘时刻。区领导卢映川、周颖博、肖韵竹、车克欣、霍光峰参加。

7日，顺义区人民政府与玉溪市人民政府签署建立友好市（区）关系协议书。自此两个城市将寻求在经济和社会发展各个领域的广泛交流与合作，促进两地繁荣发展。顺义区领导王刚、卢映川、林向阳、车克欣、朱家亮、肖承继、霍光峰参加活动。

8日，区领导王刚、卢映川、胡尚云、杨宝华等为顺义区即将奔赴祖国各地军营的240名新兵壮行。区委书记王刚向新兵战士们表示祝贺，希望他们在军营演绎出无悔青春，为国防和军队现代化建设做出贡献。同时要牢记嘱托，当好顺义人民的代表，早立军功，为家乡的父老乡亲早传喜报。

9日，顺义区政府召开2015年第23次政府常务会议，审议《顺义区党政机关作息时间调整方案》和《关于报审行政区域界线联合检查工作情况的请示》。区长卢映川主持会议。

同日，顺义区教育系统2015年教师节庆祝大会在牛栏山一中礼堂举行。区委常委、副区长朱家亮出席并讲话。

10日，第七届北京菊花文化节在北京国际鲜花港开幕。菊花节将设明星开幕、花车巡游、文艺演出等活动。

14日，发展中国家经济发展高级研讨班领导到顺义区就可持续发展情况进行考察学习。区委常委、副区长朱家亮，区委常委、区委办主任肖承继参加。

15日，区委宣传部举办“践行核心价值观、争做最美顺义人”百姓宣讲比赛。来自全区各镇街的36名宣讲员参与其中，讲述身边人、身边事，用真情实感抒发以“爱国、敬业、诚信、友善”等为内容的社会主义核心价值观。

16日至20日，2015年全国赛艇锦标赛暨首届全国大学生赛艇锦标赛在顺义奥林匹克水上公园拉开帷幕。共38个参赛队参赛，其中大学生赛艇队 14 支，共计 1222 人（运动员 1152 人、国内裁判 30 人、官员 40 人）、280 条艇参赛。赛事期间还举办全国赛艇年会，会议为期两天。

9 月 17 日，区委理论学习中心组围绕“严以用权”专题进行第一次集体学习，邀请市纪委党风政风监督室主任赵玉岐作专题讲座。区领导林向阳、肖韵竹、霍光峰、陈卫明等出席。

同日，启动“绿港清风”廉政网“在线访谈”栏目。访谈栏目立足于扎实、持续、有效推进党风廉政建设和反腐败工作，将结合所处阶段的主要工作形势和工作任务，具体确定访谈主题。当前，以推动落实党风廉政建设责任制党委主体责任和纪委监督责任为主题，按照稳步推进、逐步扩展的原则，在全区各镇、街道、委办局等相关单位中分期分批确定上线单位。访谈由区纪委、区委宣传部共同推进，区广电中心具体承办，在“绿港清风”廉政网和顺义网城同步上线。

18 日，顺义区红十字会召开 2015 年工作推进会。区委常委、组织部部长车克欣，北京市红十字会秘书长、副巡视员刘燕君出席。

21 日至 28 日亚洲赛艇锦标赛在顺义奥林匹克水上公园举办。其中，比赛日为 24 日至 28 日，24 个国家和地区约 400 人（运动员 300 人、国际裁判 20 人、国内裁判 30 人、官员 50 人）、120 条艇参赛参。

21 日，顺义区提升全民科学素质行动电视大赛圆满落幕。活动共吸引来自全区 6 个街道、19 个镇的 25 个家庭代表队参加，经过初赛、复赛的比拼，最终 5 个家庭进入决赛。最终，南彩镇、李桥镇、马坡镇分获本次大赛前三甲。

22 日，法国越野跑国家队成员拉瓦尔来到本区舞彩浅山考察。此次考察主要是为在舞彩浅山组建首个越野跑基地，以此提高舞彩浅山赛道、赛事、服务的国际标准化管理与运营水平，同时寻求与其在赛道建设、赛事运营、旅游客户交流等方面的合作。

同日，区委副书记、政法委书记周颖博，副区长盛德利调研全区村务管理综合治理试点工作情况。

同日，以辽宁省教育督导室主任王燕玲为组长的国务院教育督导组莅临本区，督导检查 2015 年秋季开学暨护校安园行动。北京市教委委员王东东，区委常委、副区长朱家亮陪同。

23 日，顺义知识产权联席会宣告成立并召开首次会议。北京市知识产权局副局长王淑贤，区委常委、副区长朱家亮参加。

同日，区委宣传部、区文明办共同举办顺义区第五届道德模范事迹宣讲大会。首都文明办副主任韩龙彬，区委常委、宣传部部长霍光峰，副区长李向英参加。

24 日，第十六届亚洲赛艇锦标赛在顺义奥林匹克水上公园开赛。亚洲赛艇联合会、中国赛艇协会有关领导以及顺义区委副书记、区长卢映川，副区长李向英出席开幕式。

25 日，区政府召开第 24 次常务会议，听取《关于顺义区“十二五”时期节能目标有关情况的工作报告》，审议《进一步加强国资国企监管工作的意见》。区长卢映川主持会议。

28 日，区长卢映川走进《政务・民声》录制现场，与 18 位市民代表面对面交流。卢映川首先对本区近两年来政府工作做简要介绍，随后从环境建设、交通出行、拆迁村回迁、新城建设等多方面解答现场及场外观众问题。

同日，召开国庆期间保障工作会，部署节日期间全区安全生产、旅游、城市运行、交通及商品供应保障。区领导卢映川、周颖博、朱家亮、霍光峰等参加。

同日，区委理论学习中心组围绕“严以用权”专题进行集体学习，邀请北京市委改革办专职副主任胡雪峰就如何从首都改革出发、谋划事业、敢于担当、为官有为等方面进行专题讲座。区领导胡尚云、杨宝华等参加。

30 日，区政府召开 2015 年第 25 次常务会议，审议《北京市顺义区人民政府关于向区人大及其常委会报告重大决策事项的实施意见》《顺义区 2015 年政府投资计划（第三批）安排建议》《房地产开发板块等三个板块整合重组实施方案》。区长卢映川主持会议。

本月，区委书记王刚、区长卢映川、区人大常委会主任胡尚云、区政协主席杨宝华等区领导分别慰问本区离休老干部王景纯、抗战老兵邵书修、老干部贾文忠、老干部王怀新等老干部、老兵、老党员，为他们送去由中共中央、国务院、中央军委颁发的中国人民抗日战争胜利70周年纪念章。

本月，第31个教师节来临之际，区领导王刚、卢映川、胡尚云、杨宝华、朱家亮分别来到仁和中学、顺义二中、北石槽中心小学等学校，对教职工送上节日的问候，祝愿他们在岗位上取得更大的成绩。

到本月，新增5所幼儿园，885名适龄儿童分别走进裕龙二区幼儿园、东兴幼儿园、仁和花园一区幼儿园、马坡第四幼儿园和西辛幼儿园分园，开启崭新生活。

本月，北京城市学院中关村校区迁往顺义杨镇，合并位于顺义杨镇职教园区的原现代职业技术学院、顺义一职、汽职三所学校，填补潮白河以东2885平方公里市域无高校的空白。目前，顺义校区已入驻2015级新生和2014级部分老生共计5000余名，主要是信息技术类、文化创意类、国际商贸类、现代服务类、城市建设与环境管理及城市交通运营服务类、航空类服务学生和专、兼职教职工近千人。

10月

1日起，顺义区开始全面实施企业“三证合一、一照一码”登记制度改革。新版营业执照以“统一社会信用代码”替代原来的“注册号”，数字编码也由15位增至18位。这是企业今后在全国通用的唯一“身份证号”。

9日，区委书记王刚带队考察亿利资源集团，并与全国政协常委、亿利资源集团董事长王文彪等领导座谈。双方就进一步推动项目建设交换意见。副区长禹学垠、盛德利参加。

9至11日，北京市第53届中学生田径运动会在顺义区牛栏山一中举行，全市16个区县组队参赛。顺义区派出48名运动员，经过角逐，共获金牌21枚，银牌20枚，铜牌14枚，金牌、奖牌总数均居全市第一。其中1人打破高中女子组100米市运会纪录，4人打破高中男子4x100米接力市运会纪录。同时，顺义区以641.5分获团体总分第一名，并分别以359分和282.5分获高中组、初中组团体总分第一名，获得优秀组织奖和体育道德风尚奖。

10日，顺义区成立专家咨询委员会，并举行第一次全体会议，审议通过《北京市顺义区专家咨询委员会章程》。区委书记王刚，区委副书记、区长卢映川，区政协主席杨宝华等参加。本届委员会聘请的92名专家顾问和4家顾问单位，将集百家之所长，为顺义发声，合奏出推动区域发展的强音。

12日，区委理论学习中心组组织集体学习，观看电影《十二公民》。区委书记王刚，区委副书记、区长卢映川，区人大常委会主任胡尚云，区政协主席杨宝华及区委、区人大、区政府、区政协和北京天竺综保区部分领导参加。

12日至14日，2015中国（北京）电子商务大会在北京国家会议中心召开，顺义区13家电商龙头企业组团参展。这是顺义区首次参展电商大会。

14日，区政府召开第26次常务会议，专题研究推动河东河西协调发展相关工作。区长卢映川主持会议。

同日，举行北京临空经济核心区、北京科技创新产业功能区与各镇合作共建签约仪式，探索融合发展新机制。区委副书记、区长卢映川，区委副书记、天竺综保区常务副主任林向阳，区委常委、副区长朱家亮，区人大常委会副主任吴建国，区政协副主席孙桂祥参加。

15日，外交部驻外大使参赞学习班到顺义

区参观考察。外交部机关党委副书记、国外工作局副局长吴小莺参加考察。区委副书记、区长卢映川，区委副书记、北京天竺综合保税区常务副主任林向阳，区委常委、副区长朱家亮参加。

同日，2015年“九九重阳”北京市第六届登山大会顺义分会场暨顺义区第三届舞彩浅山登山活动在木林镇成功举办。全市3000余名登山爱好者参加。

16日，国家卫生计生委法制司司长张春生到顺义区调研。区委副书记、区长卢映川，区委常委、副区长朱家亮参加。

同日，来自区医院、北京中医医院顺义医院等单位的骨干医生来到木林镇卫生院为百姓义诊。区政协副主席闫志广出席。

同日，“北京顺义新三板产业加速器”新闻发布会暨揭牌仪式在清华大学科技园国际会议中心举行。“北京顺义新三板产业加速器”将于2015年12月竣工，2016年3月底企业可入驻。

17日，北京市委常委、常务副市长李士祥到顺义区调研北京友谊医院顺义院区、北京城市学院顺义校区等重点项目建设。区委书记王刚，区委副书记、区长卢映川，区委常委、副区长朱家亮参加调研。

19日，顺义区养老行业协会成立。副区长盛德利、区政协副主席闫志广出席。

20日，村“两委”换届选举工作动员会召开，部署村“两委”换届选举工作。副区长张晓峰、盛德利出席。

21日，区政府召开第27次政府常务会议，听取前三季度全区经济社会发展、公共安全、环境建设情况汇报，审议“十二五”规划落实和“十三五”规划制定情况报告以及促进重大产业项目发展定向扶持办法。区长卢映川主持会议。

22日，区四届人大常委会举行第24次会议。会议听取和审议区政府关于顺义区协调发展情况的报告、区政府关于“十二五”规划落实和“十三五”规划制定情况报告、区政府关于2015年预算调整方案的报告、区法院关于行政审判工作情况报告、区检察院关于规范司法行为工作情况报告，书面审议代表视察所提意见办理报告。区人大常委会主任胡尚云，副主任冯庆森、赵贵恒、董占云、吴建国、白丽洁参加。副区长张晓峰列席。

26日，区委理论学习中心组开展“严以用权”专题研讨。区委书记王刚主持并发表讲话。区委副书记、区长卢映川，区委副书记、区政法委书记周颖博，区委副书记、天竺综保区管委会常务副主任林向阳等区领导参与讨论。

27日，区政府召开2015年第28次常务会议，审议《顺义区落实京津冀协同发展工作方案》《顺义区促进电子商务产业发展办法》和《顺义区区对镇转移支付管理暂行办法》。区长卢映川主持会议。

同日，召开党风廉政建设和反腐败宣传工作部署会。区委常委、区纪委书记肖韵竹，区委常委、宣传部部长霍光峰出席会议。

29日，区国税局、地税局签署《共建联合办税服务厅合作协议书》，两家单位将实现共性业务一窗通办，切实减轻纳税人负担。这是顺义区在全市率先建起的国、地税联合办税服务厅，预计明年5月1日起对外办公。

同日，顺义区政府与首都医科大学、首医大附属北京友谊医院签署合作协议。就此，三方正式启动区医院成为首医大教学医院的建设进程。首都医科大学党委书记李明、校长吕兆丰，友谊医院党委书记、理事长辛友清，顺义区领导王刚、卢映川、胡尚云、杨宝华、朱家亮、肖承继出席签约仪式。

29日至11月1日，顺义区以“创意顺义，绽放精彩”为题，参展第十届文博会。除在中国国际展览中心（旧址）搭建主展台，还开设“国际艺术珍品保税交易”等三大主题分会场，开展创意生活艺术节、“顺义礼物”评选等5项场外配套活动及一场专题研讨会。

31日，北京临空经济核心区举行首届职工运动会。区委书记王刚，区委副书记、区长卢映川，区政协主席杨宝华等区领导出席运动会开幕式。

本月，区纪委将今年最后一个季度确定为纪律教育季，在全区范围内开展“从严从实，遵规守纪”主题纪律教育季活动，进一步加强党员干部纪律意识和规矩意识，发挥党员干部先锋模范作用。

本月，区委、区政府在全区离退休干部中开展“展示阳光心态、体验美好生活、畅谈发展变化”主题活动，组织百余名老干部调研区域经济发展情况。区委常委、组织部部长车克欣，北京天竺综合保税区管理委员会副主任杭金亮参加。

本月，印发《关于健全完善农村（社区）干部廉洁履职监督管理工作机制的意见》，引导和激励农村（社区）干部廉洁履职、干事创业。

10月起，顺义区在大孙各庄镇试行以农业综合水价形式收取农业水费，“装表计量、定额限制、超量加价、节约有奖”，超过限额部分加收水资源费，每节约1立方米奖励农民1元。

11月

2日，顺义区政府与北京环卫集团签署环卫发展战略合作框架协议。双方将为提升顺义区环卫管理水平，提升环境服务质量，提高城市品质，推进环卫事业单位改制进行深入合作。区委书记王刚，区委副书记、区长卢映川参加活动。

3日，国家安全生产监督管理总局党组书记、局长杨焕宁到顺义区调研安全生产工作。北京市副市长王宁，顺义区委书记王刚，区委副书记、区长卢映川，副区长禹学垠参加调研。

同日，“牛栏山杯”顺义区首届青年创业创意大赛启动。区委常委、组织部部长车克欣出席。

同日，召开2015—2016年度供热、扫雪铲冰、冬季防火及预防煤气中毒工作部署会。副区长盛德利出席。

同日，区委副书记、区长卢映川，副区长张晓峰调研第六届世界CSA大会筹备工作。

4日，区政府召开2015年第29次常务会议，审议《关于进一步规范机关事务工作暂行办法》和《关于推动北京天竺综合保税区与北京临空经济核心区融合创新发展的实施意见》。区长卢映川主持会议。

5日，顺义区政府与北京市保障性住房建设投资中心签署战略合作协议，双方将通过股权合作方式成立北京市燕顺保障性住房投资有限公司，实施顺义区公租房建设和运营管理，构建“以租为主”的住房保障体系，服务顺义经济社会发展。区委书记王刚，区委副书记、区长卢映川，区人大常委会主任胡尚云等区领导参加。

同日，区四次党代会第二代表团成员调研牛栏山镇就业情况。区委副书记、区长卢映川作为代表团成员参加调研。

同日，召开2016年新型农村合作医疗筹资工作会。区委常委、副区长朱家亮出席。

6日，市委市政府理论学习中心组举行学习（扩大）会议，邀请中国社科院副院长蔡昉作关于深入学习贯彻党的十八届五中全会精神的辅导。顺义区设立分会场，通过电视电话会议形式参加学习。区委书记王刚，区委副书记、区长卢映川，区人大常委会主任胡尚云，区政协主席杨宝华等区委、区人大、区政府、区政协和天竺综保区部分领导同志参加。

9日，云南省政府党组成员高树勋、云南省玉溪市市委书记罗应光带队到顺义区进行为期3天的参观考察和招商推介。区委书记王刚，区委副书记、区长卢映川参加活动。

同日，区委副书记、区长卢映川，副区长禹学垠到顺义区不动产登记事务中心，为该区首批办证市民颁发不动产权证书。

同日，第六届国际社区支持农业大会和第七届中国社会农业大会开幕。20余个国家和地区的50余名嘉宾齐聚顺义区，共讨“生态农业与乡村建设”这一主题。让市民与有机食品零距离接触的农夫市集也于今日开市。农夫市集占地2000余平方米。参展商户涵盖有机生态农业领域的国内外专家学者、带着生态农产品的农场主、传承民间艺术的乡村匠人等。市民可以在这里品尝到不使用化肥和农药的绿色农产品，了解其从农场到餐桌的管理模式。农夫市集分农场营地、生态市场、匠人部落、创新科技、公益之家、美味食肆、清风舞台7个板块。

10日，顺义区举行企业新型学徒制签约仪式，引导企业建立技能人才培养新机制。人力资源社会保障部副部长汤涛，北京市政府副市长林克庆，顺义区委书记王刚，区委副书记、区长卢映川参加。

同日，副市长林克庆到本区调研友谊医院顺义院区项目基本情况。区委副书记、区长卢映川，区委常委、副区长朱家亮参加调研。

16日，区委理论学习中心组组织第24次集体学习，邀请市发改委常务副主任刘印春就北京市"十三五"规划纲要编制情况进行专题辅导。区委书记王刚、区人大常委会主任胡尚云、区政协主席杨宝华及区委、区人大、区政府、区政协和北京天竺综保区领导参加。

18日，区政府召开第30次常务会议，传达国务院副秘书长丁向阳在全国政府督查干部能力建设培训班开班仪式上的讲话，审议《顺义区党政机关公务用车制度改革总体实施方案》。区长卢映川主持会议。

19日，第八届中国临空经济论坛在顺义区举行。此次论坛为期三天，代表们以"机遇与挑战——京津冀协同发展与临空经济转型升级"为主题，围绕"京津冀一体化与服务业扩大开放中大临空产业的构建"等议题展开讨论。共有来自国务院发展研究中心、国家发展和改革委员会、中国航空规划设计研究总院、北京临空经济核心区等政府、学术界和临空经济发展一线的近500名代表出席。区委书记王刚，区委副书记、天竺综保区管委会常务副主任林向阳，区委常委、副区长朱家亮参加。临空经济论坛召开期间，中国临空经济发展联盟成立。

22日，荣宝斋文化创意园奠基仪式在北京中关村顺义园举行。该项目总投资4.5亿元，项目建设用地面积87.9亩，规划建筑面积12.83万平方米，预计2018底完工。项目达产后预计每年可实现营业收入4亿元，税收1亿元。园区将建设"一院一地五中心"，即荣宝斋画院、国家级非物质文化遗产生产性保护示范基地、艺术家创作中心、新产品研发中心、数字出版中心、图书制作中心、物流中心。

26日，市委市政府理论学习中心组举行学习（扩大）电视电话会议，学习《中国共产党廉洁自律准则》和《中国共产党纪律处分条例》。区委书记王刚，区委副书记、区长卢映川在市主会场参加学习，区人大常委会主任胡尚云等在我区设立的分会场收听收看。

同日，北京中医医院顺义医院召开三十年院庆纪念大会。区委副书记、区长卢映川，区委副书记周颖博等出席。

26日至28日，第十九届京港洽谈会在香港举行。区政府和北京天竺综合保税区就36个招商项目联手进行推介。香港特别行政区行政长官梁振英，北京市市委常委、常务副市长李士祥，副市长程红，顺义区委副书记、北京天竺综合保税区常务副主任林向阳，区委常委、副区长朱家亮等出席相关活动。顺义区携土地、园区、楼宇类等36个招商引资项目赴港，举行专场推介会。

28日，京港洽谈会投资项目签约仪式举行。顺义区分别与3家港资企业签订合作协议，为该区引资7.89亿美元，折合人民币约50.5亿元。签约项目主要涉及技术研发、新能源、跨境电商等领域。

同日，第十九届京港洽谈会圆满落幕。香港《文汇报》在洽谈会开幕前刊发专版《一个平台、三大板块，筑顺义新蓝图》，会议期间刊发专版《北京·顺义，建设绿色国际港、打造航空中心核心区、共筑和谐宜居新家园》和《临空·科技·创新，北京顺义产业转型升级之路》，用"港媒"视角解读顺义区近年来的发展成果，展示顺义打造首都创新创造新高地的进程。

30日，区委理论学习中心组开展第25次集体学习，聆听专家解读党的十八届五中全会精神。区委书记王刚、区人大常委会主任胡尚云等参加。

同日，区委书记王刚等区领导到仁和镇沙坨村拆迁现场察看工作进度。

12 月

1日，区委常委（扩大）会议召开，学习市委十一届八次全会精神。区委书记王刚、区人大常委会主任胡尚云、区政协主席杨宝华及区委、区人大、区政府、区政协和北京天竺综保区领导参加。

2日、3日，韩国首尔城北区厅长金永培带领城北区代表团一行到顺义访问，区领导王刚、胡尚云、朱家亮、肖承继、盛德利陪同。

4日，西藏自治区人大常委会副主任嘎玛一行到顺义区调研。市人大常委会副秘书长刘凤仪、区人大常委会主任胡尚云参加。

5日、6日召开述责述廉大会上，区妇联、区委党校、北小营镇、区直机关工委、胜利街道等22家单位34名党政正职，围绕贯彻落实2015年党风廉政建设责任制、个人廉洁自律等情况述责述廉，现场回答质询问题、接受民主测评，实现顺义区述责述廉工作的全覆盖。

15日，顺义区人大常委会召开第25次会议。会议接受卢映川同志辞去区长职务的请求；决定任命高朋同志为顺义区人民政府副区长、代理区长；接受冯庆森同志因工作需要、董占云同志因达到退休年龄辞去区人大常委会副主任职务的请求；接受闫立刚同志辞去北京市第十四届人民代表大会代表职务的辞呈。

16日，区政务中心（市民之家）项目奠基仪式举行。区委书记王刚，区委副书记、代理区长高朋，区人大常委会主任胡尚云等参加。

17日至18日，中共北京市顺义区第四届委员会第十一次全体会议召开。全会审议通过《中共北京市顺义区委关于制定顺义区国民经济和社会发展第十三个五年规划的建议》和《中共北京市顺义区第四届委员会第十一次全体会议决议》。区委书记王刚就《建议（审议稿）》作说明并讲话。区委副书记、代理区长高朋，区人大常委会主任胡尚云，区政协主席杨宝华出席。

19日，区委副书记、代理区长高朋带队检查部分项目建设施工工地空气重污染红色预警期间应对措施落实情况。区政府副区长张晓峰参加检查。

21日，北京市检察机关情况通报会在顺义检察院召开。市检察院党组成员、副检察长高祥阳，区委副书记、政法委书记、统战部部长、市政协委员周颖博，区人大常委会副主任、市人大代表吴建国，区政协副主席孙桂祥参加。

同日，区政府召开座谈会，就《政府工作报告》征求部分党外人士的意见建议。区委副书记、代理区长高朋参加。

同日，区委书记王刚来到位于后沙峪镇的中央美术学院城市设计学院与师生进行座谈。中央美院党委书记高洪、中央美院城市设计学院院长王中参加。区委常委、组织部部长车克欣，区委常委、副区长朱家亮，区委常委、区委办主任肖承继，区委常委、宣传部部长霍光峰参加。

22日，首届北京顺义妇幼发展论坛暨医院成立20周年纪念活动举行。国家卫计委妇幼司司长秦耕，北京市卫计委副主任毛羽，北京市医管局副局长潘苏彦，顺义区区委副书记、代理区长高朋，区委常委、副区长朱家亮参加。

同日，河北省威县县委书记安庆杰、县长商黎英带领招商团队到顺义举行投资环境推介会。区委常委、副区长朱家亮参加。

本日11时30分，顺义区最后一套PSTN交换设备的电源关闭，顺义联通最后一个市话端局（林河局）退网下电，标志着全区圆满完成“光进铜退、网络瘦身”工程，将告别传统的电缆通信时代，全面跨入全新的光通信时代。

23日，区政协召开四届十七次常委会。会议协商决定，政协北京市顺义区第四届委员会第五次会议将于2016年1月4日召开预备会，5日正式开幕，7日闭幕。会议还听取区纪委关于全区党风廉政建设情况通报，协商决定相关人事事项。区政协主席杨宝华，副主席闫志广、孙桂祥、田家玉、刘静、金泰希出席。

同日，顺义区第十一届中小学生健康知识与技能竞赛决赛在牛栏山一中举行。区委常委、副区长朱家亮到场观赛。

本月，全区426个村党组织换届选举工作圆满完成。420个村党支部和6个村党总支，共选举出村党组织班子成员1404人。此次村党组织换届选举预测吻合度提高，经过选举结果与选前预测人选进行对比，村党组织书记吻合度达96.7%，比上届提高5个百分点，有11个镇选举结果和预测人选完全一致；女委员比例提高，共选举出女委员369名，占总数的26.3%，比上届提高3个百分点；委员学历整体提高，当选的1404名村党组织成员中，大专及以上学历的707名，占50.4%，比上届提高9个百分点，其中，村党组织书记中具有大专及以上学历的306人，占总数的71.8%，比上届提高9个百分点。村党组织成员年龄结构继续优化，平均年龄48岁，村书记平均年龄50岁。

本月，2015年乡村公路建设工程全部完工，共完成90公里乡村公路大修及4座危桥改造。工程总投资1.33亿元，主要包括道路路基、路面、桥梁、涵洞及附属工程。实施乡村公路建设工程的同时，兼顾日常养护工作，全年乡村公路养护里程1870.97公里，其中乡道882.55公里，村道988.42公里，包括日常养护、路面修补、桥梁检测、路况检测等工程。

是年顺义区全国1%人口抽样调查结果显示：顺义区2015年末常住人口102万人。

是年，顺义区居民收支调查资料显示：全年顺义区全区居民人均可支配收入28257元，比上年同期增长9.3%；人均生活消费支出18231元，比上年同期增长9.9%。按常住地分，农村居民人均可支配收入22684元，比上年同期增长9.5%；人均生活消费支出13926元，比上年同期增长10.7%。

是年，通过系统推荐、网络初审、专家评审、综合审议、社会公示等环节，顺义区北京百迈客生物科技有限公司申报的“基于四倍体芥菜和黑芥的比较基因组学研究和基因功能研究”、东方雨虹防水技术股份有限公司申报的“道桥专用水性沥青防水涂料系统的研究”以及区疾病预防控制中心申报的“重大传染病防治领域高端技术人才队伍建设”分别荣获2015年度北京市优秀人才培养资助青年骨干个人项目和人才工作集体项目。

中国共产党北京市顺义区委员会

综　述

2015年，在市委的坚强领导下，顺义区委全面贯彻落实党的十八大、十八届三中、四中、五中全会精神，深入贯彻落实习近平总书记系列重要讲话特别是视察北京重要讲话精神以及市委各项决策部署，紧紧围绕“四个全面”战略布局，自觉服从服务首都城市战略定位，主动融入京津冀协同发展大局，牢牢把握区域发展的阶段性特征，加快推动经济社会转型升级，统筹推进区域经济、社会、城市、生态建设等工作，严格落实党建主体责任，持续巩固和拓展党的群众路线教育实践活动成果，扎实开展“三严三实”专题教育，全面深化重点领域改革，保持区域经济社会持续健康发展的良好态势。

一、深入贯彻落实中央、市委精神

坚持把学习贯彻中央、市委精神作为首要政治任务，认真学习习近平总书记系列重要讲话特别是视察北京重要讲话精神，认真学习党章、党规、党纪，特别是坚持把学习贯彻《中国共产党廉洁自律准则》和《中国共产党纪律处分条例》作为学习的重要内容，进一步坚定理想信念、政治立场，严守党的政治纪律和政治规矩。及时、全面传达学习中央、市委各项重要会议、重要讲话、重要文件精神，教育引导广大党员干部做合格党员，自觉用中央、市委精神武装头脑、指导实践、推动工作，切实做到在思想上政治上行动上始终和中央、市委保持高度一致。坚持学以致用，自觉把顺义发展置于全局中考量，着力加强对“四个全面”战略布局等重大问题的研究，聚焦服从服务首都城市战略定位、融入京津冀协同发展大局、促进区域发展转型升级等重点任务，科学提出经济社会发展的全面安排和政策举措。

二、扎实推进“三严三实”专题教育

以深入开展“三严三实”专题教育为抓手，继续深化和巩固作风建设的良好成果。坚持以上率下，区处两级共讲党课947次，讲党课范围扩大到科级干部和普通党员。围绕主题，区处两级共组织集中学习1997次，组织交流研讨402次，开展走访调研5276次。坚持问题导向，对照中央提出的“三个着力解决”、郭金龙书记在党课报告中提出的十二个“不”，和市委指出的四个方面14种“为官不为”的具体表现，深入查摆“不严不实”问题，共梳理区处两级班子问题清单439条，领导干部问题清单2242条，全部明确整改时限。坚持从严整改落实，从群众关心关注的问题入手，加快整治历史遗留问题，保障房和回迁安置房竣工1.12万套，5个棚户区改造项目进展顺利，启动8个老旧小区治理试点。特别是注重狠抓重点领域的专题教育，专门制定国资系统 “三严三实”专题教育方案，成立专门督导组进行指导。

三、认真落实京津冀协同发展战略

强化政策研究和重大事项统筹协调，进一步建立完善落实京津冀协同发展战略机制，成立顺义区推动京津冀协同发展领导小组，制定出台落实京津冀协同发展战略的工作方案，明确6方面26项重点任务及具体举措。坚持“控”、“疏”双管齐下，既全力抓好存量调整，清理退出不符合区域产业定位的企业42家；也全力抓好增量调控，全面开展全要素评价和负面清单管理。积极承接中心城区科技创新资源在顺义孵化和产业化，积极承接中心城区优质公共服务资源。北京城市学院迁入杨镇和现代职业技术学院划转管理工作顺利完成，友谊医院顺义院区建设稳步推进。积极推进产业对接合作，先后与河北威县、怀来县签订战略合作协议，园区共建和产业转移取得初步成效；积极探索人才交流互动机制，组建重点产业人才联合培养平台，在共用高端人才上不断开拓思路、创新方式。

四、研究制定区域“十三五”规划

高度重视区域“十三五”规划编制工作，深入贯彻落实京津冀协同发展和首都科学发展的决策部署，认真抓好区域“十三五”规划建议起草工作，充分发挥《规划建议》对《规划》的指导作用。坚持发扬民主、科学决策，集思广益、凝聚民智，在深入学习领会党的十八届五中全会和市委十一届八次全会精神基础上，多次邀请有关专家学者进行规划精神解读，多次召开专题会议研究讨论决定建议起草及规划编制等重大问题，广泛听取区人大、区政协、区专家咨询委员会以及社会各界意见，广泛征求区内调出领导和市有关部门意见，共收集到900余条意见建议，全面汇总、认真研究、逐条分析，最大程度的吸纳各方意见建议。区委四届十一次全会审议通过《中共北京市顺义区委关于制定顺义区国民经济和社会发展第十三个五年规划的建议》，确立“把握发展的阶段性特征、推动经济社会转型升级”的工作总要求，对“十三五”时期区域经济社会发展各项工作进行全面部署。

五、全面深化重点领域改革

强化组织领导和统筹协调，12大领域、1项市级重点改革事项、30项区级重点改革任务逐一启动落实。探索村级治理新机制，着力推进“以村规民约为抓手创新农村协同共治模式”的市级重点改革事项，深入抓好六类试点村的工作。完成新城管理体制改革方案设计，新城建设管理体制进一步理顺。深化国资国企改革，进一步强化国资国企监管，建立区属国有企业薪酬考核体系，房地产、市政、建设投资服务三大板块整合基本完成。推进转变政府职能，实现行政审批清理、取消、下放事项全部落实到位、承接到位和公开到位。围绕解决群众关心的热点难点问题，实施医疗卫生服务一体化建设、代履行费用追缴、老旧小区物业规范等改革措施，推进教育、文化等社会领域改革。深化全国党代表任期制联系点工作，组织区党代表参加区委全会、开展调研月活动和专题询问，建立意见办理反馈机制，推进区领导组团驻室工作，对充分发挥党代表作用进行有效探索。改革和完善反腐败协调小组职能，修订完善区反腐败协调小组工作机制和联席会议制度，切实加强查办党员干部和国家工作人员违纪违法案件的协作配合。

六、努力提高经济发展的质量和效益

坚持把经济结构战略性调整作为加快转变经济发展方式的主攻方向，着力推动创新驱动发展，加快战略性新兴产业布局，实施创业摇篮计划和一揽子政策，积极构建“高精尖”经济结构。扎实推进首都国际航空中心核心区建设，制定出台《北京天竺综合保税区和临空经济核心区融合创新发展实施意见》，北京国际科技贸易基地顺利揭牌，全国首个海外回流文物口岸交易市场投入运营。跨境电子商务、融资租赁等新型服务业态加速聚集，科技、文化创意高端服务业对经济增长的贡献率不断提高。全年地区生产总值按不变价计算同比增长7.8%；完成一般公共财政预算收入124.7亿元，同比增长12.8%；实现社会消费品零售额410亿元，全社会固定资产投资465.2亿元，投资与消费协调拉动的格局进一步得到巩固。

七、统筹推进城乡一体化发展

扎实推进以人为核心的新型城镇化，统筹新城、重点镇、新型农村社区三个梯次建设。围绕重点新城功能定位，加快推进重点公共服务设施建设，区医院急诊病房综合楼全面竣工并投入使用。创新完善人口综合调控机制，既积极稳妥推动就地城镇化，有序推进农业转移人口市民化；又不断深化人口服务管理，引导人口合理分布、有序流动。进一步健全完善城市管理综合执法机制，统筹推进交通秩序、市容环境等综合治理。创新社区治理方式，启动“八型社区”建设，社区治理能力不断提高。加大农村改革创新力度，积极推进“新三起来”工程，规范农村产权流转交易，新农村建设更加深入。加快推动区域协调发展，建立健全推动河东河西协调发展的体制机制，推动优质市政基础设施和公共服务资源向河东地区辐射、延伸。稳步推进浅山综合开发，富民惠民效果日益显现。

八、着力加强和改善民生

坚持把让群众过上幸福美好生活作为一切工作的出发点和落脚点，努力改善群众生活、促进社会公正、增进人民福祉。坚持就业是民生之本，不断加强和改进就业工作，全区城乡劳动力二三产业就业率始终保持在95%以上，城镇居民人均可支配收入和农村居民人均可支配收入预计分别增长9.2%和9.5%。充分发挥社会保障兜底作用，不断完善覆盖城乡全体居民的社会保障体系，城乡低保标准提高至月人均710元，大病救助封顶金额提高到20万元。积极推进医疗卫生服务水平提升三年行动计划，区医院成为首都医科大学教学医院，区中医院晋升三级甲等中医院，北京儿童医院顺义妇儿医院挂牌成立，区域医疗服务水平显著提升。高标准通过国家义务教育均衡发展验收评估，基层公共文化设施不断健全，群众的精神文化生活更加丰富多彩。保障性住房、棚户区改造安居住房、老旧小区综合整治等工作圆满完成年度目标任务。

九、不断加强生态文明建设

牢固树立“绿水青山就是金山银山”的理念，把绿色发展、循环发展、低碳发展作为基本途径，扎实推进生态文明建设各项工作。严格落实“减煤换煤”、“煤改电”等重点治理任务，加大优质燃煤财政补贴力度，将区级财政补贴标准由去年每吨230元提高到每吨550元，实现优质燃煤替代全覆盖，全年各项污染物平均浓度全部实现较大幅度降低，特别是PM2.5平均浓度同比下降14.6%。着力加强水资源管理，完成南水北调水源补水工程，积极推进现代农业节水示范区建设，加大中小河道治理和污水处理设施建设力度，切实维护水安全、改善水环境。高标准、高水平完成平原造林任务，加强舞彩浅山生态景观打造，森林覆盖率达到29.98%。持续加强城乡环境综合治理，加大违法建设查处力度，全年共拆除违法建设1409宗、379万平方米，腾退土地5312亩。

十、切实加强民主法制建设

深刻领会中央、市委关于坚持和完善人民代表大会制度的重要指示精神，召开区委第三次人大工作会议，就新形势下加强和改进人大工作出台意见。积极发挥人民政协作为协商民主重要渠道作用，建立完善年度民主协商计划制度，推动协商民主建设制度化、规范化、程序化发展。严格落实《中国共产党统一战线工作条例（试行）》，支持民主党派、工商联和无党派人士开展坚持和发展中国特色社会主义学习实践活动，进一步巩固共同思想政治基础，为区域发展献计出力。坚持把群团工作纳入党委工作总体格局，着力加强和改进党对工青妇等群团组织的领导，召开区委党的群团工作会议，支持引导广大群团组织依法依章独立自主开展工作。圆满完成区总工会换届工作。

十一、全力维护社会安全稳定

着力深化对“维护首都安全稳定是第一位政治责任”的认识，不断强化底线思维，切实履行维护区域安全稳定职责。聚焦“两大安保”任务，时刻绷紧反恐维稳这根弦，扎实做好重点群体、重点部位稳控，确保重要会议、重大活动、敏感时期的安全稳定。扎实推进“平安顺义”建设，深化重大决策社会稳定风险评估工作制度化建设，切实加强信访工作和社会矛盾调解体系建设，努力从源头有效预防风险。创新完善立体化社会治安防控体系建设，扎实推进治安重点地区排查整治，严厉打击各类违法犯罪，群众安全感和满意度保持在较高水平。深入实施安全发展战略，加强安全生产管理，完善城市安全运行管理体系，全区未发生重特大安全生产事故，保持安全生产的良好势头。

十二、扎实推进基层党建各项工作

定期研究基层党建重点工作，着力强化二级班子和基层党组织党建责任，将党建述职由镇街书记延伸到全部村、社区党组织书记。强化基层党建考核，建立涵盖二级班子的党建工作考核评价办法，聘请第三方进行社会调查，将党建工作综合得分纳入领导班子和领导干部综合考核评价体系。加大督查督导力度，成立党建督导办公室，确保各领域基层党建工作落到实处。加大对基层党组织的教育培训力度，深入实施党员意识提升工程，组织新一届村党组织书记开展集中宣誓就职。坚持把村规民约列入市级改革课题进行专项研究，进一步健全村党组织领导的村民自治机制。深入开展党代表任期制联系点工作，通过构建区委常委与区委委员、区党代表、党员和群众的“四联”体系、“组团式”驻室活动、区委全会党代表单独设团等形式，搭建党代表履职尽责平台。加强国有企业党的建设，制定《关于在深化国有企业改革中坚持党的领导加强党的建设的意见》等文件，建立完善国有企业党建工作机制。创新基层服务型党组织建设载体，开展星级创建活动，设立500万元星级创建专项资金，奖励特色鲜明、创新力度大、实效性强的党组织。连续2年按照市级比例两倍标准确定软弱涣散整顿对象。强化基层基础保障，推动重心下移、资源下沉，全年投入基层党建保障资金1.2亿元，落实服务群众经费、党建创新奖励经费等近亿元。选派79名年轻干部到基层锻炼，开展“百名科长入村居”活动，选派19名市、区、镇干部担任村党组织第一书记。稳步推进村“两委”换届选举工作，圆满完成社区换届选举和村党组织换届选举。

十三、从严落实党委主体责任

认真贯彻落实党要管党、从严治党要求，严格落实党建主体责任和党风廉政建设主体责任，以改革创新精神统筹抓好思想建设、组织建设、制度建设、党风廉政建设等各项工作。深入学习贯彻落实中央关于《党委（党组）意识形态工作责任制实施办法》文件精神，把意识形态工作摆在重要位置，认真履行党委意识形态主体责任，牢牢把握意识形态工作领导权和主导权。整合全区考核制度，建立由区委党的建设工作考核、区政府绩效管理考核、区纪委党风廉政建设责任制检查考核组成的全区“2+1”考核工作体系。着眼事业发展需要选干部、配班子，注重加强年轻干部多岗位锻炼，注重加大重要部门、关键岗位干部轮岗力度，全年共调整干部446名。认真贯彻落实中央、市委从严治党、从严治吏要求，着力推动从严管理监督干部常态化；坚持人才优先发展战略，深化人才体制机制和政策创新，临空经济高端人才聚集区成功纳入全市人才工作重点。全面加强党风廉政建设和反腐败工作，制定出台《中共北京市顺义区委关于落实党风廉政建设责任制党委主体责任和纪委监督责任的实施意见》，分级别、分类别、分层次建立起落实党风廉政建设责任制的责任清单和责任体系。创新建立农村（社区）干部廉洁履职档案管理、约谈、承诺等系列制度，进一步规范农村（社区）基层干部履职行为。切实加大纪律审查和反腐败工作力度，全年共立案查处案件145件，党纪政纪处分127人。适时启动约谈、问责等机制，对党风廉政建设责任制考核排名靠后的11家单位进行集中约谈。充分发挥案件的警示教育作用，分18次通报曝光35起违纪违法典型案件。持之以恒抓好作风建设，深入开展不作为、慢作为和乱作为专项整治，查处违反中央八项规定精神的问题25件。

高度重视自身建设，认真学习贯彻中央、市委各项决策部署，不断强化政治意识、规矩意识，自觉与中央、市委保持高度一致，确保政令畅通。认真贯彻民主集中制，坚持“三重一大”事项上常委会制度，坚持人大常委会党组、政协党组主要领导列席区委常委会制度，坚持会前沟通和会上讨论相结合，坚持重大事项集体领导，区委决策的科学化、民主化水平不断提高。强化以上率下，带头严格落实中央八项规定、市委实施意见和区委“1+X”制度体系，深入践行“三严三实”要求，坚持在每月第一次区委常委会上进行纪律教育专题学习，发挥好示范引领作用，努力在全区营造守纪律、讲规矩的良好政治氛围。

单位名称：中国共产党北京顺义区委员会
地址：北京市顺义区府前中街1号
邮编：101300
电话：69443113
网址：www.bjshy.gov.cn

（区委办）

重要会议和活动

【顺义区2014年镇街党工委书记抓基层党建工作述职评议考核会】1月17日，顺义区召开各镇、街道党（工）委书记抓基层党建工作述职评议考核会。市委组织部副部长张建春，区领导王刚、卢映川、闫立刚、周颖博等参加会议。各镇、街道党（工）委书记从履行第一责任人职责、整顿软弱涣散基层党组织、加强基层服务型党组织建设、严格党员教育管理、加大基层党建工作保障和下一步工作思路六个方面展开述职。区委书记王刚同志代表区委常委会就各位党（工）委书记抓基层党建情况逐一进行点评。

（区委办）

【顺义区委常委班子整改落实情况通报会】1月20日，顺义区委常委班子整改落实情况通报会召开。区领导王刚、胡尚云、杨宝华出席，区委常委，区人大常委会、驻会副主任，区政府副区长，区政协、驻会副主席和天竺综合保税区管委会副主任、专职委员参加。会议通报区委常委班子整改方案落实情况，区委书记王刚同志对全区下一步整改工作提出五点要求。

（区委办）

【区委全面深化改革领导小组第三次全体会议召开】 1月20日，区委全面深化改革领导小组第三次全体会议召开，区领导王刚、卢映川、胡尚云、杨宝华等出席。会议听取区委改革办及11个改革专项小组关于2014年全面深化改革工作进展情况及2015年改革工作安排的汇报；会议审议关于增设区域协同发展领域改革专项小组的建议方案、审议《北京天竺综合保税区深化改革创新发展纲要》、审议《2015年全面深化改革实施计划》。

（区委办）

【中共北京市顺义区第四届纪律检查委员会第五次全体会议】2月5日，中共北京市顺义区第四届纪律检查委员会第五次全体会议召开。市纪委常委张才雄，区领导王刚、卢映川、胡尚云、杨宝华出席。会议传达中央纪委十八届五次全会、市纪委十一届四次全会精神；区委常委、纪委书记肖韵竹作题为《坚持从严治党要求 强化监督执纪问责 坚定不移推进党风廉政建设和反腐败斗争》的工作报告。会议审议通过《中共北京市顺义区第四届纪律检查委员会第五次全体会议决议（草案）》。

（区委办）

【区委书记王刚讲“三严三实”专题党课】 5月29日，区委书记王刚为全区各级领导干部作《深入学习践行“三严三实” 以优良作风推动顺义各项事业再上新台阶》的专题党课。区领导卢映川、胡尚云、杨宝华等参加。

（区委办）

【全国人大常委会副委员长、全国妇联主席沈跃跃到顺义调研】全国人大常委会副委员长、全国妇联主席沈跃跃一行到顺义区调研联系和服务妇女工作。北京市妇联党组书记、主席马兰霞，顺义区委副书记、区长卢映川，顺义区委常委、组织部部长车克欣参加。

（区委办）

【中共北京市顺义区第四届委员会第十次全体会议召开】7月31日，中共北京市顺义区第四届委员会第十次全体会议召开，区领导王刚、卢映川、胡尚云、杨宝华等出席。会上，区委书记王刚代表区委常委会做工作报告；区委副书记、区长卢映川作关于上半年经济社会发展情况和下半年工作安排的报告；区委副书记、政法委书记周颖博通报区党代表提议受理情况。

（区委办）

【顺义区主要领导任职通知】12月10日，顺义区委召开常委（扩大）会议，市委常委、市委组织部部长姜志刚宣布市委关于顺义区主要领导任职的通知。区委书记王刚主持会议。市委常委、市委组织部部长姜志刚宣布：市委决定，卢映川同志任北京市西城区区委书记，免去中共北京市顺义区委员会副书记、常委、委员职务，建议免去顺义区人民政府区长职务。市委决定，高朋同志任中共北京市顺义区委员会委员、常委、副书记。市委同意提名高朋同志为北京市顺义区人民政府区长人选。

（区委办）

【中共北京市顺义区第四届委员会第十一次全体会议召开】12月17日，中共北京市顺义区第四届委员会第十一次全体会议召开。会议审议区委常委会工作报告和《中共北京市顺义区委关于制定国民经济和社会发展第十三个五年规划的建议》。区委书记王刚就《建议》审议稿作说明，区委副书记、代理区长高朋，区人大常委会主任胡尚云，区政协主席杨宝华出席。

（区委办）

单位名称：中国共产党北京顺义区委员会
地址：顺义区府前中街1号
邮编：101300
电话：69443113
网址：www.bjshy.gov.cn

（区委办）

组织工作

【概 况】2015年组织工作深入贯彻落实十八大、十八届三中、四中、五中全会和习近平总书记系列重要讲话精神，牢牢立足“四个全面”战略布局，紧密围绕“把握三个阶段性特征，推动四个转型升级”的工作总要求，正确认识、主动适应、科学引领新常态，自觉服从服务京津冀协同发展大局，坚持问题导向，注重顶层设计，加强统筹谋划，严格落实党要管党、从严治党主体责任，着力在领导班子和干部队伍、基层党组织、党员队伍和人才队伍建设上形成“三严三实”的实践取向，在围绕中心、服务大局中体现组织工作服务和保障发展的核心价值。

单位名称：顺义区委组织部
地址：顺义区府前中街1号
电话：010-81493590
邮编：101300

（区委组织部）

【三严三实专题教育】围绕“三严三实”主题，组织区级层面集中学习45次，组织交流研讨15次，区级领导干部开展走访调研866次；组织处级层面集中学习1952次，组织交流研讨387次，处级领导干部开展走访调研4410次。深入查摆“不严不实”问题，共梳理区级班子问题清单14条，区级领导干部问题清单76条；梳理处级班子问题清单425条，处级领导干部问题清单2166条，并组织召开专题会议对问题进行集体“会诊”，积极推动整改。

（区委组织部）

【领导班子和干部队伍建设】 干部培训从严管理。全年共完成局级干部调训任务80人次，举办各类培训班次51期、专题讲座11期，累计培训4.5万人次。突出围绕板块整合、国企改革等发展大局选干部、配班子，调整干部446名，进一步加强干部队伍建设，优化班子结构。优化干部选拔任用机制。建立后备干部动态调整机制，完成107家单位504名处级后备干部初步人选的专项调研工作。做好挂职干部管理服务工作，选派31名干部到中央、市级单位及内蒙古、河南、河北等地挂职锻炼，接收挂职干部13批57人。加强选任工作监督，对45名离任领导干部进行经济责任审计，监督指导56名领导干部完成离任交接，对57家区属二级班子进行“一报告两评议”工作，完成43名“一把手”的离任检查。有序推进超职数专项整治，目前已消化95名处级干部，占超配处级干部总数的66.4%。

（区委组织部）

【基层服务型党组织建设】 制定出台《关于开展基层服务型党组织星级创建活动的实施方案》，根据“六有”目标，设置“六星”标准，细化农村、社区、机关、国企、非公五个领域创建指标。制定出台《关于进一步深化非公有制企业党的建设工作的意见》，建立非公有制企业党建工作折子工程，明确14项工作要点、48项折子任务，逐步建立健全非公有制企业党建工作体系和网格化管理体系。全面完成社区换届选举工作，新一届社区“两委”班子的政治素质、年龄结构、文化水平更趋于合理，实现“一优化两提高三个百分百”。稳步推进村“两委”换届选举工作，全区426个村党组织全部通过“公推直选”完成换届选举工作，各项预定目标顺利实现，呈现“三提高一优化”的特点。开展村党组织书记考试录用乡镇公务员工作，3名优秀村党组织书记考入公务员队伍。有序推进选派第一书记工作，共选派第一书记19名。制定出台《城乡基层党组织服务群众经费管理办法》，为全区426个村和99个社区下拨服务群众经费8370万元。

（区委组织部）

【人才队伍建设】 制定出台《顺义区创业摇篮计划实施方案》、《顺义区创业摇篮计划支持政策实施细则》、《关于促进女性人才成长工作的实施意见》、《顺义区农村实用人才示范实训基地认定管理办法》、《顺义区人才公寓管理办法》等文件，人才政策体系进一步完善。加强引才聚才平台建设。在中关村顺义园、燕京啤酒、汉石桥湿地新增3家博士后科研工作站，东方雨虹有限公司被评为顺义区首个国家重点实验室。打造“创客空间＋孵化器＋加速器”孵化平台，在赵全营镇创办全区第一家科技孵化器。在妇幼医院和中医院设立“高端人才工作站”，聘请国家级、市级医疗团队定期提供优质医疗服务。引进2名中国工程院院士和3名国家“千人计划”专家。完成两批141套公寓配租任务，缓解211名人才居住难问题。开展首批“农村实用人才示范实训基地”、第二批“人才工作创新项目”认定工作；推荐43名优秀人才参加“千人计划”、“海聚工程”、“突贡特贴”等市级、国家级高层次人才评选工作，本区人才工作创新做法荣获“全国基层人才工作创新最佳案例奖”。

（区委组织部）

【基层党内民主制度建设】 按照“用好区委和党代表两个主体，建好党代表选拔培训、履职尽责、宣传展示三个平台，发挥好党代表参与决策、参与民主监督、参与党的自身建设、联系服务党员群众四个作用”的工作思路，实践党代表任期制联系点工作，扩大党内基层民主。先后出台区党代表提案提议、视察调研、联系服务党员群众、代表团活动、履行职务保障办法和询问质询办法等6项工作制度，安排385.3万元专项经费保障党代表正常履职。组织召开9次专题会，研究部署工作。召开镇党代会年会，指导各镇党委同步推进镇党代表任期制工作。新建46个党代表工作室，每月定期安排党代表约谈、走访党员群众。开展区领导组团驻室工作，区级领导20

人次约谈95名党代表、党员群众和人才代表，收集意见建议180条，已办结164件，办结率达91%。深入推进党代表轮流驻室接待党员群众制度，先后有区、镇两级党代表474人次接待党员群众1003人次，收到党员群众所反映的问题和意见建议505件，解释、答复和处理498件。

（区委组织部）

宣传工作

【概　况】2015年全区宣传思想文化工作在区委区政府的正确领导下，以党的十八大、十八届三中、四中、五中全会精神以及习近平总书记系列重要讲话精神为指导，深入贯彻落实市委十一届七次、八次全会以及区委四届十次、十一次全会精神，坚持围绕中心、服务大局，思想理论、新闻宣传、舆论引导、文化建设等各项工作扎实开展，取得良好效果。

单位名称：顺义区委宣传部
地址：顺义区府前中街1号
电话：010-69443479
邮编：101300

（区委）

【理论工作】　一是区委理论中心组学习。采取领导讲座、专家宣讲、集体研讨、调研参观等多种形式，全年组织区委理论中心组学习25次，重点学习习近平总书记系列重要讲话精神、开展“三严三实”专题学习教育、学习研讨“十三五”规划等区域发展重点难点问题。将区委理论中心组学习讲座内容录制成光盘，供处级单位学习参考。推荐《平易近人—习近平的语言力量》等优秀学习书目70余册，提高学习的针对性和实效性。二是理论学习手机报。区委宣传部与前线杂志社的合作，开通顺义区理论学习手机报。重点搜集中央、北京市和顺义区有关领导的重要指示和讲话精神，集纳全区的重点工作进展、特色亮点，解读最新理论，阐释新词、热词，着力打造上级精神的学习平台、理论知识的解读平台、业务工作的交流平台。手机报每两周发送一期，全年累计发送23期。三是宣讲工作。制定《关于在全区广泛开展践行核心价值观、争做最美顺义人宣讲活动实施方案》，健全完善以专家学者讲理论、领导干部讲政策、普通百姓讲故事，现场宣讲、网络宣讲、媒体宣讲相结合的“立体宣讲、分众传播”模式。以“践行核心价值观、争做最美顺义人”为主题，开展各类宣讲200余场。

（区委）

【新闻宣传工作】　一是围绕中心工作进行有针对性的重点报道，在全市形成关注顺义的氛围。围绕产业转型升级工作，在人民日报刊发《北京顺义着力打造科技创新产业功能区》、经济日报头版刊登《整合大戏接连上演》、北京日报头版刊发《顺义：打造科技创新产业区》、《顺义：11园区合成3大经济板块》、北京电视台《北京新闻》栏目播出《顺义区打造科技创新产业功能区》。围绕京津冀协同发展和疏解非首都功能工作，在北京日报头版刊发《顺义到怀来酿葡萄酒》、京郊日报头版头条刊登《顺义外埠建园承接外迁项目》。围绕保障和改善民生工作，在北京电视台《北京新闻》栏目播出《友谊医院顺义院区力争明年3月开工》、中央电视台播出《北京儿童医院　托管顺义妇儿　名医出诊带徒弟》。二是围绕全区重大活动开展动态宣传报道，充分展示顺义社会、经济发展成就。围绕第二十四届北京国际燕京啤酒文化节、第八届临空经济论坛、第六届国际社区支持农业大会/第七届中国社会农业(CSA)大会、首届“舞彩浅山”登山文化节、郁金香节文化节及首届百合文化节等活动开展宣传报道，均取得良好宣传效果。

（区委）

【舆论引导工作】　一是积极发挥顺义区微博矩阵联动力量，组织发布新春祝词、重大活动信息、重要政策信息等2500余条。积极做好网络直播，对“区长在线访谈”等活动进行微直播，访谈期间发布相关信息20余条，与网友互动50余次。二是推进微信等新媒体的开发利用，“顺广传媒”、“北青社区报顺义版”等微信公众号每日推送政策信息、民生新闻等内容，燕京啤酒文化节、郁金香文化节等节日期间开展微信抢票等活动，有效提升宣传效果。区旅游委“顺义旅游”微信公众号制作推出的《你好，我叫顺义！》等信息，获得众多网友点赞。在舆论引导方面，妥善应对处置一批突发事件网络舆情。针对抗日战争胜利70周年、“六四”等重要时间节点，加强舆情监测处置工作，有效保障社会舆情整体平稳。及时编发《及时舆情》38期、《舆情专报》19期等舆情刊物，为领导决策提供有益参考。

（区委）

【文化工作】 编制“十三五”文化发展规划，对全区文化发展进行顶层设计。起草《顺义区首都公共文化服务示范区创建工作方案》，推动首都公共文化示范区创建顺利开展。推进文化体制改革，全区文化发展科学发展水平不断提升。加快推进区、镇村三级公共文化服务体系建设，持续开展公益惠民演出和电影公益放映活动，策划组织第三届惠民文化消费季，文化惠民的力度不断加强。成功举办“勿忘国耻、圆梦中华”专题文艺演出等“纪念抗战胜利七十周年”系列文化活动，创编展演《焦庄户》、《寸草春晖》、《抗日岁月》三部抗战题材优秀剧目，缅怀革命先烈、弘扬爱国精神。开展“二月新春”、“五月的鲜花”、“十月金秋”三大系列品牌活动1200余场，群众精神文化生活日益丰富。举办《视觉顺义》图片展，全面展现本区经济社会发展风貌。

（区委）

【文化创意产业】 一是开展本区“十三五”文化创意产业规划编制工作，形成初稿。二是加强招商引资工作，荣宝斋、全国民族特色文化版权保护与展示交易中心等项目相继落户。三是开展市区两级文化创意产业专项资金支持项目征集推荐工作，共6家企业项目获得市级专项资金支持2011万元，16个项目获得区级专项资金支持共计2000万元。四是参展第十届北京文博会，举办场外专题研讨会和三大主题分会场活动。展出面积总计超过4.2万平米，累计接待观众8万余人，参与企业40余家，专业展商1.2万人。五是组织第三届惠民文化消费季，开展六大主题共200余项惠民文化活动。全区共计63万余人次参与文化消费，现场消费总额1764万元，产品交易额达1300多万元，门票销售437万余元，实际签约近千万。

（区委）

统战对台工作

【概 况】 顺义区委统战部在市委统战部的指导和区委的领导下，将全区统战工作和“三严三实”专题教育、服务区域中心发展等相结合，以贯彻落实中央、市委统战工作会议精神和《中国共产党统一战线工作条例（试行）》为引领，全面推进统一战线各个方面的工作，为建设文明、和谐新顺义做出积极贡献。

单位名称：顺义区委统战部
地址：顺义区府前东街11号
电话：（010）69443996
邮编：101300

（区委统战部）

【统一战线成员参与全区公益事业】 2015年4月7日，区委统战部、区工商联和民建顺义区支部围绕城乡一体化发展问题在北石槽镇开展“共建和谐林”植树活动，民建市委常务副主委任学良、副主委符国群，顺义区委副书记、统战部部长周颖博，统战部、工商联和北石槽镇相关领导，民建支部党员和工商联企业家共计50余人参加活动。

（区委统战部）

【引进区外优秀统一战线资源平台搭建】4月15日，市委统战部副巡视员、党派处处长贺淑晶，民建市委副主委赵亚洲带领民建市委央企活动小组成员到顺义开展“联谊促发展”调研活动。区委常委、副区长朱家亮主持座谈会，区委统战部、区投资促进局、三大功能区管委会及开发公司负责人一同出席。会上，双方还就开展年度专题活动、建立日常对接联络机制等达成一致意见。区委统战部将联系相关单位成立对接工作组，与市委统战部、民建央企小组建立长效对接机制，实现合作共赢。

（区委统战部）

政策研究工作

【概况】2015年既是“十二五”收官之年，也是区委区政府研究室（改革办）职能不断扩充、转型升级的突破之年，更是研究室（改革办）发展极为不平凡的一年。研究室（改革办）的领导班子和成员进行扩充，人员基本到位，业务范围大大拓展。研究室（改革办）坚持围绕中心，服从服务于转型升级大局，强化调查研究，注重成果转化，用好课题信息资源，认真撰写文稿，统筹推进全区各领域改革工作，在促进全区更好发展方面做出贡献。

单位名称：顺义区区委区政府研究室
地址：顺义区府前中街1号
邮编：101300
电话：69444462

（区委区政府研究室）

【加强战略性课题研究】按照服务中心工作、服务领导决策、服务基层群众的要求，集中力量研究破解事关全局发展的重大问题。一是研究室（改革办）分别与北京大学国家治理协同创新中心、中国城市和小城镇改革发展中心、中国民航大学临空经济研究所、临空办深入合作，牵头完成《运用村规民约 推进协同共治——顺义区推进社会治理现代化的探索与创新》、《关于提升顺义区城市品质的研究》、《关于多机场背景下顺义临空经济区转型升级的思考》、《顺义临空经济区引领北京城区发展路径研究》、《顺义区全面深化改革阶段性评估及“十三五”时期改革思路研究》等5项区级重点课题。二是研究室联合区编办、经信委、临空经济核心区、科技创新产业功能区管委会及开发公司等，首次在区级层面成立大规模联合课题组，完成联合课题《关于临空经济核心区、科技创新产业功能区运行模式的研究》，部分建议举措成功运用到功能区整合工作中。三是撰写10余篇自主课题研究报告，包括：《关于“研发在中关村、成果交易和转化在顺义”的几点思考》、《关于完善我区国际交往功能的几点思考》、《关于促进顺义区中转经济加快发展的几点思考》、《关于借鉴“精明增长”理念推动本区新城建设的几点思考》、《关于打造特色主题小镇、促进产城融合发展的几点思考》、《关于我区功能定位的思考》等。

（区委区政府研究室）

【课题统筹管理】聚焦全区发展重点难点，对各单位上报的132个课题进行系列梳理和细致筛选，通过调研联席会议制度，研究确定31个重点课题，30个关注课题和3个联合课题，研究室全面实行课题分类管理，规范课题立项、组织实施、课题结项、转化应用、督查考核各项工作，并将课题计划执行情况纳入调研工作年底考核。已完成16个重点课题、24个关注课题和3个联合课题。

（区委区政府研究室）

【对外交流合作】建立健全与北京大学、中国民航大学、城市和小城镇改革发展中心等研究机构的合作机制，做到共同调研、定期交流、阶段汇报、共同修改。主动与市委研究室、市政府研究室沟通联系，及时掌握市委、市政府新精神新指示，积极报送本区研究成果。认真落实上级领导单位布置的调研任务，协助各兄弟区县、省市有关部门对本区临空经济发展、人口调控、深化改革等方面工作进行调研。

（区委区政府研究室）

【重大材料起草】完成全会报告、《中共北京市顺义区委关于制定顺义区国民经济和社会发展第十三个五年规划的建议》、《<建议>说明》等四届十一次全会相关材料的起草工作。

（区委区政府研究室）

【专家咨询委员会建设】牵头成立专家咨询委员会，经区政府常委会、区委常委会讨论同意，形成“专家顾问团+专项顾问组”的组织构架。一是聘请国务院发展研究中心、科技部、民航局等涉猎党建、经济、社会、管理等方面的92名专家和4家顾问单位。二是建立良好的运转机制。将委员按照专业方向、推荐单位分成若干组别，由责任部门和牵头单位负责开展工作，方便职能部门的使用。三在区委办和区政府办的大力协助下，2015年10月10日在鲜花港召开第一次专家咨询委员会全体会议，通过委员会章程，正式聘任各位专家。

（区委区政府研究室）

【调研成果转化】《顺义调研》改版为月刊，设有“前沿理论”“热点聚焦”“领导论坛”“改革进行时”等9个栏目。2015年刊发的《顺义调研》累计编辑、校对文稿90万字；累计接收各单位调研178篇，刊发89篇（不包括参阅类稿件）。全年共向市委研究室、市政府研究室、市委农工委等4家市级刊物报送调研59篇，被采用18篇，4家市刊物采用量比去年翻一倍。改革办累计编辑下发《顺义改革工作简报》12期，共38期。向市委改革办报送工作报告11期，被市级采纳各类改革信息5篇。

（区委区政府研究室）

【全区改革工作统筹推进】改革办召开区委全面深化改革领导小组第三次和第四次全体会议。审议通过《北京天竺综合保税区深化改革创新发展纲要》、《2015年全面深化改革实施计划》、《2015年改革工作要点折子工程》和《关于以村规民约为抓手创新农村协同共治模式的改革实施方案》。围绕2015年改革工作要点折子工程，启动对30项年度工作要点折子工程的专项调研，逐项跟踪督促，确保各项年度改革任务按照工作进度安排如期完成。与区广电中心加强协作，制作改革宣传片，做好本区全面深化改革工作的宣传，为下一步工作营造氛围、打牢基础。

（区委区政府研究室）

机构编制工作

【概 况】2015年，在区委、区政府的领导下，在市编办的指导下，区编办结合顺义区实际，围绕中心、服务大局，以全面深化改革为主线，聚焦转变政府职能核心，统筹推进行政体制改革、事业单位改革、行政审批制度改革等各项改革任务落实，积极创新服务区域转型升级的体制机制，加强机构编制管理，较好地完成全年的工作。

单位名称：顺义区机构编制委员会办公室
单位地址：顺义区新顺南大街17号
电话：（010）69441686
邮编：101300

（区编办）

【政府机构改革】根据《北京市机构编制委员会关于规范区县政府机构设置的通知》要求，结合本区实际，研究制定《北京市顺义区人民政府机构设置调整方案》并顺利组织实施。整合外事及港澳事务、侨务职责、对外联络办职责，组建区政府外事侨务办；整合卫生、计生工作，强化卫生系统党建工作，成立区委卫生计生工委；撤销区文化创意产业促进办和区政府对外联络办两个部门管理机构，调整后本区政府工作部门32个，不再设部门管理机构。

（区编办）

【行政审批制度改革取得阶段性成果】一是形成《顺义区区属单位行政审批事项汇总清单（2014年版）》，面向社会公开，进一步规范行政审批事项管理，强化事中事后监管。二是按照市政府办公厅《关于做好国办2015年政府信息公开第三方评估准备工作的通知》精神，对区级具有行政审批权的31家单位“权力清单”中“行政审批信息”的公开情况开展突击检查，发现问题要求各单位限时整改。三是积极探索建立权力清单和责任清单制度。根据市编办《北京市编制权力清单责任清单工作方案》精神，举办行政审批制度改革工作业务培训班。四是开展本区非行政许可审批事项清理工作，对75项非行政许可审批事项提出拟取消、调整的意见，上报市政府审改办。五是根据《北京市人民政府关于取消和下放一批行政审批项目的通知》（京政发〔2015〕6号）要求，对应取消行政审批事项2项，承接行政审批事项6项。六是开展行政审批中介服务清理规范工作，全区共有7家单位涉及中介服务事项25项，均有明确的法律法规依据。七是积极推进在线审批监管平台建设，组织有关单位完成投资项目审批和服务事项的梳理和填报工作，确保北京市行政审批事项目录管理系统与国务院投资项目审批监管平台完整对接。

（区编办）

【事业单位分类改革工作基本完成】按照应分尽分原则，明确全区六百多家事业单位类别，整合撤销14家事业单位，事业单位分类工作完成率95.6%。

（区编办）

【经济功能区管理体制】按照政企分开的原则，明确经济功能区管委会与开发公司的职责关系和工作权限划分。研究制定“科技创新”和“绿色生态”板块功能区管委会的“三定”规定。在对原有13家开发区管理机构进行整合撤并的基础上，为三个板块经济功能区管委会成立开发区服务机构。

（区编办）

【城市管理综合执法机制】在区级层面，设立城市环境管理和市场监督管理执法委员会两个综合执法议事协调机构，明确执法委员会、办公室及成员单位的职责划分；在镇街层面，设立综合执法指挥中心，健全区镇双重管理机制。

（区编办）

【新城管理体制改革方案设计基本完成】研究起草《关于理顺新城建设管理体制的意见》，区级层面成立新城建设管理委员会，调整理顺区新城办与区新城管委会各成员单位的关系，健全完善新城建设日常工作制度和信息共享制度。

（区编办）

【重点领域机构编制保障】一是在区法制办增设行政应诉科，为其所属合同审核备案室增加事业编制。二是在胜利、光明、石园、双丰、旺泉5个街道办事处成立物业管理服务中心，组建区政府房屋征收办公室和房屋征收事务中心，在区应急办所属的区应急事务管理中心加挂区突发事件预警信息发布中心牌子，分别核定或增加事业编制。三是在区审计局增设固定资产投资审计科，在区编办监督检查科加挂行政审批制度改革科牌子，并相应补充行政编制。

（区编办）

【“实名制”管理】一是严控财政供养人员规模，严格落实年度补充人员计划制度，2015年，共补充行政、事业人员798人。二是依托“实名制”管理系统和“机构编制数据核查系统”，对全区机构、编制、职数、实有人数、单位台账进行整理核对，逐步完善领导干部配备等信息，提高“实名制”管理精细化水平。三是严格落实“三方联审制度”，依托“实名制”管理信息平台，进一步加强与区人力社保局、区财政局的沟通与联系，做好全区行政、事业单位工资统发人员的审核工作，从制度上预防“吃空饷”等违规行为。四是做好服务保障工作。全年共办理人员入编、调动手续2100人次，配合区委组织部、区人力社保局安置2015年度军转干部15人。同时为区行政中心建设、财政预决算、区公务用车改革提供机构编制数据支持。

（区编办）

【**机构编制管理创新**】一是严格《贯彻落实<北京市控编减编工作方案>加强机构编制管理的实施意见》，按照有增有减、动态平衡的原则，坚持严控总量，盘活存量，合理使用行政和事业编制。二是以教育、卫生系统机构编制需求为突破口，探索建立人员额度管理制度。三是研究提出清理规范乡镇编外人员意见，计划在五年内把全区乡镇编外人员总量削减控制在乡镇编制总数的50%以内，逐步建立科学化、规范化、制度化的乡镇编外人员管理机制。

（区编办）

【**事业单位登记管理**】全年完成全区118家事业单位设立和变更登记工作。全区564家事业单位按时保质完成2014年度事业单位法人年度报告公示工作。

（区编办）

【**党政群机关事业单位网站管理**】进一步规范网站中文域名申请、网站开办审核资格复核申请操作流程，与区信息中心、区教育信息中心建立沟通、联动机制，实时掌握本区党政机关及事业单位网站开办情况。2015年，行政事业单位新注册中文域名51家，全区共53家党政机关、事业单位网站完成标识审核工作。

（区编办）

保密工作

【**概况**】2015年，全区保密工作以学习贯彻十八届四中、五中全会精神为指导，紧紧围绕区域中心工作，认真落实市委保密委2015年工作要点，强化保密领导责任制落实，大力开展保密法制宣传教育，加大监督检查力度，加强计算机及网络管理，积极推进技术监管平台建设，推动重点工作落实，全面提升保密工作科学化水平，推进保密工作健康发展。

单位名称：顺义区保密局
地址：顺义区府前中街1号
电话：69444839
邮编：101300

（保密局）

【**高、中考保密保障工作**】6月，为保障高考、中考顺利进行，区保密局制定考前保密保障工作方案和应急预案。对社教中心保密室，全区3个高考考点，5个中考考点保密室软硬件环境进行检查，提出保密要求；高考、中考期间分别现场检查社教中心保密室人员值守情况，并通过考试中心监控系统检查各个考点保密人员值守情况，加强保密监督管理力度，保障考试工作顺利完成。

（王海旺）

【**保密业务培训**】6月，积极推进保密培训与业务工作相结合，区保密局与区政法委联全举办政法系统保密教育培训会，对全区政法系统涉密计算机责任人进行保密教育，培训会紧密结合政法业务工作实际，将保密宣传教育与各项业务工作紧密结合起来，切实增强保密宣传教育的针对性，强化涉密计算机操作人员的专业技能。

（王海旺）

【**涉密计算机管理**】6月3日，区保密局召开涉密计算机管理培训工作会议。会议传达贯彻中央、市委对保密工作的新要求、新部署。会议强调，在网络技术日益发达的时代背景下，应该对保密工作始终保持高度的警惕性，严格高标准抓好涉密计算机的使用与管理，增强保密工作的责任感和紧迫感，不断提高全区保密工作的科学化水平。

（王海旺）

【**保密法制宣传月活动**】10月内，区保密局组织开展保密宣传月活动。全区各单位积极参与，通过保密法规、保密形式教育讲座，中心组学习、观看泄密窃密案例警示教育宣传片等形式纷纷开展活动；全区各单位开展保密宣传教育培训177场次，参与人数8000余人次；区保密局先后发放配发《党政机关工作人员保密须知》180余本，《实施条例宣传挂图》75套，制作发放宣传图片电子版4套，提供保密教育系列光盘借阅20

余张，制作宣传教育展板16块。

（王海旺）

【组织参观学习活动】10月29日，区保密局组织全区90名保密主管领导前往保密教育培训基地参观。通过观看泄密警示影片、图片和现场人员讲解，使参观人员对泄密案件中的高科技手段有深入的了解，切实增强全区各单位保密主管领导的责任感和使命感。参观过后，区保密局组织全区保密主管领导进行交流经验、深入讨论，为今后更好的做好保密工作奠定基础。

（王海旺）

【定密工作培训】11月6日，区保密局组织召开保密工作培训会议，会议依照《保密法》、《保密法实施条例》、《国家秘密定密管理暂行规定》对定密工作做详细讲解，全区各单位定密责任人、保密干部、文秘人员共计283人参加培训。

（王海旺）

【梳理保密局行政职权】 年内，区保密局不断改进工作作风，优化办事环境，提高办事效率，积极推进依法行政。按照《保密法》及《保密法实施条例》及相关法规理保密行政管理部门的职责、行政审批事项及依据、行政处罚事项及依据。完善行政审批程序和规范，明确资质申请材料目录和标准，公示审批时限，严格依法行政、依法管理，提高管理对象满意度。

（王海旺）

【保密专项检查】6月，为贯彻落实市委保密委要求，区保密局与区国资委、区金融办联合开展对国有企业、金融机构保密专项检查。召开国有企业、金融机构保密管理专项检查部署工作会，对各单位保密专项检查工作进行部署。各单位开展保密自查工作；区保密局联合区国资委、区金融办对相关企业开展随机抽查工作，对各单位保密管理、保密法规制度落实情况进行检查，查看保密管理档案和自查记录，对存在的问题进行纠正。

（王海旺）

精神文明建设

【概况】2015年，把培育和践行社会主义核心价值观贯穿融入精神文明建设全过程，全面推进市民素质教育、文明创建工作、公共文明引导、“学雷锋”志愿服务和未成年人思想教育等多项工作，精神文明建设工作成效显著。

单位名称：顺义区精神文明建设委员会办公室
地址：顺义区府前中街1号
邮编：101300
电话：69441604
网址：www.bjsyam.gov.cn

（文明办）

【精神文明建设成果】3月31日，首都文明委召开2015年首都精神文明建设工作大会，表彰2012——2014年度首都精神文明创建工作先进单位和个人。顺义区获得首都文明示范区荣誉称号。全区有3个全国文明单位（顺义区地税局、国网北京顺义供电公司、临空经济核心区管委会）、2个全国文明村（赵全营镇北郎中村、马坡镇石家营村）、全国文明镇1个（牛栏山镇）；17个首都文明单位标兵，50个首都文明单位，11个首都文明镇，75个首都文明村，24个首都文明社区，2个首都文明旅游景区受到表彰；焦秀梅等6人获得首都精神文明建设奖荣誉称号。

（文明办）

【社会主义核心价值观建设】围绕社会主义核心价值观主要内容，兴建总面积达8.5万平方米的核心价值观主题公园、广场和街路；为全区426个村、99个社区统一制作宣传展板；指导全区各地区、各单位利用绿地广场、校园长廊、施工围挡、灯杆道旗、公交车身、站台橱窗、高杆广告等设施设备，宣传“图说我们的价值观”系列作品。

（文明办）

【典型选树建设】依托道德模范评选表彰、“北京榜样”举荐、“我推荐、我评议身边好人”三大典型选树品牌活动，初步建立起500余人的顺义“好人库”和区、镇（街）、村（居）三级举荐机制，夯实工作基础；建立健全道德模范帮扶长效机制，实现由节日性帮扶向经常性帮扶的转变，树立好人好报的价值导向。

（文明办）

【首都道德模范评选】 按照评选标准和工作要求，推荐5人参加第五届首都道德模范评选活动，其中周红获首都道德模范荣誉称号，张亚利获提名奖。

（文明办）

【2015北京榜样大型主题活动】在顺义公园建立10延米“北京榜样”活动举荐榜，每月对“顺义榜样”人物张榜宣传；通过组织推荐、个人推荐“北京榜样”候选人50余人，10人荣获“周榜样”，3人荣获“月榜样”，张梅、陈磊获“北京榜样”提名奖，周红获得“北京榜样”十大人物荣誉称号。

（文明办）

【身边好人】 通过首都文明办推荐22名“身边好人”候选人至中央文明办，其中周红、吕士旺、陈磊、苏志顺4人荣登“中国好人榜”。

（文明办）

【道德模范事迹宣讲】组建道德模范事迹宣讲报告团，以“践行核心价值观·争做最美顺义人”为主题，走进机关、镇村、社区、单位、军营和学校，开展9场巡回宣讲活动，直接受众近万余人次。

（文明办）

【军警民共建】 召开军警民共建工作座谈会，持续开展“和谐、文明、关爱、育人、荣誉”五项共建共享工程，以“市民进军营，战士进社区”等形式广泛开展军警民共建日活动，同区文化委等部门联合组织“艺术家进军营”慰问驻顺部队，促进军地军民融合发展。

（文明办）

【清洁空气蓝天行动】 抓好“三绿色一志愿”系列主题活动，12名市民获得首都“绿色生活好市民”荣誉称号，5个案例获评首都级优秀案例。

（文明办）

【公共文明引导】 召开全区公共文明引导员大会，开展业务技能和岗位规范培训等活动，提高公共文明引导水平；推荐40名引导员参加市级公共文明星级引导员评选活动，17人获得“北京市星级引导员”荣誉称号；开展“文明有礼好乘客”举荐活动，共推举出市区两级好乘客191人。

（文明办）

【学雷锋志愿服务】建立健全由区文明委统一领导、区文明办具体指导、团区委主管业务的新型志愿服务工作组织领导体系。依托“志愿服务推动日”，广泛开展形式多样的志愿服务活动，累计提供志愿服务近1.5万小时。

（文明办）

【未成年人思想道德建设】以“立德树人”为根本任务，把培育和践行社会主义核心价值观贯穿未成年人工作全过程。加强未成年人活动场所建设，以中央彩票公益金补贴形式在南彩二小、李遂中小新建2所乡村学校少年宫；以“我的中国梦”为主题，开展多种形式的未成年人主题教育活动，刘恩彤等5名学生荣获首都百名“最美少年”荣誉称号；马坡二小《五虎棍》、高丽营二小《红领巾相约中国梦》参加首都优秀童谣节目展演；1500名未成年人获得社区文明小使者荣誉称号。

（文明办）

党校工作

【概 况】2015年，顺义区委党校和顺义区行政学院（以下简称“校院”）工作，在区委、区政府的正确领导下，认真贯彻落实中央和区委关于干部教育培训工作以及区政府关于做好公务员培训工作的要求，以在处级干部中开展的“三严三实”专题教育为契机，不断加强自身建设，本着“稳中求进、开拓创新、争创一流”的工作原则，紧紧围绕区委、区政府中心工作服务大局，教学培训、科研咨政、新校院建设等工作成效明显，圆满完成区委、区政府交给的各项任务，为全区经济社会科学发展做出突出贡献。

单位名称：中共北京市顺义区委党校
地址：顺义区中山西街1号
电话：（010）69444915
邮编：101300

（巩月兰）

【干部培训】全年举办各级各类培训班46期，其中，处级干部理论进修班2期、农村支部书记能力提升班1期、社会治理创新专题研讨班1期、青年干部培训班1期、农村优秀人才培训班班1期、党员发展对象培训班8期、军转干部培训班2期、公务员初任培训班2期、科长培训班2期、公务员“每月一课”培训班10期、团干部培训班1期、外事 讲解员培训班1期、区人社局高级专家培训班1期、宣传系统干部培训班1期、党风廉政建设“两个责任”培训班2期、党外优秀人士培训班1期、政制办培训班1期、社区工作者培训班2期、村委会村务监督培训班3期、园林局培训班1期、动监局优秀人才培训班1期，政府采购服务项目专题培训班1期。培训学员8108人次。

（巩月兰）

【科研咨政】主动发挥科研资政作用，紧紧围绕区委、区政府2015年中心工作选 题、定题，主推“负责人＋校院领导＋团队”的课题研究模式，深度对接、联合调研、融合研究，成果共享，进一步提高服务区域经济社会发展的能力和水平，同时以更加接地气的调研成果，进一步释放党校（行政学院）科研资政工作的影响力。年内，有5篇本校教师的调研成果报告被《顺义调研动态》采用。全年结项省部级课题2个，即《顺义区推进“四个转型升级”视域下群众工作创新研究》、《顺义区党政领导干部考核评价机制创新研究》。申报省部级课题3个，即《顺义现代服务业研究》、《顺义区村规民约治理研究》、《以法治思维推进统战工作研究》。在全国各类期刊公开发表学术文章12篇，其中，1篇《中国各省份个税潜力估算及影响因素分析》被全国核心期刊CSSCI收录。同时，本校部分教师还参与本区今年重点课题《顺义区人口服务管理及综合调控机制研究》、《临空经济核心区党建问题研究》、《顺义区十三五规划编制课题》等调研工作。

（巩月兰）

【社会宣讲】教师深入全区各级机关、镇（街道）、农村（社区）宣讲党的政策理论124场，听众约2万人次。特别是与基层党委合作，在李遂镇建立顺义区基层党建工作教学基地，并派出3名骨干教师多次深入到李遂镇各村给农村党员讲党课，协助农村党组织加强自身建设。与龙湾屯镇柳各庄村党支部合作，派2名优秀教师深入柳各庄村为农民学校讲课，宣讲党的惠民政策和区委四届九次、十次全会精神8讲。

（巩月兰）

【新校建设】在保证施工安全、质量的前提下，主要完成5项工作：一是四个单体建筑内外装工程；二是建设用地范围内小市政及园林绿化设计工作；三是解决在新校园绿化带上地源热泵打井问题；四是按计划推动大市政工程的方案落实；五是所需设备为方案进行多次需求论证；积极争取区政府支持，与区财政局协调完成报告厅舞台机械、灯光、音视频设备，网络教学设备，五大功能教室设备，报告厅座椅，厨具的采购工作。目前新址四个单体建筑外装修工程完成，内装修改完成总工程量的60%；小市政设计方案基本完成；大市政方案基本确定，正在协调建设资金；绿化方案正在进行深化设计。

（巩月兰）

【信息化建设】通过“走出去”参观学习全国多所一流地市级党校信息化建设的成功做法和经验，结合打造北京市一流区级党校、行政学院的目标，校院信息化一期工程建设工程项目，通过招标，中科软科技股份公司中标。项目包括：教学培训管理、科研管理、一卡通、图书管理等10个系统。完成教学培训管理系统、科研管理系统、门户网站三大系统项目。

（巩月兰）

党史工作

【概　况】2015年顺义党史工作在市委党史研究室的指导下，在区委、区委组织部的领导下，认真贯彻落实党的十八大、十八届三中、四中、五中全会和市委党史工作会议精神，以开展“三严三实”教育活动为主线，以党史宣传周为载体，以纪念中国人民抗日战争暨世界反法西斯胜利70周年为契机，认真落实《2015年北京市党史工作要点》，稳步推进顺义党史工作。

单位名称：北京市顺义区党史区志办公室
地址：顺义区光明北街4号
电话：电话：（010）69441691
邮编：101300

（沈西宁）

【《中国共产党顺义区（县）历史大事记》出版发行】1月，经市委党史研究室审阅，由市委党史研究室、区党办联合编写的《中国共产党顺义区（县）历史大事记（1924—2000）》、《中国共产党顺义区历史大事记（2001—2013）》经中央文献出版社出版发行。该书顺义区面向社会公开出版发行的第一部反映顺义地方党史大事记，为社会各界全境展示顺义在新民主主义革命、社会主义建设及改革开放和社会主义现代化建设的历史脉络。

（沈西宁）

【侵华日军受害者、见证者名单收集整理】按照市委党史研究室有关精神，顺义区党史办开展日本侵华战争受害者、见证者名单征集整理工作：区内19个乡镇（地区）政府、6个街道办事处及区老干部局、区党史区志办公室参加。截止2015年3月9日，顺义区党史区志办公室共收到赵全镇、张镇、天竺镇、南法信镇、木林镇、大孙各庄镇等6个镇，光明、胜利等2个街道，区老干部局、区党史办征集的有关材料共20份。经整理，保留并上报19份资料。其中，史庆云（烈士素云之女）、王陈氏等资料具有一定的史料价值。史庆云及母亲的部分资料已经被中国人民解放军档案馆收藏。部分材料在《北京晨报》《家风的传承》等报刊、书籍刊载。

（沈西宁）

【京华英雄顺义部分组稿工作】为纪念中国人民抗日战争暨世界反法西斯战争胜利70周年，经市委领导和中央有关单位批准，北京市属媒体从4月27日开始，陆续刊发北京地区70位抗日英雄——“京华英雄”的事迹。党史办认真做好顺义抗战英雄张敬贤、马福等英雄事迹的组稿工作，其事迹刊发《北京日报》、《北京晨报》，并在北京电视台新闻频道播放。

（沈西宁）

【走访慰问抗战老兵活动】结合抗战胜利70周年之际，区民政、宣传等部门对全区25名抗战复原返乡老兵进行走访、慰问、信息采集。《顺义时讯》用两个月十期对部分抗战老兵的基本情况进行连载，《北京晨报》《北青社区报》、顺义电视台也进行宣传。张韶、史庆云等部分人物事迹入选市委党史研究室、京华时报社合编的《家风的传承——我们家鲜为人知的的抗战故事》。

（沈西宁）

【千名党团队员集体宣誓】7月7日，顺义区在龙湾屯焦庄户地道战遗址纪念馆组织千名党团队员以“铭记历史、缅怀先烈、珍爱和平、开创未来”为主题开展集体宣誓活动。区委常委、组织部部长车克欣出席并主持宣誓仪式。

（沈西宁）

【《顺义地区抗战史料汇编》编印发放】为做好抗战胜利70周年纪念活动，顺义区党史办编写、印制1000本《顺义地区抗战史料汇编》并发放有关单位。《汇编》共分为三个部分，共15万字，分别为顺义地区抗战简史、顺义抗战大事记、顺义抗战时期档案选编，全方位、多角度解读顺义地区抗战历史。党史宣传周期间，党史办向社区居民、中小学校及全区128家处级单位发放《中国共产党顺义区（县）历史大事记》（1925—2000）、（2001—2013）近4000本；向区委、区政府有关单位及党校、老干部局等单位发放《顺义地区抗战史料汇编》500本。

（沈西宁）

【2015年烈士公祭活动】9月30日，顺义区在潮白烈士陵园举行第二个国家烈士公祭日公祭活动。区委书记王刚，区委副书记、区长卢映川，区人大常委会主任胡尚云，区政协主席杨宝华，区委常委、副区长于庆丰出席，参加过抗日战争、解放战争、抗美援朝的老战士、军烈属代表，驻顺部队官兵代表，学生代表等260余人参加。参加活动的全体人员向革命烈士纪念碑三鞠躬并敬献鲜花，深切缅怀长眠于此的革命先烈。

（沈西宁）

【焦庄户举办红色主题展】党史宣传周期间，党史办在焦庄户地道战纪念馆举办《红色主题展》。展览共分三部分：一是反映顺义革命、建设历史的《旗帜足迹》；二是反映中共北京党建的《党旗飘扬》；三是反映中国人民抗日战争胜利的《伟大的胜利》。全年累计近万人参观。

（沈西宁）

【党史宣讲活动】一是6月25日，邀请市委党史研究室副主任李明圣为区委理论中心组讲“三严三实”专题讲座。全区近200名正处级以上领导干部参加讲座。二是7月2日，邀请市委党史研究室一处周进处长为顺义区部分处级干部及街道、社区居民讲“北平抗战”。光明街道幸福居委会的100多名离退休的老党员、老干部及社区党员干部参加。三是区党史办结合自身工作，先后为光明街道东兴、幸福社区的居民代表，仁和镇的市、区、镇三级党代表、人大代表党代表及马坡二区居委会的近百名中小学生讲“顺义抗战史”，并播放焦庄户地道战等影像资料。从9月3日起，顺义区党史办在顺义广播电台每晚播讲《顺义地区抗战史》，每天5分钟，为期近两个月。

（沈西宁）

【《中共北京市顺义区历史》编撰顺利】截止10月，《顺义党史历史》编写、编修共三篇11章47节近30万字。10月22日，市委党史研究室召开《中共北京市区县历史丛书》汇报会，专题听取顺义区党史办有关《中共北京市顺义区历史》的编写情况，翻阅有关书稿，肯定顺义的编写内容。

（沈西宁）

老干部工作

【概　况】2015年，老干部工作在区委区政府的正确领导和市老干部局的指导帮助下，深入学习贯彻党的十八大、十八届三中、四中、五中全会和习近平总书记系列重要讲话，特别是视察北京时的重要讲话精神，贯彻落实中央离退休干部“双先”表彰大会和全市老干部工作会议精神，按照全区老干部工作会议的部署和要求，以“让组织放心，让老干部满意”为工作目标，围绕推动新时期离退休干部工作的转型发展，谋篇布局，求实创新，深化“两项建设”，突出发挥老干部正能量，强化阵地建设，提升服务品质，全区离退休干部队伍继续保持高度稳定和积极向上，为推动全区经济社会“转型升级、科学发展”做出新贡献。单位名称：顺义区委老干部局

地址：顺义区石园北区东侧
电话：（010）69443695

网址：http://www.laogb.bjshy.gov.cn

（张　晴）

【“三严三实”专题教育】 组织机关党员干部认真学习《“三严三实”专题教育工作资料汇编》、《领导干部违纪违法典型案例警示录》、《“学思践悟”专栏系列文章汇编》、《中国共产党廉洁自律准则》等有关篇目；组织观看正风肃纪专题片《作风建设永远在路上》、系列纪录片《红色家书》。设立廉政文化宣传栏，开展反腐倡廉宣传及时公开新情况、新政策、新要求。被区机关工委选为“廉政文化进机关示范单位”。在《老年朋友》杂志、老干部局网站、老干部局微信公众号中开辟廉政文化专栏，宣传“三严三实”内容；坚持订阅《中国纪检监察》、《纪检监察报》报刊，在老干部局图书馆开设“廉政书架”，向机关全体党员干部及全区老干部、老干部大学学员开放。

（张　晴）

【离退休干部党支部建设工作】 完成离退休干部组织关系接转工作。年底，109名老干部的组织关系转入社区，目前全区已有1106名老干部组织关系转入社区，占老干部总数的81.6%。新建1个社区离退休干部党支部，7个社区离退休干部党小组，全区社区离退休干部党组织总数达到52个。全年为街道、社区拨付离退休干部工作经费219.28万元，其中社区离退休干部党建经费70.78万元，社区非公企业党建工作经费128.5万元，调研经费20万元，为老干部党支部发放各类学习资料5000余册。

（张　晴）

【社区非公企业党建工作】 依托社区离退休干部党支部建立42个社区非公企业联合党支部、4个社区非公企业联合党小组，87名老干部担任社区非公企业联合党支部书记、支委和党小组长，负责所属社区的非公企业党建工作，提高区域化党建工作的整体水平，创建老干部为党和人民事业增添正能量的新载体。

（张　晴）

【宣传形式创新】 宣传社区离退休干部党支部和离退休干部典型事迹。石园东苑社区离退休干部党支部书记李维平代表本区在全市“七一”老干部座谈会上介绍支部工作经验。全市老干部局处长和兄弟区县老干部工作者先后来石园东苑社区参观学习。北京市电视台以《高举先峰旗帜筑梦幸福社区》为题播放裕龙六区离退休干部党支部书记倪挺明围绕社区建设增添正能量的先进事迹。光明街道裕龙三区老干部“星火”护河队队员已发展到98人，在社会上形成广泛反响。市局以《夯实组织基础创新形式内容实现老干部“四就近”工作的实质性跨越》和《倾心护桑榆真情暖夕阳》为题转发顺义区老干部局和光明街道开展老干部“四就近”工作的经验做法。

（张　晴）

【离退休干部“两项待遇”】 一是协调各涉老单位为离休干部订阅《北京日报》、《中国老年报》和《北京支部生活——北京老干部》，为离退休干部订阅《顺义时讯》近1800份。每月询问重点区域内老干部收阅报刊杂志情况，并及时向杂志社、邮局反馈信息，保证老干部及时收阅杂志。二是坚持为本区离休干部祝寿，全年为离休干部祝寿260余次，深入了解老干部身体状况、生活状况以及心理状况，倾听他们的实际需求，宣传本区大政方针，化解老同志的心理矛盾。三是坚持重阳等重大节日期间慰问离休干部。四是加强与医疗机构的联系，为离休干部提供方便快捷的医疗服务。五是确保离休干部综合门诊顺利开始营业；为离休干部免费贴敷三伏贴；组织离休干部体检。

（张　晴）

【纪念抗战胜利70周年系列活动】 慰问本区抗日战争时期参加工作的离休干部，为他们送上纪念抗战胜利70周年纪念章以及慰问金；以纪念抗战胜利70周年为契机，召开部分涉老单位老干部工作者畅谈“我看这一年老干部工作”座谈会。

（张　晴）

【离退休干部服务范畴拓宽】 为更好的做好离退休干部服务管理工作，将本区垂管单位离休干部、副处级及以上退休干部纳入到区老干部服务管理范围，参加区老干部活动。将本区干部调往市内工作，退休后居住在顺义区的局级以上退休干部纳入区局职离退休干部服务管理范围。

（张　晴）

【老干部大学】 2015年老干部大学秋季招生20个班，招入新生575人，大学在原有的20个专业的基础上，为满足老年学员的需求又增设行书班，绘画研修班，以及民乐合奏班等3个专业。目前已开设的书法、绘画、电脑、摄影、太极拳、诗词鉴赏、舞蹈、电子琴、钢琴等热门专业都分别增加班次，同时筹建太极拳表演队。目前顺义老干部大学已经拥有84个教学班，在校人数达到2000余人次。

（张　晴）

【老年教育成果展示】 一是太极拳教师段艳丽带队太极拳高级班学员组成的代表队，参加《首届北京广播电视报全民健身太极进社区》大型公益活动表演《心意混元24式太极拳》，获得第二名。二是太极拳专业李玉兰、王文兰老师参加北京市武协举办的武术太极拳比赛，李玉兰获32式剑第二名，王文兰获得42式拳第一名，王文兰老师还参加2015年北京市武术太极拳精英赛42式剑、拳分获一二名，5月15日参加中印两国总理在天坛公园的文化交流活动。三是三位教师参加机关工委组织的十月金秋书画摄影大赛，其中张艳军老师获一等奖、刘彤、杨广杰老师获得二等奖。四是10名学员作品参加市局纪念抗战胜利70周年活动。25名学员参加第四届“盛世天颐”杯全国老年书画大赛，有6件作品获奖，其中三等奖1名，优秀奖5名。随后，老干部大学又有10位学员书画及手工艺作品入选《北京老干部》杂志第12期。

（张　晴）

【老干部文化阵地作用】 2015年，围绕“展现阳光心态，体验美好生活，畅谈发展变化”为党的事业增添正能量这一主题，组织社区、艺术团、大学新春文艺汇演，开展春秋两季系列活动，举办门球、台球、乒乓球、象棋等各项体育活动，1850余人次参加，举办各类讲座，邀请望京医院名医，养生堂著名专家赵勇主任讲授“腰腿病的防治”；与区慈善协会共同承办“北京同仁堂健康知识顺义大课堂”活动，为离退休干部传授中药安全用药常识。邀请中科院南亚研究中心秘书长，央视著名时政评论员，权威专家叶海林就南海局势进行专题讲座；诚邀央视著名导演侯亚俊，针对社会新闻热点，讲解“如何应对媒体”。邀请农业专家向老同志介绍现代农业发展情况。全年1900余人次聆听讲座。

（张　晴）

【媒体宣传】 加强同北京电视台《晚晴》栏目、顺义电视台的沟通合作，利用重大节庆、重点活动开展宣传。在纪念中国共产党成立94周年暨中国人民抗日战争胜利70周年之际，配合《晚晴》栏目组拍摄《游击队的抗战岁月》、顺义电视台制作多集专题片《日本据点的秘密行动》在《顺义新闻》中播出。全年，北京电视台《晚晴》栏目报道新闻4条，全年顺义电视台报道相关新闻8条。完成《老年朋友》总第13—16期共4期的出刊任务；更新老干部网站工作信息823条。北京市老干部局网站报送信息126条，顺义网城信息19条，各涉老报刊投寄稿件13篇。

（张　晴）

区直属机关工委工作

【概　况】 区直属机关工委是区委的派出机构。主要职责是领导所属机关党的工作，保证党的路线、方针、政策及区委的指示、决定和部署在区直机关的贯彻落实。负责制定所属机关党的基层组织建设规划，领导基层党组织搞好思想建设、组织建设、作风建设。负责宣传党的路线、方针、政策，对党员干部进行形势、任务教育及社会主义精神文明教育。负责所属机关党员干部理论学习与培训，做好所属机关干部队伍建设工作。负责所属基层党组织的建立、换届、任免等组织工作。领导所属机关纪检监察工作。组织机关干部开展文化、体育活动，丰富机关的文化生活。完成区委、区政府交办的其他工作。

单位名称：顺义区委区直属机关工作委员会

地址：顺义区府前中街1号

电话：（010）694443920

邮编：101300

（区直属机关工委）

【党员发展和管理服务】 按照发展党员工作控制总量、优化结构、提高质量、发挥作用的要求，年初区直属机关工委对发展党员数量和结构进行调控，按照系统各单位实际需求，严格制定党员发展计划；突出党员的政治标准，加强入党积极分子培养教育，对发展对象组织集中培训；严格发展党员程序和纪律，对报送入党相关资料进行细致审核，指派专人进行谈话，严格审批程序，注重在窗口岗位和高层次人才中发展党员，窗口岗位和高层次人次发张党员数比去年同比增长8.3%，一年来区直系统共发展党员106人。

（区直属机关工委）

【党代表任期制】 1、按照“一块标牌、一个工作制度、一名联络员以及一个党代表活动记录”的标准，成立党代表工作室，选定面积32平方米的机关工委办公室。2、健全组织。组建党代表任期制工作领导小组，区直属机关工委常务副书记任组长，领导小组下设办公室，副书记任办公室主任，配备一名联络员，负责具体工作。3、开展活动。机关工委共有129名党代表，其中局级党代表31人，一把手任党代表60人，副处级以上党代表122人，一线党代表7人，76家单位，31个党委、15个党总支、363个支部、7146名党员。一年来，党代表们为机关干部群众讲党课，组织党小组集中学习，接待党员群众，倾听基层党员群众关心的热点、难点问题和有关困难、诉求，深入基层进行调研，多次入村入户，走访基层党员和群众，了解真实的社情民意，为乡镇财政体制改革提供丰富的一手材料，进一步推进城乡统筹发展。在此基础上，还采取深入基层与领导干部、普通党员及群众分层次座谈，开展问卷调查，与干部群众面对面交流等多种方式，深入调查研究，掌握机关党建现状，汇集出当前机关党建存在的管党治党主体责任落实不到位等五类意见建议，开展加强和改进机关党建工作的对策与思考的课题研究工作，其中《关于新形势下推进机关党建工作创新发展的调查与思考》被北京市机关党建研究会评为调研课题成果一等奖。党代表工作室进一步成为服务党员干部群众的新渠道新平台。

（区直属机关工委）

【在职党员回社区和社区共驻共建活动】 在工作目标、责任和标准“三明确”基础上，以基层党组织为单位，继续深化在职党员回社区活动，按照《顺义区在职党员回社区活动现场推进会》的相关精神，以及《顺义区机关企事业单位党组织以集体报到形式开展在职党员回社区活动的实施方案》的具体要求，号召各级党组织以集体报到形式开展社区共建活动，督促、指导各单位党组织到社区报到，并签订《在职党员回社区集体报到服务对接承诺书》。

（区直属机关工委）

【创建星级服务型党组织活动】 按照顺义区《关于开展基层服务型党组织星级创建活动的实施方案》的具体要求，根据“六星”创建标准，细化机关工委系统创建指标；强化底线思维，坚决执行六项一票否决指标；严格把好初审相关程序，确保创建工作取得实效。目前，经过严格审查已上报星级服务型党组织9个。

（区直属机关工委）

【基层党组织换届选举】 年内，机关工委对全区各党工委党组织设置隶属情况进行更新和完善，进一步明确党组织隶属关系和党建工作责任，做好对基层党组织组成人选的考察推荐，选优配强党组织书记和党务干部，全面规范基层党组织换届选举工作。完成7个机关党委，2个机关党总支，16个机关党支部换届选举工作。

（区直属机关工委）

【机关文化建设】 6月份，机关工委组织以“我的中国梦，欢乐新顺义”为主题的“五月的鲜花暨纪念建党九十四周年”文艺汇演。10月份，机关工委组织以“我的中国梦•魅力新顺义”为主题的“十月金秋群众书法、美术、摄影展”笔会交流活动，邀请到书法、美术、摄影方面的老师与机关干部进行笔会交流，提升区直系统艺术创作整体水平。同时，向基层发放党务光盘、书籍等，组织、协调全区合唱比赛、百姓宣讲等工作。在廉政文化建设上，机关工委组织全体机关干部观看反腐倡廉警示教育片光盘，学习违纪违法典型案例警示教育读本。在区直单位全面推进廉政文化进机关活动，推出食药局、市政市容委等8家廉政文化进机关示范单位。

（区直属机关工委）

【基础工作】 一是党员数据库更新、调转及汇总工作，共调转党员152人次。二是建立健全党内激励、关怀、帮扶机制，一年来帮助系统10名困难党员申请帮扶基金，共计8.5万元，实现有效的生活救助，并先后于年初及七一前对系统50名生活困难党员进行走访慰问。三是按照区委组织部《关于开展基层党建创新项目孵化工程申报的通知》精神，面向全区各级党组织广泛开展创新项目申报工作。目前，区政府研究室《打造“情景互动式”党课》等13项创新项目已申报成功。

（区直属机关工委）

【“一助一”工作】 合理调整区级领导“五个一”联系点。评选表彰155家“一助一”工作先进单位，协调指导1.18、7.18民主日活动，编发简报8期。2015年是“一助一”工作开展的第20个年头，累计帮扶款物已突破7亿元。

（区直属机关工委）

区委社会工作

【概况】 2015年，顺义区社会工委以服务“转型升级”战略为宗旨，以破解社会建设重点难点问题为导向，以推进社会治理改革创新为着力点，社区建设、社会组织培育发展、社工人才队伍、社会领域党的建设等工作取得新的进展和成效。

单位名称：中国共产党北京市顺义区委员会社会工作委员会

地址：顺义区府前东街2号

电话：89442437

邮编：101300

网址：www.shgw.bjshy.gov.cn

（樊廷卉）

【社区建设】 一是推动物业管理办法制定实施。完成《顺义区社区物业管理办法》制定工作并于8月中旬开始施行，选取不同类型社区开展试点。二是启动老旧小区治理试点项目。项目涉及8个小区，可惠及居民8.3万人。三是深化社区自治。以《居规民约》的完善为抓手，开展居民议事厅活动，加强社区居民的自我管理、自我教育和自我服务。四是深化社区规范化建设。修订《顺义区社区规范化建设示范点创建标准》，进一步推进社区标志标识、办事流程统一。五是继续推进智慧社区建设。新建智慧社区26个，升星21个，全区累计创建智慧社区80个，创建比率达到80%。

（王伟）

【社会组织发展】 一是推进“枢纽型”社会组织工作体系建设。推动全区19个镇成立镇级社会组织联合会，持续扩大“枢纽型”社会组织覆盖面，目前已将全区310家社会组织纳入服务管理范围，占比达到90%。二是加强政府购买服务工作。完成2014年度项目考评，验收全部合格。2015年度共征集41个社会组织的59个项目，新增首次参与的社会组织7个，其中19个社会组织的服务项目争取到项目资金210万元。三是推进社会组织自身建设。打造公益服务品牌，对2014年度开展的90多项社会组织公益活动进行评审，推选出4个市级优秀公益活动品牌和10个区级公益服务活动。出台《顺义区社区社会组织孵化中心建设指导意见》，推动各街道建立孵化中心，打造社区社会组织可持续发展的专业支撑体系。

（周二兰）

【社区工作者培训管理】 一是完善社区工作者管理办法。起草完成《顺义区社区工作者管理办法》及其配套文件《顺义区规范社区工作者待遇方案》初稿，积极推进5个“规范”和2个“拓宽”。二是深入开展社区工作者“分级分类”培训。举办（助理）社会工作师考前培训班，对全区600名社区工作者进行专业知识培训；组织194名社区工作者开展30课时的入职培训；建立社区工作者三年“轮训”制度，今年培训146人。三是规范社区工作者的档案管理。规范完成全区710份社区工作者档案的统一管理、卷宗整理工作，建立电子档案，提高档案管理的水平。

（王伟）

【社会领域党的建设】 一是完成社区党组织换届选举工作。通过提前摸排掌握动态、加强业务培训工作指导等方式，选优配强新一届班子，并举办社区党组织书记培训班，吸纳驻区单位党组织负责人、社区离退休干部党支部书记兼任席位制委员。二是制定《非公经济组织党建工作“星级达标”考评办法》。采取镇党委、街道工委、经济功能区党委初评和区委组织部、区委社会工委、区工商联汇总考评相结合的方式，推动全区非公经济组织党建工作常态化、规范化。三是加强商务楼宇工作站建设。做好信息采集工作，建立全区商务楼宇台帐，对符合条件的天博中心，及时成立楼宇工作站。

（朱广娜）

【社会服务管理创新指标体系】 一是第一批试点有序开展。11家试点单位共确定主责单位指标134个，并全部录入系统。二是第二批试点启动并实施。确定区教委作为第二批试点，制定实施方案，并按照方案有序开展相关工作。三是进一步完善指标信息系统。完成指标信息系统科室个人及社区模块项目终验工作，聘请具有专业资质的安全评估公司对系统进行渗透测试，确保系统运行安全、稳定。

（肖东妍）

【社会事业改革】 履行社会事业改革专项小组办公室职责，坚持与相关单位密切联系、及时沟通，做到信息通畅、协调到位，保证各项改革任务有序推进。研究确定2015年的改革要点，并纳入《区委全面深化改革领导小组2015年改革工作要点折子工程》，同时研究制定2016年改革实施计划。

（赵亚楠）

顺义区人民代表大会常务委员会

【概 况】2015年，区人大常委会组织共召开6次常委会会议和18次主任会议，听取和审议“一府两院”专项工作报告12项，开展视察、执法检查12次，任免国家机关工作人员80人次，完成四届人大四次会议确定的各项工作任务。一年来，常委会在区委的领导下，全面贯彻党的十八大和十八届三中、四中、五中全会及习近平总书记系列重要讲话精神，紧紧围绕全区工作大局，认真履行宪法和法律赋予的各项职权，继续推动人大制度在本区的新实践，为全区经济社会发展和民主法制建设作出积极贡献。尤其是今年，区委召开第三次人大工作会议，推动全区人大工作的开展。

单位名称：顺义区人民代表大会常务委员会
地址：府前东街13号
电话：81491826、69445374
邮编：101300
网址：http://www.shyrd.bjshy.gov.cn

（王守明）

【区第四届人大常委会第二十次会议】2月11日，在顺义宾馆会议中心第二会议室举行区第四届人大常委会第二十次会议。会议听取区人大常委会主任胡尚云传达的市十四届人大三次会议和市委人大工作会议精神；听取和审议区法制办吕海燕主任受区政府委托所作的《关于2014年依法行政工作情况报告》；审议区政府关于区人大常委会第14次会议对《顺义区环境建设工作情况报告》、第18次会议对“加快顺义区卫生事业发展的议案”办理及区人大代表检查本区《北京市实施<中华人民共和国交通安全法>办法》、《中华人民共和国科学技术进步法》实施情况所提审议意见办理报告。会议决定接受郭铁相辞去顺义区人民法院院长职务的请求，免去王树江顺义区人民法院审判员职务；任命程传华、景宝峰、宋鹏、王冰、张艳凤、郑玉彬、叶红、贾竞、马驰、耿辉辉、任巍巍为顺义区人民检察院检察员；任命谢泉为顺义区人民政府副区长（挂职一年）；李旭辉为顺义区人民法院审判委员会委员、审判员、副院长、代理院长。

（叶志建）

【区第四届人大常委会第二十一次会议】会议于4月2日在顺义宾馆会议中心第二会议室举行。会议听取区人大常委会主任胡尚云传达的区委人大工作会议精神；听取区政府《关于办理<区人大代表视察万亩示范区，推进新三起来工作情况所提建议汇总>的情况报告》和《关于区四届人大常委会第20次会议审议<区政府2014年依法行政工作情况报告>委员所提意见办理情况的报告》；听取和审议区环保局局长洪全受区政府委托所作的《关于<顺义2013—2017清洁空气行动计划>年度落实情况报告》。会议决定接受林向阳辞去顺义区政府副区长职务请求；决定免去单成刚顺义区民政局局长职务；王颖顺义区文化委员会主任职务；商广清顺义区旅游发展委员会主任职务；王力、赵运琪北京市顺义区人民检察院检察员职务；贾秋生顺义区人民法院执行一庭庭长职务；任命朱家亮、禹学垠为顺义区人民政府副区长；任命聂燕山为顺义区民政局局长；马朝龙为顺义区文化委员会主任；申志红为顺义区旅游发展委员会主任；王力为顺义区人大常委会内司委副主任；杨洪涛为顺义区人民法院执行一庭庭长。

（郭宇明）

【区第四届人大常委会第二十二次会议】 会议于6月18日在顺义宾馆会议中心第二会议室举行。会议听取和审议区政府关于2014年度财政预算执行和其它财政收支情况的审计工作报告；区政府关于2014年财政决算情况的报告；区人大常委会执法检查组关于《民办教育促进法》《北京市公园条例》的执法检查报告。会议决定任命付全立为顺义区天竺人民法庭庭长，免去其顺义区后沙峪人民法庭庭长职务；雒东明为顺义区后沙峪人民法庭庭长，免去其顺义区牛栏山人民法庭庭长职务；刘宏艳为顺义区牛栏山人民法庭庭长，免去其顺义区人民法院审判监督庭庭长职务；牛佳雯为顺义区人民法院审判监督庭副庭长，免去其顺义区后沙峪人民法庭副庭长职务；免去于海顺同志顺义区人民法院执行一庭副庭长、审判员职务；王雪生、郭德秋顺义区人民检察院检察委员会委员、检察员职务；孟庆平顺义区人民检察院检察员职务；任命田国凤、张福荣、马荣耀为顺义区人民检察院检察委员会委员。会议决定免去申荣文顺义区园林绿化局局长职务；郭振江顺义区经济和信息化委员会主任职务；李守义顺义区水务局局长职务；闫连恒顺义区民族宗教侨务办公室主任职务；杨男顺义区人大常委会石园街道工作委员会副主任职务；任命李长勇为顺义区园林绿化局局长，免去其顺义区科学技术委员会主任职务；宋鹏为顺义区经济和信息化委员会主任；苏东海为顺义区水务局局长；金泰希为顺义区科学技术委员会主任；赵金荣为顺义区民族宗教侨务办公室主任。

（王辉）

【区第四届人大常委会第二十三次会议】 会议于8月18日在顺义宾馆会议中心第二会议室举行。会议听取和审议区政府关于2015年上半年国民经济和社会发展计划执行情况报告、2015年上半年财政预算执行情况报告及区政府关于2015年预算调整方案的报告，作出批准顺义区2015年预算调整方案的决议。会议审议《中华人民共和国水污染防治法》、《北京市水污染防治条例》等两法两条例执法检查报告；区政府相关部门关于常委会会议审议、代表视察所提意见办理情况报告；决定免去龚玉友顺义区人大常委会办公室主任职务、刘福海顺义区审计局局长职务、张学强顺义区人民法院审判员职务；任命田法德为顺义区人大常委会办公室主任、范士永为顺义区审计局局长。

（洪志伟）

【区第四届人大常委会第二十四次会议】 会议于10月22日在顺义宾馆会议中心第二会议室举行。会议听取和审议区政府关于顺义区协调发展情况报告，关于“十二五”规划落实和“十三五”规划制定情况报告，关于2015年预算调整方案的报告，并批准顺义区2015年预算调整方案的决议。会议听取和审议区法院关于行政审判工作情况报告、区检察院关于规范司法行为工作情况报告；审议代表视察所提意见办理情况报告。

（王守明）

【区第四届人大常委会第二十五次会议】 会议于12月15日在顺义宾馆会议中心第二会议室举行。会议讨论修改区人大常委会工作报告，审议通过《顺义区国家工作人员宪法宣誓办法》，讨论通过召开区四届人大五次会议的有关事项，决定于2016年1月5日至8日召开顺义区第四届人民代表大会第五次会议。会议决定免去王建明顺义区人民法院审判员职务；于志刚顺义区人民检察院检察委员会委员、检察员、副检察长职务；刘永凤顺义区人大常委会代表联络室主任职务；高绍宝顺义区人大常委会光明街道工作委员会副主任职务；赵金荣顺义区民族宗教侨务办公室主任职务；杜尚勇顺义区人民法院副院长职务；接受了卢映川辞去顺义区人民政府区长职务的申请；任命高朋为顺义区人民政府副区长、代理区长；赵金荣为顺义区民族宗教事务局局长；欧阳华洲为顺义区人民政府外事侨务办公室主任；贾秋生为顺义区人民法院副院长；接受闫立刚辞去北京市第十四届人民代表大会代表职务，冯庆森、董占云辞去顺义区人民代表大会常务委员会副主任职务，龚玉友、刘永凤辞去顺义区人民代表大会常务委员会委员职务请求。

（叶志建）

【区委第三次人大工作会议】会议于3月26日在顺义宾馆会议中心第一会议室举行。会议由区委副书记、区长卢映川主持，区委副书记周颖博就区委《关于新形势下加强和改进人大工作的意见》作说明，区委书记王刚作重要讲话。区委起草《关于新形势下加强和改进人大工作的意见》，从深化对人民代表大会制度的认识，如何坚持和完善人民代表大会制度、做好全区人大工作，推进区委领导人大工作制度化建设三个方面，提出26条具体意见。区委、区人大、区政府、区政协、天竺综保区的主要领导，各镇、街道及政府部门主要负责同志和各民主党派负责人，全体区人大代表共300余人参加会议。

（郭宇明）

【听取并审议决定重大事项】顺义区第四届人大常委会2015年围绕全区重点工程、财政预决算、人事任免等，做出决议、决定13项，任免国家机关工作人员80人次，接受卢映川辞去区长职务，林向阳辞去副区长职务，冯庆森、董占云辞去顺义区人民代表大会常务委员会副主任职务、郭铁相辞去顺义区人民法院院长职务的请求，任命朱家亮、禹学垠、谢泉为顺义区人民政府副区长，高朋为顺义区人民政府副区长、代理区长，李旭辉为顺义区人民法院副院长、代理院长。

（王辉）

【监督工作】一是加强宏观监督，力促经济平稳运行。听取和审议政府上半年计划执行情况，视察重大产业项目、重点工程建设，专题调研顺义区协调发展、“十二五规划”落实及“十三五”规划编制情况报告，视察重点工程、重大产业项目、经济功能区整合与发展，联系京津冀协同发展大局，建议政府科学研判形势，找准共谋发展的契合点，通过深化改革，实现产业转型升级。二是强化预算监督，规范政府收支行为。结合区委理论中心组学习，组织全区领导干部听取新预算法专题讲座。针对新预算法的实施，加强对预算编制、执行、调整、决算的全过程监督。听取和审议政府预算执行、决算和审计情况工作报告。三是重视民生改善，积极回应群众关切。常委会听取和审议《顺义区2013—2017清洁空气行动计划》年度落实情况报告；组织代表视察了供暖锅炉煤改气、汽车尾气监管、交通运输监管，回迁房质量保证体系建设及施工工地扬尘监管，平原造林后期管护及开发利用，管控查处违法占地违法建设等工作情况；专题调研村（居）规民约制定落实，区文化中心、体育中心建设情况。四是依法行权履职，力促政府依法行政。听取和审议区政府2014年依法行政工作情况报告，认真做好政府规范性文件备案审查工作；围绕《中华人民共和国环境保护法》、《中华人民共和国民办教育促进法》、《中华人民共和国安全生产法》、《北京市安全生产条例》等法律法规的实施进行执法检查，全面了解相关法律法规的具体执行情况。五是加强司法监督，促进社会公平正义。为推动“两院”公正司法，常委会听取和审议区法院关于行政审判工作情况报告、区检察院关于规范司法行为工作情况报告；专题调研法院人民陪审员发挥作用情况和检察院新刑诉法贯彻落实情况。

（洪志伟）

【代表工作】一是加强培训，提高代表履职能力。2015年，常委会先后邀请专家学者就如何发挥人大职能作用、代表如何履职、人大常委会监督及其发展趋势、政府全口径预决算的审查和监督等内容对全体区人大代表和人大干部进行培训。二是完善制度，搭建代表履职平台。制定《顺义区人大常委会关于建立“人大代表之家”的实施意见》，明确相关制度和标准，切实为代表联系选民搭建平台；坚持“人大代表之家”按时开展活动，通过“人大代表之声”信息服务平台收集闭会期间人大代表建议、意见，保障代表参与权、表达权、监督权。全年共组织46名区人大代表向选民述职。三是强化督办，促进代表议案建议办理。常委会继续坚持和完善代表议案建议办理“三方见面会”制度，先后对13件重点建议进行现场督办。继续加大对卫生事业发展议案的督办力度，医疗卫生服务水平提升三年行动计划得到全面实施，四届四次人代会代表所提91件建议已全部办复完毕。

（王守明）

顺义区人民政府

综 述

一年来，在市委、市政府和区委的坚强领导下，在区人大及其常委会的监督下，在区政协的支持帮助下，区政府认真开展“三严三实”专题教育，积极转方式、调结构、促改革、惠民生，全区经济社会继续保持了平稳健康发展的良好态势。2015年，地区生产总值完成1440.9亿元，同比增长7.8%。一般公共预算收入完成124.8亿元，同比增长12.8 %。地区生产总值和一般公共预算收入均位居全市第五、郊区第一。完成工业总产值2813.3亿元，占到全市的16%。主要开展以下六方面工作：

一、深入推进环境治理与生态文明建设，城乡面貌持续改善。

全面落实清洁空气行动计划。大气治理取得阶段性成果，全年投入77亿元，完成38项年度重点任务，各项污染物平均浓度实现全面下降。狠抓源头治理，否决不符合环保要求的项目750个。完成1200蒸吨燃煤锅炉清洁能源改造，压减燃煤28.1万吨，中心城区实现无煤化。农村减煤换煤扎实推进，实现优质燃煤替代全覆盖，完成6000户农宅煤改电工程。强化机动车排放治理，淘汰老旧机动车1.4万辆，完成全年任务的171%。加强工业污染防治，全面开展企业环境信息公开，督促企业严格履行社会主体责任。继续保持环境执法检查高压态势，处罚486起，罚款1925万元，分别增长149%和315%。顺利完成2万亩平原造林任务，全区平原造林千亩以上林地达到26处，森林覆盖率达到29.98%。

加快推进垃圾综合治理。加大垃圾坑和垃圾堆放点治理力度，完成18处市级挂账非正规垃圾填埋场整治，高标准实施5个拆迁村垃圾整治工程。开展建筑垃圾规范化管理，合理布局消纳场所，强化执法检查，垃圾清运基本实现全覆盖、全消纳。加强农村地区生活垃圾管理，强化清运环节监督、检查和考核，基本实现农村生活垃圾清运日产日清。生活垃圾焚烧二期工程污水处理系统完工。

积极推进污水处理和中小河道治理工作。水环境治理成效明显，区污水处理厂升级改造工程竣工，北小营再生水厂完成主体工程。实施河道排污口治理，38处排污口治理工程开工。一、二阶段中小河道治理基本完成。南水北调水源回补工程试验性补水。

深入开展环境整治。累计投入2.3亿元，完成2906项市区两级环境建设台账任务。全年累计拆除违法建设1409宗、379万平方米，腾退土地5312亩。制定出台代履行费用追缴办法，有效震慑违法行为人，坚决遏制违法建设。

二、加快推进产业转型升级和功能承接疏解，发展质量和效益进一步提升。

积极促进产业结构优化升级。深入开展产业项目全要素评价和负面清单管理，从源头上把好项目准入关。大力推进创新创业发展，制定创业摇篮计划和一揽子政策，第三代半导体材料及应用联合创新基地等一批高精尖项目落户。创新产业发展思路，建立重大产业项目定向扶持机制，设立丰收未来产业基金，扶持和吸引优质产业项目落地成长。出台电子商务产业发展办法，推动“互联网 +”应用和传统产业创新发展。新兴金融产业聚集区建设加快推进，北京银行信用卡中心、南车投资基金管理公司等 30 家优质机构落户，金融机构总量达到 220 家。加大创业企业上市支持力度，全国首个新三板产业加速器在赵全营镇揭牌，全年 10 家企业挂牌上市，挂牌上市企业累计达到 30 家。企业创新能力不断增强，新增 93 家国家级高新技术企业。东方雨虹获批企业国家重点实验室，实现我区国家重点实验室建设零的突破。

切实加快临空经济发展。认真落实国际航空中心核心区发展战略，推进天竺综保区与临空经济核心区融合创新发展。天竺综保区功能进一步拓展，引进林德、日上免税行等 10 余家跨境电商企业，国家对外文化贸易基地入驻企业规模不断扩大，北京国际科技贸易基地顺利落户，北京整车进口口岸进口整车数量同比增长 2.9 倍。临空经济核心区、科技创新功能区与各镇二三产业基地合作共建，助推各镇产业转型升级。国家地理信息产业园加快发展，累计注册企业 33 家，注册资金达到 18 亿元。成功举办第八届中国临空经济论坛，成立中国临空经济发展联盟，临空经济发展的领军地位进一步巩固。

深入落实京津冀协同发展战略。先后与河北威县、怀来县签订战略合作协议，对接合作深入开展，园区共建、产业转移等工作取得初步成效。积极承接中心城区疏解功能，北京城市学院迁入杨镇和现代职业技术学院划转管理工作顺利完成。加大落后产业淘汰力度，关停调整退出企业 42 家，圆满完成北京市下达的任务。

三、努力破解发展难题，城市建设管理水平稳步提升。

加快推动新城开发建设。重点工程建设稳步推进，顺平辅线俸伯桥主体工程完工，市民之家（政务中心）开工建设，京沈客专顺义段拆迁启动。完成乡村公路大修 90 公里，改造危桥 4 座。完成 94 万平方米老旧小区建筑节能综合改造，1.3 万户居民受益。完成 4 个居民小区天然气改造置换和供热管网改造，惠及 1.7 万户居民。强化电力保障，梁庄 110 千伏变电站竣工，庄子营 110 千伏变电站完成土建工程，马坡 220 千伏和新城、军营 110 千伏变电站启动建设。土地开发切实加快，入市交易 14 宗，成交金额 119 亿元。处置清理闲置土地 35 宗，处置率达到 100%。

积极改进城市管理。系统推进交通综合治理，在城区交通设施优化和城乡停车规范方面取得实效。不断完善公交场站设施和线网优化，新建 50 座公共候车亭。加强智能交通建设，“顺义公交”APP 正式上线。大力推进公共自行车建设，新建、扩容站点 42 个，投放自行车 1700 辆，累计达到 3300 辆。出台社区物业管理办法，启动 8 个老旧小区治理试点，在规范物业管理、探索解决老旧小区问题方面迈出了重要一步。创新社区治理方式，启动“八型社区”建设，社区治理能力不断提高。智慧城市建设加快推进，信息基础设施不断完善，光纤覆盖率达到 100%。加强防灾减灾管理，成立突发事件预警信息发布中心。

切实加强人口调控。全区流动人口总量得到有效控制，完成市政府下达的 102.2 万人的调控任务。针对首都机场、城区周边等人口增势较快的区域，采取坚决措施，清理违法出租、违法经营，整治低端市场，开展村庄综合治理试点，全年关闭疏解市场 3 家、清理废品回收站 95 个、整顿违法群租房 121 处。

加大城乡统筹力度。针对河东河西发展不平衡的问题，制定出台协调发展实施意见和任务方案。深入推进新农村建设，完成农宅抗震节能单项改造、新建翻建及自建楼综合改造 1.5 万户，马坡镇石家营村、庙卷村新型农村社区建设取得阶段性成果。以创建现代农业节水示范区为契机，深入推进种植结构调整，建立地下水超采核心区高耗水作物有序退出机制，小麦种植面积减少2.3万亩，农业用水减少2000万立方米。成功举办第六届国际社区支持农业大会。浅山开发稳步推进，运营维护机制进一步完善，全年累计接待游客24万人次。

四、积极落实各项惠民政策措施，民生服务不断改善。

着力解决关系人民群众切身利益的就医、就业、住房等方面问题，全年一般公共预算用于民生保障的支出达到151亿元，占区本级一般公共预算支出的80%。

全面落实医疗卫生服务水平提升三年行动计划。区医院成为首都医科大学教学医院，急诊病房综合楼全面投入使用。北京中医医院顺义医院晋升为三甲医院，并成立了全市首个中医医联体。北京儿童医院顺义妇儿医院挂牌成立，郎景和院士工作站正式落户，一体化管理建设取得成效。启动首批50个专科建设项目，实现每天超过40名三级医院专家出诊，患者在本区就享受到高水平的诊疗服务。采取PPP模式，与凤凰医疗集团合作共建新型社区医疗卫生服务体系试点建设全面启动。基层卫生设施不断完善，旺泉街道社区卫生服务中心竣工。

扎实做好就业服务和社会保障工作。积极促进偏远地区劳动力创业就业，深入开展企业新型学徒制试点，城乡劳动力二三产业就业率继续保持在95%以上。深入实施新农合“共保联办”合作模式，新农合人均筹资标准提高到每人每年1200元。社会救助力度加大，城乡低保标准由月人均650元提高至710元，困难家庭大病救助封顶金额由16万元提高至20万元。北京市养老护理照料示范中心、区老年公寓二期等一批工程投入使用，新增养老床位2000余张，并配套引进优质医疗资源，实现“医养结合”。圆满完成第九届社区居委会选举。“全国双拥模范城”四连冠争创工作扎实推进。

切实加强保障房和回迁安置房建设。全年开复工544万平方米、5.5万套，其中竣工87万平方米、8317套。8个自住型商品房项目全部开工，建设面积35.7万平方米。沙坨村棚户区改造项目拆迁顺利完成。加大拆迁村民回迁安置力度，实现天竺、西马坡等6个村、12317人回迁。积极探索保障房投资运营管理机制，组建燕顺保障房投资公司。

不断改善基本公共服务。高标准通过国家义务教育均衡发展评估验收，接收5所小区配套幼儿园，完成1所幼儿园迁建工程，新增学位1860个。加强基层公共文化设施建设，深入开展百村万户助农健身工程，成功举办全民健身体育节等一批赛事活动。

切实做好安全稳定工作。深入推进安全生产标准化建设和隐患排查治理，不断完善安全生产责任体系，全区安全生产形势总体平稳。持续开展食品药品安全专项整治，食品、药品抽检合格率分别达到98.2%和100%。各类突发事件得到及时有效处置，城市运行安全有序。加大各类信访问题化解力度，全区信访总体平稳。强化社会治安防控体系建设，严厉打击各类违法犯罪行为，全区治安形势良好，群众安全感、满意度进一步提升。

五、全面深化改革，重点领域改革取得实效。

认真落实行政审批改革要求，实现各项清理、取消、下放事项全部落实到位、承接到位和公开到位。政府机构改革任务和事业单位分类初步完成。企业注册登记实现“三证合一”、“一照一码”。完成不动产登记机构整合，管理基础进一步夯实。新城建设管理体制机制不断完善。经济功能区改革深入开展，临空经济、科技创新、绿色生态三大板块管理职责进一步理顺。区属国有企业改革加快实施，基本实现监管全覆盖，现代企业制度全面建立，房地产开发、市政、建设投资服务三个板块整合工作基本完成。综合监管执法机制改革积极展开，城市环境管理和市场监督管理两个执法委员会相继成立。与北京环卫集团开展合作，环卫体制改革取得积极进展。

六、深入开展“三严三实”专题教育，政府自身建设取得新进展。

紧密结合“三严三实”专题教育，认真开展“为官不为”、“为官乱为”问题专项治理工作，深入治理庸政懒政怠政、推诿扯皮等问题，取得明显成效。厉行勤俭节约，加强党政机关、事业单位食堂规范化管理，积极推进公务卡制度改革，全区公务卡改革单位达到301家。公务用车制度改革稳步推进。

积极推进政府科学管理和调控。制定向区人大及其常委会报告重大决策事项的实施意见，出台政府投资项目全过程管理办法和政府购买公共服务意见。完成区镇财政体制改革，出台转移支付资金管理办法。推进预算项目库建立，财政预算和政府投资项目管理进一步完善。建立健全财政存量资金管理制度，有效盘活存量资金。进一步加大对财政资金事后绩效评价和转移支付管理，提高了财政绩效。在全市率先启动重大合同审核备案机制的基础上，将各区属单位签订的合同纳入事前审核范围，促进行政决策规范和廉政建设。建立政府信息公开联合协调机制。区域合作扎实推进，与云南省玉溪市、贵州省安顺市等6个地区建立友好合作关系。

单位名称：北京市顺义区人民政府
地址：顺义区府前中街5号
电话：69443080
邮编：101300
网址：www.bjshy.gov.cn

（区政府）

法制工作

【概　况】2015年是落实全面推进依法治国决定的开局之年，区政府法制办紧紧围绕区委、区政府中心工作，全面贯彻落实区委四届十次全会、区四届人大四次会议精神，以“推进依法行政，建设法治政府”为目标，按照“把握三个阶段性特征、推动四个转型升级”的工作总要求，深入开展全面深化改革工作，创造性地开展各项政府法制工作，较好地完成工作任务，为全区着力“建设绿色国际港、打造航空中心核心区”创造良好的法制环境。

单位名称：顺义区人民政府法制办公室
地址：顺义区府前东街9号
电话：(010)61400015
邮编：101300
网址：http://www.fazhi.bjshy.gov.cn

（法制办）

【区政府法律顾问团组建】年内，顺义区政府法律顾问团为政府提供法律服务内容包括：对行政执法、违建拆除、信息公开等热点问题展开调研分析，为政府决策提供建议参考；参与处理正德人寿合作项目、化肥厂抢占房屋的处置、煤炭公司合作建房纠纷等20余件重大疑难事务；针对各个层面领导干部开展法律知识培训活动；参与合法性审查规范性文件36件、政府重大决策50件，政府合同800余件；参与办理行政复议案件45件。

（法制办）

【行政规范性文件审查备案】年内，区法制办按照法律法规规章规定和上级行政机关规范性文件的要求，对规范性文件和政府会议审议的决策事项进行合法性审查，开展规范性文件修改、报备和决策事项协调工作。共对《顺义区促进产业结构调整和中小企业发展资金管理办法》等206个文件进行合法性审查，提出意见940余条。其中，行政规范性文件72件，政府会议审议的决策事项94件，其他事项40件。区政府报市政府法制办备案行政规范性文件7件，区属部门和镇政府报区政府备案行政规范性文件5件，经审查均无修改或撤销的情况。

（法制办）

【重大合同审核备案】一是通过培训、通报及专项检查等方式，指导各单位建立完善本单位合同管理制度，规范合同管理流程，加强合同监督管理力度。二是强化政府合同事前审核，发布《关于进一步加强政府合同监督管理工作的意见》（顺政发〔2015〕14号），完善政府合同事前审核机制，年内共事前审核各类政府合同592件，提出意见建议1027条。三是做好合同备案审查工作。审查备案登记全区40家单位报送备案的990件合同，发挥合同事前法律把关、事后法律监督的作用。

（法制办）

【参与本市地方立法活动】年内，承办市政府法制办关于《北京市居住证管理办法》等17个法规、规章草案征求意见稿件，提出意见建议3条。

（法制办）

【代履行费用追缴制度】为震慑非法采砂、破坏林木、阻碍河道、污染环境等违法行为人，防止各类违法行为反弹，降低行政执法成本，区政府发布《关于印发顺义区代履行费用追缴暂行办法的通知》（顺政发〔2015〕35号），详细规定代履行实施条件、代履行费用追缴程序等制度。借助传统媒体和新媒介进行宣传解读，通过法律威力和舆论压力，令违法者放弃侥幸心理、自行纠正违法行为。

（法制办）

【法制教育培训】按照全区2015年学法计划，开展区政府常务会学法、专题法制讲座和依法行政知识培训，先后邀请市四中院副院长程琥、市政府法制办复议立案处庞雷、市二中院行政审判庭金丽、中国政法大学法治政府研究院院长王敬波等专家学者授课。共安排领导干部会前学法5期，组织专题法制讲座2期，公务员依法行政培训班2期，初任培训和任职培训4期，全区80余家单位200余名处级干部和1000余名科级以下人员参与集中培训。其次，针对各单位不同业务需求进行一对一授课。年内，先后对杨镇政府、区国土分局等部门开展依法行政工作专题讲解及行政诉讼法专题培训，解决各单位实际工作中面临的疑点难题。

（法制办）

【梳理权力清单编制法律事务口袋书】按照《关于梳理行政处罚权力事项编制行政处罚权力清单有关事宜的通知》要求，对照市政府部门的梳理结果，完成本区31家区属行政执法部门、19个镇、6个街道5200余项行政处罚职权的梳理审核。通过顺义网城对区政府及所属各镇、街道办事处、各区属行政执法部门的行政处罚职权及流程图予以政务公开，促进区属各行政执法部门及各镇、街道办事处执法工作制度化规范化。依据区政府相关部门的权力清单，筛选出涉及群众切身利益、社会关注度高的行政法务事项，编制《政府法律事务口袋书》，促进法律事务规范运作，实现管理、执法、服务有机统一。其中，政府信息公开、行政诉讼、违法建设查处、行政规范性文件制定与备案、行政复议五部分业已完成初稿。

（法制办）

【行政执法监督指导】一是监督指导行政机关正确实施行政处罚行为，确保行为合法、有效。重点针对卫生局、技术监督局等单位行政处罚过程中存在的程序问题提出指导建议，专项辅导；要求执法机关在实施行政处罚过程中严格履行告知、期限等执法程序，坚决杜绝程序违法现象发生。年内共解答卫生局、水务局、安监局等部门电话咨询50余次，指导各执法部门行政处罚程序案件20余件。二是认真执行强执案件的审核工作。按照“程序合法、依据正确、事实清楚、证据充分”的要求，严格审核强执案件；对重大复杂的强执案件，现场了解核实有关情况；对确有问题的，要求行政机关正确履行执法程序后再申请强执。年内共审核以区城管执法局名义上报的责成强制拆除违法建设法律文书57份。三是强化执法证件后续管理力度。加强行政执法部门执法人员资格管理，年内为区财政局、民政局等4个单位共70余名人员办理确认函。四是积极筹建“顺义区行政执法信息平台”。根据现有执法系统运行情况归纳问题、总结经验、扬长避短，为平台建设打好基础。同时积极开展调研、深入各一线执法单位，为执法平台建设必要性及内容做周密部署。四是完善法治政府指标体系建设。聘请中国政法大学完成《北京市顺义区法治政府评估指标体系》，通过该体系对全区47个行政执法主体、6个街道办事处、19个镇政府的推进依法行政工作进行第三方评估，首次将政府法治指标体系建设引入第三方评估机制。

（法制办）

【行政复议工作】一是深化接待咨询，年内共接待咨询群众155批次、198人次，参与信访接待32批次、58人次。畅通复议渠道，确保开门收案、应收尽收。二是依法办理复议案件，改进书面审理方式，提高案审过程中公开听证和实地调查的比例，将行政复议审理过程放在“阳光”下，接受社会各界监督。加大对原行政行为的审查力度，着力解决群众关心的热点难点问题。年内，区政府共受理行政复议案件123件已经全部审结。受理数量位居全市第四，与2014年（110件）同比上升11.8%。其中，维持27件；不予受理10件；驳回申请9件；通过调解、双方和解后终止审理35件，责令被申请人履责1件，撤销具体行政行为29件。通过撤销、变更、确认违法、责令履行法定职责等方式直接纠错的案件比例达36.7%，通过调解、和解方式解决争议的案件比例达28.6%。从案件类型上看，案件涉及交通、房屋拆违、信息公开、食品安全、公安、房屋拆迁、工伤认定、土地和物业管理等共计12种类型。对案审中发现的普遍性问题，运用改进工作意见书、建议书等举措，实现“纠正一案、规范一片”的良好效果。

（法制办）

【行政复议委员会】一是积极推动非常任委员参与案件办理讨论、主持听证、案件调解工作。2015年，组织非常任委员参与案件讨论会、案审会20次。二是运用协调机制前移复议关口，确保执法行为的合法性。与公安、土地、城管、劳动等部门建立协调机制，不定期召开会议，将复议关口前移，提前介入行政机关一些重大执法行为，及时提出法律意见，最大限度防止行政机关在后续复议及诉讼过程中因违法导致败诉的后果。三是运用调解手段，加大复议纠错力度。在办理复议案件过程中，针对具体行政行为明显错误的，承办人本着将行政争议化解在初始阶段和行政程序中的初衷，采取对双方当事人进行调解的方式，促使行政机关对具体行政行为予以纠错，从而达到申请人自愿撤回行政复议申请的目的。四是开展行政复议规范化建设。充分利用行政复议信息平台，实现复议接待、案件受理、审批、结案规范化，做到案件接待、办理信息录入100%，提高复议案件办理的透明度和公正性。

（法制办）

【行政应诉】一是承办行政应诉案件。年内，以区政府为被告的行政诉讼案件76件，全部在法定时间内准备完答辩状及相关手续。案件涉及信息公开、农村宅基地和国有土地三个领域。二是推动行政与司法良性互动。积极与法院沟通协调，建立负责人出庭应诉工作衔接机制。区法院认为案件确需负责人出庭应诉，由法制办向相关行政机关发送负责人出庭应诉函，督促相关机关负责人出庭应诉。三是加强行政负责人出庭应诉工作。2015年3月，市四中院公开审理某公司诉区政府收回国有土地使用权一案，卢映川区长作为法定代表人出庭应诉，当庭阐述区政府的立场和意见，并和原告代理人进行沟通互动。年内，朱家亮副区长、区国资委、工商分局等部门负责人出庭应诉10余次。为规范行政应诉案件的办案流程，多次组织各镇镇长、部分委办局主管法制的领导到法院旁听。充分发挥行政机关负责人“以上率下、以上促下”的“头雁效应”，有利于增强各机关依法行政意识和应诉工作能力，对于充分了解当事人的诉求、促进行政争议实质性化解、提高执法规范化水平意义重大。

（法制办）

外事侨务工作

【概　况】区政府外事侨务办在区委区政府的正确领导下，围绕本区“把握发展的阶段性特征、推进经济社会转型升级”的工作总要求，结合工作职能和地区实际，坚持外事工作服务国家总体外交、服务地区发展的基本原则。加快推进外事转型升级，充分发挥外事服务全区经济转型、产业升级、区域国际化发展方面的促进作用。

单位名称：北京市顺义区人民政府外事办公室

地址：顺义区府前中街5号

电话：（010）81481980

邮编：101300

网址：http://www.fao.bjshy.gov.cn/

（外事侨务办）

【“顺义外事”微信公众号开通】2015年1月，正式开通“顺义外事”微信公众号，并逐步完善微信公众号的后台搭建，从欢迎语设置、底部菜单、内容分栏等方面，进一步优化微信公众号，更加便于阅读和使用。在完成后台搭建的基础上，从推送信息的主题、内容、形式等方面，进一步提升公众号品质，增加粉丝黏度，提高公众号吸引力。2015年1-12月共推送信息85篇，粉丝量较年初增长5018人。

（外事侨务办）

【市外办涉外管理处领导调研】3月12日，市政府外办涉外管理处处长张长春一行来到顺义考察温莎双语幼儿园等六家聘请外国文教专家资质申请的学校。领导一行实地调研温莎双语幼儿园、金翼德懿双语幼儿园、益民培训学校、裕龙双语艺术幼儿园、北京鼎石学校和新京华实验学校六家学校，对各个学校的办学现状、生源、外籍教师招聘情况做深入了解。

（外事侨务办）

【西咸新区空港新城领导考察】3月13日，陕西省西咸新区空港集团副总经理艾晨一行来本区考察对外文化贸易等产业发展。实地考察北京天竺综合保税区国家对外文化贸易基地、国家地理信息产业园。在随后的座谈会上，临空经济核心区管委会、北京市天竺房地产开发公司参会领导分别做相关情况介绍。会上，双方还就两地发展现状和问题相互交换意见和建议。

（外事侨务办）

【河北省三河市领导参观考察】3月26日，河北省三河市市委书记薛永纯、市政府市长谷正海一行到顺义区考察区域产业规划布局、项目建设等情况。顺义区领导朱家亮、肖承继参加，临空经济核心区管委会、中关村科技园区顺义园管委会、区政府外办相关领导陪同。河北省三河市领导一行来到国家地理信息产业园和北京现代汽车有限公司进行实地考察，听取顺义区基本情况、经济发展状况以及临空经济发展等方面的介绍。此次调研意在加强北京与河北之间的交流合作，认真落实好京津冀发展战略。

（外事侨务办）

【“2015顺义郁金香文化节外语喜乐会”】4月25-26日，本办联合顺义区精神文明办、区广电中心、区绿色生态产业功能区管委会在北京国际鲜花港举办“2015顺义郁金香文化节•外语喜乐会”。据不完全统计，本次外语喜乐会约有一万人次参与。

（外事侨务办）

【顺义区与美国劳顿郡签署友好合作谅解备忘录】4月27日下午，顺义区区长卢映川与美国劳顿郡监理委员会主席共同签署《美利坚合众国弗吉尼亚州劳顿郡 中华人民共和国北京市顺义区友好合作谅解备忘录》。此后两年内，顺义区与劳顿郡将在两国所建立的外交原则下，增进传统友谊，增强信息互享，加强深入合作，促进共同繁荣。会后，斯科特•约克一行走访北京天竺综合保税区、北京临空经济核心区、首都机场集团等地。

（外事侨务办）

【顺义区代表团访问友好城市韩国首尔市城北区】 5月5日至5月9日，应韩国首尔市城北区厅长金永培邀请，顺义区副区长盛德利带队前往城北区参加“区民日”活动。访问期间，代表团实地走访城北区城市整合管制中心、垃圾处理中心和安岩洞社区，分别就城市管理和社区管理与城北区进行深入交流。

（外事侨务办）

【肯尼亚代表团来顺考察】 应全国友协邀请，5月26日，肯尼亚欧凯利亚工业园区(OLKARIA INDUSTRIAL PARK)项目开发主任摩西•萨科瓦•威凯萨率团来我区参观临空经济核心区，实地考察热力一厂和在建110千伏变电站。考察期间，肯尼亚发电龙头企业、工业园区重点入驻企业肯尼亚发电公司（KenGen）与陪同人员在能源开发及利用等方面进行交流，为双方园区发展都提供借鉴经验。

（外事侨务办）

【荷兰代尔夫特理工大学与顺义区政府签署战略合作框架协议】 5月26日，荷兰代尔夫特理工大学与顺义区政府签署战略合作框架协议，开启第三代半导体联合创新创业孵化新的里程碑。今后荷兰代尔夫特理工大学将组建TU Delft中国研究院的研发团队，并就智能可穿戴设备，物联网设备，多功能智能传感系统，半导体照明，第三代半导体器件及模组等方面展开实质性研发。

（外事侨务办）

【希腊雅典对华经济合作代表来顺考察】 6月30日，希腊雅典对华经济合作代表福迪斯•普罗瓦塔斯来本区进行友好访问，实地考察雅昌文化集团、天竺综保区德国商品展示区，详细了解本区文化创意产业发展情况和进口商品购物平台的运营模式。此访旨在落实去年12月与北京市代表团在雅典达成的合作共识，积极推动顺义与希腊出口商协会开展农产品进出口贸易合作，以顺义作为中希贸易试点，发挥区位和产业优势，扩大中希合作，进一步推动首都经济社会发展。

（外事侨务办）

【首都师范大学领导到顺义区考察】 7月14日，首都师范大学党委副书记缪劲翔一行到顺义区考察学习经济社会发展经验。考察团一行来到北京现代第二工厂和燕京啤酒集团进行实地考察。座谈会上，缪劲翔副书记强调要与顺义区建立更加密切的合作关系，学习顺义区驻区企业的创业精神和做事风格，将学术研究、人才培养与首都改革发展相结合，更好地服务顺义区、首都的经济社会发展。朱家亮副区长表示，希望双方常来常往，在教育、产业发展等方面加强沟通与交流，欢迎首都师范大学老师、学生在顺义创新创业，切实推动“创新创业”摇篮计划。

（外事侨务办）

【2015国际学生北京夏令营开营】 7月15日上午，由北京市教委主办的“2015国际学生北京夏令营”正式开营。此次夏令营的营地设在本区牛栏山第一中学，共吸引来自美国、加拿大、英国、德国、西班牙等21个国家和地区的750名师生参加。

（外事侨务办）

【顺义公益英语角“顺e角”启动】 7月26日，由顺义区政府外事侨务办主办、面向大众的顺义公益英语角“顺e角”正式启动。首期活动以“北京申冬奥”为主题，吸引50多人参加。“顺e角”每月第三周的周日下午活动1次，每次1个主题，涉及时下热点、英语观影、传统文化、国际礼仪等中西文化的各个方面。每次2–3小时的现场学习时间被分为若干环节，包括主题学习、对话操练、嘉宾分享、自由交谈等环节。每期都邀请不少于5名外籍嘉宾，通过邀请外籍嘉宾现场参与活动，与参加“顺e角”的普通市民一起进行英语交流，提升顺义百姓对外交流能力和对外交往素质。自活动开始，2015年共举办6期，累计参加群众近千人。

（外事侨务办）

【韩国青年代表团到顺义访问】 8月4日，以韩国总统直属青年委员会委员长慎镛汉为代表的韩国青年代表团一行到顺义访问。韩国青年代表团一行来到北京现代第一工厂，观看北京现代宣传片和顺义区宣传片（印象顺义），实地参观生产车间。

（外事侨务办）

【顺义区政府代表团出访南美】 8月11日-20日区长卢映川率团一行6人赴智利、乌拉圭、阿根廷访问。此行，就双方国有经济发展、城市化进程及经验、金融资本贸易、友好城市和企业间的供应销售合作等开展交流。与智利莫利纳市政府签署《中华人民共和国北京市顺义区 智利共和国莫利纳市友好合作谅解备忘录》，与乌拉圭蒙得维的亚市第二区政府签署《中华人民共和国北京市顺义区 乌拉圭东岸共和国蒙得维的亚市第二区友好合作谅解备忘录》。访问期间，代表团还出席区属国有企业顺鑫控股与UAG公司的战略合作签约仪式。

（外事侨务办）

【在京外媒记者参观焦庄户地道战遗址】 8月19日，来自5个国家及地区的9家常驻北京外媒记者共17人来本区实地参观焦庄户地道战遗址纪念馆，感受中国政府开展的爱国主义教育。一行人在纪念馆展厅内听取讲解员对焦庄户人民抗日战争英雄事迹的详细介绍，并对展厅内的历史遗物拍照留念。随后，亲身体验焦庄户地道。

（外事侨务办）

【发展中国家经济发展高级研讨班领导考察学习】 9月14日，来自17个国家的发展中国家经济发展高级研讨班领导到顺义区就可持续发展情况进行考察学习。研讨班领导一行实地考察奥林匹克水上公园，观看亚洲赛艇锦标赛选手热身训练，以及爱慕时尚工厂和马坡镇石家营村。

（外事侨务办）

【2015国际语言环境建设宣传月活动】 9月，本办举办2015国际语言环境建设宣传月活动。在双丰街道富力湾社区、空港街道万科城市花园社区举办“花好月圆中外友人庆中秋”活动。活动现场，来自不同国家和地区的外国友人与同住一个社区的中国邻居一道，学习月饼制作、现场DIY，共度中国传统佳节，气氛融洽热闹。宣传月活动还开展游园学英语、做陶艺学英语等系列活动，活动参加人数超过600人次。

（外事侨务办）

【“中日小大使”日本学生访京代表团到顺义区参观】 10月13日上午，“中日小大使”日本学生访京代表团到奥林匹克水上公园学习参观。代表团听取奥林匹克水上公园设施建设情况及现阶段使用情况，并实地参观索道滑水设施和帆船中心。

（外事侨务办）

【外交部驻外大使参赞学习班参观考察】 10月15日，外交部驻外大使参赞学习班一行60余人到顺义区参观考察。学习班一行先后察看北京天竺综合保税区沙盘及国家对外文化贸易基地、德国商品展示区和光峰华影公司，听取相关情况介绍。在随后的座谈会上，学习班一行观看《印象顺义》宣传片。区委副书记、区长卢映川向驻各国大使、参赞们介绍顺义区的发展历史以及现阶段经济社会发展情况及特点。

（外事侨务办）

【云南玉溪-北京顺义重点产业招商推介会召开】 11月10日，云南玉溪-北京顺义重点产业招商推介会在春晖园国际会议中心召开，区内110余家企业负责同志出席。云南省玉溪市政府副市长谢仕清作主旨推介，玉溪市高新区、研和工业园区、大话产业园管委会负责同志分别作重点项目推介。9日—11日，云南省政府党组成员高树勋、玉溪市市委书记罗应光一行先后参观考察雅昌文化集团、北京世桥生物制药有限公司、北京汽车北京分公司、顺鑫控股鹏程食品分公司、北京汇源食品饮料有限公司，并听取相关情况汇报。

（外事侨务办）

【APEC卡持卡人座谈会暨政策宣讲会】 11月17日，举行顺义区APEC商务旅行卡持卡人座谈会暨企业“走出去”政策宣讲会。会上，来自本区40余家企业的近百名持卡人分享APEC商务旅行卡在企业拓展海外业务时带来的便利；市商务委对外经济合作处处长唐永宏介绍北京市境外投资发展的特点趋势、优惠政策和金融机构支持企业“走出去”的具体建议；外交部领事司出国签证处一秘李春福介绍签证便利化的最新政策，并首次对外宣布APEC商务旅行卡有效期由3年延长到5年的官方消息。与会领导还为企业家发放《中国领事保护和协助指南》和旅行卡。2015年，顺义区共有31家企业105人申请办理APEC商务旅行卡（其中：民营企业25家83人，外资企业5家17人，区属国有企业1家5人）。已审批合格并报送市政府外办31家企业104人（其中：民营企业25家83人，外资企业5家16人，区属国有企业1家5人）。

（外事侨务办）

【肯尼亚纳罗克郡代表团考察】 11月24日，肯尼亚纳罗克郡副郡长艾芙琳•阿鲁萨一行到顺义区顺鑫控股创新食品分公司考察现代农业发展和科技成果转化情况。肯尼亚纳罗克郡代表团一行参观顺鑫控股创新食品分公司生蔬加工生产线和“我鲜吃”商品展示店。艾芙琳•阿鲁萨副郡长希望顺义区和纳罗克郡在农业发展方面互为机遇、优势互补。

（外事侨务办）

【顺义参加第十九届京港洽谈会】 11月27日，第十九届京港洽谈会在香港举行。27日下午，北京天竺综合保税区“‘互联网+’时代的发展新机遇——跨境电商北京发展对接洽谈会活动”举行。京港两地相关职能部门、专家学者、香港地区商会组织、品牌企业、已进驻天竺综合保税区运营的跨境电商企业代表和北京企业代表等共商跨境电商发展大计。对接洽谈会分为政策解读、产业聚焦、互动洽谈三个环节。28日京港洽谈会投资项目签约仪式举行。分别与经纬集团、安中国际石油控股有限公司、中国动力股份有限公司3家港资企业签订合作协议，将为顺义引资7.89亿美元，折合人民币约50.5亿元。签约项目主要涉及技术研发、新能源、跨境电商等领域。本届京港会北京顺义“走出去”的企业基本实现占比40%的预想，签约额超过92亿美元。

（外事侨务办）

【韩国首尔城北区代表团访问】 12月2日、3日，韩国首尔城北区厅长金永培带领城北区代表团一行到顺义访问。代表团一行先后参观八宝葫芦文化产业园、牛栏山酒厂、北京天竺综合保税区、北京现代第二工厂、燕京啤酒集团、北京韩美药品有限公司、雅昌文化集团，并听取相关情况介绍。

（外事侨务办）

【顺义区代表团访问意大利菲乌米奇诺市】 12月17–21日，应意大利菲乌米奇诺市市长邀请，顺义区政府禹学垠副区长率团一行6人，赴意大利访问，并与意大利菲乌米奇诺市签署《友好合作谅解备忘录》。出访期间，双方就临空经济、现代农业、商贸物流、安全生产、城市规划建设等领域发展现状与合作基础进行探讨，并就项目互投、人员互访等友好交流项目达成共识。代表团与罗马首都国际机场相关负责人会面，就构建独特的临空经济格局、强化航空产业、空港物流业合作等开展交流；与意大利企业联盟协会主席保罗•隆高巴蒂先生会谈，向对方企业推介本区的临空经济发展状况和招商引资优惠政策。代表团实地走访玛卡雷斯奶业集团股份有限公司（MACCARESE SPA）等当地的农产品加工企业，就双方安全生产、农业现代化、农产品深加工及运输设备等合作达成初步意向。

（外事侨务办）

【外事工作调研力度持续加大】 一是2015年3–10月，本办联合区商务委、顺义公安分局完成《顺义区涉外资源现状及需求调研报告》，获顺义区2015年度优秀调研成果评选一等奖。该项调研对顺义区涉外资源情况进行全面摸底，基本掌握顺义区涉外资源的一手信息，为提升涉外管理能力提供现实依据和理论指导。二是2015

年8–10月，组织开展《“十三五”时期顺义区提升国际交往功能专题研究》，获顺义区2015年度优秀调研成果评选二等奖。该项专题研究直接推动顺义区首次将“提升国际交往功能”作为单独一章编入《顺义区国民经济和社会发展第十三个五年规划纲要》第六部分，同时，顺义区正式启动《“十三五”时期顺义区提升国际交往功能规划》的编制工作。

（外事侨务办）

【公共场所双语标识规范工作】2015年1–12月，一是接收并完成区内10家单位上报的外文译校工作11项，涉及辞条共计279条。二是共完成临空经济核心区、天竺综保区、中关村科技园顺义园区、绿色生态功能板块等重点区域，以及区内主要道路沿线双语标识纠错工作，共采集英语标识条数6466条（含双语宣传标语口号），其中不规范标识1164条，完成编印《顺义区公共场所双语标识纠错成果汇总II》（含商业服务业、道路交通、医疗卫生、文化设施、社区、旅游景区6册）。

（外事侨务办）

信访工作

【概　况】 2015年，在区委、区政府的正确领导下，区信访办按照区委四届九次、十次全会和区四届人大四次会议的总体要求，紧紧围绕顺义区“三个阶段性特征”，服务区域“四个转型升级”，践行“三严三实”要求，以深入推进信访工作制度改革为主线，以开展“信访法治建设年”活动为载体，围绕打造“阳光信访”、“法治信访”、“责任信访”，圆满完成了“两节”、“市两会”、“全国两会”、“两大安保”等重要敏感时期信访维稳工作任务，依法维护信访秩序、全力提升服务群众水平，切实推动新常态下信访工作扎实有效开展，全区信访总体形势平稳可控，一大批社会矛盾得到有效疏导和化解，有利促进全区经济社会又好又快发展和法治顺义、和谐顺义的构建。2015年，全区信访总量4637批（件）次，同比下降22.5%，其中来信1021件次，同比下降35%；接待群众来访3616批次，同比下降18%，集体访426批次，同比去年下降16%。

单位名称：中共北京市顺义区委顺义区人民政府信访办公室
单位地址：顺义区府前中街2号
邮编：101300
电话：（010）69444198

（信访办）

【领导干部接访机制全面落实】 一是在严格坚持原有领导干部定期接待群众来访基础上，区信访办搭建部门联合接访平台，不断提升领导干部接访实效。针对群众反映强烈的普遍性、涉众型信访问题，提前组织相关职能部门主要领导、区级主管领导，深入研究问题本质，着力政策攻关，会商化解方案，统一答复口径。然后集中约访信访群众，在不突破政策底线前提下，最大限度推动事项解决，力促其息诉罢访。全年区级领导共接待群众来访448件次、1039人次，批示372件次，当场答复76件次，初访化解率达98%。二是对于长期无理缠访老户，由区内属地单位主要领导单独逐一约访辖区重点人员，耐心倾听其表达诉求，深度研判信访问题的内涵，站位新角度、运用新思路、采取新办法，推动问题解决。三是积极发挥督导落实作用，加强信访事项督查督办力度，督促指导基层依法履职，及时就地化解矛盾。全年信访办通过督查督办推动问题解决17件次。

（信访办）

【矛盾排查调处】按照“横向到边，纵向到底，不留死角，责任到人”的工作原则，区信访办充分发挥联席会议作用，强化矛盾排查调处，从源头上预防矛盾产生。一是深入开展矛盾纠纷排查工作。全区共开展区级矛盾大排查4次，涉及隐患10个方面，梳理出重点关注问题60项，并全部建立台账督促矛盾化解，化解率达到86%。二是加强现有矛盾的调处工作。针对排查梳理出来的重点隐患，通过实行领导包案，开展案情会商，制定有针对性的工作方案，区域内各单位及时化解隐患问题，实现小事不出村、街，大事不出区。三是通过《信访排查工作简报》定期通报全区信访隐患情况，督促各单位排查发现隐患，落实职责任务，完善体制机制，加强交流沟通，实现信访问题解决好，矛盾隐患早化解。

（信访办）

【“一轴两翼”模式取得新进展】公共服务机构共同参与信访工作，纠正群众“大闹大解决，小闹小解决”的错误观念，宣传、引导群众通过合理合法途径解决问题，既帮助群众排忧解难，又推进信访法治化建设。今年，区信访办通过政府购买社会服务方式，与北京智勇律师事务所签订“法律事务委托合同书”，通过法律咨询为群众解决问题31件；与北京和谐心灵教育咨询中心签订“购买心理服务协议书”，通过心理疏导化解矛盾4件。同时，结合本区推广的“一村一居一律师”法律服务工作机制，“一轴两翼”信访工作模式已基本形成，这为涉法涉诉问题信访剥离、引导群众依法逐级表达合理诉求、矫正无理缠访人员扭曲心理，推动全区信访工作法治化发展奠定良好基础。

（信访办）

【信访干部综合素质显著提升】开展形式多样的管理培训，规范业务办理流程。一是举办两次全区规模的信访干部培训班，邀请市办业务处室领导对全区信访干部进行网上信访办理、办信和接待程序、复查复核及心理疏导培训等，规范全区信访工作业务流程，提高信访干部的业务素质和处理问题、解决问题的能力，缓解信访干部的心理压力，增强信访干部的角色意识、群众意识和服务意识。二是从各镇、街道抽调信访工作骨干，到区信访办进行为期一个月的在岗培训，和区信访办工作人员共同接待来访群众、办理群众来信，相互学习，相互促进，既提升基层信访干部的政策法规水平、与群众沟通的技巧，也增强区信访办与基层信访工作人员之间的交流互动。三是强化信息员和应急处置队伍建设。按照“五到位”要求，全区主要职能部门、属地政府设置专职信访信息员，并对其工作进行量化考核；同时，制定信访应急劝返队伍管理制度，执行“出动登记、回程反馈”工作模式，实现应急劝返队伍的规范化管理。

（信访办）

信息工作

【概　况】 2015年，区信息中心以满足政务运行需要，促进政务资源共享和跨部门业务协同为目标，继续推进政务数据中心机房及环网工程建设，初步构建起基于云计算的电子政务公共服务平台，支撑各部门开展各类业务应用；加快推进领导决策系统和基础数据库建设，为区领导和各部门提供专业化服务；不断加强区政府门户网站建设，显著提高信息公开、网上办事、便民服务的能力。

单位名称：北京市顺义区信息中心
地址：顺义区府前中街5号
电话：（010）69461764
邮编：101300

（信息中心）

【政务数据中心建设】 2015年，完成政务数据中心的配电和给水工程。水电齐备后，开始消防、空调、水泵、电梯、弱电等分包工程的修复和调试工作。目前，各分包调试工作已基本完成，正在进行室内装修修补工作。

（信息中心）

【电子政务外网准入一期、二期工作完成】 为提高电子政务外网终端计算机管理水平，提高区电子政务外网边界防护能力，根据《中华人民共和国信息安全技术和政府部门信息安全管理基本要求》（GB/T 29245-2012）终端计算机防护管理相关规定，区信息中心进行电子政务外网准入系统一期、二期建设工作。将全区电子政务外网计算机录入准入系统进行统一管理，做到“专机专人，一一对应”。目前，全区共有登记备案计算机 14134 台。所有计算机强制安装杀毒软件，并定期进行杀毒软件健康检查,操作系统漏洞扫描，排除计算机安全隐患，从根本上降低网络安全事件的发生几率。对全区委办局及各镇的设备及终端计算机科学划分网络出口，确保用户单位的网络传输速度进一步提升。

（信息中心）

【社区联网工作】 社区联网工作纳入顺义区 2015 年为群众拟办重要实事工程。区信息中心于工程实施前对涉及的 108 个社区居委会的网络情况进行摸底调查，组织相关人员对政务光缆路由铺设方式、光缆路由长度进行现场勘测，制定社区网络建设方案。8 月 20 日，社区联网工程正式启动。截止 2015 年 11 月 24 日，完成 99 个社区的光缆敷设工作。此次社区联网工作科学划分 IP 地址、规范街道、社区网络结构，提高街道和社区整体信息化管理及应用水平，为社区居民提供更便捷、更高效的更全面的服务。

（信息中心）

【等级测评工作】 年初区信息中心委托北京信息安全测评中心对顺义网城、顺义区网上办公服务平台和区电子政务外网进行等级保护定级测评（等保二级）。重点检查网络设备、安全网关、操作系统、应用程序和信息数据的安全措施及防护水平。通过信息安全等级测评，区信息中心优化政务网络管理架构，细化防火墙访问控制策略，完善用户身份鉴别机制。确保区政务网络和重要信息系统安全、稳定、可靠运行。

（信息中心）

【电子政务办公服务平台】 定期充实平台内容。整理现有栏目，拓展平台功能。2015 年，相关单位通过办公服务平台办理政府公文 3298 件；接转、办理便民电话 24450 件；传输政务信息 5518 条；收发电子邮件 420000 封。

（信息中心）

【领导决策系统建设与应用】 落实《中共北京市委办公厅北京市人民政府办公厅关于进一步精简会议、文件和简报资料的通知》精神，不断完善和优化电子刊物上传及展示功能。2015 年，全区 35 个单位通过该系统上传各类简报、刊物 554 期，切实降低行政办公成本。

（信息中心）

【网上办事大厅】 推动各实体全程办事大厅向网上迁移，逐步建立贯通区镇村各级的网上政务服务体系。推进全区政务服务改革创新，依托全区网上办事大厅，在“一站式”网上办理模式的基础上，加强政府部门资源共享、业务协同，推动审批流程再造、并联审批，强化实时在线监察与权力监督，提升政府服务质量与效率。目前，网上政务服务大厅可为企业和公众提供全天候的网上申报、网上咨询、网上申请、进度查询、办理结果反馈等“一站式”服务。2015 年，全区各窗口单位已在网上受理事项 175521 件。

（信息中心）

【电视电话会议系统改造工作】 为满足北京市政府电视电话会议系统建设要求，实现与市政府电视电话会议系统的无缝对接，更好的保障国家和北京市电视电话会议顺利转播至基层，区信息中心对本区的视频会议系统实施改造，将原标清设备升级为高清设备。对会场环境不符合要求的镇，督促其抓紧对视频会议室进行改造，改善会议室网络接入和照明条件，更换显示设备，满足高清视频会议音频、视频传输需求。目前，已完成主会场及各分会场高清视频设备的更换及调试工作，已具备高清电视电话会议的召开、装备条件。

（信息中心）

【顺义网城建设】 顺义网城现设有魅力顺义、投资新城、信息公开、在线服务、政民互动、市民生活、畅游绿港七大服务频道，设置各级子栏目共1137个。2015年，外出开展采访活动400多个，拍摄图片5000多张，留存资料3000张，发布政务、经济、百姓生活信息2200余条，各栏目累计发布信息5000余条，图片2300余张。

（信息中心）

【中国政务网站领先奖】 2015年3月，在由中国信息化研究与促进网联合中国搜索、中国日报网等共同主办“第十三届中国优秀政务平台（智慧城市）评估总结大会”上，顺义网城荣获2014年度“中国政务网站领先奖”，在全国87家直辖市所属区县政府网站中排名第6，北京市区县政府网站中排名第3。

（信息中心）

总部企业高管人员服务

【概 况】2015年，切实把握三个阶段性特征和四个转型升级要求，坚持“用心服务至高、共谋发展至上”的服务理念，积极探索服务形式，优化企业发展环境，努力提升服务企业及高管人才的质量，全力以赴为顺义总部经济发展提供服务保障。

单位名称：北京市顺义区总部企业高管人员服务中心
地址：顺义区建新西街3号
电话：（010）89498007
邮编：101300

（唐勇）

【服务企业规范化】一是完善企业及高管人才信息档案，做到对服务对象的“底数清、情况明”；二是建立电话沟通和走访慰问制度。坚持每半月对服务企业进行电话沟通，每季度对服务企业进行走访调研，及时了解企业及高管人才面临难点问题，并协调区内相关委办局及属地镇政府予以解决；三是建立节日慰问制度。以元旦、春节、端午节等节日为契机，向服务企业的高管人才送上短信祝福，并协同企业参加北京国际汽车展、郁金香文化节、菊花文化节等活动，共享顺义发展成果。

（唐勇）

【动态完善企业及高管人才数据库】4月，服务中心通过走访调研及与区工商、税务等部门的联动，动态修改服务企业名录，完善高管人才信息，实现服务工作顺畅对接。年内确定服务企业79家，涉及高管人才400人。

（唐勇）

【总部企业五月的鲜花文艺汇演】6月16日，服务中心举办总部企业“五月的鲜花”走进海航文艺汇演。此次演出以“我的中国梦 欢乐新顺义”为主题，是顺义区第二十二届“五月的鲜花”文艺汇演活动的重要组成部分，区内总部重点企业共编排19个节目，涵盖歌曲、舞蹈、器乐演奏、快板、合唱等多种艺术形式。

（唐勇）

【总部及重点企业和高管人员数据库建立】2月，服务中心与顺义区国、地税局、各属地镇政府及开发区管委会合作，在全区范围内开展重点企业情况调查摸底，此次登记的企业数据库为：年实现地方财政收入1000万以上的注册型企业和年实现地方财政收入2000万以上的占地经营型企业，最终有79家企业入选。建立优秀人才数据库，服务中心在3月至4月开展优秀人才信息统计工作，其中包括入选市级及以上重大人才工程、计划，入选市级及以上重要奖项，荣获市级及以上重要奖章荣誉，获得市级及以上较高荣誉称号，以及其他获得市级及以上荣誉奖励或有其他特殊贡献等五类优秀人才。经过申报、审核、汇总，最终共有105人入选优秀人才数据库。

（唐勇）

【重点企业座谈会】3月17日，服务中心就经济发展新常态下，政府部门如何更好地为企业服务召开全区重点企业座谈会，中国国际航空股份有限公司、中国航空油料集团公司、国航进出口有限公司等区内23家重点企业代表参加此次会议。

（唐勇）

【企业奖励兑现工作】 服务中心采取事前稽核、事中监控、事后绩效评价相结合的方式，开展企业奖励兑现工作。2015年，兑现企业6家，兑现资金4904.25万元。

（唐勇）

【建立信息平台，畅通服务渠道】 服务中心充分利用“互联网+”思维，发挥传统互联网和移动互联新媒体的作用，于2015年8月20日正式上线两大“总部企业互动交流平台”。两大互动平台包括门户网站和微信公众平台。

（唐勇）

【高管人才个性化服务】 一是解决高管子女入学转学问题。对于企业高管子女有在区内学校就学需求的，服务中心都会全力予以协调解决。年内解决企业高管子女就读幼儿园2例，小学转学1例；就读小学1例，初中1例；高中转学1例。二是开展“高管人员生日贺岁活动”。截止目前已向60余位高管人员送去生日祝福。三是解决企业高管户口进京问题。目前两名高管材料已经申报，正在等待市级审批。四是其它个性化服务，例如为高管人员协调就医、寻找房源等，解决他们生活中的实际困难。

（唐勇）

安全生产监督工作

【概　况】 2015年，顺义区逐步完善安全生产责任体系，区委办、政府办联合出台《顺义区安全生产党政同责实施办法》及《顺义区安全生产“一岗双责”实施办法》初步构成顺义区“1+X”的安全生产责任体系。以企业安全生产标准化达标创建为载体，以信息化平台为手段，在全区规模以上企业中开展落实企业主体责任“十个一”的深化隐患排查治理体系建设工程，推进实施“一企业一标准，一岗位一清单”的隐患排查试点工作。结合新安法和三级标准化评审标准的修订，累计投入162万元，对安全生产动态监管系统进行全面升级改造。采用“政府推动、市场化运营”的方式，重点在烟花爆竹企业、危险化学品生产、经营、储存企业、安全生产风险系数大的大型企业和高危企业等10类、400余家企业中开展安责险承保服务。6月，依托中北华宇建筑工程公司，建立本区第一家综合性安全教育培训基地，常年面向全社会开放。

单位名称：北京市顺义区安全监管局
地址：顺义区石门街6号
电话：（010）69443437
邮编：101300
网址：http://www.ajj.bjshy.gov.cn

（王　维）

【落实全国安全生产会议精神】 1月9日，区安委会成员单位及人密、工业、危化、建筑40家重点企业主要负责人共计120余人参加国务院召开的全国安全生产电视电话会议。会议结束后，安全监管局局长孙书林就全国近期发生的事故情况进行通报，并对下一阶段工作进行部署。

（王　维）

【党政同责实施办法出台】 3月25日，《顺义区安全生产党政同责实施办法》经区委常委会和政府常务会审议通过，并以两办名义联合下发。实施办法结合顺义区特点，对党委、政府各部门安全生产职责的进一步细化和分解。更通过两个配套文件《顺义区党委系统有关部门及群团组织安全生产工作职责规定》和《顺义区行政单位对生产经营单位安全生产监管（管理）职责规定》，将党委各部门的安全生产职责和政府各部门的安全生产职责进行明确规定。

（王　维）

【安全生产扩大会议】 4月10日，顺义区政府召开2015年安全生产委员会全体（扩大）会议。全区各委、办、局、中心、公司行政正职，各镇、街道、经济功能区行政正职、主管副职、安全科长、专职安全员代表和危化、建筑、工业、人密场所等重点企业的主要负责人，共计350人参加会议。安全监管局区通报2014年安全生产工作，部署2015年安全生产工作任务。

（王 维）

【宣传咨询日】 6月18日，安全监管局组织开展“安全生产月”宣传咨询日活动，主会场位于马坡镇庙卷村文体中心，分会场在顺鑫农业股份有限公司创新食品分公司和中北华宇安全培训体验基地举行。活动以“加强安全法治，保障安全发展”为主题，区内主要行业部门现场向群众进行宣传和咨询，并组织群众参观事故警示宣传展板，现场发放各类宣传材料2500余份。

（王 维）

【工业企业有限空间大比武】 7月2日，安全监管局在安全生产科普教育培训基地，举行顺义区2015年工业企业有限空间作业大比武活动。参赛队伍在规定时间内完成作业准备、检测与通风、个体防护、有限空间内作业、应急救援等实操内容，裁判组依据评判标准对其参赛者进行打分。最终北京恩布拉科雪花压缩机有限公司获得本次比赛一等奖，北京顺鑫农业股份有限公司牛栏山酒厂、北京首钢冷轧薄板有限公司获得比赛二等奖。

（王 维）

【危险化学品企业专项整治】 7月6日至8月14日，安全监管局对危化行业开展隐患排查治理专项整治工作。此次整治工作中共检查危险化学品生产经营、储存企业114家，出动执法检查车辆110车次，出动执法人员200人次，下达现场检查记录114份，责令改正指令书42份，发现安全隐患88条，目前全部整改完毕。

（王 维）

【安全生产大检查】 8月17日至9月10日，安全监管局在全区开展集中开展安全生产大检查及“六打六治”专项整治行动，共检查企业7394家，出动检查人员1708组，发现隐患数6076处，整改隐患4511处，下达文书2196卷，打击非法违法行为20起，整治违规违章行为78起，停产整顿22家，处罚金额45.8万元。

（王 维）

食品药品监督管理工作

【概 况】2015年是全面深化食品药品监管体制改革、提升辖区食品药品安全水平的关键一年，围绕“让辖区百姓享受更高水准的食品药品安全保障”根本目标，在“四个全面”和京津冀协同发展的大格局下深化落实“四有两责”，进一步完善统一、权威、高效的监管体系，全区食品药品安全状况整体良好,未发生食品药品安全事件。10月，顺义区代表北京市接受国务院食品安全办公室和国家食品药品监管总局的督导检查，受到督导组的高度评价，一致认为顺义区的大型食品批发市场管理水平位于全国前列。12月3日，国家总局副局长滕佳材等来到顺义进行调研，对本局的基础建设和日常监管给予高度肯定。

单位名称：北京市顺义区食品药品监督管理局
地址：顺义区仓上街3号
电话：81494106
邮编：101300
网 址：http://www.bjda.gov.cn/publish/shunyi/index.html

（食药监局）

【依法履职从严惩处】 全年共办结行政许可4588件，发放许可证及备案凭证4508个，包括药品经营类575件，保健食品243件，医疗器械类577件，食品流通1757件，餐饮服务1356。新获批药品品种2个，新增二三类医疗器械注册产品10个。年内推进13家食品生产企业开展HACCP质量安全管理体系认证，3家企业通过新版药品GMP认证、235家药店通过GSP认证，全区已有49家食品生产企业、12家药品生产企业、306家药店通过管理规范认证。共查办食品药品行政处罚案件728件，做出行政处罚决定749件，罚没款共计606.58万元。全年共集中定点销毁不合格肉制品100吨。联合公安部门查处“袋鼠精”、“顶级伟哥”食品添加西药成分案件、非法添加有毒有害物质加工血豆腐案件，共刑事拘留7人。

（食药监局）

【统筹协调社会共治】 一是全年区财政拨款共计1188万元，区、镇两级食品药品安全经费保障更加牢固。2015年7个市级示范所和3个市级达标所通过市局验收，截至目前，全局已有16个监管所达到市级规范化建设标准。二是继续强化两级食品药品安全委员会的统筹协调，发挥议事协调作用。以顺义区城市管理综合执法机制改革为契机，牵头组建市场监督管理执法委员会及其办公室，进一步整合辖区15家成员单位857人的行政执法力量，建立“一次检查、全面发现、统一流转、有效处置、督察督办”的市场综合监管模式，业务培训、督查考核、流程细化等重点工作正稳步推进。三是推动成立企业协会，强化行业自治。积极推进成立顺义区食品药品安全企业协会，目前已发展会员65家。继续加强与北京市医药行业协会、区饮食服务行业协会等行业组织的沟通联系，发挥其桥梁纽带、组织协调和服务管理作用，加大业务培训，规范行业发展。年内，区食品药品安全企业协会共组织全区范围内3500余名从业人员开展新《食品安全法》等食品药品安全培训15场。

（食药监局）

【完善制度创新监管】 年初，根据市局会议精神和重点业务工作，梳理出十三方面共81项内容纳入折子工程。进一步完善《食品药品安全事件防范处置规程》（试行）、《案件合议制度》等27项制度标准的《制度汇编》，并按照业务分类制发了《政府信息公开工作手册》等工作汇编5本。按照绩效考核标准，实施人员、部门双维度考核，行政管理规范化体系更加健全。已集中整理完成文书、许可备案及行政处罚案件档案共计29114卷件。

（食药监局）

【网格管理精细化】 制定《网格化监管巡查基本工作规范（试行）》，每季度开展工作督查，下发业务指导，促进65个三级网格责任到人，风险隐患排查落实到位。2015年共排查出监管风险点308项，建立风险点台账，并制订有针对性的防控措施。在大型批发市场石门市场设立驻场办公室，实施24小时驻场监管，局领导班子带头，峰时执法常态化。

（食药监局）

【大型活动保障】 进一步完善“大应急”机制，区食药安办与区卫生计生委联合印发《关于进一步规范食品安全事件调查处置流程的通知》（京顺食药安办〔2015〕1号），全年共开展全国“两会”、“九三阅兵”、世锦赛、啤酒文化节和春节、国庆等重大活动、节日保障28次，共处置食品药品应急突发事件10次。

（食药监局）

【监管现代化】 强化与北京市质检院和出入境检验检疫局的战略合作，目前顺义区地市级的食品药品安全监控中心建设稳步推进，装修改造、机电安装、消防管线等主体工程基本完工。年内，由快检发现并经检测确认的不合格食品样本共95个。年底，投入经费约94万元，对石门市场、众望、中和清雅等辖区重点食品生产经营企业和检测联盟成员单位自检室进行设备试剂的扶持，共为企业免费发放检测设备59件，耗材148件，试剂271盒。2015年共完成65大类12084个食品样本的抽检工作，合格率达97.83%；检测药品、药包材样本771批次，合格率达100%；检测医疗器械样本30批次，合格率达96.67%；检测化妆品样本90件，合格率达100%。

（食药监局）

【加大宣传全民参与】拓展宣传渠道，将快检筛查融入百姓生活，免费发放家庭装快检试剂盒1530个。在顺义区电视台和广播电台设立每周食品药品安全播报，与顺义电视台联合推出《生活帮：生活实验室》栏目，在顺义时讯设立食品药品下架信息专栏。设立工地围挡宣传展板22块。在街道小区设置社区培训站，定期开展科普宣传活动，让食品药品安全知识走近社区居民。全年制作《生活实验》栏目15期，播出每周食品药品安全播报47期，在北京电视台、《劳动午报》、《京华时报》等各级各类媒体刊发宣传稿件399篇、997篇次，实现宣传数量和宣传效果的双提升。

（食药监局）

【畅通投诉举报，发放奖励资金】2015年共计办理各类投诉举报2028件，办结2024件，实现回复率、满意率100%。其中投诉举报立案率为27%，同比增长了20%，全年共有区市级举报奖励申请14起，均按奖励办法给以奖励。在国家统计局北京调查总队2015年调查中，居民对食药安全满意度达到85.4%，比2014年上升16个百分点。在市食药安办、市局组织的食品药品安全工作考核评价中，顺义连年取得优异成绩。

（食药监局）

市场经营管理

【概　况】全年完成市场经营收入4840万元，比年初计划增收840万元，比2014年增收920万元。通过托管、租赁、接收社区服务设施等多种合作方式，接管牛栏山镇工业区便民市场和张庄便民菜店，所辖市场、菜店总数增至54个。

单位名称：顺义区市场经营管理中心
地址：顺义区石门街10号
电话：（010）69426100
邮编：101300
网址：http://www.shysczx.bjshy.gov.cn

（市场中心）

【便民过渡市场疏解关闭】为服从京津冀协同发展大局，疏解非首都功能和低端产业，推动本区农产品市场发展的转型升级，市场中心党委根据便民过渡市场实际情况，采取早市、座商分步关停方案，便民过渡市场于2015年12月31日做到零上访、无震荡关闭，清退商户365户，疏解外来人口737人，解决临时市场及周边交通、环境、治安、食品消防安全等问题。

（市场中心）

【彩俸市场改造工程】改造工程包括改建商业门脸房13间，铺设给排水管线、配置供电设备、建设围建设施等，提高场地利用率，完善市场基础设施建设。

（市场中心）

【新建小区便民社区菜店设计】为进一步探索社区商业服务设施管理的新办法，完善“十五分钟”便民商圈和网点布局，尝试“农+超”新型经营模式，截止到2015年市场中心配合规划、建委、商务委等部门做好仁和花园、卧龙环岛西南侧保障房项目菜市场配套服务设施设计，累计参与全区设计方案33个。

（市场中心）

【区域内农产品网络销售电子商务调研】区市场中心联合北京安宏睿业科技有限公司就本区农贸市场电子商务项目需求进行专题调研。调研内容包括市场辐射范围、网上购物或销售经历、商户及消费者年龄结构、商品推广方式、是否使用智能手机等5大类、33小项的内容。根据调研结果，市场中心党委具体谋划2016年本区农产品网络销售服务体系建设工作。

（市场中心）

【顺潮东机动车市场开展机动车拍卖业务】7月22日，顺潮东机动车市场与北京鑫新拍卖有限责任公司共同举行机动车专场拍卖会。现场共有

17 台经过严格检测和评估的二手车参与拍卖，包括桑塔纳、奥迪、帕萨特、金杯等多种车型。活动当天，50 余位宾客到场参与竞拍，最终有 5 辆车成功拍卖售出。

（市场中心）

【高丽营大集管理】一是强化组织领导，实行中心主任牵头，主管主任协调，副主任轮流带班工作机制。二是统筹调配人员力量，加大保障力度，确保各工作岗位节点人员充沛。三是明确岗位职责，细化岗位分工，实现市场无缝隙管理，确保上市高峰期间各行业有序运营。四是严明工作纪律，加强工作考核，做到统一集结，统一上岗，严格管理，热心服务，树立市场管理良好形象。五是坚持做好开市前准备和散市后清理工作，包括摊位划分、垃圾清扫、落叶积水清理等，确保市场内外环境秩序良好。六是积极联合属地政府职能部门，开展环境、秩序、安全管理等专项整治，促进提升购销环境。全年，共保障开市 51 次，累计出动人员 1785 人次，市场秩序不断改进，交易环境显著提升。

（市场中心）

【市场规范化管理】市场整治效果明显。按照市场规范化管理标准，重点对市场卫生环境、经营秩序、食品及消防安全进行整治。组织签订责任书 10000 份，开展各类检查整治活动 40 次，下发告知书 1735 份，更新不规范及破旧广告牌 182 块，引导市场周边游商 130 家入市经营。市场日常管理深入细化。按照《顺义区诚信市场创建活动实施方案》的要求，在各市场开展诚信市场创建活动，将商户档案、商品台账、证照资质、合同管理、星级商户评定等 6 大项、101 小项的内容作为市场规范化管理的抓手，逐步完善市场基础性工作。中心滨河裕龙菜市场、建北市场通过验收被评为市级诚信市场。市场安全工作进一步加强。牢固树立最大的效益是安全，最大的浪费是事故的理念。确立重大节日、重要会议期间的保障机制。现场纠正隐患 760 次，配置更新消防器材 2200 个，回复便民电话信访件 55 个，调解矛盾纠纷 13 起。

（市场中心）

外事侨务工作

【概 况】 2015 年区政府外事侨务办在区委区政府的正确领导下，以党的第二批群众路线教育实践活动“回头看”为契机，紧密结合“三严三实”专题教育，严格按照北京市服务中央单位、驻京部队“四个服务”的要求，全力以赴为驻区的中央单位及部队提供更好的服务平台和载体，着力提高服务能力和水平，服务工作体制更加完善，统筹协调能力及服务质量不断提升，驻区中央单位和部队的满意度不断提高，服务工作在推动区域经济建设上的作用更加显著。

单位名称：北京市顺义区人民政府外事侨务办公室

地址：顺义区府前中街 5 号

电话：（010）81481980

邮编：101300

网址：http://www.fao.bjshy.gov.cn/

（外事侨务办公室）

【卢映川调研科技创新产业发展情况】 1 月 29 日，顺义区委副书记、区长卢映川先后来到中航复合材料有限责任公司等三家企业，详细了解企业的运营管理情况和未来发展思路以及业务开展、机构及人员等情况。在随后召开的座谈会上，卢映川听取科技创新工作进展、存在问题及下一步工作安排的汇报。同时强调，要主动适应发展新常态，积极构造创新创造企业摇篮，全力培育支撑顺义未来的战略新兴产业，要提升科技创新园区发展和管理水平，为顺义经济发展注入源源不断的活力。

（外事侨务办公室）

【顺义区领导走访慰问驻区部队官兵】 2 月 11 日，在新春佳节即将来临之际，顺义区四大部门领导组成慰问团，看望长期驻守在顺义的解放军和武警部队官兵，为他们送去300头整猪、1000箱食用油、1980箱饮料等价值99万元的慰问品和节日的祝福。区委书记王刚询问部队建设情况，对长期以来驻区部队在支持顺义建设和维护区域和谐稳定等方面做出的贡献表示感谢。

（外事侨务办公室）

【天竺综保区管委会召开监管部门及企业联席会议】 3月19日，北京天竺综保区管委会召开与监管部门及企业2015年第1次联席会议。会议分析天竺综保区2015年1–2月经济形势、通报入区重点项目进展情况及招商工作进展情况。参会企业汇报经营发展情况及遇到的问题。林向阳同志强调，针对企业提出的问题，管委会要逐一明确责任部门，督办落实。他要求管委会不断为企业发展壮大营造环境、创造氛围，海关、国检、食药局等监管部门要寓服务于监管之中，不断改进服务，创新监管方式，入区企业要进一步发展壮大，创造利润，促进管委会及监管部门改进服务与监管。

（外事侨务办公室）

【中信银行信息技术研发基地项目奠基】 3月27日，中信银行信息技术研发基地项目奠基仪式在顺义新城马坡组团举行。该项目总投资35亿元，总占地85亩，总建筑规模17.9万平方米。园区采用整体围合式设计，建筑布局方正，主要包括研发中心和生产运营中心，计划2017年底完工，是集信息技术研发、单证中心、运营操作中心和培训中心为一体的中信银行总部后台基地。

（外事侨务办公室）

【为驻区部队办实事】 3月，顺义区就空四基地提出解决燃气、供水、路灯等大市政问题召开工作协调会，区委常委、常务副区长于庆丰同志听取市政市容委前期与外联办及相关单位的实地调研情况，并就初步方案进行研讨，指示由市政市容委牵头负责该项市政工程立项工作，其他相关单位全力配合，研究制定详细的项目方案，着力解决部队实际问题。会后，市政市容委与外联办实地勘察部队营区内燃气锅炉设置及供水供气管线的路由情况。

（外事侨务办公室）

【卢映川调研生物医药产业发展情况】 4月21日，区委副书记、区长卢映川先后来到国药集团工业有限公司等三家生物医药企业，详细了解企业经营情况及未来发展方向。在随后召开的座谈会上，卢映川指出，在新的宏观经济条件下，希望各企业高度关注互联网发展对企业生产经营管理和市场竞争带来的变化和影响，充分运用互联网思维去审视企业现状，在新的市场环境中保持自身优势，不断发展壮大；区内各相关部门要促进医药产业联盟建设，实现企业合作共赢；要为企业创造良好的服务环境，建立定期沟通机制，支持和帮助企业更好发展。

（外事侨务办公室）

【民航股权投资基金（有限合伙人）入驻天竺综保区】 4月，民航股权投资基金（有限合伙人）入驻天竺综保区。民航股权投资基金（有限合伙人）是由民航投资管理有限公司、首都机场集团公司等6家企业共同投资设立，注册资本20.2亿元，主营业务有投资管理、投资咨询、项目投资及管理、营销策划、商务信息咨询、企业管理咨询。该企业2015年内首期认缴出资额20.2亿元已缴付到位，并且投出率达95%以上。

（外事侨务办公室）

【企业代表投资考察】 7月14–16日，根据推进京津冀协同发展，疏解非首都核心功能的工作精神，本区组织航油集团财务有限公司、机场动力能源有限公司、中核二三建设有限公司等企业代表赴河北威县投资考察。通过考察，为本区重点企业搭建合作投资交流的沟通平台，推动企业转型升级，促进相关产业融合发展。

（外事侨务办公室）

档案工作

【概况】一是按照实际情况，采取兼顾全体、分类指导，重点先行的方法进行深入细致的指导；二是依照相关文件依法行政对19个乡镇和六个街道办事处的档案管理工作进行考核打分；三是继续完成存量档案数字化扫描工作，全年数字化扫描共计74万页；四是共接待查档人数3505人次，查阅各类民生档案11228卷；五是对馆藏1985年档案开放鉴定工作，共计53个全宗，13089卷档案决定延期30年后再进行开放鉴定。

单位名称：北京市顺义区档案局（馆）
地址：顺义区光明北街4号
电话：（010）69441542
邮编：101300
网址：dangan.bjshy.gov.cn

（档案局）

【大型展览】 档案馆作为爱国主义教育基地举办《潮白烽火—纪念抗日战争暨世界反法西斯战争胜利70周年》展览，展示顺义人民在抗日战争过程中奋起抵抗侵略，最终取得反法西斯战争胜利的壮举。近3000人参观展览；举办专题展览《仇立权画和珅国画作品展》，展览以绘画形式展示贪官和珅从辉煌到衰落的过程，全区近万名党员参观展览。

（乔砚潮）

【李向英副区长来局调研】3月6日，副区长李向英到区档案局进行调研。区档案局梁军局长就档案局（馆）近年来在新馆建设、干部队伍建设、信息化建设、基础设施建设、民生档案资源建设及拓展档案服务领域等方面工作情况做汇报。李向英副区长对区档案局的工作给予肯定，同时详细了解档案馆新馆建设推进情况，并提出要加快推进相关工作，争取早日开工建设；要进一步加强民生档案信息资源整合力度，采取多种有效途径，丰富民生档案信息资源，真正实现为民服务；要继续发扬档案人艰苦奋斗的优良传统，进一步解放思想，转变观念，推进档案工作又好又快发展，为全区工作做出更大贡献。

（乔砚潮）

【机关评测标准培训】5月20日，区档案局组织发改委、民政局、统计局、商委、李桥镇、李遂镇、大孙各庄镇、张镇8家单位的专职档案员开展机关档案测评标准培训。按照《北京市区县机关档案工作测评细则》的要求，分别从工作保障、基础业务、利用与服务、对下属单位的监督与指导四个方面逐条逐项进行讲解。此次培训，旨在统一认识、统一标准、统一方法，为本区机关档案综合管理水平不断提升和实现档案工作规范化、标准化奠定基础。

（李爱军）

【新农村建设档案测评】5月12日，顺义区档案局组织召开顺义区档案馆档案移交工作会议，区属机关、事业单位以及部分企业30家单位的专、兼职档案员参加会议。会上宣传布置顺义区档案馆2015年档案移交接收工作计划；解读《顺义档案馆档案接收鉴定标准》、《档案接收机读目录录入说明》，对档案接收的时间、范围和质量标准提出明确要求，详细讲解档案数据库录入方法，并进行相关业务培训。区档案局将严把档案进馆质量关，扎实推进档案接收进馆工作，确保档案依法、按时接收进馆。各移交单位也充分认识档案工作的重要性，认真学习和领会相关文件规定，积极做好本档案移交进馆工作，做到早计划、早安排、早对接，力求使档案的整理、数据库录入、档案质量符合要求。

（王颖）

【开展"走进档案"活动】6月9日，是"国际档案日"暨北京市第七届"档案馆日"。区档案局（馆）围绕"档案—与你相伴"开展多项活动。一是组织召开档案研讨会，进行档案馆室开放和咨询互动；二是进行档案文化展示，展出部分馆藏珍贵档案和建国以来顺义人民获得的奖杯、奖状等；三是开设家庭建档咨询，发放宣传材料，在现场进行家庭档案指导。全区120家立档单位，120名档案工作者和600多名群众参加了活动，活动中共发放宣传材料500份。

（乔砚潮）

【大兴区档案局、机场办领导来顺义学习调研】 大兴区档案局冀学光局长、大兴区机场办领导一行5人来本区学习调研首都机场T3航站楼建设时期相关档案管理工作。为即将建设的北京大兴机场在档案管理方面学习取经。在梁军局长的陪同下，调研组一行参观北京空港建设管理服务中心档案室，并在空港建设管理服务中心进行座谈，双方就机场建设期间所产生的档案管理问题进行探讨。本局管理科科长李秀芹详细介绍就相关经验和办法做详细讲解。

（乔砚潮）

【"十三五"规划课题研讨】 为促进顺义区档案事业发展。顺义区档案局组织召开顺义区档案事业"十三五"规划课题研讨会。北京人民大学信息资源管理学院副教授张宁博士等5位专家学者与档案局科以上干部参会，大家就"十三五"规划的思路、目标、任务及"十三五"规划课题的时间进度安排等问题交换意见。

（乔砚潮）

【档案执法检查】 全年对17家单位进行档案行政执法检查，通过听取汇报、现场检查、抽查下属单位、书面反馈、全区通报等方式，提升监管效果。对19个乡镇和六个街道办事处的档案管理工作进行考核打分。

（张琳）

地方志工作

【概况】 年内，区地方志办公室主要工作是编修第二轮《顺义区志》和《顺义年鉴》的编写工作。

单位名称：顺义区党史区志办公室
地址：顺义区光明北街4号
电话：（010）69460011
邮编：101300

（刘秀娟）

【《顺义区志》初稿编写工作】 2015年，《顺义区志》第二轮编纂工作全面进入初稿完成阶段。年内主要完成资料收集整理和编写工作。补充和完善十余家单位修志资料，共计十五万多字。

（刘秀娟）

【《首都文史精粹--顺义卷·临空经济发展史》编写完成】 与区政协共同编写完成《首都文史精粹--顺义卷·临空经济发展史》。全书共计十二章，四十多万字。以鲜活的人物事迹和丰富的文史资料，从辉煌历程、史海浪花、人物春秋、媒体链接、传承接力等方面，系统展示北京顺义临空经济的发展历程和取得的成就。

（刘秀娟）

【年鉴工作】 编纂完成《2014北京顺义年鉴》。全书共收录顺义区175家单位稿件共计63万余字。设27个类目、19个分目、184个子目、1328个条目，并配以照片、彩页、表格等多种形式，反映顺义区2014年政治经济民生等各个方面的情况。同时，编写上报《北京年鉴》和《北京农村年鉴》顺义区情部分的稿件，按时完成市地方志办公室、市农研中心年鉴编写任务。

（刘秀娟）

政协北京市顺义区委员会

【概 况】 2015年共召开常委会、专委会、主席会议等21次，听取和讨论区政府及区委、区政府有关部门的情况通报，并通过座谈协商、提交提案、反映社情民意、进行专题调研、特约监督工作等多种形式就全区重点工作和人民群众关心关注的问题积极建言献策，向党政部门提出各类意见建议323条，其中书面协商意见18条，四届四次会议立案的152件提案得到全部办理，有效履行政治协商、民主监督、参政议政的职能；向区委有关部门报送《创建首都公共文化服务示范区提升顺义文化建设水平》、《关于加快推进河东河西地区协调发展的研究》、《关于发展顺义区养老服务业的研究》、《关于加强顺义区大气污染治理的研究》等专题调研报告，深入开展人民政协理论和推动区域经济社会发展的研究。充分发挥人民政协包容各界、联系广泛、人才聚集的独特优势，坚持围绕中心，服务大局，组织委员针对全区热点重点难点问题开展视察活动，形成多项富有建设性的意见建议；深入基层，体察民情，反映民意，积极开展义诊、慰问等多种形式的连民心、办实事、送温暖活动，为构建和谐顺义增添助力。

单位名称：政协北京市顺义区委员会
地址：顺义区府前东街11号
电话：（010）69443831
邮编：101300
网址：http://www.zhengxie.bjshy.gov.cn

（王俊）

【第四届常务委员会第15次会议】 4月22日召开。协商决定人事事项，增补王俊忠为区政协委员，提请全体委员会议补选其为区政协常委，决定王俊忠任区政协经济委员会主任、专委会工作一室主任，陈福全不再担任区政协经济委员会主任、专委会工作一室主任职务，郑保安不再担任区政协委员；视察马坡镇石家营村新型农村社区建设情况和佳和宜园回迁小区管理工作；听取区住建设委关于全区城乡一体化建设情况的通报。主席杨宝华讲话。副主席田建国主持。整理部分常委的发言，形成18项协商意见。

（王俊）

【第四届常务委员会第16次会议】 8月14日召开。协商决定人事事项，提请全体委员会议补选申荣文为区政协常委，决定申荣文任提案委员会主任、专委会工作三室主任，免去沈凤田区政协提案委员会主任、专委会工作三室主任职务。区委常委、常务副区长于庆丰通报全区半年经济社会发展情况和下半年工作任务；杨宝华传达区委四届十次全会精神。

（王俊）

【第四届常务委员会第17次会议】 12月23日召开。听取区纪委关于全区党风廉政建设的情况通报。审议通过关于召开区政协四届五次会议的决定、建议议程、日程、常务委员会工作报告、关于提案工作情况的报告、常委会2016年工作要点和《政协北京市顺义区委员会关于加强服务委员履职工作的意见》。协商决定人事事项，增补周颖博、韩凤桐为区政协委员；提请区政协四届五次会议补选周颖博为区政协主席、韩凤桐为副主席。讨论通过区政协四届五次会议《选举办法》（草案），并提请区政协四届五次会议审议通过。

（王俊）

【“三严三实”专题教育活动】 从4月开始，开展“三严三实”专题教育活动，期间组织开展三个专题学习研讨。党组班子和班子成员分别梳理出“不严不实”问题11条和39条；班子提出整改任务12个、班子成员提出整改任务33个。二级班子民主生活会成功召开，党员干部积极参加，全心投入，梳理出“不严不实”问题54条，提出整改任务51个。

（王俊）

【界别活动小组】 11个界别活动小组全年共开展活动34次，通过召开各界别活动小组提案征集研讨会的形式，酝酿形成15个界别提案议题。

（王俊）

【顺义区政协《北京市总体规划》修改征求意见座谈会】 4月9日，召开顺义区政协《北京市总体规划》修改征求意见座谈会。与会委员听取区规划分局《关于<北京市总体规划>修改重点内容和工作情况的汇报》。整理有关领导讲话和部分委员发言，形成14项协商意见。

（王俊）

【儿童福利院慰问活动】 2月11日组织部分委员到区社区服务总中心儿童部开展慰问活动，观看介绍该部服务管理情况的视频短片，与工作人员进行深入交流，并呼吁社会关注弱势儿童的健康成长和权利保障问题。

（王俊）

【“三八”妇女节活动】 3月6日组织女政协委员开展五彩浅山基础设施建设成果考察体验活动，委员对浅山建设工作给予积极评价，并提出意见建议。

（王俊）

【视察安全生产监管情况】 5月15日组织部分委员视察全区安全生产监管工作，整理部分委员发言，形成4项协商意见。

（王俊）

【视察交通管理情况】 5月19日组织部分委员视察全区交通管理情况，实地考察区交通指挥调度中心、南法信物流中心和公共自行车站点，听取相关负责人的现场介绍，整理部分委员发言，形成4项协商意见。

（王俊）

【提案办理中期督办会】 5月22日召开提案办理中期督办会，各承办部门汇报提案承办件数、办理进度、办理过程中存在的问题和下一步工作打算，区政协提案委和区政府办公室分别就提案办理工作进行督促。

（王俊）

【提案办理工作现场协商会】 6月5日、6月10日分别举办以区公路分局单位为核心和以顺义区养老服务业发展议题为核心的2场提案办理工作现场协商会，邀请有关提案委员参与现场办理。

（王俊）

【义诊活动】 10月16日组织医疗界政协委员和民主党派医疗界专家赴木林镇开展义诊活动，为当地300多名村民提供医疗服务。

（王俊）

【视察《道路交通安全法》执行情况】 10月16日，组织部分委员视察全区《道路交通安全法》执行情况，整理部分委员发言，形成3项协商意见。

（王俊）

【视察高端服务企业发展情况】 10月21日组织部分委员视察全区高端服务企业发展情况，实地考察国家地理信息科技产业园、正元地理信息有限公司和玖美电子商务公司，听取相关负责人的现场介绍，整理部分委员发言，形成5项协商意见。

（王俊）

【视察养老服务业发展情况】 11月6日组织部分委员视察全区养老服务业发展情况，实地考察杨镇仁达养老院和石园街道居家养老服务站，听取区民政局关于区养老服务工作情况的汇报，整理部分委员发言，形成6项协商意见。

（王俊）

【视察大气污染治理情况】 11月13日组织部分委员视察全区大气污染治理情况，实地考察燕京啤酒厂（北厂）、北京大龙供热中心煤改气情况，听取相关负责人的现场介绍，听取区环保局关于全区大气污染治理情况的汇报，整理部分委员发言，形成5项协商意见。

（王俊）

北京天竺综合保税区

【概 况】北京天竺综合保税区（Beijing Tianzhu Free Trade Zone，以下简称“天竺综保区”）于2008年7月23日由国务院批复设立。2009年7月28日，一期通过海关总署等国家十部委联合验收，正式封关运营。天竺综保区是全国首家空港型综合保税区，是北京市三个国家级经济功能区之一。天竺综保区总规划面积为5.944平方公里，依照功能划分为两大功能区：一是口岸操作区，即内围网以南，机场以北区域；二是保税功能区，由三个区组成，一区为机场北线以东、内围网以北区域，二区为机场北线以西区域，三区为南区。天竺综保区是以海关为主实施封闭监管的特定区域，集保税和口岸功能于一身，鼓励开展物流、贸易、加工、研发、维修、展示、金融等业务，主要优惠政策包括：国外货物入区免税、保税，国内货物入区退税，区内企业外汇账户不实行限额管理等。依托区港一体化（保税功能区与首都机场口岸无缝对接）设计布局以及海关“分送集报”、商检“集中报检、分批出区”等创新监管模式，通关效率在全国首屈一指，普通货物平均通关时间为至2至6小时，特殊商品最快只需30分钟。北京市委、市政府将天竺综保区定位为：完善北京中国特色世界城市功能、提升“四个服务”水平的重要战略性基础设施，扩大对外开放、提升外向型经济发展水平的重要平台，北京融入全球经济一体化的崭新窗口。

单位名称：北京天竺综合保税区管理委员会
地址：北京市顺义区金航中路1号院2号楼
电话：（010）69478686
邮编：101300
网址：http://www.bjftz.gov.cn/

（天竺综保区）

【经济指标】2015年，天竺综保区实现进出口值780.9亿美元，下降1.2%；其中，保税功能区实现进出口值49.9亿美元，增长20.7%。完成关税及代征税387.9亿元。完成属地税收7.9亿元，增长8.7%。企业从业人员2.4万人，下降3.5%。能源消耗总量下降23.2%。北京首都国际机场整车口岸进口空运一般贸易整车612辆，同比增长2.6倍，进口货值达4.85亿元人民币，同比增长94%。

（天竺综保区）

【招商引资】年内，新引进入区项目57个，注册资本总额约97亿元人民币，其中，跨境电商企业呈现初步聚集态势。林德物流、日上免税行、聚优澳品等一批跨境电商企业均在区内设立公司开展跨境电商业务。中航租赁、南车投资基金等新型金融业态企业增势明显。三浦灵狐、世纪新峰等文化贸易类企业入驻国家对外文化贸易基地，北京国际科技贸易基地顺利揭牌，园区贸易服务平台得到进一步完善。

（天竺综保区）

【规划建设】2015年，园区重点建设项目18个，开复工总面积超过90万平方米；其中，新开工项目8个，面积约58.9万平方米。为提高对入区建设项目的服务质量，管委会主动与区供电、水务等部门沟通，协助东航、蓝汛、EMS、中外运、歌华等企业的建设项目完善市政方案，解决临水临电等问题。配合区国土部门，完成东航网内8号地、网外6号地、网外1号地及原出口加工区恒远中天项目土地闲置问题处理，并多次召开专题协调会督促相关地块按期开工，成效明显。

（天竺综保区）

【全面深化改革】 认真组织编写天竺综保区“十三五”规划纲要，经过前期调研、召开座谈会等工作，目前已完成规划纲要。推动出台《北京市顺义区人民政府关于推动北京天竺综合保税区与北京临空经济核心区融合创新发展的实施意见》（顺政发〔2015〕45号），该意见共涉及产业、规划、功能等五个方面、20项具体工作任务，为推动与临空经济核心区的融合发展奠定基础。与区国税局联合制定促进天竺综保区创新发展六项措施，全年共为14家入区企业申请获得一般纳税人资格。与食药局合作，为园区医药企业办理药品经营许可证、申请GSP认证，增强医药企业贸易功能。有序推进开发管理中心公司化改制，改制方案已经区委区政府相关会议审议通过。

（天竺综保区）

【北京市供销合作总社与蓝汛集团战略合作启动】 1月16日，北京市供销合作总社与蓝汛集团战略合作启动仪式在综保区举行，双方将在云计算及大数据领域开展合作，协议金额达9.6亿元人民币

（天竺综保区）

【无线监控工程项目顺利通过验收】 1月15日，天竺综保区无线监控工程项目通过联合验收，全部系统将正式联网启用。将为园区应急及突发情况的处置以及反爆恐工作提供有力的科技手段支撑，为园区重要活动安保工作提供技术保障，使园区的公共安全管理水平及应急突发处置能力提高到新的水平。

（天竺综保区）

【《北京天竺综合保税区深化改革创新发展纲要》通过】 1月20日，区委召开全面深化改革领导小组第三次全体会议，审议通过《北京天竺综合保税区深化改革创新发展纲要》（以下简称“《纲要》”）。《纲要》提出“一核三基地”发展战略，即：从服务国家发展战略、接轨国际经贸规则的角度，核心建设北京服务业投资与贸易便利化试验区；从服务首都城市战略定位、促进产业结构转型升级的角度，重点打造3个专业化基地——国家商贸服务示范基地、国家对外文化贸易基地和国家科技创新对外贸易基地。

（天竺综保区）

【行政通道智能卡系统启动】 为加强北京天竺综合保税区信息化、数字化管理，提升综保区行政通道通行效率，北京天竺综合保税区行政通道智能卡系统全面启动。截至1月底，共安装智能卡6849张。为各监管单位、部门安装智能卡1098张卡；为园区企业共安装5751张智能卡，其中为保税区30家企业共安装523张卡，为口岸操作区320家企业安装5228张智能卡。行政通道智能卡系统的全面启动，使卡口行政车辆真正实现一车一卡，一车一杆，高速便捷进出园区，提升天竺综保区行政通道通行效率。

（天竺综保区）

【民航股权投资基金（有限合伙人）入驻天竺综保区】 民航股权投资基金（有限合伙人）是由民航投资管理有限公司、首都机场集团公司等6家企业共同投资设立，注册资本20.2亿元，主营业务有投资管理、投资咨询、项目投资及管理、营销策划、商务信息咨询、企业管理咨询。该企业2015年内首期认缴出资额20.2亿元已缴付到位，并且投出率达95%以上。

（天竺综保区）

【中汇信通入驻天竺综保区】 中汇信通（北京）商业保理有限公司入驻顺义区的第一家商业保理公司，将利用企业自己拥有的保理公司业务系统，开展国际国内保理业务， 2014年11月，市商务委批准同意顺义区开展商业保理试点工作。

（天竺综保区）

【北京国际科技贸易基地揭牌】 4月22日，北京国际科技贸易基地举行揭牌仪式。卢映川同志与市科委主任闫傲霜签署《北京国际科技贸易基地建设战略合作协议》，并启动面向全国的新技术、新产品线上采购平台。北京国际科技贸易基

地以北京天竺综合保税区特有的功能政策平台为基础，整合科技政策、资源，着力打造口岸、研发、贸易三大板块。口岸板块重点建设服务外包口岸、高新技术综合进出口口岸、中国高新技术及装备出口口岸；研发板块鼓励发展电子信息技术、生物医药等产品和服务的保税加工，建设高科技产品服务全球的检测维修中心；贸易板块利用国际、国内两个市场，提供全球高新技术产品的展览展示交易服务，探索中国技术新产品（服务）应用推广。

（天竺综保区）

【美国劳顿郡代表团到天竺综保区访问】 4月29日，美国劳顿郡郡监理委员会主席斯科特•约克、劳顿郡经济发展局局长沃尔特•雷日、劳顿郡会议与旅游协会总裁兼CEO贝斯•埃里克森一行到天竺综保区访问。代表团一行了解天竺综保区的空间规划、功能布局、产业发展等情况，并参观园区及科园信海公司保税仓库。

（天竺综保区）

【北京首家进口商品保税展示店开业】 5月21日，天竺综保区德国商品保税展示店开业。该店是北京首家采取“保税展示+网上交易”模式运营的进口商品购物平台，面积约420平方米，由北京林德帕希姆经济技术合作有限公司运营，与帕希姆保税网上商城（http://www.pchmall.com/）相配合。主要特点：1.商品100%自营，无其他加盟商和渠道商，保证德国原产、德国正品；2.商品种类丰富，涉及母婴、家电、厨具、服饰、食药等10大品类，贴近中国消费者实际需求；3.运营商在德国设有完善的仓储设施，提供一条龙的物流服务，成本优势突出；4.对于部分在天竺综保区内存储的商品，运营商将借助保税区内海关“分送集报”，商检“集中报检、分批出区”等优惠政策和便利化监管模式，通过一般贸易方式报关出区5.运营商已在天竺综保区正式注册备案，所有商品高效、高速阳光通关、应税尽税。

（天竺综保区）

【全国首个海外回流文物口岸交易市场建成】 全国首个海外回流文物口岸交易市场在天竺综保区建成。该交易市场基于国家对外文化贸易基地（北京）境内关外、免证、保税的政策优势，通过保税展售、交易会、拍卖会和文物出入境科学检测、鉴定服务等多元模式，搭建海外回流文物展览展示及交易平台，提供文物鉴定保护、保税存储、交易交割等服务。目前，市场建设初具规模，11月底举办2015（北京）中国海外回流文物博览会。此外，北京国际文化艺术保护中心将与口岸交易市场同期启动运营。

（天竺综保区）

【首届北京国际设计贸易交易会】 9月9日，由北京国际设计周组委会与国家对外文化贸易基地（北京）主办的2015北京国际设计贸易交易会举行推介会，宣告首届交易会拉开帷幕。本届交易会于9月23日至10月7日在天竺综税区文化保税园举办，以“色、声、香、味、触、法”六大生活元素展现东西方不同国家的生活美学。交易会期间，将开展开幕日主题活动、国内外展商举办的各类专题沙龙、文化贸易论坛、文化产品体验活动等，通过展示、交流、互动体验、O2O线上交易等方式，对“文化保税展示交易”运营模式进行探索与创新，为国内外创意设计产业机构提供展示、交流、贸易的服务平台，为市民提供全新的生活美学体验。

（天竺综保区）

【天竺综保区赴港促跨境电商交流合作】 第十九届京港洽谈会在香港举行。包括9项专题活动，涵盖领域涉及金融服务、跨境电商、医疗卫生合作、科技创新、博物馆资源开发合作等，倡导以活动促进京港两地“高精尖”重大项目合作和双向投资。天竺综保区承办“‘互联网+’时代的发展新机遇——跨境电商北京发展对接洽谈会活动”。活动中，一系列支持跨境电商发展和优化营商环境的政策和措施对外发布。与此同时，天竺综保区和林德、经纬、聚优澳品等入驻企业代表积极交流互动，与京港两地专家学者、品牌企业等共商跨境电商发展大计，寻求合作空间和机会。此外，天竺综保区还参加顺义区举办的以“建设绿色国际港，打造航空中心核心区，共筑和谐宜居新家园”为主题的推介活动，参与推介“一个平台、三大板块”的发展规划和获得成果，全面展示我区强势打造首都创新创造新高地势头；在投资项目签约仪式上，天竺综保区管委会常务副主任林向阳与经纬集团签订合作协议，拟投资1.89亿美元，助推跨境电商产业集聚发展，加速天竺综保区产业转型升级。

（天竺综保区）

【北京首家大洋洲进口商品保税展示店开业】 12月17日，北京首家大洋洲进口商品保税展示店在北京天竺综合保税区开业，大洋洲进口商品保税展示店由聚优澳品（北京）供应链管理有限公司运营，采取“境外备货+保税展示+网上直购+空运直邮”的O2O跨境电子商务模式。即在境外聚优澳品自营海外仓备货；在北京天竺综合保税区提供产品保税展示、体验服务；在聚优澳品网上平台进行销售；通过国际航空直邮方式结合个人邮包快件配送的直邮直购业务送货到家。展示店100%自营，采取“境外备货+保税展示+网上直购+空运直邮”的O2O跨境电子商务模式，商品涉及羊毛制品、保健品、奶制品及水果生鲜等多个品类，同时确保大洋洲直采、原产、正品，承诺履行阳光清关和应税尽税义务。运营商借助天竺保税区内国际快件监管中心、跨境电商专业仓库、自动检测线等优势资源，以及区内海关“直通式分拨、分送集报”，商检“一次检验、分批核销”等便利化监管模式，大幅提升商品进境、通关效率。

（天竺综保区）

纪检·监察

【概 况】2015年，区纪委监察局认真贯彻落实中央纪委、市纪委全会精神，坚持问题导向和目标导向，认真履行全面从严治党主体责任和监督责任，从严教育管理，从严监督执纪，驰而不息纠正“四风”，切实加大纪律审查力度，推动党风廉政建设和反腐败工作取得新的进展。牢牢抓住党委主体责任的“牛鼻子”和纪委监督责任的“总抓手”，坚持健全制度明责任，统一思想强意识，完善体系防虚置，科学考核重运用，严肃追责逼落实，层层传导压力，促进“两个责任”落地生根；把加强和改进作风建设作为严明纪律的重要切入点，坚持巩固成果不反弹，狠刹“四风”不手软，治庸治乱不放任，以常抓不懈的劲头和毫不松懈的态势，坚决拧紧纪律作风螺丝扣；保持纪律审查高压态势，坚持打出执纪组合拳，抓住重点严查办，层层发力扭局面，揭短亮丑强震慑，形成有错必纠、有案必查、有腐必惩的强大震慑；坚持强化教育筑防线，源头防控建机制，抓早抓小防未然，注重从源头上减少和预防违纪违法问题的发生；坚持正人先正己，主动自觉地加强和改进纪检监察干部队伍自身建设，努力打造“忠诚、干净、担当”的干部队伍。

单位名称：中共北京市顺义区纪律检查委员会北京市顺义区监察局
地址：顺义区府前中街1号
电话：（010）69441938
邮编：101300
网址：www.jiancha.bjsh.gov.cn

（纪检·监察）

【区纪委四届五次全会】2月5日，中共北京市顺义区第四届纪律检查委员会第五次全体会议召开。市纪委常委张才雄出席会议，会议由区委常委、区纪委书记肖韵竹主持。会上，区纪委副书记、监察局局长胡小兵同志传达中央纪委十八届五次全会、市纪委十一届四次全会精神。区委常委、区纪委书记肖韵竹同志作题为《坚持从严治党要求 强化监督执纪问责 坚定不移推进党风廉政建设和反腐败斗争》的工作报告。市纪委常委张才雄同志、区委书记王刚同志作重要讲话。会议审议通过《中共北京市顺义区第四届纪律检查委员会第五次全体会议决议(草案)》。

（纪检·监察）

【反腐倡廉宣传教育工作联席会议】3月10日，区纪委组织召开2015年度顺义区反腐倡廉宣传教育工作联席会议，总结2014年反腐倡廉宣传教育工作，下发《2015年反腐倡廉宣传教育工作任务分解》。区纪委、区委组织部、区委宣传部、区委政法委等21家成员单位的主管纪检监察工作副职领导参加会议。

（纪检·监察）

【“两个责任”专题培训班】3月13日，区纪委、区委组织部、区委党校联合举办的“两个责任”专题培训班正式启动，全区各单位党（工）委（党组）书记和主管纪检监察工作副职领导、部分纪检监察干部共680余人次分三期参加专题培训。

（纪检·监察）

【廉政谈话】4月17日，区委常委、区纪委书记肖韵竹对全区2014年9月以来新调整岗位和新任职处级领导干部共计143人进行集体廉政谈话。

（纪检·监察）

【百名妇联干部参观实景教育基地】4月30日，顺义区百余名妇联干部走进顺义区实景警示教育基地旁听密云县某国企负责人行贿一案的庭审，以典型案件作为警示，教育广大妇联干部。

（纪检·监察）

【案件工作推进会】5月13日–19日，区纪委分三批次组织召开案件工作推进会，全区19个镇、6个街道、11家派驻单位、3家重点国有企业的纪委书记、监察科长参加会议，区委常委、区纪委书记肖韵竹，区纪委副书记李彬出席会议并讲话。

（纪检·监察）

【“三严三实”专题党课】5月22日，区纪委组织全区纪检监察干部学习听取市委常委、市纪委书记叶青纯所作的《深入学习践行“三严三实”，做忠诚干净担当的纪检监察领导干部》专题党课。区纪委全体干部、全区各单位主管纪检监察工作副职领导共180余人参加学习。

（纪检·监察）

【“古镜·仇立权画和珅国画作品展”】6月9日，区委宣传部、区纪委、区精神文明办、区文化委、区档案局（馆）、区文联联合举办的“古镜·仇立权画和珅国画作品展”在区档案馆开幕，展览共展出作品50余幅，持续10天，启动当日560余名党员干部观看展览。

（纪检·监察）

【集中约谈】6月26日，区委常委、区纪委书记肖韵竹对2014年党风廉政建设责任制检查考核总排名靠后及系统排名靠后的11家单位党委（工委、党组）、纪委（纪工委、纪检组）进行集中约谈。

（纪检·监察）

【职务犯罪庭审旁听活动】7月20日，区纪委、区法院、区检察院依托区反腐倡廉警示教育基地平台，组织区内240余名党员干部开展职务犯罪庭审旁听活动，听取民航快递有限责任公司某分公司营业部原出纳韩某挪用公款案庭审。

（纪检·监察）

【农村党风廉政建设工作专题培训】7月22日，市纪委党风政风监督室主任赵玉岐以治理农村“小官巨腐”为主题，对农村党组织书记进行专题培训。全区19个镇的纪委书记、组织部长，426个村的党支部书记共500余人参加了培训。

（纪检·监察）

【党风廉政建设责任制落实情况专题调研】7月–11月，顺义区党风廉政建设领导小组办公室按照镇街、派驻机构、部委办局中心、经济功能区、国有企业五大组分为14个小组，对全区141家单位党风廉政建设责任制落实情况进行专题调研。

（纪检·监察）

【落实党委主体责任暨纪律审查工作推进会】8月28日，顺义区召开落实党委主体责任暨纪律审查工作推进会。会议传达北京市纪委纪律审查工作推进会主要精神，通报1–8月份本区纪律审查工作情况，区委书记王刚同志作重要讲话。会议下发市纪委推送的《正风肃纪教育片选集》、区委印发的《纪在法前、深化“三转”系列文章汇编》、《“学思践悟”专栏系列文章汇编》等学习资料。全区各级党组织主要负责人和全区纪检监察干部320余人参加会议。

（纪检·监察）

【绿港清风廉政网“在线访谈”栏目正式启动】9月17日，绿港清风廉政网“在线访谈”栏目正式启动，访谈由区纪委、区委宣传部共同推进，区广电中心具体承办，在“绿港清风”廉政网上线直播。

（纪检·监察）

【纪检监察干部专题纪律学习会】11月3日，区纪委组织召开全区纪检监察干部专题纪律学习会，组织观看警示教育片，专题学习《中国共产党廉洁自律准则》和《中国共产党纪律处分条例》。

（纪检·监察）

【警示教育读本】12月，区纪委选取区内发生的12起典型违纪违法案件进行剖析，组织编写《警示就在身边--顺义区违纪违法典型案例警示教育读本》，下发至全区二级班子学习，以实现以案施教、以案明纪、以案示警目的。

（纪检·监察）

【2015年党风廉政建设责任制检查考核工作】12月中旬起，顺义区反腐倡廉建设领导小组对全区132家单位2015年党风廉政建设责任制落实情况进行检查考核，由区领导带队，分十七个检查组，采取民意调查、日常工作评估、现场检查和区领导带队督查相结合的方法，按照镇街道、区直单位和国有企业3个指标体系进行分类别、分系统检查考核。

（纪检·监察）

民主党派

【概　况】 民主党派在国家政权中是参政党，在中国共产党的领导下，参加国家政权，参与国家大政方针和国家领导人选的协商，参与国家事务的管理，参与国家方针、政策、法律、法规的制定执行。它们是接受中国共产党领导的，同中共通力合作、共同致力于社会主义事业的亲密友党。顺义区共有民主党派七个，人数310人。全区民主党派成员团结一致，积极为区域发展建言献策。

单位名称：顺义区委统战部
地址：顺义区府前东街11号
电话：（010）69443996
邮编：101300

（区委统战部）

【九三学社顺义支社社员考察汉石桥自然保护区】 4月18日，九三学社顺义支社社员和积极分子20余人在侯秀荣主委的带领下，对顺义区汉石桥湿地自然保护区的环境进行现场考察，并对湿地的水流动性差、浮游生物生长丰富影响景观提出治理意见。

（区委统战部）

【农工党顺义支部举办京顺中医文化节启动仪式】 5月1日，农工党顺义支部联合中国中医科学院总支部、北京京顺医院中医堂等单位举办第二届“京顺中医文化节”启动仪式。区政协副主席闫志广、农工党中央组织部副巡视员刘然、农工党北京市委副主委刘迎，区委统战部、农工区支部相关领导出席开幕式。文化节以“弘扬中医文化•造福顺义百姓”为主题，通过邀请知名中医专家开展义诊、举办养生讲堂活动、免费为200名公共文明引导员提供健康体检服务、举办首届京顺杯象棋大赛、首届“好中医•用好药”书法大赛等形式，集公益、文化、传承与医疗于一体，推动本区中医药事业更好更快发展。

（区委统战部）

【民盟顺义支部举行文化之乡惠民工程及揭牌仪式】 5月15日，民盟顺义支部在李桥镇沿河特菜基地举行民盟文化之乡惠民工程及揭牌仪式。惠民工程致力于通过国学、书法的赠送和培训，倡导和谐的社会氛围。主要包括：举办艺术书画展览、建立书画培训基地、整合资源建立民盟支部活动中心等。

（区委统战部）

【民建顺义支部资助特困儿童】 5月29日，民建顺义支部在北京顺义特教学院举行资助特困儿童活动，统战部、区教委、民建支部会员、学生家长约40人参加启动仪式。民建支部企业家们在活动中公开承诺：在未来三年内，将向15名学员提供每人每年2000元的资助款；所在企业将为特教学员提供实习、锻炼和优先录用的机会；所在企业将力争成为特教学院的实习基地，三年内至少使15名学员掌握一项谋生技能。

（区委统战部）

【民革顺义区总支开展“警惕—毒品就在身边”主题活动】 6月23日，民革区总支联合北京市公安局强制治疗管理处开展“警惕—毒品就在身边”主题活动。活动通过专题座谈、听取戒毒人员及其家属对所内工作的意见、进行义务文艺演出等方式，进一步宣传戒毒知识，加强防毒、拒毒意识。

（区委统战部）

【致公党顺义支部在平谷区金海湖召开会议】

10月7日，致公党顺义支部就“促进顺义区深度融入京津冀一体化发展”一题在平谷区金海湖召开会议。

（区委统战部）

【农工党顺义支部主办第七届京顺健康节】 10月1日至7日，由中国农工民主党顺义支部（以下简称农工顺义支部）主办、北京京顺医院承办的以“对接优质医疗资源，打造互联网+医院”为主题的第七届京顺健康节举办。当天出诊的24名专家应邀参加健康节开幕式。

（区委统战部）

群众团体

顺义区总工会

【概　况】2015年，在区委、区政府和市总工会的正确领导下，深入学习贯彻习近平总书记系列重要讲话精神和中央、市委、区委党的群团工作会议精神，紧紧围绕区委四届十次、十一次全会精神和市总工会“1+15”文件精神，按照区工会第四次代表大会确立的目标任务和“维权要到位、服务要做实、发展要全面”的工作要求，充分发挥工人阶级主力军作用，全力维护职工合法权益，全力建设三支队伍，全力完善三个阵地，全力落实四类服务，全力加强自身建设，各项工作扎实全面提升，荣获北京市第十二届思想政治工作优秀单位称号，在全区工作大局中做出积极贡献。

单位名称：北京市顺义区总工会

地址：顺义区光明南街4号

电话：（010）69444520

邮编：101300

网址：http://www.gonghui.bjshy.gov.cn

（总工会）

【弘扬劳模精神】2015年是“劳模评选年”，区总工会认真组织劳模评选工作，优化推荐程序，全区1人荣获全国先进工作者称号，40人荣获北京市劳动模范和先进工作者称号，7个集体荣获北京市模范集体称号。与区广电中心合作开展“劳模宣传月”活动，设立劳模宣传橱窗和劳模墙，开展“劳模进校园”活动，举办“中国梦·劳动创造幸福”劳模事迹报告会。

（总工会）

【职工素质建设工程】宣传“在职职工职业发展助推计划”，为区内62名取得技师资格证书的职工补助8.6万元。承办市“职工技协杯”手木工技能比赛，联合相关部门举办顺义区2015年职工叉车技能大赛、特种作业职工技能竞赛；各级工会共举办技术比赛153场次，参赛职工6922名。组织职工参加自主创新成果征集评选和职工创新工作室助推活动，燕京啤酒股份有限公司“燕京纯生及鲜啤酒风味导向与平衡控制系统研究与应用”荣获一等奖，林智平创新工作室4对师徒荣获“名师带徒”称号，得到市总工会人才培养助推资助。

（总工会）

【顺义区职工志愿服务队成立】成立总队1个、大队83个、小队593个；招募职工志愿者2363人，完成职工实名注册533人，形成各级工会组织发动、志愿服务带动、各行业职工联动的广泛参与志愿服务新局面。重阳节开展为老人送清洁活动，320名职工志愿者分成60个小队深入到120户老人家庭，送去居家保洁、精神慰藉、健康咨询等服务。

（总工会）

【工资集体协商提质增效】以《北京市企业工资集体协商规范指导标准》为依据，完善协商环节，细化验收标准，在普遍提升规范化水平的基础上，着力培育典型示范企业，完成50家企业规范化检查验收，建制率达68%。全区建会企业开展工资协商、工资协议签订率达86%，非公有制25人以上企业签订625家，百人以上企业签订148家，分别完成96%和95%。区域工资协议累计签订77个，覆盖企业352家，职工6889人，行业协商完成2个。

（总工会）

【民主管理和厂务公开制度严格落实】 以职代会建设为载体开展厂务公开和民主管理工作，全区企事业单位召开职代会达85%，其中国有集体企业及事业单位达98%，设立董事会、监事会的公司制企业40%以上建立职工董事、职工监事制度。区总工会作为区厂务公开协调小组的具体工作机构，认真组织实施“1·28”、“7·28”厂务公开日活动，区级领导参加和指导基层厂务公开工作。

（总工会）

【群众性安全生产工作开展】 以“扩面提质强基础，文化引领增素质”为主题，广泛开展“安康杯”竞赛活动，全区建会单位参赛率达98%，覆盖单位1495家，职工总数达15万人，区总工会荣获北京市安康杯竞赛优秀组织单位称号。安全月期间认真组织开展安全生产宣教活动，开展慢病综合防控和暑期送清凉活动，区总工会投入40余万元为万名一线职工发放防暑降温物品。

（总工会）

【劳动争议调解和法律服务工作切实增强】 发挥劳动关系三方协调机制和劳动争议调解“六方联动”机制的作用，加强协调劳动关系宏观参与和源头维护。全年劳动争议调解中心共接待职工来电来访咨询1093人次，受理案件1116件，调解成功1028件，其中集体劳动争议案件13件，调解成功率92.1%，挽回损失2705.4万元，提供法律援助案件405件，职工满意率100%。开展律师“一月三日”进基层活动，公开身份和联系方式，提供电话咨询服务。

（总工会）

【职工保障帮扶】 “在职职工医疗互助保障计划”全年受助职工1298人次，互助金额134.2万元。共为446名困难职工发放慰问金44.6万元，为58名困难职工子女发放金秋助学金13.05万元，为23名劳模申报特困救助，对360名劳模进行慰问。为379人提供就业帮扶，实现转移就业283人。全年持“京卡·互助服务卡”享受服务人数57万余人，优惠金额182万元。

（总工会）

【职工文体活动】 以满足职工精神文化需求为切入点，开展各类职工文体活动。开设工人文化宫微信公众号，实现信息动态发布。举办首届“最美劳动者”职工文化艺术节，113家基层单位443名职工积极参与，69名职工、30家单位获奖，区委主要领导出席颁奖典礼。全年举办职工慰问演出15场，周末专场活动96场，接待职工7万余人次。举办职工书法、摄影等课程培训班，积极参加第十届首都职工文化艺术节，取得优异成绩。

（总工会）

【工会组建与会员发展】 全区新增107家非公企业工会，成立区烹饪协会餐饮行业工会联合会；168家企业8000名农民工集体加入工会组织。目前，全区累计建会1764家，涵盖法人单位3194家，覆盖职工16.3万人，发展会员16.1万人，为13.7万名会员办理“京卡·互助服务卡”。340个村和73个社区建立工会联合会和联合工会，形成村（社区）工会组织网络。11家二级工会完成换届选举。

（总工会）

共青团
顺义区委员会

【概 况】 2015年是“十二五”收官之年，是中央、市委、区委党的群团工作会议召开之年。在区委、区政府和团市委的坚强领导下，全区各级团组织全面贯彻落实党的群团工作会议精神，深入学习贯彻落实习近平总书记系列重要讲话特别是视察北京时的重要讲话精神，不断增强和保持共青团组织的政治性、先进性和群众性，通过强化青年思想政治引领、优化“青”字品牌工作、激发青年创业创新热情、夯实共青团组织建设，紧密联系青年，有效服务青年，团结引导全区广大青年积极投身顺义经济社会各项事业建设，开创共青团工作的新局面。

单位名称：共青团顺义区委员会
地址：顺义区光明南街4号
电话：（010）69444398
邮编：101300
网址：http://www.youth.bjshy.gov.cn

（团区委）

【青联委员走访活动】 2015年两节期间，开展区青联委员走访活动，为委员送去青联组织的温暖。分别到顺义区食品药品监督管理局、顺义区七彩蝶创意文化有限公司，通过座谈、交流以及实地参观等形式，进一步加强不同界别的委员间的沟通交流，切实增强青联组织凝聚力、影响力。

（团区委）

【重庆渝北团区委考察交流】 1月21日，根据顺义区与渝北区共建临空青年协同创新创业基地的相关工作安排，共青团重庆市渝北区委书记郭晓亮带队到顺义考察交流。两地团区委领导就青年创业社区项目进行座谈交流，两地共青团要进一步加强合作，积极争取团中央支持，将两地创业园项目纳入团中央的青年创业活动品牌。

（团区委）

【“清晰眼世界”健康公益活动】 1月28日，“清晰眼世界”全国青少年爱眼护眼大型健康公益活动启动仪式在全国政协礼堂举行，顺义团区委作为北京市唯一一家团区县委参加此次活动。

（团区委）

【区域化团建】 4月9日，顺义区召开2015年区域化团建工作推进会，会议总结2014年本区区域化团建试点工作，并对2015年区域化团建驻点工作方案进行部署。推进会上还邀请区域化团建试点单位党政领导代表、团书记代表和共建单位代表发言，交流区域化团建工作的经验做法和心得。与会领导为区域化团建五星志愿者、青年岗位能手颁发证书。

（团区委）

【团员青年集体宣誓】 7月7日，团区委组织全区200名团员参与以“铭记历史、缅怀先烈、珍爱和平、开创未来”为主题的千人集体宣誓活动。团员青年们在鲜红的团旗下，庄严宣誓，重温入团誓词，再一次接受思想的洗礼和心灵的震撼，增强团员意识、坚定理想信念。

（团区委）

【北京航空航天大学团委战略合作】 10月26日，顺义团区委与北京航空航天大学团委签订战略合作协议，双方就开展青年创业大赛、就业招聘、创业就业沙龙、创业就业大讲堂等系列活动达成战略合作计划。

（团区委）

【创业摇篮推介会】 10月26日，共青团北京市顺义区委员会携手共青团北京航空航天大学委员会、顺义区投资促进局在北航校园内举行《顺义区创业摇篮政策高校推介会》活动，顺义区相关单位负责人、北航、中国矿业大学、中国地质大学等周边高校的老师以及学生参与此次活动。

（团区委）

【青年创业创意大赛】 11月3日，“牛栏山”杯顺义区首届青年创业创意大赛暨第一期青年创业大讲堂活动在耿丹学院举行。本次创业大讲堂活动共吸引创业青年近300人。

（团区委）

【志愿者服务】 2015年，顺义团区委多次组织志愿者提供志愿服务。其中包括2015年文化科技卫生“三下乡”活动、2015登山文化节、“为爱暴走”登山活动等。2015登山文化节活动中，顺义区60余名志愿者为活动累计提供服务500余小时，服务千余人次；在“为爱暴走”登山活动中，顺义区40名青年志愿者为近500名登山爱好者进行服务保障工作。

（团区委）

顺义区妇女联合会

【概 况】妇联是社会群众团体，是党和政府联系妇女群众的桥梁和纽带，是国家政权的重要社会支柱。其基本职能是：代表和维护妇女权益，促进男女平等。北京市顺义区妇女联合会（简称区妇联）是在区委领导下的社会群众团体，内设机构为办公室、宣传部、权益部、妇女儿童工作委员会办公四个职能部门。全区共有各镇、街道妇联25个，委、办、局、公司、中心妇委会80个，村妇代会426个，社区妇代会98个。2015年是“十二五”收官之年，是中央、市、区党的群团工作会议召开之年，全区各级妇联组织在区委、区政府的坚强领导和市妇联的亲切指导下，坚持把学习贯彻落实中央、市委、区委党的群团工作会议精神作为头等大事，区妇联组织各级妇联干部、妇联执委进行多层次的精神传达和学习研讨，并通过传统媒体、新媒体、“妇女之家”、“巾帼亲情服务队”将精神传导到最基层妇女群众之中，统一思想、凝聚共识，进一步凸显群团组织的特点和妇联工作的特色，切实增强妇联组织的吸引力、凝聚力和影响力。

单位名称：北京市顺义区妇女联合会
地址：北京市顺义区光明南街4号
电话：（010）69444576
邮编：101300

（妇联）

【“三八”节活动】为纪念第105个“三八”国际劳动妇女节，纪念我国实施男女平等基本国策20周年，深入贯彻《中共中央关于加强和改进党的群团工作的意见》，区委组织部、区妇联联合开展“关注男女平等 推进社会和谐”顺义区2015年纪念“三八”国际劳动妇女节活动。全区处级女干部、顺义区妇联第一届执委，妇联干部300余人参加活动。活动邀请中央电视台著名节目主持人张越作题为《性别如何影响我们的职业与人生》专题讲座。讲座围绕百年前女性社会化的开端、西方及中国女性一百年解放发展之路、男女平等基本国策的意义和责任、社会性别及其对女性的影响等内容深刻阐述男女平等的重要意义，并对女性素养的提升，尤其是职场女性的自我发展提出独到见解。

（妇联）

【深入贯彻落实中央文件精神】深入贯彻《中共中央关于加强和改进党的群团工作的意见》，与工会、共青团联合开展调查研究，下发问卷900份，对妇联组织现状、存在问题和服务对象的需求进行全方位调研，力争把情况摸清、把问题找准，形成妇联工作创新发展的新思路。此外，对照中央《意见》和市委《实施意见》的要求，结合中央、市委党的群团工作会议精神，将目标、任务、要求列成折子，呈报给区委、区政府，争取区委、区政府给予一一落实：区委组织部为镇街和百名妇女以上的行政事业单位配备专职妇联干部；推动区财政将每人每年3元妇女之家活动经费提高到每人每年6元，进一步落实群团会议精神。

（妇联）

【促进妇女发展】以“建功十二五、巾帼争优秀”为主题，深化“巾帼建功”、“双学双比”活动。与相关部门联合借势借力，全区各级妇联组织共开展各种岗位练兵和技能比武活动100余次；开展各类技能培训、素质培训232期，累计培训2.5万余人次；举办“顺义区第八届女性专场招聘会”，提供就业岗位近1200个。实施“创业创新巾帼行动”，以“引领妇女创业创新，打造‘互联网+’妇女工作新模式”为主题，通过召开工作推进会、举办电子商务培训班、启动扶持政策宣传月、举办女企业家座谈交流会等五大板块，着力提升本区城乡妇女的创业创新能力。

“创业创新巾帼行动”项目获评区委组织部优秀人才项目。与区委组织部一起出台《关于加强女性人才工作实施意见》，并开展“农村女性实用人才素质提升”项目，为女性人才发展搭建平台。在市妇联的支持下，为“妇”字号基地争取市级扶持资金110万元；为10名创业女性申请小额贴息贷款共计100万元；为创业女性申请“顺义区扶持农村妇女发展生产资金”20万元。

（妇联）

【维护妇女权益】以“建设法治中国 巾帼在行动”为主题，做到工作前移、重心下移。聘请专职维权热线接听员，设立24小时12388维权服务热线。充分利用“三八法律维权周”、“6.26”禁毒宣传日、“12.4”法制宣传日等有利契机举办普法讲座500余场，开展面对面现场咨询活动25场，发放宣传资料10余万份。依托在法院建立的“巾帼普法教育基地”开展旁听代培训活动75次，受益群众达5000人次。开展“不让毒品进我家”手抄报大赛、“平安家庭”征文活动，通过活动宣传维权知识，共征集到作品80余幅、征文50余篇。基层妇联组织积极发挥608支“巾帼亲情服务队”的五大员作用，真正做到群众工作群众做。热情接待来信来访，全年全区妇联系统共接待来信、来访、来电203件，与去年同期相比下降了6%。

（妇联）

【家庭文明建设】认真落实习总书记“注重家庭、注重家教、注重家风”的指示精神，着力强化家庭阵地的利用。通过“特色家庭、和谐家庭、和谐家庭标兵户”三层创建模式，深入开展家庭创建活动，全区25个镇街、23个区直单位共申报1208户参评区级家庭，最终选树“和谐家庭标兵”50户，“和谐家庭”150户，“特色家庭”800户，并充分利用创建成果，开展“和谐讲堂”25场，进一步宣传和谐家庭的先进事迹。举办“家庭文化节”系列活动，通过家庭才艺展示、“我家的故事画给你看”绘本展示、家风家训征集、《最美百家》故事书编印等活动，弘扬了传统美德。广泛开展各类家庭教育活动，在各镇街开展“家庭教育大讲堂”25期；和广电中心合作，播出《国学动漫城》、《家教乐听》等家教节目55期；和区教委合作开展“科学运动从零岁开始”、预防儿童伤害之儿童居家安全、“行走的童书”等项目，创新家庭教育模式。

（妇联）

【参与创新社会治理】以项目为载体、以服务为根本，充分发挥枢纽型社会组织作用。加强顶层设计，出台妇联组织参与创新社会治理“1+5”文件。提高项目开展质量，推出“益家筑梦、携手成长”、“平安你我他”居家安全等项目，开展亲子、手工等活动近30场。成功引导、孵化一个新的女性社会组织“北京市顺义区爱亿融社会工作事务所”，主要以妇女儿童和家庭为主要服务对象，推进社工服务活动在农村开展。积极服务顺义区家庭服务促进会、顺义区女能人协会等妇女工作领域社会组织，为她们开展项目搭建平台。

（妇联）

【组织建设和干部队伍建设】完成全区社区妇联换届选举工作，选举产生社区妇联主席98人、执委444人，其中体制外执委150人、体制外兼职副主席75人，社区妇联主席由社区党政正副职兼任的比例达到69.4%，年龄和知识结构也进一步优化。深化“妇女之家”建设，全区506个“妇女之家”共开展活动11000余次，创评区级“妇女之家”示范点10个。邀请李明舜教授在男女平等基本国策提出20周年之际，为全区处级干部进行男女平等基本国策讲座。深入开展“三严三实”专题教育，聚焦严守政治纪律和政治规矩，查找“不严不实”问题，班子成员带头讲党课，分三个专题组织集中学习、交流研讨4次，并召开专题民主生活会，切实加强班子成员的作风建设。充分利用顺义妇女网、顺义女性官方微博微信，构建妇联“微平台矩阵”，全年推送信息700余条。

（妇联）

顺义区工商业联合会

【概况】顺义区工商业联合会成立于1994年8月，是中国共产党领导的以非公有制企业和非公有制经济人士为主体的人民团体和商会组织，是党和政府联系非公有制经济人士的桥梁纽带，是政府管理和服务非公有制经济的助手。本会以团结、服务、引导、教育广大会员爱国、敬业、诚信、守法，积极投身社会主义经济建设、政治建设、文化建设、社会建设和生态文明建设。在促进非公有制经济健康发展、引导非公有制经济人士健康成长中具有不可替代的作用。本会承担顺义区非公企业的入会、组织调研工作，开展经济、技术、经贸交流，提供法律、法规、政策信息咨询等服务。截至到2015年12月底，本会拥有785家企业、团体、个人会员，覆盖全区19个镇。

单位名称：北京市顺义区工商业联合会

地址：顺义区石门街6号供销大楼六层

联系电话：010-69441974

邮编：101300

电子邮箱：gongshanglian158@sina.com

（工商联）

【聘请特约监督员】顺义区工商联在执委、女企业家代表、青年企业家代表、乡镇商会会长、秘书长中聘请八位特约监督员，全程参与和监督工商联全年工作。分别以“忠诚守法.修其身”和“规矩守则.不妄为”为主题，开展两次专题学习研讨。企业家副主席、特约监督员宋晓东传达青年企业家井冈山培训精神。同时，会上研究讨论如何对会员企业加大法治宣传力度，引导顺义区非公企业加强诚信建设，依法经营，诚信至上。

（工商联）

【非公企业健身运动会召开】顺义区工商联组织举办以“安全.守法.诚信.健康”为主题的第四届非公企业健身运动会。启动顺义区工商联守法诚信教育活动，同时也启动顺义区区安监局安全生产月活动，通过运动会的形式传递安全理念，倡导守法诚信。

（工商联）

【非公企业诚信守法专题讲座】顺义区工商联邀请区检察院职务犯罪预防处处长张霞以“依法诚信经营 共建阳光企业”为题，为参会人员上一堂生动的廉政课。通过大量真实的案例展示贪腐的危害，详细讲解非公企业家如何规范自身行为，抵制商业贿赂，做到诚信守法，建设阳光企业。

（工商联）

【搭平台 建契机】顺义区工商联紧紧抓住顺义区政府与河北威县政府合作建立“威县.顺义产业园”的契机，借助区委、区政府平台，帮助会员企业做好产业转移。产业园主要承接顺义区外迁的装备制造、农产品深加工和商贸物流等产业项目。通过深入企业、召开座谈会、发放调查问卷等方式对会员企业产业转移、转型方向、发展需求等进行调研，了解会员企业京外发展需求。根据企业需求，分期分批组织企业家、商会会长、秘书长到威县考察投资环境，了解政策信息。

（工商联）

【友好商会缔结】顺义区工商联分别与唐山曹妃甸、怀来等地的工商联签订友好商会协议，缔结友好商会。邀请友好商会当地招商局、发改委等部门负责人走进本区民营企业，讲解当地投资环境和相关政策，为新常态下顺义区工商联会员企业发展搭好平台。

（工商联）

【发挥沟通联系优势，做好产业对接】顺义区工商联充分发挥沟通联系优势，加强与河北、天津等各地区的联系，5月以来，共组织120余名企业家和商会负责人到承德、张家口、曹妃甸、邱县、平泉等地进行考察对接9次，了解投资环境和政策信息，为新常态下会员企业的发展搭建良好的对接平台。将考察与当地特色结合，加深会员企业对考察地的。

（工商联）

【三个队伍建设】 顺义区工商联以青年企业家队伍、女企业家队伍、会员企业信息联络员队伍建设为重点，加大培训力度，增强工商联的凝聚力，提升非公企业的影响力。一是组织青年企业家开展践行理想信念弘扬井冈山精神培训班。通过培训深化“四信”理念，传递正能量。二是组织“圆满之道.智慧女人生命成长系统”专题培训。帮助女企业家内在生命成长，提高生活智慧。三是组织工商联系统信息联络员培训班。对十名优秀联络员进行表彰，《中华工商时报》负责人授课，讲解信息宣传表达方式及民营企业如何打造自身品牌。

（工商联）

【政策服务】 顺义区工商联对《顺义区用人单位补贴和社会保险补贴管理办法》、《创业摇篮计划》、《五彩浅山就业指导意见》、商标使用等7项政策的宣传和普及，举办政策宣讲会，深入解读政策内容，辅导会员企业深入了解，并充分利用各项政策，激发会员企业的创新热情和创业激情。

（工商联）

【培训服务】 顺义区工商联以天津危险化学品爆炸事件为警钟，加强对会员企业对安全事故急救知识的培训。邀请市急救专家走进会员企业，讲解烧伤烫伤、外伤出血、骨折处理、心肺复苏等急救自救知识。21家会员企业中的867名员工分别参加初级、中级培训，137名员工拿到急救员证书。

（工商联）

【人才服务】 顺义区工商联深入落实顺义区人才工作领导小组的工作部署，加大工商联系统非公企业人才的推荐力度，推荐北京信得威特科技有限公司总经理范国兵为北京市有突出贡献的科学、技术、管理人才人选；推荐北京视觉遗产协会刘京涛为北京市2015年“千人计划”人选。

（工商联）

顺义区 科学技术协会

【概 况】 2015年，顺义区科协紧紧围绕区委、区政府的中心工作，以实施《全民科学素质纲要》为抓手，发挥市、区科协的枢纽型组织作用，团结和动员社会力量，深入社区等基层单位开展贴近生活、贴近公众、贴近实际的科普活动，努力打造“顺义提素”品牌活动效应。在“顺义提素行动”开展的基础上，顺义科协利用科普之春、科技周、科普日等平台，共组织科普活动80余次，发放科普材料8万余份，宣传群众10万人次。2015年顺义区具备科学素质公民的比例达到9.8%，比2013年的7.92%有一定幅度提升，圆满完成“十二五”顺义区公民科学素质水平达到9.4%的目标任务。虽然2015年顺义区科普工作有较大幅度提升，但仍存在以下不足：业务知识学习有待于进一步加强；科普工作的内容和形式创新性不足；深入调研不足，支持基层科普活动的科学性有待提高。

单位名称：顺义区科学技术委员会
地址：顺义区光明南街24号
邮编：101300
电话：69443483

（科 协）

【“顺义提素行动”全面启动】 为确保顺义区政府与北京市全民科学素质纲要实施工作办公室签订的《落实全民科学素质行动计划纲要共建协议》中提出的本区2015年公众科学素养总体水平要达到9.4%的目标，区科协、科委通力合作、多措并举，充分发挥网络、电视台、报刊杂志等媒体的作用，先后与《北京科技报》社、顺义广电中心等传媒机构合作，全方位、多角度、立体化地开展科普宣传，使本区2015年具备科学素质公民的比例达到9.8%。

（科　协）

【“顺义提素行动有奖竞答”网上答题活动】与《北京科技报》社合作，围绕“顺义提素行动”，在“顺义科技网”上开辟“顺义提素行动有奖竞答”网上答题活动专栏，吸引公众参与网上答题，共举办三期，历时六个月，有3000人次参加。

（科　协）

【科普专栏】在《潮白天地》上开设“顺义区提素行动专栏”；在《顺义时讯》报开辟百期《科普课堂》专栏；编印“顺义提素行动”有奖竞答特刊30万份，覆盖全区30万个家庭100万人口。截止到7月20日，有奖竞答特刊共回收参与抽奖的答题卡7万份。8月21日，“顺义提素行动”有奖竞答特刊举行抽奖活动，共抽出一等奖40名；二等奖100名和三等奖各100名。全年推送科普知识400条。

（科　协）

【科普惠农兴村计划】2015年，顺义区食用菌协会等4个集体和陈领等3位个人获得市科协、市财政局科普惠农先进集体和个人表彰，获奖补资金支持75万元。张春红同志获全国惠农先进个人农村科普带头人称号，获5万元奖补资金支持。

（科　协）

【科普益民计划】2015年，胜利街道义宾北等7家社区获市级优秀科普社区表彰；顺义区鲜花港获市级优秀科普场馆称号；王树芸等4位宣传员获市级科普先进个人表彰，共获奖补资金77万元。空港街道万科城市花园获得中国科协和财政部授予的全国科普示范社区称号，获奖补资金20万元。

（科　协）

【科技周活动】5月15日，2015年北京科技周活动顺义区启动仪式在全国科普示范社区旺泉街道宏城花园社区广场举行。中国科协组织人事部副部长王进展、中国科技馆副馆长郑浩峻、顺义区副区长盛德利参加了启动仪式。

（科　协）

【现代农业示范基站活动】面向农民开展技术培训、新品种推广等活动30次，培训3400余人，受益农户1000多户，推广新品种、新技术15项。2015年6月8日在台北开幕的“京台青年科学家论坛”上，顺义区都市型现代农业示范基站与台湾彰化县农会签署合作协议。

（科　协）

【顺义区河北村生态科普基地建成】顺义区科协争取市财政科普资金129.53万元，建成“顺义区河北村生态科普基地”，2005年底项目完成，2016年将正式对外开放。

（科　协）

【“枢纽型”组织建设】2015年，科协联系的科技类社会组织有14家。其中：9家民非，5家社团。

（科　协）

【青少年科技活动】在第35届北京青少年科技创新大赛中，顺义区共申报37个项目，获二等奖7项、三等奖18项、专项奖2项。其中牛山一中林媛媛老师的科技教育方案成功入围第三十届全国青少年科技创新大赛；顺义区科协组织杨镇一中师生180人走进中国工程院，聆听工程院院士、“长征”号火箭总设计师兼总指挥龙乐豪教授作报告。

（科　协）

顺义区
残疾人联合会

【概　况】2015年，区残联以开展“三严三实”专题学习为契机，全力为区内残疾人提供更加优质、专业、贴心的服务，踏踏实实为残疾人办实事、解难事。高标准、高质量的完成年初制定的各项任务目标，在残疾人就业、康复、无障碍升级改造、信访维权等工作均取得显著成绩，为“十二五”

规划画上圆满句号，为“十三五”开局夯实基础。

单位名称：顺义区残疾人联合会
地址：顺义区石园北区乙56号
电话：（010）69442473
邮编：101300
网址：http://www.canl.bjshy.gov.cn

（区残联）

【残疾人基本服务状况和需求调查工作】 区残联于2015年1月1日正式启动残疾人基本服务状况和需求调查入户工作，3月15日前完成此项工作。残疾人专项调查工作共需调查25135人，其中：查无此人34人，搬迁出4人，空挂户16人，外出18人，死亡587人，对剩余24476人完成入户调查24401人，电话调查75人，调查率100%。

（区残联）

【职业康复中心建设】 顺义区残疾人职康中心总建筑面积16744平方米，分为地上10层和地下2层，总投资1.3亿元，2015年完成大楼的外部装修。残疾人职康中心内设辅具中心、儿童康复园、家庭培训学校等专业康复机构。

（区残联）

【扶贫与助残】 2015年，共为7696名残疾人发放残疾人生活补助3420万元。为8766名残疾人发放助残券1052万元。为83名因病、因灾导致生活临时困难的残疾人发放救助金31.9万元，为50户危房残疾人家庭改造房屋。全区共有5434人参加城乡居民养老保险，参保率98.5%。实施残疾人护理补贴新政策，从7月起至12月，共为10003名残疾人发放932.93万元护理补贴。

（区残联）

【康复工作】 2015年，共为低保、重残、老残一体、一户多残、本人是残疾人的患者开展白内障扶贫手术388例，为20名残疾人进行假肢、矫形器装配，发放各类辅具263件。为200名肢体残疾人提供居家康复和机构康复相结合的康复服务，为70名稳定期精神病人提供入住康复机构服务，925名精神病人接受免费服药，开展一对一盲人定向行走训练93例。全年共组织2次康复协调员培训会，举办50场家庭康复培训课，培训3000余名残疾人家属。全区共有89名精神残疾人和519名智力残疾人在职康站参加各类康复活动。

（区残联）

【教育与就业】 全年共举办残疾人大型专场招聘会2场，提供60余个岗位。向用人单位成功推荐79名残疾人就业。全区31家职康劳动机构，共吸纳566名残疾人参加职康劳动，投入运行经费218万元。为33名个体经营残疾人发放保险补贴21万元，为327家单位发放岗位补贴609.3万元，为38家超比例安排就业单位发放107万元奖励资金。共组织712人参加职业培训，农村技术培训共222人。共为9名重度残疾儿童提供“送教上门”服务，为67名经济困难残疾学生发放学费补助，4名残疾学生参加高考，全部被录取，录取率达100%。

（区残联）

【无障碍改造】 组织56名残疾人分10次到小区、特教学校、商场、医院等地进行无障碍设施体验，为无障碍设施建设建言献策。结合残疾人的个性化需求，共为538户重度残疾人家庭进行无障碍升级改造。

（区残联）

【组织残疾人免费观看3D电影】 为丰富基层残疾人精神文化生活，顺义区肢残协会与北京新行动公益服务中心河马放映队合作，推出“残疾人家门口观3D电影”系列活动。活动自2月6日起，共为残疾人放映电影13场，约700余名残疾人在家门口免费观看3D电影。

（区残联）

【“庭院式”残疾人法律服务活动】 4月27日起，在全区范围内开展“庭院式”法律援助服务活动，活动深入到社区、村，为基层残疾人提供普法宣传和现场法律咨询服务，提高残疾人的法治观念。全年共举办32场法律服务活动，为1000余名残疾人普及法律知识。

（区残联）

【助残日系列活动】5月12日，为庆祝第二十五个全国助残日到来，积极响应“关注孤独症儿童，走向美好未来”这一助残日主题，区残联开展助残日系列活动。包括：组织100余名区特殊教育学校儿童观看残疾人艺术团文艺演出；设立特殊教育实践基地。残疾儿童可以到包括医院、银行、图书馆、影院在内的10家基地成员单位开展社会实践；为7名孤独症儿童送点读机到家，提高他们的学习兴趣；邀请区特教学校老师为孤独症儿童家长举办讲座，讲授孤独症儿童康复知识；举办法律援助宣传活动，为残疾人发放普法宣传手册。

（区残联）

【职康劳动“手工坊”义卖活动】7月25日，由区残联联合顺义区易之道公共事务创新发展服务中心在顺义区华联购物中心二层，举办残疾人职康劳动“手工坊”义卖活动。残疾人亲手制作的340余件手工艺品参加义卖，活动共卖出手工艺品94件，共计2490元。卖出的工艺品所得全部返还到职康站的残疾人手中，帮助残疾人实现个人价值，增加收入。

（区残联）

【第二届残疾人书法、国画培训班】为满足区内残疾人学习欲望，区残联于7月26日起，在鲜花港举办第二届残疾人书法、国画培训班，邀请老师为残疾人授课120余课时，共50余名残疾人参加学习。

（区残联）

【回春操表演赛荣获最佳表演奖】在第七届北京市体育大会暨庆祝第六次全国“肢残人活动日”北京市残疾人回春操表演赛上，顺义肢协荣获最佳表演奖。

（区残联）

【“善行顺义，助残惠万家”活动】11月19日，顺义区残联联合深圳创维电子有限公司举办“善行顺义，助残惠万家”活动。残疾人拿着惠残折可以在顺义家电商场购买创维专柜的电视、洗衣机、冰箱、冷柜、空调五类家电，每类能减500块钱。

（区残联）

顺义区红十字会

【概况】2015年按照区委和区政府的总体要求，在市红十字会的指导下，顺义区红十字会按照周密部署统一安排，积极扎实开展工作，深入学习贯彻党的十八届三中、四中、五中全会精神以及习近平总书记系列重要讲话精神，不断开展各项工作，继续发挥政府人道救助领域的助手作用。

单位名称：北京市顺义区红十字会

地址：北京市顺义区光明南街4号总工会大楼8层

电话：81494903

邮编：101300

（付小军）

【募捐救助】截止到10月底共募集善款217.5万余元。2015年两节送温暖共投入近九十万元，对全区三百多户家庭进行救助，还投入32.1万元对全区56户因病致困家庭、特困家庭和4户因火灾致困家庭进行救助，协助5户家庭向上级申报小天使基金，3户家获得批准。

（付小军）

【转变方向、开展订单式培训】针对企业开展的订单式应急救护培训，企业和个人可以按照自己的需求，选择培训内容，提出申请，再由区红十字会邀请授课老师，提供培训器材按照班级大小开展培训授课，全年共开展95个培训班次，为一万余人人提供普及和取证培训；同时，选送继续教育师资6人参加为期2天的复训。

（付小军）

【救援救灾能力】一是协调市红十字会，5月份在本区老干部局、鲜花港、登山协会、邮局四家单位分别建立首都应急救援志愿者服务站，为每个站点培训一批救援队员。二是7月份通过租赁的方式，在马坡镇建立一个面积约1000平米左右的救灾备灾物资仓库，用于储存市会下拨和社会各界捐赠的各种救灾物资，截止到10月底，第一批市会下拨的帐篷、棉被等物资已入库。

（付小军）

【加大宣传力度，弘扬红十字精神】一是拓宽渠道、丰富载体宣传。投入十五万余元购买急救箱、爱心雨伞，制作宣传展板、宣传手册、宣传折页；积极与电视台、电台、顺义网城建立联系，开展宣传报道工作，先后数次请电视台报道培训知识进乡村、防艾宣传进学校、与石园小学和牛山三小开展的“爱心传递、共享安全”等活动。二是发动基层组织广泛宣传。五.八宣传活动月期间，通过发动全区25个镇及街道进行联动宣传11次，各基层红十字会分别利用乡镇集市、开展应急救护培训等方式，向群众发放宣传折页、宣传册、急救手册、购物袋、红十字文化小礼品、红十字知识问卷等资料共计超过10万份，参加宣传活动群众人数超过10万人。三是联合学校开展造血干细胞宣传。5月中旬，区红会和燕京医学院联合，通过邀请造血干细胞捐献志愿者对200多名大学生们开展面对面交流讲座，讲解造血干细胞的流程和亲身事例，让学生们对捐献造血干细胞有一个清晰直观的了解，从而拉近大学生和红十字会的距离。

（付小军）

【红十字青少年工作】一是在区内两所小学校开展应急救护培训课程。3月，与石园小学、牛山三小初步达成培训意向，拟在两所小学高年级开展应急救护培训，每两周一课，持续一学年。4月15日，在石园小学正式开课。课程采取理论知识与实际操作相结合的形式，力求活泼生动、浅显易懂，贴近小学生的实际。二是5·8世界红十字日前后，在学校开展一系列红十字青少年活动：1、向牛山三小捐赠一批家庭版急救手册，通过学校开展的“小手拉大手”活动，将应急救护知识带进家庭；2、与石园小学和牛山三小开展“爱心传递，共享安全”活动，该活动被市会评为十佳人道公益品牌。3、开展“红十字进特校”活动，“六.一”前投入三万元，为区特殊教育学校购买少儿书籍和学习用具，为智障儿童送去节日礼物。三是开展健康促进学校工作。5月6日，本区牛山三小代表3所新建校迎接市级验收，各项指标达到验收标准。

（付小军）

【红十字基层组织】 在全区各区属机构、人民团体、国企等80家单位成立红十字基层组织，由各单位一名副职兼管，并于九月中旬召开全区红十字工作推进会，为下一步召开新一届会员代表大会打下坚实基础，我区红十字系统基层组织也得到进一步完善和健全。

（付小军）

顺义区
文学艺术界联合会

【概　况】2015年，顺义文联深入贯彻党的十八大和十八届三中、四中全会精神，认真落实习近平总书记在文艺工作座谈会上的重要讲话精神，围绕本区的“四个转型升级”的战略要求，立足建立文化大区，坚持服务基层、群众、艺术家，狠抓文艺人才培养和文艺精品创作，推动顺义文化繁荣。

单位名称：顺义区文学艺术界联合会

地址：顺义区拥军路3号

电话：（010）69432072

邮编：101300

网址：http://www.wenlian.bjshy.com.cn

（刘忠诚）

【迎春送春联及书画作品活动】春节前夕，区文联组织60名书画家历时5天，为村民和社区居民现场写春联、送福字万余幅。

（刘忠诚）

【国标舞培训】3月28日，广场文化协会特邀世界体育舞蹈联合会的闫岭老师、东城区文化馆标准舞俱乐部舞蹈总编周姝青老师等，在顺义公园为广大广场舞蹈爱好者做标准广场舞培训，杨艺等著名舞蹈家进行现场演示。此外，闫岭舞蹈学校教师将长年在顺义公园开展国标舞公益培训活动。

（刘忠诚）

【2015鲜花港郁金香文化节暨惠民书画展】4月13日至5月10日，在鲜花港共展出60名书画家精心创作的600余幅书画作品，展出的作品以励志名人格言警句、唐诗宋词、伟人诗词及中华传统山水、人物、花鸟等为主。近5万余名观众观展。

（刘忠诚）

【中国人民抗日战争胜利70周年大型广场艺术演出活动】5月20日，在人民公园文化广场举行纪念中国人民抗日战争胜利70周年大型演出活动。十四个节目均取材自顺义抗日历史，突出历史性，真实性、群众性、区域性，由峥嵘岁月、春色满园和、走向未来三个部分组成，近300余人参与演出。既有传统节目京剧沙家浜选段《智斗》、舞蹈《保卫黄河》；又有本地新创节目《地道战》，群口快板《人民英雄马福》；还有民乐合奏、现场书法展示。500余名市民观看演出。

（刘忠诚）

【广场舞蹈《渔阳乐舞》荣获特别奖】6月5日至8日，由顺义区舞蹈家协会选送的王玉玺、杨华编导，明德小学100名小学生表演的广场舞蹈《渔阳乐舞》，在中华全国艺术家协会、中国互联网新闻中心、《中国乐坛》杂志社等单位联合举办的中国首届广场歌舞节中荣获特别奖。

（刘忠诚）

【纪念中国人民抗日战争胜利七十周年书画作品邀请展】6月14日到6月21日，顺义区文联在鲜花港举办“铭记历史－纪念中国人民抗日战争胜利七十周年书画作品邀请展”，共有来自全国21个省市、120名艺术家的300余件作品参展。顺义区副区长李向英，中直机关美协主席王阔海等领导、艺术家和群众5万余人参观展览。本次活动出版《铭记历史—纪念中国人民抗日战争胜利七十周年书画作品邀请展作品集》。

（刘忠诚）

【戏曲培训班】戏曲家协会聘请来自中国评剧院、北京戏曲艺术职业学校等的6名专业老师任教，在区文化馆分别开设青衣班、老生班、打击乐组班、板胡班、京胡班和评剧演奏班，学员以中小学生及40岁以下的青年戏曲爱好者为主，共53人。6月19日戏曲培训班学期汇报表演在区文化馆举行。学员们精心编排《上天台》、《三家店》、《贵妃醉酒》、《霸王别姬》、《凤还巢》、《梨花颂》、《红灯记》等选段，展示了学习成果。

（刘忠诚）

【文艺作品送下乡活动】7月上旬，区文联组织30多名书法、美术、摄影艺术家，精心创作330余幅艺术作品，经过专业装裱，将这些文艺作品送到龙湾屯镇110个民俗户家（含旅游接待单位）中。下旬又将10名书画家创作的50幅书画作品，精心装裱后赠予北郎中村。

（刘忠诚）

【安塞腰鼓培训】8月16日，在北京市文联的支持下，顺义区仇家店中心小学引进陕西安塞地区的安塞腰鼓培训，来自安塞地区的4名专业腰鼓辅导教师对仇家店中心小学的2至5年级150名学生进行为期8天的安塞腰鼓初级培训。

（刘忠诚）

【《视觉顺义》摄影活动】由文联主办，视觉文化遗产协会承办的《视觉顺义》。以“见证时代发展，共筑美好家园”为主题，组织24位摄影师走遍顺义区，历时半年拍摄6000余幅作品。9月17日至10月17日，精选2004张照片，分14个主题63个题组在顺义区鲜花港进行集中展示，生动呈现顺义区在2015年这一历史节点的综合形象。区委书记王刚、组织部长车可欣、宣传部长霍光峰等相关领导和3万多名观众参观了展览。

（刘忠诚）

【全国孙犁散文奖】 9月24日，顺义区作协三位作者获得天津市第二十四届“东丽杯”全国孙犁散文奖。其中顺义区作协主席高国镜创作的《石头与人生》获得二等奖，副主席赵德印、田也创作的散文作品集《乡村记忆》、《穿越历史与山河》获得三等奖。

（刘忠诚）

【三部抗战主题大型现代评剧创作完成】 1.《焦庄户》由顺义区作家马成和中国评剧院副院长齐建波编剧，由中国评剧院、顺义区文化委联合出品。讲述抗日战争时期，顺义区焦庄户人民抗击日本侵略者的故事。2.《寸草春晖》由区文联副主席胡广星编剧，顺义区文化委、顺义区文联、北京凌空评剧团联合出品。本剧根据顺义民间广泛流传的抗战故事改编而成，作者将视角集中在一个普通家庭，通过对马大娘一家四口不同命运的刻画，抨击日本侵略者在中国所犯下的种种暴行、揭示侵略战争给中国人民造成的深重伤害，歌颂中国人民在国家和民族面临危亡之时奋起抗击，不怕牺牲、永不屈服的伟大民族精神。3.《抗日岁月》由顺义区戏曲家协会刘健编剧，顺义区戏曲家协会凤翔艺术团演出。作品以焦庄户的抗日历史为主线，描写抗日战争时期焦庄户人民抗击日本侵略者的英勇事迹。9月，三部戏剧在顺义区影剧院进行集中展演，共演出20场，1600余名观众观看。11月，《寸草春晖》获第四届“宝坻杯”环渤海评剧艺术节剧本创作金奖。

（刘忠诚）

政法·军事

政　法

综　述

2015年，全区政法系统各部门主动担当，积极作为，自觉服务全区经济社会发展大局，全力落实各项维稳措施，为建设平安顺义、法治顺义做出新贡献。中央政法委副秘书长姜伟就政法工作到本区进行专题调研并给予充分肯定。政法各单位先后获得全国多元化纠纷解决机制改革示范法院、全国法院司法警察先进集体、全国检察宣传先进单位、全国人民调解工作先进单位、全国先进社会组织、全国巾帼文明岗等多项荣誉称号。

一、全区政治社会大局持续稳定。将反恐防恐工作纳入“一把手”工程，在全国“两会”、“六四”、抗战胜利70周年纪念活动、世界田径锦标赛、十八届五中全会等重大活动、敏感节点期间，先后8次启动社会面等级防控和战时维稳机制，5万群防群治力量广泛参与，实现“四个不发生”和“万无一失”的工作目标。积极开展国家安全人民防线建设，严密防范和打击各种敌对势力的渗透破坏活动。深化反邪教斗争，顺利完成教育转化决战和巩固帮教任务，“无邪教创建”活动取得良好效果，有效维护区域社会政治稳定。

二、政法部门职能作用充分发挥。公安机关坚持打防管控一体化，全年共立刑事案件6390起，破获5732起，立八类案件366起，破获289起，立侵财案件4558起，破获4043起。检察机关批准逮捕各类刑事犯罪490件585人，提起公诉1164件1439人。审判机关全年受理案件31661件，办结26100件，法定审限内结案率为99.94%。司法行政机关加大教育管理帮扶力度，社区服刑人员、安置帮教人员重新犯罪率为零；在全市率先建立“基层法律顾问制度”，实现“一村一居一律师”全覆盖；建成“顺义区法律援助在线服务平台”，实现线上、线下“双服务”格局。

三、社会矛盾纠纷得到有效化解。从保障和改善民生入手，新农合人均筹资标准、城乡低保标准统筹、大病救助最高封顶金额均有提高，低收入群体和特殊病困群体生活得到有效保障。重大决策社会稳定风险评估工作扎实推进，项目审查、风险评估报备有序开展。基层综治维稳中心排查矛盾纠纷化解率86.5%，人民调解组织调解纠纷成功率97.4%。推进“一轴两翼”工作模式，对信访疑难案件实行三级终结，区级领导接访448批次，基层领导接访9566批次，初访化解率达98%，全区信访形势总体平稳可控。

四、群众安全感满意度明显提升。坚持问题导向，针对影响社会和谐稳定和群众反映强烈的治安突出问题及秩序类问题，集中时间、集中力量联合开展清理整治行动。对32处市区镇三级挂账治安重点地区实行重点整治，除个别镇继续按计划推进整治外，其余31处全部销账。

抓住全国安全发展示范城市建设试点的有利契机，积极推动18个市级安全社区创建工作。强化公共安全领域排查整治，组织相关单位开展了“全方位、拉网式”公共安全风险及隐患的排查、识别、评估、检查工作，落实各项管控措施和岗位责任。积极做好重点疑难案件协调督办和侦结大要案及群众提供破案线索奖励工作。2015年共接群众举报破案线索500多件，抓获违法犯罪嫌疑人800人，向提供破案线索的群众发放奖金40.7万元，发放政法干警侦破大要案奖励资金61.5万元。

五、平安法治顺义建设稳步推进。加强立体化社会治安防控体系建设和群防群治队伍建设，先后投入1.5亿元着力解决重点公共区域、老旧小区技防和城区外围“护城河”进京卡点、铁路沿线群防力量不足等问题。强化流动人口管理，开展违法群租房屋专项整治，引导人口合理流动，全年常住人口增长率低于年度调控目标。全面推进村务管理综合治理，总结推广以三家店为样板的17个试点村经验，进一步加大6个重点加强型村庄管理力度，村庄社区化平安建设工作取得新进展。加大群防群治队伍建设，健全经费长效保障机制，推进专职队伍职业化。“六五”普法圆满完成，群众法律素养不断提高。大力开展政法综治工作宣传季系列活动，社会效果良好。

六、政法队伍整体素质全面提高。以“三严三实”专题教育为载体，扎实开展规范司法行为专项整治，重点整治司法作风、执法办案规范和纪律规定不严格等八方面突出问题，推进规范司法行为长效机制建设，加强规范司法理念教育。积极开展“执法不公、群众不满”问题大整顿活动，政法队伍执法为民理念得到进一步强化。按照正规化、专业化、职业化要求，加强教育培训工作，政法干警的能力素质得到全面提升。深入推进党风廉政建设和反腐败工作，严格落实“两个责任”，以铁的纪律塑造政法队伍形象。此外，深化重点领域改革，各项改革举措稳步推进。

单位名称：顺义区政法委
地址：顺义区新顺南大街27号
电话：(010)69460080
邮编：101300

（政法委）

综合治理

【概　况】2015年是“十二五”的收官之年，综治工作大事多、重点安保时段多，顺义区综治工作始终坚持以平安建设为主线，以加强基层基础建设为重心，以提升群众安全感为目标，着力解决社会治安领域突出问题和薄弱环节，不断强化系统治理、依法治理、综合治理、源头治理，“平安顺义”建设法治化、社会化、信息化水平不断提升，全区持续和谐稳定的局面不断巩固，为区域经济社会发展创造良好的社会环境。北京市及外省市领导多次到本区学习考察重点时段社会面等级防控工作，对本区综治工作给予充分肯定。

单位名称：顺义区社会治安综合治理委员会办公室
地址：顺义区新顺南大街27号
电话：(010)69460080
邮编：101300

（综治办）

【提升群众安全感和满意度】坚持问题导向，对群众反映强烈的突出问题开展集中清理整治行动，对32处市区镇三级挂账的治安重点地区、5处市区两级挂账城乡结合部重点整治地区开展持续的清理整治，对1处市级挂牌督办重点整治地区开展社会治安综合整治，杀人、抢劫、伤害等严重暴力犯罪和诈骗等侵财类案件均实现大幅下降，群众安全感和满意度上升到95.2%，比去年同期增长1.8个百分点，全市排名上升至第七位。

（综治办）

【重点时段社会面防控】以“两大安保”为契机，健全治安防控体系，全面抓好社会面防控工作。全年共8次启动社会面等级防控，建立重点时段信息报送、工作通报、突出问题会商、挂账督办、督导检查五项工作机制，投入200余万元动员群防群治力量5万人参与社会面安保工作。投入近3000万元完成“护城河”工程5个治安检查站的升级改造和19个乡村道路卡点的物理隔离设施建设和值守辅警的招聘工作。高标准组建一支由26人组成的铁路专职护路联防队伍，加大铁路沿线治安管理和相关法律法规宣传教育力度，有效消除一批影响铁路安全运行的问题隐患。

（综治办）

【社会矛盾纠纷排查化解】将社会稳定风险评估作为重大决策、重大政策、重大项目、重大改革措施的前置程序和“刚性门槛”，从源头防止侵害群众利益。依托综治维稳工作中心化解矛盾纠纷，加大矛盾纠纷的排查和化解力度，重点时段24小时开门接访，最大限度将矛盾纠纷吸附在当地、化解在基层。成立顺义区人民调解协会，通过区人民调解协会平台，共同探索研究建设和培育行业性、专业性人民调解组织，最大限度的预防和化解新型矛盾纠纷。同时，积极推进人民调解协议司法确认工作，2015年9月份，区法院与司法局共同签署《人民调解协议司法确认工作实施意见》，有效衔接人民调解与司法审判工作，调解协议具备法律效力，成为区多元化解矛盾纠纷的新途径。完善社区法律服务志愿者队伍建设，吸收社区离退休老法官、检察官和法律工作者参与基层司法建设，特别是与“三严三实”主题教育活动相结合，吸收社区老党员参与维稳工作。另外，对人民调解员按照“以案定补”的方式实行办案补贴，极大的调动人民调解员的工作积极性。

（综治办）

【村务管理综合治理】针对城乡结合部地区社会治理面临的流动人口倒挂、公共服务欠缺、社会管理和村民自治机制明显滞后等新情况、新问题，2015年4月份以来，以南法信镇三家店村为样板，总结推广该村“‘四不准、八不租’管人口，‘水费卫生费’管环境，‘停车位’管秩序”的经验，扎实推动村务治理模式转变。城乡结合部的11个镇分别选定1—3个村作为先行试点，全区选取17个试点村，按照先行试点、培育典型、探索经验、以点带面的的工作思路，强化顶层设计，按照“一村一策”制定工作方案。制定《村务管理综合治理试点村建设考核标准》，从村规民约入户、服务管理规范、治安防范常态、化解矛盾有效等十个方面进行综合考核。编印《试点村经验汇编》千余册，多角度、多层面、多方位展示村务管理工作治理试点工作成果。此项工作开展以来，17个试点村三类可防性案件同比下降34%，9个村实现“零发案”，打造一批“管理有序、服务完善、文明祥和、生态优美”的村务管理综合治理示范村庄。

（综治办）

公安工作

【概　况】2015年，顺义分局按照以“抓基础为支撑、抓情报为主导、抓稳定为核心、抓打整为牵动、抓专项为主线、抓党建为保障”的工作要求，紧紧围绕“两大安保”工作，分局党委第一时间成立安保工作领导小组，精心制定各类方案68项，出动警力4922人次，完成住地安检、开幕式比赛场馆执勤等勤务38次；出动警力5500人次，完成各类警卫任务129次；部署警力8300人次，圆满完成世锦赛演职人员住地安保专项安保工作，确保了辖区的绝对安全。推动基础防范创新发展，群众安全感指数95.5，全市排名第六，环五排名第一。加强对475处独门独院等易滋生隐患重点部位摸排，登记出租房屋4.54万户，整改隐患410余处，办理中国公民出境证件9.03万件，登记境外人员29.01万人次；深化社区民警驻区制，在仁和、天竺、后沙峪重点村，每村建立20至100人职业化保安队伍；积极争取财政支持，新配备302辆电动巡逻车进社区；拟投资4.5亿元在全区新建及整合12285路数字高清探头，并建立专职视频监控队伍23支；投资3000万元建设5个外围检查站、19个乡村临时卡点全部投入运行。全年破刑事案件3220起，百警刑事破案位居全市第四、环五第一；刑事拘留1955人，百警刑事拘留位居全市第四、环五第二。全年刑拘涉毒类犯罪嫌疑人101名，处理吸毒人员427人，特别是成功破获“7.11”特大运输贩卖毒品案，抓获嫌疑人20名，起获毒品4000余克。围绕市区挂账的96处“三乱地区”强力整治，共处理各类违法人员104人，查扣黑车300余辆；打掉盗窃自行车团伙86个、抓获盗销自行车违法人员103人；打掉涉黄、涉赌窝点68个，抓获违法人员635人。扎实开展“三严三实”专题教育活动、“秉公执法、人民公安为人民”等系列主题教育活动，投入资金1200余万元，扎实开展“暖心惠警”工程，改善全局后勤保障设施。2015年分局获得“首都文明单位”和市局“爱警工作先进单位”荣誉称号。

单位名称：北京市公安局顺义分局
地址：北京市顺义区顺平西路8号
电话：69440212
邮编：101300

（陈介堂）

【“两大安保”工作】 年内，顺义分局以“中国人民抗日战争暨世界反法西斯战争胜利70周年纪念大会和2015年国际田联世界田径锦标赛”两大安保为重点，坚持“抓基础、抓情报、抓敏感、抓打整、抓专项、抓队伍”六抓工作思路，超前谋划、狠抓落实，圆满完成“两大安保”各项任务。

（闫　光）

【严厉打击侵财类违法犯罪】 重点打击入室盗窃、涉车盗窃、电信诈骗、拎包扒窃等多发性侵财案件，年内，立侵财案件4524起，破案1734起，破案率为38.3%，侵财类案件打击效果明显。同时，组织经济破案会战等专项打击工作，一年来共立经济类案件737起，为群众挽回经济损失6300余万元，其中破获的“俞晓庆等人特大跨境制售假冒苹果手机案”，当场抓获犯罪嫌疑人17名，缴获假冒“苹果”手机1452部、以及各类假冒配件100余万件，案值达1.2亿元，受到公安部的贺电表彰。

（赵跃昕　舒宾）

【110接处警】 年内，顺义分局共接报110警情130532件，同比减少14237件：其中咨询电话25913件，同比减少9032件；无效电话3147件，同比减少3268件；发出处警通知101472件（出警后初步查证属实99887件，到现场未找到事主或经查证不属实1585件），同比减少7522件。

（单凤莲）

【反恐宣传】 年内，顺义区反恐办组织各成员单位举办大型反恐宣传活动3次，张贴《群众举报涉恐线索奖励办法》1.5万余张，发放反恐基础知识手册2.3万本，悬挂横幅标语450余条，宣传手提袋500个，制作反恐宣传展板110余块，其他宣传材料5000余份，参加宣传群众达3万余人次。

（吴　刚）

【治安重点地区整治】 年内，顺义分局依托三乱地区整治专项，协调配合城管、工商等部门，对96处“三乱”地区启动高频度打击整治，依法处理各类违法人员104人，查扣黑车300余辆，清理无照摊位242个，拆除违规广告牌匾40个，清理“僵尸车”6辆，整治非法劳务市场6处，救助流浪乞讨人员35人，收置流浪犬158只

（赵国辉）

【交通管理宣传】 年内，顺义分局配合区电视台等部门，录制拍摄“文明红绿灯”、“交警播

报”686期，在《顺义时讯》等报刊杂志刊登交通宣传稿件74篇，提供违章停车信息5440条。以“花样童年、平安启航”为主题，组织全区6000余名小学生开展“六一”儿童节交通安全嘉年华活动。以“珍爱生命、远离事故”为主题，在全区426个建制村、95个社区、3953个社会单位，开展交通安全宣传。

（李贺　李崇贤）

【首都外围治安查控防线建设】 年内，顺义分局积极争取支持，全面推进外围治安查控防线建设，共投入资金2880余万元，在马庄东口、木北路、七大路三条河北进京主要道路新建公安检查站，对原北务、大孙各庄检查站进行整体修缮改造，并在全局抽调民警27人，招录辅警132人充实到检查站。

（韩京通）

【重大火灾隐患整改】 年内，顺义分局共有23家政府挂牌督办重大火灾隐患单位，相关单位积极推动区政府先后6次召开重大火灾隐患单位整改会议，对23家政府挂牌督办单位提出硬性整改要求，并通过多次现场检查指导，年底23家单位全部整改完毕。

（丰丕超）

【互联网安全管理】 年内，顺义分局召开网吧安全管理工作会5次，检查1400余家次，发现隐患70余处，行政处罚网吧24家次；完成全区35家网吧年审工作，完成2015年公安部网吧迎检工作，完成网吧视频监控系统调试，完成87家提供无线上网服务公共场所的升级改造；清理整治关停“黑网吧”6家，治安拘留3人。

（袁金海）

【“双微”平台初见成效】 年内，顺义分局警方微博、微信“双微”平台开通，目前，“双微”平台粉丝约2000人，发布安全提示1200余条、防范电信诈骗等提示信息928件，点击阅读量达111万余次，并回复群众咨询384件，向相关单位下发《双微平台涉警舆情流转单》158件。

（李海波）

检察工作

【概况】 依法打击刑事犯罪，受理审查逮捕案件732件906人，批准逮捕483件574人，不批准逮捕248件342人。受理审查起诉案件1172件1437人，提起公诉1126件1397人，不起诉116件204人。依法查办和预防职务犯罪，受理贪污贿赂、渎职侵权案件线索17件17人，立案侦查11件11人，提供行贿犯罪档案查询服务4223件，组织开展职务犯罪巡展、讲授廉政法制课、旁听职务犯罪案件庭审等预防警示教育111次。强化诉讼监督，监督公安机关立案14件26人，监督撤销案件9件12人，追捕、追诉犯罪嫌疑人71人，提起刑事抗诉1件，开展监管活动监督1879次，纠正漏管、脱管案件10件。办理民事申请监督案件58件，建议提请抗诉4件，发出检察建议3件。办理群众信访636件、刑事申诉案件5件。加强未成年人合法权益的司法保护，安排法定代理人及合适成年人讯问到场38人次，通知法律援助机构指派法律援助律师16人次，开展涉罪未成年人社会调查21人次，对2名符合条件的未成年人作出附条件不起诉决定，对27名未成年人的犯罪记录予以封存。依法保障律师执业权利，接待律师418人次，提供查阅、复制卷宗2261册。深化检务公开，向社会公布案件程序性信息2413件、法律文书1315份。获得“全国检察宣传先进单位”、“首都文明单位标兵”等荣誉。

单位名称：北京市顺义区检察院
地址：顺义区新顺南大街19号
邮编：101300
电话：59556600

（李连华）

【预防职务犯罪工作年度报告制度】 1月，区检察院对2014年查办贪污贿赂等职务犯罪案件情况进行总结分析，对倾向性、苗头性问题提前预警，形成《2014年度惩治和预防职务犯罪工作报告》并向区委报告，区委书记王刚、区长卢映川分别在该报告上作出重要批示。

（李连华）

【青少年法制宣传教育】年内，区检察院“蒲公英”青少年法制宣讲团加强青少年法制宣传教育，为学校和社区学生、家长授课13次，受众人数达3000余人。在该院微信公众号推出的以真实案例为素材的“青春自护、家长先行”未成年人教育原创短片，24小时浏览量突破3000人次。应邀到区电视台录制《师说日》法制宣传节目两期，现场与学生互动交流。

（李连华）

【会签行贿犯罪档案查询办法】3月23，区检察院与区监察局、发改委、住建委、国资委、财政局等单位联合会签《关于建设工程项目及政府采购领域行贿犯罪档案查询的暂行办法》，明确适用范围、操作程序、职能分工及惩戒机制，该办法的实施标志着廉洁准入制度在顺义区全面实施。

（李连华）

【“顺义检察”官方微信公众号开通】8月，区检察院开通“顺义检察”微信公众号，借助“互联网+”，积极推进检务公开，共发布检察资讯16期，H5作品“说说控申那些事儿”在全市控申检察宣传优秀微信评选活动中获二等奖。

（李连华）

【检察长出庭支持公诉】10月22日，区检察院党组书记、检察长张豫作为公诉人出庭支持公诉，当庭指控由该院提起公诉的被告人张海龙、包玉国等九人非法组织卖血案，经审判，法庭当庭对9名被告人作出有罪判决。

（李连华）

审判工作

【概况】年内共受理各类案件31661件，同比上升22.8%。其中，审结刑事案件1167件，判处罪犯1390人，审结民商事和知识产权案件18528件，审结行政案件212件，办结执行类案件6191件。依法履行审判职责，积极延伸审判职能，严格落实立案登记制，全面推进司法公开，主动自觉接受监督，确保审判权依法公正高效行使，区法院审判质量综合指数位于全市法院第三位，审判质量、效率和效果实现同步提升。

单位名称：北京市顺义区人民法院
地址：北京市顺义区府前东街
电话：（010）69444921
邮编：101300

（米佼佼）

【惩罚犯罪保障人权】认真履行刑事审判职责，全力维护社会和谐稳定。依法严厉打击严重刑事犯罪，妥善审理张某龙等9人非法组织卖血案、侯某霄等4人非法吸收公众存款案等重大案件，全力维护区域和谐稳定，审理的李某阳等4人诈骗案入选全国“扫黄打非”办公室通报的典型案件。

（米佼佼）

【全力破解执行难题】创新执行工作方式，强化执行威慑力度。与公安机关建立查控被执行人长效机制，对189名“老赖”实行网上布控，对123人实施司法拘留，对45人限制出境，与公安、工商、税务、银行等部门建立失信防范惩戒多元合作机制，将1595人列入失信名单，让失信“老赖”寸步难行，积极维护当事人合法权益。

（米佼佼）

【行政机关依法行政】推进行政机关负责人出庭应诉制度，引导行政机关依法参加诉讼活动。坚持依法裁判和协调化解相结合，对工伤认定、食品监督、劳动和社会保障等与民生密切相关的行政案件，促进行政争议实质性化解。强化对被诉行政行为的司法审查，既支持行政机关依法行政，又维护行政相对人合法权益。继续推进行政审判白皮书制度，向行政机关全面提出执法意见和建议，促进、支持行政机关依法行政。参与《北京市工商行政管理局关于办理人民法院、检察院、公安机关协助执行有关事项的实施办法（试行）》合法性审查过程，从该实施办法的制定目的、法定权限、执法程序、法律依据等多方面提出相应意见。

（米佼佼）

【多元化纠纷解决机制建设】 研究制定《顺义区法院关于全面深化多元化纠纷解决机制建设的指导意见》，设立诉非衔接中心，建立法院内部多阶段、多类型、多主体的全网式立体化解纷网络。与区司法局建立司法确认协作机制，研究制定《顺义区法院 顺义区司法局人民调解协议司法确认工作实施意见》，强化人民调解工作的权威，充分发挥人民调解组织化解社会矛盾的作用。完善人民调解、仲裁、行政裁决、行政复议与诉讼有机衔接、互相协调的工作机制，努力凝聚化解纠纷的社会合力。被最高人民法院确定为"多元化纠纷解决机制改革示范法院"。

（米佼佼）

【法官工作站设立】 区法院设立"法官工作站"，深入开展巡回审判、矛盾化解、民调指导、司法宣传等活动，对于有典型示范意义的婚姻家庭、邻里纠纷等案件，法官通过现场勘验、就地巡回审判，方便群众旁听，法官定期了解民情、排查矛盾，对矛盾纠纷联合村镇，邀请人大代表、人民调解员、村干部等三级联动，整合社会力量，开展多元化调解工作，加大矛盾纠纷的源头治理和分流化解。

（米佼佼）

【落实院、庭长办案责任制】 严格落实院、庭长办案责任制，院、庭长带头办理重大疑难复杂和具有社会影响力的案件，办案数量占全院结案总数的12.8%，让优秀审判资源回归审判的同时，充分发挥引领示范作用，通过"传、帮、带"推动审判工作的优化，提升司法公信力，促进"努力让人民群众在每一个司法案件中感受到公平正义"这一目标的实现。

（米佼佼）

【强化审判效率管理】 针对立案登记制实施后案件大幅增长的情况，着力加强审判效率管理。与区公安分局、区检察院、区司法局会签《关于开展刑事案件速裁程序工作的实施方案》，适用速裁程序审结案件262件。制定《民商事速裁工作管理规范》，设立民商事速裁审判组，集中审理物业类、简易商事类等速裁案件，推动案件实现繁简分流。适用小额诉讼程序审理简单民事案件，降低当事人的诉讼成本，使当事人更为快速便捷获得司法救济。

（米佼佼）

【制定《关于快速审理物业服务合同纠纷案件的规定》】 为妥善应对本院物业纠纷类案件数量大幅增长的现状，针对物业服务合同纠纷案件的审理，制定《关于快速审理物业服务合同纠纷案件的规定》，明确包括收案分案、庭前准备、开庭安排等诉讼环节的工作内容和时限，确立"案中判后追踪"原则和"三确定三到位"长效机制。

（米佼佼）

【新闻通报会推进司法公开】 不断深入司法公开，推进新闻发布工作，年内共召开天竺人民法庭成立新闻通报会、协同推进人民调解协议司法确认工作新闻通报会、物流纠纷审判白皮书发布新闻通报会、涉航类犯罪案件审判白皮书发布新闻通报会等4次新闻通报会，积极延伸审判职能，服务和保障区域发展，加强与社会公众的沟通力度，营造良好舆论氛围。

（米佼佼）

司法工作

【概　况】 2015年，司法局全面完成"六五"普法检查验收各项工作任务。大力推动法治宣传进公共场所，投资建设法治宣传教育基地3个，逐渐形成"多方联动、借势造势"的普法宣传格局。截止2015年底，全区各村（社区）普法橱窗和图书角建设覆盖率达100%；不断健全媒体公益法治宣传制度，与区电视台合作开办《百姓DV普法栏目剧》，提高百姓自觉学法守法用法积极性；充分利用户外媒体进行法治宣传，与交通局合作，利用户外LED大屏、府前街10个公交站亭开展“做讲法治守秩序的好市民”为核心的法律法规宣传；开展“12.4”宪法宣传日主题宣传活动，组织司法行政系统工作人员向宪法宣誓。“一村一居一法律顾问”全覆盖，全区21家律师事务所116名村居法律顾问与519个村居组织签订结对服务协议，考核优秀率达99%，42名优秀“村居法律顾问”律师获得表彰，全年累计发放村居法律顾问工作补贴235.5万余元。组织召开顺义区第二届律师代表大会第二次会议，选举产生石海艳、金丽娟、赵长凤、赵明宇、盛乃龙5名律师为北京市第十次代表大会顺义选区律师代表。全区各类人民调解组织调解纠纷16271件，成功15846件。参与备案的人民调解组织共计584个，人民调解员总数5577人。其中村（居）人民调解委员会531个，调解员5020人；镇（街）级人民调解委员会25个，调解员334人；行业性（专业性）人民调解组织9个，调解员57人；企事业单位人民调解委员会19个，调解员166人。成立顺义区人民调解协会，发挥调解资源聚合、调解队伍指导监督等方面积极作用。办理公证4040件，其中：国内民事2043件；国内经济341件；涉外民事1598件；涉外经济36件；涉港澳22件；为3459人次办理劳动力转非自谋职业协议书公证约13836余件。共收取公证费3744664元，其中日常办证收费2389264元，拆迁收费1355400元。办理经济案件涉及标的额约600亿元，接待来访人数约6000余人，电话咨询6000余个。共接待来电来访咨询5237人次，其中法律援助中心接待来访2866人次，“148”接待来电来访2093人次。受理法律援助案件共计3073件。其中民事案件2810件，刑事案件263件。代写法律文书627份。共办理农民工法律援助案件2629件，妇女法律援助案件554件，残疾人法律援助案件32件。共管理社区服刑人员266人（A类101人，B类124人，C类41人），刑满释放人员1792人（一类95人，二类451人，三类1246人），排查确定刑满释放重点人14人。累计接收社区服刑人员222人，解除240人；累计接收刑满释放人员384人，解除356人。累计办理新接收社区服刑人员居住地核实及社会调查299人次，期满解除矫正核审215人次，社区服刑人员七日以上外出核审63人次，暂予期满延续核审2人次，警告处分核审2人次，撤销缓刑建议核审2人次，死亡结束矫正核审1人次，报请特赦评审2人次。

单位名称：顺义区司法局

地址：顺义区光明南街18号

电话：（010）69443840

邮编：101300

网址：www.sifj.bjshy.gov.cn

（齐艳平）

【法治春联进村居】 1月10日，区司法局共投入10万余元组织开展法治春联进村居活动，设计制作既契合地方文化底蕴又充满法治教育意义的“法是百姓平安雨，和为人间幸福花”、“盛世增百福，知法纳千祥”等法治主题春联5类55000幅，向全区25个镇街523个村居的基层群众免费发放。

（齐艳平）

【《百姓DV普法栏目剧》正式开播】 自2014年10月召开《百姓DV普法栏目剧》作品征集推广会以来，共成功征集DV作品12部，分别来自南法信镇、张镇、马坡镇、北务镇等9个镇、街道司法所。作品均采取百姓自编、自拍、自导、自演的形式，选取的12个案例具有故事性、典型性和法律意义，展现百姓身边的法律热点话题与法治故事，实现“播放一集栏目，普及一条法律”的效果。目前，牛栏山镇普法栏目剧《过期的红茶》在顺义电视台一套正式开播。

（齐艳平）

【“3.15”主题宣传月】 3月5日至27日，各单位以法治讲座、法律咨询和志愿服务等形式开展一系列普法宣传活动，全区共开展主题活动255场次，发放各类宣传品6万余份，受教育群众高达3万余人次。

（齐艳平）

【“尊老敬老，普法惠夕阳”主题活动】4月7日，区司法局与区人力社保局联合举办“尊老敬老，普法惠夕阳”主题活动。活动期间，特邀致知律师事务所三名知名律师针对“老年人的财产管理”、“遗嘱继承的法律规定”、“老年人防诈骗”三个方面开展专题讲座，并为有需求的老人提供相关法律咨询，鼓励老年人在日常生活中多学多用法律知识，维护自己的合法权益，受到现场150余名老人的一致好评。

（齐艳平）

【“北京市人民调解优秀工作品牌”荣誉】6月15日，人民调解工作首次获得“北京市人民调解优秀工作品牌”荣誉。经过区县自荐、市司法局统一评选，全市共评选出31个“2015年度人民调解优秀工作品牌”。其中，本区报送的“人民法院立案庭诉前调解组与3+1人民调解工作模式”获奖，并作为品牌代表在2015年北京市人民调解工作会议上领奖，这也是本区人民调解工作首次获得这一殊荣。

（齐艳平）

【“顺义区军人军属法律援助联系点”正式揭牌】9月17日，“顺义区军人军属法律援助联系点”正式揭牌。部队官兵共200余人参加揭牌仪式。司法局向部队官兵赠送400本法律书籍。仪式结束后，法援工作人员、律师现场开展法律援助知识讲座和法律援助咨询活动。

（齐艳平）

【残疾人“温馨家园”法律援助工作座谈会】10月30日，区司法局召开顺义区残疾人“温馨家园”法律援助工作座谈会。会上下发《顺义区关于“残疾人温馨家园”法律援助工作实施方案》，部分司法所所长分别就工作存在的问题、法律援助标准和范围、残疾人界定等方面提出建议。

（齐艳平）

【宪法广场落成】12月2日，在第二个“国家宪法日”，第十五个全国法治宣传日来临之际，顺义区宪法广场落成仪式在和谐广场玫瑰园举行，来自全区司法行政系统的百余名干部职工面向国旗和宪法庄严宣读誓词 。宪法广场上设置宪法雕塑，上面镌刻宪法条文。

（齐艳平）

【北务司法所荣获全国先进司法所称号】北务司法所荣获全国先进司法所称号，成为顺义区唯一获此殊荣的司法所。

（齐艳平）

【村居法律顾问考核】12月20日，区司法局完成2015年度村居法律顾问考核工作。全区21家律师事务所116名村居法律顾问律师服务村居519家，上半年村居法律顾问考核优秀率为98%，下半年截止11月份考核优秀率99%，同比去年优秀率提高2个百分点，服务质量稳步提升。

（齐艳平）

军　事

人民武装

【概况】2015年，顺义区人民武装部在卫戍区党委和顺义区委、区政府的正确领导下，坚持以毛泽东思想、邓小平理论、“三个代表”重要思想和科学发展观为指导，全面贯彻习近平主席系列重要讲话和全军政治工作会议精神，坚决落实卫戍区1月8日党委扩大会议精神，按照“整顿、备战、改革、规划”的总体思路和整风整改总基调，紧盯“‘四个不出’、力争一点小事也不出”的安全稳定目标，铸魂育人、聚焦能力、强基固本、坚强班子，圆满完成了各项工作任务。年内，被北京军区政法委员会、华北五省（市、自治区）政法委员会表彰为“涉军维权工作先进单位”，被卫戍区评为“安全稳定达标单位”、“密码工作先进单位”。

单位名称：北京市顺义区人民武装部

地址：顺义区光明南街16号

电话：69444421

邮编：101300

（吴修顺、张玉伟）

【民兵预备役会】4月7日，召开“顺义区2015年度民兵预备役工作会”。会上，组织后沙峪镇、南法信镇党委书记向区委、区政府作党管武装述职，其他镇、街道、企业党（工）委书记提交书面述职报告；区委书记王刚同志围绕新年度工作，从深入学习贯彻中央市委关于做好民兵预备役工作的重要指示精神，筑牢听党指挥思想根基，进一步加强党管武装工作，切实把应急应战各项准备落到实处和着力推动军民融合发展5个方面做重要讲话。

（吴修顺、张玉伟）

【组织民兵遂行安保执勤任务】3月份，全国“两会”期间，组织240名民兵在26个进出京路口设卡执勤，单独和协助执勤民警盘查检查进京车辆19235余台次，人员20046多人次，及时发现并解决存在问题，协助公安部门共查获6个方面53个问题。

（吴修顺、张玉伟）

【民兵组织整顿】 4月份，着眼现实需求，结合民兵组织整顿，对区属重点民兵应急连人员进行调整。针对民兵编组不够合理、整体发展不够平衡等问题，按照“四结合、四延伸”的编组模式，科学制定实施方案，深入一线督促指导，按时完成整组工作任务。

（吴修顺、张玉伟）

【专武干部集训】 6月上旬，组织全区专武干部进行为期一周的封闭式集训，集中学习市委市政府北京卫戍区《关于加强新形势下首都民兵预备役部队建设的意见》和民兵组织整顿、兵员动员征集、民兵营连部建设等相关政策法规，进一步强化专武干部的务军兴武意识，提高业务工作能力水平。

（吴修顺、张玉伟）

【民兵应急分队训练】 针对重点民兵应急分队人员调整变化实际，6月中旬，组织应急分队进行为期5天的强化训练，熟悉人员编组，开展专业技能训练，组织拉动演练。

（吴修顺、张玉伟）

【征兵动员会】7月14日上午，顺义区召开2015年夏秋季征兵工作动员大会。各镇、街道，各委办局党(工)委书记和各大企业、驻顺高校等单位60多名领导同志参加会议。会议对2014年夏秋季征兵工作进行总结，对2015年夏秋季征兵工作进行部署。区委副书记、区长卢映川同志强调，全区各级各部门要充分认清征兵工作的重要意义，切实增强做好征兵工作的政治责任感；要准确把握征兵工作的形势任务，广泛动员高素质青年参军入伍；要着力加强征兵工作的统筹协调，确保征兵工作有序开展。

（吴修顺、张玉伟）

【组织抗战支前模范、观礼代表参加阅兵】 7、8月份，在全区范围内遴选聂仲儒、马有、彭兴远、王春荣、冯仪、王克生、孙木林、崔荣彦、齐兰英等9名老民兵、老游击队员、老儿童团员作为抗战支前模范参加“9.3”胜利日阅兵。组织优秀人武干部代表、优秀专武干部代表、优秀民兵代表、双拥模范代表等4名基层观礼代表参加“9.3”阅兵观礼。

（吴修顺、张玉伟）

【世界田径锦标赛开闭幕式节目训练】8月份，与地方公安、消防、卫生等部门，靠前工作、主动有为，紧盯训练、饮食、防火、交通等具体环节，一线督导、严防死守、全面防控，确保世界田径锦标赛开闭幕式节目训练顺利进行。

（吴修顺、张玉伟）

【军人军属法律援助制度】 8、9月份，经顺义区司法局、武装部共同筹划，成立军人军属法律援助工作领导小组，在区武装部设立军人军属法律援助工作站。9月17日，在93708部队举办“顺义区军人军属法律援助联系点揭牌仪式”活动。

揭牌仪式结束后，为现场官兵赠送法律书籍，并开展法律咨询活动。

（吴修顺、张玉伟）

【**双拥共建工作**】协调政府投资1700余万元帮助93682部队将自来水和天然气接入市政管道；财政拨付200万元专项资金用以帮助部队解决实际问题；坚持对优秀现役军人进行表彰，并把奖励金额由3000元增至5000元，鼓励现役军人在部队建功立业。组织驻军官兵参加植树造林活动等，植树10000余株；积极参与“春风送暖”活动，共捐款20余万元。

（吴修顺、张玉伟）

【**基层“青年民兵之家”建设**】年内，指导天竺镇、双丰街道武装部按照建筑面积不少于50平方米，门口有牌匾，有专门的图书角、阅览桌椅、微机，有不少于200册书籍、2000册电子读物，有文化活动区域，有荣誉展示台（柜）的标准进行“青年民兵之家”建设，稳步推动全区各镇、街道“青年民兵之家”建设。

（吴修顺、张玉伟）

【**征兵宣传多措并举**】在报纸上刊登征集政策，在电视台播放征兵宣传片和《军旗下的顺义儿女》，在广播电台制作专题咨询节目，利用顺广传媒微信公众号发布征兵信息，以适龄青年为主体群发50000万条征兵彩信，开通乡村广播每天重复播放征兵政策，在所属镇、街道、村、社区张贴宣传画600套，设立宣传站发放《致全区适龄青年的一封信》33000份，在顺平路、光明大街、拥军路、府前街两侧悬挂道旗，在5条公交线路、6个公交站点设置征兵宣传海报，分别在耿丹大学和现代职业学院进行面对面动员宣传等，努力把征兵政策规定送到千家万户，做到家喻户晓。

（吴修顺、张玉伟）

【**政治考核**】年内，考核“两会”执勤民兵260人，考核报考军校高中生50人，考核参加国庆阅兵老民兵老游击队员等9人，考核参加阅兵的现役军人28人，考核新兵275人，针对不同类型人员的特点，突出考核的重点内容，严格把关，确保考核对象政治上的纯洁可靠。

（吴修顺、张玉伟）

【**国防教育**】依托国防教育基地、社区宣传板报、广告灯箱、地铁车站移动橱窗等阵地，利用广播、电视、手机、报纸、LED显示屏等媒介，开展形式多样的宣传活动。区电视台定期拍摄“情动绿港”双拥专题片。协调组织区四套班子领导、委办局“一把手”、中小学生和驻区部队开展烈士公祭活动。春节、“八一”及国防教育日等重点时段，主流媒体对双拥工作持续集中报道。

（吴修顺、张玉伟）

【**扶贫帮困活动**】积极开展扶贫帮困、与北小营镇西乌鸡村结成帮扶对子，投入10万元帮助该村加强基础设施建设，救济北小营镇东府村困难户2万元。

（吴修顺、张玉伟）

人民防空

【**概　况**】2015年，顺义区民防局按照年初制定的《顺义区民防局2015年工作要点》的目标任务，紧紧围绕本区的中心工作，全面加强应急组织指挥、人防工程建设与管理、宣传教育培训等方面建设，各项工作稳步推进。

单位名称：顺义区民防局

地址：顺义区府前中街3号（顺义宾馆院内西侧）

电话：（010）69443202

邮编：101300

网址：http://www.renfang.bjshy.gov.cn/

（民防局）

【**人防工程建设审批规划**】加强使用及审批管理，全面体现人防工程社会公益性。坚决杜绝散居住人的使用审批，使用方向着重体现服务建设单位和社会公益性。2015年，审批批准使用人防工程平时用途均为汽车库，为社区提供人防工程停车位。

（民防局）

【结建工程跟踪检查】 民防局结建执法检查小组，对本区尚未完成竣工认可的项目全年进行跟踪检查，随时掌握和了解工程建设中各种信息。针对本区近几年人防工程数量和面积的快速增长,对辖区登记在册的人防工程项目的跟踪检查，确保随时掌握项目的施工进度情况和相关信息。同时，配合建设单位做好市质检站的质量监督、验收认可、竣工备案等工作。

（民防局）

【政务服务品牌创建】多措并举，做好对审批项目，特别是区重点工程项目的服务。一是电话跟踪项目进展情况；二是主动上门服务；三是协助建设单位到市民防局办理相关手续。今年共为全区200多个建设、设计单位提供咨询服务，继续为未完成人防审批区重点工程项目提供全过程服务。

（民防局）

【人防工程安全管理】 制定《顺义区人防工程冬春季火灾防控工作方案》，并在全区范围内展开部署，相继开展“人防工程可燃物清理专项行动”和“人防工程火灾隐患排查整治”。根据北京市民防局和顺义区委区政府的文件指示精神，成立“两会”安全保障工作领导小组，在全区范围内开展督导检查，对重点区域加强防控，加强隐患排查，顺利完成“两会”保障任务。组织人防工程使用、管理单位负责人防工程的主要领导开展人防工程使用管理培训班，提高相关单位人防工程管理水平、安全意识和人员素质。

（民防局）

【人防工程防汛度汛】 开展人防工程汛前隐患排查，一是对早期人防工程的结构情况及封堵情况进行排查，防止出现结构坍塌等风险。二是落实车库工程防倒灌各项措施，重点检查使用管理单位防倒灌措施落实情况及物资储备情况。三是加强应急抢险队的物资准备,更换老旧设备物资，为提高队伍应急处置能力提供物资保障。进入汛期后，根据天气变化适时启动汛期抢险工作应急预案，各人防工程管理、使用单位派专人24小时值守，局办公室随时检查。通过区局、属地政府及人防工程管理、使用单位共同努力，顺义区人防工程圆满度汛，未发生雨水倒灌事件。

（民防局）

【应急保障】 与歌华有线公司联系沟通，联通区级指挥所与街道指挥所的视频会议系统，确保区、街道两级指挥所的正常运行；指挥所内部安装保密机柜，涉密信息系统分级保护改造项目已完成。应急指挥车在区内重点经济地区域、人口密集区域、森林防火等重点地域演练10次；节假日、两会等共备勤70天。圆满完成全市十个区县警报试鸣工作。9月19日，采用无线控制的方法，以统控方式对全区防空警报终端发放控制指令，防空袭警报全部鸣响，鸣响率100%。

（民防局）

【民防宣教“五进入”工作】一是开展防空防灾公共安全知识“进学校”活动。活动期间会同区十余家相关单位在光明小学举行“科学减灾依法应对”为主题的防灾减灾宣传活动。二是推动防空防灾公共安全知识“进社区”活动。利用社区民防宣教中心和区25支民防志愿者队伍向广大社区居民宣传防空防灾知识以及教授广大市民应对突发事件应急处置技能。三是结合地域优势，深入农村开展基层宣传。警报试鸣期间，到高丽营集市开展警报知识宣传活动，发放《防空防灾知识宣传手册》。四是加强机关建设，提升业务素质，开展公共安全知识“进机关”活动。组织全局人员开展民防志愿者骨干业务培训。

（民防局）

【宣传教育培训】 借助大型活动，提高广大市民公共安全意识。多措并举积极组织开展3月1日“国际民防日”、“5.12防灾减灾日活动”等社会宣传活动。利用本局后沙峪“公共安全宣教中”心、焦庄户地道战遗址“民防宣传教育基地”以及3个街心公园和10个社区宣传栏开展对广大市民的防空防灾知识的宣教培训工作，提升应急处置能力。

（民防局）

【民防宣教“三个建设”】一是继续推广民防应急志愿者工作建设。选取北务、木林、北石槽和大孙各庄4个镇分别组建每支30人，共计120人的志愿者队伍，使区民防应急志愿者队伍达到25支，750多人，同时为新建队伍配发服装、帽子和队旗。二是继续为已建志愿者队伍建设小型物资储备室。今年为高丽营、杨镇和李桥镇建设小型物资储备室，物资种类达30余种。三是新建滨河社区和金汉绿港社区民防宣教中心。本着服务百姓，充分发挥地下空间的社会效益功能，选取滨河社区和金汉绿港社区，设有民防宣教室、棋牌室、乒乓球室、台球室、舞蹈排练室等功能区域的社区宣教中心，是居民学习安全知识、进行娱乐健身活动的理想场所，是便民利民的工程。

（民防局）

双拥工作

【概　况】2015年，在区委、区政府的正确领导下，在市双拥办的大力支持下，顺义区双拥办认真贯彻党的十八大和十八届三中、四中、五中全会精神，以争创全国双拥模范城为契机，以解决部队实际困难、妥善安置军人军属为重点，加大调研力度，积极落实各项政策，全面做好各项工作，推动双拥工作不断向前发展，进一步巩固“同呼吸、共命运、心连心”的军政军民关系。

单位名称：顺义区双拥办公室

地址：顺义区石园北区东侧

电话：（010）69433708

邮编：101300

（梁新岳）

【两节慰问工作】春节和“八一”期间，区委书记王刚、区长卢映川等区相关领导、双拥办把总价值160万元的食品和电脑、电视等用品送进军营。

（梁新岳）

【为部队办实事】为进一步改善驻区部队官兵训练、生活、学习条件，顺义区出资1700余万元为空军某部队将自来水、天然气、路灯等基础设施接入市政管线；出资200万元实施为部队办实事工程，帮助部队建造军营荣誉室，完善办公楼、礼堂、浴室、阅览室等基础设施，得到广大驻区官兵的一致好评。

（梁新岳）

【文化拥军工作】在庆祝中国人民解放军建军88周年之际，为弘扬双拥文化，营造欢快和谐的节日氛围，20名书画家来到武警顺义支队题词绘画，展示驻顺部队威武之师、文明之师的风采。“兰馨桂馥，鱼水情深”首都著名艺术家进军营慰问活动在顺义区预备役高炮二团隆重举办行，用创作书画的形式，展现人民子弟兵用青春和热血保家卫国的忠诚奉献精神。

（梁新岳）

【退役士兵安置工作】2015年顺义区共接收安置复退军人246人，9人选择政府安排工作，237人选择自主就业，发放补助金1324.97万元。安置率保持100%。安置过程中积极联系北京现代、顺鑫农业、燕京啤酒等26家企业举办退役士兵专场招聘会，有效促进退役士兵就业。24名退役士兵参加市、区两级学历教育，为往届毕业退役士兵报销学费5万余元。

（梁新岳）

【国防教育】以清明节、建军节、国防教育日为契机，充分利用警卫三师师史馆、潮白烈士陵园、焦庄户地道战遗址纪念馆等国防教育基地，在全区企事业单位员工、中小学生中广泛开展国防教育活动，树立国防观念，增强市民国防意识；驻区各部队抽调经验丰富的基层干部为中小学生开展国防教育课、组织军训，受到学校的好评。2015年全区中小学生、党员干部、社会群众接受国防教育达到4万余人。9月30日在潮白烈士陵园举行首个大型烈士公祭活动。

（梁新岳）

【驻区部队拥政爱民工作】 春节期间，驻区部队出动600余人，主动帮助驻地整治环境，打扫卫生，营造干净整洁的节日气氛；特别是武警、消防部队，加大巡逻力度，确保顺义人民平安过节；各部队采取“一助一”结对子的形式，走访慰问困难家庭100余户。组织500余名中坚力量，深入到村镇、社区、学校、医院等地，开展义诊、环境整治、义务献血等活动20多次；积极参与环境绿化，1000余人次参与区平原造林工程；抽调官兵40余人，车辆4台，帮助区慈善协会运送物资；开展“团校对接”活动，大力支持中小学德智体美特色教育；参加地方“送温暖献爱心”活动，捐款捐物30余万元。

（梁新岳）

【双拥共建活动】 依托区“二月新春”、“五月鲜花”、“十月金秋”等系列文化活动及春节、建军节等重点节日，各单位及驻区部队纷纷开展联谊，举办座谈会、联欢会、文艺演出等活动百余次。

（梁新岳）

综合经济管理

发展与改革

综　述

2015年，顺义区紧紧围绕京津冀协同发展和首都城市战略定位，坚持问题导向，主动适应发展新常态，遵循“把握发展的阶段性特征，推动经济社会转型升级”工作总要求，积极调结构、促改革、惠民生，国民经济和社会发展计划完成符合预期、各项措施执行有力。

一、经济社会发展总体平稳

经济运行稳中提质。地区生产总值完成1440.9亿元，按不变价同比增长7.8%，三次产业比重为1.5：40.1：58.4。一般公共预算收入完成124.8亿元，同比增长12.8%。全区城乡居民人均可支配收入28257元，同比增长9.3%。其中城镇居民人均可支配收入33394元，同比增长9.2%；农村居民人均可支配收入22648元，同比增长9.5%。城镇登记失业率控制在1.5%以内的较好水平。万元地区生产总值能耗下降3.92%。

需求支撑逐步协调。积极引导和撬动社会投资进入基础设施、生态环境、公共服务等领域和河东地区、新城中心区、镇中心区、机场周边等区域，全社会固定资产投资完成465.2亿元，增长7.6%。消费市场繁荣稳定，电子商务、商业综合体等新业态快速发展。居民多元化消费需求进一步释放，社会消费品零售额累计实现410亿元，同比增长8.8%。

二、产业转型升级系统深入实施

产业发展更加符合转型升级要求。开展项目全要素评价和禁限管理，关停退出高消耗企业42家。启动实施现代农业节水示范区建设。明确商务领域新增产业禁限目录清单，引导区域性批发市场调整腾退。金融业多元化、规模化发展，新落户金融机构30家，汇集融资租赁企业34家，成长为支撑经济增长的第三大主导产业。积极推动“互联网+”发展，63家开展电子商务企业发展态势良好。

产业平台支撑引领作用不断增强。举办第八届中国临空经济论坛，成立中国临空经济发展联盟。积极争创国家级临空经济区示范区。国家对外文化贸易基地入驻企业规模不断扩大，北京国际科技贸易基地建设加快推进，整车进口口岸实现一般贸易进口车560辆，增长2.9倍。临空服务、科技创新、绿色生态功能区整合优势逐步显现，与镇级二三产业基地的合作共建不断深化，实现一般公共预算收入52.4亿元，增长5.5%。

创新创业氛围日渐浓厚。出台创业摇篮计划和重大产业项目定向扶持办法等一揽子政策措施。引进高端创业企业20家，新设立市场主体7685户，10家创业示范基地正在筹建。全国首个新三板产业加速器在赵全营镇成立。启动新金融商会和上市企业协会筹备工作。新增挂牌上市企业10家。新认定国家级高新技术企业93家，组建代尔夫特中国研究院，第三代半导体材料及应用联合创新基地建设积极推进。天竺综保区引进文化创意类项目12个，成功举办首届北京国际设计贸易交易会。

京津冀协同发展稳步推进。制订本区落实京津冀协同发展工作方案，确立6个方面26个重点领域的目标任务。北京嘉寓新新投资公司光伏节能门窗幕墙建筑一体化项目入驻威县·顺义产业园；顺鑫控股、顺义科技创新产业功能区分别与怀来县签署合作协议。产业疏解转移有序进行，12个外迁或意向外迁企业正在稳步推进相关工作。

三、绿色宜居城市建设扎实推进

《农村地区生活垃圾分类实施方案》。生活垃圾收集、运输销量明显提高，环境质量全面提升。38项清洁空气行动计划年度重点任务圆满完成。南水北调水源回补工程试验性补水，累计引水3380万立方米。再生水利用率、污水处理率分别为80%和98.7%。全区生活垃圾无害化处理率达到98.9%。全区林木绿化率达到35.6%。城区人均公共绿地面积31.7平方米。市、区两级2906项环境建设台账任务全部完成。拆除违法建设1409宗、379万平方米，关停砂石料场65处。

城乡建设统筹推进。完成顺义新城规划实施评估，出台《关于推动河东河西协调发展的意见》和任务分工方案。100项重点工程立项90项，开工60项。完成94万平方米老旧小区建筑节能综合改造。农宅抗震节能改造深入推进，完成单项改造、新建翻建及自建楼综合改造1.5万户。启动舞彩浅山郊野公园规划设计和前期手续办理，举办山地马拉松、登山文化节等活动。

城市服务和管理水平不断提高。梁庄110千伏变电站竣工发电，庄子营110千伏变电站土建完工。仁和热力（城南）中心煤改气二期改造完成。城南水厂投入运行，新增日供水能力3万立方米。累计入市交易土地14宗，实现供地113.33公顷。顺平辅线俸伯桥主体完工，新建、扩容公共自行车站点42处。食品安全监测合格率、药品抽检合格率分别为98.21%和100%。全面落实人口规模调控方案，全区常住人口控制在102.2万人。

四、民生保障与社会事业全面进步

公共服务能力进一步增强。区医院急诊病房楼交付使用，北京中医院顺义院区通过三甲中医医院评审，合作成立北京儿童医院顺义妇儿医院，与凤凰医疗集团合作共建新型社区医疗卫生体系。全区甲乙类传染病发病率控制在95/十万。义务教育均衡发展工作通过国家验收。迁建幼儿园1所、接收小区配套幼儿园5所，新增学位1860个。北京城市学院顺义校区顺利开学，友谊医院顺义院区建设手续加紧办理。开展村居基础健身设施“三个一百”项目。北京市养老护理照料示范中心、区老年公寓二期等重点工程顺利完工，新增养老床位2000余张。

就业和社会保障水平不断提高。加大职业技能培训和就业岗位信息服务，全区新增就业28100人，城乡劳动力二三产业就业率保持在95%以上，连续4年获评“北京市充分就业区”。职工五险平均参保人数48.5万人，增长3.3%。新型农村合作医疗参合人数25万人，参合率达到97.4%。低保标准提高至月人均710元，困难家庭大病救助封顶金额提高至20万元。保障房和回迁安置房开复工5.5万套，竣工8317套。天竺村等6个村12317人完成回迁。8个自住型商品房项目全部开工；启动实施沙坨村棚户区改造，完成拆迁腾退工作。

五、重点领域改革取得积极进展

政府机构和事业单位分类改革初步完成，企业“三证合一、一照一码”登记顺利实现，不动产登记机构完成整合。出台政府投资项目全过程管理和政府购买公共服务办法，推进预算项目库建立。扎实推进区属国有企业改革，基本完成房地产、市政、建设投资服务三个板块整合。新城地产法人治理结构不断完善，燕顺保障房投资公司成功组建。创新综合监管执法机制，成立城市环境管理执法委员会和市场监督管理执法委员会。环卫体制改革积极推进。

六、“十三五”规划研究编制任务有效进行

制定“十三五”规划研究编制工作方案，召开动员会、培训会等。加强组织领导和全过程管理，成立领导小组并下设办公室，建立规划信息报送机制，规范编制程序，统筹经费管理和进度推进。坚持开门编规划，启动公众建言活动，征集和收集到建言900余条，并进行充分吸纳。坚持以规划确定项目、以项目落实规划，征集整理“十三五”时期本区拟实施的重大项目。对“十二五”规划执行情况进行终期评估；开展33项重大前期课题研究，完成1个纲要（草案）、5个重点专项规划和30个一般专项规划的文本编制。

单位名称：顺义区发展和改革委员会
地址：顺义区府前中街3号
电话：（010）69441363
邮编：101300
网址：www.shyjw.bjshy.gov.cn

（发改委）

国有资产监督管理

综 述

2015年是顺义区贯彻实现“十二五”规划的收官之年，也是顺义区国资委系统全力推进改革的关键之年，一年来，在区委、区政府的领导下，区国资委深入贯彻落实中央、北京市深化国有企业改革的决策部署，坚定不移推进改革，全力以赴谋求发展，国有经济运行质量和效益不断提高。

一、监管企业主要经济指标完成情况

截止2015年12月末，23家监管企业资产总额1290.2亿元，同比增长8.6%；负债总额824.1亿元，同比增长5.7%；所有者权益总额466.1亿元，同比增长14.2%。2015年完成销售收入362.8亿元，同比增长16.1%；实现利润总额25.9亿元，同比下降9.9%；上缴税金32.6亿元，同比下降5.9%。国有企业区域贡献逐年增强，到2015年底，系统企业年均在岗职工人数3.4万人，年人均工资6.5万元，同比增长13.8%。

按行业分布：工业企业7家，资产总额489.8亿元；建筑业企业4家，资产总额26.5亿元；商业企业4家，资产总额43.5亿元；房地产业企业2家，资产总额122.8亿元；投融资平台企业3家，资产总额267.7亿元。按所有制结构分布：全民所有制企业19家，资产总额1243.2亿元；集体所有制企业6家，资产总额47亿元。按企业规模分布：大型企业6家，资产总额476.4亿元；中型企业15家，资产总额562.8亿元；小型企业4家，资产总额251亿元。2015年全市区县国资系统排名中：顺义区资产总额排名第3，净资产、销售收入、利润均排名第2。

二、重要制度陆续出台

坚持顶层设计、问题导向、底线思维，研究出台推动转型升级的重要文件：《关于进一步加强国资国企监管工作的意见》、《在深化国有企业改革中坚持党的领导加强党的建设的意见》，分别以区委、区政府文件印发实施。同时，在原有资产管理、业绩考核、企业领导人员选拔任用等制度规范的基础上，新出台《关于区属国有企业落实党风廉政建设责任制党委主体责任和纪委监督责任的实施意见（试行）》、《区属国有企业党委会议事规则（试行）》、《区属国有企业监事会管理办法（试行）》等一系列配套制度，形成了比较完善的、符合顺义实际的国资监管制度体系。

完成功能区资源和企业的整合重组。按照《关于进一步加强经济功能区建设的若干意见》，将经济功能区所属企业整合为三个板块，组建北京天竺空港经济开发公司、北京顺义科技创新有限公司、北京顺义生态旅游有限公司，全部纳入国资监管范围，清产核资工作已基本结束，整合重组后续工作正在加紧进行，为全区层面优化配置资源、提高国有资产运行效率创造有利条件。稳步推进国有企业整合重组。按照产业相近、行业相关、主业相同的原则，通过新建、合并等方式，打造专业产业板块。通过重组有效规划整合资源，提升企业竞争力，促进国企做大、做强、做优。开发、市政、建设服务三个板块重组工作取得阶段性成果，组建北京大龙控股有限公司、北京顺义市政控股有限责任公司、北京顺义建设投资服务有限公司；建筑、商业、物业板块的重组工作正在加紧推进。加快小微亏企业清理退出。深入调研，按照资源整合、优势互补、平稳过渡、确保稳定的原则，全面加快小微亏企业从一级监管企业层面的清理退出，盘活国有资产，实现标本兼治、效益提升、企业解困、转型升级。

三、以管资本为主加强监管

加强投资管理，推动国有资本合理流动优化配置，引导国有资本投向前瞻性战略性产业和优势竞争力企业。2015 年国有投资 15.7 亿元，带动社会投资 11.5 亿元；区政府直接注资 7.5 亿元，有效推动产业布局结构调整，促进国有企业发展壮大。畅通融资渠道，降低融资成本，利用多种融资工具灵活筹措资金，2015 年国有企业融资 106 亿元。加强国有资本经营预算支出管理，完成 2014 年度国有资本收益 9500 万元的收缴入库工作。

监管措施科学有力，基础管理科学严谨。按照《顺义区企业国有产权转让管理暂行办法》、《顺义区企业国有资产管理暂行办法》、《顺义区国有企业重大投资管理暂行办法》等制度规范，严格履行资产处置、产权管理、重大投资、合同管理等报批程序，有效预防国有资产流失。2015 年办理各类企业国有产权登记事项 59 项；国资委及系统企业审核备案合同 511 份，合同标的额 80.3 亿元。薪酬考核管理逐步加强。按照《顺义区国资委监管企业负责人基薪管理暂行办法》、《顺义区国资委投融资平台企业负责人年度业绩考核暂行办法》等制度文件，综合考虑国有企业社会责任、经营业绩、经营规模和在岗职工平均工资等因素核定企业负责人基薪，2014 年度考核增设环境保护、违法建设等考核项目，考核指向更加明确，重点更加突出，充分发挥薪酬、考核的导向作用，促进企业提质增效。财务审计工作更加规范。按照《顺义区国资委聘用审计评估中介机构管理暂行办法》，规范国资委及企业选聘中介机构的行为，做好功能区企业清产核资工作；统一委托会计师事务所进行企业年度财务决算审计工作；加强企业财务监督，提高企业会计信息质量。

四、全面加强国企党建工作

充分发挥党组织政治核心作用，以解决监管实际问题、促进国有资产保值增值为目标，深入开展“三严三实”专题教育活动，全力做好系统督导工作，听取企业班子研讨 130 人次，个别谈话 324 人次；全系统查找问题 913 条，制定整改措施 1413 项，有效提升系统党员干部的纪律和规矩意识，改进工作作风。认真落实中央八项规定精神，按照讲纪律、守规矩的要求，从严选拔、教育、管理国有企业领导人员。坚持履行社会职责与促进企业发展相结合，深入推进基层党建工作，从加强思想建设、完善议事决策程序入手，抓牢班子建设；从群团组织建设、文化宣传工作和精神文明建设入手，筑牢群众基础；从落实基层服务保障、强化党员示范引领入手，凝聚改革力量，全面打造学习型、服务型、创新型的党组织，实现党建工作与国资国企发展的高效融合。2015 年任免系统企业班子成员 15 人，发展党员 113 人；开展各类文化宣传活动 40 余次，组织人才培训 20 余次、3500 人次参与；266 个党支部参与“六星”基层服务型党组织创建活动。

五、积极服务社会发展

全力做好国有企业安全稳定和节能减排工作，提高民生企业供应保障能力，提升公共服务水平。维护职工合法权益，充分保障就业，积极开展工资集体协商，促进企业职工收入的增长和保障水平的提高，推动党务公开、厂务公开，提高企业民主管理水平，使国企职工共享改革发展成果。到2015年底，北京顺义市政控股有限责任公司所属企业供热面积达1380万平方米，肩负城区80%的供暖任务；供水范围扩大到34个村，供水能力由10万吨/日增加到19万吨/日；天然气居民用户达18.8万户、公服用户1166家，液化气居民用户13.2万户、公服用户54家。供销社、国泰中百、鑫海韵通等大型商业流通企业在保障市场供应、维护物价稳定方面发挥不可替代的作用。

单位名称：顺义区人民政府国有资产监督管理委员会
地址：顺义区仓上街AMB大厦A座7层
电话：（010）89440556
邮编：101300
网址：www.gzw.bjshy.gov.cn

（国资委）

工商行政管理

【概　况】工商顺义分局按照市局和区委、区政府的统一部署，结合自身实际，积极转变观念，努力适应经济发展新常态，全力推动商事制度改革，促进依法行政，加强事中事后监管，通过有效推行网格化监管模式与落实监管责任，全面提升对市场的监管效能，经过努力加快科技创新的支撑作用，信息化服务能力明显提升，使辖区的投资环境更加优化，市场交易更加公平，百姓消费更加放心，为保障区域经济健康有序发展营造良好市场生态环境方面做出积极贡献。

单位名称：北京市工商行政管理局顺义分局
地址：北京市顺义区仓上街8号
电话：（010）89448080
邮编：101300

（陈惠　魏济江）

【各类市场主体总量】年内，顺义区共有各类市场主体79371户（企业34298户，个体45073户），其中2015年新设立市场主体7941户。新增市场主体中内资企业5192户，同比增长12.80%，注册资本（金）397.60亿元，同比增长233.29%；个体工商户2680户，同比降低9.79%，资金数额3.49亿元，同比增长3.21%；外资企业69户，同比降低35.14%，注册资本4.50亿元，同比降低35.52%。

（陈惠　魏济江）

【市场主体发展情况】

1－12月顺义区域各类市场主体发展情况表

序号	指标名称	计量单位	2016年计划
1	地区生产总值增速（不变价）	%	7左右
2	第三产业增加值比重	%	64左右
3	*一般公共预算收入增速	%	8
4	区本级一般公共预算支出	亿元	174.48
5	全社会固定资产投资量	亿元	480
6	社会消费品零售额增速	%	8
7	限额以上工业总产值增速	%	5.5左右
8	*单位地区生产总值能耗下降率	%	3.1
9	*单位地区生产总值水耗下降率	%	6
10	*城镇登记失业率	%	≤2
11	城乡劳动力二三产业就业率	%	≥95
12	*食品安全监测合格率	%	≥98
13	*药品抽检合格率	%	≥99
14	甲乙类传染病发病率	1/10万	≤280
15	城镇居民人均可支配收入增速	%	8左右
16	农村居民人均可支配收入增速	%	9左右

17	*用水总量	亿立方米	3
18	*能源消费总量	万吨	1155
19	*常住人口总量	万人	106
20	*单位地区生产总值二氧化碳排放降低	%	4
21	二氧化硫排放总量降幅	%	2
22	氮氧化物排放总量降幅	%	2
23	化学需氧量排放总量降幅	%	2
24	氨氮排放总量降幅	%	2
25	*森林覆盖率	%	30.18
26	*城镇人均公共绿地面积	平方米	31.8
27	河道断面水质达标率	%	90
28	*城区污水处理率	%	98.8
29	*全区生活垃圾无害化处理率	%	≥ 95
30	*细颗粒物（PM2.5）年均浓度下降	%	3

（陈惠　魏济江）

【“三证合一、一照一码”实施】 9月29日实施“三证合一”登记制度起，共办理企业设立1523户，变更2456户，换照2326户，注销158户。另办理经营项目包含“先照后证”登记的企业共计748户，后置许可涉及区食药监局、交通局、卫生局等多家行政许可部门。

（陈惠　魏济江）

【无证照经营治理】 年内，全区合计挂账无证无照经营1556户，销账918户，累计存量1943户，销账率为47%，查处无证无照经营案件共计143件，结案54件，罚没款合计224.67万元，上报查无信息121篇。

（陈惠　魏济江）

【工商年报】 年内，2013、2014年度年报结束，顺义区2013年度内资企业年报率95.68%，外资企业年报率96.27%，个体工商户年报率86.03%；2014年度内资企业年报率95.57%，外资企业年报率96.22%，个体工商户年报率85.66%，农民专业合作社年报率96.43%。年报结束后依法将1423户未参加年报公示的企业和农民专业合作社列入经营异常名录，将6404户个体工商户标记为经营异常状态，并通过北京市企业信用信息网同步向社会公示。另外，辖区引导注销未年报企业315户、个体工商户67户。

（陈惠　魏济江）

【品牌创建】 年内，顺义区新增中国驰名商标1件、北京市著名商标2件，新评定顺义知名品牌4件。截至目前，顺义区已拥有驰名商标25件，北京市著名商标48件，顺义知名商标（品牌）21件。2015年顺义区用于品牌创建的专项资金已达4700万元。

（陈惠　魏济江）

【房地产经纪人监管】 年内，全区共有各类经纪人464户，其中已备案368户，备案率79.31%。共有3家房地产经纪机构总部，为强化房地产经纪机构主体责任，畅通经纪行业争议解决渠道，分局已在博爱房产建立合同争议的自主快速解决机制，增强经纪机构责任意识，主动、及时化解合同争议。

（陈惠　魏济江）

【动产抵押登记】 年内，全区共办理动产抵押登记87件，抵押物总价值1026166.534万元，主债权数额1017636.706万元。

（陈惠　魏济江）

【拍卖企业监管】 年内，全区共有14家拍卖企业。截止12月底，共举办176场拍卖会，确认书2810份，成交金额30295.0万元。

（陈惠　魏济江）

【消费者权益保护】 2015年分局12315系统共接收消费者投诉信息871件，共办结871件，办结率100%；受理684件，调解成功463件，受理调解成功率67.7%，投诉转立案28件，为消费者挽回经济损失约223.3万元。共接到群众举报623件，办结604件，属实190件，其中行政处罚56件、行政指导77件、其他行政行为57件，罚没款合计27.9万元。全区共发展绿色通道成员217个，绿色通道联盟7个，其中今年新发展成员55个，联盟4个。本年度绿色通道成员单位自接投诉量386660件，和解率100%，为消费者挽回损失1776.67万元。年内，通过绿色通道网上工作平台分转并指导企业自行处理投诉188件，接收181件，自行协商成功155件，协商未成功退回16件，签收超时2件，反馈超时退回3件。

（陈惠 魏济江）

【商品质量监管】年内，共监测商品859组。其中市局监测440组，分局监测419组，截止到目前监测出不合格样品353组，样品整体不合格率41.1%，其中市局监测不合格样品135组，分局监测不合格样品218组。查处商品质量不合格案件79起，罚没款91.5万元。从抽检不合格率看，不合格率高的商品（不合格率≥80%）有炉具100%、水泥88.9%、通讯器材85%、室内装饰装修材料80%、塑料制品80%，不合格率较高的商品（不合格率60%-80%）有棉纺织品73.3%，箱包70%、成人服装66%、儿童用品65%等，不合格率较低的商品（≤20%）有农膜农肥20%，日化用品10%，消防器材8%，合格率为100%的有成品油、珠宝玉石，汽车配件，抽样均合格。

（陈惠 魏济江）

【红盾护农】年内，结合企业年报公示，核查农资经营主体准入是否合法，农资经营各项制度是否落实。通过严格规范农资经营行为，不断增强农资经营者责任意识，稳步推进农资市场规范化建设，确保农资市场规范有序。共检查农资商户140家，取缔无照经营农资商店1户，取缔集期市场超范围经营农资商户5户，取缔集期市场异地经营农资商户3户；解决农资投诉5起，直接为农户减少经济损失20700余元；下架未经审核甜玉米种子3种42袋。

（陈惠 魏济江）

【规范网络交易行为】年内，辖区现有网站2947户，已巡查网络户数3336户。共查处涉网案件11起，罚没款总计55.8万元。

（陈惠 魏济江）

财　政

【概况】北京市顺义区财政局是顺义区政府领导下的主管本区财政收支和财政监督工作的职能部门。设18个行政科室：办公室（法制科）、人事教育科、监察科、预算科、国库科、教科文科、社会保障科、行政政法科、农业科、农业综合开发办公室、综合科、财政监督科、行政事业资产管理和绩效考评科、企业科、会计科、城建科、政府采购管理科、金融管理科。下属10个事业单位：国库支付中心、财政监督检查所、财政绩效考评中心、预算编审中心、财会教育考试中心、财政投资评审中心、政府采购中心、信息中心、机关后勤服务中心、投资引导基金管理中心。

单位名称：顺义区财政局
通讯地址：顺义区新顺南大街17号
电　　话：69443287
邮政编码：101300

（张 茉）

【财政收支】2015年，全区属地财税收入累计完成576.42亿元，同比减收91.03亿元，下降13.6%。其中：一般公共预算收入完成124.76亿元，同比增收14.15亿元，增长12.8%，完成预算的100%；政府性基金预算收入完成85.68亿元，同比减收111.84亿元，下降56.6%，完成预算的60.8%；国有资本经营预算收入完成0.95亿元，增长87.2%，完成预算的164.1%。一般公共预算支出完成225.11亿元，同比增加57.27亿元，增长34.1%，完成预算的120.1%。政府性基金预算支出完成77.88亿元，同比减少108.02亿元，下降58.1%，完成预算的51.2%。国有资本经营预算支出完成1.36亿元（含上年结余0.41亿元），同比增长2倍，完成预算的135.4%。

（张 茉）

【财源建设】一是重视财政收入情况，强化组收目标责任制，加强经济形势分析。全面开展财政收入管理系统建设，制定《顺义区财政收入管理系统实施方案》，实现与区国税局、地税局、工商局和国库代理行及中国人民银行网络互通，并建立企业信息库，初步做到数据的每日采集和报表。二是强化财源培植，努力探索符合顺义区实际情况的助推经济发展模式，加快培育新的经济增长点，大力挖掘存量税源，形成多点支撑的经济模式。三是充分发挥财政政策和资金的引导作用，支持重点功能区建设，扶持重点产业发展，加快产业结构优化升级。投入16.62亿元，支持重点经济功能区改革和发展，加大对中关村科技园区顺义园扶持力度，推进重大产业项目落地；制定《健全经济功能区财政保障体系实施细则》，保障临空经济核心区、科技创新产业功能区及绿色生态产业功能区管委会的正常运转，充分发挥开发公司的相关社会服务职能，为经济发展注入新活力。

（张 茉）

【政府采购】继续加大政府采购管理力度，提高财政性资金的使用效益，增加政府采购环节的透明度，规范政府采购当事人的采购行为。2015年全区政府采购完成84项次，较上年减少312项次，采购预算2.16亿元，采购金额1.9亿元，同比减少59%，资金节约率11.39%。其中公开招标67项，较上年减少129项，采购金额1.76亿元，同比减少57%，占采购总额的93%。

（张 茉）

【财政投资评审】不断完善对财政投资基建项目概、预、结、决算的审核，确保政府投资的规范、科学、合理。2015年审核完成财政投资项目730项，较上年增加214项，审核资金41.10亿元，审定资金32.72亿元，审减资金8.38亿元，平均审减率20.38%，切实节约财政资金，提高投资效益。

（张 茉）

【绩效管理】一是稳步推进全过程预算绩效管理试点改革工作。2015年共选取市政市容委、园林绿化局、体育局和卫生局社区卫生服务管理中心4家全过程试点单位，至此全区试点单位已达8家。二是扎实推进事后绩效评价工作，评价共涉及40个项目，评价资金21.46亿元。其中区级大额专项8个，涉及财政资金3.32亿元，占区级大额专项资金的100%；一般预算项目28个，涉及财政资金5.13亿元；部门整体支出4个，涉及财政资金13.01亿元。

（张 茉）

【实施区镇财政体制改革意见】一是为促进镇间均衡协同发展，加快各镇转变经济发展方式，推动《顺义区区镇财政体制改革意见》出台，进一步理顺区与镇财政分配关系，促进财力与事权的匹配，加快管理重心和财力重心的下移，调动区镇两级政府发展经济和社会事业的积极性。二是出台《顺义区区对镇转移支付资金管理暂行办法》，引导各镇转变经济发展方式，促进全区公共服务均等化，加大对河东与浅山镇的支持力度。三是推进镇级预算指标管理系统建设，促进预算编制和事业发展规划、年度工作计划的有机结合，提高预算的科学性、准确性和前瞻性。

（张 茉）

【继续深化国库集中支付改革】一是区级国库集中支付改革范围进一步扩大。截至2015年底，区级国库集中支付改革单位达到363家，较上年末增加65家，实现国库集中支付改革区级预算单位全覆盖，全年区级集中支付资金达到183.04亿元，占区本级财政支出的71.9%。二是镇级国库集中支付改革加快推进。从2015年起将所有区对镇转移支付资金纳入改革，启动两个镇镇本级财政性资金国库集中支付改革，同步开展镇级财政专户清理工作，全年镇级集中支付资金达到7.81亿元，占镇本级财政支出的15.7%。三是全区公务卡制度改革不断深化，将符合条件的区级国库集中支付改革单位和 19 个镇全部纳入公务卡改革，截至 2015 年底，全区公务卡改革单位达到 316 家，累计办理公务卡 1978 张，较上年末增加 583 张，累计刷卡 7208 笔，较上年全年增加 6639 笔，报销还款金额 1120 万元，较上年全年增加 955 万元。

（张 茉）

【推动建立部门项目三年滚动支出规划】结合财政部及市财政局关于编制中期财政规划的要求，在 2016 年预算编制过程中，研究提出区级部门 2016–2018 年滚动支出规划编制的基本思路、原则、重点和要求，引导区级各部门估算未来事业发展目标所需资源，多角度分析变量因素，统筹考虑中长期内项目支出需求，按照“近详远略”的原则完成三年中长期项目滚动支出编制。

（张 茉）

【深入开展政府购买服务工作】研究制定《关于政府向社会力量购买服务的实施意见》及购买服务指导性目录。在编报 2016 年预算时，各单位将属于政府购买服务并在指导性目录中的项目全部进行上报，2016 年全区正式按照《顺义区关于政府向社会力量购买服务的实施意见》要求执行。

（张 茉）

【预算管理】一是建立健全财政存量资金管理制度，出台《顺义区区级行政事业单位结余资金管理办法》，进一步增强政府统筹配置资源的能力，切实盘活财政存量资金，提高财政资金使用效率。二是推进财政信息公开，进一步细化预算编制。扩大部门预算公开范围，公开范围增加到 98 家；细化部门预算公开内容，加大“三公”经费公开力度，部门预算全部细化公开到支出功能分类的项级科目。三是研究制定《顺义区党政机关事业单位食堂财务管理办法（试行）》，明确食堂公务接待标准不得超过顺义区公务接待费用餐标准等，加强了党政机关、事业单位食堂的规范化管理。

（张 茉）

国家税务

【概 况】2015 年，顺义区国家税务局围绕实现税收现代化的主题，以组织收入为中心，强化组织收入统筹，严明组织收入纪律，想办法、谋举措、挖潜力，向分析要收入，向管理要收入，向服务要收入，向稽查要收入；全面落实税制改革、深入推进依法行政，持续优化纳税服务，不断加强队伍建设，各方面工作稳步推进，成效显著。年内，管理纳税人 39241 户，其中：私营以上纳税人 27228 户、个体纳税人 12013 户；组织各项税收收入 326.26 亿元，同比增长 4.6%。其中：中央级税收完成 230.58 亿元，同比增长 2.1%；地方级税收完成 95.68 亿元，同比增长 11.3%。

单位名称：顺义区国家税务局
地址：北京市顺义区府前东街 7 号
电话：69462203
邮编：101300
网址：shunyi. bjsat. gov. cn

（国税局）

【依法治税】大力整顿和规范税收秩序，优化区域税收环境。加强对税收执法权和行政管理权的监督，规范行政处罚裁量权，实现处罚标准、处罚依据、处罚文书“三统一”。创新风险防控管理手段，探索引入纳税人身份信息验证，做好税收风险防控。运用信息化手段，推进企业所得税科学化、精细化管理。强化大企业和国际税收管理，为大企业提供立体化专享服务，全面升级新常态下非居民管理模式。通过推动科学选案，优化稽查资源配置，充实一线稽查力量，实现稽查项目化管理和团队化运作，税收稽查范围更加广泛，力度更加深入，成果更加显著。

（国税局）

【征管改革】继续以“营改增”、“三证合一”为税收征管改革重点，制定《优化税收征管工作实施方案》和相关操作细则，搭建从分级分类管理角度出发，以日常管理为基础，以风险防控为导向的税源管理框架，形成内容明确、岗责清晰、程序规范、衔接顺畅的基层日常税收管理工作规范。进一步拓展国地税协作范围、层次水平，建立国地税联合走访重点税源企业、联合撰写区域经济形势分析、联合撰写重点税源企业调研的“三联合”模式，为区域经济发展出谋划策。本着让纳税人少一点辛苦、多一点便利的原则，大力整合国地税办税资源，筹建联合办税服务厅，打造国地税办税“综合体”。强化网上办税服务厅建设，增设自助终端，完善自助办税，为企业成功推行“票e送”，实现纳税人领用发票一条龙模式。

（国税局）

【纳税服务】服从、服务经济社会发展大局，围绕顺义区“四个转型升级”，积极履行工作职责。积极落实小微企业税收优惠政策，通过全方位做好优惠政策宣传，多渠道开展纳税辅导，让企业用足、用好政策红包。不断简化出口退税审批手续，加快出口退税进度，对出口企业申报符合规定的退免税实行即时受理，有力促进外向型企业的发展。全面推进业务流程优化重组，将纳税人依申请事项全部集中在办税服务厅现场审批办结，进一步简政放权、提速审批。联合区委宣传部、广电中心和地税局，利用顺义电视台、广播电台等平台开展税收宣传，税收宣传的覆盖面和影响力不断提升。

（国税局）

地方税务

【概 况】作为北京市地方税务局的派出机构，顺义区地方税务局承担着辖区内营业税、企业所得税、个人所得税等十余个地方税费的征收管理工作。2015年度实现各项税费收入174.1亿元，同比增收13.4亿元，增长8.4%。

单位名称：北京市顺义区地方税务局
地址：顺义区新顺南大街35号
电话：（010）69426901
邮政编码：101300
网址：http://shunyi.tax861.gov.cn/

（陈 阳）

【税收收入特点与分析】2015年，收入规模（174.1亿元）在北京市位居第6，增速位居第13。其中，地方公共财政预算收入完成136.4亿元，同比增收9.3亿元，增长7.3%；区级一般预算收入完成63.7亿元，同比增收2.9亿元，增长4.8%。

（陈 阳）

【税收政策落实】充分利用北京互联网地税局税源监控平台和自行开发的税种管理台账，建立起税源监控管理体系，跟踪税种税源变动情况，发挥政策支撑作用。定期对全局业务骨干进行专题培训，提高运用税收政策的能力。切实落实营业税、企业所得税等各项税收优惠政策，保护纳税人合法权益。对享受减免税政策的企业加大政策宣传，督促其正确进行减免税申报。

（陈 阳）

【税种管理】做好分税种核定工作，在“顺义地税综合应用管理平台”中增加税源管理模块，分阶段开展税种核定，为下一阶段分税种管理奠定基础。同时科学开展分税种分析，根据各税种税源分布范围、税收优惠力度、征管难度大小等不同特点，把握各税种税收要素的构成、规模、增减变化趋势，实现税源的源泉控管。

（陈 阳）

【纳税服务】完善窗口服务“免填单”业务模板，全年完成5.2万项工作事项。优化咨询热线小呼中心服务功能，全年接听处理电话咨询5.3万件。增设15个房屋交易征税窗口，开展全区通办。

（陈 阳）

【税收征管】一是进一步完善基础工作。重点调查居民社区底商和无照聚集区的843户无照经营户，研提工作建议。全年组织各税务所对25851户税务登记户的税务登记基础信息、税源信息进行逐户调查核实。重点核实无税申报原因的真实性；对长期无税申报且注册资金较大或有购票记录的企业进行风险推送和调查核实。二是建立税源分类分级管理模式。确定“总分细”的税源管理思路，全面了解顺义税源，对各类税源进行精细化、专业化分类管理，已划分出四类税源单独管理，初步建立分类分级管理模式。三是实现机场分局管机场。8月1日起将机场集团公司、航空公司，以及与机场、航空直接相关的企业及其下属机构共288户企业统一调整至机场分局管理，落实专业化、系统化、部门化税源管理的新模式。四是开展不间断税务约谈。除局级约谈室外，在7个基层税源管理所建设所级约谈室，实现局级约谈室对所级约谈室的网络监控，形成“一带七”的税务约谈格局。

（陈　阳）

【国际税收管理】 不断强化国际税收管理，约谈北京现代韩籍高管，联合国际税务管理处共同召开个人所得税政策宣讲会。向北京现代127名韩籍员工送达《税务事项通知书》和《外籍个人所得税政策宣传手册》，责令限期整改，促进全市外籍个人的个人所得税征管工作，切实维护国家税收主权。

（陈　阳）

【税收宣传】 围绕“区域通办”、“个人出租房屋税款委托代征”等热点撰写新闻稿件，制作“扶微促发展 春风暖人心”税收宣传特别节目，在区电视台黄金时段播出；走进顺义广播电台《大家帮助大家》栏目，就税收优惠政策、办税流程等进行实时解答。向全区40余所学校的教师代表讲解税收政策和办税流程；宣传进社区，利用全区112块LED显示屏，每天滚动播放最新政策法规、办税指南等内容，及时将各类税收信息送到纳税人身边。

（陈　阳）

审　计

【概　况】 2015年，北京市顺义区审计局完成审计项目58个，查出管理不规范金额782260万元，应上缴财政金额6859.07万元，非金额计量问题6个；提交审计报告和专项审计调查报告99篇；提出审计建议11条，审计建议被采纳11条，制定整改措施6条；提交审计信息33篇，被批示、采用1篇；向社会公告审计结果14篇。

单位名称：顺义区审计局
地址：顺义区新顺南大街17号
电话：（010）69444127
邮编：101300
网址：http://www.shenji.bjshy.gov.cn

（肖　钢）

【预算执行审计】 组织开展2014年度本级预算执行和其他财政收支情况审计。先后对区财政局2014年度预算执行情况、14家单位部门预算执行情况、审计查出将预算内资金转入预算外账户，收回结余资金未及时统筹安排等7个问题，审计发现管理不规范金额543053.87万元。

（肖　钢）

【经济责任审计】 围绕加强对权力的制约，2015年开展经济责任审计41项，重点审查领导干部任期内工作目标的实现程度以及遵守国家财经法规和有关廉政规定等情况，对领导干部任期内贯彻落实相关政策及资金使用、资产管理绩效情况以及决策、投资等经济活动的效果做出审计评价。审计查出违规金额6959.07万元；管理不规范金额239206.39万元。问题主要集中在发票使用不规范、固定资产账务核算不及时、未在政府采购定点单位购买车辆保险、少计收入欠缴税金。

（肖　钢）

【内部审计】一是完善内审制度建设，逐步实现内审工作制度化、规范化、法制化。下发《2015年度内部审计工作的指导意见》。二是强化内审工作指导，搭建交流沟通平台。积极组织内审单位间交流和开展与兄弟区县考察交流活动。三是加强内审人员后续教育培训，进一步提升内审人员的综合素质。积极开展内审人员现场后续教育培训，全区60多名内审人员参加后续教育和岗位培训，充分发挥内审网络教育平台培训作用，目前网上注册内审人员416余人，累计学时6708学时。

（陈宝江）

【署市区联合审计项目】一是对顺义区2014年城镇保障性安居工程的投资、建设、分配、运营等情况进行审计。重点调查区住房保障、财政、国土资源、民政等部门，延伸调查15个保障性安居工程项目融资、建设、勘察、设计、施工、监理等相关单位和企业、1个街道办、4个乡镇，并对9个保障性安居工程项目的开工情况、7个项目的基本建设情况、2个项目的工程建设和质量管理情况进行了检查。二是对区政府稳增长促改革调结构惠民生防风险政策措施落实情况开展跟踪审计。自2015年3月起，先后对顺义区政府稳增长、促改革、调结构、惠民生、防风险等20个方面的政策措施落实情况进行跟踪审计，涉及水处理和再生水利用、生活垃圾处理、清洁空气行动计划、调整疏解非首都功能区目标责任、简政放权、行政审批事项取消和合并承接情况、事中事后监管工作等内容。

（肖　钢）

【交办事项】2015年，区审计局市区联动项目、区委区政府临时交办事项等组织有序、进展顺利，保质保量的完成各项审计任务。抽调工作人员配合区纪检开展木林镇大韩庄村来信反映情况审计，配合区国资委对北京燕京啤酒集团公司开展专项检查，开展全区98家处级单位全年度会议活动经费使用情况自查检查，为市委第四巡视组进驻本区开展巡视工作提供2011–2014年审计发现的主要问题及整改情况报告。

（肖　钢）

【固定资产投资跟踪审计】自2015年9月起，本局对顺义区2014–2015年度政府投资项目管理制度执行情况进行专项审计调查。重点围绕政府投资项目管理制度具体执行情况、政府投资计划项目开展和资金投入、资金管理使用、项目建设管理、政府投资制度的实际执行效果等内容展开审计调查，以此推动本区政府投资项目管理制度更加完善，促进政府投资健康发展。

（肖　钢）

统　计

【概　况】2015年，以“严”字当头，从“实”处着手，统计改革不断深化，队伍建设成绩斐然，服务水平日益提升，执法效能逐步凸显，基层基础建设扎实开展，各方面工作稳步推进。

单位名称：顺义区统计局
单位地址：顺义区仓上街2号AMB大厦A座12层
电话：89445499
邮编：101300

（统计局）

【普查工作】一是完成经济普查后期数据开发。推进经普数据整理、分析、发布等工作，于2015年1月19日发布经济普查主要数据公报。全面反映本区第二、第三产业基本单位数量、行业或地区分布、经济成分构成、经济规模、效益和结构等，充分运用普查成果，做好后期数据开发，发挥普查数据的社会效益和价值。二是6月开始，集中精力2016年全国农业普查做好前期准备工作。

（统计局）

【社区统计站建设完成】7月初，根据市局《加强统计基层基础工作实施方案及重点任务分解》拟定顺义局队《关于在全区建立社区统计工作站的方案》（征求意见稿）。7月底，完成《社区统计站工作方案》的制定。8月份组织开展“村级统计站人员、辅助调查员岗位知识培训班”，全区27个统计所及统计站人员参加。10月底，100个社区统计站全部完成挂牌，设备已配备到位。2015年，在临空经济核心区、科技创新产业功能区两个新的功能区建所。

（统计局）

【统计服务水平提升】一是统计调研成果显著。2015年，向市局总队报送14项重点专题分析课题，其中4项分别获得市局科研专项经费、刊登在《中国国情国力》杂志、获顺义区2014年度优秀调研成果二等奖、入选《北京市第十八次统计科学讨论会获奖论文集》。二是专题分析研究成绩突出。2015年，编印出版《2014年专题分析汇编》，其中1篇被确立为2015年北京市政府统计系统青年项目科研立项课题。三是统计服务产品类型多样、内容丰富。向政府部门及社会提供统计数据共4.3万笔，比上年增加1.5万笔；网上发布数据图表共1400多笔。编印《顺义区统计资料掌中宝》小册子共300册，《顺义统计系列分析》共280册、《2015年专题分析汇编》共100册；共采集整理信息、分析共计472篇，其中被市局采用70篇，《中国信息报》刊登3篇。四是统计调查切实开展，个性化服务不断增强。积极开展全国1%人口抽样调查前期工作、夏粮外业和测产调查前期准备工作、完成CPI五年基期轮换数据采集等工作任务；开展北京大型购物中心居民消费情况调查、北京高校学生创新创业及就业意愿调查、小微企业税收减免政策落实情况调查等8项专项调查工作。2015年深入全区数百家重点企业开展综合性调研，对大中型企业的发展跟踪监测调查，撰写统计分析研究，为区委、区政府及时提供预警预测报告。

（统计局）

【统计法制建设】一是秉承“依法治统”理念，大力查处统计违法行为。2015年完成执法检查284家，其中督导132家，执法139家。超额完成市局执法队下达的任务。二是加大回访力度，巩固执法成果。截至3月中旬，执法队共回访2014年立案单位67家，回访率提高到100%，做到立案单位全覆盖、无遗漏。三是探索创新思路，深化服务理念。开展“和谐统计”活动，与区金融办开展辖区内上市公司和准备上市公司的统计业务培训工作。四是加强普法宣传，推进统计依法行政。扎实开展“六五”普法宣传工作，完成统计诚信单位表彰、顺义区全国统计从业资格考试以及《统计执法检查证》考试等工作。

（统计局）

【统计方法制度改革创新】一是完成国家统计局2015年固定投资改革试点自查工作。局队遵循“简洁、友好、可核查”的原则，为进一步优化精简试点表式，让调查对象更容易填报，使数据有据可依、有据可查，各科室按照《统计法》和试点方案的要求，强化采集、审核、验收、加工汇总等各个环节工作，稳步开展固定资产投资改革的全面试点，积极探索与发改委、国土局、经信委、住建委、规划局等部门共同参与的新开工项目管理联动机制，以帮助项目单位解决用地难、融资难、审批难等问题。二是完成2014年全国企业创新专项调查年报工作，涉及规上企业共1008家；完成1%人口抽样调查及统计调查样本轮换工作。三是完成工业增加战略性新兴产业产值统计，新增调查单位79家。

（统计局）

【全国1%人口抽样调查】圆满完成2015年全国1%人口抽样调查。2015年，北京市对本区下达的人口调控任务是常住人口控制在102.2万以内。本次调查3月启动，全区共抽取约6万个调查小区，每个调查小区约200到250人，共抽选219名调查员、指导员，经过摸底调查，编制调查样本框，选聘培训调查员，抽样试点、正式入户，审核评估等一系列工作的扎实开展，截止到12月31日，顺义区常住人口为102万，完成本区2015年度人口调控任务。

（统计局）

质量技术监督

【概 况】2015年，本局深入分析新常态对质监工作的新要求，围绕"提升绩效、创新发展"的工作主线，不断优化质监工作机制和方法，科学高效履职助推经济发展方式转型升级，为推进顺义区经济又好又快发展提供有力保障。

单位名称：北京市顺义区质量技术监督局

地址：顺义区府前东街19号

邮编：101300

联系电话：69441320

（质监局）

【工业产品质量监督】一是按照《顺义区镇（街道）绩效管理考核办法》要求，深化细化基层政府质量工作考核细则，积极发挥基层产品质量监管网络作用，收集工业产品生产企业信息，分析、研判可能出现的产品质量安全风险，防范可能出现的区域性质量问题。二是推动首届北京市政府质量管理奖申报，本区共有5家企业参与该项评选，北京汽车集团有限公司荣获北京市政府质量管理奖。三是推进燃煤监管计划有效落实，共完成监督抽查463批次，其中生产销售34批次、使用单位429批次，其中不合格18家，合格率96.1%，对于煤炭使用不合格单位进行立案查处。

（质监局）

【标准化管理】2015年，以《顺义区落实<首都标准化战略纲要>实施意见》为依托，一是加强与区商委、农委、民政局等相关部门沟通协作，建立联席会议制度，分别在服务业标准化、高端装备制造业标准化、"菜篮子"农业标准化基地评定等领域，开展示范试点项目建设；二是探索与周边区县和地区开展标准化交流合作，促进"京津冀"地区标准化协调推进；三是积极争取区政府支持，设立标准化项目奖励资金，协调相关委办局在标准体系建设方面提供资金支持；四是落实行政审批制度改革，简化标准化事项办理程序，积极推进信息公开和企业产品标准自我声明公开制度改革，夯实企业标准化工作基础。

（质监局）

【计量监督】一是开展计量惠民生、诚信促和谐工程。重点对商场超市、农贸市场、医疗卫生等领域开展监督检查。二是开展"5.20计量日"宣传服务活动。组织开展血压计、人体秤免费检测、老花镜维修和计量咨询服务活动。三是开展计量器具获证企业证后监管。对企业资质、许可标志以及产品标识和在用计量器具溯源、检验人员是否执证上岗等情况进行专项检查。

（质监局）

【特种设备监察】全面启动电梯、锅炉、油气输送管道"三大战役"，加强与属地政府的配合，组织开展特种设备隐患和安全风险的大排查、大整治、大执法、大督查，要求使用管理和维保单位对在用设备逐台进行隐患排查，在自查自纠的基础上对在用设备进行重点督查，尽快消除安全隐患。共完成电梯隐患排查7000台套，未发现"三无电梯"。完成在用燃煤锅炉能效普查、标杆锅炉房建设以及新增高污染燃料锅炉管控工作和燃煤锅炉清洁能源改造工作。全力推动建立区政府老旧电梯资金救济机制，于11月12日政府专题会讨论通过，确保存在重大隐患的电梯能够得到及时到位的修理改造，为老百姓出行提供安全的便利。

（质监局）

【技术机构】计量所、特检所以"练内功、强素质、优服务"为中心，组织开展系列能力提升活动，包括小组研讨、项目比对、技术练兵等，通过搭建多角度的学习交流、切磋技能的平台，及时发现解决检验中的问题，督促检验人员提升责任意识和主动学习能力，推动检验检测水平的整体提升。质检所认真研究政策、制定方案，将做好"人"

的工作放在重要位置,将稳妥落实为基本出发点,通过多种渠道解读相关政策规定,分析面临的形势任务,充分调动干部职工适应改革、支持改革的自觉性,确保此次改革的顺利完成。

(质监局)

【行政审批】紧贴群众需求,坚持"一次性告知",严格落实首问责任制。优化服务方式,开辟绿色通道,启动电话预约服务措施。推行全天候便民服务,增加午间值班人员,早八点晚五点全天候可以办理业务及接听咨询热线,解决路途较远的服务对象中午等候问题。

(质监局)

【投诉举报】为确保消费者诉求得到及时有效处理,本局树立问题意识,注重严查线索,要求执法人员多方面调查事实、对关键事实详细取证,对发现的质量违法行为严格立案查处,对其他涉嫌违法线索向工商等部门通报,既妥善解决消费者诉求,同时严肃查处违法行为,排除质量安全风险,规避复议及诉讼风险。共处理投诉举报137件,对其中2件进行立案查处。

(质监局)

【社会宣传】一是首创荧屏说质监的新形式,与区电视台联合开办《信息播报》平台,质监工作人员出镜观众播报质监工作、传递质监声音、宣传质监事业。共拍摄各类新闻播报18期。二是着力推进微博宣传平台建设,充分利用微博宣传质监形象。全年微博发表数量为200条,通过微博为群众提供咨询解答服务7次。三是完成各类信息编辑、上报149条,被国家质检总局、中国质量报、质量新闻网刊登47条。四是完成北京质监投稿并刊登稿件10篇。

(质监局)

投资服务中心

【概 况】2015年,区投资服务中心共接待咨询约81566件,受理、核准25298件,核发各类证书(批复)14553件、备案10745件;办理营业执照944件,注册资本总额约79.6亿元。所有受理事项时限内办结率和群众满意率均达100%,收到办事群众赠送锦旗5面。

单位名称:北京市顺义区投资服务中心
地址:北京市顺义区府前西街6号
电话:(010)81496070、(010)81492202
邮编:101300

(投资服务中心)

【人性化服务】实行"三个一"服务模式。一张审批流程图、一套表格样本、一条龙代办服务。对重点项目、残疾人员等特殊群体、港澳台及外籍人士,实行绿色通道审批机制,统筹安排事项审批环节、时间节点,有效提升审批效能。通过预约服务、延时服务、上门服务等方式,进一步提升服务质量。公章刻制等事项实现无纸化办公、即办即结。工商营业执照由15个工作日压缩为3个工作日办结,进一步压缩办理时限。

(投资服务中心)

【规范化管理】一是制定百分制考核,双向监管。对窗口人员的考勤、着装、服务、纪律等7类59项进行严格考核,每月定期向派驻单位通报考核情况,形成双向监管机制。二是亲情化管理,增强归属感。设置窗口离职人员纪念墙、提高用餐标准、购置空气净化加湿器,推行亲情化管理与服务,增强窗口人员归属感,营造和谐氛围。三是拓宽监督渠道,提升满意度。通过全市统一行政投诉受理电话96160、与区监察局联网的24小时视频监察系统、意见箱等监督方式,加强服务监督管理,实现14年来零投诉,切实提升群众服务满意度。

(投资服务中心)

【信息宣传】全年,共报送稿件206件,采用169件次。其中,"首都之窗"刊发39件,《顺义区情》刊发29件,"顺义网城"刊发40件,"顺义新闻"刊发3件,其他部门采用58件,有效展示本区政务服务良好形象。

（投资服务中心）

【推行“三证合一”】按照市有关部门工作安排，中心及时开展“三证合一”工作，进一步优化企业准入事项审批办理流程、提升行政效能，为群众和纳税人提供更加的优质服务。对服务窗口进行施工改造，设立2个企业准入联办窗口，办公面积40平方米。7月17日，本区“三证合一”工作在中心开始试运行。10月开始，“三证合一、一证一码”登记制度在本区全面实施，实现“四证一章”（营业执照、组织机构代码证书、税务登记证、统计登记证、企业公章）并联审批，同步办结。

（投资服务中心）

【摸清三级政务服务体系现状】2014年12月至2015年4月，中心会同政务中心筹备办历时5个月，对全区25个镇（街道）政务服务情况进行逐一调研和梳理。在此基础上，编制完成《顺义区三级政务服务手册》，整合收录本区全部502个政务服务机构：投资服务中心、25个镇(街道)服务中心、476个村（社区）服务室。内容主要包括基本情况、地理位置、入驻事项清单、主管领导、有关科室、工作人员（约1000名）、联系方式。

（投资服务中心）

【“政务服务大讨论”】5月15日，卢映川区长调研窗口单位。按照卢区长指示精神，自6月24日至7月21日，由政务中心筹备办和投资服务中心牵头，在全区48家窗口单位开展以“适应政务新常态，提升服务新形象”为主题的大讨论活动。

（投资服务中心）

【政务公开】制定完善《顺义区投资服务中心信息公开工作制度》，从公开内容和形式、操作程序、监督检查等方面进行全面规范，保障政府信息及时、准确、有效发布。在服务大厅新安装LED显示屏，发布各类通知、公告等信息，便于群众及时了解。更新2台老化的触摸屏，做到公开信息与门户网站信息同步，保证发布信息的一致性，做到审批事项信息事前、事中、事后有效衔接，方便群众查询。开通微信平台。设置“政务公开”、“便民服务”、“三级政务”等特色栏目，办事群众可查询中心工作动态、办事指南、办件公示、镇（街道）行政服务中心职能等相关信息。

（投资服务中心）

北京市临空经济核心区

【概　况】北京临空经济核心区，于2014年3月25日获北京市机构编制委员会批准整合（京编委[2014]19号），4月18日举行揭牌仪式。主要负责核心区总体规划、开发建设、招商引资，并协调开展区域内企业管理与服务工作。作为北京市重点建设的六大高端产业功能区之一临空经济区的核心区域，临空经济核心区总规划面积178平方公里，北以六环路为界，南以机场南线高速和京平高速为界，西以京承高速和温榆河为界，东以六环路和潮白河保护绿带为界。起步规划区面积约56平方公里，由原北京天竺空港经济开发区、原北京空港物流基地和原北京国门商务区三个功能区组成（含首都机场27平方公里）。目前，核心区入驻企业达2500余家。其中包括26家世界五百强企业投资项目56个，总部企业38家，跨国公司100余家。形成以航空及相关产业、战略性新兴产业、产业金融、商贸服务和文化创意为核心的五大支柱产业。

单位名称：北京临空经济核心区管理委员会
地址：北京市顺义区天柱路28号
电话：010-80489567
邮编：101312
网址：http://www.baecz.gov.cn/index.aspx

（临空经济核心区管委会）

【经济指标】 累计实现属地税收 98 亿元，增长 26%；实现地方公共财政收入 27 亿元，增长 17%；实现工业总产值 376.7 亿元，总收入 1888 亿元，出口供货额 245.9 亿元，利润总额 231.5 亿元。

（孟俊梅）

【招商引资】 年内共引进项目 430 个，累计注册资金 199 亿元，其中包括基金投资规模 100 亿的国开（北京）新型城镇化发展基金第五期，注册资金亿元以上企业 26 家，5000 万元以上企业 56 家。重点项目包括中交资产管理、大唐国投控股有限公司、中恒久合国际投资基金、北京智度德普股权投资中心等；国家地理信息科技产业园累计订购楼宇企业达 30 家，订购楼宇 42 栋，订购面积 70.6 万平方米，完成注册企业 32 家，累计注册资金 18.1 亿元。

（孟俊梅）

【规划建设】 完成顺义新城第 28、29 街区规划编制工作、李桥镇头二营、三四营村棚户区改造前期工作以及岗山村土地和机场北线南北两侧土地一级开发前期工作；庄子营变电站建设主体工程和产业园公交场站主体建筑按期竣工。加快金汉王科技、国家地理信息产业园二期等 13 个重点产业项目开复工如期进行，项目总投资约 193.7 亿元，总建筑面积约 189.5 万平方米。

（孟俊梅）

【企业服务】 核心区以打造临空产业大服务体系为目标，创新服务举措，完善政企联动服务机制，加快落实各类扶持奖励政策的申报，年内共组织征集新项目 42 个，落实项目 11 个，到位资金 1.15 亿元；罗森伯格、伟博海泰生物科技等 2 家企业荣获区科学技术奖项；长城华冠、德威、雅昌、北广科技等 5 个项目获得区科技创新资金支持。

（孟俊梅）

【信息宣传】 年内共在市级以上媒体刊发 85 篇（条），在区级媒体刊发 178 篇（条），《顺义区情》34 条。做好核心区形象推广工作，在京密路、顺平路及机场东路等顺义区主要路段集中亮相户外广告，修建核心区大型形象标识，投放核心区灯箱广告。借助“走进临空经济核心区”、“第八届中国临空经济论坛”等重大活动为平台，进一步扩大核心区的知名度和影响力。

（孟俊梅）

【自有企业】 按照由业绩突出、管理良好的企业整合同类型企业的原则，对原三个功能区的国有资产进行优化整合，同时对其他行业企业进行横向重组，形成以上市企业空港股份及其控股公司为中心、以空港物业集团和国门金桥置业为支持的股份、物业、地产三大业务板块。股份公司资产总额 36.9 亿元，实现营业收入 6.4 亿元，实现净利润 3026 万元，贡献税收 7530 万元；物业集团稳步推动整合升级，实现营业收入 4.54 亿元，税收 3649.6 万元；地产板块中心工作稳步推进，加速推进新城 29 街区核心区大市政工程、产业园直燃机项目和其他二级项目的运营。

（孟俊梅）

【优客工厂入驻核心区】 4 月，优客工场（北京）创业投资有限公司正式落户核心区，注册资金约 1146 万元。作为本区首个创新创业示范工程项目，该项目承租融慧园 1 栋商务楼作为建设新型孵化器项目场地，总建筑面积 1947 平方米，用于建设新型孵化器项目。

（孟俊梅）

【三帝打印入驻“蓝星创业园”】 10 月，三帝打印科技公司入驻“蓝星创业园”，并陆续成立北京三帝打印科技有限公司、北京隆源激光科技有限公司等 5 家 3D 打印领域的创业企业。

（孟俊梅）

【北京临空创新创业示范基地】 11 月，核心区承租空港天瑞置业投资公司开发的融慧园楼宇，用于建设“北京临空创新创业示范基地”项目，项目总建筑面积 2.1 万平方米，总投资近 3 亿元，以搭建创新创业综合服务平台为宗旨，引入多家创业服务机构，助力顺义区“创业摇篮计划”实施。

（孟俊梅）

【临空经济核心区与皮墨北京工业园区签订对口援建框架协议】 6月25日，北京临空经济核心区与第十四师皮墨北京工业园区签订《对口援建战略合作框架协议》。北京临空经济核心区与新疆兵团第十四师皮墨北京工业园区将建立“1+X”援建模式，在新疆兵团第十四师农副产品深加工、“和田玉枣”销售渠道、维吾尔医药、纺织服装产业等方面开展对口援建，进一步发挥北京市在人才、技术、信息、产业等方面的优势，推动新疆兵团第十四师经济结构调整和产业转型升级，促进经济社会跨越式发展，更好地发挥稳定器、大熔炉和示范区三大作用。

（孟俊梅）

【“第八届中国临空经济论坛”】 11月19–20日，核心区举办“第八届中国临空经济论坛”，并成立中国临空经济发展联盟，有效宣传核心区的建设成果；与中国城市临空经济研究中心签订战略合作协议，以打造临空产业创新发展典范为目标，在智力服务、品牌推广、通航产融联盟等方面开展深度合作。

（孟俊梅）

【“北京市生态化园区”称号】 12月，通过北京市经信委、市环保局评审，园区荣获首批“北京市生态工业园区”称号，为本市开发区持续健康平稳发展起到示范引领作用。

（孟俊梅）

【临空经济核心区与天竺综保区实现融合发展】 12月，《关于推动北京天竺综合保税区与北京临空经济核心区融合创新发展的实施意见》正式发布，双方将在规划、招商、服务等方面建立统一机制，形成网内、网外配套协作，实现信息共享，资源互补，提升首都临空经济核心竞争力与国际影响力。

（孟俊梅）

中关村科技园区顺义园

【概　况】 中关村科技园区顺义园是中关村国家自主创新示范区板块之一，是首都城北产业研发服务和高技术产业带的组成部分，同时也是顺义区三大经济板块中的“科技创新”功能区。2012年10月，国务院批复确定中关村科技园区顺义园总体规划面积12.08平方公里，包括中航工业北京航空产业园南北两区、中关村临空国际高新技术产业基地、空港创意产业园东西两区、实创高新技术产业基地南北两区、北方新辉新兴产业基地、非晶产业基地等9个地块，目前已建成面积210万平方米。2014年8月，北京市机构编制委员会同意将中关村科技园区顺义园管理委员会独立设置，加挂北京顺义科技创新产业功能区管理委员会牌子，为顺义区政府派出机构；同时，成立中共北京市顺义区委中关村科技园区顺义园工作委员会，为顺义区委派出机构，与顺义园管委会合署办公。

单位名称：中关村科技园区顺义园管理委员

地址：北京市顺义区白马路高丽营段9路

邮编：101302

电话：010-69491700

网址：http://www.zgcsyy.gov.cn/

（申晓杰）

【地理位置优越】 中关村顺义园位于北京东北部，首都国际机场旁，地处环渤海经济圈中心地带，京津冀协同发展战略带重要节点。距首都国际机场5公里，距北京市中心30公里，距天津海港150公里，已形成由航空、铁路、公路、轻轨、海港等组成的快速便捷的现代化交通体系。

（申晓杰）

【2人获得教授级高工职称】 3月，顺义园首次开展人才直通车项目评审，来自园区11家企业的26名在行业和专业领域取得过突出业绩的技术领军人员通过网络申报。7月，鼎点视讯汝继刚、东方雨虹段文峰获得教授级高工职称。

（申晓杰）

【第三代半导体项目入驻】 4月22日，北京市科委、顺义区政府以及国家半导体照明工程研发产业联盟共同签署《第三代半导体材料及应用联合创新基地建设战略合作框架协议》，标志着备受关注和期待的国家重大战略项目——第三代半导体项目成功落户中关村顺义园，也标志着园区又一战略性支柱产业——第三代半导体产业即将形成。

（申晓杰）

【第三代半导体联合创新基地成立】4月22日，北京第三代半导体材料及应用联合创新基地成立；5月26日，在北京第三代半导体材料及应用联合创新基地建设工作会上对第三代半导体联合创新创业项目孵化中心揭牌，同时荷兰代尔夫特理工大学与顺义区人民政府签订战略合作框架协议。该项目企业为北京国联万众半导体材料科技有限公司，项目一期用地47亩，重点建设半导体照明联合创新国家重点实验室和TUD中国研究院、半导体光电子平台、微波射频平台、工业设计创新服务中心和展示中心、专家公寓，活动中心等，规划建筑面积55000平方米，二期计划占地120亩，目前，一期用地已取得土地使用权，正在进行规划方案设计。项目一期总投资7亿元，二期总投资10.2亿元，。

（申晓杰）

【中关村顺义园·怀来高技术产业园成立】5月15日，中关村顺义园与河北怀来县政府签署《中关村科技园区顺义园怀来高技术产业园战略合作协议》，合作协议框定的共建面积为3000亩。9月中旬，顺义园成立京津冀协同发展办公室。

（申晓杰）

【中关村顺义园工会组建】5月15日召开顺义园工会第一次会员代表大会，选举产生第一届工会委员会和经费审查委员会两委委员。

（申晓杰）

【企业服务中心设立】8月21日，中关村顺义园企业服务中心成立。主要负责中关村有关政策的宣传和落实工作；负责协调对接中关村创业服务平台，为园区企业提供政策咨询、项目推介、市场开拓等方面的服务；协调解决园区企业发展过程中存在的有关问题。

（申晓杰）

【中关村顺义园网站和微信公众平台上线】10月初，中关村顺义园网站及微信公众平台正式上线运行。顺义园网站设置走进园区、园区动态、投资环境、政策法规、企业风采、政企互动、领导信箱、调查征集等栏目。

（申晓杰）

【博士后科研工作站设立】10月13日，中关村顺义园园区站正式批复成立。经过园区站与企业的共同努力，12月北京国华科技集团有限公司、北京数码视讯支付技术有限公司、北京新源国能科技有限公司、朗姿股份有限公司四家企业成立博士后科研工作站。目前顺义园10家企业设立博士后科研工作站，10家企业设立青年英才创新基地工作站。

（申晓杰）

【240家企业入驻中关村顺义园】截止12月，中关村顺义园纳入年报统计范围企业240家。其中规模以上企业147家，规模以下企业93家；上市企业16家；“十百千工程”企业11家；瞪羚企业35家。

（申晓杰）

【主要经济指标】截止2015年11月，顺义园规上企业主要经济指标增速在一区十六园内总体排名第一，具体完成情况如下：实现总收入861.4亿元，同比增长101.2%；工业总产值541.9亿元，同比增长42.8%；实缴税费总额42.2亿元，同比增长113.1%；利润总额48.4亿元，同比增加390.9%；进出口总额14.0亿美元，同比增长24.1%；专利申请1132件，同比增长38.7%；专利授权976件，同比增长7.6%；技术合同成交总额26.6亿元，同比增长2781%；期末从业人员107229人，同比增长135.6%；科技活动人员20430人，同比增长113.6%。

（申晓杰）

【经济平稳发展】2015年科技功能区规模以上企业116家，初步核算，实现总收入1960.2亿元；

实现工业总产值1630.2亿元，占全区规模以上工业总产值的57.9%；总收入超亿元企业46家，实现总收入1940.6亿元，占科技功能区比重的99.0%。实现属地财税收入183.9亿元，占顺义区比重的31.9%；实现一般公共预算收入28.5亿元，占顺义区比重的22.8%，同比增长6.0%。

（申晓杰）

【169家企业入驻科技创新园区】 2015年新增实体企业4家，楼宇租赁类企业19家，注册类企业146家，累计注册资本28.8亿元。其中科技类企业55家注册资金4.8亿元，投资类企业32家注册资金18.8亿元，工程类企业13家注册资金1亿元，销售类企业13家注册资金1.1亿元，文化类企业16家注册资金6200万元，其他类企业17家注册资金2.48亿元。截止2015年底入区企业1733家，累计注册资金500亿元。其中实体企业103家，楼宇租赁类企业315家，注册类企业1315家。

（申晓杰）

【2015年科技创新产业功能区新开工程8项】 2015年，园区有全富产业园项目一期、天玛煤矿综采自动化产业基地项目、新丰泰奥博1#办公楼等8项工程新开工建设，总建筑面积约49.63万平方米，总投资约26.99亿元，现完成投资约2.1亿元，占总投资额的7.8%。

（申晓杰）

【2015年科技创新产业功能区续建工程8项】 2015年，园区有林河开发区两限房项目、顺鑫嘉苑项目、格格时尚创意产业基地等8个续建工程，总建筑面积约55.33万平方米，总投资约45.23亿元，现完成投资约30.95亿元，占总投资额的68.43%。

（申晓杰）

【知识产权补贴资金106.75万元】 中关村顺义园帮助园区企业申报知识产权补贴资金。2015年，中关村顺义园帮助企业申报知识产权补贴资金共计106.75万元，其中专利部分13.25万元、技术标准部分33万元、商标部分60.5万元。

（申晓杰）

【6家企业获得商标补贴108.6万元】 截止到年底，顺义园协助9家园区企业申报中关村技术创新能力建设专项资金（商标部分）奖励补助，其中包括94个国际商标、1个中国驰名商标、1个北京市著名商标，124个国内商标。经中关村科技园管委会审核，6家企业获得商标补贴108.6万元。

（申晓杰）

【2家企业获得“十百千工程”支持资金30万元】 顺义园组织11家符合申报条件的企业申报“十百千工程”支持资金，最终两家企业通过评审专家审核，共获得30万元支持资金。其中，北京韩美药业有限公司获得20万元、北京北广科技股份有限公司获得10万元。

（申晓杰）

【5个非公企业党支部成立】 中关村顺义园工委分类指导非公企业党建工作。对具备独立建立党组织条件的企业，逐步实现党的组织覆盖；对暂不具备单独组建条件的，建立联合党组织；对专业市场和个体工商户，依托工商局、个体私营企业协会建立党组织。因条件暂不具备未建立党组织的企业，通过选派党建工作指导员，依托工会、共青团、妇委会等群团组织，积极开展党建工作。在顺义园工委的指导下，北京利祥药业有限公司、宝泉钱币投资有限公司等5家符合条件的非公企业建立了党支部。

（申晓杰）

【8家企业工会组建】 顺义园对园区内未建会企业进行调研走访，建立“三本帐”：即建会企业台帐、未建会企业台帐和有上级工会企业台帐。2015年，完成勃海股份限公司、大众在线等8家企业的建会工作。截止目前，有上级工会企业32家，隶属顺义园工会企业58家。

（申晓杰）

北京顺义科技创新集团有限公司

【概 况】2014年11月26日经第31次顺义区人民政府常务会决定成立北京顺义科技创新集团有限公司，集团公司由北京汽车城投资管理有限公司、北京林河工业开发总公司、北京北方新辉印刷产业基地、北京临空国际经济技术开发中心、北京市板桥创意天承投资发展中心五家单位整合而成。相当于区属正处级单位，由北京市顺义区人民政府国有资产监督管理委员会监管。集团公司作为区国资委监管的一级国有企业，享有法律、行政法规规定的企业自主经营权，接受区国资委依法实施的管理和监督。集团公司通过开发建设、投资、合资、合作等形式，依法开展经营活动，实现功能区企业资产资本化。在提高经济效益，实现国有资产保值增值的同时努力承担社会责任。集团公司负责承接功能区物业服务以及咨询、评估、法务、代理、人力资源等中介服务，建立功能区企业生态服务体系。集团公司参与管委会研究功能区发展规划、土地利用规划、产业布局规划、市政基础设施建设规划等功能区建设发展重大事项。

单位名称：北京顺义科技创新集团有限公司

地址：北京市顺义区顺通路28号

邮编：101300

（科创集团）

【经济指标稳步增长】 2015年科创集团所属企业账面资产总额149.32亿元，净资产61.32亿元，同比上年末整合前分别增长32.2%和58.5%。全年实现营业收入总额10.27亿元，利润总额5537万元，上缴税金4471.55万元。

（科创集团）

【整合重组】 一是完成集团组织机构设置。目前集团公司领导班子11人，集团下设15个部门，共138人，其中中层干部35人，员工103人。二是完成清产核资和股权划转工作。年初集团公司成立工作小组，委托评估机构，进行全面的资产清查、账务清理、资金核实等工作。2015年10月8日经国资委批准将原五家功能区所属一级公司股权划转到北京顺义科技创新有限公司，批准文号顺国资复【2015】34号，并对相关企业法定代表人进行变更。

（科创集团）

【党组织架构设置完成】 北京顺义科技创新集团有限公司党委成立于2014年10月24日。集团公司党委成立后，于6月15日组建16个党支部，各党支部经过党员大会选举产生党支部书记和支部委员，集团公司现有正式党员256人。

（科创集团）

【土地开发工作积极推进】 整合后，科技创新版块规划范围内可利用建设用地2800亩，2015年根据项目需求，启动原汽车基地和临空国际共计235亩3个地块上市的前期手续办理工作。按照集团公司战略发展需要，启动原林河六期272综合用地的征地工作，为下一步发展储备好土地资源。

（科创集团）

【创新业务发展】 2015年集团公司以三新创业基金和华顺天盛投资公司为创新平台载体，以发现培育项目、集聚发展战略性新兴产业、支持科技创新为目标，通过资本杠杆撬动社会资金对创新创业项目进行投资，促进前沿科技成果直接向市场转化，全年投资上海利隆新媒体项目、中航复材借壳南通科技的定向增发项目及北汽股份上市项目等7个项目，投资总额10.5亿元。2015年集团公司为引导社会资本参与创新项目的投资，先后牵头成立北京顺义产业投资基金和北京顺义丰收未来产业基金，目前，两家基金的管理公司已经成立，募集的资金主要投资创新型中小企业。

（科创集团）

【招商引资】 年内，科技创新板块全年共引进项目173个，协议投资额94.6亿元。其中实体占地项目4个，协议投资65.8亿元；楼宇租赁及注册项目169个，协议投资28.8亿元。中航动力精铸项目、第三代半导体项目等一批战略新型产业成功落户园区，产业结构进一步优化，为集团合作发展拓宽渠道。

（科创集团）

大型国有企业和上市公司

北京首钢冷轧薄板有限公司

【概 况】 北京首钢冷轧薄板有限公司位于北京市顺义区李桥镇，厂区占地面积1100亩，注册资本26亿元，项目设计投资额约64亿元，年产能力170万吨。生产工序主要包括一条酸洗-连轧生产线、一条连续退火生产线、两条连续热镀锌生产线。其中连退线90万吨，1#镀锌线45万吨，2#镀锌线35万吨。产品厚度范围0.3mm ~ 2.5mm，宽度范围900mm ~ 1870mm，产品主要定位于汽车板、家电板、建筑板等冷轧高端产品。2010年3月4日，总公司董事会批准冷轧公司罩式退火工程项目，项目投资6亿元，产品定位于家电板和汽车板，年生产规模为60万吨；目前该项目进入后期调试验收阶段，计划2014年6月底正式投入生产。冷轧公司是由首钢总公司、北京首钢股份有限公司、北京汽车投资有限公司共同出资设立，三家股东单位分别占注册资本的9.72%、70.28%、20%。

单位名称：北京首钢冷轧薄板有限公司
地址：顺义区李桥镇任李路200号
电话：（010）81477800
邮编：101304

（刘更）

【主要指标】 完成产品产量170.54万吨，同比减产19.63万吨，降幅10.32%。其中，汽车板产量93.22万吨，同比减产17.06万吨，降幅15.47%；家电板产量34.18万吨，同比增产2.62万吨，增幅8.3%。综合成材率95.5%，同比降低0.45个百分点；整体合同兑现率82.4%，同比升高1.8个百分点；重点客户整单合同兑现率62.9%，同比增加0.1个百分点；带出品率5.87%，同比降低0.59个百分点。

（刘更）

【产品认证】 全年共计组织1116项材料认证及新车型试模备料工作。完成华晨宝马、北京奔驰、东风日产等高端车企新零件认证530个，其中华晨宝马认证24个，北京奔驰认证4个，一汽大众认证7个。6月IF钢实现向北京奔驰小批量供货；9月DP780通过奔驰总部的认证；10月深冲GA板SGACEN通过北京现代的认证，开始批量供货；12月启动本田认证，标志着首钢汽车板向日系车企拓展取得突破性进展。公司已同51家车企建立认证、供货合作关系。

（闻达）

【高端产品生产】 面对持续低迷的市场环境，积极开拓市场，优化产品结构，高端领先产品比例为43.72%，保持在较高水平。其中，镀锌板比例同比增长0.41%，镀锌外板比例同比增长1.78%。完成宝马订单2.5万吨，同比增长19%；长城订单19.8万吨，同比增长37.5%;590MPa及以上级别汽车板高强钢4.88万吨，同比增长2.3%。

（闻达）

【新钢种开发】 成功开发微碳钢，完成5个客户零件切换，全年供货7271吨。完成250P1成分和工艺优化，表面质量大幅改善。攻克GA板低粗糙度稳定控制技术瓶颈，GA 软钢冲压成形性能得到显著改善。优化 BH 钢生产工艺，理想区间的 BH 值比例由 40% 提升至 87%。优化 H420LA 和 DP590 合金成分，实施低温快烧和高露点退火控制，色差及锌层起伏缺陷封闭量降低 50%。完成低 Si、Cr-Mo 微合金化 DP980 产品开发，成为继宝钢后国内第二家具备批量稳定供货能力的厂家。

（闻达）

【技术创新】 全年参与市级科技项目 2 项，首钢级科技项目立项 24 项，公司级科技项目立项 40 项，合计完成 21 项。完成专利申请 19 项，其中发明专利 7 项，实用新型专利 12 项。新增内部科技攻关立项 93 项，年度通过验收 148 项。合理化成果申报 214 项，通过验收 128 项，预计年产生经济效益 2890 万元。10 项科技成果通过首钢总公司验收，其中 3 项被评为国内领先水平。

（闻达）

【六西格玛管理】 共培养内部黑带 24 人，1 名内部讲师取得中质协注册黑带证书。完善项目管理机制，实施涵盖顾问老师、公司倡导者、MBB 的项目终审评审机制以及多角度的项目辅导模式。开展项目 16 个，15 个项目效果得以跟踪固化。

（刘璇）

【TPM 管理】 建立 32 个活动小组，TPM 活动全面进入 I 阶段；完成 4 个试点小组的活动验收，为启动 II 阶段活动奠定基础。开展设备专项治理、逐台设备清擦等活动，提升产线清洁性。全年共计提报改善提案 1060 件，自查问题 10722 件，实施焦点课题 26 个。

（刘璇）

【学习培训】 围绕职工专业技术能力提升，通过外聘专家讲课、自主培训和专题讲座等形式，全年开办培训班 93 个，培训职工 18210 人次，人均 103 学时，职工培训率 100%。职工队伍技术水平、技能结构得到进一步提升，现有高级技师 18 人、技师 79 人；高技能人才占技能操作职工总数 10%。3 名职工被授予“首钢技术专家”、8 名职工被授予“首钢技术带头人”称号。

（冯新　张胜利）

【节能环保】 实施废水站升级改造，确保外排水质达到市最新排放标准，并获得市环保专项补助 630 万元。启动 11 次重污染天气预警保障方案、反法西斯 70 周年活动期间限产减排 30%，主动落实企业环保责任。完成环保应急预案的编制工作，通过市环保局备案审核。强化环保设备的使用维护，完成 558 个废水处理站检修项目，324 个主线环保设备检修项目。5 月公司通过环境管理体系审核；11 月通过碳排放管理体系的效果评价。

（袁留锁　何冰）

燕京啤酒集团

【概　况】 燕京啤酒于 1980 年建厂，1993 年组建集团。旗下 41 家啤酒酿造基地、2 家原料基地和 8 家相关附属企业，遍布全国 18 个省市，是目前中国大型啤酒集团中唯一没有外资背景的民族企业。2015 年啤酒总产销量达 483 万千升，实现销售收入 165.56 亿元，利润 7.69 亿元，利税总额 33.05 亿元，连续七年挺进世界啤酒销量前八名，资产总额达 273 亿元，“燕京”驰名商标品牌价值超 802 亿元。

单位名称：北京燕京啤酒集团公司
地址：顺义区双河路 9 号
电话：（010）89495588
邮编：101300
网址：http://www.yanjing.com.cn

（燕京啤酒集团）

【需求侧管理示范企业】 3 月 13 至 18 日，中电联工业领域电力需求侧管理促进中心组织成立评价小组进驻燕京，开展电力需求侧管理现场评价。经各地区工业和信息化主管部门及中国电力企业联合会推荐，北京燕京啤酒股份有限公司等12家企业为首批示范企业。

（燕京啤酒集团）

【燕京啤酒2015中国足协杯开幕】3月21日，燕京啤酒2015中国足协杯开幕式在包头奥体中心体育场举行。中场休息时间开展种子计划公益活动的足球捐赠仪式，向包头地区学校捐赠100个足球。

（燕京啤酒集团）

【北京市高新技术成果转化示范企业】5月29日，经北京市科学技术委员会、北京市发展和改革委员会、北京市财政局、北京市经济和信息化委员会、中关村科技园区管理委员会联合评定，燕京啤酒获得“北京市高新技术成果转化示范企业”称号。

（燕京啤酒集团）

【科研项目通过高新技术成果转化项目评审】5月29日，燕京啤酒“优质低耗鲜啤生产关键控制技术体系开发与应用转化项目”经专家评审，被认定为“2015年高新技术成果转化项目”，给予后补助性资金支持100万元。该项目由北京燕京啤酒股份有限公司、中国食品发酵工业研究院、中国农业科学院作物科学研究所共同承担，形成产学研协作研发团队联合攻关。

（燕京啤酒集团）

【北京国际燕京啤酒文化节融入新元素】6月6日至6月14日，第二十四届北京国际燕京啤酒文化节成功举办。除燕京品牌外，引入燕京漓泉的酋长啤酒和燕京惠泉的欧骑士啤酒，以顺义奥林匹克水上公园为主场，在顺义区设置4个啤酒节特色美食餐饮街（金汉绿港、怡馨家园、中粮广场、荣祥广场），并在昌平区回龙观、朝阳区三里屯、河北廊坊、香河等地建立50家大型啤酒花园。

（燕京啤酒集团）

【燕京品牌价值802.68亿元】6月16日，由全球著名的品牌研究机构世界品牌实验室组织的“2015年中国500最具价值品牌排行榜”正式揭晓，燕京品牌价值802.68亿元，位居排行榜第40位。

（燕京啤酒集团）

【燕京通过高新技术企业复审】7月21日，北京燕京啤酒股份有限公司顺利通过高新技术企业复审，并获得由北京市科学技术委员会、北京市财政局、北京市国家税务局、北京市地方税务局联合颁发的《高新技术企业证书》，证书编号为GR201511000130，有效期三年。

（燕京啤酒集团）

【燕京啤酒官方旗舰店正式上线京东商城】8月15日，燕京啤酒官方旗舰店正式上线京东商城平台，这是继去年在天猫平台开设官方旗舰店之后的第二家直营店铺。

（燕京啤酒集团）

【燕京成为世界田径锦标赛餐饮指定啤酒品牌】8月20日至30日，燕京啤酒被指定为第15届国际田联世界田径锦标赛的赛场内部餐饮啤酒供应品牌。

（燕京啤酒集团）

【燕京矿泉水成为抗战胜利70周年阅兵式指定用水】9月3日，燕京啤酒股份有限公司矿泉水厂生产的天然矿泉水成为抗日战争暨反法西斯战争胜利70周年阅兵式指定用水。当天参加观礼仪式用水共计14.2万瓶。自4月10日至9月3日，燕京共向阅兵村、解放军合唱团、北京东方友谊34号部队演练配餐指挥中心，供应桶装水650吨，瓶装水410吨，并顺利完成200余次的专车安全送货任务。

（燕京啤酒集团）

【燕京品牌入选亚洲品牌500强】9月21日，《亚洲品牌500强》排行榜在香港揭晓，该排行榜由世界品牌实验室和世界经理人集团共同编制和发布，共有20个国家和地区的500个品牌入选，燕京品牌位列第159名。

（燕京啤酒集团）

【博士后科研工作站正式获准授牌】10月28日，经人力资源社会保障部、全国博士后管委会批准，北京燕京啤酒股份有限公司博士后科研工作站正式获准授牌。

（燕京啤酒集团）

北京顺鑫控股集团有限公司

【概 况】一年来，北京顺鑫控股集团有限公司在区委、区政府的坚强领导下，在区国资委的正确指导下，面对复杂的国内外经济形势和激烈的市场竞争，坚持以投资控股型发展为引领，通过创新管理模式、引领产业健康发展、加大资本运作力度等措施，产业规模不断扩大，经济效益大幅提高。集团资产总额突破270亿元，年销售收入突破175亿元，实现利润8亿元，实现税金17亿元，实现国内生产总值35亿元。

单位名称：北京顺鑫控股集团有限公司
地址：北京市顺义区站前街1号院1号楼
邮编：101300
电话：（010）69427258
网址：http://www.000860.com

（赵一田）

【投控模式日趋完善】顺鑫控股集团明确打造大型国有资本投资运营公司的发展定位，确定“8+1”产业组合，构建“集团总部–事业部–三级公司”的三级管理架构；成立战略投资委员会、风险管控委员会、预算管理委员会、晋升薪酬委员会，对集团内部组织架构进行合理调整，明确职责权限和议事规则，大力推进“人、财、物”统一管理；组织“精英、雄鹰、雏鹰、中青年干部”干部培训，干部管理、轮岗交流有力实施；完成资金归集，实现财务统一管理。

（赵一田）

【资本运作实现突破】顺鑫控股集团融资规模不断扩大，2015年，顺鑫控股集团非公开发行股票募集资金17.4亿元，市值最高突破160亿元；发行公司债20亿元，设立15亿元产业并购基金，融资能力突破350亿元。

（赵一田）

【重点项目高效推进】顺鑫控股集团按照“做强做大主业，清晰主营业务”的发展思路，先后剥离鑫悦面粉厂、耘丰种业分公司、北京国际种业有限公司、顺科农业技术开发分公司、北京顺鑫国际电子商务有限公司及杨镇供热中心资产或股权，进一步明晰公司主业；在提升精细化管理水平和运营效率方面，集团大力度启动ERP信息化管理系统，为企业经营决策提供数据支撑；牛栏山酒厂研发中心暨升级改造工程项目进展顺利，一期工程已经全面运营；鹏程新冷库和新熟食车间建设、创新食品生鲜和常温物流项目圆满完成，为同步“中国制造2025”奠定了坚实的产业基础。

（赵一田）

【产业扩张全面展开】顺鑫控股集团牛栏山酒业事业部围绕“2+6+2”的市场定位，立足北京、布局全国，白酒产量跃居全国前列，消费量北京市场遥遥领先；鹏程食品事业部在陕西成立种猪选育公司，推动公司在汉中的全产业链发展；鑫源食品事业部成功收购北京华顺源蔬菜加工有限公司，夯实鑫源食品在主营牛羊肉业务外的蔬菜配套基础；农品事业部成功获得畜产品、海产品国际进出口贸易权，为事业部开辟国际业务打下基础；建设事业部收购BIM公司筹备组建顺鑫建设BIM中心；种业事业部玉米种单品销量全国领先。

（赵一田）

【科研成绩】顺鑫控股集团牛栏山酒业事业部依托“博士后科研工作站”产学研用相结合的科研优势，在分离保藏酿酒微生物方面取得新突破，分离保藏酿酒微生物2万余株，初步构建清香型酒醅发酵过程中微生物菌种库；种业事业部《中国玉米标准DNA指纹库》处于国际前沿水平，玉米单倍体技术研究积累及应用达到国内领先水平；顺鑫建筑规划设计研究院被评为国家级高新技术企业。

（赵一田）

【品牌建设】顺鑫控股集团连续五年荣登《财富》“中国企业500强”，连续十一年入选“中国制造企业500强”，连续十六年获得“农业产业化国家重点龙头企业”的称号。牛栏山酒业事业部以“牛栏山”和“宁城”两大品牌为主，“牛栏山”在“正宗二锅头，地道北京味”的品牌定位下，打造“中国二锅头第一品牌”的目标初见成效，销售收入稳居行业十强，产量位列行业前三；鹏程食品事业部先后完成APEC北京峰会、南京青奥会、中国人民抗日战争暨世界反法西斯战争胜利70周年阅兵、世界田径锦标赛等大型活动食品保障，荣获2015最受消费者喜爱的十大猪肉品牌和2015年度肉类食品行业诚信经营先进集体。

（赵一田）

北京空港科技园区股份有限公司

【概况】2015年，公司立足主营业务，不断开拓思路、攻坚克难，探索转型升级，推动各项经营和管理工作有序开展，全年共实现营业收入6.38亿元，实现净利润3026万元，贡献税收7530万元。公司资产总额36.78亿元，净资产总额14.47亿元。

单位名称：北京空港科技园区股份有限公司
地址：北京空港经济开发区B区裕民大街甲6号
电话：（010）80489277
邮编：101318
网址：http://www.600463.com.cn

（王　宇）

【空港C区地块实现入市】2月4日，空港C区一期内B5-02地块挂牌上市，该地块共计191.03亩，于3月16日由和仁顺通科技有限公司顺利摘牌，公司实现收入7575万元。

（王　宇）

【发行非公开定向债务融资工具】6月16日，公司在中国银行间市场交易商协会完成非公开定向债务融资工具的注册工作并取得相关文件，定向工具注册金额5亿元，有效期2年。并根据生产经营需要，于12月16日发行首期3亿元额度。

（王　宇）

【发行短期融资券】10月29日，公司通过北京银行以4.33%的年利率，发行2.7亿元短期融资券，期限为366天，发行价格100元。

（王　宇）

【盘活研发中心项目】11月11日，公司全资子公司北京空港天瑞置业投资有限公司与北京临空经济核心区管理委员会签订《房屋租赁协议》，将公司开发的位于临空经济核心区融慧园内的研发中心项目出租给核心区管委会使用。临空经济核心区联合顺义区经信委，将该项目打造成为“北京临空创新创业示范基地”。

（王　宇）

【竞拍扩充开发资源】11月21日，公司按照储备优质资源，拓展运营空间的思路，通过顺义区人民法院司法拍卖取得大孙各庄镇大孙各庄村村南土地、房产及附属物，该地块房产证建筑面积6637.12平方米，土地证面积112236.70平方米，拓展公司开发运营空间。

（王　宇）

【开启大数据云计算中心战略合作】12月18日，公司与世欣蓝汛科技股份有限公司签订投资战略意向书，双方凭借各自在大数据产业及能源领域的优势，就在顺义区投资建设大数据云计算中心相关项目达成战略合作意向。

（王　宇）

【引进战略投资者】2015年，全力推进非公开发行股票引进战略投资者工作，成功引进国开金融有限责任公司，并严格按照证监会要求履行职责，在年内完成非公开发行股票的所有审批流程，于12月11日收到中国证监会关于非公开发行股票事项的正式批复文件。本次非公开发行股票共为公司募集资金6亿元，公司注册资本由2.52亿扩充到3亿元。

（王 宇）

大龙城乡建设开发总公司

【概 况】公司是一家实力雄厚、经验丰富的房地产开发企业，目前以房地产开发，商品房销售等为主营业务。具备房地产开发一级资质，房屋建筑工程施工总承包一级资质。大龙总公司所属及控股出资企业78家，其中二级企业18家，三级企业24家，四级企业18家，五级企业9家，在岗职工近2000名，拥有各类专业技术人员500余名。2005年控股子公司北京市大龙伟业房地产开发股份有限公司在沪成功上市（简称“大龙地产”，股票代码“600159”）。大龙秉承“宜居品质、价值典范”的商业理念，怀着成为“专注于中国新型城市化建设的城市运营商典范”的伟大愿景，担负并践行“助力区域多元化，促进城市现代化，加速城乡一体化”的历史使命，持续推行“信赖、价值、尊重、合作”的核心价值观。以新型城市化建设为己任，推行大盘开发的“幸福模式”，构筑居民“宜居、宜业、宜休闲”的城市空间，成为地方政府最信赖的房地产开发企业。

单位名称：北京大龙控股有限公司
地址：顺义区府前东街甲2号
电话：（010）69440517
邮编：101300
网址：http://www.dldc.com.cn

（企业管理科）

【裕龙华府项目顺利交房】该项目位于东大桥环岛东南侧，总建筑面积58023平方米，地上建筑面积36900平方米，地下建筑面积21123平方米，2015年8月，大龙控股“精心组织、周密安排”科学把握交房每个环节，积极协助裕龙华府业主办理入住手续、顺利完成交房。

（企业管理科）

【第三届北京国际商品交易博览会】11月11日，在第三届商博会启动仪式暨第四届商博会战略合作签约仪式上，促成多项合作协议的签署，使商博会规模及影响力进一步扩大。13日，第三届商博会在新国展正式开幕，本届会期3天，以“民生、民风、民福”为主题，展示面积超过3万平方米，参展商600余家，吸引观众近3万人，设立“名优产品、特色文化、创新创业、高新技术、国际贸易、健康产业”等展区，并举办社区推广、创新创业论坛、地方优质商超与企业现场对接会、食材商家与餐饮名厨交流品鉴会等活动，现场成交及达成合作意向共计约1500万。

（企业管理科）

【顺义区政务中心（市民之家）项目奠基】大龙承建的顺义区政务中心（市民之家）项目12月16日举行奠基仪式。该项目总建筑规模约17.13万平方米，其中地上建筑规模11.45万平方米，地下建筑规模5.68万平方米，可满足本区行政审批、便民服务、公共资源交易、城市展示和电子监察五大功能板块的使用需求。

（企业管理科）

【区医院配套锅炉房项目完工】为满足区医院供热服务需要，由大龙供热中心负责承建医院配套锅炉房项目。该项目于2015年4月15日锅炉安装调试完毕并具备使用条件。目前，区医院配套锅炉房可随时投入使用，2台6蒸吨蒸汽锅炉将承担综合楼24小时医用消毒蒸汽，1台10蒸吨热水锅炉承担每日238吨的生活热水，并可满足4.8万平方米新建急诊病房综合楼及医院拟建急救中心的停暖过渡季采暖需求。

（企业管理科）

首安工业消防有限公司

【概 况】首安工业消防有限公司（简称“首安”）是中国首家专业从事工业消防安全的高新技术企业，总部位于北京，在全国20多个省份及海外设有分支机构或子公司，主要技术与管理人员均拥有博士、硕士学位。首安基于自有核心技术产品、以工程总承包为主要服务形式，为钢铁冶金、电力系统、石油化工、核能核电、航空航天、数据中心、物流仓储、交通、军工、烟草、酿酒等众多领域的工业企业及特种建筑提供先进、可靠、适用的消防安全解决方案。首安自主创新的三大核心系统产品——工业火灾探测报警系统、消防安全网络化监控指挥系统、自动灭火系统获得多项国际发明专利和近百项国内发明专利；公司荣获国家企事业知识产权试点单位、北京市专利示范单位等荣誉称号。以优质高效的总包服务、广泛应用的核心产品和持续增长的突出业绩，首安连续五届蝉联“中国消防行业十大民族企业”首位。首安秉承“竞争促进发展，合作成就事业”的发展观，以“倡导安全为首，创建首强品牌”为核心理念，持续满足并不断超越客户需求，努力成为工业消防安全领域的世界领先企业。

单位名称：首安工业消防有限公司

地址：北京市国门商务区李天路22号

电话：（010）81463816

邮编：101304

网址：http://www.sureland.com/

（首安工业消防有限公司）

【研发动态】电子产品研发方面，完成新型线型感温火灾探测器的认证工作；立项并启动图像型探测器、火灾报警控制器（单回路网络型）、新型气体灭火控制器等产品的研发工作。灭火产品方面，完成细水雾灭火装置、气体灭火系统、水雾喷头及雨淋报警阀等产品的研发工作，并获得产品认证；同时立项并启动智能消防炮系统研发工作。标准规范方面，公司作为主编单位继续组织开展国家标准《钢铁冶金企业设计防火规范》的修订工作；作为参编单位参与国家标准《火力发电厂与变电站设计防火规范》、《火灾自动报警施工及验收规范》的修订工作及深圳市地方标准《市政电缆隧道消防与安全防范系统设计规范》、《市政电缆隧道消防与安全防范系统施工及验收规范》的编制工作。知识产权方面，继续开展核心专利维权工作。

（首安工业消防有限公司）

【营销与工程】2015年1月，公司签订青岛润亿清洁能源有限公司综合利用消防工程合同、新疆国泰新华准东一期2*350MW动力站全厂消防合同；2月，签订山西潞安固体储运装置EPC消防工程合同、广西防城港武钢防城港基地2030冷轧自动消防系统合同；3月，签订青海康泰消防细水雾系统合同、苏宁云商温州物流一期消防系统工程合同；4月，签订天津忠旺铝业有限公司厂前区七栋楼自动消防系统工程合同；6月，签订国核工程公司后续工程（三门、海阳、陆丰、CPA1400）MS32项目合同；7月，签订鞍钢冷轧高强连退线工程自动消防系统合同；8月，签订甘肃宏汇能源化工有限公司1000万吨煤炭分质利用项目合同；10月，签订中国太平保险集团武汉数据中心机房区消防施工合同；11月，签订山东魏桥创业集团有限公司邹平一电惰性气体IG541气体灭火系统合同。12月，签订太原南站交通枢纽站前广场基础设施配套建设合同；南宁市轨道交通2号线工程火灾自动报警及气体灭火系统合同；石家庄市城市轨道交通1号线一期工程气体灭火系统合同；2015年，公司继续保持在国际市场上的优势，分别签订了加纳深能2×9E燃气联合循环机组火灾报警、水喷雾消防供货合同、巴基斯坦NEELUM-JHELUM水电工程消防报警系统采购合同。

（首安工业消防有限公司）

【安全管理】 首安公司通过安全生产标准化二级评审，建立安全管理制度文件及组织机构，明确并落实各级管理者的安全管理责任和岗位人员安全责任，每季度组织进行安全检查和特种培训，发现问题及时整改完善，公司安全管理制度的运行总体平稳、有效。2015 年 11 月 13 日，北京市安全监管局局长张树森视察首安公司，实地了解企业安全生产及安全文化建设等相关工作开展情况，对公司的安全标准化达标创建以及安全文化建设的突出表现给予充分肯定，并给出指导建议。

（首安工业消防有限公司）

【国际消防设备技术交流展览会】 2015 年 10 月，第十六届"国际消防设备技术交流展览会"（CHINA FIRE）在北京举行，全球知名消防企业及机构共聚一堂。首安公司携自主创新的工业消防核心系统产品和领先的系统解决方案登场，获得国内外消防业界的广泛关注。

（首安工业消防有限公司）

【管理体系运行情况】 首安公司完成管理体系年度内审和管理评审计划，并于 6 月中旬通过认证中心的复评审核，取得新的质量管理体系认证证书。

（首安工业消防有限公司）

商业·旅游

商　业

综　述

2015年，顺义区商务委在区委、区政府和市商务委的正确领导和指导帮助下，立足区域经济社会发展实际，加强顶层设计和规划引领，加快发展新型商业业态，顺利完成各项工作任务。2015年，顺义区实现社会消费品零售额410亿元，同比增长8.8%，绝对值和增幅均在全市排名第六。新国展共举办展会27场，展出面积117万平米，接待各类人员114万人次。

一、创新思路，拉动区域消费稳步增长

电子商务：一是起草制定《顺义区电子商务专项规划》，出台《顺义区促进电子商务产业发展办法》，重点支持跨境电子商务、打造国家电子商务示范基地、传统企业应用电子商务、电子商务进社区（农村）、互联网金融等方面。充分利用综合保税区的优势，大力发展跨境电子商务。二是顺义区携十三家电商龙头企业参展2015中国（北京）电子商务大会，现场通过互动体验等多种形式成功展示本区电子商务发展成果。

商业促销：组织各大商业企业抓住节假日旺销契机，围绕消费热点做好促消费活动；以“北京国际燕京啤酒文化节”为契机，组织华联、新世界等五家商场结合啤酒节推出有新意、出亮点的主题商业促销，在金汉、怡馨、祥云小镇、荣祥广场四条特色美食街举行商业、餐饮同庆活动，吸引众多消费者；启动“2015第六届顺义绿色健康美食节活动”，为促进餐饮消费平稳增长提供平台。

二、持续推进，规范整顿商品交易市场

根据《北京市新增产业的禁止和限制目录（2015年版）》，制定《关于规范整顿商品交易市场实施方案》及《全区商品交易市场台账》，并逐一列出调整提升的主要方向和目标。目前南法信众合汽配市场升改规划方案已经批准，正在办理开工手续；中絮棉纺厂已启动疏解关闭工作；北郎中农产品零售市场、北京潮白绿都花卉市场已经成功疏解关闭。2015年，共清理农贸市场摊位784个，取缔无照违规再生资源站点95家，清理南法信汽配市场摊位60个，疏解人口共计2505人，外来人口2300人。

三、统筹协调，稳步推进重点项目建设

一是顺鑫寰宇中心、中粮祥云小镇二期、天竺国际商业金融文化中心（澳金园）项目主体已完工；马坡春晖园商业广场，沃尔玛（山姆店）与顺鑫控股合作的项目正在办理全要素评价。二是首都融资租赁聚集区快速发展，目前已引进融资租赁企业37家，占全市比重20%，成为全市第二大融资租赁企业聚集地。三是探索顺义区商业保理试点工作，加快推进旺泰宏鑫、中交兴路、北京瑞金、北京方控四家商业保理保理公司设立进程。四是超市化管理模式的便民连锁菜店已移交5家，成功开业2家。

四、把握政策，为企业争取资金支持

按照市商务委《关于2015年商业流通发展项目申报工作的通知》精神，项目征集工作于2014年10月启动，经过评审，先后为临空经济核心区、国泰平安百货、石门市场等9家企业争取商发资金2221.05万元。

五、多措并举，提升生活性服务业品质

一是加快推进社区生活服务性电子商务应用体系建设，鼓励发展“乐栈智能柜”进社区经营模式，目前共有四个社区开始运营。二是积极发挥枢纽型社会组织协调作用。饮食、家政、摄影等行业社会组织开展的职业经理人培训已达1000人次；商联会、烹饪协会、家政协会、摄影协会组织开展“浓浓敬老情、九九健康行”和“高龄展示，乐享重阳”等社会公益活动。三是与区旅游委配合，对本区舞彩浅山农家院120人进行星级达标培训，提高本区乡村民俗旅游业的标准化、规范化水平。

六、保障到位，确保商务发展安全有序

一是完成27场新国展重大展会服务保障任务；圆满完成燕京国际啤酒文化节商品售卖及餐饮保障工作。二是加强防汛物资储备工作，开展重点节日期间30余家零售企业、农贸市场生活必需品节日监测。三是完成2014年度社会粮食供需平衡调查工作；筹备申报全国粮食流通监督检查示范单位。四是围绕“北京世界田径锦标赛”和中国人民抗日战争胜利70周年纪念活动及8.12天津滨海新区瑞海公司重大爆炸事故等重要节点，开展安全执法检查，消除各类安全隐患354处，确保本区商务行业安全有序。

单位名称：北京市顺义区商务委员会
地址：顺义区站前街顺鑫国际商务中心10层
邮编：101300
电话：69443513

（商务委）

对外经贸

【概　况】 2015年全年完成进出口总额167.07亿美元，全市排名第四。完成实际利用外资5.21亿美元，全市排名第四。

单位名称：北京市顺义区商务委员会
地址：顺义区站前街顺鑫国际商务中心10层
邮编：101300
电话：69443513
传真：（010）69446407

（王凌燕）

【外资审批服务质量提升】 2015年共审批外资项目247个，其中新批项目49家，增资40家，股权转让28家，经营范围变更51家，其他变更79家。对外贸易经营者备案登记企业378家，加工贸易合同批准597份，外商来华邀请函68份。

（王凌燕）

【进出口企业评级认定】 与海关建立共同核查机制，使企业能够享受快速、便捷的审验；协同顺义海关为3家出口企业争取双“A”评级。

（王凌燕）

【促进小微出口企业稳定发展】 向全区出口企业宣传扶持性政策，并组织海关、外事办深入到镇、功能区举办政策宣讲会，讲解通关便利化、中小企业国际市场开拓资金等政策，使进出口企业及时了解最新政策信息和简化的管理措施，引导企业用足用好政策，促进企业更好发展。

（王凌燕）

【积极为企业铺桥搭路】 与海关建立共同核查机制，使企业在“加工贸易验厂”、“企业升级”等环节上，能够享受快速、便捷的审验，减少企业办理海关手续的往返次数。协同海关实地调研企业，针对企业提出的问题与困难积极协调解决。

（王凌燕）

【政策宣传】 组织多家进出口企业参加市商务委和海关、出入境检验检疫局等单位共同举办的“第十一届进出口政策服务咨询会”，使企业对海关一体化改革政策、通关便利新政策、企业出口退税最新政策和管理办法及北京市外贸支持等政策有更加全面的了解，企业充分掌握政策、利用政策创造企业利益的意识进一步提高。

（王凌燕）

【外商投资企业服务】通过挂号信提醒的方式，提前三个月通知即将到期的外资企业办理延期手续，共寄送提醒信件21封；完成新公司法修订后，外商投资企业合同、章程格式化范本的宣传和推广应用工作。

（王凌燕）

【服务业扩大开放工作】依托北京市服务业扩大开放综合试点契机，对飞机维修、跨境电子商务等行业进行重点调研，提出顺义区服务业扩大开放政策需求，为顺义区临空经济发展奠定基础。

（王凌燕）

【开展投资经营信息联合报告工作】为进一步转变政府职能，改善投资环境，加强对外商投资事中事后协同监管。通过“全国外商投资企业年度投资经营信息网上联合报告及共享系统”对735家外商投资企业经营信息统计整理，保障分析依据的正确性和可靠性。

（王凌燕）

顺义区供销合作社

【概 况】2015年，北京市顺义区供销合作联合社（以下简称：区供销社）积极推进“产业发展、精细管理、人才兴社”三大战略，加快经营结构调整，不断深化精细管理，加快产业转型升级，提升运营质量，巩固发展成果，取得可喜成绩。全系统实现销售总额660296万元，同比增长17.2%；上缴税金9065万元，同比增长10.2%；综合利润16599万元，同比增长4.2%；地区生产总值42626万元，同比增长8.3%。

企业名称：北京市顺义区供销合作联合社
地址：顺义区石门大街供销大厦
邮编：101300
电话：89423232-6683
传真：89423555

（马彦华）

【北京顺义隆华购物中心重装开业】1月27日，北京顺义隆华购物中心重装盛大开业。隆华购物中心改扩建工程于2013年5月启动。改扩建后的商场总建筑面积由2万平米扩至6万平米，共有8层，地上有6层，地下两层为停车场，可提供近200个停车位。引进家乐福超市、大地数字影院、莱百首饰、星巴克等知名品牌，经营商品达10万余种。其中，家乐福超市将为顺义市民提供物美价廉、品质优良的生鲜、食品、百货等生活必需品。开业当天，商场举办“百万好礼天天送”、“百根金条幸运大抽奖”等促销活动，推出明星蜡像展览、3D壁画欣赏、变形金刚等萌兽互动体验活动，吸引众多消费者。

（马彦华）

【三届二次职代会】2月8日，顺义区供销社召开三届职代会第二次会议暨2014年总结表彰大会。大会听取区供销社主任方建华同志的工作报告《提质增效适应新常态，巩固成果实现新发展》，和《党风廉政建设工作报告》、《财务工作报告》以及《职代会提案征集情况的报告》。会议同时宣读2014年度供销社评选先进集体和先进个人的表彰决定。

（马彦华）

【顺义区供销社获通报表彰】近日，中华全国供销总社办公厅下发文件《关于公布2014年百强县级社、基层社标杆、农民合作社示范社名单的通知》，经全国总社评审、公示，北京市顺义区供销合作联合社荣获“全国供销社系统百强县级社”荣誉称号。2月14日，北京市供销合作总社予以通报表彰。

（马彦华）

【备战春耕，服务三农】一是备足农资货源。组织系统内3家农资经营公司，主动开展春耕生产农资需求的调查摸底工作，深入厂家组织货源，保证源头进货，农资供应充足。做到早谋划、早联系和早进货，取得今年春耕生产农资供应市场的主动权。二是放心农资下乡。推进农资连锁网络建设，进一步完善三级网络体系，进一步提高与农业产业园区、专业合作社、种粮大户的对接度，开展农资集中配送体系和“首都农资”连锁网络建设。强化农资产品质量管理和追溯制度，坚决杜绝假冒伪劣农资商品从供销社渠道流向农民。三是结合本区种植结构特点，按照测土配方测定结果，组织购进高钾、低磷、低氮、多种微量元素添加的绿色有机复合肥，满足我区特色有机农业发展的需要。四是充分利用网上农业植保视频技术，组织农资销售人员利用冬季农闲季节，对农业用肥、用药、科学种植技术进行视频培训，提升农资经营人员的知识和技能，为三农服务。截止到目前，已储备各种化肥3109.6吨，其中：尿素555.4吨，硫铵60.7吨，碳铵220.5吨，二铵及各种复合肥2020.5吨；同时，储备农、地膜15吨，大田种子500公斤斤，架竹200捆。

（马彦华）

【第十七届“隆华杯”儿童书画大赛】5月31日上午，第十七届隆华杯儿童书画大赛颁奖大会隆重举行。此次大赛以“翰墨色彩、描绘辉煌”为主题，采取预先征集作品、集中评审方式，收到参赛作品356件。共评出一等奖5名，二等奖15名，三等奖25名。同时向获奖选手颁发证书和奖品，向所有参赛选手发放纪念品。

（马彦华）

【“共产党员献爱心”公益活动】自7月1日以来，区供销社党委为响应区委组织部、区委宣传部和区慈善协会的“共产党员献爱心”这一号召，组织广大党员干部积极参加捐献活动，践行为人民服务的宗旨。全系统266名在职党员共捐款36000元。

（马彦华）

【五里仓家具城外围商铺重装开业】9月1日，区社所属北京市顺客隆副食品公司五里仓家具城外围商铺历经两个月装修改造，重装开业。改造后的商铺面积由原来的651平米扩至813.4平米。新商铺共有31家商户，经营品类涉及五金、百货、超市、服装、食品等。

（马彦华）

【携手央视举办“大手牵小手、我要进央视”复赛活动】9月5日，隆华购物中心携手央视及小特步，举办“大手牵小手、我要进央视”华北赛区复赛主题活动，央视主持人鞠萍、黄伟抵达现场。通过此次活动共吸引客流3万人次。

（马彦华）

【“舞动顺义”广场舞大赛】9月12日，首届“舞动顺义”广场舞大赛开赛，本次大赛共吸引60余支队伍近1500名选手参赛。此次活动成功带动商场销售，提升隆华购物中心在顺义地区的品牌影响力。

（马彦华）

【首届“健身达人”大赛】9月20日，隆华购物中心携手北京北斗丽天广告有限公司举办顺义区首届“健身达人”大赛，众多健身爱好者积极参与。

（马彦华）

【农村“煤改清洁能源”活动】10月1日，为广泛宣传北京“煤改清洁能源”活动，倡导节能环保意识，所属北京顺万兴农业生产资料有限公司以服务百姓、方便百姓为原则，践行服务“三农宗旨”，启动顺义区2015年民用燃煤炉具配送项目，在涉及村数较多的4个镇，共设6个集中宣传点，并以此为中心，配备宣传展示车，向周边各村逐村走访宣传，对涉及村数较少的8个镇，直接采取逐村走访宣传的方式，向广大群众现场讲解大家最关心的热点内容。

（马彦华）

【**隆华开业十八周年“店庆”销售喜人**】自11月11日至29日，为庆祝开业十八周年，隆华购物中心举办店庆18年“感恩之心，因为有您”主题促销活动，推出购物抽奖、满额送旅游、店庆好礼限量抢、户外展卖、传统文化等形式多样的活动内容。据统计，此次活动期间，实现销售1949万元。

（马彦华）

北京鑫海韵通百货有限公司

【**概 况**】北京鑫海韵通百货有限公司现设公司机关和一家独立核算法人单位北京鑫海韵通商业大楼，拥有百货、电器专营、大卖场三种业态，下辖顺义百货店、顺义电器店、顺义石园大卖场店、顺义双兴大卖场店和密云电器店、密云百货店以及平谷大卖场店七家分店。2015年公司围绕“创新经营，强化管理，加快发展”的工作思路，强化营销，稳固、提升客流，推动品牌调整，提升品牌组合力，加大集中采购，降低进货成本，推动业绩评估，提升平效产出，强化员工考核和激励，降低财务成本，完善财务核算，开展节能降耗，强化安全生产等一系列工作。2015年实现销售22.25亿元，实现报表利润4360万元，累计上缴税金4788.12万元。

单位名称：北京鑫海韵通百货有限公司
地址：顺义府前西街1号
电话：(010)89448093
邮编：101300

（鑫海韵通）

【**稳固客流**】在利用主动促销、自创节日，联手重点品牌扩大宣传、组织活动的基础上，还借助微信平台丰富、创新活动组织形式，加装全场Wi-Fi，开展微信秒杀、抢单、养生课堂、电子海报等宣传活动，有效增加微粉关注。同时，加强会员维护及异业伙伴的合作联盟，成立会员俱乐部，开发顾客群体，对会员群体精细化管理，提升顾客归属感。2015年7店共计客流2043.2万人次，日均5.6万人次。

（鑫海韵通）

【**提升品牌组合力**】公司积极开展商品市场调研，建立品牌储备库，提升品牌储备，每季度制定布局、品牌调整方案，根据各品牌平效数据，强制清退低平效品牌，推荐引进在系统店内经营情况良好、平效产出高的品牌，提升品牌组合力和盈利能力。2015年共计完成布局调整工作95项，柜台更新45项；引进品牌636个，清退442个；引进供应商275个，清退283个；引进单品13016个，清退19205个。

（鑫海韵通）

【**降低进货成本**】每月进行集采调研，择优选择上量商品，深挖供货渠道，争取最优政策，降低进货成本，提升利润空间。2015年各店集采、自采商品共计形成销售5079.5万元，其中集采商品形成销售2392.2万元，毛利率9.8%，比平均自营毛利率高3个百分点，节约进货资金约182.6万元；各店扩大自营自采商品形成销售2687.3万元，毛利率7.9%，比平均自营毛利率高1.1个百分点，节约进货资金238.6万元。

（鑫海韵通）

【**借助外脑，提升业绩**】大卖场双兴店、平谷店与专业咨询公司开展合作，由专业咨询公司从商业氛围、主题活动、商圈、媒体、会员、调研等不同方面进行指导，重点围绕商品陈列、布局调整、营销模式、生鲜板块、节日促销指导、店庆活动开展等方面制定具体规划。2015年，大卖场双兴店、平谷店较同期毛利增幅8.1%和19.8%，提升效果明显。

（鑫海韵通）

【**节能减排，降低运营成本**】2015年用电同比减少3124190度，下降10.1%；用水同比减少

17784吨，下降12.7%；用油同比减少10196.5升，下降12.5%。加强绿色环保的宣传教育，提高员工们节约能源的意识，2015年实际碳排放量16855吨，同比减少1887吨，降幅10.1%；公司系统水、电、油、灯具维修费用同比减少2274773元。在此基础上，大力推动公司系统内普通灯具更换成LED灯具工作，共计更换灯具51127套，平均节电率为63%，平均提高卖场照度46%。

（鑫海韵通）

【安全生产】 通过每月组织安全例会，总结、布置、交流安全工作，通报全国同行业安全事故案例，来提高防范意识，并加强安全知识培训和实战演练，2015年共计开展各类安全培训175场，14834人次参加，消防、防抢演习56次。同时，积极组织开展综合检查、交叉检查等各类督察工作，全年共计12次，排查与整改隐患1271处，清除易燃物、可燃物3397公斤。

（鑫海韵通）

北京国泰中百商业有限公司

【概 况】 北京国泰中百商业有限公司（简称国泰中百公司）是一家以发展连锁百货和商业地产作为支柱产业，集购物、餐饮、娱乐、休闲为一体，多业态、多功能、多元化经营的现代化大型百货公司。国泰中百公司下设国泰商业大厦、国泰青春馆、国泰谊宾商城、国泰裕龙四区超市和国泰宏城生活购物广场五家分店。公司始终坚持品牌发展战略不动摇，实现由传统百货向现代百货的蜕变，最终发展成为具有国泰品牌影响力的区域型百货公司。2015年6月，公司获得“首都文明单位”荣誉称号。同年，公司被中华人民共和国人力资源和社会保障部授予“全国商贸流通服务业先进集体”称号。公司2015年实现销售收入6.78亿元，实现利润2703万元，上缴税金8574万元。

单位名称：北京国泰中百商业有限公司
地址：北京市顺义区新顺南大街2街
电话：69447410
邮编：101300
网址：www.guotaibaihuo.com

（高洪飞）

【品牌战略】 继续加大品牌调整，优化品牌组合，引进适合顺义区消费的品牌。招商工作中始终坚持“两条原则”“三条标准”的指导思想，同时为企业更好的经营，重点引进顺义区独有品牌，目前拥有的独有品牌，如音儿、玖姿、娜尔思、歌力思、爱步、保兰德等，这些独有品牌具有强大的生命力，同时也避免相同品牌激烈的市场竞争。

（高洪飞）

【营销活动】 形成国泰特色的营销活动。本着“有节过节，没节造节”的思想，除在五一、十一等传统节日上做足功夫外，还创造国泰独有的化妆珠宝节、抢鞋节、年中庆典等具有自身特色的节日，给顾客带来实实在在的优惠的同时，也创造良好的经营业绩。

（高洪飞）

【招商调整】 坚持把“开拓经营思路，深化结构调整”作为工作重点来抓，对卖场重新定位，加快进行规划调整和综合提档工作。 对各商业网点的商品品类、商品布局进行调整，引进多家特色餐饮店、休闲门店，形成差异化经营特色，切实满足顾客多元化、多层次的消费需求。

（高洪飞）

【强化服务】 强化服务管理、提高服务水平。加强营运检查力度，管理工作做到程序化、规范化，严格按照《国泰门店营运检查执行标准》的要求对卖场内外各个环节进行检查，发现问题及时通报解决，处罚整改，严抓服务质量，顾客投诉的现象大大减少，有效的提升企业形象。同时，做好会员的维护工作，通过短信、微信、电话等有效沟通方式宣传促销活动、新品上柜信息，增加会员的来客率，增加回头客，提高进店率、成交率及销售额，提高企业的聚客能力。

（高洪飞）

【安全管理】 坚持安全稳定压倒一切的指导思想，本着“安全第一、预防为主、综合治理”的原则，严格执行《国泰中百公司安全生产规章制度》、《国泰中百公司防汛应急抢险预案》和《消防演练实施方案》，在日常工作中加大安全隐患排查力度，做到重点检查和日常检查相结合，发现问题，立即整改，并由安保部做出书面整改报告，实现“全覆盖、零容忍、无隐患”，确保不出任何事故。同时，持续开展消防演习和培训工作，强化全体员工的忧患意识，提高员工应急应变自救能力,切实保障全体员工的生命财产安全，确保各项工作安全有序的开展。

（高洪飞）

【节能改造】 持续开展节能减排工作，对各店水电进行统一管理，要求各店每月上报水电节能考核表，分析水电同期对比降幅原因，提高节能意识。2015 年用电同比减少 1402337 度，下降 8.44%，2015 年碳排放同比减少 843 吨，降幅 8.3%。

（高洪飞）

烟草专卖

【概　况】 北京市顺义区烟草专卖局（公司）隶属北京市烟草专卖局（公司），实行“统一领导、垂直管理、专卖专营”的经营管理体制，主要负责顺义区的卷烟经营和市场管理工作。2015 年，共计销售卷烟 56521 箱，同比增长 0.09%；实现税利 3.13 亿元，同比增长 28.90%；查处涉烟违法案件164起,同比下降32.54%。同年,被评为“全国烟草行业优秀县级烟草专卖局标兵单位”。

单位名称：北京市顺义区烟草专卖局（公司）
地址：北京市顺义区中山南街 4 号
电话：（010）69422745
邮编：101300

（张　宇）

【市场监管与案件查处】 全年共计出动执法人员 6336 人次，检查零售户 9562 户次；查获违法案件 164 起，其中一般程序立案 49 起（含大要案 1 起），简易程序立案 115 起；刑事拘留 1 人；查获各类违法卷烟 153.02 万支，全部为真烟，未发现假烟和走私烟，罚没款合计 4.91 万元；辖区市场净化率为 92.38%。

（张　宇）

【依法行政】 进一步深化行政审批制度改革，规范行政审批行为。一是一口受理、便民高效。对于前来提交行政许可申请材料的，办证大厅服务窗口坚持便民高效的原则，做到一次性告知所需全部材料；二是限时办结、提高效率。采取梳理审批工作流程、理顺内部制度体系等手段，对行政许可事项的受理、审查、决定、送达等程序进行优化，保证在 7 个工作日内完成相关手续的办结；三是公开透明、规范办理。对所有审批信息进行网上公示，确保行政许可“办证标准统一、文书制作准确、程序合法合规、权力运行规范、操作公开透明”。

（张　宇）

【行政许可】 年内，新办烟草专卖零售许可证 449 个，延续许可证 1097 个，变更许可证 117 个，注销 253 个，补办 16 个，停业 117 个，恢复营业 28 个，歇业 86 个。截至 2015 年底，全区持证户共计 3348 户。

（张　宇）

【普法宣传】 5 月 15 日，联合区公安局共同开展“5.15”打击和防范经济犯罪宣传活动。通过摆放宣传展板，以文字的形式详细展示烟草专卖各项法律法规内容，向消费者传授卷烟真伪鉴别的知识和技巧，提高消费者的辨别能力。此次活动共计发放举报卡和宣传材料 300 余份，向群众宣传讲解 100 余人次。通过对“12313”卷烟举报平台的宣传，进一步拓宽市场监管渠道，营造了良好的社会监督氛围。

（张 宇）

【**烟草控制**】自6月1日《北京市控烟条例》实施以来，严格按照条例的要求开展各项控烟工作：一是组织全体执法人员开展专题培训，学习条例内容和要求，明确烟草执法部门新增的执法权限和工作要求；二是加强对零售户的法律宣传，按规定张贴禁烟标识，不向未成年人售烟；三是做好控烟监管工作，将位于“幼儿园、中小学校、少年宫极其周边100米内”的持证户信息登记造册；四是做好行政许可过渡工作，对于烟草专卖零售许可证到期后不符合条例内容规定的，依规不予延续。对于新办申请烟草专卖零售许可证不符合条例内容规定的，依规不予许可。

（张 宇）

【**廉政教育**】8月份，与顺义区人民检察院共同举办“警钟长鸣廉政教育专题展览”，展览由四个部分组成。分两期、四批次对顺义区人民检察院提供的实景教育展板进行深入细致的参观学习。

（张 宇）

【**品牌宣传**】2015年，与安徽中烟、河南中烟、浙江中烟等9家工业企业召开品牌座谈会10场，全市25个培育规格累计销售3039箱，品牌上柜率、动销率进一步提升。

（张 宇）

旅 游

【**概 况**】2015年，顺义区旅游行业以产业转型升级、首都功能疏解、京津冀一体化等重大战略调整为发展机遇，坚持“规划引领、设施先行、形象提升”的发展思路，“规模、质量、效益”并重的发展原则，“企业转型、业态创新、链条延伸”的发展重点，大力推动旅游业转型升级、规模扩张、服务优化。以问题导向和惠民导向，创新旅游产业发展模式，推动旅游产业尽快发展成为支柱型产业。全区旅游接待总人数466万人次，同比增长13.3%；旅游综合收入64.42亿元，同比增长6.3%。旅游行业秩序井然，服务质量明显改善，旅游舒适度、游客满意度进一步提高，未发生重大旅游安全事故，实现“安全、秩序、质量、效益”四统一的目标。

单位名称：顺义区旅游发展委员会
地址：顺义区光明南街7号
电话：（010）69429918
邮编：101300
网址：http://www.lyw.bjshy.gov.cn

（吴春明）

【**“十三五”时期旅游业发展规划**】从本区旅游业发展实际情况出发，构建全新的“时尚风情、慢享顺义”的品牌形象定位，打造“一河两带三区”（“一河”为以潮白河滨水休闲旅游为中心；“两带”为北部浅山区的舞彩浅山国际慢生活康体养生带和南部机场、新国展周边的空港国际商贸会展旅游带；“三区”为花卉主题度假区、观光农业旅游区和时尚休闲创意区）的旅游产业发展全新格局。不断推进温泉度假、异域风情、花卉观赏、湿地观光、民俗体验、户外康体、养生保健等旅游产品建设，营造时尚化的休闲度假氛围，增加顺义旅游形象辨识度。

（宁丽丽）

【**市级扶持资金**】“焦庄户地道战景区环境整治及景观提升改造工程”、“五彩浅山滨水国家登山健身步道配套设施改造提升”两个项目获得市级产业发展引导扶持资金2220万元；华江、七彩蝶、双河果园、前鲁鸭场、华彩印象5家单位的项目获得市级旅游商品扶持资金112万元。

（宁丽丽）

【**旅游从业人员培训**】为浅山5个镇240人举办两期、每期一周时间的民俗旅游培训班；组织11名民俗户代表参加“高级农村实用人才民俗旅游培训班”；组织民俗旅游户70余人赴延庆实地参观学习；组织民俗带头人赴房山培训、赴密云参观学习；组织14家旅游新业态带头人参加“京郊旅游业态从业人员培训班”。

（张荣媛）

【旅游行业展会】参加中国－东盟旅游博览会、中国国际旅游交易会、丝绸之路国际旅游商品交易会、北京国际旅游商品博览会等4次大型展会，组织区内旅游咨询中心、焦庄户地道战遗址纪念馆、顺鑫绿色度假村、金潮玉玛国际酒店等多家旅游企业参加“2015首届京津冀红色旅游联展暨卢沟晓月”金秋旅游推介会。

（张荣媛）

【旅游行业安全管理】5月成立安全监管科，建立联席会制度和定期联合执法机制。会同行业部门和属地出动人员648人次，分别对辖内的星级饭店、规模酒店以及社会旅馆、旅游景区（点）、民俗村（户）、旅行社等329家旅游企业进行安全拉网式隐患排查治理工作。累计发现一般隐患136处，现场立即整改隐患110处，限时整改隐患26处。

（王　辉）

【顺义首届冰雪温泉狂欢季】12月19日活动正式开始，以“疯滑雪跃 慢享温泉”为主题，为期2个月。通过“温泉、滑雪”为核心的21家重点旅游企业融合顺义整体旅游资源，以产业融合和产业链条延伸实施“旅游＋工业＋农业＋体育＋文化”、“冰雪＋温泉＋休闲＋美酒＋美食＋住宿”等串联营销，围绕圣诞、元旦、春季、情人节4个节日，推出亲子游、家庭游、情侣游等多条线路，取得良好的市场效果。

（刘淑芳）

【新媒体宣传】创办微信微博平台，微信总阅读量突破20万，粉丝量5400余人，最好成绩进入北京政务微信排行榜“新媒体指数榜单”全市单日前三名；“顺义旅游委”官方微博粉丝增长至19400人，共计阅读量达15.8万人次，转发信息22300余条，评论达3000余条。

（刘淑芳）

【旅游投诉】全年累计处理旅游咨询投诉157件，其中：12301转办投诉35件，区便民电话转办投诉7件，旅游咨询115件，结案率100%，游客满意率100%。

（胡　晋）

顺义宾馆

【概　况】北京顺义宾馆（即顺义区人民政府招待所）座落于绿色国际港的核心区域府前中街3号，隶属于顺义区人民政府。是国家旅游三星级宾馆，金叶级绿色旅游饭店，北京地区党政机关会议定点场所、北京市党政机关、朝阳区政府采购会议定点单位，顺义区政府采购会议定点单位；2007年国际赛艇青年锦标赛接待总部和2008年奥林匹克运动会官方指定接待饭店。

单位名称：北京顺义宾馆
地址：顺义区府前中街3号
电话：（010）81496300
邮编：101300
网址：http://www.shunyihotel.com

（顺义宾馆）

【务虚工作会】1月13日，顺义宾馆召开2015年务虚工作会议。各部门围绕2015年计划指标谈具体工作措施。陈光主任对近期工作进行部署并对新一年工作提出要求：一是转变观念，统一思想、消除内耗、引领经济发展工作；二是稳中求进，开源节流，积极做好外部清欠和内部创收工作；三是团结奋进，众志成城干好事。领导要身先事卒，帅先垂范；四是加大软硬件投入力度，提升服务意识，提升服务质量，打造顺义宾馆的服务品牌。

（顺义宾馆）

【一线服务技能考核】7月15日—9月15日，顺义宾馆组织相关部门先后对前厅接待、收银、礼宾、电话客服、商务中心、餐饮前厅服务、客房楼层服务、康乐洗浴服务、会议服务等岗位的127名员工进行岗位服务技能考核。涉及员工仪容仪表、岗位服务英语和技能实操等内容，评选出优秀员工26名，分别予以精神和物质奖励。

（顺义宾馆）

【游泳救生演练】 9月17日，顺义宾馆开展游泳救生演练培训，人事部和康体中心员工20人参加。此次技能演练结果达到行业标准和要求

（顺义宾馆）

【农运会秧歌大赛】 9月14日，顺义宾馆选派12名顺义区户籍的农民工，组成秧歌队，代表顺义区参加北京市农民体育健身运动展示周健身秧歌大赛，并获得比赛一等奖。

（顺义宾馆）

【无微不至解忧难 心系宾客暖人心】 9月下旬，3308房间的施先生为宾馆办公室送来一面锦旗"无微不至解忧难 心系宾客暖人心"。表达他收到宾馆送还其丢失的大量现金、文件、票据等物品的谢意。

（顺义宾馆）

汉石桥湿地

【概 况】 北京市顺义区汉石桥湿地自然保护区位于顺义杨镇地区，距北京城区约35公里，距首都机场约20公里，规划面积1900公顷，是北京市唯一现存的大型芦苇沼泽型湿地。2005年4月，汉石桥湿地自然保护区被北京市政府批准为市级自然保护区。同年6月，顺义区汉石桥湿地自然保护区管理办公室成立（简称湿地办）。自成立以来，湿地办主要在保护恢复、科研科普、生态旅游等方面开展工作，湿地生态系统得到全面恢复，生态效益、社会效益日益显著。保护区成立之初湿地面积只有800亩，通过开展植被恢复与环境整治、水质改善、湿地恢复与基础设施建设等生态恢复工程，截至2015年，湿地办实际控制面积达8608亩。同时，湿地生物多样性得到有效保护，保护区内生长着大量的水生、陆生植物，是候鸟迁徙路线上的重要停歇地和多种珍稀水鸟的栖息地。在科研科普方面：一是加强科研平台建设。先后成立国家级生态定位观测研究站及国家博士后科研工作站，进一步提高科研水平，为湿地保护、湿地生态系统和植被恢复工程提供理论和技术支撑。二是提升科普教育能力。作为全国科普教育基地、北京市中小学生社会实践大课堂资源单位，湿地办不断推出科普活动。根据不同年龄、认知水平和心理特征的学生设置系列科普活动，寓教于乐，使学生在轻松愉快的氛围中提高环境保护意识。在生态旅游方面：目前，汉石桥湿地是国家3A景区，设有游船、观光自行车、垂钓、观鸟等生态旅游项目，每年可接待游人40余万人次。

单位名称：北京市顺义区汉石桥湿地自然保护区管理办公室

地址：顺义区木燕路杨镇段临时59号

电话：61456099　邮编：101309

网址：www.hsq.bjshy.gov.cn

（湿地办）

【获评首都生态文明宣传教育基地】 年内，湿地办突出湿地特色，不断丰富教育内容和活动形式，开展北京湿地日宣传、公益植树、科学放归等活动，普及湿地及生态文明知识，营造珍爱湿地、保护湿地、支持湿地保护工作的良好社会氛围。

（湿地办）

【博士后科研工作站获得批复】 经人力资源社会保障部、全国博士后管委会批准，10月28日，北京市人力资源和社会保障局举行授牌仪式，湿地办设立博士后科研工作站，开展健全工作站管理制度、引进博士后人员、开展课题研究、搭建服务保障平台等工作，为湿地保护、湿地生态系统和植被恢复工程提供理论和技术支撑。

（湿地办）

【社会大课堂宣教服务水平提升】 湿地办不断创新大课堂活动方式，针对不同年龄段的学生设计活动方案。针对低年级学生，开展宣誓仪式、亲水体验、环境教育游戏等活动，让孩子们认识湿地，理解湿地的功能和保护湿地的意义；针对高年级学生，将定向越野引入社会大课堂，工作人员在定向越野的点位上设置科普任务，如湿地魔方、湿地谜语、爱心传递等，以任务的形式开展科普，变被动为主动，让学生主动来完成任务。全年完成顺义区约3万名学生接待工作，受到学校及师生的一致好评。

（湿地办）

【湿地文化内涵】 湿地办与中国林科院湿地研究所、北京市收藏家协会、世界百年老电话博物馆合作，搜集湿地相关元素，宣传湿地文化，全年举办“中国鱼文化主题展”、“中国园林名胜门券大观展”“认识湿地”科普展等展览5次，使人们在欣赏湿地风光的同时，又能感受到生态文化的熏陶。

（湿地办）

【生态旅游服务质量】 汉石桥湿地景区从推进创新、规范服务、精细管理三方面入手，提升生态旅游服务质量，为开展科普宣教工作奠定基础。一是推进创新。适应新形势，搭建新平台，建立微信平台，及时发布旅游信息；建立综合票务系统，使结算更便捷。二是规范服务。加强培训，完善员工手册、接待规范，为游人提供热情周到、安全有序的服务，是展示顺义生态文明建设成就的重要窗口。三是精细管理。健全完善目标考核、档案管理、工作例会、厉行节约、安全生产等十余项制度，全面提升环境卫生、服务质量及安全管理水平。

（湿地办）

农　业

综　述

2015年，顺义区农林牧渔业总产值58.1亿元，同比下降15.2%；农村居民人均可支配收入22648元，同比增长9.5%。

一、提升现代农业发展水平，推进农业产业结构科学调整

（一）科学调整农业产业结构。一是本区将“调结构、转方式、发展高效节水农业”作为推动现代农业转型升级的重要机遇，积极行动、狠抓落实，借助现代农业节水示范区建设契机，及时研究制定工作思路、发展目标和具体措施。确定“调粮、稳菜、增林、精畜”的农业结构调整思路，出台《关于畜牧业调结构、转方式、促节水工作的实施意见》，和《顺义区奖励春玉米种植实施方案》，在市级水源保护区木林、北小营、牛山、马坡四个镇，试点实施春玉米种植户资金奖励。同比退出小麦种植约3万亩，调减生猪出栏10万头。二是深入贯彻落实市领导调研指示精神，围绕全市农村工作会议的整体安排部署，牢牢把握“高效”和“节水”两个关键点，积极、主动深化农业结构调整，确保现代农业节水示范区建设开好局、起好步，发挥好应该承担的示范带动作用，全年减少农业用水2000万方。同时按照“典型引路、试点先行”的思路，重点抓好粮食、蔬菜、果品、花卉等多个不同类型的节水示范基地建设。目前，本区《高效节水示范区建设项目建议书（代可行性研究报告）》已完成市发改委立项审批。

（二）以万亩示范区建设为重点，推进农田建设规模化。粮食种植突出集中发展，以合作社为龙头，以全程机械化与信息化为依托，在赵全营镇集中打造万亩高标准农田示范方，为首都保留规模田园景观，发挥节地节水、装备提升、景观改善和增产增收等示范功能，成为北京都市型现代农业新亮点。

（三）积极推进“菜篮子”工程建设。努力提高设施农业利用率和蔬菜产品产量贡献率，实施设施农业改造工程，重点推进老旧竹木大棚改造3831亩，建设4个育苗厂、3个园艺化蔬菜园区、1个农业部设施蔬菜标准园，积极开展“两田划定”工作，制定区菜田补贴实施方案，积极落实菜田补贴政策。

（四）完善农产品质量安全监管体系。制定印发《2015年顺义区农产品质量安全工作意见》、《顺义区重大活动及重要节假日期间农产品质量安全保障工作实施方案》等；继续落实《顺义区农产品质量安全工作扶持办法》，对农业标准化生产和农产品质量认证工作予以专项扶持；抓住农产品质量安全突出问题和薄弱环节，重点开展农资打假、屠宰环节畜产品、瓜菜产品、水产品、林产品、产品标识、兽药、禁限用农药、烟剂农药等专项整治工作；制定印发《2015年顺义区农产品质量安全统一监测计划》，年度检测总样本量不少于5万个，合格率达到99%

以上；进一步完善区、镇、生产基地三级农产品质量安全检测机构建设，区级综合质检站及19个镇管理站的检测室正式运行；新申报无公害农产品单位29家，开展管理体系认证单位15家；开展北京市优级农业标准化基地创建工作，推荐22家基地参评；开展农产品质量安全培训20次，累计培训2300人次。

（五）做大做强农业休闲观光产业。安排资金1000万元重点实施五彩浅山龙林沟域项目建设，在木林镇实施五彩浅山龙林沟域（木林区）环境提升工程第二期第一阶段工程。建设内容主要是山体进一步绿化以提升景观效果、水源工程、硬化铺装、休息区域；在龙湾屯镇实施龙林沟域环境提升工程（二期），主要包括环浅山驿站—游客服务中心周边绿化美化和环境提升工程，防滑坡保护、蓄洪水库（湖）景观提升。休闲农业园区承办“北京休闲农业与乡村旅游信息百度地图上线仪式”和“凤凰乡村游，金秋最美休闲游线路推介活动”2个全市大型休闲农业活动；推荐梓亭佳苑垂钓园等11家园区参评北京市休闲农业星级园区；龙湾屯镇柳庄户村获评2015年中国最美休闲乡村；彩蝶园和欧菲堡酒庄获评全国休闲农业与乡村旅游示范点；北务镇小珠宝村获评全国一村一品示范村，特色产品为小珠宝西瓜。

（六）农产品加工工作扎实推进。一是积极落实北京市《关于支持农业产业化龙头企业发展推进农业产业化经营的实施意见》和《2015年北京市农业产业化项目申报指南》，支持市级以上龙头企业规模化、资本化、品牌化发展，推动农业产业化经营，带动农户增收致富。二是全区共有农产品加工企业83家，年销售收入一亿元以上的重点农产品加工企业20家。2015年销售收入达到200亿元。目前本区共有市级以上龙头企业25家，其中国家级龙头企业7家。今年新申报6家市级农业产业化重点龙头企业。三是全年累计办理通行证668张，有力的保证本区生产的农产品按时、保质、保量的供应到北京市场。四是积极组织本区市级以上农业产业化龙头企业参加11月7日—10日在福州举办的第十三届中国国际农产品交易会。

（七）做好区政策性农业保险工作。制定并下发本年度《顺义区政策性农业保险实施意见》、《关于规范规模养殖场政策性农业保险工作的通知》，完善政策性农业保险各项制度建设；扩大惠农性和覆盖面，新增试验推广险种—玉米干旱气象指数保险、果树树体保险和仔猪保险，全国玉米干旱气象指数保险的第一单在顺义李遂镇成功签订；寻求新的风险控制手段，拓宽顺义区农民专业合作社、涉农企业等融资渠道，引导金融机构将更多地资金投放到“三农”领域，目前正在加快推进农业保险保单质押贷款工作，以解决政策性农业保险参保农户贷款难问题，邮储银行顺义支行已推出“好借好还”农业保险贷。截至12月底，参保农户9317户次，完成总保额23.65亿元，收取保费11834万元，保费收入为全市各区县首位，其中中央财政补贴901.5万元、市财政补贴5292.81万元、区级财政补贴3218.03万元、农户自筹2421.66万元，投保农户总数为9317户次。出险赔付金额10332万元，受灾理赔农户6782户次。

（八）完善科技支撑，加强农业技术培训。一是完善体系支撑。推进村级全科农技员建设，目前在岗的村级全科农技员共322名，全年共服务农户数2.4万户，指导农民2.0万次，解决实际问题1.2万个。二是实施人才支撑。继续实施“百名专家兴顺工程”，组织中国农科院等81名专家、教授与农业种植基地、养殖基地、农业企业进行对接，安排示范、推广课题81项。充分利用专家队伍的传、帮、带功能，重点安排一批具有一定知识层次、工作积极的科技骨干参与到专家课题的研究中，逐步为本区培养一支德才兼备的科技人员队伍。三是加强“菜篮子”新型生产经营主体科技能力提升。组建科技服务专家团队59人，共同协商制定科技服务工作目标和工作计划，开展新品种、新技术、新成果的引进、展示、示范、推广等科技服务。四是开展新型职业农民培育工程。加快培养一批有文化、懂技术、会经营的区域新型职业农民队伍，全年共培育新型职业农民100人。五是促进合作社科技能力提升。为本区两家市级示范社的技术项目争取市级扶持资金。

（九）认真开展农业执法检查活动。做好“高毒、禁限用农药专项治理”“毒鼠强专项整治”、“打击非法添加和滥用食品添加剂专项治理工作”、“农资打假专项治理”、“平安农机”等专项活动；组织农药、种子、肥料、水产、农机相关法律法规培训9期，培训农资经营者、农资生产企业负责人、农产品生产基地负责人600余人次；同时多渠道进行普法宣传。

（十）积极承办第六届国际社会生态农业（CSA）大会。世界CSA大会于2015年11月19日—11月22日在位于顺义区的阳光丽城温泉度假酒店召开，主要包括：国际嘉宾国内社会农业项目参观考察、社会农业纪录片展映、农业文化艺术展览、全国农夫市集及特色手工文化展示、国际大会等5项活动内容。

二、提升农村人居环境，推进美丽乡村建设

（一）全面开展“减煤换煤、清洁空气”行动。截至年底，全区销售优质燃煤4.22万吨、燃煤炉具2.04万台，配送液化石油气26.5万瓶，实施取暖煤改电工程5618户，实施农宅抗震节能改造共1.53万户，拆除违建45万平方米，完成整建制拆迁上楼442户，减煤、换煤累计共15.08万吨，已超额完成全年减煤、换煤15万吨的工作目标。

（二）继续实施农宅抗震节能改造工程。2015年顺义区农宅抗震节能建设项目包括农宅单项改造、农宅新建翻建和农宅综合改造三项建设内容，共实施农宅建设1.53万户。其中，农宅单项建设项目改造9963户；农宅新建翻建建设项目改造909户；实施自建楼房综合改造工程4473户，农民居住条件得到进一步提升。

（三）农村公共基础设施得到进一步完善。完成新建太阳能公共浴室12座，新建连村路灯2000盏，发放农村已建公共基础设施和公共服务设施管护费4950万元，农村公共基础设施得到进一步完善，运行情况良好。

（四）推进新型农村社区试点建设。根据马坡镇南陈路沿线新型农村社区试点建设规划方案，石家营村、庙卷村两村以农宅原址翻建为主建设新型农村社区建设取得阶段性成果，良正卷等五村在现有基础上进行整体提升工程已经启动。

（五）积极推进美丽乡村建设。2014年申报的50个美丽乡村创建村经过全面建设，已通过市联合检查组的验收。2015年美丽乡村建设工作，共有17个镇、59个村申请参加2015年美丽乡村创建工作，各相关单位整合政策资金，全面推进村庄发展和建设，村庄整体条件得到提升。

三、结合“新三起来”工作，推动城乡一体化加速发展

（一）推进“土地流转起来”。一是继续推进农村土地承包经营权流转。按照区委区政府《关于推进农村土地承包经营权流转工作的补充意见》精神，继续鼓励各村到期合同规模流转，实行土地集约化、高效化种植。并对符合流转期限10年以上、流转面积100亩以上、流转价格400元以上的合同，给予村经济组织每亩100元奖励。全年完成7340亩新增土地流转面积，发放73.4万元土地流转奖励资金。二是启动土地确权登记试点。在总结北小营镇前鲁各庄村土地承包经营权确权登记试点工作的基础上，修改区级土地确权登记颁证工作方案。确定全面推开的120个村级名称，摸清村内土地面积、人口等情况。结合调研和试点经验，反复修改《顺义区农村土地承包经营权确权登记颁证工作意见》，并请市农委领导进行研讨。按月制定确权登记颁证工作时间表和路线图。

（二）推进“资产经营起来”。组织500余人次镇、村级财务人员培训班，提高“三资”管理电算化水平；出台《顺义区关于规范农村产权交易工作的意见》(顺政办发〔2015〕13号)明确交易原则和交易范围，并严格规范农村产权交易的程序。设立农村产权交易管理机构，即“北京农村产权交易所顺义联络处”，联络处设在区经管站，主要负责实际交易中的具体事宜。目前，本区在北京农村产权交易所挂牌流转的项目共有20个，其中农用地类项目9个，涉及土地出租4065.5亩；实物资产类项目11个，主要涉及厂房、场院出租、农机具等。

(三)推进“农民组织起来”。一是对全区合作社总体情况进行摸底并进行规范。二是对市级农民专业合作社示范社农村实用人才情况情况进行摸底。三是完成农业部、市农委合作社实用人才培训工作。全区工商注册的合作社210家，基本运营且备案的187家。全区农民合作社涵盖林果、瓜菜、畜牧、花卉、农机、民俗旅游等行业，入社社员1.89万户，带动农户数3万户，约占全区纯农户的28%。北京市级以上示范社19家。其中，国家级示范社5家。

单位名称：顺义区农村工作委员会
地址：顺义区站前西街3号顺心国际商务中心9层
电话：（010）69441365
邮编：101300
网址：www.agr.bjshy.gov.cn

（农委）

农村经济管理

【概　况】 2015年，顺义区农村合作经济经营管理站认真贯彻落实十八届四中、五中全会精神，以北京市加强农村集体资产管理工作会议为指导，牢牢把握区委区政府“三个阶段性特征”和“四个转型升级”的总要求，以深化农村经济体制改革、创新农村经营体制机制为主线，充分发挥市场在资源配置中的决定性作用，扎实推进“新三起来”工作，促进农村经济转型发展，坚定维护农民合法权益。

单位名称：北京市顺义区农村合作经济经营管理站
地址：顺义区五里仓AMB大厦A座五层
电话：（010）89442503
邮编：101300

（经管站）

【农村土地流转】 全面贯彻中办发（2014）61号文件精神，结合本区实际，引导农村土地经营权有序流转。一是开展农地流转价格动态监测，对李桥、赵全营、木林、北小营、龙湾屯五个镇新签订的土地发包合同进行价格监测，为全区各镇开展农地流转提供价格指导。二是开展农地适度规模经营监测，分析当前各类经营主体的经营现状，总结典型经验。三是配合有关部门完成平原造林土地流转工作。四是完成土地确权、流转、承包的日常咨询管理工作。

（李彦）

【农村集体经济合同管理】 一是对现有农村集体经济合同进行规范。合同缺少必要条款的补充完整；存在不符合法律法规规定的条款的合同进行纠正。二是对相关业务人员进行培训。三是严格合同签订程序，对新签订的合同从制度上进行管理。对于农村集体经济合同应该怎样签，履行什么程序做出明确细致的规定，使新合同的签订有章可依，清楚明白，便于执行。规范设施农业合同121件。

（李彦）

【农村土地承包经营纠纷调解仲裁体系建设】农业部农村土地承包仲裁标识正式启用，农村土地承包经营纠纷调解仲裁培训工作完成，仲裁员资格认证制度开始实行，农村土地承包经营纠纷得到妥善解决，有力保障农村和谐稳定。2015年涉农纠纷94件，其中调节90件，仲裁3件，仲裁调解1件。

（李彦）

【产权交易平台建设】 贯彻区政府《关于规范

农村产权交易工作的意见》精神，进一步增强农村产权交易的规范性，确保公开、公平、公正，切实维护农民合法权益，不断提高农民收入。一是组织对村干部、村级财务人员的培训，提高镇、村领导干部对农村产权交易平台的认识和业务水平。二是将新增土地流转工作纳入农村产权交易平台进行试点，符合政策要求，在平台上交易的项目，可以享受政府补贴。今年，本区在北京农村产权交易所挂牌流转的项目共有20个，其中农用地类项目9个，涉及土地出租4065.5亩；实物资产类项目11个，主要涉及厂房、场院出租、农机具等。

（李彦）

【农村集体经济审计监督】 制定农村集体经济审计年度工作计划，建立经常性审计制度，维护广大农民群众物质权益和民主权利。结合2015年北京市农村“集体经济审计年”工作，重点对土地补偿费、涉农财政补助资金以及资产规模较大、收入较高的集体经济组织及其所属企业进行专项审计。专项审计采取引入社会中介机构审计与农经专职审计相结合的办法。同时继续推广运用在线审计系统。完成村级组织正常运转专项补助资金年度审计、新型集体经济组织年度审计、农村集体经济审计情况统计、全区2014年度农村集体经济组织征地补偿费管理使用情况审计、村干部任期经济责任审计、会计委托代理机构资金监管情况专项审计等工作。

（李彦）

【农民专业合作社联合会建设】 充分发挥联合会的桥梁、纽带作用，积极探索通过市场化手段为合作社开展服务的新途径，发挥合作社在社会化服务体系建设中的作用。重点为合作社搭建好5个服务平台，即信息服务平台、市场营销平台、投融资平台、农资服务平台和交流合作服务平台。

（李彦）

【合作社规范建设】 做好合作社示范社动态管理，总结一批示范社建设典型经验，共申报“北京晨辉农产品产销专业合作社”等7家合作社申请市级农民专业合作社示范社。落实示范社的各项扶持政策，推进合作社规模化、专业化、现代化经营。按照自主自愿的原则，鼓励引导农民专业合作社之间开展各种形式的联合与合作。指导有条件的合作社开展信用合作试点，改善合作社融资环境。完成农民专业合作社统计监测分析工作。

（李彦）

【农民负担监管】 完善和落实农民负担监管各项制度，推动农民负担监管向家庭农场、专业大户、农民合作社等新型农业经营主体延伸。加强对农民负担重点领域的调查研究，掌握农民负担的变化趋势。开展农民负担春秋两季执法检查，推动减负惠农富农政策的落实。做好公益事业补助资金拨付使用的监督。全年为农民减少电费约176万元。

（李彦）

【农经管理工作现代化】 深化农村集体资产监管平台在基层的管理应用，推进“三资”管理的制度化、规范化、信息化。推进农经业务与资源目录建设，提高信息化网络安全保障能力。推进“三资”监管平台的跨部门应用和资源共享。按时保质完成农村经济统计季报和年报等20余张报表的基层基础数据资料的审核上传工作。通过调查摸底、核查汇总、镇村逐级上报形式完成全区10万余户农村家庭详细资料和农村收益分配情况统计及27731户涉及360个村的农村低收入户进行监测，(其中53个低收入村)，并撰写监测分析报告和农村劳动力就业情况分析报告。督促指导各成本点做好原始资料的登记，认真做好原始数据审核工作，避免出现错、漏记，确保各点的代表性、真实性和准确性。共完成12个品种60个农产品成本核算监测的数据汇总分析。

（李彦）

【农经培训工作】 开展农村经管在线培训，完善培训教材，改进培训质量，提高农村经管队伍的整体素质和业务水平。2015年5月，举办镇村两级财会人员培训班2期，对500余名镇村两级财会人员进行业务培训。20余名镇级财会人员参加市站举办的会计师资培训班1期。组织100余名镇级人员参加市、区两级业务培训，内容涉及涉农政策、业务知识及农村管理信息化系统日常软硬件维护等方面。并于上半年为杨镇镇村两级干部50余人进行主要针对农村财务管理出现的问题、解决办法及如何加强三资管理等内容的培训。

（李彦）

种植业

【概　况】 2015年，顺义区小麦收获面积9.8万亩，平均单产372.03公斤，总产3645.9万公斤，销售产值8604.3万元；玉米收获面积16.2万亩，单产433.3公斤，总产量7019.5万公斤，产值1.3亿元；白薯种植面积335亩，单产2050公斤，总产68.7万公斤，产值123.6万元；大豆种植面积1119.8亩，单产280公斤，总产31.4万公斤，产值156.8万元；花生种植面积1158亩，单产315公斤，总产36.5万公斤，产值255.3万元。全年粮经类总产值2.2亿元，同比减少26.7%；2015年蔬菜播种面积17万亩，上市量7.26亿公斤，同比增加1.66%，销售收入14.38亿元，同比增加6.36%。

单位名称：顺义区种植业服务中心
地址：顺义区建新西街甲3号
电话：（010）69421276
邮编：101300

（霍岩岩）

【粮食高产创建】 2015年落实小麦－夏玉米高产示范方4.5万亩，建设核心区5000亩。通过优良品种和高产栽培技术的推广，项目区内小麦、玉米产量与全区产量相比有较大增幅。（1）部级万亩方小麦亩产459.6公斤，较目标产量增产59.6公斤。玉米亩产594.6公斤，较目标产量增产74.6公斤。（2）市级万亩高产方小麦亩产441.5公斤，较目标产量增产41.5公斤；玉米亩产577.9公斤，较目标产量增产57.9公斤。（3）部级整建制小麦亩产407.7公斤；玉米亩产489.7公斤。

（霍岩岩）

【都市型现代农业万亩示范区高产高效建设项目】 建设小麦示范方5914亩，平均亩产424.2公斤；建设夏玉米示范方6400亩，平均亩产556公斤。

（霍岩岩）

【蔬菜提质增效】 实施百名专家兴顺工程，落实专家38名，落实合作项目39项，包括瓜类自动化嫁接技术、水培蔬菜生产、番茄长季节栽培、西甜瓜丰产优质等。组织相关人员参加“北京市第四届春季蔬菜育苗竞赛”；组织相关合作社参加北京市2015年蔬菜精品包装技能擂台赛，分别获一等奖、三等奖和优胜奖；组织园区、合作社参加北京市西瓜评优推优活动，北京顺沿特菜基地小型西瓜获得推优活动银奖。

（霍岩岩）

【蔬菜种苗生产】 2015年全区集约化育苗3800万株，其中13家专业集约化育苗场完成育苗2600万株，育苗种类包括番茄、大椒、西甜瓜等，育苗产值1100万元。

（霍岩岩）

【农业面源污染控制】 对全区小麦和夏播玉米实施全程绿色防控，2015年全区粮田、菜田减少化学农药用量111吨。实施生态节肥项目，包括测土配方施肥、北运河流域肥料面源污染防治、土壤有机质提升秸秆腐熟剂补贴，2015年全区上麦、玉米、蔬菜三大作物总节肥1155吨，总计增收节支4418万元。20座农业废弃物循环利用工程年可处理茎叶、猪粪等农业垃圾8万吨，生产有机肥1万吨、沼气50万立方米；4项以固液分离为主的沼肥综合利用工程年可处理沼渣沼液1.16万吨，生产有机肥4000吨。

（霍岩岩）

【农业执法工作】 对种子、农药、肥料等农业投入品质量进行市场监管。开展执法活动166次，出动执法人员543人次，对种子、农药、肥料生产企业、经营单位、蔬菜基地等进行682个次检查，当场行政处罚25起，立案处罚9起，处罚金额2万余元，全部上缴国库，没收及下架假劣农资产品货值近3万元；受理农民关于种子质量投诉14起，经调查均非种子质量问题。围绕“3·15”、农资打假、科普赶集、送法下乡、进村入户、日常检查等活动，宣传农业法律法规知识和农资常识、推广高品质高质量农业投入品，发放宣传材料5万余份，增强农民知法、守法和维权意识。

（霍岩岩）

动物卫生监督

【概　况】 2015畜牧业生产总量呈下降趋势。出栏猪74.7万头，同比减少15%；肉鸡595万只，同比减少21.2%；肉鸭222万只，同比减少29.8%；肉牛20988头，同比减少25.8%；肉羊9.8万只，同比减少3.4%；鸡蛋产量1.5万吨，同比增长14.1%；牛奶产量5.6万吨，同比增长4.5%。肉类总产量7.89吨，同比减少17%。畜牧业总收入24.327.6亿元，同比减少3.3亿元，减少12%。

单位名称：北京市顺义区动物卫生监督管理局
地址：顺义区府前西街
电话：（010）69463316
邮编：101300
网址：http://www.dwjd.bjshy.gov.cn/

（动监局）

【动物防疫责任制考核评比】 在北京市农业局2015年度动物防疫责任制考核评比中获得第一名。2015年本区未发生区域性重大疫病，未发生动物源性食品安全事件，未出现行政复议和行政诉讼案件。同时，完成世锦赛、抗日战争胜利70周年阅兵两项重大活动与“五一”、中秋、国庆等节日保障工作。并获市级2015年度动物卫生监督执法案件查处先进单位、动物卫生监督执法案卷评查先进单位、饲料违法行为查处典型单位。

（动监局）

【落实动物防疫责任】 根据《北京市动物防疫工作责任书》（2015度）的有关要求，并结合本区实际情况起草2015《顺义区动物防疫工作责任书》，进一步明确各镇政府和相关职能部门在动物防疫工作中的职责和任务。

（动监局）

【规模猪场粪污治理工程】 规模猪场粪污治理工程稳步推进，完成37个规模猪场、牛场的污染物减排工程，全部达到环保部门鼓励模式5认定标准。

（动监局）

【宣传培训、日常检查】 1–12月，共监督检查监管单位4510个次（不含散养户），出动执法人员10560人次，开展专项整治行动11次，处理举报34起。培训学习71次，培训人员共计3798人次。其中于5–12月开展“三严三实”专题教育活动17次。全年督查督办51次。开展普法宣传培训68次，其中大型主题宣传5次。发放宣传材料8.12万余份，接待群众咨询6100人次。

（动监局）

【违法行为查处】 发现违法行为并立案74起，其中一般程序案件58起，简易程序16起。罚没款金额168.68万元，其中一起饲料违法行为案件罚没款126.42万元，打破郊区县无百万元案件的历史。没收不合格饲料9314.68公斤，不合格兽药196瓶（盒/袋/支），补检动物203头/只。

（动监局）

【行政许可】 办理行政许可55项。注销各类许可证18个。产地检疫生猪55.62万头，牛6774头，羊944只，禽2314.18万只，其他动物1923头只，检疫动物产品17.26万吨。屠宰检疫生猪184.47万头，禽286.72万只，检出病猪1499头，病禽36只。公路检查站监督检查入境动物5171头只，动物产品1026.42吨。分销换证动物产品31661吨（其中鹏程22849吨，其他8812吨）。

（动监局）

【无害化处理】 养殖环节无害处理病死畜禽86.15万头只，屠宰环节无害化处理病死动物1535头只，病变组织及检疫不合格的产品1100.95吨。

（动监局）

【检测】 动物源性食品安全定性检测45506份，定量检测247份，检测项目163项。

（动监局）

【重点动物疫病强制免疫】 按照"政府保密度、兽医部门保质量"的原则，对所有重点动物疫病全部实行强制免疫，累计完成禽流感、口蹄疫、高致病性猪蓝耳病等重点疫病免疫4933万头/只，重点疫病免疫密度均达到应免的100%。

（动监局）

【疫病监测】 对首都机场、湿地、种畜禽场、大型养殖场周边等重点部位、重点区域，有针对性地增加监测的频率和比例，提高疫情预警能力。全年共计完成市区两级动物疫病送检监测16.78万头份，监测面达到100%，保证免疫实效。动物免疫抗体水平均达到国家规定的群体免疫保护水平。

（动监局）

【奶牛"两病"净化】 严格按照检测、扑杀、免疫、生物安全控制等措施，狠抓落实。顺利完成春、秋防奶牛布病全群检测送检和奶牛结核病的监测工作。2015年共实施奶牛布病监测2万份，奶牛布病阳性畜数量及阳性场户个数均明显下降。

（动监局）

水　产

【概　况】 2015年内顺义区池塘养殖利用面积10085亩，养殖水面8900亩，生产成鱼1万吨，由于养殖池塘面积减少，养殖成本上升，销售价格低迷，养殖量同比减少9%，渔业经济总产值1.88亿元，同比减少2%。休闲垂钓渔业依旧保持增长态势，池塘垂钓面积增加3%，全区垂钓量330.5万公斤，与去年基本持平。吸引游客30万人次；垂钓收入7750万元，比去年增长4%。

单位名称：顺义区水产服务中心

地址：顺义区站前东街7号

电话：（010）69445160

邮编：101300

网址：http//www.shuichan.bjshy.gov.cn

（皮国华）

【工厂化养殖】 年内完成工厂化渔业养殖生产基地建设申报项目2家企业，建设面积1.4万平方米，经验收主体工程全部合格，生产设备设施逐步安装。基础设施、环境改造等投资770万元。

（皮国华）

【渔业高产高效基地建设】 年内顺义区渔业高产高效生产基地建设项目共有生产企业6家参加，实施建设养殖面积200亩，按照建设要求，作为设施农业已申报国土部门备案，建设工程已经按计划实施，市、区两级财政共扶持资金360万元，截止到2015年，顺义区共已进行渔业高产高效生产基地建设1623.3亩，经过标准化池塘改造，单产水平大幅提高，养殖风险大幅降低，养殖环境面貌得到改善，同时可以扩大增量，整体提升设施渔业水平，带动休闲渔业发展。、

（皮国华）

【科学增殖放流改善水域生态环境】 年内向潮白河和汉石桥湿地、鲜花港等水域投放鲢、鳙、草鱼等各类苗种5.07万公斤，丰富水域物种资源，增添人文景观，改善水域生态环境。

（皮国华）

【安全食品建设】 一是加强领导 落实责任；二是加强水产品质量安全体系建设，申报无公害水产养殖基地3家，全部通过农业部质检中心检查

审定，并受到北京市农业局奖励；三是加大生产环节中投入品的检查力度，完善“三个记录“制度，严厉打击使用有毒有害饲料和违禁渔药的行为；四是充分发挥中心水生动物疫病防治站的功能，科学、严格地进行水质和鱼产品的抽测检测。全年完成水产样本检测7000个，检测结果全部合格。

（皮国华）

【名优新品种推广】 年内完成水产养殖科技项目2项，推广名优水产养殖品种松浦镜鲤、鲫鱼等2个，观赏鱼创新品种2个，试验示范面积200亩。

（皮国华）

【农民科技培训】 充分利用田间学校形式，对养殖农户进行科学技术培训，举办水产品健康养殖、水产品无公害培训、农产品质量安全培训班4期，培训300人次。

（皮国华）

【严格执法】 年内积极开展专项整治活动，大力宣传贯彻《渔业法》、《水生野生动物保护法》。定期对全区的重点渔场和水产养殖标准化基地进行检查，重点检查生产记录和用药记录，加大对使用违禁药品和添加剂的处罚力度；对宾馆、饭店、市场等经营利用水生野生保护动物的行为进行检查，严厉查处违法行为，加强合法经营利用的保护力度。完善水产品及水产苗种药残检测。渔政站在水产品质量安全、农资打假、打击非法添加非食用物质和滥用食品添加剂、潮白河禁捕、禁钓水生野生动物保护等各项执法工作中共出动执法270次，出动执法人员1080人次，出动车辆290台次，检查重点渔场、标准化水产养殖基地，无公害基地渔场，苗种生产企业共计408家次。对我区重点无公害基地渔场及水产苗种养殖场进行检测60次，检测品种包括鲤鱼、鲂鱼、草鱼等，检测样本2200尾，主要检测鱼体内是否有孔雀石绿、硝基呋喃等违禁药物残留。实现药残检测100%覆盖水产苗种养殖场，检测合格率均为100%。组织联合执法22次，发放整改通知2份，没收钓具80根，网具1200余米，地笼10个，发放各类宣传材料4800余份。

（皮国华）

林　业

【概　况】 2015年，全区绿化建设以重点工程、重点任务为中心，在平原和山区、城镇和农村都取得进展。平原绿化面积继续提升，山区生态质量持续改善，城市绿色空间有所拓展，积极开展绿化美化创建和市花月季、乡土植物进社区进村庄活动，有效改善全区生态环境；绿色产业发展态势良好，完成公益林木绿地的日常养护管理，林木病虫害防控效果良好，依法开展林木行政审批，打击涉林犯罪行为取得较大进展，连续多年未发生森林火灾，初步完成顺义新城第一批绿线划定工作和第八次园林绿化资源普查工作。全区林地总面积为39776.08公顷，森林覆盖率为29.98%，林木绿化率为35.6%，城镇人均公共绿地面积为31.7平方米，活立木总蓄积量达到258.16万立方米。

单位名称：顺义区园林绿化局
地址：顺义区中山南街11号
电话：69444535
邮编：101300
网址：www.syfp.bjshy.gov.cn

（园林绿化局）

【机构建设】 年内，完成义务植树中心加挂平原造林管理中心牌子，林业保护站（林业植物检疫站）更名为林业植物检疫和保护站，加挂食用林产品质量安全监督管理事务中心牌子。

（园林绿化局）

【平原造林】 年内，完成平原造林工程建设任务1348.9公顷，栽植树木100.8万余株，涉及全区12个镇共3个项目，建设形式全部为景观生态林。

（园林绿化局）

【彩色树种造林工程】 年内，完成荒山彩色树种造林工程33.33公顷，建设地点主要位于张镇雁户庄北山、后苏桥东山和北营西山，共栽植侧柏、油松、黄栌、元宝枫、山桃等苗木25000株，成活株数24434株，平均成活率达到97.1%以上。

（园林绿化局）

【三北五期防护林工程】 年内，完成46.67公顷封山育林地块的抚育养护管理工作，安排护林员对封育区和封育设施进行日常巡护。

（园林绿化局）

【义务植树活动】 年内，全区参加义务植树人数23.9万人，完成义务植树总株数75.8万株。其中新植树木24.3万株，新增绿化面积374.2公顷，其它形式折合株数51.4万株，全区义务植树尽责率达到88.9%

（园林绿化局）

【义务植树纪念林、固定责任区养护】 年内，区绿化办与专业养护单位签订管护责任书，完成8块103.4公顷义务植树纪念林和497.73公顷义务植树固定责任区的管护工作。

（园林绿化局）

【绿化美化创建】 年内，全区共创建首都绿化美化园林小城镇1个，花园式单位10个，花园式社区4个，首都绿色村庄10个，首都全民义务植树先进单位3个，首都绿化美化先进单位3个。

（园林绿化局）

【市花月季、乡土植物进社区】 年内，在光明街道金汉绿港社区、旺泉街道前进花园社区开展“市花月季进社区”活动，共栽植月季花45000余株。在赵全营镇解放村、光明街道裕龙花园社区开展“乡土植物进社区活动，引进乡土植物包括国槐、玉兰、景天、叶梅等10余个乡土植物品种，栽植面积2.2公顷。

（园林绿化局）

【公园管理】 年内，积极开展《北京市公园条例》自查工作，组织公园管理骨干人员参加公园服务语言、冬季修剪、公园绿化养护管理手册等相关培训。指导汉石桥湿地公园、花博会主题园开展精细化管理。今年本区16家注册公园共接待游人322万余人次。

（园林绿化局）

【公共绿地绿地认建认养】 年内，签订两块绿地达成认建认养协议，分别是：顺义区第20街区20–28和20–37地块代征地5363平方米认建认养、汽车城4–073F3地块西侧绿化10500平方米认建认养。

（园林绿化局）

【绿地等级评定】 年内，完成29块绿地申评工作，其中22块共计257.3万平方米被评为一级绿地。包括北京鲜花港展示区65.3万平方米、汉石桥湿地公园中心区136万平方米、怡馨一小区绿地4.23万平方米等。

（园林绿化局）

【绿线划定工作】 年内，本区第一批绿线划定工作初步完成，划定范围321.63公顷，包括15处公园及绿地（绿线划定面积为304.38公顷）和3处规划代征绿地（绿线划定面积为17.25公顷）。

（园林绿化局）

【杨柳絮摸底调查】 3月至9月开展杨柳树雌株调查培训，并对城区及全区重点道路杨柳树雌株情况进行摸底调查，明年计划使用药物注射的方式治理杨柳飞絮树木8万余株，项目投资500万元。

（园林绿化局）

【花卉产业】 年内，全区花卉种植面积1308公顷，产值4.46亿元。生产鲜切花575万支，盆栽植物6646万盆，观赏苗木444万株，草坪165万平方米。圆满完成“顺义区碳汇造林一期项目”和“第四届中国兰花大会参展工作”，顺义展区荣获第四届中国兰花大会室外展区最佳创意奖。

（园林绿化局）

【果品产业】年内，全区果品产量6983万千克，产值3.18亿元。引进优新樱桃、苹果品种10个。完成优化调整面积200公顷，其中新发展66.7公顷，更新改造133.3公顷，建立优良品种繁育基地13.33公顷。完成北京市园林绿化局林产品抽样检测335份，完成区级林产品抽样检测1200份。

（园林绿化局）

【种苗产业】年内，共办理林木种子生产许可证77个，经营许可证74个。全区共有苗圃214个，育苗面积达3974.9公顷，在圃苗木株数2083.5万株。全区种苗基地供苗率达到95%，林木良种使用率达到90%。出圃苗木标签使用率100%，苗木检验合格率100%。实现了林木种苗年产值8943.6万元。年内新建规模化苗圃9处，面积为459.27公顷。可供下一年用苗122.5万株。

（园林绿化局）

【林政资源管理】年内，共办理林（树）木（郊区、城区）采伐许可证1880件，涉及30万株，林（树）木（郊区、城区）移植许可证54件，涉及1.68万株，通过审核、优化减少伐移林木许可8件，树木700余株；绿地率审核72件，审核工程附属绿地面积28.6万平方米；因市、区各项重点工程建设，审批临时占用林地1件，面积0.38公顷。报上级审批核准占用林地9件，面积18.55公顷；组织开展2014年度全区19个镇保护发展森林资源目标责任制检查工作。

（园林绿化局）

【森林火灾防控】年内，全区上下逐级签定森林防火责任书1600份，开展集中宣传活动8次，摆放展板10块，发放宣传材料、宣传品5000余份（个），制作、悬挂横幅500幅，出动宣传车720台次，入户宣传1870户、发放森林防火宣传告知书1120份。森林公安民警深入辖区片林、地块开展检查监督森林火灾隐患消除工作，发现并消除森林火灾隐患256处，填写检查登记116份，下达《森林火灾隐患限期整改通知书》80份，清理林下可燃物18000余公顷，开设防火隔离带1540公顷。连续15年无森林火灾。

（园林绿化局）

【野生动物保护】年内，开展打击破坏野生动物资源违法犯罪专项行动，巡护清查野生动物分布区等地96次，清理整治各类市场、饭店21家，排查本辖区内的物流公司4家，发放宣传告知书70余份，责令关闭违法经营鸟类散户2家，查扣非法猎捕工具31余件，解救野生动物4只，野生鸟类205只。查处非法运输收购珍贵濒危野生动物制品案2起，收缴野生动物制品20件，涉案价值56.48万元。

（园林绿化局）

【公安执法】年内，接警118件，其中刑事立案8件，行政案件11件，不予立案20件，查否41件，移交等其他38件。林业行政罚款29309.76元，责令补种树木435株。开展“利剑行动”，清查整治木材市场等重点场所1处，清理整顿木材加工、利用场所19处，打击处理违法犯罪人员75人，打掉犯罪团伙9个，开展普法教育15次。1名民警记个人三等功，3名民警记个人嘉奖，北大沟派出所记集体嘉奖。

（园林绿化局）

【林木有害生物防治】年内，对以美国白蛾为主的36种主要林果病虫害进行监测，全区范围内设置监测点116个，其中国家级监测点1个、市级监测点60个、区级监测点55个。悬挂100套美国白蛾诱捕器、2800盏黑光灯用于监测、诱杀美国白蛾成虫。并对美国白蛾实行日报告制度。测报准确率达95%以上。全年进行3次以美国白蛾为主的防控工作，防治面积12万公顷次，其中飞机防治600架次，面积2.4万公顷次，地面防治作业面积9.6万公顷次。

（园林绿化局）

【检疫执法】年内，完成种苗产地检疫198份，4.2万亩次。出具省际间的《植物检疫证书》1188份，《检疫要求书》63份，《出省木材运输证》35份。查处有北京市补充检疫对象白蜡窄吉丁的苗木10批次，销毁疫木102株。

（园林绿化局）

【林权制度改革】年内，督促六个镇山区生态公益林生态补偿资金发放进度，共发放补偿资金147.49万元，涉及14600余户，43000余人。继续开展森林保险工作，为本区4096.93公顷山区生态公益林和417.67公顷区属国有林场生态公益林投保，全年未出险。完成北大沟国有林场改革调研和基础数据统计工作。

（园林绿化局）

【山区生态公益林】年内，《顺义区2015年度山区生态公益林生态效益促进发展机制森林健康经营项目实施方案》得到市局的批复。其内容是林木抚育总面积200公顷。其中木林镇66.67公顷、张镇66.67公顷、龙湾屯镇66.67公顷。抚育措施包括割灌、除草、修枝、松土、扩堰等。

（园林绿化局）

【林业资源调查】8月初至11月底，开展二道绿隔地区和“五河十路”绿色通道生态林用地专项调查工作，对顺义区“五河十路”、“二道”生态林的土地面积、土地权属、工程类型及生态林资源现状进行调查核实、确认并登记造册上图。调查总面积3722.3公顷，纳入完善政策范围内的生态林面积共3386.9公顷。

（园林绿化局）

水　务

【概　况】2015年，顺义区进一步推进中小河流治理、污水治理、河道排污口治理、农业节水示范区建设等，圆满完成市政府下达的水务绩效考核任务。水务基础设施建设稳步推进，实施22项水务工程，完成固定资产投资7亿元。水资源管理不断深入，全区用水总量2.63亿立方米，比计划指标2.95亿下降10.8%。其中，农业及农村生态用水1.45亿立方米，工业及建筑业用水4619.7万立方米，家庭居民生活用水3240.05万立方米，公共服务及园林绿化用水1767.17万立方米，河湖补水2230万立方米。万元GDP水耗下降到18.3立方米，同比降低11.2%。污水处理能力不断提升，全区日污水处理能力31.7万立方米（不含温榆河水资源利用工程和首都机场污水处理设施），处理污水5400万立方米，城区污水处理率达到98%，利用再生水2800万立方米。

单位名称：顺义区水务局
地址：顺义区石园北区东侧民政局办公楼
邮编：101300
电话：69443687
网址：www.shywater.bjshy.gov.cn

（水务局）

【治河工程】启动中小河道三、四阶段治理，完成前期各项准备工作，其中方氏渠（上段）、金鸡河（上段）、白浪河三条河道于12月中旬开工建设。

（水务局）

【治污工作】北石槽、北小营再生水厂完成主体工程；北务再生水厂完成50%；区污水处理厂升级改造及扩建项目试运行，采用BOT模式融资，在原址上建设，出水水质将达到地表水IV类标准。

（水务局）

【节水管理】发展和改善节水灌溉面积2.02万亩，其中大田喷灌1.96万亩，果树滴灌150亩，微喷444亩。灌溉用水亩均减少30立方米。实施小型农田水利项目和水源地保护区工程等，2015年更新农业机井133眼，配套水泵和控制设备，新建泵房，铺设输水管道、田间管道等。完成2915眼农业机井智能水表安装，建立农业机井水量村级镇级平台。出台农业水价综合改革指导意见，建立“农业用水总量控制、节水有奖励、超量另加收”的模式。创建节水型单位市级节水型单位5家，区级节水型单位44家、村庄7个。

（水务局）

【安全度汛】全区年降雨量622.6毫米，同比增加65.4%。其中。汛期（6月1日-9月15日），累计降雨量为456.7毫米，较去年同期291.6毫米偏多56.6%，有效降雨天数45天，较去年同期37天增加8天。发布暴雨蓝色预警，启动Ⅳ级应急响应13次；发布黄色预警，启动Ⅲ级应急响应6次；发布橙色预警，启动Ⅱ级应急响应1次。利用河道、闸坝、水库、坑塘等集雨蓄水设施累计集雨蓄洪近1000万立方米。

（水务局）

【供水保障】区自来水公司和镇级水厂供水5005万方，农村地区自备井供水2648万方。推进农村居民用水计量收费，发放供水补贴408.4万元。

（水务局）

【水资源管理】纳入计划用水指标管理的用水户为1947家（不含村管网），比2014年同期增加20家。为14家单位（含自来水公司10家供水厂）办理取用水手续，核定取水指标12846万方。收缴自备井水资源费和污水处理费6304.46万元，同比增长17.4%。发布超计划用水预警756份，送达加价催缴通知书23份，收取加价费用19.32万元。全年办理用水指标、节水竣工验收14家；受理《免收污水处理费的申请》170多份，办理免污批复157份。全年开展小区制售水机、洗车、高尔夫球场等检查20余次；开展自建污水处理设施和自建集中供水设施检查2轮次，暂停13家单位的免污资格。

（水务局）

【水政执法】依法受理审批事项377件，按期办结率100%。梳理水行政权力清单570项，其中行政处罚440项、行政许可18项、行政确认等112项。依托每周综合执法平台，全年执法35轮次，检查各类单位650余家，立案查处11起，作出罚款78.25万元。办结莲花山拖欠水资源费案件，追缴款项36万元。查处河道管理范围内违法建设、违法种植等案件8起，拆除违法建设面积约230平方米，清除违法种植面积约29000平方米，清除非法种植林木5500棵。

（水务局）

农业机械化

【概 况】2015年，全区农业机械化工作以农机购置补贴政策为引领，继续调整农机装备结构，服务都市型现代农业能力进一步提高。机具配备继续向设施农业、林果业、养殖业倾斜，农作物秸秆禁烧及综合利用程度再上新高度，试验示范一批农机化新技术，农机法规培训和安全生产取得新成绩，全年无重大农机安全事故发生。年内，全区农机总动力为26.8万千瓦，农机资产原值5.38亿元，拥有各业农业机械3.5万台（件）和农机社会化服务组织及农机户169个。

单位名称：顺义区农机服务中心

单位地址：顺义区府前西街5号

电话：（010）69442331

邮编：101300

网址：http://www.nongji.bjshy.gov.cn

（闫文龙）

【农业机械化总体水平】农机总动力26.8万千瓦，农机资产原值5.38亿元，拥有各业农业机械3.5万台（件）和各级各类农机社会化服务组织及农机户169个，农机从业人员4000人。设施农业机械化水平达到32%，林果业机械化水平达到44%，畜牧养殖业机械化水平达到54%，渔业机械化水平达到46%，农产品初加工业机械化水平达到10.8%。传统小麦生产全过程机械化水平继续保持100%，玉米生产全过程机械化水平继续稳定在98%。

（闫文龙）

【农机购置补贴】年内，分三批次购置补贴机具1214台（套）和简易保鲜库1.1万平方米，总价值5071.521万元，其中中央和市级补贴

50%，即2535.7605万元，部分机具区级配套补贴20%，共566.8622万元，其余资金由用户自筹。补贴机械主要包括动力机械、设施机械、畜牧机械、水产机械和植保机械等，受益农民百余户。三批次机械分别为：第一批次，30马力拖拉机85台、35马力拖拉机82台、保鲜库5000平米、打捆机4台、播种机3台。第二批次，30马力拖拉机65台、保鲜库6000平米、养猪设备2套、水处理净化设备1套、75马力拖拉机12台、120马力拖拉机10台、打捆机1台、青贮收获机3台、打药机28台、喷灌机2套、卷帘机915台。第三批次，秸秆加工机组1套。

（闫文龙）

【重要农时季节农机作业】 春耕完成机播玉米5.2万亩、经济作物1.5万亩，完成土壤深松1.6万亩。三夏共投入小麦收割机、玉米播种机等各种农机具1000多台（件），收割小麦9.8万亩，播种玉米11万亩。三秋共投入农机具2000余台（件），完成玉米收获15.9万亩、土壤深松整地3.5万亩、小麦播种9万亩。

（闫文龙）

【农作物秸秆处理】 春耕生产期间，共投入秸秆粉碎机、重耙、深松机和旋耕机等整地机械230多台（件），对6万多亩玉米、豆类、花生等春播作物地块进行播前整地，实现越冬秸秆粉碎还田和免（少）耕播种。三夏期间，共投入小麦收割机（加装秸秆粉碎装置）220台、秸秆打捆机25台、专用秸秆粉碎机53台，全面完成9.8万亩小麦秸秆的禁烧处理。三秋期间，共投入玉米收获机（加装秸秆粉碎装置）163台、专用青饲收获机35台、专用秸秆粉碎机120台和土壤深松机35台，对15.9万亩玉米秸秆及根茬进行粉碎还田或青饲收集。是年，顺义区全年重要农时季节实现小麦、玉米秸秆全面禁烧，获北京市新农村建设领导小组考核评比第二名，奖励专项资金150万元。

（闫文龙）

【蔬菜废弃物循环利用技术】 北京市农业机械试验鉴定推广站、顺义区农机服务中心与坐落在李遂镇的北京奥格尼克生物技术公司合作，探索蔬菜废弃物循环利用技术。利用“蔬菜种植户＋农机合作社＋有机肥加工厂”生产模式，将蔬菜废弃物收集粉碎后，按比例添加一定量的动物粪便和粉碎后的农作物秸秆进行发酵处理，生产有机肥。年内，处理蔬菜废弃物8000吨和小麦、玉米秸秆1200吨，生产有机肥22000吨。

（闫文龙）

【政策性农机深松整地作业】 根据农业部和北京市农业局安排，年内启动政策性农机深松整地作业。共有北京兴农天力农机服务专业合作社和唐旭春等18家农机服务组织或农机户参与作业，投入深松机组35台，年内完成土壤深松整地5.1万亩，其中春季完成1.6万亩，秋季完成3.5万亩。共涉及赵全营、木林等15个镇。农机深松整地作业机械费由农业部专项资金全额补贴，补贴标准为每亩50元。农机深松整地作业，目的是打破多年耕作形式的犁底层，达到增加土壤蓄水能力、提高土壤通透性、利于农作物生长发育、提高农产品产量的目的。

（闫文龙）

【部级农机合作社经营】 北京兴农天力农机服务专业合作社为部级（农业部）示范社，拥有社员312户、农机设备281台（件），资产总值5100万元。年内，合作社种植粮食作物6300亩、花卉果树500亩、蔬菜大棚100栋，还为周边农民提供1万多亩的农机作业服务。2015年，兴农天力农机合作社实现总收入5435万元，盈余378万元，提取公积金80万元，可分配盈余298万元，盈余返还户均9551元。

（闫文龙）

【无人机植保技术】 5月，北京兴农天力农机服务专业合作社租用北京航瑞施科技有限公司的2架无人驾驶飞机，在北京都市型现代农业万亩示范区内进行小麦蚜虫和吸浆虫防治作业示范，飞防作业800亩。同月，北京市植物保护站在北京丰满兴农机服务专业合作社小麦品种试验田内实施无人机飞防蚜虫试验，作业面积 30 亩。

（闫文龙）

【**平安农机创建**】一是农机监理部门自检自查。区镇两级农机监理部门在三夏、三秋期间深入田间地头和农机服务组织现场检查拖拉机、收割机等主要农机具 5000 余台次，制止不安全作业 30 台次，查出安全隐患 20 余处。年内，还检查电动卷帘机 1500 余台次、微耕机 800 余台次和农机维修及农机零配件供应门店 86 家次。二是多部门联合检查。区农机监理部门联合各镇安全科、区交通支队，对田间作业、公路运输的农业机械进行 15 次执法检查，共检查拖拉机、电动卷帘机和微耕机等机械近 1100 台次，查处安全隐患 20 起和违章行为 2 起，全部责令整改，并对 2 起违章行为做出行政处罚。联合区安全监管及工商行政管理部门，对农机维修、农机配件供应门店检查 4 次、39 家，对 4 家违规门店下达责令整改通知书。三是机械安全技术检验。年内，拖拉机注册 1218 台，上牌率 98%；收割机注册 582 台，上牌率 98%。年检拖拉机 1026 台，检验率 98%；年检收割机 582 台，检验率 100%。四是新农机驾驶员考核。利用理论法规考试网络化、技术科目考试电子化手段，考试合格新增农机驾驶员 89 人，全区持有有效农机驾驶证人员达 3713 人，农机驾驶员持证率为 90%。五是农机安全执法培训及宣传教育。年内，组织区镇两级农机安全监理人员分别参加北京市农机监理总站和顺义区人民政府法制办公室举办的法规业务培训班，80 余人次接受培训。三夏、三秋前，区农机监理部门组织区镇两级农机监理人员开展 4 次业务技能培训。全年共培（复）训农机驾驶员 10 期，培训人员达 3000 余人次。年内无重大农机安全事故发生。

（闫文龙）

【**低速货运汽车淘汰试点**】根据北京市农业局和顺义区人民政府工作安排，年内完成 100 台尾气排放严重的老旧农用三轮、农用四轮低速货运汽车的淘汰任务。

（闫文龙）

长青林场

【**概　况**】北京市顺义区长青林场始建于 1986 年，属顺义区公益一类全额拨款事业单位。内设机构为 3 科 1 室（生产科、人事科、财务科、办公室）和 7 个分场。林场现有林地面积 8247.39 亩，有林地面积为 8247.39 亩，其中包括阔叶林面积 5181.39 亩，针叶林面积 3066 亩。地理坐标为东经 116° 40\` ~ 116° 46\`，北纬 40° 1\` ~ 40° 16\`。林场的森林在面上呈水平分布，呈狭长块状沿 101 国道两侧（全长 26.5 公里）和潮白河东岸分布。林场现有在职职工 40 人，大专以上学历 24 人。2015 年以来，长青林场坚持科学发展观，以提高森林资源的总量、质量、功能、效益为指导，按照政府主导、部门监管、专业管护、单位统一组织、分区域管理为原则，依法管理、严格保护、科学经营、持续利用森林资源，建立管护主体落实、监管到位、投入合理、责权利相统一的养护管理体制机制，实现绿化成果得到巩固、森林价值得到增加、森林功能得到提升的目标。

单位名称：北京市顺义区长青林场

地址：北京市顺义区新顺北大街 1 号

电话：（010）69442268

邮编：101300

（长青林场）

【**林业生态建设**】2015 年，林场加强森林培育工作，重点对 2821.65 亩顺义新城滨河森林公园中于 2013 年完成的绿化造林进行中幼林抚育，同时对其它成熟林分进行浇水、施肥、除草、清理枯死枝、修剪整形、涂白和补植补造等管护措施。

（长青林场）

【**森林资源保护**】林场在有害生物防治、森林防火以及林政管理上加大工作力度，未出现乱砍滥伐和毁林案件，未发生森林火灾，林木病虫害防治工作也达到有虫不成灾的防治效果，从根本上保护森林资源。其中包括对林场8148.73亩（含顺义新城滨河森林公园）森林资源进行巡查管护和森林防火工作；加强森林病虫害防治工作，多次对美国白蛾的进行普防，同时，严密监控春尺蠖、介壳虫、斑衣蜡蝉、红蛛蛛、白蜡窄吉丁等林木有害病虫的虫情，及时进行防治。共计出动防治队伍48支次、防控人员560人次、车辆112台次、投入药械21台、使用苦参碱等生物制剂900千克，投放周氏啮小蜂60箱，共计防控面积8000余亩。

（长青林场）

【**顺义新城滨河森林公园运营管理**】强化森林公园日常管护工作。重点完成森林公园卫生保洁、安保巡查、绿地养护和中幼林抚育工作，确保植物的成活率及良好的森林景观；加强森林公园基础设施维护，进一步完善安全管理的保障设施；充分发挥森林公园生态功能。开展丰富多彩的森林健步走、林间骑行等以亲近大自然为主题的活动。

（长青林场）

【**林场发展规划**】完成森林资源二类清查工作，落实森林面积、资源现状和林种划分等；完成林场饮水安全和绿化用水现状调查；完成林场“杨柳飞絮”治理基础信息统计；完成市园林绿化局关于国有林场改革调研的基础材料汇报；配合区园林绿化局完成林场所属林地生态林管护面积调查。

（长青林场）

【**环境综合整治**】一是清理垃圾渣土、清理乱堆乱放和白色污染共计4500立方米，清理小广告1550处。二是于4月、6月、9月进行三次全场范围的大规模林地环境综合整治活动（包括在4月和9月对全场可视范围内的林木进行涂白），使林场环境面貌焕然一新，达到干净整洁优美的整治效果。包括：清理枯死树木752株，清理枯枝落叶、清除林下杂草和拉巴秧等有害生物共7650立方米，修剪绿化带常绿乔木28000余株，对道路两侧可视树木涂白美化6万余株。

（长青林场）

【**安全生产**】一是突出重点时段和重点部位。结合本场区域特点，加大对京密路两侧的空港加工区、新国展周边、轨道交通M15号线、顺义新城滨河森林公园等重点部位和汛期安全、2014–2015冬春森林防火季等重点时段的安全防范工作，坚决遏制重特大事故发生。二是突出重点范围和内容。主要包括：建全交通安全管理、森林防火安全管理、汛期应急安全管理、突发公共事件安全管理等安全生产管理措施。进行消防设施整治、消防器材更新、危房改造等基础设施整治，加强自然灾害防范措施。林场没有发生森林火灾和其它安全事故。三是加强领导，层层落实责任制，逐级签订防火、防汛责任书。发行森林防火工作简报，加强宣传安全生产政策法规、先进事迹，及时检查、督促、治理整顿安全隐患。至防火期结束，林场共计清理林下可燃物1550立方米，出动护林防火巡查人员2160人次，实现零火情火险。

（长青林场）

气　象

【**概况**】2015年，气象工作围绕全面推进气象现代化、全面深化改革和开展“三严三实”专题教育活动为重点任务，创新工作思路，强化公共气象服务和社会管理职能。

单位名称：北京市顺义区气象局

地址：顺义区南法信大街8号院

电话：（010）69442608

邮编：101300

（气象局）

【主要气候特征】2015年年平均气温为13.1℃，比历年平均值12.3℃偏高0.8℃，夏、秋两季接近常年，冬、春两季比常年偏高1.3–1.5℃；年降水量为667.9毫米，比历年平均值571.6毫米偏多近2成，其中秋季降水比常年偏多近9成，其它三季接近常年；年日照时数为2435.2小时，接近常年的2490.5小时，其中秋季偏少2成，冬、春两季比常年偏多1成，夏季接近常年；12月出现13次大雾天气，该月为历史记录以来出现雾日次数最多月份。

（气象局）

【气候综合评价】2015年年平均气温较常年偏高，年降水量偏多，日照充足，气象条件总体对农作物生长较为有利。

（气象局）

【气象服务】2015年与区广电中心、市气象局声像中心共同合作，对电视天气预报节目进行改版。与区电视台合作，在顺义新闻中推出《一周天气预报》栏目。顺义区气象局官方微信“顺义气象”正式上线。2015年汛期，共发布短期天气预报50期、降水实况信息42期、决策天气预报20期、气象信息专报6期、气象灾害预警信号82期、天气快报2期、天气情况20期、重要天气报告1期，发送气象服务短信477453条。为“顺义区第24届燕京啤酒节”、“田径世锦赛开幕式及彩排活动”、“中国人民抗日战争暨世界反法西斯战争胜利70周年纪念活动”、“2015年全国赛艇锦标赛”和“2015年亚洲赛艇锦标赛”等重大活动提供气象服务保障。组织开展“3.23世界气象日”和“5.12全国防灾减灾日”气象科普宣传活动。

（气象局）

【综合气象观测】地面气象观测场标准化建设成效显著，国家级自动气象站地面气象观测场标准化程度得到明显提升，地面气象观测业务与管理更加规范，新型自动气象站（DZZ5型）于2015年1月1日实现业务切换并投入正式业务运行。2015年7月，国家级地面气象观测站和区域自动气象站资料纳入资料一体化业务（MDOS）管理。2015年1月1日，《气象探测环境保护规范地面气象观测站》、《气象探测环境保护规范高空气象观测站》、《气象探测环境保护规范天气雷达站》、《气象探测环境保护规范大气本底站》等四项强制性国家标准正式实施，已报送本地城建、规划、国土部门备案。

（气象局）

【防灾减灾】2015年，气象防灾减灾工作纳入地方政府职责和政府绩效考核评价体系。与区社会办联合下发《关于继续做好气象安全社区创建工作的通知》，开展气象安全社区创建工作，气象安全社区达到64个，创建率达到65%；组织开展气象灾害防御示范镇创建工作。

（气象局）

【防雷检测服务】2015年常规检测单位370余家；全年共为54家申报单位做出技术评价，面积为327万平米，其中为39个新建项目进行防雷竣工验收，总面积249万平米。

（气象局）

【行政许可】2015年作出防雷装置设计审核57份，面积322.9万平方米，防雷装置竣工验收28份，面积164.4万平方米。

（气象局）

绿色生态产业功能区

【概　况】绿色生态产业功能区位于顺义区东北部，总面积约314平方公里，约占全区总面积的31%。其中平原面积270.89平方公里，山体面积43.6平方公里，是拉动顺义新城河东新区建设发展的先导区域。

单位名称：绿色生态产业功能区

地址：北京市顺义区北小营镇白马路19号

邮编：101300
电话：69405821

（绿色生态产业功能区）

【舞彩浅山】包括北石槽、木林、龙湾屯、张镇和大孙各庄五镇，总面积308平方公里，自古为钟灵毓秀之地，建有皇家行宫御苑，名胜古迹闻名遐迩。2012年，区委区政府做出开发舞彩浅山的战略部署，规划定位以浅山绿道为纽带，以山体、水系、景区、田园为载体，通过打造浅山步道沿线10余个主题特色村落，形成中华民间绝艺长廊和东方慢生活主题长廊，规划构建出“一带一园一道、两廊五区多点”的空间结构，书写“青山一脉舞彩绸”的美丽画卷，形成一个色彩斑斓的休闲产业带。

（绿色生态产业功能区）

【顺义奥林匹克水上公园】规划面积1.62平方公里，是北京奥运会水上项目比赛场馆，是目前全球唯一集动水、静水于一体的国际级水上比赛场馆。现已被评为国家4A级旅游景区。赛后运营以来，引进多种大众娱乐项目，同时承办国际国内大型赛事十余场，承接大型企业龙舟竞渡、家庭日、自行车骑行等活动二百多场。

（绿色生态产业功能区）

【北京顺义三高科技农业试验示范区】1995年1月经北京市政府批准建立的市级科技农业示范区，园区核心区面积2800亩，现已形成以畜牧籽种、精品花卉、林木种苗、旅游观光、物流配送和信息服务六大产业群。示范区先后被国家各部委和北京市政府授予“现代农业综合应用示范基地”等荣誉称号。

（绿色生态产业功能区）

【北京国际鲜花港】规划总面积4平方公里，是市政府规划的北京唯一的专业花卉产业园区，被评为“北京顺义国家农业科技园区”和“国家4A级旅游景区”，是北京花卉产业发展的窗口。鲜花港每年会如期举办春季郁金香文化节、秋季菊花文化节等大型花事盛会。

（绿色生态产业功能区）

【汉石桥湿地自然保护区】规划面积19平方公里，是北京市平原地区唯一的大型芦苇沼泽湿地，已被评为国家3A级旅游景区。保护区是以芦苇群落为主导植被的典型半荒野沼生湿地，动植物资源非常丰富，是许多珍稀濒危鸟类迁徙的栖息地和中转站。据统计，区内记录到的鸟类有14目46科153种，其中国家一级保护鸟类2种，二级保护鸟类17种；野生植物292种。

（绿色生态产业功能区）

【舞彩浅山打造“一带五区”】通过构建“一带五区”将浅山区建设成为以高端度假旅游、时尚运动养生、都市休闲庄园、红色旅游与民俗体验为主导的京郊时尚型休闲度假旅游地。“一带”即：浅山绿道旅游带。包括五彩大道和五彩浅山滨水国家登山步道。“五区”即：凤凰御园·金色小镇北石槽，主导商务文化休闲度假；大唐风韵·山水小镇木林，定位国际会议度假旅游；清岚龙湾·红色小镇龙湾屯，精耕山地度假红色旅游；绿驿行宫·休闲小镇张镇，力推时尚运动康体养生；画山明阁·田园小镇大孙各庄，打造国际田园休闲度假。

（绿色生态产业功能区）

【舞彩浅山慢生活发展研究会获批】北京市顺义区舞彩浅山慢生活发展研究会会员涵盖浅山区32家旅游文化企业，协会将本着研究舞彩浅山慢生活文化，为浅山地区的旅游企业服务，提高浅山区旅游文化产业的竞争力的宗旨，促进会员之间的团结协作，成为政府和企业之间的桥梁、纽带和会员之家，为推动浅山区旅游业健康发展做出应有贡献。

（绿色生态产业功能区）

【五彩浅山摄影艺术展】1月24日，由顺义区文化委、顺义区文联等联合举办的五彩浅山摄影艺术展正式启动，本次摄影艺术展汇聚北京众多风景摄影家和摄影爱好者的佳作，共展出31件作品。摄影作品展现浅山春、夏、秋、冬四季美景与浅山和谐的人文景观、自然风貌。

（绿色生态产业功能区）

【第六届北京郁金香文化节学生大课堂专场推介会】 3月6日，北京国际鲜花港学生大课堂旅游市场开发专场推介活动圆满结束。鲜花港针对2015北京郁金香文化节学生大课堂项目进行重点推介，邀请来自北京地区的上百家旅行社的130余名业界同仁参与。推介活动主要介绍新年度大课堂项目的新课程、新服务与新政策，并以现场体验种植郁金香、压花、手模等课程的形式展开。

（绿色生态产业功能区）

【绿色生态功能区管委会工会正式成立】 为健全工会组织，完善工会机制，切实维护职工的合法权益，促进绿色生态功能区持续、健康、稳定的发展，3月27日，绿色生态功能区管委会工会第一次职工代表大会召开。本次会议选举出工会第一届工会委员会和经费审查委员会及工会主席、副主席以及经费审查委员会主任。

（绿色生态产业功能区）

【“第六届北京郁金香文化节”开幕】 4月13日“第六届北京郁金香文化节开幕，文化节以“星球的美丽印记”为主题，展期至5月10日结束，有60余个品种的400余万株郁金香亮相北京国际鲜花港。

（绿色生态产业功能区）

【水上公园举办2015春季环保主题游园活动】 为更好宣传环保理念，奥林匹克水上公园于4月11日至5月5日举办“2015春季环保主题游园活动”。活动期间，场馆内设置环保宣传教育区，安放环保宣传展板，介绍环保常识。同时，做好观光车、电瓶船以及儿童游乐区设施的保障。此外，还安放14个用废旧汽车零件组装的变形金刚，这些变形金刚中，最高的是达到8米的擎天柱，另外，还设置恐龙区，最长的恐龙达到20米。

（绿色生态产业功能区）

【300余只银鸥“做客”汉石桥湿地】 3月初其，已有300余只银鸥“做客”湿地，停留时间和数量均为历史之最。随着天气的转暖，汉石桥湿地迎来今年的候鸟迁徙旺季，众多鸟类到汉石桥湿地栖息、觅食。目前，已观察到大天鹅、鸳鸯、银鸥、鸿雁等50余种珍稀鸟类。

（绿色生态产业功能区）

【第九届全民健身体育节“北务杯”风筝赛】 4月28日，由顺义区体育局主办，顺义区体育总会、北京绿色生态产业功能区管理委员会承办，顺义区北务镇人民政府协办的顺义区第九届全民健身体育节“北务杯”风筝赛在顺义奥林匹克水上公园顺利举行。此次比赛共分为：竞赛项目和表演项目，竞赛项目包括：硬翅类、软翅类、板子类、立体类、自制类共五类；表演项目包括：运动风筝、打斗风筝两项。

（绿色生态产业功能区）

【鲜花港重大科技项目通过验收】 由鲜花港组织申报的北京市重大科技计划“球根花卉新品种选育及花卉产业链科技创新”项目顺利通过专家组结题验收。依托园区科技创新与服务平台，鲜花港联合中科院植物所、北京林业大学、北京农学院等科研院所和国内外花卉企业，培育百合、马蹄莲、蝴蝶兰等花卉新品种6个，收集种质资源90份；建成郁金香鲜切花设施栽培与加工生产基地5000平方米，年产鲜切花300万枝；创建北京花卉产业科技创新服务联盟，汇集优势企业资源百余家，创新花艺产品种类20项。

（绿色生态产业功能区）

【汉石桥湿地举办中国“鱼文化”展】 顺义区湿地保护协会在西湖展厅举办中国鱼文化主题展。展览分为中国古代鱼文化、食鱼文化与健康、吉祥鱼与祝福三个部分。设置展板36块、年画72幅及木版年画套色印刷版2套，对中国古人对鱼的崇拜、鱼的寓意和保护鱼类的重要意义、年画制作技术等知识进行全方位的展示。同时，还展出一幅正在申报吉尼斯世界记录的长达19.21米的鱼拓画，充分展示鱼文化的博大精深。

（绿色生态产业功能区）

【首届“舞彩浅山登山文化节”举办】 5月16日，2015年舞彩浅山登山文化节在木林镇茶棚村峪子沟举行。本次登山文化节以“传承登山文

化 打造健康生活”为主题，意在提高全民身体素质，增强体育健身意识，进一步提升浅山知名度，推动浅山区体育产业和休闲旅游业的发展。活动内容丰富多彩，包括中韩明星登山对抗赛、帐篷露营大赛、游戏互动、颁奖典礼暨文艺晚会等。

（绿色生态产业功能区）

【汉石桥湿地举办中国园林名胜门券大观展】 为进一步丰富汉石桥湿地文化内涵，“中国园林名胜门券大观”展在北京汉石桥湿地张贴美术博物馆开展。此次展览由中国园林博物馆，湿地办主办，北京收藏家协会协办，北京老电话博物馆承办。展览所展出的园林名胜门券，是北京收藏家协会会员历经多年的收藏，主要有故宫、颐和园、避暑山庄、晋祠等门券，通过不同时期、不同景点、不同形式、不同风格的2000余件展品。

（绿色生态产业功能区）

【第二十四届燕京啤酒节】 6月6日以“醉美燕京，顺心顺义”为主题为期9天的第二十四届燕京啤酒节在奥林匹克水上公园盛大开幕。

（绿色生态产业功能区）

【汉石桥湿地张贴美术博物馆揭牌】 7月4日，汉石桥湿地张贴美术博物馆揭牌仪式在汉石桥湿地景区内隆重举行。本次揭牌仪式由湿地保护协会、北京手工艺术协会主办，北京百年世界老电话博物馆、北京收藏家协会承办。揭牌仪式后，大家欣赏本次主题为“画里童年—新中国早期儿童美术作品”的展览。汉石桥湿地张贴美术博物馆面积近300平米，主要功能是搜集湿地相关元素、宣传湿地文化，全年计划策展6次，已展出“中国鱼文化主题展”、“中国园林名胜门券大观展”。

（绿色生态产业功能区）

【忆童年主题活动】 顺义区湿地保护协会组织举办忆童年主题活动。活动内容包括四个环节：一是邀请北京市收藏家协会王宇清老师为参与活动的家庭讲解《童年——画里的，现实的》，多方面对比从前的孩子与现在的孩子，抛出社会责任感缺失、亲子关系、人际交往等一系列儿童教育问题；二是让孩子们学习魔尺，体验益智玩具的乐趣；三是家长和孩子们共同回味怀旧游戏—折纸；四是参观世界百年老电话博物馆。

（绿色生态产业功能区）

【第16届亚洲赛艇锦标赛开幕式召开】 9月24日上午，2015年第16届亚洲赛艇锦标赛开幕式在顺义奥林匹克水上公园隆重举行。本届赛事有来自中国、中国香港、韩国、孟加拉国等共23个参赛国家和地区约400人、120条艇参赛，是亚洲赛艇界共叙友情、共叙和平的节日庆典

（绿色生态产业功能区）

【第七届北京菊花文化节开幕式及新闻发布会举办】 9月10日，以“赏多彩菊花，享美好生活”为主题的第七届北京菊花文化节开幕式及新闻发布会在北京国际鲜花港成功举办。文化节分为国际鲜花港、北海公园、世界花卉大观园等六大特色菊花展区，展出上千个精选菊花的品种、上千万株婀娜多姿的菊花。

（绿色生态产业功能区）

【首届舞彩顺义•北京国际山地马拉松鸣枪开赛】 10月25日，首届2015RM舞彩顺义•北京国际山地马拉松在北京顺义舞彩浅山鸣枪开赛。本届比赛共设置三个赛段10公里山地体验赛、21公里山地半程马拉松赛，42.195公里山地马拉松赛，共吸引21个国家和地区的户外运动爱好者600余人参赛，其中外籍选手49人。

（绿色生态产业功能区）

经济和信息化·地方企业

经济和信息化

综　述

顺义区395家规模以上工业企业完成工业总产值2813.3亿元，同比下降5.5%，占全市总量的16%。实现销售产值2812.9亿元，同比下降5.6%，产销率为99.98%。实现内销2514.7亿元，同比下降1.3%；内销占销售产值的89.4%，占比较上年提高了2.3个百分点。实现出口交货值298.2亿元，同比下降21.4%。工业实现增加值541.9亿元，同比下降2.2%，占全区比重的37.6%。工业完成属地财税收入241亿元，同比下降2.7%，占全区比重的41.8%；完成公共财政预算收入36.5亿元，与同期基本持平，占全区比重的29.2%。

一是工业六大产业产值增速呈现“二升四降”。装备产业规模以上企业123家，完成工业总产值212.4亿元，同比增长3.4%，产值占全区规模工业总量的7.5%。生物医药产业规模以上企业18家，完成总产值44.7亿元，同比增长8.6%，产值占全区规模工业总量的1.6%。汽车与交通设备产业规模以上企业57家，累计完成工业总产值1698.8亿元，同比下降6.4%，占全区规模工业总量的60.4%。全区整车企业累计生产汽车1108615辆，同比减少6.1%；累计销售汽车1127386辆，同比减少3.9%。电子信息产业规模以上企业15家，完成工业总产值320.9亿元，同比下降3.4%，全区规模工业总量的11.4%。都市产业共117家，完成工业总产值265.4亿元，同比下降3.2%，产值占全区规模工业总量的9.4%。基础与新材料产业规模以上企业65家，完成工业总产值271.2亿元，同比下降12%，产值占全区规模工业总量的9.6%。

二是完成工业固定资产投资37.6亿元，同比下降15.5%。全区投资5000万元以上的产业项目共63个，总投资805.6亿元，13个项目竣工投产，全部达产可实现产值61.8亿元、税金4.3亿元。其中北汽集团越野车项目总装、焊装两大工艺车间建设完成并投入使用；中航信高科技产业园生产区实现部分投产。

三是原有11个经济功能园区整合为临空经济核心区、科技创新产业功能区、绿色生态产业功能区三大板块。中关村顺义园区（科技创新产业功能区）拥有科研创新基地7个，海外专家主持的研发机构2个，战略合作产业园1个，航空发动机国家重大科技专项1个，国家重点实验室6个。北京临空经济核心区与天竺综保区进行国家临空经济示范区申报工作。全区经济功能区实现属地财税收入308.1亿元，增长5.1%，占全区总数的53.4%；实现一般公共预算收入64.7亿元，增长11.4%，占全区总数的51.8%。

四是全区申请专利3117件，同比增长

34.4%，授权专利2357件，同比增长25.3%。93家企业通过国家级高新技术企业认定并公示。拥有通过科技部、市科委认证的各类研发机构24家，空客、宝洁等多家世界五百强公司的中国研发中心都设在顺义。技术合同成交额10亿元。

五是施行产业项目全要素综合评价机制。2014年12月30日顺义区政府发布《关于印发顺义区产业项目全要素综合评价办法（试行）》，从2015年1月1日开始，对新引进的项目在产业定位、投资强度、产出效益、节能环保、人口与就业、公共管理成本等方面实行严格的准入审核。全年对“荣宝斋、中盛益世、美驰”等8批次共50个项目进行评审，30个符合产业发展标准的项目准予入区。

六是淘汰落后产能企业42家，提前3个月完成市级年度清退任务，涵盖喷涂喷塑、水泥制品等污染行业。积极做好压减燃煤工作，14家企业完成燃煤锅炉改造工作，超额完成全年任务，压减工业燃煤3.36万吨。在全市启动企业停限产工作中，全区共有392家企业停产、限产，限产企业实现降低污染物排放30%。

七是2015年7月24日顺义区政府发布《顺义区创业摇篮计划实施方案》，提出“聚集创业人才、聚焦创业领域、培育创业载体、落实创业政策、完善创业金融体系、优化创业环境”六大重点任务，对创新创业进行全过程支持。2015年11月6日顺义区政府发布《顺义区促进重大产业项目发展定向扶持办法》，积极整合区域土地、楼宇等载体资源，采取多种方式扶持和吸引优质产业项目落地。

八是年内新建基站19个；发放高清机顶盒4800户；顺义地区光缆已覆盖422个村，198个住宅小区及别墅群，光纤覆盖住户已达37.98万户，光覆盖比例达到99%；敷设光缆1089.5条公里；wifi无线AP点共计5012个；电话（含宽带）用户数共计26.98万户，其中已完成光纤化改造的用户达22.15万户，光纤业务比例为82%。宽带用户约17.8万户，其中10M以下用户约30%，10M–50M用户约64%，50M–100M用户约6%。家庭宽带用户最低带宽2M，企业宽带实现1000M接入能力。牛栏山酒厂、北京现代、首钢冷轧被列为第二批两化融合试点企业。

单位名称：顺义区经济和信息化委员会
地址：顺义区建新西街3号
电话：（010）69441064
邮编：101300
网址：www.jxw.bjshy.gov.cn

（经信委）

地方企业

顺义粮油总公司

【概 况】2015年，按照京粮集团整体战略部署，北京市顺义粮油总公司与北京市东北郊粮食收储库完成合并式重组，新企业更名为北京京粮顺兴粮油公司，形成以储备粮存储为基础，以贸易经营为龙头，以驾驶员培训、不动产经营、早餐快餐主食厨房为补充的五大主营业务板块，全年实现总收入16.41亿元，实现利润5449万元。

单位名称：北京市顺义粮油总公司
地址：顺义区府前西街12号
电话：（010）69463196
邮编：101300

（曹强 李佳）

【储运业务】重组后储备粮存储业务实现规模化经营，由原来的6家收储库增加到8家收储库（新增2家粮库：北京市东北郊粮食收储库、北京市京都金谷粮食购销库），顺兴公司总仓容达到56万吨，平均库存超过50万吨，年出入库总量超过30万吨，形成顺义区域内统一的储备粮存储新格局。针对储备粮管理半径过大，仓房设备缺乏更新，人才队伍结构老化等困难，公司采取一系列促使。一是制定《京粮顺兴仓储业务管理制度》和《质量检验部工作手册》，在延续总分库管理制度的基础上实现标准的统一规范；二是在重组后对储运部和质检部人员进行合理调配，通过合署办公提高工作效率；三是持续提升硬件水平，投入267万元用于仓房维修改造、198万元用于设备更新，总投资达到4200万元的王各庄一期项目正式开工建设；四是针对人才队伍老化、高级人才匮乏的现状，强化学习培训，不断提升从业人员职业水平，年内，共有108人次持证人员（含保管员、质检员、技师等）参加市粮食局组织的职业技能培训。

（曹强 李佳）

【粮油贸易】粮油贸易是企业的龙头产业，主要经营玉米、小麦、稻谷、杂粮等品种。业务规模覆盖北京、河北、山东、黑龙江、辽宁、广东等地，在全国建立粮源基地25个以上，其中在山东巨野建设1个自有产权粮源基地。年内，粮油贸易经营实现收入13.3亿元、利润1009万元，购销总量超过130万吨，在粮油市场持续低迷的形势下实现稳健增长。一是在坚持规模化经营的基础上主动调整业务结构，全年边购边销经营比例扩大至78%，由单季单品种短期购销拓展为常态化复合经营，增强经营的主动性和灵活性；二是大力推进大客户战略，同冀粮集团、诸城兴贸、海大集团、五得利、正大集团等实力强、履约好的品质客户展开深度合作，实现联合共赢；三是“北粮南运”终端网络不断延伸，在广东市场遭遇瓶颈时有序拓展江西、广西、湖南等地市场，同正邦集团的合作取得较好成效；四是继续推动贸易转型，深入探索仓储贸易一体化经营，利用自身基础优势参与市局竞价交易4.2万吨（达到上年的2倍多）；五是优化终端客户体系，坚持大小兼顾、信誉优先，拓展天津盛世、正大蛋业、大北农、江门普惠、湖南新五丰等优质客户，构建更加充实的销售网络。

（曹强 李佳）

【机动车驾考培训业务】年内，公司共投资682万元对驾校教练场的训练场地、教学车辆、计时操作系统、生活配套设施进行升级改造和及时更新，努力保持较高的管理和服务水平，持续提升发展动力；充分利用公司存量资源，同不动产经营有机结合，在多处经营场地设立招生网点，扩大网络覆盖面；准确把握发展机遇，择机适度提高收费标准，在保证学员规模的基础上提升盈利水平。

（曹强 李佳）

【不动产运营业务】重组后商贸不动产经营总面积土地875亩、房屋141303平方米，涉及租户207户，覆盖朝阳、顺义、丰台、大兴等多地。在重组初期，采取多项举措保障不动产经营工作的稳步推进。一是明确职责分工，资产经营部总体协调,各经营单位作为日常管理主体承担责任，确保监督、管理责任落实到位；二是按照区域划分实现规范管理，即在邻近区域内实现租金、租期、租约的相对统一，为日后统筹安排扎实基础；三是服务公司发展大局，南苑二期功能调整改造工程已经启动；四是继续加大对牛栏山170亩地开发力度，同重点客户深度接洽，寻求价值最大化的开发途径；五是提升经营管理水平，增强工作的主动性，安排定期的巡视、检查，对查找出的问题隐患限期整改，在确保安全的同时有效提升了经营品质；六是丰富经营手段，豁达物业停车场项目已获批准。

（曹强 李佳）

【便民餐饮业务】年内，北京龙盛众望早餐公司冷链餐生产线正式投入生产，主食粥的推广取得阶段性进展；集采购、销售、库存、财务管理于一体的众望ERP系统上线试运行；投资180万元完成锅炉和污水处理设备的升级改造；“三亭合一”试点工程已经进入实质推进阶段。

（曹强 李佳）

北京市顺义区地方工业公司

【概　况】北京市顺义区地方工业公司是隶属顺义区国资委系统的综合型国有企业，始建于1958年。其前身为顺义县工业局，属于政府行政部门。1983年年底，更名为顺义县地方工业公司，同时身份转换为自负盈亏的企业集团。2015年，公司以AMB大厦、南法信车间楼作为招商重点，深挖资源，引进现代物流业、金融服务业。同时，把安全管理放在首位，深入企业，加大检查力度，投入资金，消除设备、设施安全隐患，确保全年安全生产无事故。截止年底，实现产值2.1亿元，实现销售收入7.2亿元，利润1.61亿元，税金4240万元。全系统在职职工424人。离退休、超转、下放、供养人员1723人。

单位名称：北京市顺义区地方工业公司
地址：顺义区仓上街2号AMB大厦B座11层
电话：89440100
邮编：101300

（刘建新）

【招商引资】10月9日，北京小米科技有限责任公司配件中心落户公司南法信车间楼园区。入驻南法信车间楼的配件中心是该公司全球物流配送总部，该项目可增加就业岗位300余个，盘活闲置房产16400m2。同时还引进北京法德龙物流有限公司，租赁面积16423平方米，租期10年，年租金258万元。年内共签定合同83份，其中新签合同2份，续签合同81份，租金收入3138.1万元。

（刘建新）

【安全生产】全年共深入企业300余次，查出各类安全隐患150余处，下发整改通知19份。7月中旬，原下属企业纺织助剂厂存放几十年的报废氯钢罐通过一家具有销毁资质的企业给予妥善处理。汛期，重点对防汛物资及排水设施进行全面检查补修。全年清淤下水管线40余人次，整修污水管7个，清掏化粪池27车。同时，加强流动人口和出租房屋管理。10月份，对中絮棉纺厂深水泵给予更换，消除安全隐患，解决厂区商户用水安全。截止年底，公司及所属企业流动人口1269人，共有出租房屋83户，出租面积总计为102500平方米。

（刘建新）

【中絮棉纺厂商户清理工作】为疏解外来人口，消除安全隐患及交通堵塞，按照区政府规划要求，自10月起至年底，公司逐步关停中絮棉纺厂便民早市。至12月底，市场流动摊位及固定商户全部清理完毕，清退房屋2974.85平方米，退回场地3666.56平方米，合同额减少180万元。

（刘建新）

【节能减排】年内，对公司下属企业中絮棉纺厂进行煤改电升级改造，提高供暖收费标准，由原16.5元/平方米调整为47元/平方米。电锅炉自11月初开始运转，整个供暖季电费支出3万元，比上年燃煤供暖节约开支1万元。竹海劳务服务公司负责AMB大厦的物业服务，为节能降耗，严格控制中央空调运行时间和功率，每天按天气情况决定空调启停时间和出水温度，每天检查各单位下班后照明及空调关闭情况。在公共照明区域，安装定时开关，避免公共用电的浪费，全年收支平衡。

（刘建新）

【碧辉苑物业管理】公司下属企业北京碧辉苑物业公司负责怡馨家园和兴顺宝典2个小区及怡馨家园30号楼商业达人街和兴顺宝典丁19号楼底商的物业服务。其中2个居民小区共计13栋楼，1936户，年末共收缴物业费387万元。商业物业管理面积达8240.6平方米，物业费197773.2元。管理停车位501个，收费120万元。

（刘建新）

【企业改制】4月份，完成工商注册登记，并审核通过公司章程，11月份领取企业营业执照，公司名称变更为“北京顺正资产管理有限责任公司”。

（刘建新）

【AMB大厦立体停车设备拆除工作】 公司下属企业渔阳公司于2008年投资建设的机械式立体停车设备，于8月份，由原供应企业唐山通宝停车设备公司以23.2万元回收，设备拆除后，该址改为地面停车场。

（刘建新）

北京通达实业总公司

【概　况】 北京通达实业总公司（以下简称通达公司）是区属集体企业，位于顺义区南法信镇政府西侧检测东路1号，机关设5个部门，下辖北京市京顺机动车检测场、北京顺利通汽车修理厂、北京深顺出租汽车公司、北京金顺出租汽车公司、北京市顺交氧气站等19家独立核算企业。全系统年末从业人员1252人，离退休职工426人。主营机动车安全检测、性能检测、二级维护和修理，出租汽车运营，驾驶员培训，氧气供应等业务。2015年，北京通达实业总公司以习近平重要讲话精神为指引，深入开展“三严三实”专题教育活动，实施企业规范化管理。年内实现销售收入9628万元，上缴税金737万元，实现增加值8498万元，较上年同期增加806万元。

单位名称：北京通达实业总公司
地址：顺义区南法信镇政府西侧检测东路1号
电话：（010）69469935
邮编：101300

（邢艳杰）

【机动车检验监管平台建设】 1月5日，北京市京顺机动车检测场多条检测线启动监管系统，该系统通过对车辆检验环节检测信息的实时接收，智能分析标准判定等监管措施，能够实现远程核发机动车检验合格标志。

（陈文健）

【节前停车场整治行动】 2月12日上午，为确保春节期间市民出行停车便利，北京通达停车管理中心会同规划局、交通局、城管、各商场及街道办事处等多个部门负责人召开的现场会议，就站前街及周边停车场拥堵、占盲道等乱停乱放现象进行集中治理。2月13日夜间，停车管理中心顺利完成盲道与车位的硬隔离安装工作，安装隔离栏360米，投入资金10余万元

（李大强）

【空运进口整车检验】 年内，北京市京顺机动车检测场顺利通过进口整车检验评审，场区作为临空港口的一部分，将会承担全国所有空运进口整车检疫检验。

（赵永涛）

【检测场监管系统投入使用】 3月1日，京顺机动车检测场机动车安全技术监管检验监管系统顺利建成并正式投入使用。接入监管系统后，实现外观检验、仪器设备检验、路试检验等全过程检测信息的实时接收、审核、监管和预警，远程核发机动车检验合格标志。

（赵永涛）

【北京金深商贸有限公司成立】 年内，北京金顺深顺联合出租汽车公司规范各项财务基础工作，站在财务管理和战略管理的角度，以成本为中心、资金为纽带，北京深顺出租公司作为入资方，2015年12月份正式新成立北京金深商贸有限公司，为企业谋求新的收益增长点。

（刘占山）

【空港交易中心燃煤改造完成】 5月起，北京空港机动车交易中心为配合市政府关于燃煤改造的决定，减少粉尘对大气的污染，降低雾霾等对空气的影响，自筹资金110余万元对锅炉采暖系统进行升级改造，将原有两台3吨燃煤锅炉拆除，安装一台2吨燃气锅炉，达到使用标准，于2015年11月15日投入使用。

（刘绍刚）

【啤酒节停车服务工作】 6月6日，北京燕京啤酒文化节开幕，通达实业总公司停车管理中心全体干部员工认真落实上级交办的各项停车服务准备工作。现场投入管理人员80人，于开幕式前在各停车场及其周边设置交通引导设施，组织规划进出各停车场车辆交通路线，确保静态交通与动态交通的有机结合。

（张波）

【医院停车场管理】 年内，北京通达停车管理中心顺利完成医院停车场管理权接收工作；对城区停车场设施改造升级，有效的改善停车秩序和场内畅通，对有条件的的停车场出入口进行机、非分离改造，保障机动车与行人安全畅通。

（通达实业）

北京市煤炭总公司顺义区公司

【概　况】北京市煤炭总公司顺义区公司成立于1980年1月，为区属国有企业。公司下设办公室、财务部、资产运营部、人力资源部、纪检监察室等三部两室。主营业务以生产销售动力煤、优质球型型煤和优质蜂窝煤为主。2015年，公司在区委、区政府的正确领导下，在区国资委的协调指导下，坚持以党的十八大、十八届三中、四中、五中全会精神和习近平总书记系列重要讲话精神为指导，围绕区重点工作，重点抓好煤炭销售供应、顺义区煤炭应急储备及农村地区优质型煤供应工作。2015年，全年销售煤炭13.35万吨，销售收入完成12711万元，利润总额累计完成564万元，上缴税金539万元，增加值完成1345万元。

单位名称：北京市煤炭总公司顺义区公司
地址：北京市顺义区火车站西侧
电话：（010）69443986
邮编：101300

（煤炭公司）

【规范化管理】 针对公司现有制度不健全、管理存在漏洞等问题成立规范化建设领导小组，并结合工作实际创立“六步法”，积极推进制度规范化建设工作的有序开展。先后制定出台《党委会工作规则》、《经理办公会工作规则》、《职工代表大会制度》、《党建工作制度》等17项管理制度，确保公司日常经营。

（煤炭公司）

【优质球型煤宣传销售】 为全力服务本区新农村建设“减煤换煤，清洁空气”行动，更好地发挥国有企业优势，提高为民服务质量，按照区农委的工作安排，煤炭公司负责顺义区仁和镇、马坡镇等全区12个镇186个自然村的冬季型煤供应工作。按照领导班子成员包片、科级干部包镇、职工包村的原则，公司全员参与优质型煤的宣传、销售工作。

（煤炭公司）

【煤炭销售开拓新模式】 针对如何扩大市场份额，并在现有市场基础上发掘和争取更大的市场，经过充分的市场调研和分析，结合公司实际，成立块煤销售部，抽调公司业务能力强、综合素质高的人员负责销售工作，建立销售奖励机制，采取独特的营销方式（即袋装块煤，保质保量，配送入户），以确保块煤销售工作带给公司煤炭经营新的突破点。

（煤炭公司）

北京市恒锋市政工程公司

【概　况】 北京市恒锋市政工程公司始建于1986年，现为国家市政公用工程总承包一级资质，于2005年通过质量/环境/职业健康安全国际管理体系认证。主要承建城市道路、桥梁、隧道、公共广场、城市供水、排水、污水处理等工程。2015年公司实现产值5033万元，国有资产保值增值率为106.61%。被北京市建筑业联合会评为北京建设行业 AAA 诚信企业。

单位名称：北京市恒锋市政工程公司
地址：顺义区南门外军营村东军杜路 6 号
电话：（010）69444938
（010）69424889
邮编：101300

（恒锋市政）

【人事改革】 公司改革在项目部、机械队同步推进。项目部实行人员轮岗制度，每个项目部保留 2 名原有人员，其余人员参加交流轮岗，通过双向选择，打破原有人员配置，调动人员的积极性。机械队实行司机、车辆挂牌上岗制度。机械队根据司机所持有的操作证和业务水平以及车辆设备的功能，人、车不固定，制定车辆设备和司机名录，由项目部根据名录挑选车辆设备和司机，切实提高司机的工作积极性和车辆设备的使用率。

（恒锋市政）

【三位一体监督审核】 5 月 29 日，公司通过质量、环境、职业健康三位一体国际管理体系的监督审核。此次审核对照 ISO9000、GB/T50430-2007 等行业标准，对公司日常运营和工程管理做出全过程审核，确保公司的体系运行达到新标准、符合新要求。

（恒锋市政）

【整合重组交接】 11 月 5 日，召开市政板块整合重组交接工作会。公司成为北京顺义市政控股有限责任公司的二级公司，在运转核算上仍实行独立运转、独立核算的模式。

（恒锋市政）

【顺义新城 17 街区府前街市政工程（牛山府前街）】 工程包括道路工程、排水工程、中水工程和路灯工程。道路工程：南起滑雪馆北路，北至南区一号路，全长约 600 米。设计车速为 40 千米每小时，规划为城市次干路，红线宽度为 40 米，全程铺油面积为 19727.5 平方米，人行步道铺砌 4632.18 平方米，路缘石安装 4360.6 米。排水工程：雨水管道总长度为 1281 米，检查井 27 座；污水管道总长度为 752 米，检查井 23 座。中水工程：中水管道总长度为 1086 米，检查井 28 座。综合管线中交通信号工程管道镀锌钢管 1160 米，PVC 阻燃塑料管 670 米。路灯工程：杆与杆之间的连接项埋在绿化带内，电缆外穿 PVC 塑料管。灯杆选用普通杆，灯头选用 LED 节能灯。灯杆基础选用混凝土基础。完成路灯 46 套，手孔井 41 座，箱式变压器 1 台，电缆保护管 2154 米。

（恒锋市政）

【天柱东路道路工程】 工程位于天竺镇，首都机场国门商务区西部区域，道路南起开发街，北至天竺府前街，全长 2056.55 米，设计车速 60 千米每小时，道路红线宽 60 米，为城市主干路。全程铺油面积为 63913.8 平方米，人行步道铺砌 13247.7 平方米，路缘石安装 13367.7 米。污水管道 1759 米，检查井 49 座；雨水连接管 1664.5 米，雨水管道 1714.5 米，检查井 69 座；钢筋混凝土雨水方沟 929.6 米，检查井 25 座。

（恒锋市政）

北京市顺义建筑工程公司

【概　况】 北京市顺义建筑工程公司（以下简称工程公司）是建设部批准的房屋建筑施工总承包、装饰装潢双一级资质企业，成立于 1974 年，是一家具有土建施工、设备安装、房地产开发、装饰装潢、混凝土生产、新型建材生产、钢结构加工安装、市政工程等综合生产能力的经营体系。工程公司辖下属 11 个基层单位：其中 6 个分公司以建筑施工为主；市政工程处以承接市政工程为主。2 个厂站分别以混凝土和钢结构加工安装为主；此外，公司还拥有一家一级资质的高辉汇能装饰公司和一家金瑞房地产开发公司。

单位名称：北京市顺义建筑工程公司
地址：北京市顺义区府前东街 2 号

邮编：101300
电话：69443697

（建筑工程公司）

【各项指标完成情况】2015年开复工面积85万平米，其中，新开工项目15个，面积26万平米。全年完成销售收入5.16亿元，实现利润总额1497万元，上缴税金2979万元。

（建筑工程公司）

【成立建筑板块筹备组，开展合并重组工作】2015年11月4日，顺义区委召开建筑板块筹备工作会，宣布成立建筑板块筹备组，建筑工程公司、建筑工程总公司、建筑企业集团公司三家建筑企业正式启动合并重组工作。为确保企业合并重组工作严格依照法律规定的相关程序推进，先后两次召集3家企业所有处级班子成员及财务主管，举行《公司法》和党风廉政准则及条例的相关培训。期间，建筑板块筹备组开展多项措施，确保在过渡期内各项工作正常有序，员工队伍思想稳定。

（建筑工程公司）

【教育培训】针对各分公司制定的季度培训计划，分阶段组织员工岗位培训、职业资格培训、各类专业技术人员的继续教育等。今年底公司一级建造师人数由去年底的38人增至43人，二级建造师人数由去年底的40人增至46人。全年组织上岗取证报名72人，专业技术管理人员、安全三类人员、一级注册建造师的继续教育53人。3月份，继续组织了专业能力培训考核工作，参加考试人员610人，总平均成绩88分，81人满分。

（建筑工程公司）

【紧抓施工安全】2015年工程公司共计组织大型安全生产培训8次，直接参与培训管理人员达850人次，参加入场三级教育和班前安全培训达26000余人次。全年严格按照《建筑工程公司技术质量管理办法》和《施工现场安全生产违章处罚办法》对所有在施项目进行监督、检查和指导。全年累计检查记录44份，发现问题375项，全部在限期内整改纠正完成。全年无重大安全事故、工伤率3‰以下，无重大伤亡和火灾事故。

（建筑工程公司）

【公司荣获奖项】被首都精神文明建设委员会评为首都文明单位；被北京市建筑业联合会评为北京建设行业AAA诚信企业；承建的北京市顺义区李遂中学教学楼建设工程（一期）等3项被北京市优质工程评审委员会评为二0一五年度结构长城杯金质奖工程；承建的杨镇精神病院项目荣获长城杯金奖；承建的行政中心项目荣获“北京市绿色文明安全样板工地”称号。

（建筑工程公司）

顺义区建筑工程总公司

【概　况】 北京市顺义区建筑工程总公司成立于1984年，1995年加称“北京鲁班建筑工程公司”。公司注册资金1亿元，拥有工业与民用建筑施工总承包二级资质，是一家集建筑施工、房地产开发、物业管理、机电设备安装、钢结构、装饰装潢和市政工程建设的经营实体。2015年，公司完成产值9155万元，销售收入2.3亿元，实现利润190万元，上缴税金782万元。

单位名称：北京市顺义区建筑工程总公司（北京鲁班建筑工程公司）
地址：北京市顺义区府前东街9号鲁班大厦
电话：（010）69444802
邮编：101300

（建总）

【市场开拓确保经济增长】 2015年，公司承建的主要项目有：顺义文化中心工程，建筑面积6.3万平方米；唐山科技园项目，建筑面积6.2万平方米；益民药业综合楼工程，建筑面积3.8万平方米；洪恩厂房工程，建筑面积1.1万平方米；此外，还承建天竺、后沙峪安置房三项工程，建筑面积4.2万平方米。公司精心抓好区重点工程–

文化中心建设，影剧院、博物馆、文化馆、图书馆四个场馆实现封顶；高质高效建设益民药业、洪恩厂房等工程；完成保障房项目主体结构施工任务。

（建总）

【质量安全】严格按照公司质量、安全、环境“三合一”管理体系要求，精心组织开展工程施工建设。一是加强安全管理，确保企业安全生产。认真学习贯彻《北京市建筑施工安全生产标准化考评管理办法》，完善安全防护、场容管理和治污降尘等措施，提升安全生产标准化水平，为绿色安全施工创造条件。加强安全教育，使各级、各岗人员牢固树立安全意识。认真落实安全生产责任制，层层分解任务责任，确保人员、设备和物资时刻保持安全状态。二是加强施工过程质量控制，科学制定施工方案和专项方案，认真做好技术交底，严格执行自检、互检和交接检制度，及时发现和解决质量问题，为高质高效施工提供保障，确保全部工程质量达标，争创优质工程。三是加强日常施工管理检查，每月组织质量、安全材料设备和劳务管理的联合检查，及时排查隐患，整改问题，确保公司全年不发生质量、安全和环境等事故。

（建总）

【成本控制确保效益提升】 进一步完善成本管理制度、工作流程，努力提升企业经济效益。一是把好合同关。制定实施《合同管理工作流程》，加强总包、分包、洽商合同的管理，参与施工管理的部门、单位牢固掌握合同内容，落实合同条款要求，规避合同的履约风险。二是把好材料采购关。严格实施《内部招标管理办法》，5万元以上的材料采购和设备租赁、20万元以上的分包项目，统一纳入公开招标平台，由生产经营、材料设备部门和纪检人员全程参与评标，选取出质优价廉的合格供方。三是把好材料管理关。提升公司－分公司－项目部联网的财务、供应链管理系统的运行效率，实时掌握公司各项资产、设备等情况，实时管控材料入库、消耗和库存，提升工程项目核算水平，确保企业经济效益不断增长。

（建总）

【创新创优】 公司积极倡导创新创优，承建的文化中心工程成功克服深基础、大跨度、结构复杂等施工难题，并引入BIM技术，建立起工程施工模拟分析平台。在BIM技术的实践应用中，通过构建可视化的工程数据模型，实施碰撞检查、模拟施工等方法，指导项目部合理制定施工计划，有效防范施工风险，节约成本，并提升施工的速度和精度。工程先后被评为北京市结构长城杯、绿色安全样板工地。

（建总）

天竺房地产开发公司

【概 况】北京市天竺房地产开发公司成立于1993年，为顺义区属国有企业，主要负责天竺房地产开发区及顺义国展产业园的开发建设，拥有天房绿茵园林绿化工程有限公司、北京顺祥玩具有限公司、北京市天房建筑工程公司等11家所属企业。2015年是全面深化改革的关键之年， 10月30日顺义区委组织部下发文件，成立北京大龙控股有限公司党委，全称为“中国共产党北京龙控股有限公司党委”，撤销北京市天竺房地产开发公司党委。2015年，公司实现销售收入27779万元，同比增12.06%，完成利润总额8341万元，同比增长10.56%；属地上缴税金48792万元，同比增长8.26%。所属企业实现销售收入54548万元，同比增长12.15%，完成利润总额5518万元，同比增长10.74%，上缴税金3242万元，同比增长9.7%。顺义国展产业园共入驻企业270家，其中注册资金100万以上的重点企业74家，共引进投资11亿9457万元。截止11月底辖区共引进企业66家，引进注册资金

14,761万元，其中注册资金100万以上的35家。
单位名称：北京市天竺房地产开发公司
单位地址：北京市天竺房地产开发区裕丰路东侧
电话：010-64560154
邮编：101312

（吕艳丽）

【第三届商品博览会】1月22日陕西省驻京办组织陕西相关地、市及相关企业驻京机构一行20余人对商品博览会项目进行调研考察。考察团先后参观第三届商博会场馆（新国展）、聚源恒业展示产业园、北京汽车生产基地、顺鑫农业（牛栏山酒厂），并就商博会项目进行专题座谈。会上，北京得天力广告中心经理李玉春向考察团成员介绍商博会的基本情况。最终有50多家企业与商博会主办方达成参展意向，并就合作模式做进一步沟通。

（吕艳丽）

【天竺村定向安置房项目完工】天竺村定向安置用房项目总用地面积为518.02亩，总建设用地面积为248.35亩，总建筑面积为430734.8平方米，其中地上住宅及配套公建面积为358924平方米（住宅建筑面积为349436.4平方米，公共配套服务设施用房为9487.6平方米），地下车库及人防面积为71810.8平方米。，工程投资为143757万元。安置用房项目于2月完成第一、二批2号至21号楼29万平米工程施工。2014年11月底至2015年2月间，工程部会同设计、勘察、监理单位，在质量监督站及相关部门的监督指导下对项目工程质量尽享分户验收、预验收并及时细致的完成整改工作，最终全部顺利通过竣工验收。

（吕艳丽）

【首届北京中式生活艺术展举办】8月20日—22日，由北京天竺房地产开发区管委会主办、北京聚源恒业展览展示服务有限公司承办的首届北京中式生活艺术展在中国国际展览中心（新馆）成功举办。本届展会展期为期3天，展出面积达14100平方米，展会致力于打造为中国中式生活艺术第一展，以“传承中国经典文化 尽享中式艺术生活”为己任。展出内容涵盖红木家具暨木雕、国际红木家具、书画艺术品、雕刻艺术品、陶瓷、刺绣、茶道、佛具、酒文化等中式生活文化的各个方面，汇集众多中式生活精品和名家收藏。

（吕艳丽）

【天竺村定向回迁安置房销售】9月22日天竺村回迁安置项目正式启动。北京恒信诚业房地产经纪有限公司负责天竺村定向回迁安置房销售工作。该项目回迁房共计3794套，房屋总面积342642.13平方米。10月22日集中选房结束，共售出总面积341955.95㎡，其中现房共售出267883.89㎡，期房共售出74072.06㎡，剩余房屋9套，剩余房屋总面积686.18㎡；。截至10月22日集中选房结束，共安置1337户。

（吕艳丽）

【“煤改气”工程完成】根据国家环保部及北京市政府关于节能、低碳、环保的工作要求，2014年2月24日正式启动清洁能源改造工程。该工程由天房建筑工程公司承建，建筑面积2516平方米，投资5500万元。2015年6月取得规划许可证后，协调建委相关部门，于7月初复工，现已全部完工，并于11月15日正常供暖。

（吕艳丽）

【新英才学校高考成绩喜人】国内高考方向：2015届毕业生中京籍考生人数34人，其中文化类考生26人全部过本科线。8名美术生，6人过本科线。本科达线率94%。国际升学方向：100%获得美国、加拿大、澳大利亚和新加坡等国大学的本科录取，平均每个学生获得4份录取。汉语中心：5名外籍学生参加高考，分别被清华大学、中国人民大学、上海交通大学、上海同济大学、上海财经大学录取。剑桥国际中心：2015届46名毕业生100%被英国、美国、澳大利亚、加拿大、瑞士、以色列等国世界名校录取/预录取，83%的A Level毕业生荣获世界前43强大学录取/预录取，98%的毕业生荣获英国前20强大学预录取。

（吕艳丽）

【展会保障】中国国际展览中心（新馆）今年共举办展会26场，展出面积超过146万平方米，其中10万平方米以上超大型展会4场。共接待参展商和观众超过270万人次。按照展会等级，圆满完成各项服务保障工作。

（吕艳丽）

顺义区建筑企业集团公司

【概 况】北京顺义建筑企业集团公司成立于1989年7月，是以建筑施工为主业，集设备安装、装饰装潢、建材、设备租赁、市政工程、钢结构等于一体，具有综合生产能力的国家一级建筑施工企业。公司下设22个建筑公司和装饰公司、水泥构件厂等24家实体企业。年内新签工程合同44份，新签合同总额6亿元，比上年的4亿元净增2亿元，同比增长50%，全年完成开复工面积43.5万平方米，完成产值5.2亿元，完成销售收入3.6亿元，上缴税金1203万元，实现利润125万元。

单位名称：北京顺义建筑企业集团公司
地址：顺义区五里仓小区商业服务楼2号
电话：（010）69442275
邮编：101300

（陈胜云）

【技术质量管理】年内，公司全面贯彻执行《北京市建设工程质量条例》，加强施工过程的质量监督检查，严把质量验收关，确保所建工程质量全部达标。竣工工程合格率100%，争创市级长城杯优质工程1项，顾客满意度85%以上，符合工程合同确定的质量条款。公司竣工工程14项，建筑面积11790平方米，全部验收合格。厂房（非公路用机动车扩产项目及园林机械产品扩产项目）工程被评为2015年度北京市结构长城杯金质奖工程。

（孟凡征）

【安全管理】公司年内未发生各类主要安全生产事故，职业健康安全和环境保护管理体系运行平稳。公司始终坚持“安全第一，预防为主，综合治理”的安全生产方针，坚持典型引路，以点带面，通过创建北京市绿色施工文明安全工地，推动公司安全生产管理水平整体提升。公司施工的联合车间工程和东方嘉禾建筑五金国际产业园工程已通过北京市绿色施工文明安全工地专家组的检查。

（单宝国）

【通过综合管理体系认证审核】5月初，北京兴国环球认证有限公司对公司综合管理体系进行认证审核并顺利通过。这次审核对照GB/T19001—2008、GB/T50430—2007、GB/T24001—2004、GB/T28001—2011等标准，对公司日常运营和工程管理做出全过程审核。公司自1997年7月首次通过认证审核后，已经正常运行18年。

（袁 旭）

金融·保险

金　　融

金融服务

【概况】2015年，在区委、区政府的坚强领导下，顺义区金融工作全面推进“1234金融工程”建设，呈现出机构加速聚集，业态持续丰富，产品不断创新，税收稳步增长，上市步伐加速的发展特点，首都新兴金融聚集区建设取得新成效。截至2015年底，顺义区拥有银行、证券、保险、担保、基金等金融机构220家，上市挂牌企业30家，金融机构税收贡献预计达到40亿元，上市企业税收贡献预计30亿元，实现“十二五”的亮丽收官。

单位名称：北京市顺义区金融服务办公室
地址：顺义区站前街3号顺鑫国际商务中心9层
电话：（010）61409858
邮编：101300

（金融办）

【金融产业贡献潜能开始放量】全区220家金融机构实现属地财税收入36.82亿元，同比增长31.93%，税收呈几何增长，高端机构示范带动效应逐步形成。一是中交集团在区注册金融公司7家，2015年纳税额2270万元，较2014年增长25倍；二是国开金融在区注册金融公司9家，2015年纳税额8984万元，主力军作用持续不减。

（金融办）

【招商引资成果喜人】充分运用“金融机构+”、“行业协会+”、“上市企业+”等联盟招商模式，深入推动部门合作，招商引资成果显著。引进北京银行信用卡中心、中交资产管理公司（注册资本176亿元）、中航（北京）融资租赁公司（注册资本6亿）、南车集团基金管理公司（注册资本1亿元）等优质金融机构20家，机构总数达220家，金融产业发展快中提质。

（金融办）

【首都融资租赁聚集区加速发展】2015年初，承办2014年北京市租赁行业工作总结会，聚焦国内外众多优质租赁企业投资目光。7月，赴上海、深圳等地实地调研，启动“北京市租赁资产交易中心”课题研究。9月，起草《首都融资租赁聚集区发展中期研究报告》，全面总结发展成果。2015年，顺义区拥有优质融资租赁企业34家，占全市比重五分之一，成为全市第二大融资租赁企业聚集地。

（金融办）

【首都商业保理聚集区初见成效】2015年1月，成立以商务委、金融办、工商分局为主要成员单位的顺义区商业保理联席工作小组，及时推动中汇信通（北京）、旺泰宏鑫等商业保理公司入区发展。3月，成功承办第三届中国商业保理行业峰会，与商业保理专委会签订战略合作协议，推动信息共享、争取资源倾斜。7月，赴重庆、上海等地实地调研，借鉴成功发展路径及管理经验，为规范审核流程、完善发展环境奠定基础。

（金融办）

【重点金融项目建设进展顺利】 民生银行总部基地已投入使用，科技部、电子银行部先期迁入办公。华夏基金办公大楼主体已完工。中信银行数据处理中心于2015年3月27日完成奠基，正在办理施工许可证。北京银行科技研发中心项目正在进行地下结构施工，区内重点金融工程建设稳步推进。

（金融办）

【多层次资本市场建设】 4月，曲美家居在上交所主办上市；12月，北京汽车在香港联合交易所主办上市，仟亿达、首航直升及等5家中小企业在新三板挂牌，全年新增挂牌上市企业7家，全区上市挂牌企业累计达到36家。上市培育企业资源深入挖掘，全年新增后备企业30家，累计突破100家。上市公司直接融资规模持续扩大，截至2015年底，累计直接融资1017亿元，公司债、中短融、定向增发等融资工具运用频繁，资本市场助推作用明显，极大提振企业发展实力。

（金融办）

【政策环境持续优化】 2015年9月，金融办起草的《顺义区支持创业企业上市发展办法》(顺政发〔2015〕33号)正式出台，在现有政策基础上，主要从资金补助、办公用房、引导基金等方面进一步加大企业上市扶持力度，逐步打造上市企业孵化基地。随后，金融办强化政策宣传，召开顺义区企业上市政策推介暨股权融资对接会，通过专题讲座、主题分享、圆桌论坛、企业路演等新颖的会议形式，向区内80余家拟上市企业与区外百余家金融机构推介政策，对接投融资需求。

（金融办）

【战略合作深化】 9月，顺义区政府与深圳证券交易所签订战略合作备忘录，双方确定在信息交流、拟上市企业培育、上市公司监管、资本市场培训等方面开展全面合作，优势互补，互利共赢，共同推动区内企业赴深交所上市。10月，借助参展京交会金融服务板块契机，金融办与国信证券正式签订战略合作协议，成为继一创摩根、中信建投后的第三家与顺义区建立战略合作关系的优质券商，通过进一步加深合作，推动区内企业上市，中介机构的专业优势尽显，资源优势将得到充分释放。

（金融办）

【打击非法集资和非法证券经营活动工作协调小组成立】 7月2日，顺义区人民政府办公室印发《关于成立顺义区打击非法集资和非法证券经营活动工作协调小组的通知》（顺政办发〔2015〕18号），成立顺义区打击非法集资和非法证券经营活动工作协调小组，小组办公室设在区金融办，办公室主任由区金融办主任兼任。负责制定区域专项工作方案，协调小组成员单位做好风险排查、监测预警、协同处置、宣传教育、建章立制等工作。

（金融办）

中国银行股份有限公司北京顺义支行

【概 况】 中国银行股份有限公司北京顺义支行（简称中行顺义支行）正式成立于1988年07月11日，隶属于中国银行股份有限公司北京市分行。内设七个部门（计划财会部、风险内控部、公司业务部、公司金融产品部、个人金融部、综合管理部、营业部），下辖8个经营性支行（马坡支行、光明街支行、东兴支行、林河开发区支行、汽车城支行、天竺支行、裕翔路支行、空港万科支行），共有员工215人。

单位名称：中国银行股份有限公司北京顺义支行

地址：北京市顺义区府前西街4号

电话：（010）69447455

邮编：101300

（中行顺义支行）

【个人业务】 个人业务（人民币和外币）：存取款、境内外汇款、结售汇、外币现钞兑换；房屋贷款、抵质押贷款、大额分期、个人投资经营贷款、小微企业贷款、出国留学贷款、信用卡分期；销售政府债券、个人理财、基金产品、贵金属销售、资金产品（黄金宝、双向宝、延期业务、期权业务）；保险兼业代理险种、保险法律法规和行政规章制度许可范围内的险种。

（中行顺义支行）

【公司业务】 公司业务（人民币和外币）：办理存取款、贷款、票据贴现、境内汇款等国内结算业务；办理信用证、汇入汇款、汇出汇款、出口跟单托收、进口代收、进/出口押汇、海外代付、协议付款、同业代付 、供应链融资、保函业务、保理、跨境人民币、即期结售汇国际结算；同业存款、代理同业业务；债券承销、债券分销、对公理财产品、远期结售汇、外汇期权交易、掉期交易。

（中行顺义支行）

【业务发展】 顺义支行认真贯彻落实上级分行各项工作部署，以加快有效发展作为主线，以利润为中心，以“狠抓资产业务、做大存款规模、增加中间业务收入占比、优化内部管理”四个方面为工作重点，改进机制，严控风险，强化营销，通过全行员工团结拼搏，克难制胜，较好地完成分行下达的各项任务指标，促进支行各项工作持续稳健发展。

（中行顺义支行）

【内控管理与安保工作】 顺义支行深化“平安中行”建设，打造“网格化”管理体系，健全量化考核工作机制，加快技防数字化建设步伐，防范案件和安全责任事故，妥善处置各类突发事件。重点细化员工家访制度、业务违规问责流程。推行营业网点“安全员轮值”和“晨会案防一分钟”制度，安全员每日定时对营业厅进行全覆盖安全隐患检查，营业网点每天利用晨会一分钟时间开展一日安全教育和案件防范宣传工作。构建“安保一分钟”理念，即安全隐患早一分钟发现、早一分钟报告、早一分钟处置，加快全行突发事件应急处置速，全方面保障业务合规、有序、安全发展。

（中行顺义支行）

中国农业银行顺义支行

【概 况】中国农业银行股份有限公司北京顺义支行（简称农行顺义支行）辖内 19 家网点，400 余名从业人员为全区人民提供优质、高效的金融服务。本行始终坚持履行商业银行的社会责任，积极参与顺义地区经济建设，坚持稳中求进，坚持创新驱动，坚持立足区域，以服务区域经济为重点，同时将“三农”金融服务工作做精、做细、做出成效，有效提升区域发展的竞争力，多次荣获“顺义区百强企业”、“顺义区十大金融机构”等荣誉称号。

单位名称：中国农业银行股份有限公司北京顺义支行

地址：北京市顺义区府前西街 2 号

电话：（010）69444435

邮编：101300

（农业银行）

【支持区域经济发展】 农行顺义支行紧紧围绕区域经济工作重点，坚持服务地方经济发展主线，坚持履行助力顺义经济发展的责任和使命，完善金融服务，加快信息化加设，积极支持顺义区域重大项目建设，持续为区域内重点发展企业提供生产经营和产业优化升级的资金支持，协助其迅速发展壮大。同时立足海关、首都机场地区、天竺综合保税区等外汇资源密集的重点区域，为入区企业提供优质高效的外汇结算服务，为地区经济建设发展提供优质金融服务。

（农业银行）

【扶持中小企业】积极向优质的中小企业提供融

资支持，成立专业团队，采取多种渠道建立信息共享通道，实现农行业务与客户需求的有效对接。在工作中积极探索中小企业发展模式，扩大中小客户业务合作范围，优化制度流程，形成风险控制有效、环节流转快速、信息反馈通畅的业务流程，提高中小客户业务运作效率，解决客户规模小、评级低、担保难的问题，实现对中小企业金融服务的专业化、流程化、标准化，有力解决中小企业融资难的问题，在区域内形成一定知名度，吸引众多中小企业客户到本行咨询办理相关业务。

（农业银行）

【提升客户满意度】 农行顺义支行秉承贴近政府，服务地方的经营理念，努力做到敢为人先，创新突破，在产品、营销、服务、流程、机制等方面所进行一系列创新，积极实施新产品带动、服务带动，积极宣传个人网上银行、电子商务、手机银行等产品的使用和管理，有效提高区域居民生活便利度，进一步满足客户个性化金融需求。

（农业银行）

【内控管理与风险防控】 合规文化是立行之本、经营之本，是企业文化的核心部分，农行顺义支行扎实开展平安农行建设，加强案件风险和员工行为排查，推进规章制度建设完善工作，优化内控合规管理体系机制，加大执行力建设力度，形成合规文化建设长效机制。

（农业银行）

【热心公益活动】 本行积极参与社会公益活动，积极配合人民银行在辖内范围内多次开展“征信专题宣传”、反假币知识宣传、反非法集资宣传等活动，在公众中普及征信知识，梳理信用意识，提升辨别真伪人民币能力，切实保护公民合法权益。同时积极开展对困难地区的捐助活动，认真履行社会责任，彰显担当精神。

（农业银行）

中国光大银行北京顺义支行

【概 况】 中国光大银行股份有限公司北京顺义支行（简称光大北京顺义支行）成立于2010年1月，隶属于中国光大银行股份有限公司北京分行。2016年，支行内设4个部室，下辖后沙峪二级支行和佳和宜园社区银行，共有员工50人。支行自成立以来，始终坚持“以人为本”、“更有内涵的发展”的精神，以为客户提供全面、优质、专业、高效、贴心的金融服务为出发点，秉承着“让每一位客户都满意”的阳光服务理念，通过扎实有效的工作，业务发展迅速，客户规模持续扩大，经营规模不断迈上新台阶，为顺义区域的经济建设献出一份力量。

单位名称：中国光大银行股份有限公司北京顺义支行

地址：北京市顺义区站前西街3号

电话：个人业务（010）61409500

公司业务（010）60406136

邮编：101300

（光大银行）

【品牌价值】 中国光大银行成立于1992年8月，总部设在北京，是经国务院批复并经人民银行批准设立的金融企业，为客户提供全面的商业银行产品与服务。2010年8月18日，中国光大银行在上海证券交易所成功上市，走上更有内涵的发展之路；2013年12月20日，中国光大银行在香港联交所主板成功上市，迎来又一个崭新的发展阶段。2015年6月末，中国光大银行在全国29个省、自治区、直辖市及香港地区的经济中心城市设立一级分行37家（含香港），二级分行61家，营业网点902家，全行在职员工38000多人。截至2015年6月30日，中国光大银行资产总额30,003.36亿元，负债总额27,918.80亿元。在英国《银行家》杂志2015年发布的“世界1000家大银行”排名中，中国光大银行位列第57位。

（光大银行）

【业务发展】 伴随着中国金融业的发展进程，中国光大银行不断开拓创新，锐意进取，在为社会提供优质金融服务的同时，取得良好的经营业绩，在综合经营、公司业务、国际业务、理财业务等方面培育较强的竞争优势，基本形成各主要业务条线均衡发展，风险管理逐步完善，创新能力日益增强的经营格局。

（光大银行）

【网点建设】5月6日，中国光大银行顺义后沙峪支行正式开业，为后沙峪周边地区提供专业、贴心、便捷、多元化的金融服务。地址：北京市顺义区后沙峪镇安富街8号院1号楼1层103。

（光大银行）

【风险管控】贯彻“合规经营”原则，以全年经营无案件为目标，支行党委统一领导落实防控工作，坚持案件防控与业务发展同部署、同落实。高度关注市场风险、信用风险、操作风险和声誉风险，进一步强化信贷管理基础工作，探索贷后管理模式。持续加强对员工的教育和管理，采取会议、制度学习、刊物宣传、警示参观和案例分析等多种形式，提高员工防范意识。

（光大银行）

【发展方向】通过不断地努力，凭借强大的股东背景、全国性的经营网络、高素质的员工队伍、卓越的创新能力以及高品质的服务，光大银行顺义支行正以自身的经营优势，按照“一年奋力起步，三年改变面貌，五年形成自身特色，十年勇争同业前列”的指导思想，努力成为顺义地区具有较强综合竞争力的全国性股份制商业银行。

（光大银行）

保　险

中国人民财产保险股份有限公司北京市顺义支公司

【概况】中国人民保险集团公司系1949年成立，中国内地经营历史最悠久的保险企业中国人民保险公司变更而来。其分支机构中国人民财产保险股份有限公司北京市顺义支公司（简称：人保财险顺义支公司）作为顺义地区最大的财产保险公司，经营除长期人身保险以外的所有保险业务，包括企事业单位财产保险、建筑和安装工程保险、货物运输保险、机动车辆保险、家庭财产保险、责任保险、信用保证保险、人身意外保险、健康保险、农业保险等险种。公司设有综合部、出单中心、理赔分中心及七个业务管理部全方位为客户服务，并拥有五十多家保监局批准的保险代理机构，方便客户就近投保。

单位全称：中国人民财产保险股份有限公司北京市顺义支公司

地址：顺义区新顺南大街1号

邮编：101300

电话：69441191

网址：http://www.picc.com.cn

http://www.e-picc.com.cn

（人民财保）

【经营理念】中国人民财产保险股份有限公司以“人民保险，服务人民”为使命，秉承“以人为本、诚信服务、价值至上、永续经营”的经营理念，奉行“求实、诚信、拼搏、创新”的企业精神，坚持以市场为导向、以客户为中心，积极履行优秀企业公民责任，为促进改革、保障经济、稳定社会、造福人民提供强大的保险保障。作为其分支机构人保财险顺义支公司一直全心全意服务好顺义区老百姓，“做人民满意的保险公司”。

（人民财保）

【保险业务】 2015年保费28911万元人民币，其中顺义区民生保险保费660万元人民币。全年已决赔案支出19599万元人民币，其中民生保险赔款256余万元人民币；未决赔案赔款4622万元。纳税总额1196万元。

（人民财保）

中国人寿保险股份有限公司北京市顺义支公司

【概 况】中国人寿保险股份有限公司北京市顺义支公司，是顺义地区规模最大、发展最快、实力最强、前景最好的保险公司，拥有最专业的寿险服务团队，向个人及团体提供人寿、意外和健康保险产品，涵盖生存、养老、疾病、医疗、身故、残疾等多种保障范围，全面满足客户在人身保险领域的保险保障和投资理财需求。本公司现有员工和销售人员705人，下设个险销售部、团体业务部、银行保险部、客户服务部和综合管理部。2015年，面对保险业日益激烈的市场竞争，本公司以提升公司价值、提高员工价值的“双价值”文化为引领，全体干部员工凝心聚力，踏实肯干，为顺义地区的寿险事业奉献自己的一份力量。

单位名称：中国人寿保险股份有限公司北京市顺义支公司
地址：北京市顺义区府前东街2号顺建大厦
电话：个险销售部（010—69421011）
团体业务部（010—69444976）
银行保险部（010—81482474）
客户服务部（010—69445892）
综合管理部（010—69445704）
邮编：101300

（邵丽丽）

【公司品牌价值】中国人寿保险股份有限公司是中国最大的人寿保险公司，注册资本282.65亿元人民币。作为《财富》世界500强和世界品牌500强企业——中国人寿保险（集团）公司的核心成员，公司以悠久的历史、雄厚的实力、专业领先的竞争优势及世界知名的品牌赢得社会最广泛客户的信赖，始终占据国内保险市场领导者的地位，被誉为中国保险业的“中流砥柱”。截至2014年，中国人寿保险（集团）公司已连续十一年入选《财富》“世界500强”，排名再创新高，位列第98位，是前100强中唯一的中国保险企业。2015年中国人寿品牌价值高达1745.36亿，位居《中国500最具价值品牌》第5名已连续12年入围。

（邵丽丽）

【国寿小画家】中国人寿保险股份有限公司北京市顺义支公司在2011–2014年连续四年成功举办“国寿小画家”系列少年儿童绘画活动，已成功为200万小朋友搭建放飞梦想的舞台。2015年中国人寿携手中国文联美术艺术中心继续在全国范围内举办第五届活动，本届活动以“牵手国寿孝善为先”为主题；中国人寿顺义支公司积极开展“国寿小画家”活动，顺义区共有400余位小朋友参与此次活动，小作者们大显身手，一幅幅生趣盎然、充满童真的画作呈现在我们面前，充分体现孩子们的绘画水平，展现他们丰富的想象力、创造力。

（邵丽丽）

【东戴河亲子夏令营】顺义支公司举办东戴河亲子夏令营活动。在夏令营中，公司聘请专业的美术老师，现场指导小朋友作画，进行海边写生，让孩子在玩的同时也学习知识，提高动手能力；夏令营给孩子提供一个互相沟通交流的平台，很多孩子在一起互相交流玩耍，提高孩子的交流以及语言表达能力，寓教于乐。顺义支公司举办的亲子活动受到广大客户的好评，公司在给客户提供人身、意外等保障的同时还给客户带来快乐以及热情专业的服务。

（邵丽丽）

【国寿勇担社会责任】现今，社会老龄化日益严重，老年人需要社会更多的关注。2013年中国人寿以总分第一成功中标北京市老龄协会《老年人意外险项目》。2015年，中国人寿顺义支公司借助多年来在保险业务经营方面的专业、技术和服务优势，以商业化运作的方式为顺义地区老年人提供意外风险保障，真正体现国有寿险公司在服务民生、助力政府等方面应有的职能和定位，也切实提升老年人对意外风险的抵御能力，减轻老年人因意外伤害造成的经济负担和家庭困难。

（邵丽丽）

【银保渠道业务】2015年，中国人寿保险股份有限公司北京市顺义支公司锐意进取，开拓创新，最终实现规模保费2.01亿，趸交保费实现1.93亿，期交保费实现795.9万。

（邵丽丽）

城乡建设及管理

城乡建设

综　述

2015 年是“十二五”规划的收官之年，住建委工作一是进行住房和建筑行业管理，二是承担顺义区城市重点工程建设，保障性住房建设，老旧小区改造等任务。

一、建筑和房地产业稳健发展

2015 年，全区房地产市场完成投资 191.2 亿元，同比增加 48.3%，占全社会固定资产投资的 54%。全区房地产市场开复工面积 1110 万平米，同比减少 7.3%，新开工 182.77 万平米，同比增长 21.4%。竣工面积 124.3 万平米，同比增长 35.7%。目前全区有已拿地未开工面积 405 万平方米，其中住宅 272 万平方米。已开工未上市的面积 537 万平方米，其中住宅 455 万平方米。

二、重点工程稳步推进

7 项城市重点工程建设稳步实施，加快推进。行政中心工程主体结构已完成，外装三层以上外墙涂料第二遍完成，窗框安装完成 50%，内装楼梯，电梯间砌筑完成，设备管井砌筑完成。电子政务中心工程主体结构封顶，外装完成 50%。劳动力实训基地工程主体结构及二次结构全部完成，外装完成 60%，内装完成 70%。文化中心工程主体结构全部封顶，二次结构完成 80%。城南体育中心工程主体结构及二次结构全部完成，内装完成 40%，外装完成 50%。区委党校迁建工程主体结构及二次结构全部完成，外装完成 60%，内装完成 50%。区医院急诊病房综合楼工程已交付医院投入使用。

三、保障性住房及回迁安置房建设成绩显著

2015 年，市政府下达的年度任务目标为：需开工建设筹集保障性住房 14891 套，其中共租赁住房 4700 套，自住房 4191 套，完成市级统筹保障性住房 5000 套，棚户区改造安居住房 1000 套。其中，公共租赁住房由国门商务区公租房项目提供，目前正在办理招投标手续。自住房由板桥一、二、三、四期、满庭芳、顺新嘉苑（中铁）、金地悦景台、北辰当代共计 8 各项目供应，总建筑面积 59.8779 万平米，现已全部开工，完成指标任务的 103%。市级统筹保障性住房为限价商品房共 5 个项目，其中牛栏山 17 街区配建双限房地块已落实，正在办理招投标手续。后沙峪村 A 地块、胡各庄 A 地块、平各庄、大龙自有用地 4 个项目拟建地块均已确定，正进行地块上市前期手续的办理工作。棚户区改造安置住房由平各庄村回迁房一期项目供应。该项目总建筑面积 13.2 万平方米、共 1389 套。该地块已于 10 月 13 日发布土地入市公告。同时，为保证今年计划回迁村庄顺利回迁，天竺村回迁房、西马坡回迁房、板桥村回迁房三个项目已全部建成，总建筑面积 62.55 万平方米、共 9002 套，任务指标完成率达 108%。

四、老旧小区综合整治稳步进行

2015年，本区老旧小区综合整治改造一期工程于年8月1日进场施工。总建筑面积为34.14万平米，共包括建新南区，建新北区，站前街1–4号楼，龙府花园1号楼，东兴三区劳动局家属楼，义宾街交通局家属楼，供电局家属院2栋楼，共计106栋住宅楼，涉及居民约5475户。目前外保温改造施工已完工43栋，在施52栋，改造率为89%；更换节能外窗2442户；进行供热计量改造3509户，完成计量改造约68%。另外，2015年8月底市重大办向本区下达2015年老旧小区综合整治二期任务，新增60.87万平米的老旧小区综合整治任务，包括双兴东南北区，石园北一三社区，仙泽园小区等，目前新增改造任务的招投标工作已完成，现工程已启动。

五、拆迁、棚户区改造工作进展顺利

2015年本区棚户区改造任务为744户，目前已经完成马头庄村、平各庄村两个集体土地棚户区改造项目的拆迁补偿工作，共涉及909户，2015年棚户区改造目标任务已提前完成。2015年，沙坨村噪音环境整治已列入棚户区改造计划，目前已对该项目进行暂停公示，待相关手续齐全后将加快拆迁许可证的受理。目前，本区共滞留有证民宅24户，已裁决19户，需要裁决的5户。已有12户滞留户进入强制执行程序，8户尚未向法院提出申请。住建委将做好后续工作，和法院执行部门沟通信息，积极配合法院的执行工作，保障强制腾退工作的平稳推进。

六、物业小区行政监管力度不断加强

2015年8月15日，政府常务会审核通过住建委制定的《社区物业管理办法》。此办法的施行，是顺义区物业管理体制上的重大改革，建立城市化快速发展转型需要的管理体制机制。同时给街道赋予物业监管权利，并在居委会设置专职物业管理人员，形成三级管理体系。同时，依据《顺义区社区物业管理办法》顺政发[2015]25号文件规定，为进一步提升本区社区物业管理整体水平，规范物业服务企业经营行为。住建委组织物业行业专家、街道办（镇）、物业企业、业户代表召开座谈会，采纳各方代表对考评工作的建议，联合财政局、社会版拟定物业企业考评等级标准及奖励资金标准：《顺义区物业居住项目物业服务质量评估考核标准》，此标准将本区所有小区按年代分成4种类型，通过委托第三方物业服务评估监理机构对物业企业服务质量进行考评，以达到加强物业企业监管力度，最大程度保障居民利益的目的。

七、京沈客专项目建设落实完成

京沈客专重大项目建设是本区难得的发展机遇，区委专门组织召开会议，专题研究京沈客专拆迁及相关综合开发工作，并提出明确要求，一要全力保障轨道交通建设；二要顾及长久，通过京沈客专拆迁安置，推进本区城镇化步伐。住建委多次到属地了解情况，对受京沈京冀客运专线影响的“7村三地”，实地了解诉求，并多次联合区规划分局、国土分局对受影响居民的安置方案进行讨论研究，并制定最终方案。由区政府向市领导进行方案和建议的汇报。在京沈客专顺义段征地拆迁工作动员大会召开后，住建委配合施工单位积极协调各属地镇政府，对相关工作进行协调。

八、各项行政监管措施取得扎实成效

住建委共监督房屋建筑工程1180.8667万平米，较去年同期降低10.70%。监管工地142个，监督检查工地907次，进行质量巡查790余次，发现质量问题1800余条，下发质量监督执法记录750余份。下发《限期整改通知书》42份，责令整改7项，处罚5项，处罚金额为16.05万元。与城管局、市政市容委等单位开展联合执法18次，迎接上级部门检查6次。接收走访、电话、信访转办单等质量投诉357件，目前已全部协调处理。2015年全区施工现场未发生安全生产事故，死亡人数0人。

单位名称：北京市顺义区住房和城乡建设委员会
地址：顺义区府前东街甲25号
电话：69444996
邮编：101300

网址：www.jianwei .bjshy.gov.cn

（住建委）

规划管理

【概　况】2015年，分局围绕市规划委和区委、区政府决策部署，贯彻落实“四个全面”战略布局，立足区域实际，自觉服务首都城市战略定位，主动融入京津冀协同发展大局，积极发挥规划统筹引领作用，凝心聚力，锐意进取，高标准地完成全年各项工作任务。

单位名称：北京市规划委员会顺义分局

地址：顺义区府前西街11号

电话：（010）69444751

邮编：101300

网址：www.guihua.bjshy.gov.cn

（规划分局）

【规划编制】一是配合市规划委完成北京总规修改相关工作。按照京津冀协同发展规划，在新城总规评估工作基础上，进一步研究新城功能定位，承担首都功能疏解，优化空间布局，划定城市增长边界和生态红线等。二是完成十三五空间规划相关专题规划。按照总书记考察北京时提出的新时期首都发展战略，深入研究区域功能定位、空间发展布局、轨道交通和基础设施建设。三是开展新城总体城市设计和新城建筑风貌专题研究。通过城市设计确定新城各组团建筑整体风貌要求，明确城市设计分区管理的原则，制定提升新城城市品质工作方案，深化工作机制改革，将城市设计成果纳入土地入市条件和日常管理工作，并探索试行责任规划师和责任建筑师机制。四是开展“十三五”期间杨镇空间发展思路研究。按照区政府的工作部署，结合城市学院功能疏解，研究杨镇地区的校镇融合、设施配套及河东地区的功能优化，进一步带动河东地区经济发展。五是开展新农村改造试点规划。选取柳庄户、东水泉等四个不同类型的村庄进行改造试点规划，探索新农村改造新模式，达到先行先试，以点带面，促进城镇化和新农村建设协调推进。

（规划分局）

【服务区域经济发展】2015年，分局共审批各类事项448项，其中：用地规证27件，总用地规模170公顷；工程规证123件，总建筑规模550万平方米；方案复函68件，总建筑规模410万平方米。完成17个地块控规批复，规划总用地面积约207公顷。一是加快推进政策性住房建设。高效服务，稳步推进全区计划开工12项建筑规模91万平方米保障性住房的前期规划服务工作。二是全力落实区闲置土地处置工作。对市区39个（市办4个，区办35个）闲置土地项目进行梳理，倒排工期，主动督促，按期完成29个项目方案复函（建筑规模共计约150万平方米）和25个项目建设工程规划许可证（建筑规模共计约111万平方米）。四是协调解决樱花园小区噪音影响问题。配合首都机场建设服务保障领导小组工作，开展樱花园小区房产置换用房选址工作，按要求进行公示、答疑，并组织编制完成樱花园小区置换用地控规。五是组织协调开展无障碍环境建设。被评为北京市创建无障碍环境达标区县。六是推进本区第二次地名普查工作。

（规划分局）

【完善市政基础设施】一是推进区域重大交通基础设施建设。密切配合京沈客专顺义段前期规划工作，为项建设做好规划服务。积极推进复兴东街、木孙路、减河北路东延、顺平南辅线等区域重大交通基础设施前期规划审批工作。二是积极推进“碧水蓝天”工程。完成6条中小河道治理工程初步设计方案，205个河道排污口治理工程规划意见复函，推进8个再生水厂规划手续办理和污泥处理厂选址工作，完成14个煤改气项目规划意见复函。三是全力保障区域各项市政基础设施建设。推进6座变电站规划选址选线研究，完成2座变电工程规划审批。完成昌金路、南陈路燃气管线规划条件审批，为赵全营、牛栏山镇提供气源。

（规划分局）

【**规划监督检查**】一是严格做好规划验收。完成城东、城西供热中心煤改气项目，板桥、西马坡回迁房等重大项目的规划验收工作；积极推进市政地下管线规划核验扩大试点工作。截止11月底，共规划验收117件，建筑面积318万平方米。二是严厉查处各类违法建设。共计认定各类违法建设252件，建筑面积约27万平方米，现场下发责令停止建设通知书7件，违法建筑面积约7.5万平方米；完成4期共43处卫星图斑核查及处理工作。配合区相关部门依法拆除及整改违法建设面积354万平方米。三是依法做好信息公开和信访接待工作。坚持以公开为常态、不公开为例外原则，共核发依申请信息公开118件。针对信访工作面临的新情况、新问题，分局积极沟通、耐心答复，有效化解大地林肯、金宝花园等群众信访事件20件；全年涉及本局的行政诉讼案件3宗，一审胜诉率100%。

（规划分局）

新城建设

【**概　况**】2015年，北京市顺义区新城建设管理委员会（简称区新城管委会）深入推动顺义新城马坡组团各项重点工作：继续推动土地一级开发工作；全力推动招商引资及重点项目建设工作；有序推进市政基础设施建设工作，积极改进作风、主动服务入区企业。同时，主动参与新城建设管理体制改革各项工作：配合完成新城建设管理体制改革方案设计；完成北京顺义新城地产开发有限公司整体移交；建立企业管理、市政管理、社会管理等职能移交台帐，逐步实现政企分开、职责转变、新城管委会统筹协调新城建设职能的回归。

单位名称：顺义区新城建设管理委员
地址：顺义区顺泽大街65号
电话：(010)69448100
邮编：101300
网址：www.xincheng.bjshy.gov.cn

（新城管委会）

【**征地及回迁安置**】一是继续推动马坡组团剩余土地的征地手续办理工作，年内取得10号地（10-06部分地块）征地批复。二是联合相关镇和部门，年内基本完成马坡组团东马坡、肖家坡、北上坡、西马坡及大营部分拆迁村民回迁西马坡小区的工作。

（新城管委会）

【**市政基础设施建设**】一是落实区政府部署，启动北京银行外电源工程建设，抓紧办理各项前期手续，年内完成：落实项目启动资金垫付协议、取得规划意见书、招标确定勘察设计单位、地质勘察、隧道设计、地上物评估、编制和报审项目实施方案。二是完成向阳1号路、向阳2号路市政道路建设工作，新城路网系统建设进一步完善，为北京银行顺义科技研发中心建设及出行提供市政管线配套及交通便利。三是协调推进区市政市容委牵头组织市政维修处、区电力公司、区水务局、区自来水公司、区燃气公司及大龙供热等专业单位开展对新城公司投资建设的15条道路进行资产接收，目前，新城公司已配合完成拟移交道路及管线工程的问题排查工作及现场勘查核对工作，并将排查情况资料全部汇总至区市政管委。

（新城管委会）

【**招商引资**】一是完成北京银行信用卡中心工商注册和税务登记工作，该企业成功落户顺义新城，是北京银行旗下继中加基金管理有限公司后第二家注册在本区的金融机构。二是完成中信银行金融机构信银振华（北京）股权投资基金管理有限公司在新城马坡组团注册；同时，推动中信银行信息技术研发基地项目实现开工建设。三是协助金蝶软件园开展楼宇招商和承租企业注册工作，2015年新增企业8家。四是解决企业员工交通出行难题，协调区交通局为民生银行总部基地、金蝶软件园门前设立公租自行车服务点并投入使用。

（新城管委会）

【新城建设管理体制改革】一是参与完成新城建设管理体制改革方案设计。在对本区现行新城建设管理体制、新城管委会的职能以及与相关部门的职责关系进行研究分析的基础上，区编办提出《关于理顺顺义新城建设管理体制的初步意见》，并经区委常委会、区政府常务会通过后，10月29日区委办、区政府办印发《关于理顺顺义新城建设管理体制的意见》，明确提出成立区级层面的顺义区新城建设管理委员会，为区政府议事协调机构，负责统筹协调、组织推进新城建设相关工作。12月31日区政府印发《关于调整北京市顺义区新城建设管理委员会成员单位及工作职责的通知》（顺政办发[2015]35号），明确新城管委会主要职责、组成人员、工作机构及职责。二是建立园区管理职能移交台账。为适应新城管委会体制机制调整，新城办职能转变工作需要，自2015年10月以来，按照区委常委会、区政府常务会及区领导指示精神，对市政管理职能、企业管理职能、社会管理职能分类进行梳理、汇总，建立移交台账。三是实现政企分开，推动职责转变。2015年11月，北京顺义新城地产开发有限公司由原来新城管委会代管合署办公状态调整为独立办公、企业运作。新城管委会完成职责回归，由直接负责新城组团建设回归到研究谋划、统筹协调、整体推进、督促落实新城建设整体规划职能。

（新城管委会）

新农村建设

【概　况】顺义区现有426个行政村，部分村庄已完成城市化改造。2015年1–12月份，农村居民人均可支配收入22648元，人均支出13926元，分别比上一年度增长9.5%和10.7%。2015年，区新农办以科学发展为主题，以构建城乡发展一体化新格局为引领，以改善民生、服务群众为宗旨，全面深入推进社会主义新农村建设，全区农村建设发展水平快速提升，环境面貌焕然一新，承载能力显著增强。

单位名称：北京市顺义区新农村建设服务中心
地址：顺义区站前西街3号
电话：（010）60406097
邮编：101300

（新农办）

【优质燃煤替代】2015年，优质燃煤替代工程在全区19个镇所有现状村庄实施。全区共销售燃煤7.95万吨、更换炉具2.68万台。建成无煤示范村4个、无劣质散煤示范村16个，全区各镇优质燃煤替代户达到80%。其中，天竺镇、牛栏山镇、马坡镇、北石槽镇、南法信镇优质燃煤替代户已达到90%以上，为今年年底前100%完成优质燃煤替代工作打下了坚实基础。2013年至今，本区共销售燃煤11.33万吨、更换炉具5.25万台。

（新农办）

【农村取暖“煤改电”】 农村取暖“煤改电”工程以整村为单位进行推进，采用的取暖设备主要有储热式电暖气设备空气源热泵和地源热泵三种形式。2015年本区农村取暖“煤改电”工程覆盖13个镇24个村，惠及村民6486户，经入户宣传，共计改造5858户，占全部户数的90.3%。其中，储热式电暖气共改造4160户、安装设备1.74万台；空器源热泵1698户、安装设备1698台，现已全部投入使用，全年可减少燃煤使用1.69万吨。顺义区2013–2015年在农村地区“减煤换煤、清洁空气”行动中共15镇32村8662户进行取暖“煤改电”改造。

（新农办）

【农宅抗震节能改造工程】2015年顺义区农宅

抗震节能建设项目包括农宅单项改造、农宅新建翻建和农宅综合改造三项建设内容。农宅单项建设项目是通过更换塑钢门窗和增加外墙外保温层，提高农宅冬季室内温度。工程涉及9个镇，48个村，共改造外墙10003户，面积68.1万平方米；门窗改造5031户，面积13.9万平方米。农宅新建翻建建设项目涉及14个镇，157个村，共建设农宅896户，建设面积10.3万平方米。农宅综合改造建设项目改造住宅4473户，涉及1个镇，4个村。

（新农办）

【农村公共基础设施完善】2015年顺义区对太阳能浴室进行查遗补漏，并根据各镇村的实际需求和资金情况，新建太阳能浴室12座。全区累计建设太阳能公共浴室291座，基本实现重点村庄的全覆盖，从根本上解决农民冬季洗澡难的问题。继续推进连村路灯建设，新建路灯2020盏，涉及17个镇，实现村庄与区镇道路照明的无缝对接。通过对纳入农村集体产权的公共基础设施进行巡检和抽检，确定正常运行的设备、设施，将各项设备、设施纳入到长效运行管护范围，保证新农村已建公共基础设施长效运行。

（新农办）

【新型农村社区试点建设】根据马坡镇南陈路沿线新型农村社区试点建设规划方案，石家营村、庙卷村两村以农宅原址翻建为主建设新型农村社区，良正卷等五村在现有基础上进行整体改造，全面提升社区人居环境和生活品质。2015年，各项工作正在稳步推进，石家营村农宅新建翻建工作基本完成，村内污水管网铺设工作、村内路面修复工作已经完成。天然气主管网已铺设到村口，村内天然气管网已铺设完成，现正安排管网对接。良正卷、姚店等村庄环境进行全面治理，绿化水平和宜居条件得到提升。

（新农办）

【美丽乡村建设】按照顺义区“一港、两河、三区、四镇”区域部局，筛选出17个镇的59个村参加2015年美丽乡村创建工作，区市政市容委、区环境办等23家部门，按照自身职责，全面推进“减煤换煤”、绿化美化、医疗卫生等十项重点工作，政策资金不断向美丽乡村创建村庄倾斜，有效推动村庄发展和建设。

（新农办）

空港建设管理服务

【概　况】2015年，站在新起点上，空港中心全体干部、员工在区委、区政府的正确带领和指导下，扎实开展“三严三实”专题教育活动，紧紧围绕“建设绿色国际港，打造航空中心核心区”的奋斗目标，扎实工作，创新工作方法、完善工作机制、提升队伍素质、科学谋划自身定位，坚持稳中求进、提质增效，创造和利用机遇，全力为推进顺义经济快速发展做出自身贡献。单位名称：顺义区空港建设管理服务中心

地址：北京市顺义区首都机场四纬路2号绿港国际商务中心

电话：84169955

邮编：101300

（空港建设管理服务中心）

【樱花园小区飞机噪声治理工作】年初，《“樱花园小区房产置换选址方案”征求居民意见工作实施方案》获工作小组认可。中心、项目部及相关部门及评估机构成立调查组，于2015年3月18日至4月19日对樱花园小区居民开展关于选址方案征求居民意见的调查工作。此次发放调查表3369份，占总户数的77.66%，收回调查表2961份，占发放表数的87.89%，占总户数的68.26%。随后，及时将《征求居民意见工作调查报告》上报工作小组。

（空港建设管理服务中心）

【机场外围排水保障工作】汛期前，多次踏查防汛现场，及时发现问题，提出整改意见，制定

《防汛应急预案》、《机场外围排水汛前检查情况说明》和填写《隐患排查整改台帐》，并上报区防汛办备案；及时更新机场外围排水保障分指挥部成员单位通讯录；清点防汛物资种类数量，及时补充必要的防汛物资，确保机场周边地区的安全度汛。

（空港建设管理服务中心）

【机场净空工作】中心配合机场股份公司与相关镇村、管理部门，就首都机场西跑道南端西侧963棵树木对飞机信号产生干扰进行沟通。目前，在区政府的统一部署下，超高树木的处置工作正在进行当中。

（空港建设管理服务中心）

【信访维稳】全年接访16次，电话接访56次，有效缓解因飞机噪声引起的樱花园小区居民的不满情绪。为维护稳定，定期召开联席会议，通报工作进度，听取居民诉求，传达领导关切之意。全年共撰写联席会议简报41余期，为各级部门及时掌握、了解相关情况并研究推进相应工作提供重要参考依据。同时，通过加强网络舆情监测以及樱花园小区巡查小组机制，做到发现问题及时排查，重点时段提前预案，有效确保春节、两会、抗日战争胜利70周年纪念活动等期间的机场地区稳定。

（空港建设管理服务中心）

城管监察

【概　况】 2015年，顺义区城管执法监察局查处违法行为96833起，同比上升17.9%；立案处罚4594起，同比上升9.4%；罚款838.7万元，同比下降22.4%；拆除及配合拆除违法建设379.4万平方米，同比上升234%。

单位名称：顺义区城市管理综合行政执法监察局
地址：顺义区府前东街6号
电话（010）81490007
邮编：101300
网址：http://shy.bjcg.gov.cn

（景石）

【城市环境管理综合执法改革】《顺义区关于健全完善城市管理综合执法机制的方案》（顺政发〔2015〕8号）提出："区城市环境管理执法委员会办公室设在区城管执法监察局"及"区城管执法监察局负责提出城市环境管理执法委员会的组建方案"。4月，区城管执法监察局组织召开区城市环境管理执法委员会运行相关问题研讨座谈会，研究审议《顺义区城市环境管理执法委员会运行工作方案》及相关运行制度，确定在石园街道、南彩镇、高丽营镇、北小营镇试点开展城市环境管理综合执法改革。5月，4家试点单位启动筹建镇（街道）级综合执法指挥中心相关工作。8月，区城市环境委组建工作已基本完成。区城管执法监察局成立综合执法科，承担区城市环境委办公室职责任务。

（景石）

【社会秩序专项整治】针对主要大街、公交、地铁站点、繁华商业区周边无照游商、非法小广告问题突出的情况。10月29日至11月15日，开展联合执法及夜查行动42次，出动执法人员7452人次、车辆2221台次，检查大街1913条，口头、书面告知相对人4793次，现场清理商贩1983人、散发小广告人员290人，暂扣、没收经营工具1250件，收缴小广告27808份，查处无照经营、摆摊设点241起、罚款18.1万元，查处小广告21起、罚款0.38万元、核录停机36部。

（景石）

【环境保障任务】 共完成全国两会、"冬奥迎评"、啤酒节、中高考保障、世锦赛、9.3阅兵、赛艇锦标赛等环境保障任务61次。针对雾霾、大风天气、扫雪铲冰，共启动应急预案、组织开展专项执法活动97次。

（景石）

【城市网格化管理】通过区网格化指挥中心平

台集中调度，协调相关部门参与城市管理问题的协同处置。2015年，网格上报有效立单8480件。其中，自处置结单1335件；向市政市容委、水务局、石园街道办等20余家单位派发单据7145件。目前，已结单据4389件。

（景石）

【“四公开一监督”】 年内，城管监察局牵头开展“四公开一监督”工作，共检查主要大街3379条、重点点位4660处，发现市容环境、施工工地、环境保护等问题3115起，向相关部门发送《监管通知单》3115件，按期反馈3115件，反馈率100%。

（景石）

【违法建设查处】 综合运用拉练检查（专题汇报）的推进机制、联合执法的拆除机制、挂账销账的目标机制、通报曝光的激励机制、移送约谈的问责机制、日查周报的发现机制等六大机制，推进“强拆促自拆”的模式和“镇级统筹、村级主体”的拆违方式，违法建设存量大幅减少，增量得到有效控制，新生违法建设控制为零。累计拆除违法建设1409宗，379.41万平方米。

（景石）

市政管理

综　述

抓计划，强落实，市政基础设施建设有序推进。2015年，市政市容委共承担市、区两级政府市政重点工作项目59项，其中区政府市政重点工程28项，区政府工作报告重点工作5项，市政府工作报告重点工作2项，市级垃圾处理折子工程4项，区政府重要实事3项，市级清洁空气行动计划5项，区级清洁空气行动计划7项。此外，与公路分局共同实施市政重点工程4项。与供电公司共同实施市政重点工程4项。

一是市政重点工程建设进展顺利。南法信消防站、国展周边道路工程、站前北街及延长线改造和配套附属工程、顺平辅线俸伯桥、天柱东路、永业东大街等工程顺利推进，垃圾焚烧二期子项目污水处理系统已完工，焚烧厂房主体工程开工建设，解决顺康路和望泉北街等多年历史遗留的建设问题。2015年累计新改建道路约1.2公里，新建市政管网15.7公里，改造供热管网13.5公里，安装路灯628盏，绿化面积约1000平米。二是折子工程顺利推进。完成顺义区交通综合整治调研，制定顺义区交通整治总体实施方案并先期启动部分整治工作，拟定《顺义区城市市政维修资金使用办法》初稿；完善农村地区生活垃圾管理机制，加强清运环节监督、检查和考核，实行每半年进行一次综合考核机制，强化属地责任落实，实现农村生活垃圾清运全覆盖和日产日清；加强城镇地区生活垃圾分类，共完成97个小区垃圾分类达标创建工作。三是实事工程按时完成。完成空港、旺泉等街道新增的居住小区、党政机关、90所学校的垃圾分类工作，设置垃圾分类宣传站点70个，配备配齐垃圾分类设施设备；完成10处水源保护地C级非正规垃圾填埋场治理任务。完成生活垃圾综合处理厂除臭升级改造工程。四是清洁空气行动计划有序推进。供热、燃气方面，完成热计量改造390万平米，完成17处长输油气管线占压隐患整治，全年配送液化石油气近30万瓶；建筑垃圾方面，积极办理建筑垃圾运输企业经营许可，推进渣土运输企业车辆更新改造工作，组织开展多部门联合执法，制定《顺义区建筑垃圾土方砂石规范化管理工作实施意见》和《建筑垃圾土方砂石检查考核通报制度》，加强建筑垃圾规范化管理；环卫作业方面，大力推广“吸、扫、冲、收”清扫保洁新工艺，研究再生水冲洗道路的保障机制，加强市政工程工地扬尘的达标管控，确保扬尘污染得到有效控制；工程建设方面，积极推动区生活垃圾综合处理厂焚烧二期主体工程建设和区餐厨垃圾处理厂前期手续办理；全面调查全区剩余非正规垃圾填埋场并加强治理。

抓重点，破难点，城乡环境建设水平进一步提升。2015年，在区委、区政府坚强领导下，全区各属地、各部门、各单位围绕“全面展开攻坚，治理重点难点，狠抓常态规范，构建长效机制”工作思路，大力实施各项环境任务，有效治理重点难点，完善创新管理办法，严格强化制度落实，全区环境建设与管理工作取得新成效，呈现新局面。一是强化城镇和农村地区生活垃圾管理。加强垃圾分类小区分类指导运行管理，对垃圾分类片区进行检查考核，形成日抽查、月汇总、季评价机制，97个垃圾分类小区正常运转，加强垃圾分类宣传，开展“小手拉大手”垃圾分类进校园活动。通过对全区农村地区生活垃圾收集、运输、处理情况进行调查摸底，制定《农村地区生活垃圾分类实施方案》，开展5个试点镇垃圾分类工作。与北京环卫集团合作构建大环卫体系工作稳步推进。二是进一步加强建筑垃圾规范化管理。制定并下发建筑垃圾规范化管理和定期检查通报制度，严格审批建筑垃圾运输企业经营许可，加强渣土车辆备案管理，常态化开展每周日常巡视检查和月联合执法检查，高压打击非法运输车辆和违规施工工地。2015年在木林镇新建250万方区级渣土消纳场，确保本区渣土垃圾合理消纳。三是加强公共厕所建设与管理。新建二类公厕10座，升级改造翻建公厕10座。落实北京市环境卫生专业质量标准，其中城区及重点镇公厕监督检查纳入市环协月检查，乡镇地区公厕管理采用月检查和满意度调查形式进行监督管理。四是加强道路环卫作业与管理。每日出动水车对城区道路进行喷雾降尘，护栏清洗车定期清洗城区道路两侧护栏，出动洗地车冲刷施工污染地段，增加城区果皮箱清掏频次，城区人工道路清扫保洁实行“墙根到墙根”制度；全面清理小广告的同时加强后期管理、维护等具体工作，完成城区主要大街（府前街、光明街、新顺街、建新东西街等9条大街）两侧市政设施小广告防粘贴涂料的粉刷，有效保持街边设施环境整洁。

抓基础，强规范，城市运行平稳有序。一是加强城市公共服务设施管理。做好城市道路公共服务设施设置行政许可审批和统计工作，完成顺义城区主要大街、主要干线公路沿线、公交站点果皮箱配置工作。目前，本区共设立早餐亭104处、报刊亭44处、电话亭101处，果皮箱151个、社区内垃圾桶742个，邮政信筒18处、公交候车亭及公交站牌538处、信报箱68922户。二是加强政府产权路灯管理。全面启动政府产权路灯变压器排查工作，重点打击无报装手续接电及报装用户不合规范等行为，目前全区共有区政府产权路灯18079基，小区路灯305基，景观照明223处，设备运行基本正常。三是加强城市道路后期运行维护管理。目前，已纳入区产权管理道路包含幸福东区、幸福西区、胜利小区等10个非物业小区20.27万平米步道及12.2万平米沥青路面、21条大街的25.92万平米步道日常维护及日常巡查工作，做好日常检查及监督工作，确保维修及时，设施完好。四是做好区属交通设施停车场等管护工作。目前，本区共有区属产权交通信号灯442处、黄闪灯430套、交通标志4697块、标线297915平米、道路硬隔离43960米、交通监控设备666套，其中闯红灯监控设备527套、超速监控设备76套、违法停车监控设备28套、货车限行抓拍等其他监控设备35套。2015年完成10个经营性停车场备案登记、53处停车场年审，增加停车位4957个，完成站前东街、建新西街、新顺南大街路外公共停车场占压盲道整治，完成P+R停车场经营管理调研。目前，本区备案有效停车场共73个，停车位30905个，经营企业53家。五是坚持以人为本，燃气供热行业管理工作不断加强。加强燃气安全生产、使用宣传，累计发放液化石油气安全使用常识等宣传品共计36万份。开展液化石油气下乡便民服务，建立民用液化石油气服务便民配送体系。督促相关供热单位按规定要求实行热计量收费，做好供热、燃气补贴发放。每季度和重要时期、重大节假日前均对辖区40家燃气和33家供热企业开展针对性安全检查工作。六是规范户外广告、牌匾标识管理，景观效果明显增强。加强日常管理，提高登记比率。协调属地政府、执法单位加强户外广告、牌匾标识和临时标语宣传品监督管理工作，督促商户及时办理登记、许可手续；拆除、规范户外广告、电子屏和牌匾标识4327块、清理各类临时展板、墙体宣传画5900余平方米；积极协调、配合相关单位，做好社会主义核心价值观、国家卫生区复检等宣传工作，确保各项公益宣传、大型活动户外宣传工作落实到位。落实环境任务，集中治理整顿，完善应急机制，做好安全保障。

单位名称：顺义区市政市容管理委员会

地址：顺义区府前西街9号

邮编：101300

电话：81492856

（市政市容委）

国土资源管理

【概　况】顺义位于北京市东北郊，城区距市中心30公里，地处北纬40° 00′ –40° 18′，东经116° 28′ –116° 58′ 东邻平谷，北连怀柔、密云，西接昌平、朝阳区，南界通州区、河北三河市。区境东西长45公里，南北宽30公里，总面积1020平方公里。地处燕山南麓，华北平原北端，属潮白河冲积扇下段。平原面积占95.7%。地势北高南低，坡度为6/10000，北部山地最高点海拔637米，平原海拔25–45米，平均海拔35米。

单位名称：北京市国土资源局顺义分局

地址：顺义区仓上街11号

电话：（010）69445125

邮编：101300

（国土局）

【土地市场管理】本区累计完成土地入市供应14宗，总面积113.33公顷。总成交金额123.3亿元，实现政府土地收益66.74亿元。其中：居住项目6宗，土地总面积52.57公顷；商服项目4宗，土地总面积33.16公顷；工业项目4宗，土地总面积27.6公顷。全年累计完成一级开发投资20.54亿元，一级开发面积72.03公顷

（国土局）

【土地登记规范管理】2015年，办理国有土地使用权登记264宗，登记总面积1863.11公顷；国有土地使用权变更登记228宗，登记总面积1716.5公顷；办理土地抵押权初始登记189宗，抵押总面积380.57公顷，贷款总金额233.68亿元；办理国有土地使用权抵押权注销登记207宗，抵押注销总面积644.3公顷，抵押注销贷款总金额230.31亿元。

（国土局）

【出让用地批后监管】2015年共完成出让用地批后监管现场踏勘247宗，对未按合同开竣工的项目发放通知书共计发放174份，及时催缴陈欠地价款12.41万元。

（国土局）

【不动产登记机构整合】11月9日，北京市顺义区不动产登记事务中心正式启动新版不动产权利证书发放工作，为市民颁发首批不动产权利证书。标志着分局已完成职责机构编制整合、人员划转和接收管理工作，确保不动产登记职责机构整合和统一发证工作的同步推进。

（国土局）

【土地执法卫片核查整改】2015年，完成土地执法卫片核查整改工作，国土部下发图斑总量为733个，占地面积238.62公顷，耕地83.58公顷。分局对违法用地上的违法建设已移交区拆违办督促各镇加强整改。

（国土局）

【土地动态巡查】全年发现违法违规用地48宗，占地14.42公顷，耕地10.18公顷，基本农田10.26公顷。已全部下发《停止土地违法行为通知书》和《责令限期改正通知书》，核查完毕后立案，并移交查违办进行拆除处理。

（国土局）

【农村村庄地籍调查试点工作】2015年，农村村庄地籍调查试点工作启动，选取龙湾屯镇柳庄户村为试点村，调查范围内共185宗地，其中宅基地167宗，承包地建住宅18宗。全部完成房屋、土地现状测绘和调查工作。摸索完善村庄地籍调查和房屋调查的方法和措施。为下一步全面开展农村村庄地籍调查和房屋调查、推进农村宅基地确权登记发证工作奠定基础。

（国土局）

【地质矿产管理，地质灾害防治】推进本市清洁空气行动，开展牛栏山镇废弃矿山生态修复工程。项目涉及面积30公顷，争取市级财政拨款1130万元，将有效改善废弃矿山周边生态环境。制定《北京市顺义区突发地质灾害应急处置预案》，重点对高丽营镇西王路村和马坡镇庙卷村地质灾害隐患排查。完成固体矿山、矿泉水年检工作，加强对固体矿山企业监管，将隐患消灭在萌芽状态。

（国土局）

【制度建设】2015年，修订汇总《北京市国土资源局顺义分局制度汇编》，包括：依法行政、政务公开、督查督办、党风廉政、干部管理、综合治理等十二大类，104项制度。从党风廉政责任制、《党内监督条例》、《纪律处分条例》、《公务员法》、《公务员处分条例》、《廉洁自律准则》六个方面入手编制党员干部《讲规矩、守纪律、应知应会100问》。

（国土局）

交通运输

【概　况】年内，全区交通运输行业从业人员已达5.33万人，运输经营者8500户，营运客、货汽车24389辆，公交线路101条，运营里程2744公里，全年累计实现客运量1.9亿人次、货运量2432万吨。

单位名称：顺义区交通局
地址：顺义区府前西街7号
电话：69444637
邮编：101300

（交通局）

【大孙各庄综检站严查非法运输烟花爆竹行为】1月1日至30日，顺义区大孙各庄综合检查站通过日常路面检查、夜查及专项整治行动，加大对非法运输烟花爆竹行为的检查力度。据统计，综检站共依法查处非法运输烟花爆竹行为31起，行政拘留25人，收缴劣质烟花爆竹279箱、6406公斤。

（交通局）

【海事迎检获好评】1月27日，北京市地方海事局海事“三化”建设专项检查小组莅临交通局，对海事“三化”建设具体行政执法工作进行检查考评。专项检查小组听取交通局海事“三化”建设工作情况的汇报，并现场查阅海事宣传、思想建设、应急管理、安全管理、行政许可、通航管理、执法装备和法规制度等11类35项工作台帐。专项检查小组一致认为顺义海事管理工作基础扎实、执法规范，海事“三化”建设工作取得较好成绩。

（交通局）

【一卡通充值网点恢复营业】2月4日，石园一卡通充值网点（顺义区鑫海韵通大卖场石园店西南侧）正式恢复营业，可办理市政交通普通卡购卡、充值和学生卡充值业务。

（交通局）

【汽修行业安全检查】春节、全国“两会”临近，交通局对辖区重点机动车维修企业安全生产情况进行集中检查。检查的重点是维修企业喷烤漆房的使用及保养、作业现场管理、电动工具的使用、消防设施配备等情况，并将检查情况填写《北京市交通行业安全检查记录》。其中，对存在安全隐患的维修企业现场开据《责令（限期）改正通知书》。截至2月10日，共检查维修企业59户，开据限期整改通知书2户。

（交通局）

【春节期间公交客运市场平稳有序】节日期间，三家公交客运企业共投放运营车辆926部、发车50140车次，同比分别增长3.45%、2.52%，累计完成客运量198.47万人次。其中：区属客运企业投放运营车辆564部，发车39206车次，完成客运量135.34万人次；市属公交投放运营车辆362辆，发车10934车次，完成客运量63.13万人次。

（交通局）

【道路货物运输行业经营资质管理】3月，区交通局对辖区部分道路货运经营业户存在的《道路运输经营许可证》长时间过期、运输车辆2年以上未年审、质量信誉考核未达标、安全生产条件不能满足行业标准等问题进行集中清理整顿，截至3月中旬，共依法注销经营业户92家、办理歇业2家。

（交通局）

【新增310辆公租自行车服务市民出行】4月，为更好满足市民出行需求，区交通局在原有55个自行车租赁点的基础上，新增5个租赁点共310辆自行车投入运营。自2014年12月项目试运营至2015年3月底，顺义区已办理开通公共自行车租车服务卡1.35万张，累计租还车11.37万次。

（交通局）

【水运游船业开航安全检查】4月，区交通局海事执法人员来到辖区内的顺义公园、汉石桥湿地公园、顺鑫绿色度假村等7家水运游船单位，对水运游船开航进行安全检查。依照《北京市水域游船安全管理规定》，执法人员对水运游船单位的运营证件、安全管理制度、消防救援设施、船员持证上岗等情况进行排查；对游船的船容船貌、船舶安全技术性能、码头设施安全技术状况等给予检查和指导。

（交通局）

【“春雷二号”专项治超行动】自4月2日开展“春雷二号”专项联合治超行动以来，区交通、公安、路政等部门紧密配合，在保障日常执法检查的同时，认真研究“双超”车辆运行特点，适时抽调精干执法人员开展夜间联合检查。截至4月30日，共依法查获“双超”车辆69部、卸载货物2586吨，拆解26部私改运输车辆，处罚金13.7万元。

（交通局）

【“五一”小长假交通运输保障】小长假期间，顺义区公交客运行业共投入运营车辆960辆，发车2.84万班次，运送旅客165.68万人次；7家水运游船单位共投入游船273艘，出船2767次，运送游客1.04万人次，实现营业收入25.67万元。

（交通局）

【“水上交通安全知识进课堂”活动】5月27日上午，区交通局海事执法人员来到杨镇中心小学五年级四班，以“水上平安交通，安全伴我成长”为主题，为小朋友们带来一堂生动有趣的水上交通安全知识专题教育。海事执法人员通过提问作答、现场示范等形式与同学们互动，同学们了解到“水上交通工具的种类”、“水上交通安全措施”等知识，初步掌握紧急情况下正确救援的方法和步骤。

（交通局）

【电动出租汽车年度审验】5月27日至28日，区交通局对辖区内200辆电动出租车进行年度审验，重点查看车辆外观、内饰、灯光、安全消防设施，驾驶员仪容仪表、人车对应，公司例会记录、投诉件回复以及企务公开情况等。

（交通局）

【砂石加工厂周边大货车整治】6月，顺义区对木林镇砂石厂周边大货车进行集中突击检查，强化砂石运输源头治理，坚决遏制盗采砂石行为。检查中共出动执法人员30人、执法车辆7部，依法查获超限大货车4部，卸载砂石料80余吨。

（交通局）

【开通公交专线服务第24届啤酒文化节】6月，区交通局组织开通“石园南大街—水上公园”啤酒节专线，线路设仓上小区、顺义医院、便民街东口等13个公交站点，全程采用单一票制2元，市民可持市政交通一卡通刷卡乘车，老年证、残疾证等证件有效。

（交通局）

【道路运输从业人员资质培训】截至5月31日，区交通局共完成货运从业资格证培训6期，累计培训人员2160人；组织办理到期换证业务938件，完成客运驾驶员、机动车维修质检员、化危驾驶员、化危押运员等234人的受理、出证业务。

（交通局）

【开通“袖珍”公交方便区域市民出行】9月6日，区交通局组织开通“南彩1路”，线路设前疃西、后俸伯、南彩工业区、地铁俸伯站、二手车交易市场、强制治疗管理处等站点，运营里程8.4公里，发车间隔30分钟，全程单一票制2元，市民可持市政交通一卡通刷卡乘车。

（交通局）

【中秋国庆期间公交客运、水运行业服务保障】9月26日至10月7日，区公交客运行业共投放公交车969辆，发车83460班次，累计完成客运量492.76万人次，同比分别增长8.14%、2.62%、2.06%。水运行业共投放游船271艘，租船3831船次，运送游客1.55万人次，累计实现营运收入31.92万元。

（交通局）

【新增80部气电混合式（新能源）公交投入运营】按照公交更新计划，12月，80部气电混合式（新能源）公交车上线运营，服务百姓日常出行。新增车辆具有“尾气排放小、安全性能高、承载能力大”三个显著特点，分别投放至顺1路、18路、22路、38路4条线路运营。

（交通局）

【首条舞彩浅山旅游公交专线】12月26日，舞彩浅山旅游专线（顺5路）开通试运营。线路全长41.5公里，首末站分别设在河南村小区和山里辛庄客运站，途经水上公园、鲜花港等观光旅游景点和桥头、道仙庄、白塔等多个行政村。

（交通局）

公路建设

【概　况】2015年是全面完成“十二五”规划的收官之年，分局在市交通委路政局和区委区政府的正确领导下，全面把握交通路政行业发展新常态，深入践行“精细管理，无痕服务”理念，广大干部职工凝心聚力、奋力拼搏，作为远郊区县公路分局代表，高标准完成全国干线公路养护管理检查任务，公路建设、养护工作有序推进，综合管理和服务水平稳步提升。全年完成公路建设、养护任务12项，完成投资7.26亿元。其中，新改建（续建）工程2项，完成投资1.45亿元；大修、预养工程9项，完成投资2.8亿元；公铁道口平改立工程1项，完成投资0.1亿元；日常养护工程完成投资1.27亿元；路网建设维护工程完成投资0.08亿元；乡村公路大修90公里，危桥改造4座，日常养护里程1870公里，养护桥梁214座，完成投资1.56亿元。路政结案率100%。

单位名称：北京市交通委员会路政局顺义公路分局

地址：顺义区府前东街8号

电话：（010）69423587

网址：http://www.sygl.net

（顺义公路分局）

【木燕路大修工程完工】7月15日木燕路大修工程完工。工程北起顺平路（K10+920），南止市界（K25+810），道路长14.9公里。横断面为一幅路形式，路面宽12.5米，路基宽18米。设计标准：二级公路；设计车速60公里/小时；路面设计荷载：BZZ-100。该工程于2015年4月15日月日开工，由北京市交通委员会路政局投资，投资总额5738万元。工程设计单位为北京国道通公路设计研究院股份有限公司，施工单位为北京路桥瑞通养护中心有限公司，交通工程施工单位为北京路桥瑞通养护中心有限公司，监理单位为山西省交通建设工程监理总公司。

（曹松）

【机场东路预防性养护工程完工】7月21日机场东路预防性养护工程完工。工程北起顺平路，南止李天路，道路长9.29公里。设计标准：一级公路； 设计车速80公里/小时；路面设计荷载：BZZ-100。该工程于7月1日开工，由北京市交通委员会路政局投资，投资总额714万元。设计单位为北京国道通公路设计研究院股份有限公司，施工单位为中冶交通建设集团有限公司，交通工程施工单位为北京路桥方舟交通科技发展有限公司，监理单位为北京逸群工程咨询有限公司。

（吕斌）

【顺密路大修工程完工】10月6日顺密路（K1+840-K13+000）大修工程完工。工程南起左堤路（K1+840），北止魏家店（K13+000），道路长11.1公里。横断面为一幅路形式，路面宽12-26米，路基宽15-31米。设计标准为二级公路；设计车速60公里/小时；路面设计荷载：BZZ-100。该工程于4月1日开工，由北京市交通委员会路政局投资，投资额为4663万元。设计单位为西安长安大学工程设计研究院有限公司，施工单位为北京城建远东建设投资集团有限公司，交通工程施工单位为北京路桥瑞通养护中心有限公司，监理单位为山西省交通建设工程监理总公司。

（李龙旺）

【昌金路预防性养护工程完工】10月9日昌金路预防性养护工程完工。工程分东西两段，西段西起昌平界（K10+200），东止京承高速公路（K12+500），道路长2.3公里；东段西起白良路（K13+600），东止平谷区界（K50+300），道路长36.7公里。现有横断面分三种形式。工程于2015年7月13日开工，由北京市交通委员会路政局投资，投资额为2662万元。工程设计单位为西安长安大学工程设计研究院有限公司，施工单位为北京路桥瑞通养护中心有限公司，交通工程施工单位为北京路桥方舟交通科技发展有限公司，监理单位为山西省交通建设工程监理总公司。

（曹松）

【顺平南线大修工程完工】 11月15日顺平南线（左堤路~木燕路、龙塘路~区界大修工程完工。工程分为二段，第一段起点为左堤路，终点为木燕路，道路全长6.113公里，一级公路（城市主干路）；第二段起点为龙塘路，终点为平谷界，道路全长2.916公里，二级公路；道路总长9.029公里。该工程于2015年4月8日开工，由北京市交通委员会路政局投资，投资额4522万元。设计单位为北京市市政专业设计院股份公司，施工单位为北京鑫畅路桥建设有限公司， 交通工程施工单位为北京路桥瑞通养护中心有限公司，监理单位为北京逸群工程咨询有限公司。

（薛萌）

【通顺路预防防性养护工程完工】12月22日通顺路预防性养护工程完工。工程南起通州界（K10+690），北止平各庄路口（K21+000），道路长10.3公里。现有横断面为三幅路形式，机动车道宽15-16.6米，两侧隔离带各宽1.5米，两侧非机车道宽5-7米。设计标准：一级公路；设计车速80公里/小时；路面设计荷载：BZZ-100。该工程于9月5日开工，由北京市交通委员会路政局投资，投资额为508万元。设计单位为西安长安大学工程设计研究院有限公司，施工单位为北京路桥瑞通养护中心有限公司，交通工程施工单位为北京路桥方舟交通科技发展有限公司，监理单位为北京逸群工程咨询有限公司。

（薛萌）

【路政管理】全年共办理行政许可197项，收取补偿费92.1万元；实施行政处罚105件，收取罚款49.55万元；处理各类赔偿案件113件，收取赔偿费40.6万元；查处一般路政案件585起。联合区治超办开展“春雷治超行动”、“专项治砂行动”等集中专项整治工作，日常治超与专项治超相结合，全年累计检查车辆3.5万次，卸载货物3852吨，超限处罚91次，处罚金额46.7万元。

（刘宝华）

【路网管理系统外场设施建设】完成木燕路、白马路等17条道路25套外场设备建设。全区县级以上道路外场设备共计254套，密度为每100公里33套。包括视频监控、交通运行状态检测、轴载检测、交通量调查、可变情报板和水位雨量监测设备，为公路事业发展和公众出行提供服务。

（张孟培）

环卫服务

【概　况】顺义区城镇环境卫生服务中心为区属全额拨款事业单位，机关内设机构为办公室、业务科、政工科、设施科，基层科级事业单位为清洁一队、清洁二队、机械化作业队、镇村生活垃圾清运队。中心负责61条道路351.82万平方米清扫保洁、61座公共卫生间保洁、41个小区、17个乡镇及500余家社会单位的垃圾清运工作。全年共清运生活垃圾223890吨，其中城区63669吨（含厨余1235吨），农村160221吨；抽运粪便、污水9040余吨；清运烟花爆竹残屑45吨。

单位名称：顺义区城镇环境卫生服务中心
地址：顺义区新顺南街5号
电话：（010）69444468
网址：http://www.bjshyhw.com

（焦京岩）

【调整作业模式应对雾霾天气】一是加强环卫作业力度。加强对辖区内的道路机扫、道路机械保洁、人工清扫保洁等作业力度，缩短污染物滞留时间，降低道路尘负荷。二是加强垃圾清运工作。加强监督检查，规范作业流程，避免运输过程中造成二次污染。三是加强作业安全管理。实时向各作业部门进行安全提示，开展作业安全检查，加强劳动防护，确保作业人员人身安全。

（焦京岩）

【迎接冬奥会评审团来京期间环境保障工作】为迎接冬奥会评审团来京，中心出台三项措施保障空气环境质量改善：一是增加道路清扫作业力量，提高作业频次。增加5辆机扫车对城区主要大街进行道路清扫作业，并在上下、午各增加1次作业，保障作业质量。二是加强洗地作业，减少道路扬尘污染。安排5辆洗地车对城区各主要大街进行洗地冲刷作业，达到抑尘的作用；并派1辆护栏清洗车对城区主要街道的隔离栏进行不间断清洗作业。三是加强道路保洁力度，杜绝白色污染。增派50名保洁员对城区主要街道、背街小巷及地下通道等重点区域进行全天候“盯守”保洁，对作业范围内的白色污染物进行捡拾清理，及时铲除小广告。

（焦京岩）

【春季环境整治月】本区春季环境整治月活动于4月1日—4月30日开展。中心结合工作实际，积极开展春季环境整治月活动。一是强化领导，落实责任。二是延长作业时间，加强清扫保洁力度。三是严格作业标准，增加清运作业频次。四是加强公厕设施管理与维护，保持公厕卫生干净整洁。五是成立督查小组，加大巡查力度。

（焦京岩）

【车容车貌整治】年内，环卫中心开展车容车貌集中整治工作，确保车辆车容车貌整洁。一是高度重视，召开专门会议，对整治标准进行研究讨论，结合实际，制订实施方案，并成立车容车貌整治工作领导小组，确保整治工作有序进行。二是加强车辆日常维护、清洗和保洁，规范车辆装载，并对部分车辆进行整车喷漆，保障环卫作业车辆的车容车貌。三是严格督查，安排专人按作业时间全天候跟班查车，主要检查途经的垃圾清运车辆的车容车貌、污水滴漏及文明作业等情况，并对车辆的信息进行记录。四是定期组织召开有关会议，通报整治情况，对有问题的车辆，督促落实整改。

（焦京岩）

【安全管理】年内，中心机械化作业队召开安全生产会议，将2015年定为“安全年”，以健全和完善“预防为主”的安全生产管理体制、构建安全生产长效机制为重点，制定各种新举措，防止和减少安全事故。会议提出具体要求：一是加强教育、以案说法。着重加强对司机的思想教育工作，以事故案例现身说法，使司机在思想上保持高度警觉，吸取血的教训；二是深入开展安全生产检查和隐患排查整治。定期对垃圾运输车辆、转运站压缩设备等环卫设施开展安全隐患排查，对查出的事故隐患进行逐一登记建档并跟踪整改落实情况。三是加强和完善安全制度建设。完善管理制度，落实责任追究制度，加大处罚力度，防止和减少安全事故。

（焦京岩）

【第二十四届燕京啤酒节环境保障】6月6日至6月14日，第24届顺义燕京啤酒文化节暨文化广场活动于奥林匹克水上公园举办，中心圆满完成啤酒节期间环境保障工作：一是高度重视，加强领导。二是合理分工，机构设置完备。三是调配人员设备物资，认真完成各项准备工作。出动保障人员132名，垃圾压缩车、水车、抽粪车等车辆4辆，设置垃圾桶100个，移动公厕60座、大轿车卫生间1辆。据统计，啤酒节期间共清运垃圾84吨，抽运粪便75吨，用水89吨。

（焦京岩）

【应对高温天气】一是增加机械清扫频次，降低人工作业强度；针对高温情况每天出动2辆水车，对城区主要街道进行喷雾降尘作业。二是加大城乡生活垃圾清运力度，严格实行分类清运模式，调整垃圾清运时间，严查渗滤液遗撒。三是城区59座公共卫生间开放期间全部打开排风设备，确保公厕内空气畅通；定期喷洒消杀药物，除臭防蝇。四是重视高温期间劳动保护措施，并发放防暑降温药物。

（焦京岩）

【环卫作业专项治理】年内，中心将8月定为“环卫中心环境质量提升月”，开展环卫作业专项治理工作。一是加强城区道路清扫保洁工作力度。合理调配人员、车辆，增加机械化清扫、洗扫和机械化保洁作业力度。二是加强责任区域垃圾清运工作。生活垃圾清运确保一日两清，每天收车后冲洗车辆，更换车辆密条，对箱体腐蚀严重的及时焊接补漏。三是加强城区公共卫生间管理工作。定期进行公厕水、电安全检查，杜绝隐患，更换老化变形的隔挡板，不断提高城区公厕精细化服务管理，为群众提供干净整洁的如厕环境。

（焦京岩）

【再生水冲刷作业】10月9日起，中心启用再生水冲刷部分街道。启用再生水开展冲刷作业之后，能够有效地实行水资源回收再利用，既节约水资源，又保护环境。目前环卫中心启用再生水冲刷街道从城区外围道路开始试行，每天使用再生水80吨。之后根据实际需要，适当增加再生水使用量，逐步推行至城区街道全覆盖。

（焦京岩）

环境保护

【概　况】2015年，顺义区环境保护局围绕改善环境质量的根本目标，以落实新的《中华人民共和国环境保护法》为引领，努力推进以大气污染防治为重点的各项环境保护工作，全区环境质量得到进一步改善。

单位名称：顺义区环境保护局

地址：顺义区府前西街铁路桥西

电话：（010）69428152
邮编：101300
网址：http://www.syhbj.bjshy.gov.cn

（李爽）

【大气污染防治】 年内，制定并实施《顺义区清洁空气行动计划2015年实施方案》，明确减排措施，区域内空气质量呈总体改善趋势。顺义区空气中细颗粒物（PM2.5）平均浓度为81.4微克/立方米，同比下降3.1%；二氧化硫平均浓度为11.0微克/立方米，同比下降37.5%；二氧化氮平均浓度为43.3微克/立方米，同比下降5.3%；可吸入颗粒物平均浓度为93.9微克/立方米，同比下降12.4%。完成1203.7蒸吨燃煤锅炉清洁能源改造，淘汰老旧机动车17417辆，退出不符合首都功能定位的污染企业42家。

（李爽）

【主要污染物减排】 年内，顺义区大气污染物二氧化硫排放量为5830吨，比2014年（6111吨）下降4.6%，超额完成4%的目标值；氮氧化物排放量为7609吨，比2014年（8232吨）下降7.6%，超额完成2%的目标值。水污染物化学需氧量排放量为16874吨，比2014年（17449吨）下降3.3%，超额完成3%的目标值；氨氮排放量1953吨，比2014年（2006吨）下降2.6%，超额完成2%的目标值。挥发性有机物减排削减600吨，完成目标值。

（李爽）

【环境监察】 开展“环保大检查”、“大气专项执法周”、“整治违法排污企业保障群众健康”等专项行动，按照新修订的《中华人民共和国环境保护法》，作出一般程序行政处罚518起，为2014年的2.7倍；罚款2036万元，为2014年的4.4倍；实施查封和按日计罚9起。

（李爽）

【环境监测】 年内，共获得地表水、污染源排放等监测数据32028个，公开64家重点污染源监督性监测数据988个。

（李爽）

【环评审批】 年内，共审批建设项目573个，否决和延缓建设项目审批750个，办理62个重点民生项目的环评审批。

（李爽）

【环保宣教】 开展“绿色宣讲顺义行”活动，为北京天竺综合保税区管理委员会、北京市顺义牛栏山第一中学、胜利街道等开展环保政策法律法规、大气污染防治、保护自然生态方面的宣讲18次，受众5000余人；建立环保宣传阵地，在顺义奥林匹克水上公园建设环保园地，在全区主要社区设立39个环保专用宣传栏；在顺义电视台、顺义广播电台、《顺义时讯》开辟环保专栏。

（李爽）

【创新管理】 在全市率先发布实施《顺义区企业环境信息公开办法（试行）》和《顺义区企业环境信息公开实施方案》，明确政府、企业、公众在环境信息公开工作中的责任和义务，拓宽环境信息公开的广度和深度，建立政府监管、公众参与和企业自律的“三位一体”信息公开工作格局。按照分类推进与分步实施相结合的原则，推动辖区内企业环境信息全面、客观、及时公开。

（李爽）

园林绿化

【概　况】 顺义区园林服务中心为顺义区城市园林绿化业务主管部门，正处级全额拨款事业单位（规范事业），其主要职责任务是承担园林、绿化等事务性、服务性工作，职责范围包括顺义城区、顺义新城、各中心镇、市区级开发区以及区政府指定绿地，归口顺义区市政管理委员会。园林服务中心机关内设职能科室5个，有下属单位8个。截至年底，实有职工总数为287人，其中，管理岗169人，工勤岗118人。直接管理园林绿地共计142处、588.05万平方米，所辖绿地特级32块，333.59万平方米，一级17块，112.36万平方米。区属注册公园8个，面积105.52公顷，其中，顺义公园为北京市重点公园，顺义公园、卧龙公园、减河五彩园、光明文化广场、仁和公园等5个公园为北京市精品公园。

单位名称：北京市顺义区园林服务中心
地址：北京市顺义区石园西路AMB大厦A座9层
电话：（010）89443205/89443753
邮编：101300
网址：http://www.yl.bjshy.gov.cn

（园林中心）

【为民服务项目】1.顺义公园修缮亭桥、西门外八角亭、西门牌楼等仿古建筑；更新高台仙阁前青石板广场和公园南侧环路火烧石路面1650平方米；更新座椅30个；更新维护竹篱笆600米。2.卧龙公园更新铁艺围栏300米，更新不锈钢围栏60米；维修青石板路面160平方米，铺设南门广场大理石220平方米，铺设渗水砖路面300平方米，铺设健康步道265米；更换垃圾桶25个、射灯31个、音响6个。3.减河凤凰园更换座椅20个，铺设渗水砖路面400平方米。4.仁和公园在园内开辟一块休闲娱乐空间700余平方米，安装13盏庭院灯、8个座椅和4个垃圾桶；增加乒乓球桌子5张；安装健身训练器等10个；为水泥桌凳加装防潮坐垫15套。怡园公园安装桌椅6套，增加照明设施4组。5.减河公园修建挡土墙43.5米，安装石质坐凳6组，增设两处便民饮水机，铺装道路420平方米，道路硬化60平方米，并为丰富市民体育休闲活动新建530平方米足球场一个。6.光明文化广场在游乐场附近为行人铺装甬道20余平方米，安装11盏庭院路灯；在治安岗亭为休闲人群提供热水；积极配合各兄弟单位到广场做各项公益活动，为他们提供活动场地和接通免费电源。

（园林中心）

【纪念抗日战争胜利70周年环境布置工程】顺义区纪念抗日战争胜利70周年环境布置以光明文化广场为核心，以府前街、光明街、建新街为连接，城区各公园、广场为节点进行摆花布景。光明文化广场花坛布置用花约17300盆，五色草约40平米，采用立体花坛和平面花坛相结合的方式，立体花坛用五色草组成扇面形状，扇面上布置有中国人民抗日战争胜利70周年徽标图案；平面花坛运用海棠、小菊、红鸡冠花等植物材料环绕立体花坛组成心形图案，突出“万众一心”设计主题，象征全国各族人民万众一心，紧密团结在中国共产党领导下，取得抗日战争和解放战争伟大的胜利。三条主要大街以花箱和地栽时令花卉为主，其他各公园广场在门区布置造型花坛，本次节日花卉布置工程共计摆放万寿菊、牵牛、孔雀草、海棠等各类花卉约70余万盆。

（园林中心）

【鲜花布景】园林中心在三条主要街道（府前街、光明街、新顺街）通过花箱、花塔、地栽形式，营造多层次的景观效果。分别于4月中旬、6月中旬进行两次花卉布置，采用三色堇、四季海棠、凤仙、夏堇、美女樱、彩叶草等十多个品种20余万盆鲜花；并于8月底前配合庆祝抗日战争胜利70周年和十一国庆活动，再次布置鲜花7万余盆。

（园林中心）

【城区公园文化活动】 2月10至2月25日，顺义区第十二届水仙花展在减河公园举行，共展出造型水仙近千盆。4月20日至5月5日，顺义区第八届郁金香展在减河公园举行，共展出20多个郁金香品种，配植各色时令花卉，共计20余万盆。6月28日至7月20日，第十三届顺义公园荷花展共展出七十余个品种的各色荷花，并配以各色水生花卉如金叶芦苇、梭鱼草等数千盆。

（园林中心）

自来水公司

【概　况】2015年，在区委、区政府的正确领导下，在国资委的支持协调和广大干部职工的共同努力下，坚持以科学发展统揽全局，以区经济工作会议精神为指导，以安全供水、服务经济、服务民生为主线；围绕安全生产、优质供水、优质服务的核心，发扬了“同心进取，服务为本，稳健求实，科技创新”的企业精神，团结奋斗，求新务实，真抓实干，与时俱进，使各项工作得以健康稳步发展，经济运行持续攀升，并在原有的基础上提高供水能力；年供水5007万吨，日最高供18.4万吨，漏失率控制在8%以下；铺设直径75毫米以上管线59公里，新增用水单位49个，新增供水面积2平方公里，砌筑节门井638座，检查维修水表井465座、消防栓井910座，更新IC卡水表2万余块。

单位名称：北京市顺义区自来水公司
地址：顺义区府前东街10号
电话：（010）69444463
邮编：101300
网址：http://www.Shish.bushy.gov.cn

（自来水公司）

【供水保障】为保障正常供水，各供水部门对供水设备进行全面的检修与保养，确保供水畅通，应急抢修53次，义务维修270余次，更换节门1041个，查处违法用水2处，保证居民和社会的正常用水。

（自来水公司）

【水厂建设】五、七、九水厂新建的4个清水池已投入使用，增加主城区及杨镇、北务、空港地区的供水能力，一、二水厂更新3台双吸泵并启动一、二、八水厂双电源改造工程。

（自来水公司）

【水源地建设】为缓解水源紧张的形势，有7眼水井已投入使用，同时又开凿3眼水源井，三、四水源地更新潜水泵9台。

（自来水公司）

【管线铺设】完成顺义新城第街区西马坡政策性住房项目GA地块、BH地块、C地块、D地块，顺义新城望泉公租房项目市政工程，顺义区赵全营镇板桥村定向安置房项目市政工程、消防工程，城南水厂输配水工程，国门商务区给水工程，顺义区医院给水程等。

（自来水公司）

【完善服务】为方便居民夜间购水难题，2015年5月1日起，公司在机关办公大楼增设夜间售水窗口，即解决居民购水难题也增加了公司的收入。

（自来水公司）

【科技创新】调度室监控系统升级改造，在各水厂安装出水口压力和清水池水位在线监测仪表13套，实现水厂设备运转电脑控制，运行情况远程监看。

（自来水公司）

【企业改制】2015年11月4日，区委、区政府宣布成立北京顺义市政控股有限责任公司，顺义自来水公司正式划入北京顺义市政控股有限责任公司。

（自来水公司）

供电工作

【概　况】截至2015年底，共设置11个职能部门、3个业务支撑与实施机构，下设36个班组、19个乡镇供电所。公司共负责110千伏变电站23座，主变压器49台，容量2186.5兆伏安；35千伏变电站10座，主变压器21台，容量218.9兆伏安；110千伏线路51条，长度376.458千米；35千伏线路35条，长度218.542千米；10千伏架空线路212条，长度2258.241千米；10千伏电缆线路480条，长度926千米。实现全年安全生产无事故目标，累计安全生产长周期6926天。年内，完成售电量60.0135亿千瓦时，同比增长1.54%；售电收入40.4732亿元，同比增长2.72%；售电均价 789.05 元 / 兆瓦时，同比提高 9.07 元 / 兆瓦时；线损完成 4.88%，较计划值降低 0.61 个百分点；城网供电可靠率达到 99.9817%，农网供电可靠率达到 99.9602%；当年电费回收率 100%。最大负荷 119.6 万千瓦。2015 年，荣获全国文明单位、北京市交通安全先进单位、顺义区创建学习型组织示范单位等多项荣誉称号。

单位名称：北京市电力公司顺义供电公司
地址：北京市顺义区顺达路 6 号
邮编：101300
电话：010-81483347

（供电公司）

【电网规划与建设】滚动修编“十三五”电网规划项目库。签署北京东特高压 500 千伏配套线路下送顺义送电工程建设合作协议。发挥政企联动机制，缩短项目前期周期，板桥、北河 110 千伏输变电工程提前一年取得项目立项核准。完成 110 千伏丽南一、二线路切改、王泮庄变电站增容改造工程可研工作以及南法信变电站扩建改造工程。完成军营、顺义新城站 10 千伏系统中性点“小电阻”改造的前期论证工作。完成梁庄 110 千伏输变电工程和龙湾屯 35 千伏变电站增容工程投产，共计投产变电容量 11 万千伏安，线路 6.3 公里。开工建设军营和新城 110 千伏电力隧道工程，开工隧道长度 7.2 公里。共计完成投资 1.85 亿元。强化新建 110 千伏变电站配套 10 千伏工程进度管理，梁庄 10 千伏切改工程实现与变电站同期发电目标。

（供电公司）

【安全生产】开展春、秋季安全大检查工作，累计检查工作现场 452 个，下发违章通知单 67 张。顺利通过安全生产标准达标评级一级企业评审。实施输电通道属地化（供电所）运维，落实差异化管理，输电线路总体故障次数较去年下降 33%。开展有针对性的专项巡视工作，故障高发线路数量同比下降 10%。开展线路去树、防雷、防鸟害等季节性工作。累计发布设备重载、电网结构问题、重要客户外电源等各类电网风险预警 40 项。优化 35 千伏电网网架结构，消除老旧设备，完成 35 千伏王泮庄站电源切倒和北大孙站退运工作，结束顺义电网单电源、单主变的历史。

（供电公司）

【配电网建设改造】全年完成架空线路改造 72 条，改造导线 1760.69 公里，架空线路绝缘化率达到 78.47%。加装分段及联络开关 302 台、加装用户负荷开关 1037 台，架空线联络率达到 96%，配网互倒互带及隔离故障能力进一步提升。更换高损变 287 台、改造标准化变台 1368 台，开关无油化率达到 100%，配网故障率同比下降 19%。完成世锦赛、9.3 阅兵等政治供电任务 32 次，共计保电 156 天，公司荣获“国网北京市电力公司抗战胜利 70 周年纪念活动暨北京田径世锦赛供电保障先进单位”荣誉称号。

【营销与优质服务】营配贯通‘回头看’工作完成 100%，PMS2.0 高压用户数据治理完成率和 PMS2.0 增量高压用户治理及时率均完成 100%。实施计量抢修、采集运维一体化建设，推行两级集中监控。开展“学制度 强业务”活动，印制《电费电价专业文件汇编》。完成 7.4 万具智能表更换以及 816 个台区变压器的计量装置采集建设工作。初步建立稽查监控体系，针对 45 项重点监控主题，281 种数据质量校验规则开展营销系统数据日常监控。

（供电公司）

【促业扩、压结存”】2015 年，完成“一证受理”、“同城受理”、“居民免填单”、“低压现场勘查时答复方案”等新业务模式的转变，公司接电容量累计完成 55.8 万千伏安，完成全年目标的 116.25%，累计压降结存 36.3 万千伏安，占结存总量的 47.76%。开展小报装专项清理工作和低压业扩报装档案资料管理提升工作。完成第一批 5 个老旧小区改造工程。完成 13 个乡镇，24 个村煤改电工程，受益居民 6486 户，新建充电站点 7 个，充电桩 34 台，完成电能替代电量合计 1.5822 亿千瓦时。持续推进便民缴费“村村通”推广工作，电费充值卡、恒信通等第三方缴费网点覆盖率达到99.72%，客户窗口购电率降低60%。关闭李桥、仁和、高丽营3个供电所24小时售电窗口，并将18个C类营业厅营业时间由全年无休息调整为周末及节假日休息。

（供电公司）

【科技与信息化】2015年光纤到台区完成1100个台区设备的上线，完成率62%。开展配电通信网运维体系建设工作，编制配电通信网运维方案。开展信息系统台帐梳理工作。安排专业公司对变电站、供电所信息机房空调机UPS进行巡检。制定标准作业指导书，提高整体处缺水平和质量。开展两次信息安全隐患排查专项治理工作。加强系统在线监测工作，发现设备告警、流量异常、网络负载过大等异常，及时查找原因并处理。运用桌面终端管控系统对终端进行安全管控，严防违规外联事件发生。加强桌面终端巡检工作，对发现的桌面终端隐患，要填检查记录单，并限期整改。完成2014年群创项目验收工作1项。开展2015年群创项目，进行项目过程跟踪、季度汇总上报项目完成情况。开展专利申报工作，共递交专利申请材料18份，获得专利授权6项。开展2015年科技进步奖和优秀科技论文申报工作，共征获得科技成果1项、群创成果奖2项。

（供电公司）

北京顺义燃气控股有限责任公司

【概　况】2015年，顺燃控股公司供销天然气39256万立方米，同比增长45.02%；销售液化气4664.56吨；实现营业收入144683万元，同比增长42.29%；上缴税金9683万元，同比增加72.30%。完成工业总产值111146万元，同比增长13.15%；实现企业增加值39281万元，同比增长75.35%；实现利润19317万元，同比增长142.71%。截至年底，区内燃气管网总长1646公里，调压站、箱534座，居民用户18.8万户，公服用户1166家。

单位名称：北京顺义燃气控股有限责任公司
地址：北京市顺义区仁和镇燕京街36号
电话：（010）89498078
邮编：101300

（顺燃控股）

【气源保障】两座高压气源站运行平稳，区内通气镇增至14个（增加北务镇）。为确保煤改气用户的正常用气，平衡两个气源站的供气能力，11月初，制定并落实“2015-2016年冬季供气保障方案”。11月23日最高日供气量达326.8万立方米，创历史新高。

（顺燃控股）

【安全供气与用户服务】天然气管网全年运行平稳，圆满完成重要节日、重大活动期间供气保障任务。按计划完成全年76815户居民户内燃气设施安全检查任务，入户率达70%，按时为12798户居民接通天然气。公服用户新增245家，总数已达到1166家。完成所有公服用户信息整理存档，并录入数据管理系统。调整公服用户安检为每年两次，贸易计量装置巡检维护每季度一次，抄表收费每月一次，大用户每周一次。

（顺燃控股）

【消隐改造工程持续推进】2015年完成馨港庄园、裕祥花园、水色时光及双阳南区等4个小区8806户的室内外燃气设施改造工程。

（顺燃控股）

【管网建设】2015年，共铺设燃气管网160公里。完成燃气管线于苏庄闸桥、牛山引水桥处穿越潮白河工程，增加河东与河西地区次高压联络线；抢抓木燕路大修之机，随路铺设13公里管线，为北务印刷基地煤改气工程接通气源；积极推进南陈路燃气工程，为马坡镇天然气入村，同时也为赵全营、牛栏山的煤改气工程提供气源；完成昌金路、顺平南线、顺平辅线、李魏路等燃气工程；完成70家单位、约755蒸吨锅炉的煤改气工程。

（顺燃控股）

【木林制气厂项目】 木林制气厂项目是公司与中石油昆仑燃气合作的项目，以生产、销售CNG、LNG为主。截至2015年底，进站4.8公里燃气管线与厂站内土建工程基本完成，CNG、LNG生产设备安装大部分完成。

（顺燃控股）

【安全生产标准化二级企业】8月6日，燃气有限责任公司通过安全生产标准化企业验收，获得由北京市燃气协会颁发的“北京市安全生产标准化企业（燃气供应企业二级）”牌匾及证书。本次全市共18家燃气企业通过评审。

（顺燃控股）

【液化气送气下乡】2015年，宏达液化气公司共配送液化气295058瓶，售后维修3897户，入户安检16912瓶次，回访用户448户次，送气区域覆盖全区19个镇369个村。利用实物演示、宣传材料展示发放、现场讲解等形式，在全区各镇巡回开展四轮“燃气安全你我他，安全使用靠大家”为主题的液化气安全使用知识宣传工作。

（顺燃控股）

【液化气充装换证评审】 11月25日，宏达液化气公司顺利通过北京市质量监督局的液化气充装换证评审，有效期为四年。

（顺燃控股）

【公司改组】 10月30日北京顺义燃气控股有限责任公司和北京市顺义区自来水公司、北京市恒锋市政工程公司、北京大龙供热中心等多家公司合并重组，成立市政控股板块。顺义燃控股公司党委撤销，班子成员党的职务自然免除。

（顺燃控股）

联通顺义分公司

【概 况】联通顺义分公司是顺义地区主导电信网络运营企业，拥有丰富的基础设施资源及强有力的服务支撑和通信保障队伍，是顺义地区一家能够提供综合通信服务的运营商。现顺义地区已建成语音网、移动通信网、传输网、宽带接入网、IP核心骨干网等电信级专业通信网络。可为顺义地区广大用户提供全业务信息通信服务，包括2G、3G、4G移动业务；沃家庭固移融合套餐业务；数据传输业务；互联网专线及中小企业光纤宽带业务；IPTV等基础业务，以及400企业热线、统一通信短信平台、视频监控、车辆定位、企业OA等增值业务，并可提供系统集成、工程设计施工等全方位的综合通信服务。随着信息技术的不断发展，公司逐年提升网络的服务与支撑能力，将继续为顺义区域内用户提供最优质的服务。

单位名称：中国联合网络通信有限公司北京市顺义区分公司

地址：顺义区石园南大街16号

电话：（010）69441001

邮编：101300

邮箱： dianxj@bjshy.gov.cn

（马 迪）

【日常宣传常态化】2015年，日常宣传常态化，及时更换电话亭、小区宣传栏、候车亭广告画面。春节、5.17电信日、国庆节等重大节日开展主题营销活动，联通“宽带提速不提价”政策及面向家庭客户推出的综合信息服务解决方案——“智慧沃家”业务受到广大客户的广泛关注和认可。2015年宽带用户新增2.23万户；4G用户新增8.7万户；3G用户新增4.89万户。

（马 迪）

【量身定制通信方案】目前已实现住建委、鑫海韵通大卖场无线覆盖业务的使用，并为区人民法院、燕京啤酒等多家企业提供集团手机服务。我们的电视电话会议系统、短信平台、宽带提速等都已在多家政企客户中得到应用。

（马 迪）

【窗口服务】本单位将厅台基础管理、提高营业员的业务素质、强化服务细节作为厅台管理的重点，加强营业厅台管理，窗口经营多元化。营业厅通过电话、微博、微信等多种渠道建立与客户之间的沟通交流，营业厅内积极开展促销策划，真机体验区 IPHONE、三星等新款手机抢先试玩体验，得到大家的广泛认可。2015 年继续由专业部门客响中心针对线务装移修服务进行全面管控，组织装维经理参加公司“HGU、新 IPTV 机顶盒安装培训”、“光纤入户认证培训”，切实达到提高末梢操作维护技能的目的。全年共接到客户 10010 表扬 63 件，锦旗 4 面，表扬信 3 封，荣获 2015 年“通信行业用户满意企业”。

（马 迪）

【网络维护】 2015 年联通顺义分公司网络运行安全稳定，有力保障全区各类用户的通信畅通。对 116 家重要客户累计完成重保 117 次，重保专线 352 条。全年安装专线 530 余条，查修障碍 257 件；安装宽带 22902 户，查修电话、宽带障碍共计 4.9 万余件。实现光纤业务迁移率 98.67%，光宽带用户占比 95.78%。12 月 22 日顺义分公司正式迈入“全光网络时代”。根据防汛指挥部和上级单位防汛工作要求，提前做好防汛准备，汛期专业人员 24 小时值班，迅速发现、处理各种汛情，确保安全平稳度过。

（马 迪）

【网络建设】 为快速响应市场，满足高速数据业务需求和提高用户使用体验，顺义分公司全面部署基站建设，2015 年，4G-LTE 室外宏站已开通 448 个，4G-LTE 室内覆盖已开通 195 栋，3G 室外宏站入网 76 个，室内覆盖 61 栋。

（马 迪）

【安全生产】 始终坚持“安全第一，预防为主，综合治理”的方针，将安全生产管理常态化，时刻提醒员工保持较高的安全生产意识，加强检查和考核，防患未然，确保各项工作安全开展。通过定期安全生产检查，及时发现问题，监督落实整改，使员工在行为上保持高度警惕。坚持“谁主管，谁负责”，明确各级安全管理责任，细化员工岗位安全职责，落实一岗双责。2015 年本单位荣获“交通安全市级先进单位”称号。

（马 迪）

邮　政

【概 况】 中国邮政集团公司北京市顺义区分公司（以下简称顺义区分公司）邮政网点遍布在顺义城乡，为全区各界用户提供着优质、便捷、高效的邮政服务。目前，顺义邮政分公司承办的主要业务有：收寄国际国内平常、挂号信函、印刷品、包裹、特快专递、办理国内电子汇兑、邮政储蓄、订阅报纸杂志、集邮、机要通信、商业信函、DM 广告等业务；并代办保险、代收固话费、移动话费、代发养老金、代发工资、代售飞机票、火车票等公众服务。

单位名称：中国邮政集团公司北京市顺义区分公司

地址：北京市顺义区新顺南大街 7 号

电话：（010）69444642

邮编：101300

（郭小燕）

【企业经营成果】 2015 年顺义区分公司业务收入累计完成 15015.35 万元，完成全年预算的 102.18%；利润总额全年实现 4461.72 万元，完成全年预算的 116.42%，两项指标均超额完成市公司下达的目标要求。其中，利润率达到 29.71%、总资产收益率达到 117.8%、全员劳产率为 28.3 万元。

（郭小燕）

【代理金融业务发展再上台阶】 2015 年金融类业务收入累计完成 9238.89 万元，完成年计划的 102.31%，同比增长 1006.61 万元，同比增幅 12.23%。其中保险业务实现超常规发展，收入累计完成 2000.62 万元，完成年计划的 104.91%，同比增幅 70.71%；代收保费 6.08 亿元，与去年同期相比增长 1.81 亿元，同比增幅 42.33%。

（郭小燕）

【函件业务规模发展】 函件主动融入地方经济

发展，通过实施项目拉动战略，改变过去单一依靠人脉营销的困境，实现由“发展业务找市场到开发业务跑市场”的转变，成功开发农业银行帐单寄递业务，月交寄量达到250万件；利用数据库名址营销，开发中国铁路杂志、精品购物指南杂志、嘉愉门窗公司、北京润美康医药有限公司、北京住友药业有限公司等大型企业集团，全年使用数据库10万余条，开发DM广告7万多份。2015年全年累计实现业务收入2530.09万元，完成预算指标的188.25%，与去年同期相比增长40.84%。

（郭小燕）

【报刊发行业务健康发展】 顺义区分公司依托节日经济、校园市场、日常收订等“短、平、快”项目开发收订市场，全年累计实现业务收入826.78万元，完成全年预算指标的104%。其中日常收订完成409万元，完成日常收订指标的114%。在2016年跨年度收订战役中，一次性报刊收订流转额达到2148万元，完成计划指标的104.83%，资金到账率达到100%。

（郭小燕）

【集邮业务夯实发展】 集邮专业将项目营销与定制型产品开发紧密结合、热点事件与产品销售相结合，以邮票首发为抓手，以“保存量，促增量”为原则，成功开发党员政治生日邮折、开发北京房地集团成立十周年专题纪念册等项目，全年累计实现业务收入1022.76万元，完成年计划的51.39%。

（郭小燕）

【电商业务平稳发展】 顺义区分公司以加办“三项短信”为龙头，大力发展低本高效业务，全年累计完成收入494.96万元，完成年计划的103.98%。其中短信业务累计实现收入362万元，占总收入的73.07%；销售火车票10.92万张，日均销售299张，实现收入27.3万元；销售电费充值卡990.83万元，形成业务收入13.4万元。

（郭小燕）

【包裹快递业务较快发展】 2015年6月包裹快递改革业务正式实施，全年包裹快递专业累计实现业务收入356.90万元，完成年计划的77.25%，并成功开发北京東兰国际有限公司、马大姐食品有限公司、北京黄色石头传媒有限公司为包裹寄递类的协议客户，协议客户累计实现业务收入29.96万元。

（郭小燕）

【服务管理】 顺义区分公司开展日常检查工作，深化“创岗位先锋、创满意窗口、创服务品牌”和“规范服务、满意100”主题服务活动，提升窗口服务规范化水平；组织开展邮政服务质量大提升活动，开展电子簿册的日常监控活动，确保收寄质量；圆满完成“9.3”阅兵期间的邮政服务工作。

（郭小燕）

防震减灾

【概 况】 顺义区地震局是直属区政府的职能部门，全额拨款事业单位（依照公务员管理），职能是负责区属范围内地震监测预报、震害防御和地震应急救援工作。下设监测预报科、震害防御科、应急救援科和局办公室。编制15人，在编人员14人，其中，处级领导干部6人，科级中层干部4人，主任科员级司机2人，科员2人。2015年，地震局大力加强科技投入，积极做好监测设备的数字化升级改造，强化监测手段，加密震情会商，提高震情预报的准确性，修订完善应急预案，督促指导各单位各部门开展疏散演练，深入开展多种形式的防灾宣传活动，圆满完成了地震安全保障工作任务。

单位名称：北京市顺义区地震局
地址：顺义区府前中街5号
电话：（010）69443890
邮编：101300
邮箱：dizhb@bjshy.gov.cn

（高毅）

【地震监测预报】 负责顺义区地震监测预报工

作体系建设，组织开展地震次生灾害及其它人工诱发地震的监测和研究工作，负责全区宏微观地震监测、地震分析预报，观测点规划建设与管理、地震会商、地震信息交流、宏微观异常落实，制定顺义区地震监测预报方案并组织实施，负责对强震动观测设备的管理和维护，负责震情和灾情速报网的管理，对擅自向社会散布地震观测意见提出处罚建议，通过撰文及时澄清地震发生后种种谣传，负责震情跟踪的管理。

（柳茂林）

【区内地震监测台网】 2015 年全区地震监测台点共有 23 个。其中，前兆台点 2 个，分别是板桥、龙湾屯政府安利隆山庄。测震台点 2 个，分别是杨镇政府、牛栏山台。强震台点 13 个，分别是板桥、杨镇政府、高丽营镇政府、南法信政府、赵全营镇政府、李桥政府、李遂政府、北务政府、大孙各庄政府、北小营政府、龙湾屯政府、奥林匹克水上公园、地震局机关。流动测震点 5 个，分别是奥林匹克水上公园、马坡镇政府、牛栏山镇政府、高丽营镇政府和杨镇一中。宏观观测点 2 个，分别是前鲁鸭厂、野生动物保护中心。以上台点同时兼职为本区地震速报台网。区内台点全部实现数字化，提高地震前兆观测资料水平。

（柳茂林）

【地震目录】 2015 年，本区地域内共发生大小地震 25 次。分别是：1 月 11 日，ML0.4;1 月 23 日，ML0.2；1 月 27 日，ML1.3；2 月 5 日，ML0.5；2 月 26 日，ML0.2；3 月 14 日，ML0.1;3 月 19 日，ML0.3;3 月 25 日，ML0.6；3 月 27 日，ML0.6,ML0.5,ML0.2；3 月 29 日，ML0.1;4 月 3 日，M0.6；4 月 11 日，ML0.4；4 月 16 日，ML0.1；4 月 28 日，ML1.2；6 月 26 日，ML0.2;6 月 29 日，ML0.9;8 月 26 日，ML0.7；8 月 30 日，ML0.1；10 月 14 日，ML0.2;11 月 23 日，ML0.2；11 月 25 日，ML0.1；12 月 16 日，ML0.4；12 月 17 日，ML0.1。

（柳茂林）

【震害防御】 会同有关部门建立震灾预防工作体系，对地震小区划工作进行技术指导和监督；管理建筑工程的地震安全性评价工作；管理以地震动参数和烈度表述的抗震设防标准；组织项目建设区域的地震烈度复核工作，监督生命线工程、重大工程、大型企业、重要城镇的抗震设防工作，破坏性地震发生后，根据灾情重新组织审定抗震设防要求，管理顺义区地震灾害预测工作，参与制定地震灾区重建规划；负责全区的工程建设场地地震安全性评价监督管理；负责全区建设工程抗震设防要求的监督管理；负责防震减灾法律法规和地震知识宣传。

（张华春）

【中小学校舍安全改造】 积极配合区教委对全区中小学校舍抗震安全进行全面排查鉴定工作。落实区中小学校舍安全工程实施方案。配合区教委等相关部门对全区学校校舍存在的安全隐患进行改造加固工作，使学校校舍达到重点设防类抗震标准。正确提供地震重点监视防御区、7 度以上地震高烈度区及地震断裂带和地震分布情况，协助审定中小学布局调整规划和校园建设规划；全面改善本区中小学校舍安全状况，提高综合防灾能力。

（张华春）

【应急救援工作】 年内积极推进应急避难场所建设工作。与区园林中心协作，按照 GB 21734-2008 以及 DB11/224-2004 相关标准制作并安装应急避难场所指示牌 20 余块，分布于城区主干道和相关公园。

（鲍志国）

【防震减灾科普宣传】 年内开展防震减灾宣传教育工作，进社区、进村庄宣传 32 次，参与区内组织的大型宣传活动 6 次，发放材料八万余份。

（柳茂林）

科技 · 教育

科　　技

知识产权

【概况】2015 年是“十二五”收官之年，顺义区知识产权局在区委、区政府的正确领导下，在北京市知识产权局的具体指导下，以全面实施创新驱动战略为目标,结合区域经济转型发展需要，加强知识产权发展保护体系建设，使本区知识产权工作迈上新台阶。

单位名称：顺义区知识产权局

地址：顺义区光明南街 24 号

邮编：101300

电话：69443483

（知识产权局）

【知识产权联席会议制度建立】 9 月 23 日，本区召开“顺义区知识产权联席会议成立大会”，建立知识产权联席会议制度。知识产权联席会议成员单位由 19 个乡镇、6 个街道、26 家职能部门和 3 大板块共同组成，联席会议制度的建立对加强本区知识产权工作的统筹领导，充分发挥各部门的工作合力，强化为企业服务的能力水平，营造知识产权工作的良好氛围，提高知识产权保护意识起到重要的推动作用。

（知识产权局）

【落实知识产权政策】根据《顺义区专利资助及奖励暂行办法》，本局组织开展项目征集和评审工作，资助及奖励非评审类项目 1268 个，评审类项目 7 个。2015 年 1 月，对区内企业、单位和个人专利申请和专利授权兑现资助和奖励资金共计 116 万元，对专利产业化取得突出业绩的科技企业共奖励 350 万元。

（知识产权局）

【开展知识产权宣传、培训】 4 月 15 日，本局联合临空 12330 工作站举行“知识产权诉讼证据收集”培训会。4 月 22 日，由科委、知识产权局牵头，联合区法院、区文委、区工商分局、临空经济核心区 12330 工作站及两家专利代理机构举办“顺义区知识产权企业管理培训班”，各镇政府、开发区管委会和区内高新技术企业主管领导及工作人员参加培训。期间，对参训人员提出的问题进行咨询、解答并发放宣传材料 5000 余份。11 月 13 日，本局联合北京市知识产权信息中心举办“顺义区领导干部及重点企业专利信息利用能力提升学研会”。国家级讲师为知识产权成员单位和企业代表讲授知识产权在经济发展市场竞争中的作用,专利文献知识和专利检索技巧,公共信息服务平台功能介绍及应用等课题。

（知识产权局）

【推动知识产权发展】广泛宣传专利试点、示范政策，争取市级和国家级试点、示范企业创建。2015 年，本局推荐区内 3 家企业参加专利试点企业评选。推荐 4 家企业参加北京市发明专利奖评审工作。年内，本区共有北京市专利示范企业 7 家、专利试点企业 78 家。

（知识产权局）

【促进知识产权保护】 2015年本局进驻展会进行知识产权执法保护工作3次。成功调解专利纠纷6件。并对本区4家大型超市、2家药店及1家医疗器械店的100余件专利商品进行执法检查。其中11件商品标注的14个专利涉及假冒专利行为。此外，本局还积极参加市局执法处举行的联合执法行动，在平谷、延庆联合查处42件假冒专利案件。

（知识产权局）

【制定顺义区知识产权事业发展“十三五”规划纲要】 为全面谋划好“十三五”期间顺义区知识产权的各项工作，本局特别委托国家知识产权局发展研究中心制定顺义区知识产权事业发展“十三五”规划纲要。在“规划纲要”制定过程中，组织召开“顺义区‘十三五’知识产权事业规划纲要”座谈会、“顺义区‘十三五’” 知识产权事业发展规划纲要专家论证会”等会议，邀请相关专家、职能部门和企业参加并结合本区区情和自身工作实际提出意见和建议。“规划纲要”的制定，将有效提升本区“十三五”期间知识产权创造、运用、保护和管理水平，切实为本区实施创新驱动发展战略提供坚强的知识产权保障。

（知识产权局）

教　　育

综　　述

2015年顺义区教育系统各项工作稳步推进。

一、改革深化，教育活力得到激发

教育综合改革深入推进。初步理顺管、办、评分离工作思路，推进全系统扁平化管理，为学校提供便捷、优质服务，创造良好的发展环境。制定《顺义区第二期学前教育三年行动计划（2015—2017年）》。制定《关于进一步落实向社会购买服务的工作意见》。

教育管理资源进一步优化。在资产管理服务中心加挂教育财务管理中心牌子。成立学生活动管理中心领导机构。教育督导室设立综合科、督学科、督政科。完成现代职业技术学院（含一职、职教中心校、汽职高）划转北京城市学院工作。

课程改革扎实推进。制定《顺义区义务教育三级课程整体建设一体化方案（试行）》《顺义区提高语文英语学科质量指导意见》。开展“校长讲课程”活动。小学建立课程改革微信圈，编发《小学课程改革ING》刊物。完成义务教育阶段课程调整。搭建区域交流平台，结合个案研究交流10%学科实践活动经验。70%初一、初二学生走进高校实验室；初一开展开放性科学实验达到100%。贯彻落实《3-6岁儿童学习与发展指南》，借助专家资源，开展合作项目，具有区域特点的学前教育课程体系初步形成。

课堂教学改革研究得到深化。组织高中走班教学、初中分层教学现场会。承办全国“真语文”活动、第六届“牛栏山杯”不同风格与流派课改名家论坛活动。启动“互联网+ENGLISH”项目。全面完成“十二五”区级课题研究，完成北京市规划办2015年度16项立项课题的开题工作。

二、队伍优化，教育软实力得到提升

党建工作进一步加强。深入开展“三严三实”专题教育活动。发展新党员55名，开展在职党员回社区、庆祝建党94周年系列活动和党员献爱心活动。

师德师风建设逐步深化。落实《严禁教师收受学生及家长礼品礼金的规定》和《严禁在职公办教师有偿家教和违规办班补课的意见》。表彰60个优秀师德群体、165名师德标兵。1人获得全国先进工作者称号，3人获得北京市先进工作者称号，1个集体获得北京市模范集体称号。在北京市“紫禁杯”优秀班主任评选中10人分获特等奖、一二等奖。6人获奖北京市“学生喜爱的班主任”称号。

干部成长机制不断健全。形成干部培训、使用、管理一体化机制。组建干部培训班，进行分层、分岗培训。组织全区中小学校长及主管教学干部到北京十一学校参观学习；组织幼儿园园长赴东北师大进行深度研修、中小学德育干部赴南京师大进行专业培训，5位骨干校长结束新加坡南洋理工大学留学。开展小学教学干部听评课能力专项检测活动。创新干部聘用机制，公开招聘幼儿园副园长12名，组织合并校重新竞聘干部32名。城乡之间交流干部72名，其中“一把手”20名。

教师综合素养稳步提升。组建第四期名师工作室23个，覆盖15个学科，成员达300余人。组织“一师一优课、一课一名师”晒课活动，晒课2000余节，名列全市第三。全覆盖式视导全区26所中学，“协商式”视导20余所小学，听、评课2000余节。开展幼儿教师音乐教学基本功展评、小学“临空杯”骨干教师示范课展示、首届心理教师基本功培训暨展示等活动23个，1800余人次参加。参加全国及北京市评优课、教学设计比赛，40人次获一等奖，60余人次获二等奖。

三、育人细化，百姓实际获得感增强

实践育人成效显著。组织5600余名初中生参加天安门广场升旗仪式，100余名少先队员代表参加第二个国家烈士公祭日活动，近5000人次六年级学生到中国人民抗日战争纪念馆和卢沟桥接受爱国教育。召开“弘扬优秀传统文化，培育当代雅正少年”现场会。开展家庭教育儿童剧自编、自演，“图书漂流·爱心捐献”活动。编辑出版《顺义区社会大课堂课程方案荟萃》。征集62节学科德育精品课程，并建立精品课例资源库。

彩虹读书行动深入开展。开展“彩虹诵读大赛”、“健康源于好习惯、习惯源于读好书”等系列活动。召开“喜迎国庆献大礼”彩虹读书成果展示及表彰大会，展示了国学诵读、诗朗诵、童话剧、情景剧、成语相声、古诗歌伴舞等内容，表彰“书香校园”31个、“书香教研组”42个。举办第二届中学生古诗文成语大赛。

体育、卫生工作扎实有效。开展中小学课间操评比、大课间展示活动。举办中小学生中长跑比赛、田径运动会和勇敢小伙伴比赛。首次举办排球、游泳、跆拳道、触式橄榄球、旱地冰球比赛。承办北京市第五十三届中学生田径运动会，第25次获得郊区组高中、初中及团体总分第一名。参加全国中学生田径锦标赛、北京市奥林匹克基地校田径比赛、北京市传统项目学校比赛等二十余项赛事，均取得优异成绩。

艺术、科技工作蓬勃开展。落实《顺义区关于开展农村学校艺术教育实验区工作方案》。8所学校参加北京市第十八届学生艺术节展演，获得3金、4银、1铜的历史最好成绩。举办“绿港达人”首届中小学生个人才艺展演。举办第十四届学生艺术节，5600余人参赛，1158人获奖。承办第三十三届北京市学生科技节开幕式暨科技教育成果展，开展科技创新大赛、金鹏科技论坛、航海（航空）锦标赛、建筑模型竞赛、电脑作品评选、首届“绿港少年”夏令营等系列科技活动。

学习型顺义建设持续推进。不断深化学习型组织建设，努力打造品牌数字化学习平台，开展“绿港书香”全民读书活动。新增建设12个市民体验教室，25个街镇共开展社区教育培训1058次，培训79102人次。通报表彰2014年学习型社会工作先进单位和个人。截至12月底，顺义学习网拥有注册用户5万人，点击总量突破850万。

成人学历教育和社会培训更加惠民。成人学历教育全年招生3428人，中高等学历教育在校生13930人。发挥品牌优势和作用，提升培训品质。“慧企讲堂”、“兴农讲堂”、“创意设计大讲堂”等非学历教育全年培训14700人次。

四、管理到位，教育行为得到规范

招生考试更加精细。组织中考、高考、会考、自考、成考和社考等共30多项，考生达到

60000多人次。中考560分以上137人，全市排名第三；高考650分以上人数124人，比2014年翻了一番。本科录取率为88.2%，比2014年提高11.3个百分点。民办教育管理更加科学。组织办学经验交流汇报会。完成2所民办校（园）聘请外教、2所民办学校招收外国学生资质审查等工作。组织5家单位的14个项目申报社会组织公益行活动，3所学校参加“枢纽型”社会组织展示活动。

五、保障有力，教育服务能力得到提升

资产管理与服务改善办学条件。制定《校舍安全长效机制》。改造工程26项、接收配套幼儿园4所，修缮项目362个。采购教育教学设备84.2万件(套)，采购资金3.2亿元。完成3.34万件（套）资产的核销、转移。信息服务功能发挥有效。完成全区中小学校无线网络建设，为72所学校配备服务器、存储设备。完成教育数据中心虚拟化建设及视频监控融合二期工程，推进教育视频综合服务平台应用，成功直播各种大型培训、教研活动11次。开展新任网管教师、电教教师、学科骨干教师等各类培训班8个，培训学员300余人。两所学校分别被评为北京市数字校园五星级、四星级学校。在全国电脑作品评选、交互式电子白板学科教学大赛、创新与实践活动决赛等比赛中，11人获得一等奖，30人获得二等奖，13人获得三等奖。

六、监督有效，依法治教行为得到促进

党风廉政监督责任落实到位。展“从严从实，遵规守纪”主题教育季活动，编印《廉政新规手册》，集中学习《准则》和《条例》。开展警示教育，廉政文化进机关、进校园活动。督导促进作用体现充分。高标准通过国家义务教育均衡发展验收评估；迎接国务院教育督导委员会秋季开学暨护校安园督导检查；健全和完善督学责任区制度，获评北京市中小学挂牌督导创新区。完成49所幼儿园调研式督导；开展了24所中小学新课程和减负情况专项督导。督导19个乡镇、6个街道。审计监督促进依法治教。制定《教育系统内部审计人员工作职责》和《委托审计工作质量评价方案》。落实集中经济责任审计18家，提出审计建议57条。对基层17家单位开展部门联合后续审计，杜绝“屡审屡犯”现象发生。对10所幼儿园、18所中小学，开展秋季教育收费抽查。接收各单位、部门送审合同1900份，备案合同1857份。

单位名称：北京市顺义区教育委员会
地址：顺义区建新西街1号
电话：69444324
邮编：101300
网址：www.shyedu.gov.cn

（周君姝）

学前教育

【概　况】2015年，顺义区幼儿园96所（不含3所附设幼儿园数），其中教育部门办园55所、集体办园25所、民办园14所（不含民办3所附设幼儿园）、其他部门办园2所。离园幼儿6030人（教育部门办园4824人），入园幼儿8654人（教育部门办园6959人），在园幼儿22749人（教育部门办园17780人）；教职工2672人（教育部门办园1880人），其中，专任教师1461人（教育部门办园943人）。教育部门办园的专任教师学历合格率100%，市级学科带头人0人，市级骨干教师6人，区级学科带头人11人，区级骨干教师213人，区级园丁新星13人。全区一级一类幼儿园37所（教育部门办园36所），其中北京市示范园8所，市级早教基地24所，均为教育部门办园。学前三年教育普及率95.8%，0至3岁幼儿受教育率95%。幼儿园图书馆藏书44.52万册（教育部门办园藏书39.78万册），幼儿园总占地面积427398.15平方米（教育部门办园占地面积327048.55平方米），总建筑面积215306.73平方米（教育部门办园建筑面积157819.45平方米）。

（周君姝）

【园所文化建设观摩活动】 1月26日，顺义区开展园所文化建设观摩活动。园长们先后参观顺和花园幼儿园和大孙各庄幼儿园的园所环境，观看幼儿生态体验区活动，倾听园长做园所基本情况和环境建设的经验汇报。活动帮助园长明确幼儿园文化建设的"理念引领、顶层设计、超前规划、有效落实"的工作思路。全区公办、民办、村办幼儿园园长近80人参加活动。

（单小红）

【7所幼儿园级类验收工作】 3至6月，顺义区完成7所幼儿园级类验收工作。一是3月完成澜西园二区、顺和花园、高丽营第三、张镇中心、牛栏山第二幼儿园共5所幼儿园一级二类验收工作；二是6月完成旺泉幼儿园、高丽营第二幼儿园一级一类验收工作。验收过程中资产管理服务中心结合幼儿园办园条件需求进行设备、玩具、图书的丰富，对环境进行改造保障硬件达标。学前科、学前教研室多次到这5所园进行视导，对园所的管理工作、环境创设、教育教学活动、档案资料收集整理等方面进行实地视导，提高园所的管理水平和保教质量确保。7所幼儿园全部通过验收。

（单小红）

【首届"我为妈妈献才艺"活动】 3至5月，顺义区教委与顺义区妇联、顺义区广电中心合作开展首届"我为妈妈献才艺"活动。3月起全区50所公办幼儿园百余名幼儿进行现场展演录制，幼儿通过绘画、讲故事、说相声、乐曲独奏、歌舞、童话剧等多种形式表现自己的喜好、才艺，为妈妈献上一份各具特色的爱心礼物。5月母亲节进行节目汇演并在电视台和顺广传媒当中播出。

（单小红）

【市级示范性幼儿园验收】 4月，西辛幼儿园通过"北京市示范幼儿园"的验收。顺义区在开展幼儿园升级升类的同时，将创建"市级示范性幼儿园"作为放大学前教育品牌效应的有效手段。以创建与评审"北京市示范幼儿园"工作为抓手，努力构建园所自主与主动发展机制，借力市级专家、区级行政教研和姊妹园资源，多角度、多层面的分析园所发展中的瓶颈问题，深度思考解决的途径、措施和自身发展定位。把"创建和评审示范园"工作过程作为幼儿园自我诊断、自我完善、自我革新、自我提高的过程，把"创建和评审"活动与加强自身建设、促可持续发展同步推进。并在6月份承担西城教研室组织的"西城幼儿园走进西辛幼儿园"的开放观摩活动。

（单小红）

【音乐活动展示】 5至6月，顺义区开展幼儿教师"音乐教学基本功"展评活动。活动分为音乐教学活动展示、教师自我反思和与专家互动三个环节。展评活动更加注重考评对教师对艺术领域幼儿学习特点掌握，对本班幼儿发展现状和发展需要的观察了解，以及对教学内容的分析和自身的音乐素养。推选出的优秀音乐教育活动将在全区进行展示观摩。全区幼儿教师共有49名骨干教师参与活动。

（单小红）

【东兴幼儿园成立】 9月1日，北京市顺义区东兴幼儿园正式成立。该幼儿园原为金汉绿港分园小班部，经教委批准正式宣布独立，成为东兴幼儿园，耿兵任园长。

（陈树环）

【新园开园增加学位】 截至10月，顺义区共有4所公办幼儿园和7所村办园新开园，共增加1710个学位。其中裕龙二区幼儿园、香悦四季幼儿园、东兴幼儿园、北小营第二幼儿园为新开的公办幼儿园，前俸伯幼儿园、木林镇贾山和马坊幼儿园、李桥镇李桥村园和头二营村园、北小营镇大胡营幼儿园和赵全营燕华营幼儿园是新开的村办幼儿园。缓解部分幼儿入园难的问题。

（李美麒）

基础教育

【概 况】2015年，顺义区小学46所（不含一贯制学校小学部），其中教育部门办学43，民办小学3所；另外有9所一贯制学校小学部，2所为教育部门公办一贯制学校小学部，7所为民办一贯制学校小学部。教学班1225个（一贯制学校小学部123个班），其中教育部门公办1065个（教育部门公办一贯制学校小学部43个班）；毕业5254人（教育部门公办4839人），招生7515人（教育部门公办6990人），在校生42784人（教育部门公办39422人）；教职工3196人（教育部门公办3105人），其中，专任教师3110人（教育部门公办2398人）；小学入学率100%，巩固率100%，毕业率100%，及格率100%。

顺义区中学32所（其中职高附设班不计入中学数），其中教育部门公办25所（初中17所、完中2所、高中4所、九年一贯制2所），民办7所（九年一贯制学校1所、十二年一贯制学校6所），教学班766个（教育部门公办615个），初中456个（教育部门公办417个）、高中310个（教育部门公办202个）；毕业9132人（教育部门公办7483人），初中5340（教育部门公办4171）人、高中3792人（教育部门公办3312人），招生8860（教育部门公办7372人），初中4971人（教育部门公办3806人）、高中3889人（教育部门公办3566人），在校学生26785人（教育部门公办21805人），初中15589人（教育部门公办11795人）、高中11196人（教育部门公办10010人），在校生中北京市户籍20453人（教育部门公办16750人），初中10373人（教育部门公办7721人）、高中10080人（教育部门公办9029人）；初中入学率100%，巩固率100%，毕业率100%，及格率100%；高中入学率86.4%，毕业合格率86.69%，应届毕业生高考录取率79.4%；学校教职工4792人（教育部门公办3709人），其中，专任教师3074人（教育部门公办2756人），初中1889人（教育部门公办1382人）、高中2903人（教育部门公办1286人）。

全区教育部门公办中小学专任教师学历合格率100%，北京市特级教师37人（小学3人、中学34人），高级专业技术职务教师908人（小学20人、中学888人）。学校总占地面积3178802平方米（教育部门公办2612047平方米），总建筑面积1370623平方米（教育部门公办986684平方米）。固定资产总值237678.63万元（教育部门公办90116.98万元）。

（周君姝）

【国学诵读寒假活动总结表彰会】 3月16日，北京市国学诵读寒假活动总结表彰会在顺义区召开。该活动由北京市教委联合市委宣传部、北京广播电视台将数字电视、移动互联网等新媒体传播辅助传统文化教育，共同推出的“国学诵读”活动。约3万名教师学生家长参加此项活动，截止活动结束网络点击量全市排名第一。表彰会上，“诵读小达人”向全市中小学生发起“读国学、看国学、谈国学、用国学”的倡议。顺义区、石景山区等6个区县获“国学诵读区县组织奖”，50所学校和45名教师获得“国学诵读学校组织奖”和“优秀指导教师奖”。103名“诵读小达人”和10个“最佳亲子诵读家庭”受到表彰。

（沈浩发）

【义务教育均衡发展国家级验收】 4月28至30日，国家教育督导检查组一行到顺义区进行义务教育国家级验收。检查组成员观看顺义区义务教育均衡发展专题片《百花齐放春满园》，查阅相关档案资料，召开由人大代表政协委员、校长代表、教师代表、家长代表分别参加的四组座谈会。检查组分三组考察顺义十三中、后沙峪中小等15所学校，听取各校介绍，查看办学达标、特色建设情况，查阅部分相关档案资料，观看部分学校师生课外活动展示。30 日，在北京市义务教育发展基本均衡区县督导检查反馈意见暨全国义务教育均衡发展中期推进会上，顺义区与 15 个兄弟区县一次性通过国家义务教育发展基本均衡县（区）评估。

（王跃文 徐振阳）

【中学生中华传统文化知识大赛】 5 月 26 日，顺义区中学生中华传统文化知识大赛在顺义一中落下帷幕。大赛由顺义区教委、区教育研究考试中心联合举办，顺义一中承办，诺亚州优学派提供技术支持。牛栏山一中、顺义一中、杨镇一中、顺义二中、顺义九中、北京四中顺义分校、牛山一中实验学校的高一年级，分别选出 3 名选手组队参赛。最终杨镇一中、四中分校、顺义一中、顺义九中获集体一等奖；杨镇一中王怡然、四中分校姚文沁等 7 人获得个人一等奖。近 5000 名高一学生参加。顺义区中学成语大赛(高二年级)、中华传统文化知识大赛（高一年级）、汉字听写大赛（初二年级），三项赛事将固化为常态中学赛事。

（刘之海）

【高中学科分层走班现场会】 11 月 17 日，顺义区高中学科分层走班现场会暨高一、高二年级碰头会在顺义一中召开。顺义一中大力推行“分层走班教学”，最大限度为不同层次的学生提供“学习条件”和“必要的全新学习机会”。顺义区教委、区教研中心及 7 所高中校干部教师参加。

（吴娇朋 何雪莲）

【德育研究成效显著】 德育室牵头顺义一中、仁和中学、河南村中小三个学段开展“依托学生自主能力培养的小学、初中、高中德育工作衔接的实践研究”。全区在学生自主管理机制和自我管理内容方面进行探索实践，从建立“阳光公益服务志愿者”的自我管理组织做起，指导学生进行民主自治。建立“目标管理、习惯培养、团队互促、评价跟进”的内容体系。在河南村中小召开项目研究推进会。中小学德育工作衔接项目研究现场推进会。项目研究成果在改进德育干部的观念、转变现有德育工作方式上提供有益的借鉴。

（皮丽芳）

【学习方式变革项目研究】 年内，顺义区深入开展学习方式变革项目研究。一是活动的整合，在牛栏山一中先后参与、组织和召开电子教材实验调研、生涯规划课堂展示、电子教材的互动教学实施三次活动。另外就是和 21 世纪能力培养项目整合，通过向市级专家学习，并在实验校如十一中、杨镇二中的课堂中观摩，着重在问题解决能力和表达能力两个方面改变学生学习方式进行探讨。二是参与 11 月 17 日，杨镇中小召开主题为“让教育焕发生命的活力——顺义区“生命课堂”论坛暨杨镇中小“活力课程”开放活动。学习方式变革研究组推出张玉影老师执教的《平角与周角》一课，北师大陈玲教授从信息化的工具性、前沿性、结合行等几个方面进行点评。总论坛上，杨镇中小校长朱秋庭作《让教育焕发生命的活力》主题报告，全方位立体化概述学校实施活力教育的脉络，各级专家从办学目标的高度和信息技术的前瞻对杨镇小学活力教育的实施进行指引和愿景的规划。

（陈惠明）

【课程改革】 年内，顺义区扎实推进课程改革。一是加强上位思考，整体规划三级课程建设与实施。学校依据市区两级课程改进意见，结合学科改进意见及社会主义核心价值观相关文件要求，依据自己学校的办学理念、办学目标，充分挖掘地区教育资源，整合学校师资力量，统筹安排，加强机制建设，完善课程管理，调整课程设置，制定具有学校特色的三级课程整体设置方案，上交中小教科备案。针对学校制定的新的课程设置方案，顺义区教委中小教科及课程研究室集体组织了不同形式的下校调研，以督促新课程方案的有效落实，促进区域课程建设特色形成。二是加强课程培训，提升干部教师的课程领导力和执行力。顺义区紧密结合干部教师的实际需要，分层分类开展各项培训工作。“请进来”培训。先后聘请王凯、朱传世、李群等领导、专家做专题讲座。“走出去”培训。组织干部教师赴外区县考察学习，先后组织6批400余人次。三是“专业化”培训。先后开展新课标培训、初中教师基本功培训、以研究课为抓手的同课异构、联片教研、联盟教研等活动。四是努力搭建平台，营造课程建设良好氛围。杨镇中小的市区校联动推进三级课程建设促进学校内涵式发展活动；李桥中小的“人文与科技”并重理念下的学校课程建设市级交流；杨镇二中的《中国梦》地方课程推进会等。

（陈惠明）

【力促高中教育更具特色】 年内，顺义区采取措施力促高中教育更具特色。一是依托北京市特色项目组促进学校特色发展。顺义二中明确“为学生发展服务，为学生幸福奠基”办学理念，将“以责任为核心的德育系列教育活动”作为学校德育特色建设进行实施，通过责任教育使学生有特点，德育有特色，学校创品牌。北京四中顺义分校在特色校建设过程中，确立“以学校的特色发展促进师生的可持续发展”的办学思路以及“让每一个学生都成长为最好的自己”的培养目标，将“和谐教育”作为学校发展的特色。二是依托国家体制改革项目组促进学校特色发展。顺义九中坚持开展丰富多彩的艺体活动，并为艺体特长生量身制定教学计划和课程，与首都师范大学美术学院、吉林动画学院等大学紧密联系，成为这些学校的实验基地、生源基地和专业加试考点。三是依托示范校传统优势项目促进学校特色发展。顺义区三所北京市示范高中，依托北京市示范高中的传统优势，挖掘学校内在潜力，促进学校特色发展。

（张宝义）

【提升高中教师队伍建设】 年内，顺义区采取措施提升高中教师队伍建设。一是实施教师专业发展专家引领模式，请教材编委与学科专家走进课堂，对老师进行国家政策、教育法规、课程改革纲要、教学理念、课程标准的解读；二是探索教师专业发展多元化培训模式，重视消化市级培训，精雕细刻区级培训，开展形式多样的教研活动；三是开展教师专业发展交流合作模式，与专家直接对话同行讨论开展交流合作，以教学论坛形式开展交流合作，构建课程改革专题网站为深层交流搭建平台，精编课例集为老师交流提供范例；四是搭建教师专业发展分级教研模式，建立三级教研平台，坚持把不同层级的教研活动作为真正提出问题、探究问题和解决问题的学习组织；五是抓实教师专业发展常态训练模式，顺义区每年举办一次全区教师基本功大比拼，各校结合校本研修，扎实开展教师培训，提高教师教育教学技能；六是构建教师专业发展的标杆导航模式，注重“名师工程”的建设，充分发挥校内外各级各类教育名家、优秀教师的榜样示范作用。

（张宝义）

职业及成人教育

【概况】 2015年，顺义区中等职业学校7所，其中3所为附设中职班；教育部门教育部门公办2所，民办4所，其他部门教育部门公办学1所。毕业505人（教育部门公办234人），招生563人（385人），在校生1964人。中等职业学校总占地面积115183平方米（教育部门公办31830平方米），总建筑面积69841平方米（教育部门公办9364平方米），固定资产总值6880.46万元（教育部门公办3093.46万元）。成人学校486所（各级各类学校）。其中成人学历教育学校4所，各层次学历教育累计招生3428名；在校生12805名；开展各级各类培训17项，培训各级各类人员14700人次，开设160个教学班；普通教室68个。学校占地面积48435.57平方米，建筑面积50502.66平方米。体育场（体育馆）面积共8000平方米。固定资产总值6819万元。拥有计算机763台，多媒体教室座位2990个；教职工总数126名，其中高级职称26人。社区学校6所，无专职教师教职工均为临时外聘。农村成人教育学校（乡校及村校）445所，无专职教师教职工均为临时外聘。民办成人培训学校31所，无专职教师教职工均为临时外聘。

（李欣 贾变变）

【南彩镇干部培训】 3月23日，顺义开大举办的“南彩镇2015年干部集中培训”开班。南彩镇处级领导干部、全体机关干部及南彩镇各村委会干部共200余人参训。此次培训设置《领导科学与艺术》、《古代交友之道与现代人际交往》、《行政执行力建设》、《创新思维与创新管理》等5个专题，培训时间为5个半天，目的在于全面加强南彩镇政府干部团队建设，切实提升干部综合素质及管理能力。

（贾变变）

【“绿港书香”全民读书活动】 4月中下旬，区学习办三项措施开展“绿港书香”全民读书活动。一是实施四项全民读书行动计划。由区委宣传部、区总工会、区文明办和区教委牵头，实施“读书与创新行动计划”、“读书与素质提升行动计划”、“读书益智行动计划”和“彩虹读书行动计划”。二是组织各单位开展丰富多彩的活动。区文化委举办“‘世界读书日’·‘悦’读好书”倡议活动，倡导文化工作者立足顺义新发展，通过快乐阅读传承经典，将读书生活化。区民政局以第20个“世界读书日”为契机，组织员工学习《全面建成小康社会与“中国梦”》、《坚持和发展中国特色社会主义》、《加快转变经济发展方式》等13本书籍。三是利用网络平台营造氛围。利用顺义学习网大力宣传，通过给市民推荐经典电子书和电子期刊等形式，营造“人人争做书香个人”的学习氛围。

（贾变变）

【“首都市民学习之星”评选活动】 5月初，区学习办开展“首都市民学习之星”评选活动。在全区范围内征集典型人才，共推荐包括区教研中心孔凡艳、区财政局邹然、顺鑫农业公司林金开，北京龙湾巧嫂果品产销专业合作社张亚利等在内的10名候选人。

（贾变变）

【延庆县教委参观社区教育活动】 5月8日，延庆县教委20余人到仁和镇陶家坟村参观社区教育活动。延庆县教委一行人参观陶家坟村的回迁社区、书画体验室、电子阅览室、文体活动室，并召开座谈会。

（贾变变）

【顺义电大举办大型户外主题活动】 5月下旬，顺义分校与东城分校联合举办的“奔跑吧，同学！”大型户外主题活动在顺义分校展开。主题为践行社会主义核心价值观，传递青春正能量。活动分为六个篇章：爱国篇、和谐敬业篇、团结协作篇、自由平等篇、文明友善篇、圆梦校园篇，设置趣味闯关、校园寻宝、巧撕名牌等游戏环节，两队选手既互相合作又积极对抗比拼，气氛热烈。顺义分校与东城分校打成平手。

（张静 秦蓁）

【社区教育培训活动】 1至6月，社区教育中心大力开展社区教育培训活动。在巩固争创北京市建设学习城市工作示范区建设成果的基础上，社区教育科围绕社区居民的学习需求，大力开展社区教育培训活动，面向各镇、街道下发社区教育培训菜单，各街镇根据辖区内村民和居民不同的教育需求，选择教育内容，聘请中心组织的社区教育教师，开展教育活动。李遂镇文教办举办3期网络基础课程培训班，为居民讲解计算机基础知识和顺义学习网的使用方法。北务镇开展中老年保健知识讲座，为老年人讲解热门养生保健常识和注意事项。马坡镇举办职工素质提升大讲堂，为职工讲解个人礼仪知识。

（贾变变）

【职业教育课程建设】 上半年，北京现代职业技术加进一步强课程建设。将技能传授与实训环节充分融合，加强技能训练力度。推行“理实一体化”教学改革，将课堂搬进实训车间，进行课程整合，发挥实训设备优势，直接引领授课和实训方式改革。加大基础课教师培训力度，扩充美育课程内涵，努力培养学生健康身心品质。以职业院校学生技能大赛和教师基本功竞赛为契机，组织教师参加创新创业教育培训、北京市高职院校教师培训、工商企业管理专业 ERP 应用与实施技能培训等活动，力争从思想上改变，从课程上寻求创新。

（单增安）

【职业学校划转完成】 截至 8 月底，顺义区完成北京现代职业技术学院、顺义区第一职业学校、顺义区汽车技术职业高中、顺义区职业教育中心学校 4 所职业学校划转北京城市学院的管理工作。学生全部并入城市学院。教师共计 346 人，其中 19 人编制留转入城市学院；176 人在北京城市学院工作，人员编制留在顺义区；7 人自主创业；3 人自谋其他职业；11 人申请退养；130 人区教委协调有关分流。9 月 1 日，城市学院首批 5000 名师生的顺利入驻。

（单增安）

【消防应急技能公益大讲堂】 10 月 17 日，顺义开发大学举办消防应急技能公益大讲堂。市防火中心宣传处副主任于连城从火灾事故现场的逃生与自救、初级火警的预防与扑救、灭火器的种类和使用方法三方面进行讲解。并列举 8·12 天津港大爆炸、10·10 安徽芜湖餐馆液化气罐爆炸、10·12 天津北辰化工仓库爆燃、1987 年大兴安岭特大森林火灾等真实案例，分析火灾事故发生的主要原因，结合单位、家庭特点讲述初级火灾的预防和补救措施，讲解“三要三不要”的逃生措施及自救方法。北京开放大学顺义分校师生 200 余人参加培训。

（张静　车利剑）

【顺义学习网总点击量全区第一】 年内，顺义学习网作为顺义区基层远程教育平台，通过到深入各乡镇、街道及各单位开展网站功能介绍和使用培训，发放宣传手册和学习卡，到公共场所张贴 3000 张宣传海报等措施，进行大力宣传。目前有近 40 家单位在学习网上建立子平台，各单位利用平台展示创建成果，实时查看本单位员工的学习情况，共有 20 个不同类型的学习圈子，共计 7000 余人加入。截至 12 月底，顺义学习网共拥有注册用户 5 万人，总点击量突破 850 万次。

（贾变变）

【社区教育培训形式多样】 截止 12 月底，全区 25 个乡镇、街道共开展培训课程 1058 次，培训 79102 人次，培训总时长达 172298 分钟，约合 2872 小时。其中爱国、党政教育培训开展 89 次，文体培训开展 115 次，法制教育培训开展 140 次，幼儿、青少年教育培训开展 113 次，环境保护培训开展 72 次，健康教育培训开展 282 次，就业培训开展 100 次，其他教育培训（安全消防、兵役、理财、安全生产、和谐家庭、狂犬预防等）开展 147 次，合计 1058 次。

（贾变变）

民办教育

【概况】 2015 年顺义区共有各级各类民办学校和教育机构 99 所，民办幼儿园 14 所，民办小学 4 所，民办普通中学 0 所，民办完全学校 7 所（其中九年一贯制学校 1 所，十二年一贯制学校 3 所，十五年一贯制学校 3 所），民办职业高中 4 所；培训机构 70 所，主要培训内容为文化补习、外语、计算机、文体、艺术、汽车驾驶等。2015–2016 学年度共培训各级各类人员 41067 人。固定资产 532273 万元，教学实习仪器设备资产值达到 1765 万元，教学用计算机 2973 台，多媒体教室座位数 10629 个，占地面积 185 万平方米，教学行政用房建筑面积 256 万平方米，体育场（馆）11.2 万平方米，图书藏量 30.4 万册。

（王 焱）

【民办教育机构年审】 2 至 5 月完成顺义区民办教育机构的年检工作，年审合格的各级各类学校共 75 所，其中，中小学 7 所、职业学校 4 所、幼儿园12所、各类培训机构52所；学历教育在校生9180人，幼儿教育在园儿童1579人，培训学校在校学生19085人，毕（结）学生33829人；学历教育和幼儿园专兼职教师2088人，培训学校专兼教师943人。

（王 焱）

【民办校再创佳绩】 10月9日，由北京市教委、北京民办教育协会、北京教科院联合举办的“2015年北京市优秀民办中小学评选表彰大会”在市教委举行。此次表彰对民办学校2004年首次评选后最高规模的奖励。北京新英才学校获评优秀中小学。此外，新英才学校、海嘉双语学校4名教师获得优秀教师称号；海嘉双语学校校长高薇获得优秀教育工作者称号。

（陈艳清）

【15所民办幼儿园的年度考核】 11月18至25日，区教委、区妇幼保健院、区民政局等部门组成考核小组，对全区17所民办幼儿园进行年度考核。考核内容涉及依法办园、财务管理、食堂及安全、教学管理、卫生保健、工会工作六个方面。考核结果表明：各民办园能够坚持依法办园、保障教职工的合法权益，财务管理规范，办园条件逐年改善，教育教学质量有所提高，保教活动丰富多彩，卫生保健符合要求，安全保卫方案详实、设施齐备。

（陈 静）

【民办培训学校安全检查】 7月、11月，区教委对民办培训学校进行2次安全检查。给每所学校下发安全通知书；就容易出现安全问题的卫生、消防、防汛、防火、用电等方面进行重点检查，对存在安全隐患的学校，提出明确整改意见并要求立即整改；同时针对各的问题，对学校负责人提出具体要求，强调了以下几点：1.加强组织领导，明确责任分工，强化落实全通知书的内容。2.要求各校再次对安全隐患进行全面、细致的排查，不留死角。3.如遇恶劣天气，采取停课、顺延放学时间等措施，避免安全事故的发生。4.严格学生考勤制度，加强安全教育，进行紧急避险演练，遇紧急情况最大限度的减少生命财产损失。检查涉及15个乡镇、街道办事处，50所学校。

（陈 静）

【区委书记王刚与民办高校师生座谈】 12月21日，区委书记王刚走进中央美院城市设计学院，参观首饰设计工作室和陶瓷设计工作室，并与师生代表座谈。区委书记王刚介绍顺义区发展的“五个阶段性特征”和“五个转型升级”构想，赞扬城市设计学院师生们的创新精神。城市设计学院院长王中汇报城市设计学院办学成果，学院党委书记高洪就校地对接、深化校地合作提出相关建议。师生代表们纷纷就各自关心的问题与领导们进行交流。

（冯长宝）

【支持民办教育发展】 年内，顺义区采取措施进一步支持民办教育发展。一是根据相关政策，积极争取市区两级资金，为民办学校下拨随迁子女义务教育阶段专项金356.8万元，义务教育阶段学生杂费补贴160.1万元，课本费补贴140.48万元；二是投资15万元奖励考核优秀的民办园、民办校，用于购买玩教具、图书、改善教学环境；三是为民办校优秀班主任、骨干教师下拨1.8万元奖励津贴，用于鼓励民办校优秀教师；四是为引导民办学校做好卫生防疫工作，有效地避免食源性及其他传染病的发生，投资4千余元为各校配2000瓶“8·4”消毒液。

（陈 静）

【民办学校行政许可审批】 年内，共受理并办结各种民办许可事项17件，其中审批事项1件，变更举办者、法人、校园长13件，变更办学地址3件。配合顺义区人力社保局、出入境管理中心、外事局等单位，考察牛一实验学校、嘉德蒙台梭利幼儿园、维拉文化培训学校等单位聘请外教的相关工作；完成鼎石学校、海嘉双语学校招收外国学生资质的资格审查工作。

（陈 静）

特殊教育

【概况】特殊教育学校2所(教育部门公办1所)，开设班21个（教育部门公办18个），结业8人、招生10人（教育部门公办10人），在校生192人（教育部门公办144人），小学156人（教育部门公办108人）；教职工133（教育部门公办74人），专任教师84人（教育部门公办68）；残疾儿童入学率100%、巩固率100%。

（李欣　周君姝）

【学习障碍相关知识讲座】 3月23日，顺义区特殊教育中心为全区学习障碍儿童家长和教师进行有关学习障碍相关知识的讲座。该中心巡回指导教师刘红，在顺义区东风小学建新校区为全区学习障碍儿童家长和随班就读教师进行有关学习障碍儿童认识的讲座。通过理论与实践相结合的讲座方法，使老师和家长懂得学习障碍儿童的表现以及各种学习障碍类型的训练方法，了解如何在家里进行结构化教学来帮助学习障碍儿童更好的学习和生活。

（刘　红）

【“实践课程基地”成立大会】 5月12日，学校以顺义残联举办的第二十五次“全国助残日”活动为契机，与区残联携手，隆重举行“第二十五次‘全国助残日’活动暨特教学校实践课程基地成立大会”。大会在顺义区马坡镇马卷村社区青年活动中心举行，区教委、区残联和马坡镇相关领导及十家基地领导、残疾人艺术团演职人员、顺义区特殊教育学校领导、师生及家长300多人参加此次活动。此次建立顺义区农耕基地、顺义区体育运动学校等10家校外实践课程基地。实践课程基地的建立，丰富学校多元课程，让特殊学生在真实的生活情境中学习生活技能、开发潜能，为将来更好的适应社会生活奠定良好基础。

（武红静）

【“多动症学生认识与矫正策略”培训】 5月13日，顺义开展同班就读“多动症学生认识与矫正策略”培训。内容涉及多动症表现形式及如何有效矫正。特教中心专业人员分期分批走进普通学校，面对面和教师、家长进行沟通，为他们提供最专业支持。全区同班就读主管领导、骨干教师及学生家长共计200余人参加培训。

（赵　恺）

【顺义区第九届特教专职教师评优课活动】 6月26日，顺义区举办第九届特教专职教师评优课活动表彰活动。该活动历时一个月，比赛内容包括教学设计评比、课堂教学评比、个别化教育计划评比三项。特教学校全体任课教师及全区随班就读学校资源教师参加活动。最终评出特等奖4名；一等奖8名；二三等奖共20名。学校领导、教师60余人参加。

（赵　恺）

【融合教育教研组走进南彩学校】 11月11日，北京市中学融合教育教研组走进顺义区南彩学校教研活动。北京市特教中心王善峰博士，特殊教育专家叶立言，中学组组长高效文及全市中学融合教育教研员听取南彩学校教师张晓玉作《背影》一课。

（仇军林）

【双学籍融合活动推进会】 12月15日，顺义区特殊教育学校与港馨小学举行“顺义特教学生双学籍融合活动推进会”。在活动现场，特教学生与港馨小学学生共同参与的室内外社团活动及课堂教学活动；随后港馨小学杨亚民校长就推进双学籍学生融合教育工作的相关举措进行介绍；接着特邀专家作现场点评和发言；最后，小教科特教视导员部署全区特教学生双学籍整合教育工作。年内，顺义区72名特教学生完成双学籍注册工作。探索开展融合工作的新途径，选取定点学校定期组织普校开展符合双学籍学生特点的融合活动，为特教学校学生提供学习平台，同时促进普校师生以平和的心态接纳特教学生。

（武红静　王向辉）

【特奥滚球比赛】 12月18日，顺义特教学校特奥滚球比赛在8点钟正式举行。比赛共有不同组别的54名运动员一较高下，经过角逐，低年级组的冠军是幸福1班，中年级组的冠军是成长5班，高年级组的冠军是自信十班。

（王学彬）

牛栏山第一中学

【概　况】 2015年，北京市顺义牛栏山第一中学占地面积18.17万平方米、建筑面积12.09万平方米，体育场（馆）面积3.53万平方米。图书馆（室）藏书11.98万册，电子图书43974册，订阅杂志、报刊395种。固定资产总值12358.11万元。全年教育经费投入1634.54万元，其中，国家拨款1634.54万元、自筹经费0万元。全年学校信息化经费投入48.92万元，拥有计算机1230台，多媒体教室座位5000个，校园网出口总带宽200Mbps，数字资源量15000GB，“信息技术”课程2课时/周。普通教室69个、专用教室26个、实验室17个。教职工400人，其中，高级职称128人、中级职称120人。专任教师291人，包括特级教师6人、北京市骨干教师15人、北京市学科教学带头人3人；本科以上学历372人。开设教学班51个，全部为高中班。毕业671人，招生644人，在校生1901人，包括寄宿生1869人。高中录取分数线546分（本区），应届高考本科上线率96%。

单位名称：北京市顺义区牛栏山第一中学
地址：北京市顺义区牛栏山镇育才大街1号
电话：69411142
邮编：101301
网址：www.nlsyz.com.cn/niulanshan/

（许　坤）

【体育场改造完成】 5月2日，牛栏山一中完成体育场改造。该体育场占地面积21238.9平方米，其中，国家标准田径场20557.5平方米，看台681.4平方米（占地面积）。此次改造更换13105.5平方米的塑胶跑道和7452平方米足球场草坪。足球场下铺设了416眼地源热井，可提供4万平米的供暖。看台重新粉刷并更换座位椅2300个。增设4架田径场照明高杆灯。该工程2014年6月动工，由政府投资1353万元。

（许　坤）

【手持移动技术在教学中应用研讨会】 5月21日，牛栏山一中举办“手持移动技术在教学中应用研讨会”。会议旨在分析该校手持移动终端教学使用情况和iPad实验班课堂教学效果；提高手持移动设备运用技术；研究手持移动设备辅助教学的发展趋势。该校手持移动设备辅助教学在苹果和安卓两个教学平台进行，ipad教学实验广泛运用在人文综合课程、禁毒德育课程、乐器识别课程、心理生涯规划等课程。

（许　坤）

【全国微课程大赛】 6月至8月，牛栏山一中13名教师制作的27件微课作品分获“第三届全国微课（程）大赛”不同奖项，其中，一等奖作品8件、二等奖作品6件、三等奖作品13件，该校获“优秀组织奖”。该大赛由中国教育学会、全国高等学校现代远程教育协作组、微课程资源共建共享联盟共同举办。比赛旨在搭建国家级的展示交流和推广体系化微课程应用平台，促进教育信息化深入课堂教学改革，提高一线师生的微课设计与制作能力，推进跨区域优质微课的共建共享，营造多元、开放、协同与创新的信息化应用环境。大赛有来自全国3699所院校的3841名教师参加比赛，共有14117个优质微课程作品参赛。

（许　坤）

【获评北京市民族团结教育示范校】 6月13日，牛栏山一中获评北京市民族团结教育示范学校。

该评选由北京市教育委员会、北京市民族事务委员会评选，面向北京市普通中小学和职业高中，经过申报推荐程序和评选领导小组严格评选认定。

（许 坤）

【国际学生北京夏令营营地】 7月12日至22日，牛栏山一中做为“2015国际学生北京夏令营”营地接待来自21个国家近500名国际师生。该夏令营以感受中国为主旨，通过生动多样的讲述结合视听的形式，帮助第一次来华外国中学生全面正向地了解中国。本校做为此届国际夏令营的营地不仅为国际师生提供安全卫生的食、宿，还全面开放体育场（馆）、教育楼、艺术中心及茶艺室等。28名学生志愿者参与服务，56名教师、工勤人员参与后勤保障。“国际学生北京夏令营”创办于2011年，是北京市教委为落实国际及北京市中长期教育发展规划纲要精神，适应首都北京建设具有中国特色世界城市的需要，弘扬中国文化，促进汉语国际推广而举办的国际交流活动，已成功举办四届，共有35个国家和地区的近3900名国际师生参加。

（许 坤）

【第六届全国中学生领导力展示会】 7月24日至30日，牛栏山一中承办第六届全国中学生领导力展示会。本次展示会由中国教育学会、教育部中学校长培训中心、商务印书馆共同主办。展示会以“引领学生新风尚，共享项目新体验，开启公益新主张”为主题，旨在通过领导力项目和微项目展示、专家讲座、交流及全球青年公益创新论坛、世界工坊、真人图书馆等各种丰富多彩的学生活动，考察和培养当代中学生的社会责任感和组织管理能力。为广大中学生搭建一个发现其领导才能、展示其领袖风采的广阔平台，也为国内外著名高校发掘、选拔和培养具有卓越能力的人才提供重要参考。本次展示会共有来自全国26个省、市、自治区的150所学校1000多名师生参赛。

（许 坤）

【国际名校赛艇挑战赛】 8月15日至22日，牛栏山一中赛艇队参加第六届（2015）国际名校赛艇挑战赛获中国新津国际名校赛艇挑战赛中学生赛艇交流纪念奖和中国成都第一届国际青年龙舟友谊赛组织奖，并在中外青年赛艇文化交流论坛上进行经验交流。该次赛事分为成都站和武汉站，是国家体育总局水上管理中心和成都市人民政府（成都市体育局）、武汉人民政府（湖北省体育总局）联合主办，分别在成都新津县和武汉“大美东湖”举行。来自全球的13支队伍参加比赛。牛栏山一中赛艇队代表中国参赛，并在两站的比赛中以绝对的优势战胜新西兰哥伦巴大学附属中学赛艇队。

（许 坤）

【弘扬传统文化教育】 年内，牛栏山一中开展一系列弘扬传统文化教育活动。8月，该校举办了以“继承传统文化，弘扬国粹艺术”为主题的牛栏山一中京剧演出，地方京剧票友和学生同台表演京剧选段。10月，邀请北京歌舞剧院的相声、京韵大鼓、快板等优秀演员走进该校，为师生献上《三打白虎精》、《重整河山待后生》、《欢声笑语》等9个节目。除此之外，该校还开设茶艺校本选修课，使学生在感受中国茶文化的同时，养心修德，学习礼制。

（许 坤）

【数学建模小组获两项大奖】 年内，牛栏山一中数学建模小组参加两次数学建模大赛均获得奖项。该校数学建模小组由1名数学教师和高一年级、高二年级8名学生组成，分二个代表队参赛。4月17日至5月5日，在首届（中学生）国际数学建模挑战赛中获中国赛区一、二等奖。该（中学生）国际数学建模挑战赛（IMMC：The International Mathematical Modeling Challenge）由全国大学生数学建模竞赛组委会（CUMCM）与美国大学生数学建模竞赛的组织机构COMAP共同发起，本次IMMC中国（大陆）赛区的选拔采取邀请赛方式进行，参赛选手在规定的时间内完成论文的撰写，经专家评审后，表现突出的参赛队进行现场答辩。本次挑战赛共有北京和上海地区的10余所中学20多个队伍参赛。9月11日至14日，在由北京市教育委员会和中国工业与应用数学学会共同举办的高教社杯全国大学生数学建模竞赛上，该校数学建模小组再次夺得北京赛区乙组一、二等奖。

（许 坤）

顺义区第一中学

【概 况】 2015年，北京市顺义区第一中学占地面积66000平方米、建筑面积54396平方米，体育场（馆）面积23898平方米。图书馆（室）藏书12万册，电子图书480册，订阅杂志、报刊348种。固定资产总值12533万元。全年教育经费投入8700万元，其中，国家拨款8700万元、自筹经费0万元。全年学校信息化经费投入345万元，拥有计算机545台，多媒体教室座位4096个，校园网出口总带宽160Mbps，数字资源量2000GB，“信息技术”课程2课时/周。普通教室55个、专用教室30个、实验室16个。教职工293人，其中，高级职称101人、中级职称85人。专任教师231人，包括特级教师7人、北京市骨干教师15人、北京市学科教学带头人2人；本科以上学历281人。开设教学班45个，其中，小学班0个、初中班0个、高中班45个。毕业562人，其中，小学0人、初中0人、高中562人；招生600人，其中，小学0人、初中0人、高中600人；在校生1759人，其中，小学0人、初中0人、高中1759人，包括寄宿生1028人。高中录取分数线532分（本区），应届高考本科上线率97.1%。

单位名称：北京市顺义区第一中学

地址：北京市顺义区站前街6号

邮编：101300

网址：http://www.syyz.bjedu.cn/

（何雪莲）

【市级课题顺利结题】 3月25日，顺义一中李冬校长承担的北京教育学会“十二五”立项课题《在课程实施中培养学生自我教育与自我管理能力的研究》举行结题会。在结题会上，专家一致认为：该课题是持续性研究，历时近五年，也是在过去“十五”“十一五”课题研究基础上的进一步深化与拓展。课题研究内容定位清晰、逻辑严谨，研究过程规范严谨，研究卓有成效，初步建立有利于培养学生自我教育和自我管理能力的课程体系，课程的丰富性、选择性有所加强，探索出自我教育和自我管理能力培养策略，提高学生自我教育与管理能力，促进教师的专业成长，凸显学校的办学特色，打造了学校品牌。同时，各位专家对本课题今后的研究也提出建议，希望顺义一中对自我教育从价值观与方法论的角度进行深入研究，把自我教育作为学校的育人模式，创建顺义一中的自我教育理论体系与实践体系。

（李勇 辛加伟）

【通用技术三维竞赛活动喜获佳绩】 4月11日，北京市首届普通高中学生技术设计展示活动在北京二中举行，来自全市14个区县的62所学校共计312件作品参赛。顺义一中在许实云老师的辅导下，有五件作品入围决赛，三名同学参加现场展示活动，其中高一8班陈傲男的作品《智能电动出租车》、李靖超的作品《可加减车厢的汽车》获一等奖，董阳的作品《跳不停》获二等奖，顺义一中获得团体一等奖。

（许实云 何雪莲）

【第二届模拟联合国联合校际会】 2015年5月9—10日，顺义一中模拟联合国社团在学校成功举办第二届模拟联合国联合校际会。本次会议吸引了包括东直门中学、人民大学附属中学朝阳分校等来自北京市各地的高中生模联社团成员。会议设置了两个中文委员会和一个英文委员会。在这些会议中大家模拟了苏格兰议会关于独立议题的讨论，北约成员国关于乌克兰危机的内部会议和克里米亚危机会议。本次活动作为顺义一中生本教育的重要内容，整个会议由学生自主筹备，自主安排，自主评议，展示顺义一中富有成效的自我教育成果。

（张 松）

【第十六届全国中小学电脑制作大赛中喜获佳绩】 7月22—26日，第十六届全国中小学电脑制作大赛在合肥举行，来自全国各省市近2000名学生齐聚在这里，参加最后的角逐。各位选手分别经过技术测试、现场答辩两个环节的考核，顺义一中学生作品在全国参赛作品中脱颖而出，取得优异成绩。杜学珍老师辅导的高一（3）班学生王楠的3D创新制作《学玩一体机》获全国一等奖；高一（3）班周阳的3D创新制作《悠悠挂》、高一（10）班韩京伟的《鬼脸嘟嘟》分获全国二等奖；屈海方老师辅导的高一（9）班毕麟的网站《那年毕业》获全国二等奖。杜学珍老师辅导的高一（3）班吴可远的《智能滑板》、高一（10）班吴从燚的《陪练器》分获全国三等奖。

（张洪茹 何雪莲）

【首届“中国传统文化家长研习营”开班】 9月12日，顺义一中高一、高二共220名家长参加的顺义一中首届“中国传统文化家长研习营”开班仪式暨首场讲座在学校报告厅隆重举行。活动共分两部分。首先由顺义一中校长李冬为《中国古代教育哲学》和《中华大道》作者何光荣先生举行聘任仪式，特聘何老成为顺义一中“中华文化校本课程学术顾问”，并由李校长介绍了顺义一中为贯彻学校“拥有国际情怀和坚守传统文化相结合”之办学理念而致力于开展中国传统文化教师师资培训、学生选修开设和家长研习营创办的初衷、缘起和未来蓝图，并由国家开放大学邹骏教授向到会的全体家长和部分领导教师简要介绍何老的学术人生以及本届家长研习营的课程架构。第二部分，主要由何老先生从儒学“性－心－情”的哲学视角整体阐述传统文化中家庭教育的精髓理念，尤其是他针对今天独生子女高度凝练地概括出“以苦为乐 以勤为德 以俭为习 以挫为幸”的16字家教箴言，并结合自身93载成长感悟和人生智慧所展开的生动讲述。活动最后由国家开放大学孙福万教授为全体家长就下一步将要开讲的《<周易>与中国文化精神》系列课程做一个20分钟的课前导论和内容介绍。

（向新良）

【中国教育学会自我教育课题成果交流暨学术研讨会】 2015年11月19–20日，中国教育学会“十二五”重点课题《在课程实施中培养学生自我教育与自我管理能力的研究》课题组在北京市顺义区第一中学举办课题成果交流暨学术研讨会。来自北京、上海、重庆、河北、河南、内蒙古等地的课题组干部教师以及顺义区中小学的干部教师400余人参加会议。广州深圳市光明中学的语文高级教师、全国知名班主任钟杰老师做题为《探索自我教育的有效路径》的主题报告。19日下午，44位来自不同地区的小学、初中、高中优秀教师进行“自我教育在课堂”教学展示，课后，专家与授课教师、听课教师进行研讨交流。会议期间，与会人员还回顾课题组的研究历程，探讨自我教育研究与实践的经验和不足，以及未来的研究方向和研究思路。

（辛加伟 李勇）

杨镇第一中学

【概 况】 2015年，北京市顺义区杨镇第一中学学校占地面积266800平方米、建筑面积73974平方米，体育场（体育馆）面积共38500平方米。图书馆（室）藏书10.5万册，电子图书10GB册，订阅杂志、报刊192种。固定资产总值14067万元。全年教育经费投入18458万元，其中，国家拨款18458万元、自筹经费0万元。全年学校信息化经费投入260万元，拥有计算机757台，多媒体教室座位3550个，校园网出口总带宽260Mbps，数字资源量2000GB，“信息技术”课程2课时/周。普通教室79个、专用教室14个、实验室24个。教职工447人，其中，高级职称152人、中级职称136人。专任教师316人，包括特级教师4人、北京市骨干教师8人、北京市学科教学带头人2人；本科以上学历428人。开设教学班66个，其中，小学班0个、初中班0个、高中班66个。毕业924人，其中，小学0人、初中0人、高中924人；招生600人，其中，小学0人、初中0人、高中600人；在校生2727人，其中，小学0人、初中0人、高中2727人，包括寄宿生2566人。高中录取分数线520分（本区），应届高考本科上线率94.66%。

单位名称：北京市顺义区杨镇第一中学
地址：北京市顺义区杨镇
电话：61451520
邮编：101309
网址：http://www.bjyzyz.net

（李洪峰）

【高一年级走班选课】 3月6日，杨镇一中高一年级召开“走班选课”动员会拉开“走班选课”序幕。何主任向与会师生诠释“走班选课”内涵以及高一年级这一重大教学改革的设计意图和重大意义。学生要遵循“走班选课“的两个原则：适合、兴趣，并告知学生年级“走班选课”的举措、步骤和要求。

（王新生）

【外语教学专家指导实验基地】 3月12日，杨镇一中被北京市普通教育名师研究会正式授牌为外语教学专家指导实验基地。校长孙孟远表示，提升英语教学水平是学校发展的大计；学校英语教师借助实验基地的发展平台，苦练内功，积极学习，成长为英语教学名师。

（王新生）

【新疆班教师荣获“北京市模范集体”称号】 5月，杨镇一中新疆班教师团体荣获由中共北京市委、北京人民政府颁发的“北京市模范集体”称号。

（李　洁）

【参加全国中学生田径锦标赛】 8月1至4日，全国中学生田径锦标赛在内蒙古自治区巴彦淖尔市杭锦后旗奋斗中学举行。杨镇一中获得学校团体总分第二名，另外，在4个比赛组别中，杨镇一中分获女、男甲组第一名。来自全国25个省、市、自治区的192个代表队、1500多名运动员参赛。

（陈连路）

【“首都少年玉都行▪京和孩子手拉手”夏令营活动】 8月，杨镇一中36名学生、12名教师以及2名校外老师参加由和田地委、北京援疆和田指挥部、北京市教委联合主办的“首都少年玉都行，京和孩子手拉手”夏令营活动。活动主办方始终秉承“民族团结”这一主题，设计“舞”“结”“草”“沙”“景”“史”六个板块，通过组织学生学舞蹈、结对子、观草场、看沙漠、赏风景、读历史等若干主题活动，让杨中师生近距离感受和田的魅力、新疆的风情，促进北京－和田两地青少年文化交流，激发京和两地青少年爱祖国爱家乡的热情。

（李　洁）

【杨镇一中联盟校课题结题暨科研月主题活动】 12月23日，“杨镇一中联盟校课题结题暨科研月主题活动”在综合楼108室召开。杨镇一中陶淑莲副校长主持的《教育联盟下中小学十二年一体化感恩教育实践的研究》课题和兄弟校一起经过四年多的研究，终于结出硕果、顺利结题。

（刘加良）

【顺义区“十二五”科研课题成果评奖】 12月，杨镇一中9项成果参加顺义区“十二五”科研课题成果评奖。课题涉及有教育体制改革方面的《教育联盟德育一体化工作体系研究》，有新疆班办学探索方面的《内地新疆高中班学生干部领导力培养模式研究》《内地新疆高中班学生汉语能力培养模式研究》《内地新疆高中班管理艺术探索与实践的研究》，有新时期课改方面的《“‘253’高效课堂教学模式的研究”》《新课程背景下“611”

语文课堂教学模式的研究》《小组合作学习在高中数学教学中的应用研究》《高中地理“图像－问题－导学”教学模式的构建与实践研究》等，有德育探索方面的《高中欣赏型德育活动校本模式的实践研究》《高中生人生规划能力培养的研究》，有美育方面探索的《实践诗歌三维立体教学提升高中生审美素养的研究》《提高农村高中生音乐素养的研究》。在课题研究中，五年来共有相关论文1400多篇获得国家、市、区级奖励。

（刘加良）

北京城市学院

【概 况】2015年，北京城市学院产权占地面积76.36万平方米，产权校舍建筑面积33.39万平方米、非产权校舍建筑面积3.57万平方米。固定资产总值92215.31万元，其中，教学、科研仪器设备总值17959.79万元。图书馆建筑面积2万平方米，藏有纸质图书144.98万册，电子图书485.8GB。拥有计算机6846台。多媒体教室座位25440个。信息化设备资产6968.85万元，网络信息点3154个，校园网出口总带宽1700Mbps，电子邮件系统用户1200个，上网课程273门，数字资源量31851.6GB，管理信息系统数据总量48.8GB。拥有校内专业实训室12502.7平方米、综合实训室9258平方米，校外实训基地180个。设有12个直属院（系），开设92个专业，其中，本科47个、专科45个。教职工1744人，其中，专任教师857人，包括正高级职称58人、副高级职称216人。聘请校外教师1038人，其中，正高级职称47人、副高级职称260人。毕业生6941人，其中，学历教育全日制普通本科生4388人、专科（高职）生2492人，硕士研究生61人。招生6542人，其中，学历教育全日制普通本科生5152人、专科（高职）生1046人，硕士研究生126人，成人教育本科生218人。全日制学历教育高考招生北京地区本科第二批次录取分数线最低分理科488分、文科513分；本科第三批次录取分数线最低分理科447分、文科474分。在校生23174人，其中，学历教育全日制普通本科生18721人、专科（高职）生4038人，硕士研究生197人。

网址 :www.bcu.edu.cn。

（刘鸿瑞）

【刘林校长荣获“全国劳动模范和先进工作者”称号】4月，中共中央、国务院颁布《关于表彰全国劳动模范和先进工作者的决定》，根据这一决定，北京城市学院刘林校长荣获以“中国共产党中央委员会”、“中华人民共和国国务院”联合授予的“全国劳动模范和先进工作者”荣誉称号。

（刘鸿瑞）

【北京非物质文化遗产技艺传承协会成立】4月，北京城市学院成立北京非物质文化遗产技艺传承协会，该协会由北京城市学院和传统表演艺术、工艺美术、书法、传统中医药、传统老字号等非遗项目的代表人士发起，旨在落实党和政府的要求，凝聚文化、经济、教育等各界热心非物质文化遗产传承的人士的力量，为非物质文化遗产的传承、教育、保护与发展服务，为传承优秀中华文化贡献力量，是经北京市社会团体登记管理机关核准登记的非营利性社会团体。

（刘鸿瑞）

【2014年度北京市师德先进个人】教师刘莹、易珈亦两位同志获评2014年北京市师德先进个人。

（刘鸿瑞）

【获批立项2015年北京高等学校市级校外人才培养基地项目】根据《北京市教育委员会关于公布2015年北京高等学校市级校外人才培养基地立项单位名单的通知》(京教函〔2015〕381号)，北京城市学院推荐申报的校外人才培养基地——北京市丰台区教育委员会被认定为2015年北京高等学校市级校外人才培养基地建设单位。该校已获批校外人才培养基地市级项目4项、国家级项目1项。

（刘鸿瑞）

【7个战略合作协议】 截止至年底，北京城市学院与7家单位签署合作协议。签约单位分别为：北京人力资源服务行业协会、北京医药行业协会、北京金达威活性炭科技有限公司、中国天津人力资源开发服务中心、北京麦当劳食品有限公司、北京爱云路科技有限公司、北京夏岩文化园林艺术集团，内容主要涉及人才培养、师资交流、行业研究、实习实训基地等方面的合作。

（刘鸿瑞）

【2015年度北京市社科基金研究基地项目】 截至年底，北京城市学院荣获多项2015年度北京市社科基金研究基地项目，分别为《京津冀协同发展背景下首都环境治理研究》、《社会治理趋势下社会组织的参与实践模式研究》、《新时期首都环境管理机制创新研究》、《超大城市突发环境事件应急管理法制评估——以第三方为视角》等4项课题，研究范围涵盖环境治理、环境秩序以及环境管理体制等领域及方向。

（刘鸿瑞）

【与圣马力诺大学联合创建欧洲大陆地区首个中医药特色孔子学院】 3月北京城市学院与圣马力诺大学联合创建欧洲大陆地区首个中医药特色孔子学院，它是中国第一所由民办学校、职业院校与国外大学联合成立的孔子学院，这在我国职业教育发展史、民办教育发展史上具有里程碑意义，是我国民办教育、职业教育为中国的文化传播和中国高等教育在世界推广做出的一个突破性的尝试，标志着我国的民办教育和职业教育发展到一个新的阶段。

（刘鸿瑞）

【工艺美术系成立】 3月北京城市学院成立工艺美术系，目前该系下设2个研究生专业方向（中国传统工艺美术、首饰设计）、6个本科专业（非遗漆艺、非遗雕刻、文物修复、书法学、珠宝鉴定与经营、珠宝首饰设计）与2个专科专业（珠宝鉴定师、首饰设计师），可授予艺术硕士专业学位、管理学学士、艺术学学士学位。

（刘鸿瑞）

【全国首个“公共政策与立法第三方评估研究中心”成立】 6月北京城市学院成立我国首个公共政策与立法第三方评估研究机构——北京城市学院公共政策与立法第三方评估研究中心。

（刘鸿瑞）

【第十一届北京市高等学校教学名师奖】 6月北京城市学院王海霞教授荣获第十一届北京市高等学校教学名师奖。

（刘鸿瑞）

【荣获全国“高校思想政治理论课教师2014年度影响力提名人物”称号】 6月北京城市学院韩建新教授荣获“高校思想政治理论课教师2014年度影响力提名人物”称号。

（刘鸿瑞）

【“马工程”重点教材相应课程“精彩一课”奖】 9月北京城市学院韩建新教授主讲的课程获得教育部“马工程”重点教材相应课程“精彩一课”奖。“马克思主义理论研究和建设工程”（简称“马工程”），是中央2004年启动的巩固马克思主义在意识形态领域指导地位的基础工程，也是一项国家重大的理论创新工程。

（刘鸿瑞）

【第三届民办教育国际论坛】 10月北京城市学院举办主题为“民办教育国际化发展之路”的第三届民办教育国际论坛，成立中国教育国际交流协会民办教育分会，该机构致力于为所属的民办教育机构会员单位提供专业服务和指导，作为民办教育机构与政府及社会之间沟通的桥梁和纽带，引领和推动中国民办教育国际化发展。

（刘鸿瑞）

【加入中国高等戏剧教育联盟】 11月北京城市学院正式加入中国高等戏剧教育联盟。该联盟是由中央戏剧学院2011年倡议发起，教育部批准成立的一个联系中国高等戏剧教育机构的常规学术型组织，旨在建立一个联系中国戏剧教育机构的有效机制，增进各院校的相互了解与交流，提供戏剧教学、研究和创作的广阔平台，促进中国戏剧教育事业长足发展。

（刘鸿瑞）

【2015年“星光耀北城”艺术导师见面会举行】 11月北京城市学院举行2015年“星光耀北城”艺术导师见面会，黄磊、许晴、王劲松、海清、庞好、常戎、姜鸿波、李琳、杨志刚、关悦等著名演员及导演受聘成为该校艺术导师。

（刘鸿瑞）

【“韩红艺术研修学院”成立】 12月，北京城市学院与华录娱乐公司合作成立“韩红艺术研修学院”，由北京城市学院校长刘林和韩红共同揭牌，旨在发展音乐培训教育。

（刘鸿瑞）

社区教育中心

【概况】 2015年，社区教育中心系统全年计划招生3300人，实际累计招生3428人，超额完成任务3.8%。中高等学历教育在校生13930人。“慧企讲堂”、“兴农讲堂”、“文创大讲堂”等非学历教育全年培训14700人次。在创建北京市学习型城市工作示范区的基础上，广泛开展社区教育，不断深化学习型组织建设，努力打造品牌数字化学习平台，积极开展“绿港书香”全民读书活动，营造浓厚的学习型社会氛围。完成成考、自考、全国英语等级考试、全国计算机等级考试等考试项目20个，86692科次。

单位名称：顺义区社区教育中心

地址：北京市顺义区府前西街铁路西

邮编：101300

电话：69443449

网址：www.sheqjy.bjshy.gov.cn

（贾变变）

【“读书，让梦想成真”主题征文活动】 3月，在全国总工会“读书，让梦想成真”主题征文评选中，本区闫龙、李国孝、程璐怿3位同志撰写的《读书让生命阳光坚强》等3篇文章荣获优秀征文奖。此次活动，优秀征文奖在全北京市仅有4篇文章获奖。

（贾变变）

【学历教育】 截至3月底，社区教育中心系统各类、各层次学历教育在校生共计12805人。其中业余开放专科4410人、业余开放本科4371人；远程网络教育专科1965人，远程网络教育本科1371人；成人业余中专班688人。2015年春季业余开放本科招生1108人，业余开放专科招生897人，网络本科346人，网络专科261人。2015年毕业1147人，业余本科毕业281人，业余专科毕业496人，网络本科毕业118人，网络专科毕业252人。

（贾变变）

【全国高等教育自学考试】 4月18、19、25、26日，全国高等教育自学考试顺利进行。本次考试全区共有考生1222人，共计3669科次，设社区教育中心和北京美国英语语言学院2个考点。考办制定详细的工作实施方案和应急预案。做到考前充分准备，考中提高警惕，考后及时总结。充分发挥区自考工作委员会的作用，在试卷安全，考风考纪和监督履职等方面加强管理力度。

（贾变变）

【全国卫生专业技术资格考试】 5月16日、17日，全国卫生专业技术资格考试、全国护士执业资格考试进行。其中，全国卫生专业技术资格考试27场，全国护士执业资格考试20场。

（贾变变）

【顺义学习网】 截至6月30日，顺义学习网总点击量突破700万次。顺义学习网作为顺义区基层远程教育平台，通过到深入各乡镇、街道及各单位开展网站功能介绍和使用培训，发放宣传手册和学习卡，到公共场所张贴3000张宣传海报等措施，进行大力宣传。目前有近40家单位在学习网上建立子平台，各单位利用平台展示创建成果，实时查看本单位员工的学习情况，共有20个不同类型的学习圈子，共计7000余人加入。截至6月，顺义学习网共拥有注册用户4.8万人，总点击量突破700万次。

（贾变变）

【社区教育培训】 社区教育中心大力开展社区教育培训活动。在巩固争创北京市建设学习城市工作示范区建设成果的基础上，社区教育科围绕社区居民的学习需求，大力开展社区教育培训活动，面向各镇、街道下发社区教育培训菜单，各街镇根据辖区内村民和居民不同的教育需求，选择教育内容，聘请中心组织的社区教育教师，开展教育活动。李遂镇文教办举办3期网络基础课程培训班，为居民讲解计算机基础知识和顺义学习网的使用方法。北务镇开展中老年保健知识讲座，为老年人讲解热门养生保健常识和注意事项。马坡镇举办职工素质提升大讲堂，为职工讲解个人礼仪知识。

（贾变变）

【新型职业农民培育工程】 10月9日，农广校举行2015年新型职业农民培育工程开班典礼。此次全区共计划培育新型职业农民100人。其中，设施蔬菜生产经营型农民65人、社会服务型（全科农技员）农民35人。共开设农业产业政策法规、蔬菜高效农业节水技术、农产品市场营销等16门课程。课程内容丰富、目标精准、针对性强。本次培训进行三项创新：一是创新培育模式。结合农民特点，采取“分段式、重实训、参与式”培育模式。二是创新培育内容。以服务农民职业发展能力为导向，科学设置培训内容。三是创新培育管理。新型职业农民培育实行实名制管理、小班教学，原则上每班不超过40人，教学档案做到“一班一案”，相关信息及时录入农业部信息系统管理。典礼在李桥镇沿特蔬菜基地举行。

（贾变变）

【“全民终身学习周”系列活动】 11月2–8日，中心开展“全民终身学习周”系列活动。活动“学习助推创新发展”为主题。一是宣传推广顺义学习网。深入社区和单位开展顺义学习网功能和使用宣讲活动，组织开展网络学习交流活动，倡导网络学习、文明上网。二是开展学习型组织视导。开展区级创建学习型组织视导工作，指导创建单位扩展工作思路、完善工作机制、创新工作方法。三是宣传学习典型。宣传报道学习型组织、首都市民学习之星、网络学习之星、学习型家庭的典型事迹，通过榜样的带动，号召全体市民主动积极地学习。四是开展主题培训。天竺综保区等单位聘请知名教授授课，惠企讲堂、创意设计讲堂、兴农讲堂等学习品牌开展丰富多彩的学习培训活动。学习周期间，各单位共计开展培训300余场，受众达到1万人次。

（贾变变）

【顺义电专创意设计大讲堂第24期】 11月30日，顺义电专创意设计大讲堂第24期开讲。本期主题是摄影创意讲座。邀请区摄影家协会秘书长朱志坤老师进行授课。朱老师从相机的起源、发展、照片构图、专业相机的使用等方面做一场精彩的讲座。

（贾变变）

【北小营镇领导干部培训】 12月2日、16日，顺义开大对北小营镇开展领导干部培训。聘请前北京市委党校副校长殷庆言和现任市委改革办专职副主任胡雪峰教授讲授《如何适应政治新常态》、《深入学习贯彻总书记重要讲话精神积极推动京津冀协同发展》等课程。通过培训提高领导干部的政治素质，开拓视野。北小营镇政府全体机关干部、党代表、人大代表及村两委成员200余人参训。

（贾变变）

【燕京啤酒集团中层管理干部培训】 12月11日、12日、18日、19日，顺义开大开展2015年燕京啤酒集团中层管理干部培训。聘请高校知名专家、专业领域、行业金牌讲师授课，内容包括《企业管理常用工具及其应用》、《提升领导力与执行力问题分析与解决》、《创新思维与创新管理》、

《超级团队执行力与高效团队激励机制》、《问题分析与解决》五大专题。燕京啤酒160余名中层管理人员参训。

（贾变变）

【平原地区生态林管护员培训】 12月21日，顺义农广校开展平原地区生态林管护员培训。332人参训，此次培训包括理论课程3天，现场实训课程5天。培训内容包括林木育苗及混交造林技术、生态林防火技术、林下经济技术等8门。从培训实施之日起，学校将培训学员进行全年跟踪服务指导。

（贾变变）

【社区教育培训活动形式多样】 2015年，全区开展形式多样的社区教育培训活动。截止12月底，全区25个乡镇、街道共开展培训课程1058次，培训79102人次，培训总时长达172298分钟，约合2872小时。其中爱国、党政教育培训开展89次，文体培训开展115次，法制教育培训开展140次，幼儿、青少年教育培训开展113次，环境保护培训开展72次，健康教育培训开展282次，就业培训开展100次，其他教育培训（安全消防、兵役、理财、安全生产、和谐家庭、狂犬预防等）开展147次，合计1058次。

（贾变变）

教育研究考试中心

【概 况】 2015年北京市顺义区教育研究考试中心，有教职工总数132名，其中，专任教师118名（高级专业技术职称0名，副高级职称67名，中级职称45名，初级职称6名）。市级学科带头人9名，市级骨干教师35名，市级特级教师10名。学校占地面积13200平方米，建筑面积10600平方米。图书馆占地面积800平方米，藏书总数2.9万册，电子图书110万册。固定资产总值3074万元。全年开展各级各类培训班275个，培训各级各类人员25683人次；全年教育经费投入1850万元，其中，国家拨款1850万元，自筹0万元。全年信息化经费投入10万元，拥有计算机500台，多媒体教室座位2000个（指学校所有配备多媒体教室座位总数），校园网出口总带宽850Mb，数字资源量920 GB，“信息技术”课程0课时/周（指学校所有班级总课时数）。

单位名称：北京市顺义区教育研究考试中心
地址：北京市顺义区中山西街31号
电话：（010）69443837
邮编：101300
单位网址：http://www.shyedu.cn/

（教研中心）

【北京市特级教师新增四名】 4月中旬，经顺义区评议推荐，北京市评选委员会评审通过，正式批准教育研究考试中心中心穆双龙、茹春华、孔凡艳、张秋爽四位老师为北京市特级教师。

（教研中心）

【公开招聘工作结束】 7月25日，教育研究考试中心面向全区进行教研员公开招聘工作正式结束。最终确定鲁静华、李宝艳、李秀华、王红超四位教师进入考核试用期。

（教研中心）

【北京市小学劳技教师技能展示活动】 11月7日，北京市小学劳技教师基本技能培训与展示活动在海淀区教育教学辅助中心举行。本区8名教师参加基本技能展示活动，5人次获市一等奖，获奖比例全市第一，高东梅老师在全市表彰会上做典型发言。

（教研中心）

【全国小学语文名师工作室联盟大会】 11月20日“第二次全国小学语文名师工作室联盟大会暨‘读写课程资源的有效开发高峰论坛’”在江苏无锡召开，来自全国各地的50余个名师工作室参与大会。顺义区小学语文名师工作室主持人、特级教师孔凡艳老师一行共10人参加此次活动。会上，名师工作室主持人孔凡艳老师做《从“学案”走向个性化阅读》的工作室研究项目特色经验交流分享，工作室成员刘学红老师做《找准读写迁移点 实施读写一体语文课程》的TED演讲，受到与会专家与名师的一致好评。此次活动中，还有六名工作室成员的论文分获国家级一、二等奖。

（教研中心）

【教育研究考试中心迁址】 11月下旬，教育研究考试中心迁址工作顺完成。新址位于裕龙花园三街，占地19.8亩，地上建筑面积20000平方米，建筑内部结构规划合理，着眼于时代发展，优化基础条件，能同时满足本区各类教师2000余人参加培训。

（教研中心）

【北京市“十二五”区县教师培训机构建设评估验收】 12月1日，顺义区教师培训机构建设暨教师培训总结评估工作迎接北京市“十二五”区县教师培训机构建设评估验收。专家组一行10人，通过听汇报、查材料、与一线教师座谈等方式对本区十二五继续教育工作做详实的考核。最终经过综合评议，一致认为顺义区教师培训工作管理有据，组织有序，实施有效，保障有力，顺利通过验收。

（教研中心）

文化·卫生计生·体育

文　化

综述

2015年顺义区文化事业工作扎实推进，全区以建设“文化强区”为目标，深化文化改革和健全文化体制。为顺义区“建设绿色国际港、打造航空中心核心区、共筑和谐宜居新家园”的战略目标提供思想保证和文化条件。

一、完善公共文化服务体系建设

一是加强公共文化服务设施建设。区影剧院、区文化馆、区图书馆、区博物馆主体已经全部完工。

二是加强公共文化服务功能作用。第一，区图书馆年接待到馆读者350440人次，借阅图书317205册；开展各类读书活动56场，参加13738人次；送书下乡109次，送书33141册。第二，区文化馆为基层群众进行文艺辅导700余次，辅导学员8000余人；免费开设成人美术、儿童画等辅导培训班19个，开办免费公益展览6期，开展“送福下乡”等文化志愿服务活动。第三，北京焦庄户地道战遗址纪念馆接待国内外游客40.06万人次，“十一”黄金周期间，日均接待人数超过3000人次。第四，区新华书店开展“图书进校园”、“携手走军营”、“宣传抗战胜利70周年”等200多场次读书活动。

三是加强文化惠民活动力度。第一，持续开展公益惠民演出和电影公益放映活动，50余支文艺表演团队在全区425个行政村进行公益演出850场。第二，全区5套固定和23套流动设备全年放映公益电影17850场，观众80388人次。

四是加强文学艺术家“下基层”服务。第一，在杨镇小学设立北京市作家协会小作家分会并举办颁牌仪式。第二，区书法协会培训基地揭牌。第三，举办“书香文化进社区”活动，邀请书画、相声、表演艺术家为社区居民创作作品、表演节目。

二、开展形式多样的群众文化活动

一是弘扬品牌群众文化活动。2015年，“二月新春”、“五月的鲜花”、“十月金秋”三大系列品牌活动围绕弘扬中国梦，打造魅力新顺义为主题，举办第十一届“高丽营杯”戏曲票友大赛、顺义区首届职工春节联欢晚会、北京市第九届“天竺杯”文艺会演及颁奖典礼、第四届“夏青杯”朗诵大赛暨第三届“放飞梦想”北京诗歌朗诵大赛、“观优秀影片 唱经典歌曲”卡拉OK大赛等1200余场文化活动，观众100多万人次。

二是紧抓“纪念抗战胜利七十周年”主题文化活动。举办“勿忘国耻、圆梦中华”专题文艺演出、纪念抗战胜利七十周年书画作品邀请展和关怀抗战老兵慈善义拍义卖会等“纪念抗战胜利七十周年”系列文化活动。

三是助力浅山文化建设。第一，组织艺术家精心创作370余幅艺术作品，送至浅山民俗户，提升浅山人文魅力。第二，举办第二届薛庄木雕文化艺术节，挖掘浅山地区文化底蕴，助力浅山发展。

四是不断丰富文化活动内涵和形式。第一，举办廉政文化"古镜·仇立权画和珅国画"作品展。第二，庆"六·一"国际儿童节文艺慰问演出暨向东风教育集团赠送数字电影放映设备仪式。第三，庆祝建军88周年书画名家进军营慰问书画笔会等文化活动。

三、文化遗产保护工作持续加强

一是加强文物修缮保护和普查勘探。第一，对市级文物保护单位元圣宫（位于牛栏山一中内）进行整体修缮工作。第二，对历年收集的石碑进行整理修缮，形成可对外开放的碑林。第三，新城建设所需用地的考古勘探工作已全部完成。全年考古勘探面积合计87万平米，考古发掘115平米。

二是加强"非遗"挖掘保护和传承发扬。第一，组织各镇完成全区158项非遗资源项目的清查工作。第二，新申报高丽营剪纸、张镇景泰蓝制作技艺2个区级非遗项目。第三，新增非遗培训学校5家。第四，举办第六届北京市端午文化节、大胡营高跷秧歌花会走街等10余场非遗项目等活动。

四、文化市场管理工作有序开展

一是严格市场管理。2015年，审批歌舞娱乐2家，电子游戏娱乐场所1家，网吧筹建4家，设立3家，审批营业性演出2家（燕京啤酒节27场），审批电影放映单位1家，新设立演出团体9家，新增图书零售审批39家。加强行业法规政策宣传，召开文化娱乐行业会议12次，其中全行业大会4次，向各文化经营单位及时传达并学习了国家有关行业管理、安全生产、防火禁毒等法律法规和方针政策。采取企业自查、自填和重点企业帮扶相结合的形式，完成企业安全生产条件普查，全区共普查企业118家。

二是加强执法管控。以"清源2015"、"净网2015"、"秋风2015"、"护苗2015"四个专项行动为切入点，以集中治理和联管模式为有效手段，进行文化市场综合治理。共出动执法人员1677人次，执法车辆713台次，检查各类文化经营单位700家次，办结文化市场违规经营案件32件，没收非法图书6800册，取缔无证照摊点、擅自从事经营类违规行为13起，收缴卫星地面接收设施等设备4套，屏蔽各类有害信息3000余条。

五、涌现众多文化艺术精品

一是打造区域文化艺术精品。首创现代曲剧《箭杆河边的新故事之十不闲传奇》。创编包括《焦庄户》、《寸草春晖》、《抗日岁月》三部"纪念抗日战争胜利70周年"优秀剧本。出版《百名艺术家书画作品集》。2015年，顺义区文化委创作的现代抗战评剧《寸草春晖》获第四届"宝坻杯"环渤海评剧艺术节剧本创作金奖。顺义区舞蹈家协会选送的广场舞蹈《渔阳乐舞》在中国首届广场歌舞节中荣获特别奖。顺义区作家协会3名会员荣获全国孙犁散文奖。

二是打造艺术精品展示平台。举办"2015鲜花港郁金香文化节暨惠民书画民俗艺术展"。举办百名艺术家书画作品比赛展览活动，在学校、社区、农村展出书画作品300余幅。赴山东潍坊市举办北京书画名家作品联展暨"铜墙铁壁中华魂"王雍长城摄影作品展，展出书法、美术、摄影作品223幅。

单位名称：顺义区文化委员会
地址：顺义区拥军路
邮编：101300
电话：（010）69443669

广播电视

【概　况】2015年，广电中心在区委区政府的正确领导下，面对"新常态"，不断突破创新，围绕本区"建设绿色国际港、打造航空中心核心区、共筑和谐宜居新家园"的奋斗目标和"把握阶段性特征、推进转型升级"的总体要求，为区域经济社会发展营造良好的舆论环境。

单位名称：顺义广播电视中心

地址：顺义区拥军路4号

电话：（010）69466677

邮编：101300

网址：http://www.bjsytv.com

（广电中心）

【顺义新闻扩容】 4月1日起《顺义新闻》正式从每天12分钟延长到15分钟，增设“生活直通车”版块，与区内各部门联动，发布政务信息，生活服务、便民提示资讯等，并与“顺广传媒”互动，发布两台一报在微信平台与百姓的互动，每天最后的主播播报生活服务资讯也成常态。

（广电中心）

【开辟新栏目、开展系列专题报道】 着重围绕“三严三实”专题教育、生态建设等重点工作开办《在群众中间》、《清洁空气 共同行动》等专栏，结合重要节日节点，开辟专栏“喜庆祥和迎新春”、开展“我的故事 最美劳模季”系列、“顺义抗战故事”系列专题节目报道，有效地抓住重要节日节点，进行宣传报道，营造良好的舆论氛围。

（广电中心）

【专题节目新突破】 全新的生活服务类专题栏目《生活帮》于2015年6月正式播出，栏目涵盖设置“政策工具箱”、“生活实验室”、“惠生活”、“资讯速览”等子栏目，实现专题节目形式和内容的蜕变，做到深入百姓，服务百姓。在保证专题节目按时播出的基础上，在节目的制作方式、形式上，努力创新，尝试突破。《是非方圆》突破传统专题制作方式，编导导演拍摄，百姓自编自演，以案说法，提高节目可视性的同时普及法律常识。《健康有约》进行及时改版，节目延长至20分钟，以百姓关心的健康常识为切入点，丰富节目形式，增加互动。

（广电中心）

【午间有线无线同时直播】 2015年5月5日实现午间有线无线同时直播。将《越聊越开心》这一电台品牌直播栏目延长至有线时段播出，扩大直播阵地，也为有线广播更好地实现应急广播的功能打下良好基础。

（广电中心）

【电台推出抗战胜利系列宣传】 为纪念反法西斯战争胜利70周年，为党的生日献礼，同时也为践行“三严三实”营造良好的舆论氛围，顺义人民广播电台特在7月9日推出著名作家何香久的长篇巨著广播小说《焦裕禄》，为纪念抗战胜利推出专题节目《沈西宁讲顺义地区抗战史》。

（广电中心）

【《顺义时讯》改版】 2015年1月1日起，《顺义时讯》以崭新的形象与读者见面，为市民提供更贴心的服务。报纸整体体现出“主流、权威、深度、贴近”的风格，实现“沟通、服务、参与”三大功能，即构建政府和市民互动的桥梁、打造读者获取服务信息的平台、提供百姓展示自我风采的舞台。

（广电中心）

【《顺义时讯》成功开办】 由对开4版变成4开8版，主打民生新闻、社会新闻、社区新闻、生活服务资讯，方便百姓阅读和读者互动。8版的“69440707就在您身边”栏目改为“有事您说话69440707”栏目。又在8版的热线栏目中增设“这事帮您问了”，“这事办了”子栏目。

（广电中心）

【新媒体平台正式上线推广】 平台2015年1月1日正式上线推广以来，积累10万余“粉丝”，电视台单条新闻在新媒体平台的平均点击量达到7000余次，最高突破60000余次；电台节目峰值收听量达到6000余个；报纸新闻等资讯点击量平均达到4000余次。平台自试运行以来，网络直播区内道德模范颁奖、电台听众节、区两会等，组织多场大型活动，其中“我为妈妈献才艺”活动在微信平台展播期间得到广大人民群众的热情响应和积极参与，获得点赞超过56万人次。

（广电中心）

【深入报道“十二五”】 顺义广电全媒体深入

报道“回眸十二五 展望十三五”。围绕“十二五”发展成就进行宣传，坚持点面结合、图文并茂、政民互动，陆续播出、刊登《辉煌“十二五”发展关键词》，《辉煌“十二五”我们一起走过》，《百姓眼中的“十二五”》、《影像中的顺义足迹》等栏目、版块，对“十二五”进行全面回顾梳理；同时制作5集专题宣传片，从经济发展、民生改善、城乡建设、深化改革、党的建设等方面，对“十二五”成效进行专题报道。启动“十三五”规划的宣传，通过对“十三五”规划纲要的解读、开设《展望“十三五” 转型升级谈发展》、《展望“十三五” 迈进新生活》栏目等多种方式。

（广电中心）

【大型活动】 为纪念抗日战争胜利70周年，顺义广电中心广告部与文委共同举办“顺义区纪念抗日战争胜利70周年”群众文艺汇演。今年5月至9月由顺义区科委、科协、顺义区广电中心联合举办“顺义提素行动”科普知识电视大赛，通过全方位立体化的宣传，和各方的大力支持与配合，使全区进一步形成学科学、爱科学、用科学的良好氛围。在“十二五”收官的关键节点上，顺义广电中心再次承接本区新春团拜会工作。以“建设绿色国际港，打造航空中心核心区，共建和谐宜居新家园”为主题，全面展现顺义在“十二五”时期取得的辉煌成就，畅想“十三五”的美好愿景。

（广电中心）

卫生和计划生育

【概　况】 有12个镇、7个地区办事处、6个街道办事处、426个村民委员会、85个居民委员会。常住人口100.4万人，其中城镇人口54.9万、农村人口45.5万。有医疗卫生机构705个，其中医疗机构695个，包括盈利性261个、非营利性434个。有执业(助理)医师3323人（其中西医2753人、中医578人），注册护士3045人，实有床位3160张。平均每千常驻人口执业（助理）医师3.25人、注册护士3.20人、床位3.10张。年平均户籍人口614872人，其中男性304883人，女性309989人。全年出生6407人，出生率为10.47‰，其中男性3261人，出生率10.75‰；女性3146人，出生率10.19‰。死亡3951人，户籍人口总死亡率为6.45‰，其中男性死亡2141人，死亡率7.05‰；女性死亡1810人，死亡率5.86‰。人口自然增长率为4.01‰，男性和女性自然增长率分别为3.69‰和4.33‰。因病死亡3783人，占总死亡人数的95.75%。死因顺位前十位依次为心脏病、脑血管病、恶性肿瘤、呼吸系统疾病、损伤和中毒、内分泌营养和代谢疾病、消化系统疾病、泌尿生殖系统疾病、神经系统疾病和起源于围生期的情况共计3747人，占总死亡数的94.84%。

单位名称：北京市顺义区卫生和计划生育委员会
地址：顺义区顺康路1号
邮编：101300
电话：（010）89453150

（卫计委）

卫　生

【医药卫生体制改革】 按照北京市及顺义区深化改革的相关要求，坚持以改革促发展的工作思路，统筹推进调整优化医疗卫生服务体系、逐步改革人事薪酬制度、继续深化监督治理体制改革及统筹规范信息化建设等四方面重点改革，继续深化公立医院综合改革、基层医疗卫生机构综合改革及鼓励引导社会办医等三项专项改革。

一是调整优化医疗卫生服务体系。推动京津冀医疗服务资源共建共享，以《京津冀突发事件卫生应急合作协议》为框架，坚持“预防为主，常备不懈；优势互补，资源共享；毗邻对接，协调联动”的原则，做好与河北省三河市卫生应急合作项目，并完成对接。推动优质医疗卫生资源均衡配置，大力支持北京地坛医院顺义院区业务扩展，实现该院区10个门诊科室、2个综合病区共60张病床对外开放。北京友谊医院顺义院区建设，成立了由区长任组长的专项工作小组，按照市政府统一部署和要求，加快办理项目前期手续，全力推进项目建设实施。提升区级医院综合诊疗实力，区医院签约成为首都医科大学教学医院，纳入北京宣武医院国家远程脑卒中中心防治网络体系，与本市三甲医院实施专科层面对口协作。继续实施以理事会为决策核心的法人治理结构改革，巩固区中医院与北京中医医院、区妇幼保健院与北京儿童医院一体化管理成果，逐步完善分级诊疗新秩序的构建，带动区域医院管理水平和诊疗服务能力快速提升。北京中医医院顺义医院正式挂牌为三甲医院，12月成为长春中医药大学教学医院，并正式启动“市级－区级－镇级－村级”一体化中医医疗服务体系建设；区妇幼保健院与北京儿童医院实行一体化管理，加快实施妇儿专科诊疗中心建设，年底郎景和院士工作站在北京儿童医院顺义妇儿医院正式成立。加强镇级节点医院发展和提升，在空港医院及区二院引入凤凰医疗集团参与的新型社区服务体系综合改革，5月正式签署《合作共建新型社区医疗卫生体系协议》，通过公私合营（PPP）的方式，在空港医院和区二院实施公立医院法人治理结构改革和运行机制改革，组建理事会和院长管理团队，制定试点医院5年发展规划纲要，启动首批3个快捷诊疗中心（UCC）建设。在中医医联体建设中，将区三院由全额拨款单位转变为差额管理单位，在不降低政府投入的前提下，实现了人员打通使用、统一绩效考核，完成7家中医特色诊疗服务突出的社区卫生服务站建设。

二是逐步改革人事薪酬制度。完善人才培养制度，加强以全科医生为重点的基层卫生人才培养，完善鼓励全科医生长期在基层服务的政策。探索建立灵活的用人机制，贯彻落实医师多点执业制度，利用医联体、对口支援等政策开展基层轮岗机制，贯彻落实多地点执业管理办法。改善医务人员执业环境，在继续落实现有医疗责任保险的基础上，安排专项资金统一为辖区内25家社区卫生服务中心投保基层医疗机构医疗意外保险及责任险，提高抵御医疗意外风险的能力。

三是继续深化监督治理体制改革。加强监督治理体系建设，以公共场所卫生、生活饮用水、医疗卫生与传染病消毒工作为监管重点，加强卫生监督属地管理职能，将着力提升监管质量，将卫生监督工作作为属地联合执法的重要内容，全面提升卫生监督执法的效果和震慑力。

（卫计委）

【医疗工作】 全年门诊785.12万人次，急诊45.87万人次。入院5.51万人次，出院5.53万人次，病床使用率62.19%，平均住院日8.99天，全年住院手术例数1.78万人次。

（卫计委）

【对口支援】 顺义区医院、妇幼保健院、中医院、空港医院继续与北京三甲医院保持对口支援关系。通过对口支援区属医院新建临床科室3个，开展新适宜技术19项，开展新项目8项。北京三级医院对顺义各医疗机构的支援中，管理人员15人，支援天数444.5天；副高以上专家185人，支援2546天；中级职称及以下专业技术人员39人支援2061天；对口支援人员诊疗次数达126015人次，其中急诊190人次；完成432例手术；疑难病会诊4144次；教学查房272次；学术讲座70次；区级医院通过对口支援送至北京三甲医院进修27人，306天。

（卫计委）

【血液管理】 采集血液15714单位。街头自愿无偿献血14718单位，占总采血量的93.66%。其中，光明文化广场采血点共采集血液7543单位，月采血量628单位；华联购物中心采血点共采集血液7175单位，月均采血量598单位。组织团体无偿献血996单位，占总采血量的6.34%。2015年，各医疗机构共使用悬浮红细胞6638单位、使用血浆3935单位，使用血小板639单位。

（卫计委）

【麻醉药品及特殊药品管理】严把毒麻药品审批管理的入口关。认真审核诊疗科目、药学专业技术人员、具备处方权医师及设施制度等情况，按照先审查文字材料，再现场实地验收的审批程序，确保验收质量和专业性，年内验收新增印鉴卡管理医疗机构1家，变更印鉴卡事项5例，参与销毁过期毒麻药品3次。二级综合医院平均住院、门诊、急诊患者抗菌药物应用比例分别为46.04 %、13.1%和18.72%，达到目标要求；I类切口手术预防使用抗菌药物比例为23.63%、微生物标本送检率为37.61%、抗菌药物使用强度为21.21DDD，较上年的28.05%、37.35%、24.23DDD有明显改善。坚持处方点评制度，5月29日举办了顺义区社区卫生服务机构处方点评专项培训会，并于6月18日正式启动顺义区基层医疗机构处方点评工作，由12名区级专家负责25个基层医疗机构的处方点评工作，全面提高处方质量，切实保障患者用药安全。

（卫计委）

【护理工作】全区ICU床位数为41张。开展优质护理服务病房共54个，其中区医院、区中医院和妇幼保健院优质护理服务覆盖率为100%，区空港医院优质护理服务覆盖率为50%。针对基层护理质控管理存在的薄弱环节，3月24日组织基层护士开展护理质量控制与绩效考核的培训，完善护理管理，提高基层医疗机构的护理质量。5月20日～22日对辖区内各级各类医疗机构进行《护士条例》落实情况的重点督查，包括辖区内三级医疗机构1家、二级医疗机构3家、一级医疗机构16家，从维护护士合法权益、护士配备、护士执业管理等方面进行重点督查。针对检查中发现的问题，区卫计委已于5月28日在全区医政工作会上进行反馈，要求各医疗机构举一反三，进行整改，更好地贯彻落实《护士条例》。11月，区护理质控中心专家利用三天时间开展优质护理服务评价工作。专家对各医院护理部的各种组织体系文件、优质护理服务文件和各项各类管理制度进行详细的检查和指导，并分别深入2～4个病区进行实地评价，查阅科室的护士排班表以及护理持续性改进相关文件，针对信息系统的使用情况、仪器设备的维护与管理进行询问和检查，并随机抽取临床护理人员，向其询问关于排班原则、绩效考核分配制度等内容，评价具体工作的落实情况。

（卫计委）

【科研工作】科研立项20项，获科研经费138.3万元。发表论文659篇。其中SCI2篇，影响因子分别为2.281和1.51。核心中国科技论文统计源期刊、中国科技核心期刊246篇。

（卫计委）

【医学教育】为区医院、中医院、妇幼保健院、空港医院、疾控中心及医疗卫生继续教育中心6家区级继续医学教育基地各拨付专项资金15万元，用于硬件等设施的改造和建设。举办市区继教项目27场，区级继教项目442场，培训卫技人员79923人次。各单位举办自管项目154场，培训卫技人员25864人次。参加继续医学教育的卫技人员共计7051人，其中达标人数7042人，参加率100%，达标率99.87%。送出从事临床医疗工作的全日制医学专业本科及以上学历的毕业生82人参加三年住院医师规范化培训，送出率100%。同年送出29名基层社区卫生服务机构全科医生岗位从事社区卫生服务工作的，2015年临床医学专业专科应届毕业生，参加为期三年的首都医科大学2015年成人学历教育临床医学定向班学习。送出5人参加2015年社区卫生服务康复等七个专业骨干培训，涉及药学康复心电图等专业。区医院、中医院、妇幼保健院、空港医院共计送出21人参加2015～2016年度区县级医院骨干医师培训。9人参加2015年北京市社区颈动脉彩超医师培训班。49人参加2015年急诊医学专业继续教育必修项目学习，经培训后考核全部合格。顺义区医院4医1护组建急诊急救团队参加北京市中法培训班急诊急救模拟人培训。基层医疗机构5人参加北京市基层中医适宜技术骨干培训班。

（卫计委）

【社区卫生】全年社区共上缴收入35741万元，同比增长8.57%。拨付公用经费6801万元，同比增长24.47%。全年采购销售基本药物16975万元，同比增长3%。投入90.5万元为12家社区卫生服务机构安装分诊叫号系统，从2013年开始至2015年底累计完成23所社区卫生服务中心分诊叫号系统和2家中心的预约复诊系统。投入48.99万元用于家庭医生式服务手机通讯费用，建立家庭医生式服务激励机制。各社区卫生服务中心挑选1～2个示范社区卫生服务团队，规范服务内容和服务流程，开展家庭医生式服务工作。家庭医生式服务签约15.4万户、43.2万人，总体签约率为43%。为确保2015年底全区居民健康档案电子化率要达到75%以上，制定工作方案，安排资金保障，各社区卫生服务中心集中人力采取多种有效途径建立居民电子健康档案，共建立电子健康档案80.75万份，建档率80.4%。较2014年同比增长97.6%。

（卫计委）

【慢病患者俱乐部会员制】为糖尿病患者提供每年4次免费测血糖，为高血压患者提供每年4次尿常规检查。全区高血压患者265803人，管理57062人，管理率21.5%，其中规范管理率54.3%；糖尿病患者69990人，管理21164人，管理率30.2%，其中规范管理率50.8%。较2014年高血压管理率下降3.49%，规范管理率下降5.97%。糖尿病管理率下降2.95%，规范管理率下降9.62%。

（卫计委）

【中医治未病预防保健指导室试点建设】完成马坡、南彩、赵全营、天竺、李遂5个单位中医治未病预防保健指导室试点建设，投入经费195万元配发体质辨识自助机、脉象检测仪、骨密度检测仪等设备，为辖区居民提供有针对性的中医保健指导。年内，社区中医门诊量达到27.8万人次，占门诊服务总数的13%。为25581名65岁老年人提供体质辨识及中医健康指导，较2014年增加3.9%；为10387名0～3岁儿童提供饮食、起居调摄指导并传授穴位按摩保健技能，较2014年增加26.6%。

（卫计委）

【农村卫生】302名乡村医生参加培训，参加率99.3%、培训合格率100%。乡村医生岗位培训中理论培训27学时、技能操作20学时、见习32学时。与首都医科大学附属北京中医医院、北京中医医院顺义医院联合举办，北京中西医结合学会、顺义区医疗卫生继续教育中心协办“顺义区社区医师/乡村医生基层医疗服务能力提高班”，共有43名乡村医生和社区服务站医师参加，培训为期半年。

（卫计委）

【新型农村合作医疗】参加新农合25万余人，参合率达97.4%，实现了农村居民医疗保障的全覆盖。新农合人均筹资标准1200元，其中市区两级财政补助780元、镇级补助255元、村集体5元、个人缴费160元，当年筹集资金3亿元。报销支出2.19亿元，其中住院及特殊病门诊支出1.65亿元，普通门诊5448.87万元。参合人员获得补偿受益70.13万人次，其中住院及特殊病门诊2.35万人次，普通门诊34.7万人次。全区领取报销金万元以上4384人，较去年同期增加223人。其中1至5万元3829人，5至10万元471人,10万元以上的84人（含18万封顶7人）。

（卫计委）

卫生监督

【公共场所卫生监督】全区公共场所2036户，

监督3159户次，监督覆盖率99.66%，合格率98.97%；抽检492件，合格483件，合格率97.47%；行政处罚91起，警告65起，罚款26起，罚款金额5.8万元。受理投诉举报26起，所有投诉均已办结。对1810户公共场所应进行量化分级，量化评级1758户，评级率97.12%。其中A级63个，占3.58%，B级1626户，占92.49%，C级66户，占3.75%，不予评级3户，占0.17%。

（卫计委）

【生活饮用水卫生监督】 全区生活饮用水供水单位468户，监督462户，775户次；抽检15件，合格15件，合格率100%；涉水产品抽检2件，合格2件，合格率100%；行政处罚40起，警告40起，罚款13起，罚款金额20.5万元。未发生生活饮用水污染事故。

（卫计委）

【卫生行政管理】 卫生行政许可咨询2400余件，受理625件，办结616件，办结率98.56%，其中公共场所办结371件，新办171件，延续145件，变更39件，补办2件，注销14件；生活饮用水办结232件；放射卫生办结13件。食品安全标准备案接收39家企业85个企标备案资料，完成89个企标备案工作，其中新备案67个，修订备案16个，修订后重新备案6个，受理咨询371人次；预审企标301次。

（卫计委）

【放射卫生】 开展放射诊疗活动并取得《放射诊疗许可证》的医疗机构31户，放射工作人员270人，在册并通过检测放射设备95台。年内监督检查38户次，其中1户处以一般行政处罚、罚款3000元，1户处以警告并责令整改，5户均下达《卫生监督意见书》。

（卫计委）

【医政执法】 全区共有医疗机构691户，其中一级以上（含一级）42户，一级以下649户。监督检查690户，监督覆盖率99.86%；有效监督2181户次，合格2111户次，合格率99.62%。处理一般程序处罚案件17起，罚款金额13万元。

对全区生活美容机构开展“美丽盾牌—2015年春季”专项整治行动，举办生活美容机构负责人培训10次，培训美容美发场所负责人367人次，并签订《依法执业告知书》。出动监督员200人次、车辆80台次，对审批经营项目含美容、美发的530户公共场所开展监督专项执法，未发现生活美容场所存在违法开展美容美发行为、生活美容美发场所存在擅自开展玻尿酸、肉毒素注射等医疗美容项目和使用不合法的消毒产品行为。4月至9月，开展人类辅助生殖技术及医疗广告和互联网医疗保健信息重点监督检查。举办召开10家一级以上医疗机构的主管领导培训。对已通过审批诊疗科目包含妇产科、泌尿外科的33家医疗机构以及2014年违规发布医疗广告和互联网医疗保健信息的9家医疗机构进行监督检查，未发现开展人类辅助生殖技术及医疗广告和互联网医疗保健信息的行为。9月至10月开展整治“两非”专项行动。对含有妇产科诊疗科目的门诊部和诊所、二级以上医疗机构、民营一级医疗机构进行全面检查，重点对妇产科、计划生育科等重点科室进行监督检查。检查医疗机构57户，未发现开展“两非”行为。发放《顺义区整治“两非”告知书》，同时向在场的B超科及妇产科医师进行宣教，明确不得进行胎儿性别鉴定、开展选择性别的终止妊娠手术及相关法律规定。8月至12月，对市级重点地区（铁匠营村、南半壁店村及后俸伯村）集中开展打击无证行医专项行动。联合李桥镇、南彩镇、后沙峪镇政府，铁匠营村、南半壁店村及后俸伯村村委会工作人员开展主题为“珍爱生命、远离非法行医”的打击非法行医现场宣传活动。三个重点地区已取得《医疗机构执业许可证》的社会办诊所负责人均到场，发放安全就医宣传册600余份，宣传材料（含海报）150余张，手提袋300个。期间开展联合执法行动8次，出动人员30人次，取缔黑诊所1户，没收器械10件。

11月至12月，对部分重点中医医疗机构开展专项监督检查工作。期间出动车辆8台次，监督员30人次，对10家中医医疗机构开展监督检查。发现1户医疗机构存在未经批准擅自提供互联网医疗保健信息服务的行为，给予该医疗机构不良执业行为积1分，并下达卫生监督意见书，要求其停止从事互联网医疗保健信息服务。未发现医疗机构存在擅自变更执业登记事项、使用非卫生技术人员或非本机构注册人员、超诊疗科目范围执业、买卖医疗机构执业许可证、出租承包科室、发布违规医疗广告、雇佣医托等行为。

（卫计委）

【学校卫生监督】 全区共有各类学校153所，其中托幼机构68所、小学40所、初级中学25所，高级中学16所，普通高校4所，其他教育4所。监督检查153所，监督覆盖率100%，监督频次为5.65。

（卫计委）

【投诉举报】 受理群众投诉举报案件362件，处理率100%，办结率100%，群众满意率99%，其中控烟186件，占51.3%；医政98件，占27.1%；生活饮用水卫生47件，占12.9%；公共场所卫生28件，占7.7%；传染病与消毒2件，母婴保健1件。举报投诉案件数量较去年同期增加229件，增长率172.18%。

（卫计委）

疾病控制

【传染病防治】 全年共报告法定传染病18种5343例，死亡3例。无甲类传染病报告；乙类传染病报告12种918例，发病率为95.62/10万，同比下降15.85%，达到历史最低（已连续八年持续下降）。发病数居前三位的为肺结核292例、痢疾148例、梅毒141例；丙类传染病报告6种4435例，发病率为461.95/10万，同比下降33.83%，发病数居前三位的为手足口病2072例、其它感染性腹泻2023例、流行性感冒170例。报告突发公共卫生事件2起，一起新生儿破伤风，一起非职业性一氧化碳中毒（死亡3人）。

（卫计委）

【慢病非传染性疾病防治】 开展国家级慢病综合防控示范区创建。采取多种措施并举、部门联动的方式深入推进减重行动、减盐行动、脑卒中防治行动、平衡膳食行动、肿瘤防控行动和全民健康生活方式行动，形成全社会关注慢病防治的良好氛围。联合食药监局开展美食节和健康菜品推广工作；联合区总工会开展职业人群健康生活方式演讲比赛；联合教委开展职业人群脑卒中防治行动；联合区商委开展减盐防控高血压工作；联合妇联开展“两癌”筛查工作；联合各镇、街道、委办局开展减重、大肠癌筛查及健康支持性环境建设工作；联合区委宣传部、区市政管委做好慢病知识普及工作；全年新建健康单位、健康食堂、健康超市、健康社区、健康步道、健康文化墙等健康支持性环境50余处，“两癌”筛查14万余人次，建成慢病自我管理小组237个。

（卫计委）

【全民健康】 一是开展全民健康减重行动。全区467个机关企事业单位组织1.56万人报名参加，同时2900余名社会人员自发报名参与，活动总参与人数达到1.85万人。二是开展顺义区全民健康生活方式行动，联合食药监局开展美食节和健康菜品推广，建设健康示范食堂10家，餐厅6家；联合区总工会开展职业人群健康生活方式演讲比赛，辖区25个镇街道和13家健康单位的演讲者和观众代表共500余人参加，新建健康单位7个；联合区商委开展减盐行动，在7家超市设立低钠盐专区，建成健康超市2个；联合各街道建成健康社区6个；联合各镇、相关委办局建成健康支持性环境39处，其中主题公园2个，健康知识一条街4条，健康知识文化墙9面，健康步道12条，健康小屋12个。三是开展肿瘤防治行动。在李桥、南彩、北小营、马坡、杨镇5个镇开展大肠癌早诊早治，筛查出高危人群2868人，完成肠镜743例；区财政出资将“两癌”筛查年龄范围扩大到20～64岁，使更多妇女受益，共筛查14余万人次，检出乳腺癌28人，宫颈癌4人；对全区肿瘤患者开展随访，共随访肿瘤患者1867例，成功随访1761例。五是开展脑卒中筛查管理行动。持续推进居民脑卒中筛查管理工作，完成15个项目点共2000人的筛查任务和以往11个项目点4418位高危人群的随访管理工作；联合教委系统开展职业人群（教师）脑卒中筛查管理，筛查管理教师359人；空港医院、南法信医院参与国家脑卒中筛查试点，完成筛查管理2000人。

（卫计委）

【地方病防治】 检测居民户食盐300件，各项指标均符合国家要求，其中碘盐297件，合格287件，不合格10件；非碘盐3件。盐碘中位数为23.5mg/kg，碘盐覆盖率为99%，碘盐合格率为96.6%，合格碘盐食用率为95.7%，非碘盐率为1%。碘盐覆盖率为99%，居民合格碘盐食用率为95.7%，符合国家消除碘缺乏病不低于90%的标准。8～10岁儿童共采集尿标本200人，尿碘中位数为229.2ug/l；本辖区育龄妇女200人、成年男性201人，尿碘中位数分别为180.8和170.9ug/l，本辖区内孕妇共采集尿标本200人，尿碘中位数为104.8 ug/l，略低于世界卫生组织推荐的碘营养标准150～249 ug/l，从监测结果看出，除孕妇外，碘盐覆盖率及碘盐合格率较高其他人群碘营养状况良好。完成了53眼改水井水氟含量监测任务，共采水106件，合格率为100.0%。完成张镇等53个村8～12岁学龄儿童的氟斑牙患病情况调查工作，共检查823人，患病人99人，患病率为12.01%。

（卫计委）

【学校卫生】 全区中小学生有69727人，体检63377人，体检覆盖率为90.89%。中小学生视力不良检出率为59.11%，肥胖检出率为24.44%（1985年身高标准体重标准评价），营养不良检出率为14.27%（1985年身高标准体重标准评价），缺铁性贫血检出率为7.08%，学生恒牙患龋率为12.98%，恒牙龋均为0.22，恒牙龋齿填充率为35.43%。

（卫计委）

【计划免疫】 区27家规范化接种门诊中，AAA级门诊3家，AA级门诊10家，A级门诊14家。共接种537706人次，基础免疫、加强免疫报告接种率均在98%以上，本市儿童出生1个月内和流动儿童居住2个月内建卡、建证率分别在98%和95%以上。全年报告疑似预防接种异常反应（AEFI）166例，发生率为30.87/10万针次，全年未发生接种差错事故，安全接种率100%。其中一般反应141例，异常反应24例，偶合症1例。外来务工人员疫苗接种635家单位，应接种麻疹疫苗20626人次，实接种15638人次，接种率为75.81%；应接种流脑疫苗19028人次，实接种14668人次，接种率为77.08%。学龄前流动儿童强化查漏补种工作共调查到学龄前流动儿童27278人，补种/预约485人次，补卡、补证率、各疫苗补种/预约补种率均达到100%。对本市60周岁以上老年人和中小学生流感疫苗共接种91125人次（接种人数比2014年下降了1.40%），其中自费疫苗5123人次；60岁以上老人接种43378人次，接种人数比2014年下降了0.73%；学生接种42031人次，接种人数比2014年下降了3.33%；其他保障人群共接种593人次。

（卫计委）

【公共卫生监测与评价】 对47家企业进行有机溶剂检测，对1106人进行职业健康检查；完成1106份劳动者调查问卷及47份企业调查表。经检测有5家企业超标；苯、甲苯及二甲苯浓度最大值均出现在喷漆作业中，依次为29.60mg/m3、1190.85mg/m3、1480.56mg/m3，分别超过国家标准2.96倍、11.91倍、14.81倍；职业健康检查结果发现职业相关异常需复查人数为122

人，职业相关异常率为11.03%。铬和砷两类重金属企业共计3家，该3家涉企业均进行了职业病危害因素检测（重金属浓度检测），其中1家企业的检测报告未出，沿用2014年的检测数据，该企业2014年重金属共设置1个检测点，采集4件样品，其中1件样品砷及其化合物CSTEL超过了国家卫生标准PC-STEL。其余2家企业均在国家正常标准范围内。3家重金属企业共有职工1180人，重金属接触人员共计143人（铬58人、砷85人），其中女工25人（铬18人、砷7人），实际体检人数为124人，职业健康检查率为86.71%，其中女工职业健康检查率100.0%。2015年度职业健康检查未发现疑似职业病及职业禁忌证。对全区67家单位407人进行个人放射剂量检测和剂量笔更换，共计换发剂量笔1453人次，共发现4人次剂量超标，其中区医院2人、中航材料有限公司2人。进行4次放射本底监测采样工作，采集水（4件）、土壤（1件）、空气（8件）放射本底监测样品共计13件。完成北京市放射诊疗设备网点监测工作，对5家网点监测，检测设备15台。

（卫计委）

【健康教育与健康促进】 一是与媒体合作出健康节目450余期，利用户外电子屏等形式开展宣传300余期次，利用微博累计推送健康知识800余条。建立“北京顺义健康教育”微信公众号，关注粉丝1.8万余人，推送图文信息410条，累计阅读量达34.7万余人次，在全国同类微信公众号影响力排名中，一直位居前列；二是开展健康减重十万斤活动，全区491家机关企事业单位职工及社区民众积极响应，全区共有1.86万人成功报名参与；三是开展健康大讲堂活动。针对社区居民、机关事业单位职业人群开展专题讲座1501场，直接受众8万余人。开展宣传咨询活动224场，直接受众3万余人；四是推进健康知识讲座进机关、进学校活动。开展大型专题讲座30场，直接受众6000余人；五是开展健康促进专项培训督导。针对各社区卫生服务中心、乡镇街道开展技能专项培训4期，累计培训300余人次；针对各社区卫生服务中心、镇街道及部分委办局开展2轮督导检查，促进工作落实。六是开展多种健康促进活动。组织开展幼儿健康知识传播行动，包括儿童情景剧征集、绘画作品征集、亲子阅读、主题知识讲座等形式，累计覆盖人群1500余人；寓教于乐，创新形式开展第十一届中小学生健康知识与技能竞赛活动，活动历时半年，覆盖全区70余所中小学校6万余人。

（卫计委）

妇幼保健

【妇女保健】 户籍产妇6329人，活产6407人，孕产妇系统管理率95.50%；住院分娩6407人，住院分娩率100%；其中剖宫产2704人，剖宫产率39.37%；无孕产妇死亡；0～6月母乳喂养7383人，母乳喂养率89.40%。适龄妇女两癌筛查。宫颈癌筛查59318人，宫颈细胞学阳性1131人，阳性检出率2.0%。阴道镜检查947人，病理检查596人，检出CIN Ⅰ 156例，CIN Ⅱ 56例，CIN Ⅲ 46例；检出宫颈癌浸润癌5例，原位癌0；宫颈癌检出率8.4/10万，宫颈癌前病变检出率172/10万；乳腺癌筛查62705人，钼钯检查1651人，检出乳腺浸润癌癌23例，乳腺原位癌4例，乳腺癌检出率36.7/10万，乳腺癌前病变检出率6.4/10万。婚前医学检查762人，婚检率为4.89%，检出疾病75人，疾病检出率9.84%。

（卫计委）

【儿童保健】 户籍新生儿6407人，死亡13例，死亡率2.03‰。全区助产单位共接产8532人（围产儿数），剖宫产率为39.37%；全区围产儿出生缺陷160例，出生缺陷发生率为18.87‰，其中本地围产儿出生缺陷79例，本地缺陷发生率为14.460‰；高危儿合格管理率95.79%，婴儿死亡21人，婴儿死亡率3.28‰；5岁以下儿童死亡24例，死亡率3.75‰；新生儿疾病筛查8569人，筛查率100.65%，出生缺陷发生率18.87‰，0～6岁儿童51636人，系统管理47539人，系统管理率91.72%。开展新生儿PKU、CH、听力筛查、耳聋基因筛查、儿童先心病、先天性髋关节发育不良（DDH）筛查工作。DDH确诊儿童13例，发生率0.36‰；先天性心脏病确诊41例，发生率1.14‰；由社区发现听力异常儿童5例，均转往相应的诊断医院，由社区进行追访管理。新生儿遗传代谢病筛查标本8569例，活产8514例，筛查率100.65%，达到“十二五”指标要求。新晒病人可以追访55例（PKU：4例、CH：51例），53例复查（PKU：4例、CH：49例），复查率96.36%。确诊11例（CH：8例，PKU：1例，HT：2例），发病率1.29‰。全年无退卡情况发生。新生儿耳聋基因筛查标本与指标完成同新生儿遗传代谢性疾病筛查。（注：PKU：苯丙酮尿症；CH：先天性甲状腺功能低下；HT：桥本氏病，淋巴细胞性甲状腺炎）新生儿听力筛查8483人，筛查率99.64%，达到市级95%的指标要求；产后42天听力复筛率达99.66%。

（卫计委）

【爱婴社区建设】积极推进爱婴社区建设工作，爱婴社区创建达到30%以上。爱婴社区申报8家单位，占全区比例为32%。8月，天竺卫生院代表顺义区通过市级验收检查。10月，李遂、木林、大孙各庄、马坡、龙湾屯、高丽营、北石槽等7家卫生院接受市级验收，全部合格。

（卫计委）

【计划生育技术管理】全年计划生育手术12533例，其中本地6122例，外地6411例。宫内节育器放置术810例，宫内节育器取出术1629例，输卵管结扎术41例，负压吸宫术1002例，药物流产1579例，无痛负压吸宫术7472例，手术并发症0例。计划生育手术单位管理率100%。

（卫计委）

爱国卫生

【健康社区 健康村建设】市爱卫会对已命名的健康社区、健康村进行抽查复核，共有4个村和2个社区接受检查，分别为北石槽镇寺上村、高丽营镇二村、后沙峪镇董各庄村、大孙各庄镇吴雄寺村，石园北一社区和港馨第二社区。4个村和2个社区全部通过市爱卫会的抽查验收。

（卫计委）

【爱国卫生月】在第27个爱国卫生月活动中，共出动15000余人，出动车辆200余次，清理卫生死角1000余处，清理垃圾120余吨，捡拾白色污染物750余公斤，清除非法小广告2500余处，清理绿地40余万平方米。

（卫计委）

【病媒生物防制】开展灭鼠活动2次，春秋两季各1次；夏季灭蚊蝇活动1次。发放灭鼠蜡块6.5吨、强力粘鼠板400箱、菊酯类杀虫剂5.7吨、聘请专业消杀公司2家，累计投入100余万元。

（卫计委）

【禁控烟工作】顺义宾馆、区疾控中心、工人文化宫影剧院、新世界商场、区结核病防治中心、区卫计委6家单位，报名参与第一批市级控烟示范单位创建活动，12月份这6家单位通过中期考评。

（卫计委）

顺义区医院

【概况】有职工2032人（在编1609人，合同423人）。其中有卫生技术人员1755人（正高职称62人，副高职称137人，中级职称616人，初级师676人，初级士165人，未定职称99人），其他专业技术60人，管理29人，工勤188人。年底医疗设备总值20218万元。年内购置新设备8916万元。房屋总建筑面积98988平米，其中业务用房面积59290平米。设置有临床、医技、行政、后勤共73个科室。7月，急诊病房综合楼正式投入使用。10月29日，顺义区医院正式签约成为首都医科大学顺义教学医院，与北京友谊医院牵手合作。

（卫计委）

【医疗工作】全年门、急诊量194万人次，急诊内外科就诊13万人次，急诊危重症抢救2943人次，抢救成功率为96.44%。医院编制床位704张，实有床位982张。全年出院28515人次，同比增长13.31%；床位使用率为91.05%，同比提高6.26%；手术11215例，同比增长21.77%；全年产妇出院1290人，剖宫产674例，刨宫产率为52.3%。住院孕产妇2468人，孕产妇死亡0人，新生儿死亡0人，围产儿死亡5例。

（卫计委）

【临床路径管理】纳入到临床路径管理的病种达到54种，进入临床路径的病例数为8406例，完成临床路径病例数为7858例，入组率79.06%，完成率93.48%。

（卫计委）

【预约挂号管理】预约挂号方式有五种，分别是网络预约挂号、电话预约挂号、门诊复诊预约挂号、出院复诊预约挂号和转诊预约挂号。门诊预约挂号率平均为15.58%，出院复诊预约43.33%，专家门诊预约率34.51%。

（卫计委）

【抗菌药物管理】医院药占比例48.79%。门诊抗菌药物使用率11.63%，急诊抗菌药物使用率25.01%、住院患者抗菌药物使用率59.26%。

（卫计委）

【医保工作】医保出院10489人次、总费用14882.52万元、次均费用1.42万元。

（卫计委）

【新项目】医院共申报护理新项目30项，护理科研组审核通过23项，年终共完成23项护理新项目。

（卫计委）

【科研工作】医院在北京市科委“首都特色”项目中立项1项，在“首都十大疾病科技成果推广”项目中立项1项，在“顺义区科技三项费”项目中立项21项，共获得上级单位资助经费80万元整。全年共有36个项目在研，其中市级3项，区级33项；7个项目结题，其中市级1项，区级6项。

（卫计委）

北京中医医院顺义医院

【概况】有职工883人（在编561人，合同制322人）。其中卫生技术人员756人（正高职称7人、副高职称52人、中级职称202人、初级师258人、初级士179人、未定级40人），其他专业技术人员32人，管理人员25人，工勤人员70人。医疗设备总价值11842.5万元。其中本年度新购置设备总值为1919.7万元。年底房屋总建筑面积18311.56平方米，其中业务用房15352.86平方米。设置科室61个。12月25日，北京中医医院顺义医院正式成为长春中医药大学教学医院。

（卫计委）

【医疗工作】全年门诊1124840人次，急诊71352人次，急诊危重症抢救1431人次，抢救成功率98.6%。编制床位450张，实有床位401张，全年出院10816人次，床位周转次数29.14，床位使用率81.05%，平均住院日10.39天。死亡人数84例，病死率0.71%。全年住院手术2615例。全年产妇出院人数2061人，剖宫产数278人，剖宫产率13.49%，住院孕产妇数2061人，孕产妇死亡数 0 人，住院孕产妇死亡率 0，新生儿死亡数 1 人，新生儿死亡率 0.14%，围产儿死亡数 2 人，围产儿死亡率 0.28%。

（卫计委）

【临床路径管理】 实施临床路径的科室有 17 个 30 种病种，入组病例 934，入经率 81.14%，完成率 80.42%。

（卫计委）

【预约挂号】 预约挂号方式分为网络、微信、现场、114 电话 4 种，预约挂号 286749 人次，占门诊比例 25.2%。

（卫计委）

【医保工作】 全年医保、农合出院人数为 9196 人次，占全院总出院人次 85.02%。总费用为 9624.72 万元，医保次均为 1.05 万元。

（卫计委）

【护理工作】 有护士 335 人。注册护士 325 人，合同护士 142 人，床护比 1:0.47，ICU 床位数 5 张。优质护理服务示范病房覆盖率 100%，护理病历书写合格率 94.7%，基础护理合格率 96.8%，特级护理合格率 93.8%、一级护理合格率 94%，技术操作合格率 97%，急救药品物品完好率 100%。无护理差错及事故发生。

（卫计委）

【科研工作】 本年度申报科研课题 101 项，其中协作申报国家级课题 11 项，立项 3 项；独立申报省部级课题 11 项，首都医学发展专项基金、北京市自然－三元基金项目未立项，仍有 6 项结果未知，协作省部级课题 7 项，立项 5 项；市级课题 19 项，立项 5 项，协作申报 5 项，立项 5 项；顺义区科委三项费项目 26 项，立项 15 项；院级课题申报 23 项，立项 16 项。本院历年运行课题 36 项。本年度获省部级科技成果奖 1 项；顺义区区级科技成果奖 5 项，其中二等奖 2 项，三等奖 3 项。本年度科技论文发表数 154 篇 其中核心期刊 100 篇。无 SCI 论文，影响因子最高为 1.75，平均为 0.549。

（卫计委）

人口与计划生育

【概况】 全区户籍育龄妇女 15 万人，流动育龄妇女 14.5 万人。其中户籍已婚育龄妇女 11.5 万，流动已婚育龄妇女 10.1 万。

（卫计委）

【规范计生药具库建设】 投入 34.7 万元规范 25 个镇街计划生育药具库房，安装加湿机、监控视频、温湿度智能化信息管理系统。安装 103 台计划生育药具网络版自助发放机，分布在 2 家医院、23 家社区卫生服务中心，4 家企业、70 个居委会、4 个村委会。租用物流专车为 82 家区直单位及企业配送药具 3 次 313 件。发放各种药具 259911 盒。开展免费孕前优生健康检查项目，全年目标人群为 1200 对，实际完成 1790 对。向新婚夫妇免费发放“婚育健康服务包”4000 个。

（卫计委）

【兑现奖励扶助、特别扶助政策】 有奖扶对象 5807 人，特扶对象 637 人。区级奖励扶助金额提高到每人每年 1200 元，伤残（死亡）特别扶助金提高到每人每年 2400 元，资金全部发放到位。市区两级奖励扶助金发放 1533.05 万元，特别扶助金 505.8 万元。投入 162.5 万元，用于特别扶助家庭家政服务；投入 52.5 万元，为特扶家庭成员提供每人 800 元的配餐送餐服务；5.29 会员日期间，投入 18 万元慰问 300 户失独家庭。

（卫计委）

【幸福家庭创建活动】 围绕“文明倡导工程、宝贝计划工程、青春健康工程、健康生育工程、生育关怀工程、心灵家园工程”开展活动。一是倡导亲子阅读，举办“0 ~ 3 岁婴幼儿家长育儿知识培训班”；为 25 个镇街发放价值 6.9 万元的宝宝《浦蒲兰绘本》等书籍；委托红黄蓝亲子园对全区1139名幼儿开展早期教育。二是举办40场青春期健康教育进社区、进学校活动，对全区3500名社会青年及初高中学生进行青春期健康教育。三是举办计生家庭劳动力全员就业专场招聘会，北京顺通泰达航空地面服务有限公司等200家用工单位提供招聘岗位2500余个。

（卫计委）

体　育

【概　况】 年内，圆满完成市委、市政府交办的三项重点工作。代表北京市参加全国首届青年运动会，取得4金3银3铜的优异成绩。完成市委、市政府临时交办的冬奥投票日北京鸟巢主会场庆祝表演和2015年北京国际田联世界田径锦标赛及测试赛的观众组织工作，展现顺义地区文化底蕴和精神风貌。

单位名称：顺义区体育局
地址：顺义区光明南街2号
邮编：101300
电话：（010）69443432
网址：www.tyj.bjshy.gov.cn

（体育局）

【全民健身服务体系】 年内，投入1500余万元实施五彩浅山球类场地建设、国民体质测试站建设等5项设施建设工程，全区新增体育场地305处，基本实现篮球场地村村有。成功举办顺义区第九届全民健身体育节、北京市端午节龙舟赛、九九重阳北京市登山大会等赛事活动263场次、15万人次参与。组队参加四年一届的北京市农民体育健身运动展示周，取得全部9个比赛项目八个一等奖、一个二等奖。

（体育局）

【竞技体育实力增强】 年内，投入710万元用于加强竞技人才培养和开展青少年体育活动，全区共注册17个大项、980名运动员，在市级以上赛事中，共获得金牌56枚、银牌44枚、铜牌50枚。青少年网球训练基地完成前期立项手续，顺义体育中心被评为国家级柔道项目训练基地，奥林匹克水上公园被评为全国青少年户外体育活动营地。

（体育局）

【体育产业】 全区体育彩票实现年销售额1.75亿元，超额完成全年预定销售目标的175%。亚洲青年赛艇锦标赛、全国首届滑雪论坛、国际山地马拉松赛等赛事活动在本区举行，绿色生态功能板块集聚效应和申办冬奥会的拉动效应逐渐释放。城南体育中心进入内外装施工阶段。

（体育局）

社会生活

流动人口管理

【概 况】 顺义区流动人口管理服务中心，是2005年成立的区属正处级事业单位。是区委、区政府加强流动人口与出租房屋服务管理工作的办事机构，行使区流动人口和出租房屋管理委员会办公室的工作职责。贯彻落实中央和北京市关于流动人口管理方面的法律、法规、规章和政策，制定本区流动人口管理服务工作规划与计划，并组织实施；组织、协调、指导有关部门落实流动人口管理服务的各项措施；指导、检查街道和镇流动人口管理工作；负责流动人口管理员队伍的建设工作。19个镇、6个街道区均成立流动人口和出租房屋管理委员会，下设办公室。仁和镇、南法信镇、后沙峪镇、李桥镇、杨镇、北小营镇设单独办公室，独立办公。其他镇、街道与综治办合署办公。主要职责是：一是围绕“以产引人、以业控人、以房管人”。在实践中大胆创新，积极探索对流动人口、出租房屋和用工单位的管理办法和措施；二是接受行政主管部门的委托，负责辖区内房屋租赁登记备案、流动人口登记、办理《暂住证》以及出租房屋税收代征代缴工作；三是贯彻执行国家和北京市有关流动人口、出租房屋管理的法律、法规、规章和政策；四是建立本地区出租房屋、流动人口、用工单位、重点人员、出租房屋安全隐患、出租大院、矛盾纠纷隐患、重点场所和五小门店管理档案，实行一户一档、一人一表，对本地区流动人口实行周查月报制度；五是落实属地管理责任，协调公安、司法、民政、工商、劳动、房管、计生、教育等有关部门，对流动人口、出租房屋及用工单位综合管理；六是依法维护流动人口的合法权益；七是对各村（居）委会、用工单位流动人口服务站的工作进行日常管理和考核；八是加强流动人口和出租房屋管理员队伍建设。各村、居委会成立来京人员出租房屋服务站，现有服务站491个，专兼职管理员2080人。

单位名称：顺义区流动人口管理服务中心

地址：顺义区光明南街16号

电话：（010）69426412

邮编：101300

（吴彩云）

【工作机制制度建设】调整考评体系，把重点调控流动人口指标和出租房屋规范管理两项内容纳入对各镇街的绩效管理考核，制定考核细则。对优化发展镇、重点发展镇、生态发展镇以及各街道给予不同的权重，采取过程管理和年终综合考评的方式进行考核。

（吴彩云）

【出租房屋管理】 按照全市统一部署，自5月22日开始，在全区范围组织开展群租房及违法出租治理行动，对群租房、违法建设出租、利用出租房屋从事的违法经营行为、存在各类安全隐患的四类出租房屋进行重点整治。畅通群众举报渠道，利用覆盖全区112个社区、村的LED电子屏公布群租房举报电话，制作安装5500处宣传海报展板，发放围裙、宣传购物袋、宣传手包等材料2.7万个，悬挂宣传横幅156条，发放宣传材料6万余份。全区共整治群租房121户、445间、涉及租住人员1335人，其中办理群众举报案件48件，消除出租房屋各类安全隐患1126处；检查房产中介公司594户次、行政指导12次，清理自设性户外违规广告牌63块、清理张贴门窗的房源信息广告235张、清理宣传推广房地产经纪服务违法违规印刷品广告40张；全区合计挂账无证无照经营1379户，销账421户，查处无证无照经营案件69件，结案25件，罚没款合计189.97万元；累计拆除违法建设1151宗，建筑面积299.46万平方米。

（吴彩云）

【人房信息摸排】按照全市统一部署，自5月开始，在全区范围组织开展流动人口出租房屋两个信息摸排工作。以流动人口管理平台数据为基础，深入开展流动人口出租房屋基础信息核登、核销、核准、核全四项工作。截至2015年底，信息系统共登记流动人口276362人、出租房屋44908户。其中社会面秩序整治开展以来，流动人口累计新登4030人，核销5672人，共计减少1642人，出租房屋累计新登429户，核销478户，共计减少49户。重点行业从业人员23613人（务农、个体经商、废品回收、无固定职业人员），占流动人口总数的8.4%。

（吴彩云）

【城乡结合部重点地区整治】各镇组织相关部门，对后沙峪镇铁匠营村、李桥镇南半壁店村、南彩镇后俸伯村3个市级挂账村开展重点整治。后沙峪镇铁匠营村共检查街道两侧门店237间，出租公寓50家、房屋6869间，规范流动人口4500人；清理整治“十黑”门店场所5个，取缔无照门店5家，新登记办证231人，化解矛盾隐患6起，处罚违法出租房主2人，处罚违法出租中介4家，发现整改各类隐患116处；李桥镇南半壁店村全面治理中心一街向东两侧临街商户，规范商户、村民260余家；南彩镇后俸伯村投入20万元，购买电动车4辆，主要用于村内及村庄外围巡防使用；公开招聘专职工作人员83人（综治维稳中心办公室人员5人、专职保安63人、市场及车辆管理10人、流动人口协管员15人）；对村内十一个大路口全部安装治安岗亭、升降杆和减速带，并安排人员24小时值守。剩余7个小路口加装踢门，每天定时开关，对所有小门及村边矮墙加装倒刺360多个，安装防护铁丝网300米；对车辆进出村庄进行持证检查、登记，画停车位286个，合理安排停车资源，确保村内道路的畅通。

（吴彩云）

【重点时期安保工作】全面摸排流动人口出租房屋的基本情况，对摸排掌握来自敏感地区的重点人员，全部建立工作台账，按照“一人一策、一人一案、一人一组”的要求落实专业查处和管控措施。及时排查整改出租房屋内的各类安全隐患，整治流动人口聚居区，确保“两大活动”期间的流动人口出租房屋的安全稳定。

（吴彩云）

民政工作

【概　况】在区委、区政府的正确领导下，在市民政局的大力支持下，在民政系统干部职工的共同努力下，顺义区民政局认真贯彻落实党的十八大和十八届三中、四中、五中全会以及习近平总书记系列重要讲话精神，以《首都民政事业改革发展纲要》为指导，深化“亲民、为民、利民”理念，进一步完善“社会救助、和谐社区、社会福利、社会组织、社会事务”五大平台，创新开展“平安、法治、诚信、精准、高效”民政建设，各项工作取得积极进展，民政对象切实享受到经济社会发展成果。民政事业资金支出达8.2亿元，使区域民生得到极大改善。荣获全国雷锋文化推广大使、全国先进社会组织、首都拥军优属拥政爱民模范单位等荣誉。2015年民政事业资金收入83,264.3万元，民政事业资金支出

82,659.7 万元，主要用于抚恤事业费支出 6,739.3 万元；退役安置支出 5,466.5 万元；社会福利支出 12,502.8 万元；社会救助 6,203.6 万元；自然灾害生活救助 99 万元；民政管理事务 4,541 万元；行政事业单位离退休 1,075.5 万元；其他款项用于民政支出 41,755.2 万元，经营支出 4,276.8 万元。

单位名称：顺义区民政局

地址：顺义区石园北区东侧

电话：（010）69441631

邮编：101300

网址：www.minzj.bjshy.gov.cn

（民政局）

【民政法制】 完善综合执法队建设，规范执法操作流程，培养执法专业队伍，为做好依法行政工作奠定基础；对社团办移交 40 家未年检社团进行全面初查取证，按照自由裁量权标准有针对性的做出 5 起撤销登记处罚，6 家社会团体经过执法工作介入主动做出注销和年检行为；依法查处一起非法养老机构，并作出责令改正决定，及时纠正违法行为；顺利完成 2 件复议、诉讼案的答复和出庭工作，得到当事人认可；做好“六五”普法的收官总结宣传工作。

（民政局）

【信息宣传】 在各级各类新闻媒体刊登稿件 3690 余篇，其中市级以上媒体刊登 1900 余篇。出版《顺义民政》8 期，宣传民政惠民政策、利民措施、重点工作和调研成果。区民政局与区广电中心合办的“情动绿港”专题栏目。

（民政局）

社会救助

【概况】 2015 年，顺义区城乡低保标准由家庭月人均 650 元调整为 710 元。截至 2015 年底，全区共有城乡低保对象 2872 户 4453 人，全年累计新增城乡低保对象 162 户 285 人，撤销城乡低保对象 322 户 658 人，共发放保障金 3771.7 万元。其中城市低保对象 373 户 497 人，发放保障金 466.69 万元；农村低保对象 2499 户 3956 人，发放保障金 3305.01 万元。

（民政局）

【超转工作】 本区共接收超转人员 196 人。全年累计发放超转人员生活补助费 2.2 亿元。目前，顺义区在册超转人员 12620 名。超转人员生活补助待遇自 2015 年 1 月 1 日起根据年龄段进行调整，调整后各年龄段的生活补助标准为：65 周岁以下的每月 1675.5 元；65–69 周岁的每月 1775.5 元；70–74 周岁的每月 1795.5 元；75–79 周岁的每月 1815.5 元，80 周岁以上的每月 1835.5 元。

（民政局）

【城乡医疗救助】 年内，本区落实市局医疗救助文件精神，按照“先保险、后救助”的原则。政策范围内个人负担部分按照 70% 给予救助，全年救助门诊封顶线 4000 元，住院封顶线 40000 元；重大疾病救助，政策范围内个人负担部分按照 75% 给予救助，全年救助封顶线 80000 元。2015 年，全区共救助城乡社会救助对象 5434 人次，发放救助资金 595.83 万元。

（民政局）

【大病救助】 深入开展城乡大病医疗救助，对经“一老一小”大病医疗保险、新农村合作医疗等医疗保障政策报销后，个人费用负担仍有困难且影响家庭基本生活的患大病人员，给予大病医疗救助，最高救助标准由 16 万提高到 20 万元。2015 年共发放大病救助款 363.12 万元，救助家庭困难的大病人员 458 人次；在全市率先建立低收入家庭重症精神病人救助制度，设立专项救助经费增长机制。由财政全额负担，有力保障低收入家庭重症患者能够得到及时有效治疗。全年累计救助 533 人次，拨付救助资金 315.9 万元。

（民政局）

【教育救助】 目前教育救助覆盖全区低收入家

庭的大一至大四学生。对低保、低收入家庭子女，当年考入大学的新生（三类本除外），给予当年全额学费救助，三类本学生给予6000元救助，同时给予一次性2000元的生活救助；对大二、大三、大四学生分别给予3600元、2400元、1800元的学费救助。全年共救助165名困难家庭学生，发放教育救助资金55.02万元。

（民政局）

【五保供养】 顺义区农村五保集中供养标准为月人均934元，分散供养标准为月人均994元。全区共有农村五保对象180人，其中集中供养102人，由镇敬老院供养；分散供养78人，累计发放救助资金208.74万元。

（民政局）

【社救建房】 在全市率先尝试“以政府购买社会服务”方式建立专业机构危房鉴定机制。利用专业机构、专业队伍和专业鉴定仪器，对申请家庭房屋进行危旧程度鉴定和建后工程验收。全年为64户符合救助条件家庭进行房屋翻建维修，发放救助资金284.85万元。

（民政局）

【临时救助】 提高困难人员临时救助标准，对一般救助对象给予500至1000元临时救助；对重点救助对象给予1000至5000元临时救助；对特殊救助对象给予5000至10000元临时救助。2015年发放临时救助资金18.53万元，累计救助392人。

（民政局）

【民政社保卡】 在“民政社保卡”实时结算功能的基础上，不断完善功能，升级为“凤凰·民政”卡，使其容纳民政救助资金发放、医疗实时结算、现金存取、刷卡消费等多种功能，全面提高适用性，为民政对象提供更加便捷服务，目前已完成6887张新卡发放工作。2015年共为农村低保对象实时结算70.11万元，救助739人次。

（民政局）

【民生保险】 年内，投入388.225万元为辖区内人员投保自然灾害公共责任险、行政区域公共责任险、低保人群意外险、见义勇为救助责任保险，其中4979名低保对象享受低保人群意外险、99700户家庭享受农房家财保险。

（民政局）

【流浪乞讨人员救助】 年内，共救助流浪乞讨人员784人，继续保持救助合格率100%，确保全年安全无事故。一是深入开展专项救助。制定“两大安保”期间和严寒天气集中救助方案和应急预案，开展联合集中救助巡视工作，加强重点区域的监控，维护区域稳定。二是做好日常救助工作。为救助人员提供理发、洗澡，换干净的衣物等热情周到的服务。三是做好卫生防疫消毒工作，制定火灾预警方案，定期演习，妥善处理各种突发事件。四是针对救助人员实际情况，分类施救，快速处理，并做好流浪乞讨人员安置工作。五是积极争创国家三星级救助管理机构。

（民政局）

【慈善事业】 年内，慈善协会深入开展“共产党员”献爱心等集中性捐赠活动，实施助灾、助困、助医、助学、助老、助残等6大类20项的救助项目；连续7年成功申报公益组织税前扣除资质；被民政部评为全国“先进社会组织”，被北京市人力资源社保局、北京市民政局评为“北京市优秀社会组织”，注册成立顺义区慈善基金会，探索建立镇、街道基金和冠名基金，构建慈善事业健康发展的新格局。一是整合资源，拓宽募捐渠道，全年共募集捐赠款967.56万元。二是规范管理，策划实施慈善项目，支出救助资金1100万元；救助全区困难群体2.1万人次，形成以项目吸引善款的动态机制。三是推动信息公开，提高社会公信力。各类媒体开展捐赠、救助项目宣传活动，公开救助范围、资金流向，同时，弘扬慈善理念，促进慈善文化发展。

（民政局）

【捐赠工作】 年内，以“春风送暖”和“冬衣送暖”社会募捐月为牵引，共募集善款1003287.9元，衣物26342件。在日常捐赠中，共接收捐赠衣物23000件，在25日“敞开收”活动中，共接收捐赠衣物18000件。区财政拨付384800元为全区2850户低保家庭发放爱心卡。制定出台《顺义区民政局关于进一步深化慈善超市创新建设的实施方案》和《顺义区慈善超市绩效考核办法》，争取区级资金30万元，支持慈善超市创建工作，超额建成6家慈善超市，目前全区共8家慈善超市。按照“五个一”模式，在光明街道金汉绿港居委会建立一个集中接收捐助站，实现基层捐赠站点标准化建设。储备库完成中控室改造和照明设备改造工作，消除安全隐患，保障救灾物资安全。

（民政局）

社区建设

【概况】2015年，顺义区以开展城市“六型社区”和农村典型示范社区创建活动为载体，以强化社区自治功能为目标，创新工作方式，破解工作难题，健全服务机制，推动社区服务和管理全覆盖。一是创建9个“六型社区”。全区9个社区成功创建“六型社区”示范单位，涉及光明、石园、旺泉、空港、双丰5个街道，创建总数达到58个，占全区社区总数的50%。为做好创建工作，全区成立创建工作领导小组，每季度召开一次工作联席会，及时解决香蜜湾社区环境整治等20多个问题。同时，给予上年成功创建的13个社区每个社区5万元推进经费，共计65万元。二是开展农村典型示范社区创建工作。成功争创10个北京市“农村社区建设典型示范社区”。各申报社区着力创新农村社区管理体制，完善服务体系，发挥村民主体作用，切实解决农民最关心最直接最现实的利益问题。李桥镇张辛村完善社区办公、活动、培训等各类硬件设施。木林镇业兴庄村大力发展生态旅游，打造“五项工程”，实现“三个起来”，全面推进社区建设规范化、村庄管理社区化。通过开展农村典型示范社区创建活动，顺义区的农村社区基础设施日趋完善，制度更加规范，服务更加便捷。三是强化社区自治功能。探索建立社区工作准入机制，实现街道层面能办理的社会管理和公共服务事项不向社区延伸，属于基层政府及其职能部门职责范围内的事项不转嫁给社区，推进社区减负增效。在全区范围内开展摸底调查，对社区居委会和服务站工作事项进行统计，共汇总包括民政、卫生、环境等方面31类172项工作，拟定社区工作目录；加快推进建居工作步伐，认真贯彻落实《顺义区关于建立城乡社区居民委员会的意见》，督促相关街道、镇建居工作，实现社区自治组织全覆盖。

（民政局）

【社区服务总中心】截至2015年底，顺义区社区服务总中心共有服务对象670名，其中休养员220名，孤残儿童111名，救助服务对象339名。工作人员147人，2015年被全国妇联评为“巾帼文明岗”称号，被共青团顺义区委评为“青年文明号”。一是加强软硬件建设。软件方面：加大服务人员的消防、技能培训力度、提升职工整体素质和业务水平，提高应急处置和规避风险能力。加强工休人员文化建设，打造职工的“孝”文化理念。开展工休人员联欢会、职工趣味运动会、提升老人的文娱生活；做好四星级养老服务机构评审相关材料准备工作，目前正在进行服务标准体系试运行；同时加大宣传力度，全年共投稿45篇，发表150余篇，电台媒体宣传2次。硬件方面：养老院改扩建于3月份开工建设，年底顺利竣工。新增床位400张，总投资5200余万元，市级资金3900余万元，其余为区配套资金。投入市福彩资金约280万元完成两栋旧休养楼消防管道、楼道吊顶等维修改造工程，对老人房间、卫生间暖气、室内灯具、屋顶防水进行更换。二是推进居家养老工作。增加老年餐送餐服务，做好城区老年餐试点工作，通过试点运行形成全区的居家养老送餐链条。三是成立顺义区养老行业协会。按照市养老行业协会的工作要求，结合本区实际，研究2016年养老行业协会各项工作任务，承接民政部门委托的部分养老服务任务，制定协会会刊、开展行业交流、加大业务培训、加强信息沟通，统筹整合全区养老服务资源，进一步推进本区养老服务业规范化、标准化；四是开展“规范管理建设年活动”。按照局统一要求，召开动员部署会，认真查找不足，对存在的问题制定整改措施并对能及时解决的问题立行立改。同时把规范管理建设年活动的成果运用到工作中，进一步完善各项规章制度和服务标准与流程，提升服务水平。

（民政局）

【96156服务】年内，共受理服务需求23832张，其中服务单3138张，咨询单20694张，电话回访率100%，居民对服务满意率100%。一是社区服务中心社会化改革。按照《北京市社区服务中心社会化运营指导意见》，顺义区初步完成试点方案，选择基础设施完备、社区项目化运营经验丰富的石园、空港等6个街道（镇）开展社区服务中心社会化运行试点。二是推动公共服务进社区。“96156—温暖社区，乐游冬日”两节服务活动，为特殊群体发放700张亲情服务卡，依托96156社区服务平台服务商对失独家庭、空巢家庭、特困残疾人等特殊群体开展居家保洁、清洗油烟机、照相等便利服务活动。为六个街道社区的120名优秀义工发放“2015年京津冀旅游年卡”。三是丰富社区公益服务项目。发放调查问卷，充分了解社区居民需求，打造一系列内容丰富、群众欢迎的精品课程体系，重点推出防灾减灾课程，在各街道、社区开展环保知识、应急救灾常识以及自然科学等社区大课堂1153次，受益人群3万余人。四是扎实做好社区便利服务。引进知名品牌加盟服务商，众望美食送餐、粮油配送等有偿便民服务内容，与社区便民服务中心合作，推出家政低偿服务和90岁以上老人无偿服务内容。以街道辖区划分6个网格服务区，安排专人和专车全天候服务，实现居民需求快速回应。五是加大社区服务品牌宣传。在双丰街道、胜利街道开展96156社区服务宣传推介会，发放96156服务手册、宣传折页和扇子手袋5000份。开通顺义区社区服务热线69445966的微信公众平台和来电挂机短信回复功能。在“顺广传媒公众订阅号”中制作两期96156社区服务专题，通过顺义电视台制作播出一期“96156生活帮”专题，让更多的居民全面了解社区服务内容。

（民政局）

【社区义工】截止到12月底，全区共发展注册社区义工40950人，全区现有义工分会25个，工作站360个，主题服务队伍1121支，受益群众36万人。一是成立首家企业型义工组织。在旺泉街道义工分会建立全聚德义工工作站；成立爱心救援义工服务队，提供专业汽车事故救援服务。二是打造“掌上社区志愿服务”微信模式。通过微信平台，为社区义工和社区居民实时推送社区志愿服务活动信息。三是开展“家庭式服务兑换”活动。在全区6个街道开展针对优秀义工的家庭式服务兑换活动，近1300名优秀中青年义工可以为自己的家庭、直系亲属申请保洁、理发、送餐等7项专业服务及其他志愿服务。四是推进“两工互动”志愿服务模式。按照《2015年首都志愿服务行动计划》要求，在23家街道（镇）开展“社工＋义工”的志愿服务模式试点工作，引入社会工作者参与到志愿服务工作中，提高社区义工的专业化服务水平。五是提高志愿服务记录规范化管理。在光明街道试行使用《顺义区社区义工服务证》，将服务时长、兑换积分、兑换服务、奖励记录、义工年审等都涵盖在服务证中，使志愿服务记录向规划化、合理化、科学化发展。六是持续推进六大主题服务活动。做好“春雨，春蕾，绿色，蓝盾，霞光，乐农”和“学雷锋”月、八一建军节、庆中秋、“敬老月”、“志愿者日”等主题服务活动，同时社区义工在国际田径世界赛、反法西斯抗战70周年大阅兵志愿服务方面均做出贡献。

（民政局）

基层政权建设

【概 况】完成第九届社区居委会选举工作。全区98个社区参加选举，共选举产生居委会班子成员720人，其中主任98人，副主任166人，委员456人。

（民政局）

优抚安置

【概 况】2015年本区共接收安置复退军人449人，其中2014年冬季退役士兵246人，2015年夏秋季退役士兵203人。9人由政府安排工作，440人选择自主就业，发放各类补助金2456.9万元，保持安置率100%。为帮助退役士兵尽快就业，积极搭建就业服务平台，提供就业信息和就业指导，举办2场退役士兵专场招聘会，吸引北京首都航空有限公司、燕京啤酒、顺鑫农业、北京现代、汇源果汁等30余家企业参加，提供空中保卫、销售员、驾驶员、叉车工、会计等80余个符合退役士兵特点的就业岗位，400余名退役士兵来到招聘现场，200余人次与企业达成就业意向，为退役士兵迈入社会提供良好平台。加大宣传力度，鼓励退役士兵参加市、区两级学历教育，提高就业技能，2015年共有7人参加市级指定专科院校学习，16人参加区级指定院校学习。春节期间对退役士兵进行全员慰问。

（民政局）

【优待抚恤】做好元旦、春节期间走访慰问活动，为全区4948名优抚对象发放慰问金395.84万元、发放慰问品价值158.34万元。全年共为优抚对象发放定期抚恤补助资金3101.11万元；为454名义务兵发放优待金1492.1万余元，为55名农村籍烈属发放优待金8.25万元；为全区1632名重点优抚对象发放冬季取暖补贴248.94万元。为全区864名重点优抚对象进行免费健康体检，支出28.8万元。继续开展优抚对象危旧房屋翻建工程，共投入资金66.04万元，为12户农村籍优抚对象翻建房屋。按照顺义区优抚对象医疗减免办法，全年共办理3264人次优抚医疗减免手续，减免金额达570.9万元。开展民政“一卡通”即时结算工作，共为全区优抚对象即时结算医药费522人次，报销药费81.68万元，切实解决优抚对象医疗报销难题。2015年新认定参战、参试人员7人，带病退伍军人1人，评定伤残等级3人，使其享受相关优抚待遇。补发（换发）残疾军人证20人，完成新版《伤残人民警察证》换发工作。圆满完成烈士纪念日公祭活动和抗战胜利七十周年慰问工作，发放慰问金34.1万元。

（民政局）

【见义勇为】元旦春节期间，为全区80名见义勇为人员发放慰问金12.8万元，发放慰问品价值4万元。2015年，顺义区评定4名见义勇为人员，颁发证书及16.12万元奖励金。全年共为因见义勇为死亡人员遗属发放定期抚恤金2.5728万元。为荣获“京华见义勇为奖”的7名见义勇为人员发放奖励金3.5万元。为4名见义勇为家庭申请生活困难补助1.2万元。为全区80名见义勇为人员进行免费体检。将户籍在外省市的3名见义勇为人员关系转到其户籍所在地，并已全部接收。为全区75名符合条件的见义勇为人员免费办理乘车卡。组织全区见义勇为人员到顺义区花水湾磁化温泉度假村休养，丰富见义勇为人员文娱生活。通过政府购买服务开展见义勇为宣传工作，与本区自行车运动协会沟通，开展本区见义勇为宣传工作。在全区范围内开展见义勇为宣传进社区活动，发放宣传材料1万余份。

（民政局）

【光荣院】优抚政策落实到位。按标准发放伤残军人抚恤金；按月发放休养员零用钱；生活日常用品等应季应需配发；推行营养量化配餐；医疗护理保障有力，病情及早发现及时救治，医疗费用年内支出40余万元。服务水平有效提升。组织职业道德、文明礼仪、岗位技能培训班3期，组织开展研讨、交流、实践活动5次。“温馨化、个性化、人性化”特色服务品牌进一步深化，休养老人心理需求得到有效满足，情感沟通和精神抚慰制度化、常态化。社会化建设取得初步进展。通过政府购买服务方式，为服务对象提供康复保健、健康体检、心理慰籍、养生指导等专业化服务，取得良好的效果；在确保满足优抚对象入院需求基础上，扩大收养服务范围，并逐步向社会开放。建立优抚对象短期疗养机制。光荣院以“安全、健康、快乐”为活动主题，组织开展重点优抚对象活动，20名重点优抚对象参加。疗养活动内容主要包括：健康体检，保健知识讲座，开展康复治疗，短途游览观光及举办个一次趣味运动会比赛等。文化建设扎实推进。积极推进“文明服务，文化养老”新理念、新模式；双拥共建、爱国主义教育、光荣传统教育活动广泛开展，年内接待中小学生、社会青年及驻区部队官兵等1000余人次。

（民政局）

【军队离退休干部管理】 接收安置工作。截止到本年底，本区现有军队系统离退休人员199人，其中军休干部124人，无军籍退休职工75人；另有军休干部遗属48人。年内本区接收安置军休干部5人；军休职工1人。全面落实军休干部政治待遇、生活待遇。设立秘密文件阅览室，设定秘密文件阅读日，定期组织军休干部政治学习、阅读文件、开展文化活动、重大节日走访慰问；及时落实军休干部生活待遇，每月按时给军休干部发放离退休费和津贴补贴；按文件规定及时为军休干部调整相关待遇；为去世军休干部申报丧葬费（生前12个月基本工资）和病故后6个月基本工资、一次性抚恤金；为符合政策规定的去世军休干部申报特别抚恤金。年内，按时足额落实军休人员各项待遇共计2238.14万元。落实军休干部医疗待遇。每月严格按照公费医疗管理规定为军休干部及享受医疗待遇的家属、遗属（指无工作、无收入的随军家属、遗属）报销医疗费用。年内为军休干部和享受医疗待遇家属、遗属报销医药费和体检等共计259.1万元。充分利用社会资源创新服务。与建北三社区签订共建协议：组织社区工作人员、志愿者为居住在本社区的老干部提供各种居家养老服务。内容主要包括：陪同军休干部就医；针对空巢独居军休干部周见面、日问候；向军休干部发放5元理发卡；帮军休干部免费代买代购；为生活在本辖区的军休干部过集体生日；传统节日对军休干部开展节日慰问；对军休干部居住的楼宇做好保洁、保绿以及基础设施维修服务；为老干部举办健康、金融、安全、书画、养生知识讲座；以及老干部需要的各项临时性服务。通过购买服务为军休干部提供上门走访、心理疏导、精神慰藉、统计调查、文化活动的组织策划等专业化、规范化服务。纪念抗战胜利70周年主题教育系列活动。参加人数达到200余人次，主要包括：组织军休干部参观军事博物馆照片展出；组织“八一军休干部座谈会”；在军休干部中开展“纪念抗日征文活动”；参加市军休办组织的“纪念抗战胜利70周年”文艺汇演及书画、摄影、诗词展览系列活动；积极配合相关部门做好参阅军休干部—韩顺通的服务保障工作，期间总政治部、民政部、市军休办等各级领导分别慰问韩顺通老人。北青报、顺义时讯、顺义电视台、顺义区委宣传部等多家媒体进行宣传报道。争创星级干休所。安排专职人员负责此项工作，已通过第三方评估专家组的评估检查。硬件改造工作。对办公楼电表箱老旧电线进行更换。为财务室、档案室安装报警器；为档案室安装护栏、防盗门；装饰办公楼楼道“文化墙”；设立荣誉室。

（民政局）

老龄工作

【概 况】2015年度共办理老年优待卡11281张，其中外埠1856张，办理老年优待证2048份，其中外埠262份。发放80-89周岁高龄津贴15.94万人次，800万元，90周岁以上高龄津贴1.5万人次，151万元。发放90-94周岁医疗补助84.5万元，581人次。发放95周岁及以上医疗补助24.05万元，156人次。

（民政局）

【养老机构】 截至2015年底，本区养老服务机构共有19家，其中市级政府办养老服务机构1家（北京市养老护理照料示范中心）、区级政府办养老服务机构1家（区老年公寓）、镇办养老服务机构（镇敬老院）13家、民办养老服务机构4家，持证运营养老床位5400张。2015年，根据《顺义区养老服务考评奖励办法》（顺民字〔2014〕42号）有关规定，结合2014-2015年度养老机构的建设发展及运营情况，拨付养老机构奖励补贴共计108.6万元，其中养老机构改建补贴19.2万元；建设医务室及获得定点医疗机构资格补贴23.4万元；管理补贴66万元。为龚平生态养生园等4家社会办养老机构及2家“公办民营”养老机构下拨2014年度社会力量兴办社会福利机构市级运营资助金139.13万元，区级运营资助金29.955万元；21名低保家庭生活不能完全自理老年人享受入住定点社会福利机构补贴，享受每人每月1100元的养老服务补贴；仁达养老院通过二星级评定，获得以奖代补资金4万元。社区服务总中心积极推进养老服务机构四星级创建工作。

（民政局）

【养老券“券变卡”工作】共申报服务商727家，受理开户403家，已安装POS机349家，服务内容包括就餐、家政、理发、洗衣服、就医、家电维修等十几个大类，上百项内容。“券变卡”实施后，各镇、街道超市、通用商店基本实现全覆盖。全年共发放养老助残卡15421张，充值金额1784.28万元，养老“券变卡”工作圆满完成。

（民政局）

【市级“孝星”和区级“寿星”评选】开展2015年度顺义区“双星”评选活动，评选出195名市级“孝星”和500名区级“寿星”，推荐上报7名北京市“孝星榜样”候选人，全区各级媒体对典型事迹广泛宣传。

（民政局）

【为老服务社会化】90岁高龄老人上门服务顺利实施。年内为辖区内户籍90周岁以上的高龄老人提供每周4小时的打扫卫生、洗衣服、理发等家政服务，全年为其提供两次免费上门体检和健康指导，并随时提供电话及上门心理慰籍服务。全年共为90周岁以上高龄老人提供家政服务172500小时，理发5600人次，体检870人次，心理慰藉服务150位老年人，共计拨付资金205.4万元。

（民政局）

民间组织管理

【概况】2015年，社会组织管理工作着力推进体制机制创新，扎实开展各项工作，在直接登记、无纸化年检等方面开展有益的探索，取得显著成效。共完成行政许可93项，社会组织成立登记38家，其中直接登记10家；完成变更登记28家，注销登记11家。截止目前，全区社会组织总数达1519家，其中区级登记的组织337家（包括社团157家，民非180家），各街道、乡镇共备案社区社会组织1182家。

（民政局）

【首次开展无纸化年检】 本区是2015年全市唯一一个无纸化年检的试点区县，年内对教育、文化、体育、商业等7个重点行业的社会组织开展无纸化年检。社会组织、业务主管单位和登记机关三个单位在线提交数据并加盖电子签章，各单位相关人员认真的学习并熟练掌握审批系统操作流程，提高年检工作的效率。现已完成年检241家，年检合格率100%。在北京市社团办组织召开的全面推进无纸化年检工作部署会上，顺义区作《社会组织年检无纸化改革成效显著》的典型发言。

（民政局）

【完善第三方评估机制，社会组织评估率达90%】 制定《社会组织评估工作实施方案》，成立社会组织评估领导小组、评估委员会及复核委员会，拨付财政资金17.8万元用于评估工作。结合顺义区实际制定评估指标体系，并委托第三方评估机构对参评社会组织进行培训、试导、评审。共完成26家社会组织评估，近3年累计完成评估185家，其中5A级社会组织21家，4A级社会组织68家，应评已评率达90%。评估结果纳入社会组织年检管理，并纳入承接购买服务组织和评先创优工作的评选条件。

（民政局）

【政府购买社会组织服务】 区政府出台《顺义区关于政府向社会力量购买服务的实施意见》（顺政办发[2015]16号），建立财政部门牵头，民政、社会办和相关部门配合的政府购买服务工作领导小组，形成购买服务工作管理协调机制。引导社会组织广泛参与民生建设，共购买社会组织服务项目35大项，支付购买服务资金705.67万元，惠及社会组织45家。

（民政局）

【第七届社会组织人才专场招聘会】 共提供教师、心理咨询师、行政文秘、医生、维修等584个岗位，有18家社会组织参加，共1512人参加应聘，初步签订招聘意向书268份，为社会组织吸纳优秀人才。

（民政局）

社会福利

【福利企业】 年内共新增就业39人，办理职工变更345人次，落实福利企业优惠政策713.05万元，全面促进福利生产工作再上新台阶。截至年底，全区共有福利企业68家，职工2980人，其中残疾人职工1128人。全年福利企业销售收入6.08亿元，利税总额4268.86万元，退税总额3397万元。共新发展3家福利企业与国有企业建立帮扶合作意向。落实福利企业优惠政策713.05万元，包括：岗位补贴598.9万元，爱心卡发放55.25万元，两节走访4万元，技术改造补贴54.9万元。开展社会组织服务民生项目。申请社会组织服务民生项目，财政出资6万元，由律师协会指定律师为全区福利企业提供法律顾问服务。

（民政局）

【福利彩票】 共销售福利彩票28551.23万元。通过发行彩票可提取公益金9031.54万元。（其中电脑票按35%提取，销售22141.95万元，提取7749.68万；即开型彩票按20%提取，销售6409.28万元，提取1281.86万）。

（民政局）

殡葬管理

【概况】 2015年，顺义区殡葬改革继续向纵深发展，殡葬管理体制机制更加健全，殡葬惠民服务体系初步建成，全区殡葬服务管理向“公益、绿色、惠民”迈进，取得良好社会效益。

（民政局）

【惠民殡葬设施及管理体制】 一是进一步提升本区农村公益性林葬公墓建设水平。落实《顺义区农村公益性林葬公墓建设资金补贴办法》，从公墓建设范围、建设标准、补贴金额、验收办法、完成时限等五方面予以规范，2015年总投入950万元，进一步完善农村公益性林葬公墓的配套设施，满足群众需求。二是进一步规范本区农村公益性林葬公墓管理，落实《顺义区农村公益性林葬公墓管理资金补贴办法》，按照管理标准，2015年给予管理达标资金补贴共147万元，解决公益性公墓后期运行缺少资金支持的问题。配合《顺义区城乡公益性骨灰安置设施管理办法》，进一步规范管理，与镇、村签定《公益性公墓监管责任书》，明确区、镇、村三级日常监管职责，确保不出现安全事故、不出现违规操作。

（民政局）

【殡葬监管执法机制】 一是建立殡葬环境监管长效机制。建立起源头治理机制，实行丧葬补贴审批100%实地拍照核查。同时，结合治理散埋乱葬检查办法，每周对全区殡葬环境进行检查，发现问题及时整改，各镇、街道每月上报《散埋乱葬治理工作自查表》，坚持不懈抓好治理工作，形成治理长效机制。群众有序安葬意识日益增强，文明殡葬认识显著提升，区域殡葬环境明显改善。二是落实死亡火化三级核对机制。截止12月底，全区共死亡4495人。配合计生委、统计局和局优抚、社救、低保、老龄完成死亡人口数据共享工作。三是建立殡葬执法联运机制。殡葬管理所建立与公安、工商、城管等职能部门联合执法长态机制，开展清明节专项执法治理，清明群众祭扫活动安全有序。清明期间，全区共接待祭扫群众24.9万人次，疏导机动车3.6万辆，服务人员1.7万人次。

（民政局）

【殡葬惠民服务体系】 一是公益殡葬设施体系稳步发展。在张镇殡仪馆新址建成城市公益性骨灰堂，可提供公益格位1万份；新建成农村公益性公墓27家，全区公墓总量达112家，建成墓穴2.5万座。二是公益殡葬政策体系成效显著。落实“零百千万”工程，提供2款百元以内的骨灰盒和2套“千元殡仪温情服务”，提供13种万元骨灰安置选择，全年共提供服务1332次；核发丧葬补贴申请910例，发放补贴款455万元，实现群众治丧政府买单。三是公益殡葬服务体系不断扩展。殡仪馆和潮白陵园加强殡葬“一条龙”服务，并开发个性化告别礼仪、环保骨灰盒、厅牌等新的服务项目，大力推广小型节地葬、草坪葬、花坛葬，积极为“资源节约型、环境友好型”社会建设做贡献；延伸服务网络，统一治丧介绍信，制作服务卡发放到村、居，群众在家即可办理好治丧手续；创新服务手段，开通网上祭扫、预约祭扫，利用96156社会热线，在线提供咨询服务。四是加强殡葬惠民政策创新，落实《顺义区生态葬奖励办法》，对我区户籍亡人，采取骨灰撒海、不保留骨灰、骨灰深埋不留坟头三种方式安葬的给予5000元奖励资金，2015年共有6人符合条件，共发放奖励资金3万元。投资241万元建成全市首家生态葬公祭场所，占地面积约1600平米，预计可满足500人同时祭祀，进一步促进殡葬改革持续深化，逐步引导群众革除丧葬陋习，树立绿色、文明、节俭治丧新理念。

（民政局）

【潮白陵园】 共定墓480个，安葬525个，提供7300个万元以下骨灰安置设施，满足低收入群体的殡葬需求。圆满完成清明祭扫工作。本年清明共接待祭扫群众8万余人，其中电瓶车接送家属约8千人；祭扫车辆约1.7万余辆；烈士陵园接待祭扫团体8家，约2000余人，实现“零安全事故、零群众投诉”，工作满意率达100%。认真开展到期墓地续租工作。采取异地迁建、原地改造、原墓续租三种方法，按照家属自愿选择的原则稳步开展到期墓地续租工作，完成原墓续租715个，翻新改造66个。有效开展服务创新工作。完善礼仪服务，开发新墓型和新碑文设计，改进墓地围花和丧葬品套餐项目。完成烈士陵园重新规划改造工程。改造工程历时三个月，先后完成纪念碑维护、地砖铺设、围墙建设、绿化改造等项目；同时对革命展室重新布置，新增抗日战争胜利和反法西斯战争胜利70周年纪念等主题内容，方便社会各界开展烈士追思缅怀活动。

（民政局）

【殡仪馆】 荣获全国殡葬改革示范单位光荣称号。把原有的两台火化炉改造为豪华火化炉，并增加两间豪华炉休息室，满足丧属的使用需求。通过创新10余项服务项目满足丧属个性化殡仪需求，在服务中充分体现“亲民、为民、利民”的工作理念。人员管理上通过技能培训完成“一人多岗，一岗多能”的工作目标，充分发挥有限人力资源的最大价值；安全管理上采用人防技防相结合，加强人员值班管理，引进GPS定位系统，加强车辆安全监督。深入开展群众路线教育实践活动，解决居民反映的“路途远”“路线不好找”等多项难题。

（民政局）

婚姻登记

【概　况】 2015年，共办理结婚登记8167对，离婚登记3372对，补办结婚登记106对，补领结婚登记1800对，补发离婚证186件，为当事人和相关单位出具婚姻状况证明3518人次，查询档案980人次，办理收养登记9件，解除收养登记1件，补领收养登记证1件。群众满意率100%，执法合格率100%。向顺义区档案馆移交2011年婚姻档案765卷。自2015年9月15日起，除办理赴台湾地区和9个国家（即哈萨克斯坦、芬兰、奥地利、荷兰、德国、阿根廷、乌拉圭、墨西哥、波兰）的公证事项仍可继续出具证明外，不再向任何部门和个人出具（无）婚姻登记记录证明。2015年12月1日起，本市居民婚姻登记可跨区办理。在顺义国际鲜花港开展以“青春作伴、携爱同行——我们约会吧”为主题的大型单身青年联谊交友活动。500多名新人报名参加，现场10余对青年牵手。在顺义七彩蝶园开展首届集体颁证仪式活动。开展婚姻家庭辅导进社区活动12场，惠及群众近800人。为7513对登记新人举行颁证仪式，占结婚登记人数92%；开通“顺义幸福婚姻”微信公众订阅号，免费为新人拍摄颁证纪念照片，并制作成电子祝福——“微喜贴”，为770对新人制作电子微喜帖，关注群众近2000人。购买婚姻辅导和法律援助服务项目。年内共为1888个家庭提供婚姻辅导，辅导率为56%，通过辅导重新合好或暂缓离婚的家庭有188对，成功率为10%。

（民政局）

行政区划

【概　况】 2015年，顺义区在抓好界线管理工作的同时，开展地名普查工作，提高地名标准化水平；推进行政区划设置调研，优化本区行政区划设置。一是开展行政区域界线联合检查。为加强重点行政区域界线管理，保证界线清晰完整，按照全市统一要求，开展第三次区县级行政区域界线联合检查工作，重新埋设顺密1号、顺怀3号界桩，完成顺昌线、朝顺线、通顺线等六条界线的折点坐标测定工作。二是开展地名普查工作。按照《北京市第二次全国地名普查实施方案》安排，组织开展本系统地名普查相关资料的收集上报工作，采集行政区域、非行政区域、群众自治组织、居民点、片区纪念地、社会组织和局直属单位的名称、位置等相关信息，为查清地名基本情况，掌握地名基础数据，提高地名标准化水平提供支持。三是开展行政区划设置调研。采取政府购买服务的方式，委托区划研究会做好全区行政区划设置调研，制定行政区划近期、中期和远期三步走调整方案，优化本区行政区划设置，推动城市管理工作。

（民政局）

人力资源和社会保障

【概 况】2015年，在区委、区政府的正确领导下，全局紧紧围绕“民生为本、人才优先”工作主线，深入实施更加积极的就业政策，不断扩大社会保障覆盖面，全面推进人事人才工作，积极构建和谐劳动关系，促进全区经济社会和谐稳定发展。本单位2015年被市委、市政府授予“北京市模范集体”荣誉称号。

单位名称：顺义区人力资源和社会保障局
地址：顺义区仓上街16号
电话：（010）89445703
邮编：101300
网址：http：//www.shyld.gov.cn

（人力社保局）

【就业创业】 出台《顺义区社会公益性就业组织管理办法（试行）》及《顺义区关于促进五彩浅山地区就业创业工作的意见》两项新政策；全年城镇新增就业2.9万人，完成市级指标的174%，城乡劳动力二三产业就业率保持95%以上；顺义区连续4年动态保持北京市充分就业区，认定充分就业街道（镇）、充分就业（社区）村比例分别达到100%和99%；全区3863名高校毕业生落实就业去向，就业率99.56%；全年实现创业525人，带动就业2075人，完成市级指标的201.92%和259.38%；全区为1682家单位建立用工需求档案，完成全年指标的112.13%；采集空岗信息36120个，完成全年指标116.52%；完成就业援助月专项活动，建立“五个100%”实名制援助机制；开展“一刻钟就业服务圈”、“就近就地岗位置换带”精细化公共就业服务。

（人力社保局）

【职业技能培训】全年培训城乡劳动力1.2万人，其中，本市失业人员4670人，农村转移就业劳动力7338人；全年使用市级政策免费培训3593人，涉及资金463.423万元；使用区级政策免费培训5554人，涉及资金共642.46万元；联合区教委共同启动高学历、高技能人才定向委托培养计划；开展企业新型学徒制试点工作；区人力社保局技工学校被人社部评为国家级高技能人才培训基地。

（人力社保局）

【社会保障】 全年职工五项保险平均参保人数48.61万人，同比增长3.27%，其中养老、医疗、失业、工伤、生育保险参保人数分别达57.48万人、56.15万人、44.75万人、45.08万人、39.59万人；城乡居民养老保险、城镇居民基本医疗保险参保人数分别达到10.32万人和8.69万人；五项社会保险基金累计收入76.89亿元、支出40.5亿元，基金运行安全平稳；转非工作平稳开展，完成征地转非1350人；全区退休职工领取基本养老金5.21万人，月人均领取基本养老金2868元；城乡居民基础养老金、福利养老金每人每月分别达到530元和445元；全年追回漏缴社保基金262.91万元，清理五项社会保险历年欠费11.09万元，未足额缴纳社会保险费催缴到帐率达到93.03%。

（人力社保局）

【社保经办服务】全年发放社保卡5.4万张，出具社保权益记录3.5万份；推广社会保险业务网上申报系统，目前全区已有11912家参保单位开通网上申报业务，开通率99.78%；推进社保缴费电子化进程，全区共完成银行缴费10563家。

（人力社保局）

【高层次人才引进培养】 全年引进高层次、急需紧缺人才279人，其中，引进国外留学人员7人；

办理《北京市工作居住证》1382人；解决夫妻两地分居44人；新建中关村科技园顺义园、汉石桥湿地、燕京啤酒3家博士后科研工作站，科研工作站累计达12家，在站博士后（青年英才）共22人；完成2015年战略后备人才“百名专业型干部”推选工作，共有8名机关企事业单位人员被推荐为顺义区战略后备人才“百名专业型干部”；新选聘大学生村官165人，合同期满大学生村官269人，期满村官总体就业率达99%。安置营级及以下军转干部干部9人。

（人力社保局）

【公务员队伍】 全年新录用公务员117人；开展公务员平时考核试点工作，探索建立“1+X”考核指标体系；组织区直机关中任职岗位单一、缺少基层工作经历的科级干部分期、分批到基层进行挂职锻炼，共计79人；制定出台《顺义区科级干部选拔任用工作暂行办法》，推进公务员科级任免管理工作；开展2期共98人参加初任培训；组织127名科级干部开展任职培训，参训率达90%以上；完成10期“每月一课”培训。

（人力社保局）

【事业单位改革】 全年新录用事业人员596人；推进部分事业单位纳入规范管理，完成302家事业单位、2610人的整建制过渡；启动职员制改革聘岗工作，全区参加职员制试点的单位共有15家，设置管理岗位总量为1239个；举办高级专家培训班1期，来自全区22家单位的35名高层次专业技术人才参加培训。

（人力社保局）

【劳动合同制度】 全区监控企业劳动合同签订率99.02%，劳动合同续订率95.81%；签订集体合同2991份，涉及职工27.13万人；建立汽车、物流行业工资指导线及部分职业（工种）工资指导价位；累计为117家劳务派遣企业办理行政许可；共审批实行特殊工时制企业322家，涉及职工10.52人。

（人力社保局）

【劳动关系调处】 全年受理举报、投诉案件693起，结案率100%；共处理群体性讨薪突发事件58起，涉及民4977人，涉及工资5074.72万元；开展清理整顿人力资源市场专项行动，共检查各类企业、机构45家；劳动监察大队被评为“全国清理整顿人力资源市场秩序专项行动突出成绩单位”；全年受理劳动人事争议案件4892件，结案4892件，结案率100%，其中以调解方式结案2021件，调解率41.31%；全区60家基层调解组织累计调解争议案件1558件，调解率100%。

（人力社保局）

民族宗教

【概　况】 2015年，在区委、区政府的正确领导下，按照“围绕中心、服务大局、促进和谐、确保稳定”的指导思想，全面贯彻落实党的民族宗教政策，民族工作以“共同团结奋斗、共同繁荣发展”为主题，努力推动民族教育、体育、经济等各项事业取得新进展。宗教工作以“保护合法、制止非法、抵御渗透、打击犯罪”为要旨，规范化管理宗教活动场所，抓管理保稳定，服务区域经济发展，较好的完成年初制定的各项工作任务。

单位名称：顺义区民族宗教事务局
地址：顺义区石园北区东侧
电话：（010）69461734
邮编：101300
网址：http://www.minzqb.bjshy.gov.cn

（区民族宗教局）

【民族村经济工作会召开】 3月12日，区民宗侨办组织召开民族村经济工作会，市民委民族二处杨琳处长到会并讲话。区农委和区财政局等相关单位负责同志，民族村所在镇主管领导、民政科长，民族村党支部书记参加会议。

（区民宗侨办）

【少数民族村经济发展喜获获市级表彰】 4月30日，顺义区政府和后沙峪镇政府分别获得区政府主体作用发挥和镇政府主体作用发挥二等奖，回民营村获得国家民委首批命名的“中国少数民族特色村寨”称号。

（区民宗侨办）

【开展清真食品管理培训】 5月27日，区民宗侨办会同区饮食协会，组织开展清真食品相关知识及政策法规培训，受训范围包括全区各镇、街道民政科长以及部分清真食品生产加工企业、餐饮网点负责人等共计100余人。

（区民宗侨办）

【喜获民族健身操舞大赛奖项】 6月7日，区民宗侨办带领6支队伍100余人参加北京市第十届民族健身操舞大赛预赛。7月4日，区民宗侨办组织的4支代表队喜获北京市第十届民族健身操舞大赛2个金奖、1个银奖和1个铜奖。

（区民宗侨办）

【南彩二小喜获全国少数民族运动会表演奖】 8月9日至17日，南彩二小跳绳队参加在内蒙古自治区鄂尔多斯市举办的第十届全国少数民族传统体育运动会，表演项目《绳舞飞扬鱼跃龙门》在比赛中荣获二等奖。

（区民宗侨办）

【北京市顺义区民族宗教侨务办公室更名】 8月28日，北京市顺义区民族宗教侨务办公室更名为北京市顺义区民族宗教事务局（简称区民族宗教局）。侨务工作职责划给区政府外事侨务办。

（区民族宗教局）

【北京市顺义区民族宗教侨务工作服务中心更名】 8月21日，北京市顺义区民族宗教侨务服务中心更名为北京市顺义区民族宗教工作服务中心。

（区民族宗教局）

【民族体育进校园活动】 区民族宗教局与区教委围绕开展民族传统体育项目协商确定三项工作。一是将跳绳、板鞋纳入到区教委系统春秋季田径运动会正式比赛项目。二是逐步将珍珠球、绫球纳入比赛之中。11月20–21日开展相关培训工作，63所学校的百余名体育教师参加培训。三是将蹴球、夹包、推铁环、空竹等民族传统体育项目的规则整理汇编成册发给学校，学校根据自身情况选择适宜的项目纳入课外活动，扩大民族传统体育项目的覆盖面。

（区民族宗教局）

【召开圣诞节安全维稳工作协调会】 12月22日，顺义区召开圣诞节安全维稳工作协调会，区长助理蔡派出席会议并讲话。区委统战部、区委政法委、区旅游委、区卫计委、区民族宗教局、顺义公安分局国保支队以及有关镇、街道主管领导参加会议。

（区民族宗教局）

【平稳度过圣诞节及平安夜】 为确保圣诞节期间安全稳定，主要采取以下措施：一是召开区委统战部、区民族宗教事务局等14家单位参加的顺义区圣诞节安全维稳工作会。布置安全维稳工作，明确职责分工。二是进行走访检查。调查了解顺义区基督教聚会点、天主教弥撒点举行圣诞节庆祝活动情况，并对其进行安全检查，提出整改要求；三是签订责任书，完善预案。四是有效缓解场所拥挤现象。五是部门协作，现场稳控。在各单位以及属地的共同努力下，圣诞节期间顺义区宗教活动场所安全稳定。

（区民族宗教局）

【和谐清真寺创建】 开展以“教风”为主题的和谐清真寺创建活动。年内，本区四所清真寺全部达标。其中，回民营清真寺被再次评为北京市创建和谐寺观教堂先进集体。

（区民族宗教局）

侨务工作

【概 况】2015年9月6日，侨务工作由区民族宗教事务局（原区民宗侨办）正式移交至区政府外事侨务办。本办积极对接、抓紧调研，认真贯彻落实侨务政策，深化基层侨务服务，紧紧围绕“围绕中心，服务大局，促进和谐，确保稳定”的指导思想，按照“建设绿色国际港、打造航空中心核心区、共筑和谐宜居新家园”的战略目标，认真贯彻落实党的侨务政策，依法维护侨界的合法权益，充分利用侨务工作渠道，促进区域经济社会发展。

单位名称：顺义区人民政府外事侨务办公室
地址：顺义区府前中街5号
电话：（010）81481980
邮编：101300
网址：http://www.fao.bjshy.gov.cn/

（外事侨务办）

【两社区荣获北京市社区侨务工作示范单位】12月4日，双丰街道马坡花园二社区、胜利街道建南二社区获评“北京市社区侨务工作示范单位”称号，全市共有16个社区获评。

（外事侨务办）

【马坡花园第二社区获评全国社区侨务工作示范单位】12月，经国务院侨办审核批准，顺义区双丰街道办事处马坡花园第二社区被评为2015年度“全国社区侨务工作示范单位”，全市仅3家社区获此称号。截至2015年底，顺义区已有空港街道办事处天房一社区、空港街道办事处天房二社区、双丰街道办事处马坡花园一社区、双丰街道办事处马坡花园二社区、胜利街道办事处建南二社区等5家社区被评为“北京市社区侨务工作示范单位”，其中空港街道办事处天房二社区、双丰街道办事处马坡花园一社区、双丰街道办事处马坡花园二社区等3家社区被评为“全国社区侨务工作示范单位”。（外事侨务办）

人民生活

农村居民收入支出情况

【概 况】据顺义区2015年农村住户抽样调查资料显示：农村居民人均可支配收入为22648元，比上年增加1958元，增长9.5%；人均生活消费支出为19326元，比上年增加1343元，增长10.7%。

单位名称：顺义区统计局
单位地址：北京市顺义区顺通路AMB大厦A座11-13层
电话：（010）89445498
邮编：101300
网址：www.sy.bjstats.gov.cn

（李静）

【城市化推进农村居民就业增收】第一，工资性收入保持平稳增长，是农村居民增收的主要来源。人均工资性收入为17167元，同比增长7.8%，占可支配收入的75.8%。第二，经营净收入小幅增长。人均经营净收入为1239元，同比增长4.5%，占可支配收入的5.5%。第三，财产净收入增长较快。人均财产净收入为1350元，同比增长56.6%，占可支配收入的6.0%。第四，转移净收入小幅增长。人均转移净收入为2892元，同比增长6.4%，占可支配收入的12.8%。

（李静）

【农村居民消费不断升级】顺义区农村居民八大类生活消费中，除其他用品和服务消费支出同比增速有所下降外，其余七类均有不同幅度的提升，体现出我区农村居民生活质量的改善。其中食品烟酒消费支出4339元，增长11.2%，占生活消费支出的比重（恩格尔系数）为31.2%；衣着消费支出996元，增长8.3%；居住消费支出2816元，增长0.5%；生活用品及服务消费支出1025元，增长12.0%；交通通信消费支出2110元，增长37.0%；教育文化娱乐消费支出1106元，增长15.5%；医疗保健消费支出1347元，增长

0.6%；其他用品和服务消费支出 189 元，下降 9.8%。

（李静）

城镇居民收入支出情况

【概况】 根据顺义区 2015 年城镇居民家庭抽样调查资料显示：城镇居民人均可支配收入 33394 元，同比增长 9.2%；城镇居民家庭人均消费性支出为 22174 元，同比增长 9.5%。

（刘艳萍）

【城镇居民收入持续增长】 第一，机关事业单位工资调整，最低工资标准连年上调，维持工资性收入稳步增长。人均工资性收入 23238 元，同比增长 12.2%。第二，网络理财产品不断推广，居民财产净收入渠道拓宽。人均财产性收入 4710 元，同比增长 6.2%。第三，物价上涨，经营成本不断增加，经营净收入缓慢增长。年内顺义区城镇居民人均经营净收入 1834 元，同比增长 1.2%。

（刘艳萍）

【城镇居民消费】 顺义区城镇居民八大类生活消费均呈现不同程度的增长态势，显示出顺义区城镇居民生活水平的不断提高。其中，食品类消费 6147 元，同比增长 9.0%；衣着类消费 1812 元，同比增长 9.3%；居住类消费 6066 元，同比增长 1.0%；生活用品及服务类消费 1452 元，同比增长 7.9%；交通和通信类消费 2837 元，同比增长 23.5%；教育文化娱乐服务类消费 1748 元，同比增长 26.3%；医疗保健类消费 1643 元，同比增长 7.4%；其他商品和服务类消费 468 元，同比增长 21.3%。

（刘艳萍）

街道·镇

街　　道

光明街道办事处

【概 况】顺义区光明街道办事处成立于1998年7月（其前身为城关街道办事处），是区政府的派出机构，在辖区内行使政府管理职能。对辖区内的地区性、社会性、群众性工作全面负责；对辖区内城市管理、社区建设、社会治安综合治理、精神文明建设等方面的工作行使组织领导、综合协调、监督检查的行政管理职能。办公地点位于府前东街，光明文化广场北侧。管辖地域范围东至滨河南路，南至顺平快速路，西至光明南北大街，北至减河，占地面积4.12平方公里。下设15个居委会，总户数28273户，常住人口75096人，户籍人口24816人，流动人口8361人。2015年，光明街道在区委、区政府的正确领导下，围绕“关注民生，构建和谐、平安光明”工作理念，较好地推进区委、区政府交办的各项工作任务。

单位名称：顺义区光明街道办事处
地址：顺义区府前东街17号
电话：（010）69442246
邮编：101300
网址：http://www.guangm.bjshy.gov.cn

（光明街道）

【基层党建】一是抓好专题教育。严格按照区里要求，扎实开展“三严三实”专题教育，做到组织学习到位，交流研讨到位，查摆问题到位；二是抓好社区换届，选举产生社区党组织成员75人，社区居委会成员123人，社区党组织书记和居委会主任一肩挑比例实现100%，15个社区全部配备专职副书记；三是抓好服务项目。公开征求群众意见确定并完成20个服务群众项目；四是抓好党风廉政。层层签订党风廉政建设责任书，开展个人、部门廉政风险识别排查防控工作，共查找风险点391个，制定防范措施407项。

（光明街道）

【社区环境】一是加大经费投入。全年投入经费236.91万元，主要用于绿化补种、突出环境问题解决、网格化重点难点问题解决、广告牌匾整治、违法建设拆除、社区封闭改造等项目；二是严格考核制度。修订完善《光明街道环境建设综合整治工作考核办法》，严格执行环境建设“月检查、月考核、季通报”制度，查出并整改问题4000余处；三是依法拆除违建。依法完成4处违法建设拆除，对重点部位流动商贩进行多次集中整治，在博联小商品市场门前增设城管巡逻岗亭。

（光明街道）

【社区服务】一是深化公共服务。依托街道一站式服务大厅、96156便民服务热线、15个社区服务站三大服务平台，为居民提供13大类60余项优质高效的公共服务事项，满足居民多样化的需求。二是深化社会组织服务。调整社会组织20个，完成项目审批262个，拨付资金76万余元，“小膏药志愿清理”被评为顺义区社会综治公益行优秀公益活动；着手准备“光明街道社区社会组织培育发展中心”建设工作，与“恩派”、“绿港社工”等专业社会组织积极联系，初步形成本街道社区社会组织培育发展中心的建设理念及制度建设工作，为下一阶段中心施工建设打下基础。

（光明街道）

【社区建设】一是加强硬件建设。购买15套1033平米居委会用房，装修改造500余平米；完成司法所AAA创建及1个社区警务工作站装修改造工程。二是加强软件建设。修订完善《社区居委会考核办法》、《社区工作者考核办法》和《社区工作者考勤管理办法》。三是加强规范化建设。2个社区完成“六型社区”初次评估，1个完成规范化社区示范点创建，2个完成老旧小区自我服务管理示范点创建。四是加强“一区一品”创建。形成金汉绿港的“温情金汉－孝道社区”、绿港家园的“书香文化社区”、裕龙六区的“诚信社区”和幸福东区的“同心锁”四个品牌创意，并获得区级项目资金支持。

（光明街道）

【社区安全】一是安全生产无事故。加大醇基液体燃料和轻烃混合燃气使用安全管理等十类安全生产专项整治行动，查处各类安全隐患452处，安全社区创建19个项目完成8个。二是信访安全无事故。按规定处理群众来信来访，办理便民电话交办单，积极调处各类矛盾纠纷，未发生民间矛盾纠纷激化案件。三是食品、药品安全无事故。处理投诉94件，办结94件，取缔6家，责改80个，立案5个，警告12件，罚款21.88万元。四是社会治安无事故。动员群防群治力量，加强对“两会”等重点敏感期的社会面防控工作，对邪教、戒毒等重点人群的管理力度以及对黑车、出租房屋等重点事件的整治力度，辖区内未发生重大治安事故。

（光明街道）

【社区文化】一是增加文化设施。新建东兴一区西点屋、双兴东区书画室两个体验室，为裕龙三区安装体育生活化社区建设室内器材26件，为裕龙三区、裕龙五区更新篮球场设备，在裕龙六区建设科普体验厅，给15个社区配备拉杆音箱。二是搞好文体活动。认真搞好“二月新春”、“五月的鲜花”、健身体育节分会场庆祝、残疾人运动会、十月金秋等庆祝活动，各社区纷纷举办邻里和谐百家宴、居民同乐猜灯谜、包粽子等特色文化活动约600场。三是开展宣讲活动。“96156市民大课堂”开课200余节，内容涉及医疗保健、文明礼仪、安全自救、绿色环保等多方面，听课居民达7000多人。四是深化文明建设。积极开展银发达人评选、文明小使者选拔等各种文明创建活动，成功迎接首都文明区复查实地考察，绿港家园被评为北京市优秀科普社区，4户家庭入选顺义区最美百家。

（光明街道）

胜利街道办事处

【概况】 顺义区胜利街道办事处成立于1998年7月，位于顺义城区中心地带，辖区范围东起光明街，西达京承铁路，南到顺平路，北至减河，辖区总面积3平方公里。辖区内有居住小区13个，设19个社区居委会，共约2万户，总人口近6万人。

单位名称：顺义区胜利街道办事处

地址：北京市顺义区新顺南大街27号

电话：（010）81484259

邮编：101300

（胜利街道）

【零售药店实施动态管理】3月13日起，胜利街道食药所对辖区内14家零售药店进行分类分级评定，并发放“食品药品分类分级安全监督公示牌”。公示牌内容包括管理类别、安全等级、投诉举报电话、企业质量安全责任人等。至此，胜利街道辖区内全部零售药店将按经营类别和风险分级实施分类分级动态管理。

（胜利街道）

【群租房整治】6月以来，胜利街道针对辖区内9户居住超过10人以上的群租房，开展四次联合检查，逐一与辖区承租人见面，向他们宣传政策、促使房主、承租人对照出租房屋管理规定，主动撤离床位，清退超出规定的居住，截止年底，已清理9户24间63人。

（胜利街道）

【第九届居委会“两委”换届选举】7月，胜利街道18个社区完成居委会换届选举工作。本届选举共选出居委会成员124名，其中居委会主任18名，副主任33名，委员73名。新当选的居委会成员中，党员、预备党员比率达65%，平均年龄37岁，大专以上学历占93%，持社会工作师证的42名。

（胜利街道）

【老旧社区保温墙改造】8月，胜利街道建新南区、建新北区、义宾街等7个老旧社区外墙保温改造项目相继开工，涉及104栋楼，5863户居民受益。改造项目年底前全部完工。

（胜利街道）

【新社区挂牌】10月，根据区民政局顺民字[2015]31号文件批复，“北京市顺义区华玺瀚榜社区居民委员会”在胜利街道辖区内正式挂牌成立，这是胜利街道辖区内成立的第19个社区。

（胜利街道）

【养老服务建设】一是街道投资16万元为义宾街社区、龙府花园社区、幸福西街社区、胜利社区、怡馨家园第一社区、建新南区第一社区、双兴南社区等7个社区日间照料室，增补和更换一批老、旧、损坏的硬件设施，包括棋牌桌、空调、电脑、家具等。在义宾北社区开设老年餐桌。二是为19个社区打造爱老助残“爱心角”，配置轮椅、拐杖、血压仪，为有急需的残疾人和老年人提供无偿使用服务。三是以“敬老月”为契机，各社区积极开展爱老助老活动，共计开展活动31次，其中走访慰问11次，爱心义诊3次，健康讲座5次，文艺汇演6次，特色服务6次。

（胜利街道）

【维稳安全设施】胜利街道投资70万元，加大治安维稳硬件投入力度，共为18个社区配置18辆治安巡逻车，各社区确定一名社区工作人员负责车辆日常管理，实行重点部位巡防方式，按照社区巡逻路线咋辖区内建新治安巡逻，以加强辖区内治安防控能力。同时，车上配有消防设施、治安警笛、急救包、对讲机等，方便巡逻队员技术处理突发情况。

（胜利街道）

【联合执法】胜利街道运用“三结合”模式，联合顺利城管分队、顺利派出所、公安分局切实开展整治违法违规设置广告牌匾LED电子显示屏的专项清理整治工作。一是将违规牌匾户等清理整治工作与环境台账整治工作相结合，二是将说服教育宣传普法与联合执法行动相结合，三是将执法专项行动与专业作业公司相结合。行动中共出动执法人员137人次，作业人员179人次，执法车辆38台次，安全稳妥地拆除违规户外广告牌匾标识189块，LED显示屏120块。

（胜利街道）

【安全生产隐患排查治理】安全生产隐患排查治理工作贯穿胜利街道全年工作的始终，2015年共排查治理安全隐患企业112家次，排查一般安全隐患231条，已整改228条，整改率达98.7%。同时，开出《责令限期整改指令书》10份、《现场检查记录》14份、《整改复查意见书》10份。

（胜利街道）

【智慧社区建设】胜利街道分步推进“智慧社区”建设。微平台——搭建智慧生活宣传平台。居民可通过短信、QQ群、微信、微博四大平台了解社区动态，收集居民诉求。门户网站——强化社区公共服务。增加“网上求职”、“网上预约”、“网上互助”等栏目，为居民提供高效的民生保障服务。在社区内安装一定数量的便民缴费终端和可视对讲、安保监控、门禁等设备，为居民生活带来现代化的安全保障。

（胜利街道）

【社区建设品牌各具特色】2015年，胜利街道积极创建“一区一品”特色服务，怡馨家园第一社区邻居节、怡馨家园第二社区“绿丝带”环保服务、建新北区第一社区平安志愿者星级反哺、建新北区第三社区“四心”服务品牌（贴心、暖心、诚心、爱心）、胜利社区“夕照桃园”为老服务、义宾北社区“三红”文化工程（红领巾、红围巾、红书法）、龙府花园社区“书香”图书文化节、红杉一品社区“童书苑”儿童书屋等。“一区一品”社区特色服务建设，对进一步提高社区建设水平，打造文明和谐新社区，更好地为社区居民提供优质服务具有重要意义。

（胜利街道）

石园街道办事处

【概　况】【概况】石园街道办事处成立于2005年3月，位于顺义城区南侧，距顺义中心区2.5公里，辖区总面积9.6平方公里。东至燕京啤酒集团东侧，南至林河工业开发区南路，西至京承铁路，北至顺平快速路。石园街道办事处为顺义区政府派出机构，设15个社区居委会，总户数2.7万余户，常住人口6.7万余人，流动人口1万余人；辖区共有党总支9个，社区党支部15个，老干部党支部9个，社区非公企业联合党支部9个，楼宇党支部1个，社会组织党支部2个，机关党支部1个，共有党员1965人。是一个集党政办公、工业基地、为老服务、生活休闲于一体的综合区域，辖区有顺义区民政局、药品监督管理分局、老干部局、劳动社会保障局等单位；有燕京啤酒集团、现代汽车生产基地等企业；有老年公寓及分布于各个社区的老年活动站；有餐饮娱乐、银行、邮局、社区卫生服务中心、教育机构、大型购物中心等配套服务机构。

单位名称：顺义区石园街道办事处

地址：北京市顺义区五中北路

邮编：101300

电话：81497750

网址：www.shiyuan.shy.gov.cn

（石园街道）

【居家养老服务】5月，石园街道挂牌成立港馨居家养老服务站，免费为老年人提供棋牌、健身、测量血压血糖等日常综合服务，并提供廉价高效的配餐送餐、家庭保洁等专业化服务，不断满足老年人日益增长的物质文化需求。截止到目前，石园街道共建成综合养老服务站3个。

（石园街道）

【饮料瓶智能回收机投放】7月8日，石园街道辖区内投放饮料瓶智能回收机。石园街道办事处与北京盈创再生资源回收有限公司合作，在辖区12个社区，20处投放点安装饮料瓶智能回收机。居民拿着家中的空瓶放入投放口进行扫码、投放，即可换来公交卡和手机的充值返利。

（石园街道）

【家政服务热线微信公众平台开通】7月10日，石园街道家政服务热线微信公众平台正式开通运营。该微信公众平台的开展有助于及时了解居民的需求，优质、快捷的解决居民生活中的困难，有利于推进“幸福石园”建设。

（石园街道）

【社区“两委”班子换届选举工作】截止到7月11日，石园街道13个参选社区完成“两委”班子换届选举工作，且一次性选举成功。选举产生新一届居委会班子共99人，其中，主任13人，副主任26人，委员60人。共选举产生党组织成员57名，大专及以上学历的53名；新当选党组织书记3名，连选连任9名；选举出13名专职副书记负责社区党建工作；任命8名驻区民警担任社区党组织副书记。

（石园街道）

【石园街道微信公众平台开通】 7月23日，石园街道微信公众平台正式开通。该微信公众平台通过编发工作动态的形式，及时发布辖区民生服务、文体活动、环境治理、综治安保等各类信息，方便居民快捷、有效地了解相关知识与政策，增进街道与居民间的沟通与互动。

（石园街道）

【“明厨亮灶”100%工程】 10月29日，石园街道召开餐饮单位“明厨亮灶”100%工程推动部署工作会，正式启动“明厨亮灶”100%工程，为全面推动辖区餐饮服务单位“明厨亮灶”工程，强化餐饮服务单位依法、规范、诚信经营意识，提升餐饮服务食品安全保障水平奠定基础。

（石园街道）

【在职党员回社区报到集体签约仪式】 12月16日，石园街道工委举办“工作在单位，活动在社区，奉献双岗位”在职党员回社区报到集体签约仪式。区委组织部副部长石园街道主要领导、社区党总支书记以及企事业单位代表共计100余人参加。经过前期动员、摸底、沟通，街道与37家企事业单位达成对接意向，共计接收在职党员3015人。

（石园街道）

【石园街道社区服务中心落成】 12月28日，石园街道社区服务中心全面落成，总面积3014.6平方米。服务功能从为居民提供一站式办公、计算机培训、图书阅览、心理咨询等服务，又增加了老年餐桌、棋牌、音乐培训、舞蹈排练、体育健身等活动项目，每天服务居民500人次。

（石园街道）

【石园街道老年餐桌正式对外开放】 12月28日，石园街道老年餐桌正式对外开放，老年餐桌位于石园街道社区服务中心院内东侧（石园东区北门内西侧），面积190平方米，可同时容纳100余人就餐。免费送餐范围目前限于石园北一、北二、北三、石园东区、西区五个社区。

（石园街道）

【96156便民服务热线运转顺利】 2015年累计接单5976个，服务满意率100%。以此为依托打造“四季如歌”服务品牌，围绕居民需求，以“春风送服务、夏福送关爱、秋实送实惠、冬惠送温暖”为主题，为高龄、独居、孤寡、残疾、低保等不同群体开展服务1500余人次。

（石园街道）

旺泉街道办事处

【概 况】 旺泉街道成立于2007年10月。辖区有社区居委会9个，西辛社区居委会、西辛第一社区居委会、西辛北区社区居委会、铁十六局社区居委会、宏城花园社区居委会、前进花园社区居委会、牡丹苑社区居委会、望泉家园社区居委会、梅兰家园社区居委会，户籍人口9873人，常驻人口28721人。街道位于顺义城区西部，区域面积12.81平方公里。辖区交通便利，京平快速路穿境而过，距离机场T3航站楼10分钟车程，还有铁路顺义站、六环快速路、地铁M15号轨道交通；临近多个产业集群，南有汽车制造、地理信息产业园等现代制造业，西临北京临空经济高端产业功能区、空港物流产业基地。旺泉街道于2015年先后获得北京市三八红旗集体、北京市安全社区、北京市充分就业示范街道、北京市五四红旗团委等荣誉称号。

单位名称：顺义区旺泉街道办事处
地址：顺义区望泉北街1号
邮编：101300
电话：61409508
网址：wangqjdb@bjshy.gov.cn

（旺泉街道）

【三个融合】 一是不同业态的融合。主要是体现在产业和居住的融合。辖区南部有制造产业，中部、北部有餐饮服务业、大型商业区、居住区，是一个城业结合、职住平衡的发展区。二是不同社区的融合。主要是体现在老旧社区、新建社区和回迁社区融合。辖区内有西辛南北区这样的老旧社区，有前进花园这样的回迁社区，有万科、牡丹苑这样的高档社区，也有铁十六局社区这样的国企职工安置小区，未来还会有保障性住房社区。三是不同人群的融合。辖区内服务对象人员来源多元，有临空经济发展带来的外国居民、国有企业职工、制造业带来的产业工人、商业带来的流动人口和回迁社区的农民，不同人群的思想文化相互碰撞、相互交融、相互补充，呈现出多元、包容的特征。

（旺泉街道）

【党建品牌促服务提升】构建起“一居一品、一支一特”的工作格局，形成西辛“文化四合院”、西辛一“党员服务志立方”、前进花园“非公党建e联盟”、铁十六局“楼门党建”、牡丹苑“党建顾问团”等品牌，确定“课后伴读圈”等40个服务群众项目，并利用在职党员回社区集体报到等形式开展为民服务活动，拓宽为民服务渠道，创新为民服务方式，增强群众的归属感和认同感。其中，《旺泉街道开设“五色课堂”促进党员日常教育》作为北京市唯一推荐案例在中组部期刊发表并向全国推广。

（旺泉街道）

【首创“我的社区我做主”居民议事厅】通过“居民议事厅”随时了解居民在想什么、盼什么、怨什么、喜什么，进而梳理街道工委该做什么。通过街道、社区、驻区企业的共同努力，累计为辖区居民办理各类实事200余件。其中改善社区环境类：包括望泉北街道路的修复工作、望泉家园小区防洪墙重建、前进花园公用厕所启用、为前进花园等老旧社区重做楼宇防水，维修破损路面、粉刷公共设施，铁西路环境整治，所有社区垃圾箱更换和垃圾清运，顺白路停车整治隔离桩，西辛北区居民活动中心拓展项目，梅兰家园社区体育设施安装等；优化服务破解“最后一公里”难题类：包括为社区老人提供代买服务、为空巢独居老人提供日常照顾、为不便到街道和社区办理事项的居民提供上门办理等实事项目，群众满意度大幅度提升。在绩效管理考核和公众满意度调查中均排名街道第一名。

（旺泉街道）

【社区居委会换届选举工作】街道共有8个社区居委会参与社区居委会换届选举工作，其中有5个社区采用户代表选举的形式，直选比例达62.5%。8个社区共选出居委会成员62人，其中居委会主任8人，副主任12名，委员42名，党员、预备党员比率达63%，平均年龄37岁，大专以上学历占85%，持社会工作师证的33人，为社区各项工作的更好开展提供强有力的人才保障。

（旺泉街道）

【视察、调研】2015年6月18日，全国人大常委会副委员长、全国妇联主席沈跃跃到街道调研贯彻落实中央《关于加强和改进党的群团工作的意见》情况，北京市妇联党组书记、主席马兰霞，顺义区委副书记、区长卢映川，顺义区委常委、组织部长车克欣，顺义区妇联党组书记、主席鲍晓芹，街道工委书记郑晓博等相关领导陪同。沈跃跃主席一行到街道宏城花园社区视察、调研“妇女之家”相关工作开展情况，宏城花园社区居委会主任李霞随行汇报党建带妇建以及依托“妇女之家”服务妇女儿童工作的情况。沈跃跃主席对街道妇女工作给予充分的肯定，赞扬宏城花园示范点经验丰富，值得复制、值得推广。

（旺泉街道）

【微信公众号获邀参展】街道微信公众号“旺泉街道”作为顺义区微信公共平台典型获邀参展展中国智慧城市国际博览会。此次博览会主要展示全国范围内各级政府、社区、产业园区、企业、研发机构在智慧城市建设和百姓智慧生活方面取得的突出成就、重大科研成果和相关技术。旺泉街道微信公众平台5月13日正式上线，共包括三大板块：街道建设、信息服务和便民服务。街道建设板块包括街道简介、下属社区、街道党建、街道动态和政策咨询5个子栏目；信息服务板块包括温馨提示、联系方式和办事流程3个子栏目；便民服务板块包括：就业信息和惠民信息2个子栏目。

（旺泉街道）

双丰街道办事处

【概 况】 双丰街道办事处位于顺义新城马坡组团核心区，成立于2007年10月。辖区面积29.49平方公里，四至范围为：东至左堤路和潮白河，与北小营镇、南彩镇接壤；南至城北减河，与胜利街道办事处、光明街道办事处和旺泉街道办事处接壤；西至小中河，与马坡地区办事处、南法信地区办事处接壤；北至向前村、荆卷村、西丰乐村和奥运水上项目比赛场地北侧，与牛栏山地区办事处和北小营镇接壤。至2015年底，双丰街道下辖马坡花园一区、二区、富力湾、泰和宜园、新马家园、顺悦家园、顺兴家园、香悦西区、鲁能润园、金宝花园10个社区居委会，辖区共有住户10149户、常住人口24943人，流动人口3644人，户籍人口2353人，辖区共涉及外籍人口103人。

单位名称：顺义区双丰街道办事处

地址：顺义区马坡镇佳和宜园30号楼

电话：（010）69406262

邮编：101300

网 址 http://www.shuangfeng.bjshy.gov.cn/cn/index.asp

（刘颖）

【社区建设】 一是7个新居委会筹建工作同时启动，累计增加管辖居民11817户、33089人。二是党、政、纪、宣、工、团、妇、社会组织、派出单位通力合作。包括《忠诚一生的坚守——社区共产党员全家福》画册、区域化团建、社区社会组织“五强”评选等在内的30个项目实现创新。三是“人文素质提升年”培训73场、2800人次参与。其中：针对7个新居委会、73名社区工作者的1个月集中培训，成为促进街道工作“量质齐增”的重要推手。四是走访98个社区活动开创全区各街道工作先河。由工委书记、办事处主任带队，118名同志全员参与，走访全区98个社区，以“感受顺义社区新亮点，打造双丰新形象”为主题，撬动干部职工创新活力、工作热情不断激发，学习成果编辑成册、促进“街里街坊一家人”顶层理念的不断成熟。

（刘颖）

【社区服务】 一是全面提速建居工作。对于居委会建设涉及与开发商洽谈、接收用房、报批、申请资金、装修工程、招投标、人员招用、集中培训等各个环节，细化流程、责任到人、注重配合，在加快建居节奏同时，采取“以老带新”、“以新促老”等方式，促进区域社区治理工作整体水平不断提升。二是全力改善社区条件。共实施社区各类装修改造工程12项。4个社区完成1800平米便民大厅及活动点改造；老旧小区全部加装一层楼梯扶手；65岁以上老人赠送浴室防滑垫、80周岁以上老人安装浴室把手；16个物业公司全部配发电动巡逻车；居民活动室全部安装新风系统；12个社区全部赠送居家安全保险。

（刘颖）

【生活环境治理】 2015年共清理僵尸车11辆，清理居民占用公共绿地1000平方米，补种树木5000余株，草坪7000平方米，规范户外广告牌匾21块，将泰和宜园小区西侧1000余平方米废弃荒地改造居民活动场所，安装健身器材。对马坡花园一区南门商铺进行清理整治，清退商户12家、清理外来人口42人，香悦西区（12班）、金宝（6班）两所幼儿园及时开园。

（刘颖）

【环境治理】以创造优良人居环境作为中心目标，统筹生产、生活、生态三大布局。一是利用《双丰周刊》平台，每周通报整改情况。二是加强激励约束机制建设。监督问责，每个月通报环境评比结果，探索研究对物业公司考核机制。激励机制，采取以奖代补方式，进一步调动物业公司参与服务社区的积极性。三是促进各社区之间加强交流，增强“比、学、赶、帮”意识，以意识促行动、以行动促成效。四是不断培育居民环保意识，在社区建立废旧衣服、电池回收箱，鼓动各社区开展各种环保促进活动。

（刘颖）

空港街道办事处

【概 况】空港街道于2007年10月获批成立，2008年6月正式挂牌，辖区面积27.38平方公里，东临首都国际机场，西临温榆河畔生态走廊，毗邻朝阳、昌平两区，M15号线穿过。街道现有17个社区居委会，所辖36个居住小区分为四种类型，即以中央别墅区为代表的高档别墅园区20个、普通商业社区7个、老旧回迁社区8个、企业员工社区1个，辖区总户数1.5万户，常住人口约6.3万人，其中外籍人士6828人，涉及60余个国家和地区。社会单位林立并存、属性多样，其中辖区内另有5家行政单位并存，辖区内企业2000余家，物业公司27家、业委会8个，学校26所。

单位名称：顺义区空港街道办事处

地址：顺义区裕民大街6号

电话：（010）80477600

邮编：101318

网址：http://www.kgjd.bjshy.gov.cn/

（空港街道）

【城市“模块化”治理模式形成】立足于理顺与周边单位交叉职责和管理权限，与街道改革任务相衔接，推出“模块化”管理模式，实现辖区服务管理“权责清晰、主体到位、监管有力”。一是商圈模块，包括欧陆广场、中粮祥云广场、荣祥广场、龙湾七街商业广场等九个商圈；二是产业园区模块，涵盖天竺综保区三区、临空经济核心区AB区、天房管委会区域；三是重点交通场站模块，包括京密路两侧、地铁15号线沿线及花梨坎、新国展两个地铁站；四是居民社区模块，涉及高档别墅园区、普通商业小区、老旧回迁小区、企业员工小区四类36个社区。根据各模块性质分类制定运行管理内容、标准、要求，通过规范管理、要素整合、责任量化、监督控制，基本建立起“专统结合、点面兼顾、无缝对接”的城市管理精细化体系。

（空港街道）

【“一居一品”特色社区】根据发展历史、居民结构、产权属性等要素将社区分为高档别墅园区、普通商业社区、老旧回迁社区与企业员工居住社区四种类型。对不同类型社区进行分类指导，以社区“目标管理法”和“四事分流”机制为核心，以社区品牌创建活动为载体，现已形成一批各具特色、亮点突出、服务提升的品牌社区。如：裕祥社区的“五色服务管理系统”，万科花园社区的“互联网+居家养老服务”，蓝星花园社区的“蓝色火焰环保服务队”，吉祥花园社区的“五微”（微网站、微宣讲、微共享、微心愿、微议室）治理模式，香蜜湾社区与商户组建的“社区商户服务联盟”，天二社区的党员驿站+“管家式”服务模式等，发挥“个性”，形成了“品牌”。

（空港街道）

【首都国际交往中心核心区示范社区】以提升街居文化品位为核心，以“打造文化品牌，优化人文环境”为目标，加大对别墅区的“外国人过中国节”与“迷你马拉松赛”、普通商业社区的“消夏晚会”与“邻里节”、老旧回迁社区的“变废为宝”与“国学课堂”等文化品牌的支持力度，培育具有人文品质的现代化社区。如：自2013年起连续3年承办“中国网球公开赛——空港别墅杯赛”，比赛成绩可直接计入国际学校学分。中外人士共同参与的万圣节、圣诞节、端午节、中秋节、重阳节等活动已形成常态。

（空港街道）

【启动“一库三平台”】 以“智慧空港”建设为主线，建设“一库三平台”，即街居数据管理信息库，以及智慧高效的政务管理平台、公共服务平台和生活服务平台，利用三年时间，构建科学、人本、协调的城市内生系统。目前，辖区15个社区被认定为“北京市星级智慧社区”，含五星级1个、四星级1个、三星级3个、二星级6个、一星级4个。

（空港街道）

【环境整治】 构建“大空港”环境治理模式，城市环境和功能不断优化。与周边镇和功能区建立环境整治联动机制；投入262万元开展“春季环境整治月”活动，整治社区及辖区道路权属单位乱堆放、道路破损、广告牌匾不规范等各类环境问题440处；改造裕民大街、裕庆路、吉祥花园小区周边道路的人行步道和绿化带39062.2平方米，修建万科社区区间路7248.7平方米。

（空港街道）

【“平安空港”网格巡防运行保障机制】 投入200余万元为各社区配备17辆电动巡逻车，组建全区街道层面首支50人治安巡防队，实行24小时不间断地对辖区街面、人员密集场所、地铁周边以及社区内进行日常巡控；在街道辖区范围内启动视频监控系统和指挥中心建设，营造安全、和谐、稳定的社会环境。

（空港街道）

【社区与社会力量的协同共治平台】 一是加大政府购买社会组织服务力度，畅通驻区单位参与社区治理的渠道，创新社区与社会组织的服务对接，探索“五位一体”（开放设计、立体扶持、落地生根、全面承接、持续发展）的社会组织培育和发展机制。二是加强街道社会服务管理创新中心和社会组织孵化中心建设，重点培育和发展服务性、公益性、慈善性等社会组织，推广裕祥花园社区“五色公益服务组织”培育经验。

（空港街道）

【优化民生保障】 加强就业服务指导，完成城乡新增就业指标87人，组织59人参加城乡劳动力技能等级培训，应届高校毕业生就业指标完成率100%，城乡劳动力二三产业就业率达97.6%，持续获评“充分就业街道”，万科、天一、莫奈等7个社区持续获评“充分就业社区”。做好社会保障工作，服务办理“一老一小”人员参保、超转人员手工报销等700余人次，2015年共有13人被评为“区级寿星”、3人评为“市级孝星”。继续扩大优质教育资源覆盖，在中粮社区设立空港街道成人教育学校。着力解决辖区公共卫生服务短板，在中粮社区设立UCC社区卫生服务站，在三山社区建设500米健康知识文化墙和健康步道，吉祥社区获评“北京市全民健康生活方式行动示范社区”。建立“社区治理改造项目库”，排查16个社区的问题隐患302条，实施裕祥天然气改造工程，提升辖区居民的生活品质。

（空港街道）

镇

仁和镇

【概　况】 仁和镇位于顺义区新城中心区的主城区组团，与首都国际机场零距离对接，101国道、六环路、地铁M15号线、京平（谷）快速路和京承铁路穿境而过，镇域面积54平方公里，辖23个行政村、1个社区，户籍人口4.3万人，流动人口2.5万人。2015年，全镇实现属地财税收入16.97亿元，同比增长26%；实现公共财政预算收入3.97亿元，同比增长23%，两项指标均位于全区乡镇首位；农民人均劳动所得同比增长10%。

单位名称：顺义区仁和镇人民政府
地址：顺义区顺平西路9号
电话：（010）69448391
邮编：101300
网址：www.renhe.bjshy.gov.cn

（仁和镇）

【项目建设】加快推动重点项目建设进程，二三产业基地C5地块一级开发取得重大突破，恒兴国泰二期、联东U谷、空港日住等多个项目实现全面开工建设。加大企业服务力度，为京磁强磁、华邈药业等10余家企业化解难题，切实为企业发展保驾护航。助推企业做大做强，日升、建升、宏城三家房地产公司的回迁房、商品房建设项目扎实推进，中北华宇承建项目获得“鲁班奖”和国家优质工程奖，申报特级资质所需各项指标基本就绪。

（仁和镇）

【转型升级】加快调整疏解非首都功能，强化推进落后产能淘汰工作，泛美服装、顺美服装生产线实现关停退出。维益埃电气、融音塑业创新驱动、转型发展已取得初步成效，企业发展活力不断增强。成功实施捷联汽修、天时利股权重组工作，全面完成兴福机电、华旺耐火的资产回收整合，共回收盘活土地132.8亩，土地资源的集约利用效率再度提升。全镇三次产业纳税比重转变为0.1：33：66.9。

（仁和镇）

【拆迁回迁】前进、太平原址回迁房正式启动建设，太平村减河北侧地块征地补偿款拨付到位。小左各庄回迁房建设问题确定解决方案，望泉寺村回迁房规划调整新方案获得通过。沙坨村棚户区改造和环境整治项目第一奖励期15天内签约率达100%，民宅动迁工作完成。城建兴顺公司成功竞得平各庄村一期开发项目地块，第一批村民转非安置工作顺利完成，回迁房建设实现奠基开工。胡各庄村A地块实现上市交易，保障房建设即将启动。

（仁和镇）

【城市管理】军营村整建制转非安置资金债务已核销，与汽车城土地租赁问题得到化解。石各庄村安置补偿遗留问题解决，符合标准的劳动力安置手续办理完成。石门苑、石景苑小区回迁居民楼物业管理问题协调化解，澜西园、仁和花园小区居委会办公用房问题取得积极进展，加快推进石门、沙井、塔河、北兴等村回迁房产权证解决。

（仁和镇）

【民生工程】窑坡村煤改电、农宅单项改造工作完成，河南村、临河村等4个村减煤换煤工程有序实施，共更换炉具1413台、购煤2027吨。搁置多年的新城和军营两座110千伏变电站项目正式进场施工，南环电力隧道项目启动建设，城北高压线入地项目各项手续有序推进。加快办理北京儿童医院顺义妇儿医院（仁和第一医院）门诊病房楼建设手续，仁和便民服务中心A、B楼主体完工。减河北路东延项目征地手续完成，征地补偿款拨付到位。有序推进站前北街延长线、府前街东延、顺平南辅路等项目征地拆迁工作。

（仁和镇）

【环境保护】城南供热中心5台锅炉煤改气工程全面完成，停用或拆除顺美、泛美等7家企业的8台燃煤锅炉。高标准、高水平完成平原造林任务，3128.4亩林木管护工作运行良好，城乡绿色空间得到进一步拓展和延伸。着力加强水资源管理，临河村、河南村排污口整治工程完工，月牙河、胡窑排水改造及小中河综合治理工程地上物补偿款拨付到位，正在办理林木伐移手续。

（仁和镇）

【环境治理】做好环境整治长效工作，完成首都环境建设问题和结果公示系统台账任务100余项，整治卫生死角513处，清理街巷421个，安装护栏1000余延米，种植松柏树6000余棵，整修乡村公路3.12公里，新建窑坡村桥梁已投入使用。以窑坡、米各庄、庄头三个村为试点，推行政府外包的垃圾清运模式，切实解决基层垃圾处理不及时问题。动真碰硬解决环境突出问题，彻底清除前进花园一区空地私搭乱建脏乱点，整治完成石门市场5、6号门和石景苑小区两个区级挂账点，镇域环境秩序水平切实提升。全年共拆除违法建设2.62万平方米。

（仁和镇）

【民生保障】2015年实现城乡劳动力就业2073人，完成全年任务的117%，城乡劳动力二三产业就业率继续稳定在98%以上，连续六年保持充分就业成果。充分发挥社会保障兜底作用，共为低保、特困、优抚等各类群体发放救助资金726.2万元。新农合保障全面落实，全年共为11719人次报销医药费583.8万元，积极贯彻仁和镇门诊住院大额补充医疗报销政策，为283人次报销医药费29.7万元。大力加强高龄老人关爱工作，制定出台为90岁以上老人送温暖办法。

（仁和镇）

【社会事业】米各庄村村务管理综合治理试点建设取得实效，村务管理更加规范。坚持贯彻落实《仁和镇村级财务管理制度》，村级财务工作规范化水平显著提升。为基层新建2个标准化篮球场地，争取文体健身器材百余件，复兴村龙舟队连续4年获市级三项冠军。

（仁和镇）

【社会稳定】 切实履行维稳工作职责，确保全国“两会”、北京田径世锦赛、反法西斯战争胜利70周年等重要会议、重大活动、敏感时期的社会面安定有序。深入开展安全社区创建工作，严格落实企业安全主体责任，整治消除重大安全隐患51处，全镇安全生产形势总体平稳。不断完善社会面“网格化”巡控体系，全面做好流动人口管控工作，全镇流动人口信息核准率达95%以上。更加注重从源头上预防和化解信访矛盾，全镇信访整体趋势向好。

（仁和镇）

马坡镇

【概　况】 马坡镇地处顺义新城核心区，奥运水上场馆西侧，距北京市区30公里，距首都国际机场8公里。镇域面积35.1平方公里。下辖21个行政村（已拆迁8个村），全镇常住人口2.4万。马坡镇以“建设新城，发展马坡，加快推进城乡一体化”为主题，以“强镇富民”为目标，坚持新城、新农村建设双轮驱动，锐意进取，扎实工作，保持地区经济社会持续健康发展的良好态势。全年完成属地财税收入8.84亿元，公共财政预算收入2.26亿元，农民人均劳动所得22999元。

单位名称：顺义区马坡镇人民政府
地址：顺成大街15号
电话：010-69403524
邮编：101300
网址：http://www.bjshymp.gov.cn

（马坡镇）

【高端创新产业】全镇有国家高新技术企业智创联合、星箭长空、国华科技、中科用通等20家，北京市技术中心企业朗姿、中卓、亿都川3家，北京市著名商标企业中卓、亿都川2家，中国驰名商标企业朗姿1家。

（马坡镇）

【重点项目】 园区在建项目5个，总建筑面积18万平米，总投资8.8亿元；拟建项目6个，总建筑面积约38万平米，总投资约20亿元。目前已吸引“飞轮储能”、“车联网及其云数据平台”、“总线式智能化传感器”等5家“高精尖”技术企业入驻。

（马坡镇）

【招商引资】 1至11月份，全镇共引进北京市燕顺保障性住房有限公司、法国雅高集团旗下知名国际品牌铂尔曼酒店、京泓慧国际能源技术发展有限公司、北京百斯特朗姿文化产业投资中心等高端、新兴、环保企业近100家，注册资金总额33亿元。其中，注册资金十亿元以上企业1家，亿元以上企业2家，5000万元以上企业4家，1000万元以上企业35家。

（马坡镇）

【政策集成协助企业申报扶持奖励资金】 北京中卓时代消防装备科技有限公司获得顺义区品牌经济奖励资金50万元；北京嘉孚科技有限公司、北京冶建特种材料有限公司、北京中卓时代消防装备科技有限公司、北京卓良模板有限公司4家公司分别获得顺义区科学技术进步奖（经济发展类）二、三等奖。

（马坡镇）

【新城建设稳步推进】 顺义新城（马坡组团）西马坡等5村回迁房安置工作顺利完成，共销售回迁安置房约2000套，安置村民约3000人，完成西台路涉及东马坡村平原造林树清点及地上物清理工作。

（马坡镇）

【新农村建设扎实有效】 庙卷、石家营两村新农村试点工程顺利进行。庙卷、石家营两村已启动新民居改造212户，其中122户已完工。庙卷村西雨水管线及南陈路（毛家营至石家营段）污水管线工程已全部完成。荆卷、向前、白各庄3村349户外墙保温、202户门窗改造工作。南陈路（白马路至石家营村北）燃气管线铺设完成。

（马坡镇）

【镇域环境水平不断提升】 2015年通过国家卫生镇审核。深入开展环境整治工作，完成2015年全国赛艇锦标赛、亚洲赛艇锦标赛和抗战胜利70周年纪念活动的环境保障工作。在庙卷、马卷、石家营等8个村庄开展新农村“五边”绿化工程绿化面积94亩。

（马坡镇）

【城乡基础设施逐步完善】 镇出资180余万元，为13个未拆迁村购置小型消防车，出资81万为各村配发综治巡逻车18辆、投资近26万元，对石家营村视频监控系统进行全面升级、投资300余万元，在马坡850总站西南侧新建便民市场，设170个摊位、投资约540万元，对白各庄环路、衙门村西路、花园路、姚店村东路等6条道路进行大修，现已全面竣工。投资19万元，在花园路两侧及幼儿园门口安装路灯26盏。

（马坡镇）

【就业质量不断提升】 落实“一企一卡”预约服务和新、续建项目就业服务专员负责制度，对辖区内重点企业进行跟踪服务，加深政府与企业之间的联系，坚持“技能培训、职业指导、就业推荐”一条龙服务，促进劳动力充分、稳定、高质量就业。创新就业培训模式。为城乡劳动力开办叉车、烹饪等各类培训班4期，培训人员225人，采集岗位信息2026个，完成指标的101.3%。转非安置工作顺利开展。涉及镇域85名劳动力及46名超转人员，目前正办理安置相关手续及接受费用测算相关工作。截至目前，全镇劳动力7945人，就业人口7826人，就业率98.5%。

（马坡镇）

南法信镇

【概　况】 南法信镇位于首都临空经济高端产业功能区的核心区，镇域总面积20.6平方公里，下辖16个行政村，其中整建制村9个，拆迁村7个，7个村已经完成回迁。全镇总人口34349人，其中户籍人口16598人，流动人口17751人。面对宏观经济下行压力、结构性减税、出口供货增长缓慢等多重因素影响，我们采取积极措施，有效应对，实现了主要经济指标稳步增长。全年实现地区总产值198.5亿元，同比增长7.7%；实现总收入213.6亿元，同比增长6.7%；实现利润总额15.4亿元，同比增长26.7%。完成属地财税收入10.2亿元，同比增长20%；完成一般公共预算收入2.2亿元，同比增长17%。农村居民人均纯收入实现21925元，同比增长10%。城乡劳动力二三产业就业率实现98.5%。年度各项指标得到较好的完成。

单位名称：顺义区南法信镇地区办事处、南法信镇人民政府
地址：顺义区南法信镇府前街47号
电话：69472495
邮编：101300
网址：www.nanfx.cn

（胡彩霞）

【“春风行动”专项招聘会】3月20日，南法信镇在北法信村礼堂举办“春风行动”专项招聘会。此次招聘会共有同晖珠宝、南大电缆、嘉和一品、圆通速递等27家用人单位参加，提供前台文员、人事专员、总机话务员、货运商务司机等就业岗位近500个，当天共有550余人参加招聘，其中约有170人在现场与企业达成初步录用意向。

（李玲玲）

【村务管理经验学习】5月5日，北小营镇党政领导班子成员、包村干部、村党支部书记和科室负责人一行70余人到三家店村、南卷村参观学习村务管理经验。三家店村党支部书记冯艳芹、南卷村党支部书记曹长平分别介绍在人口调控方面的典型做法，对用水、环境、车辆管理等方面的具体举措进行详细讲解。随后，参观人员实地参观村内的监控室、流动人口和出租房屋服务站，了解流动人口管理相关制度，以及村中环境和车辆停放等情况。

（张艳来）

【对经营商户联合执法排查】6月11日，南法信镇多部门联合执法开展商户经营排查整治工作。对镇域22家商户进行规范经营专项检查，对其中10家废品回收行业的商户实施重点检查，拆除各类户外牌匾、广告牌12块，警告处理和提出整改处理17家。执法行动共出动人员17人，车辆6台。

（王云）

【安全专项检查】7月6—10日，南法信镇对辖区内建筑企业、人员密集场所、工业企业开展特种设备安全专项检查。执法人员重点检查特种设备运行情况、操作人员持证上岗情况、企业安全主体责任落实和应急预案准备情况等。本次重点检查特种设备使用单位35家，其中合格证件31个，无证操作4个，电工类证件12个，金属焊接切割作业类证件14个，高处作业类1个，其他类9个，本市证件26个，外地证件5个。

（刘雪）

【举办“跳蚤市场”儿童专场活动】7月24日，镇机关举办“跳蚤市场”儿童专场活动。机关干部30多个家庭参加活动。活动中，小朋友们通过购买、交换、赠送等形式得到自己心仪的玩具、书籍等物品；同时，孩子们还为家长们献上精彩的歌曲、舞蹈、诗歌朗诵等才艺表演。活动最后，孩子们还将书本、衣物、玩具等进行捐赠。镇妇联把捐赠的玩具转交至北京市妇联组织的玩具漂流公益活动承办方，镇民政科将其它物品捐赠给需要帮助的孩子。

（石晓静）

【首届青年联谊会】8月16日，南法信镇开展“南法信镇首届青年联谊会”。镇团委、镇社区青年汇、天竺保税区青年汇携手香港凯福珠宝国际集团有限公司组织开展活动。共有50余名单身男女青年及50余名亲友团到场。本次青年联谊会现场共有6对牵手成功。

（王春丽）

【安全生产检查】9月28日，副区长盛德利到南法信镇检查指导安全生产工作。实地对圆通速运公司、骏马客运公司等重点企业安全生产进行检查。盛德利副区长分别听取圆通速运公司、骏马客运公司安全工作情况汇报，并肯定企业安全生产工作的有效做法，他强调，企业要提高安全防范意识，切实做好安全生产隐患排查工作，确保“十一”期间安全生产工作有序开展；各职能

部门要最大限度发挥作用，积极深入到企业，将各项安全措施落实到位，加固好安全生产防线，有效保障辖区安全生产形势稳定。

（徐艳丽）

【国庆期间信访维稳工作】南法信镇3项措施做好国庆期间信访维稳工作。一是加强信访值班。严格实行国庆期间党委领导带班和信访工作人员24小时值班制度，随时接待信访群众、准确掌握重点信访人员的动态、第一时间获取突发信息，确保能够及时处理到位。二是对可能引发信访问题的不稳定因素进行全面深入地排查摸底。对苗头性、倾向性信息进行广泛地收集整理，固定专人研究解决，超前做好化解矛盾的工作。三是落实工作措施。对排查出来的矛盾纠纷及时有效地进行调处化解，将问题消除在萌芽状态；对重点信访人员落实包保责任，做好思想工作，掌握其动态，确保国庆期间不出现非正常上访现象。

（仇健）

【高龄老人心理慰藉培训活动】12月25日，全镇16个村民政专干参加培训。培训中，心理培训教师结合自己多年的丰富经验和实例，就如何了解老年人的心理状态，如何与老人进行沟通，做通俗易懂的讲解，使参培人员对做好高龄老人心理慰籍服务工作有深刻的了解，为南法信镇今后做好老龄工作奠定了基础。

（王一）

李桥镇

【概 述】 李桥镇位于顺义区南端，距北京市区20公里，东依潮白河，西邻首都国际机场，距T3航站楼1公里，北接顺义区仁和镇，南接通州区，距北京城市副中心15公里，镇域总面积75.18平方公里，户籍人口3.7万，下辖31个行政村和2个居委会。京平高速、六环路等多元化的交通路网汇集此地，京承铁路纵穿全镇，地理位置优越，交通极为便利。镇域内任李路、顺通路、机场东路上有多条公交线路。是承接北京市行政副中心功能北拓，建设临空综合配套服务区和支撑区域协同发展的桥头堡”，2015年全镇实现二三产业总收入162亿元；完成属地财税收入15.86亿元，公共财政预算收入1.43亿元。

单位名称：顺义区李桥镇人民政府
地址：顺义区李桥镇头二营村东
电话：（010）89426100
邮编：101304
网址：www.lq.bjshy.gov.cn

（李桥镇）

【新农村建设】 完成吴庄、西树行两个村467户煤改电工程；完成张辛、北庄头两个村太阳能浴室新建工程；在8个村连村路间安装150盏连村路灯，安装线路总长6180米；完成李桥、吴庄23405.5平米街坊路硬化工程；完成王家场、郭庄、庄子营等十个村社区创建工作及吴庄、史庄、苏庄、南庄头4个村美丽乡村评比验收工作。

（李桥镇）

【减煤换煤】 完成29个村9333吨优质燃煤减煤换煤，更换4032台炉具，其中率先试点完成英各庄无劣质散煤村治理，共计更换优质燃煤181.3吨，优质蜂窝煤17.95吨，燃煤炉具66台。关停全镇39处劣质燃煤经营场所，清理劣质燃煤3944吨；

（李桥镇）

【社会保障】 全年新增就业1615人，完成城乡劳动力就业891人，其中，完成城乡困难劳动力就业432人；全年职业技能培训650人，完成失业人员培训156人；累计为8300人办理城乡居民养老保险参保手续；办理“一老一小”、城镇无业居民大病医疗保险500人；为7471人发放李桥镇养老补贴，共计1013.48万元；2015年被评为北京市充分就业示范镇。

（李桥镇）

【市政建设】壁富路（顺义区段）道路建设工程。

总投资11791万元，全长1.3公里，下穿机场铁路专用线和京平高速。涉及本镇南半壁店村拆迁12户，树木373棵，已完成前期征地、非住宅拆迁、树木砍伐等工作。施工单位于2015年9月29日进场施工。

（李桥镇）

【环境建设】 镇村两级累计投资2100余万元，完成李天路、顺通路、樱花园小区路、半壁店主街及各村样板街整治工作，拆除私搭乱建、清理店外经营410处，规范广告牌匾550个、增加绿化2000平米，外墙栏杆粉刷11000平米，修整路面2000平米，修整花墙5000米，修整排水边沟5000米，粉刷墙面5000平米。

（李桥镇）

【违建拆除】 全年共拆除违法建设47宗，涉及半壁店、庄子营、李桥、后桥等14个村的违法建设，占地面积约42992.08平方米。

（李桥镇）

【平原造林】 年度完成平原造林724亩，涉及沿河特菜基地及9个造林村。截至2015年底，李桥镇共计完成平原造林工程8805.4亩。

（李桥镇）

【安全消隐】 完成2015年顺义区燃气管网安全消隐工程——馨港庄园室内外燃气改造工程。总投资2375万元，将小区原有的压缩天然气置换为市政天然气，涉及馨港庄园小区57栋居民楼，共3726户，一所小学、一所幼儿园和9家公服用户。自市政燃气管网接口至小区住户灶前所有管线全部更新，彻底消除安全隐患，居民用气价格每立方米便宜0.72元。

（李桥镇）

【重点项目】 中国民航华北地区空中交通管理局北京新终端管制中心项目于2015年12月9日完成项目奠基仪式，该项目是以首都机场、北京新机场、天津机场三大机场空域为基础，用以保障2025年约160万架次（军、民航）的安全运行。

（李桥镇）

【农业基本菜田补贴】 该项惠农政策为本市首次开展，补贴对象为本镇从事蔬菜生产的本市农户和本地注册的公司（基地），补贴标准为：露地菜田200元/亩；大棚400元/亩；温室（含连栋智能温室）600元/亩；经过户申请、村审核、村级汇总、公示、镇级审核、汇总等环节，全程公开透明、严格规范。全镇蔬菜面积5907亩，涉及农户800户，补贴金额1808504元。

（李桥镇）

【工会工作】 10月，李桥镇工会服务站正式挂牌成立。服务站建筑面积约70平米，设有劳动争议调解室、职工书屋、档案室和一站式办公厅。

（李桥镇）

【幼儿教育】 李桥镇投资700多万元兴建李家桥村与头二营村幼儿园，同时投入50多万元购买所需教学设备，解决两个村及周边村约200名幼儿就近入园问题。

（李桥镇）

【低保救助】 全镇共有农村低保161户，城市低保31户，五保7户，低收入9户。救助低保及低保边缘大二至大四学生17人，救助资金4.32万元；救助低保及低保边缘大一新生2人，救助资金1.024万元。

（李桥镇）

【治安防范】 李桥镇投资230万元为各村、居委会配发电动巡逻38辆，用于治安巡逻，提升治安防范能力，提高广大群众的安全感。

（李桥镇）

天竺镇

【概　况】 天竺镇位于顺义区西南端，东经116° 32′，北纬40° 4′。南隔温榆河与朝阳区相望，东南与通州区相邻，距市区15公里，距顺义城区10.6公里，总面积13.24平方公里。首都国际机场、新国际展览中心坐落在境内，首都机场高速公路、首都机场南线高速公路、机场快速轨道、机场辅路穿境而过，西侧有101国道、地铁M15号线，天北路连接首都机场与101国道，东南部有李天路。1992年原国务院副总理田纪云为天竺镇题词"国门第一镇"。1998年顺义县撤县设区，天竺镇亦称天竺地区办事处。现辖8个行政村，其中4个自然村，4个拆迁村，另有2个社区居委会。常住人口14312人，其中农业人口2411人，非农业人口11901人，另有流动人口14649人。2014年，全镇实现地区生产总值36.98亿元，同比增长9.14%；实现属地税收19.3亿元，同比增长35%；实现地方财政收入6.1亿元，同比增长37%。公共财政预算收入6.1亿元，同比增长23.3%。农民人均劳动所得18181元，同比增长10.2%。

单位名称：顺义区天竺镇人民政府

地址：顺义区天竺镇府右街6号

电话：（010）80462334

邮编：101312

网址：www.tzkgc.gov.cn

（张洛伊）

【招商引资】 2015年，天竺镇累计引进金鹿（北京）公务航空有限公司、中铁中基（北京）投资基金管理有限公司等企业97家，实现注册资金26亿元。其中，注册资金1亿元（含）以上企业5家，5000万元（含）至1亿元企业6家，1000万元（含）至5000万元（含）企业13家。

（张洛伊）

【中共天竺地区第四届代表大会第四次会议召开】 2月10日，中共天竺地区第四届代表大会第四次会议在天竺镇政府召开，出席大会的代表98人。会议听取和审查中共天竺地区第四届委员会报告；听取和审查纪律检查委员会报告；会上各位代表对党委领导班子及成员进行民主评议。

（张洛伊）

【第十六届人民代表大会第六次会议召开】 3月31日，天竺镇第十六届人民代表大会第六次会议在天竺镇政府召开，出席会议的代表45人。会议听取和审查镇政府工作报告；听取和批准2014年财政预算执行情况和2015年财政预算（草案）报告；会议接受王辉同志辞去天竺镇镇长职务，并选举杨登科同志为天竺镇镇长。

（张洛伊）

【第十六届人民代表大会第七次会议召开】 8月25日，天竺镇第十六届人民代表大会第七次会议在天竺镇政府召开，出席会议的代表43人。会议听取和审查镇政府2015半年工作报告；听取和批准关于2015年上半年财政预算执行情况及2015年下半年预算收支情况的报告。

（张洛伊）

【天竺村回迁安置工作完成】 天竺村回迁安置是2015年区政府重点工作之一，天竺镇共回迁村民1350户6052人，占全区回迁总任务量的50%以上。

（张洛伊）

【"聚青春"品牌活动】 天竺镇共青团以打造"聚青春"品牌为抓手，全面开展"聚青课堂、聚青行动、聚青友谊、聚青园地、聚青咨询"等系列活动，并荣获"顺义区优秀团委"、"北京市五四红旗团委"、北京郊区"百县千乡分类示范创建活动"基层团建示范镇和市级优秀创新项目等荣誉，代表北京市当选为"全国农村基层团建示范乡镇"。

（张洛伊）

【劳动就业】 城镇新增就业指标1993人，完成295人，完成14.8%；城乡劳动力就业指标1594人，完成737人，完成46.24%；城乡就业困难人员就业指标797人，完成407人，完成51.07%；毕业大学生62人，就业62人，完成100%；城镇失业人员技能培训指标48人，完成278人，完成579%；其他城乡劳动力技能培训指标280人，完成61人，完成21.78%。实现创业指标15人，完成16人，完成107%；带动就业人数指标60人，完成89人，完成148%。社区安置就业困难人员指标150人，完成300人，完成200 %。

采集空岗信息指标3100个，完成3360个，完成108%；建立企业服务档案指标87份，完成90份，完成103%；就业困难人员应摸排人数355人，完成摸排人数349人，完成98.31%。

（张洛伊）

【天竺镇举办纪念抗战胜利70周年文艺汇演】天竺镇于7月10日举办“传承红色意志，纪念抗战胜利70周年”文艺汇演，分为“峥嵘岁月”、“盛世欢歌”、“民族复兴”三个篇章。在演出之前，全镇机关干部、企业代表和村、居代表中的党员集体重温入党誓词并进行郑重宣誓。镇文艺爱好者们通过此次文艺汇演，歌颂中华民族的伟大复兴，展现良好的精神风貌。

（张洛伊）

后沙峪镇

【概 况】后沙峪镇位于顺义区西南部，东临首都国际机场，南接朝阳，西壤昌平，镇域总面积42.6平方公里，下辖16个行政村（10个村已拆迁），3个社区居委会，户籍人口2.5万，是首都国际航空中心核心区的重要组成部分。在区委、区政府的坚强领导下，后沙峪镇紧紧围绕“四个全面”战略布局，主动应对宏观经济整体下行压力不断加大、结构性减税，人口资源环境矛盾日益凸显等复杂形势和落实首都城市战略定位、推进转型升级的发展要求，以“三严三实”专题教育活动为契机，积极转方式、调结构、促改革、惠民生，努力推动各项工作取得新成效，全镇经济社会保持平稳健康发展的良好态势。2015年，完成属地财税收入13.04亿元，同比增长36%；完成公共财政预算收入3.49亿元，同比增长47%；实现农民人均可支配收入22289元，同比增长10%，地区经济社会发展保持了稳中求进的好势头，呈现出和谐稳定的好局面。

单位名称：顺义区后沙峪镇人民政府
地址：顺义区后沙峪镇双裕大街39号
电话：(010)80496875
网址：www.bjkgc.gov.cn

（后沙峪镇）

【经济发展】后沙峪镇认真落实稳增长、调结构各项举措，综合施策、多管齐下，积极推进产业发展由一业独大向多点支撑转型升级，“一区四中心”产业格局成果显现。坚持“优化存量调结构、扩大增量上水平”，有效应对经济下行压力较大和各种不利因素的影响，区域经济实现稳中求进，地区综合实力显著增强。高品质生活区已然成型；航空信息中心初具规模；现代商贸中心加速形成；文化创意中心稳步推进；休闲旅游中心积极筹划。围绕建设独具特色的京郊时尚休闲旅游地的目标，积极打造罗马湖休闲旅游中心，规划发展各类商业服务设施。与北京体育产业集团有限公司签署战略合作协议书，对龙道河上下游进行体育休闲产业开发。

（后沙峪镇）

【基础设施】着力解决中航信项目外部市政需求，编制调整裕丰路可研及立项申请，外部电力工程已获得立项批复。府前街、安富街景观提升工程全部完工。地铁M15号线附近雨水管道和照明工程，共铺设雨水管道300延米、安装路灯22盏。实施十中路人行步道改造工程，开设实验二小东门，安装减速带118米，施划停车位425个。在江山赋、香花畦、双裕等小区周边和后沙峪中小学周边组织工商、城管、交通等部门开展联合执法，劝离违章停车、取缔无证照经营商户、劝阻露天烧烤，镇村环境秩序明显好转。

（后沙峪镇）

【教育事业】投资328万元，为中小幼增添教学设备、支持联合办学、美化校园环境。配合区教委做好中小学招生工作，发放考入大专以上新生考学奖励84万元。四中分校和中心小学代表顺义区迎接国家级义务教育均衡发展视察和督导工作，荣获好评。

（后沙峪镇）

【医疗卫生】 积极做好传染病防治工作，全年为后沙峪镇居民和外来人员接种各种疫苗7400余人次。配合区疾控中心对古城、泗上、罗各庄、田各庄四个村的养禽户进行禽流感病毒监测调查，未发现存在任何病毒。利用健康生活方式、高血压等宣传日，开展宣传活动13次，发放各种宣传材料7000余份。开展健康知识大课堂11场。完成辖区4万余居民的健康档案登记工作。

（后沙峪镇）

【社会保障】 完成2014、2015年度区、镇两级年终住院、特殊病、门诊报销及再报销工作，惠及百姓2.1万人次。为666名大病患者发放2014年度镇级重特大病医疗救助资金。兑现“三扶”奖励金236人、非农下岗独生子女父母奖励金991人。镇财政出资为4924户独生子女家庭购买意外伤害险，并慰问全镇优抚及低保对象。为60岁以上农村经济组织成员及其衍生成员发放灿烂夕阳补助金。为1106户农户办理农村房屋财产保险。

（后沙峪镇）

【就业工作】 积极促进城乡劳动力向“三高”产业转移就业，全年共开展技能培训7期，200余人取得职业技能证书。与21家企业签订“一企一卡”预约服务制合作协议书。采集空岗信息3246个，实现新增就业597人。后沙峪镇连续多年被评为“顺义区充分就业示范镇”和“北京市充分就业示范镇”。

（后沙峪镇）

【文化生活】开展星火工程文化下乡演出10场，成功举办五月鲜花文艺汇演、第八届和谐社区杯乒乓球比赛、第二届羽毛球比赛等镇级文化体育赛事，冠名承办第十一届后沙峪杯春季长跑比赛，积极组队参加各类区级文化活动，取得优异成绩。争取区体育局支持，为香花畦家园免费安装健身器材，完善健身广场设施。

（后沙峪镇）

【社会治安】 不断加强村民自治，完善村务治理模式，切实做好安全稳定工作。群防群治和专职保安作用发挥明显。投资50余万元，为各村和社区配备警务巡逻车11辆，进一步完善管理办法，村庄社区化管理稳步推进。落实领导干部接访包案、带案下访等制度，注重积案化解，历史遗留问题解决，引导群众采取正当渠道表达诉求，全年受理群众来信来访41件次，同比下降50%。

（后沙峪镇）

【生态环境】 后沙峪镇顺应群众期待，在环境建设上加大投入力度，高质量完成一批市区重点环境建设任务。全面落实清洁空气行动计划，积极推动大气治理。开展清洁能源改造工作，完成13家企业煤改气工程。推进垃圾综合治理，加大对保洁公司的管理力度，增加考核内容、完善考核办法。加强水源治理，集中整治温榆河堤岸环境，清理垃圾渣土200余方，取缔非法砂石场2家，清理温榆河故道水面漂浮物和河堤杂草。深入开展环境专项整治，在首都环境办对顺义区的月度检查考核中，后沙峪镇以良好的环境面貌代表顺义区迎检。

（后沙峪镇）

高丽营镇

【概 况】 高丽营镇是《北京城市总体规划》、《顺义新城规划》确定的重点镇，位于顺义西部，处于临空经济区和温榆河绿色生态走廊的延展区域。镇域面积61.1平方公里，下辖25个村和1个居委会，常住人口3.2万人，其中户籍人口2.7万人。2014年全年实现属地税收6.47亿元，同比增长29%，公共财政收入2.16亿元，同比增长41%。

单位名称：顺义区高丽营镇人民政府

电话：69455951

邮编：101302
网址：www.gaoly.bjshy.gov.cn

（高丽营镇）

【产业升级】重点项目进展顺利，投资5亿元的陆道培医院项目扩建部分主体已完工；北京雅昌文化发展有限公司项目完工；北京远方工贸有限公司项目一期改造工程已完工。高新项目引进成效显著，投资3亿元的中国安全产业创新研发和交流中心项目已签约落地。服务产业能力增强，协助仟亿达、瓜尔润两家高新科技企业完成新三板上市；协助企业争取各类扶持资金739万元。产业资源引进加快，全年完成企业注册124家，注册资金累计10.7亿元。产业发展环境不断优化，完成金马工业园路灯改造工程，更换节能路灯125盏，改造线路6094米；完成300米燃气管道新建工程；完成金马工业区46蒸吨燃煤锅炉的清洁能源改造。

（高丽营镇）

【新城镇化建设加快】市政基础设施取得新进展，建设客运站两座，其中于庄村客运站项目已交付骏马公司投入使用，水坡村客运站项目已通过竣工验收；对全镇8条主要公路路灯实施升级改造，更换LED节能灯1500套，提升道路夜间照明效果，并节省用电30%以上；对7条道路进行大修，共修补3900平米破损道路修补，改善地区百姓出行条件；推进副中心路网建设工程项目、中心区滨河公园项目，目前均已取得区发改委立项批复。生态环境持续改善，全年共实施30余项村级环境升级改造工程；深入开展环境“四项创评”工作，累计投入资金600万元；完成一村、北王路村精品村庄打造，发挥示范带动作用；完成高丽营镇循环水务工程，进一步优化镇域水环境；完成绿化364亩，栽植各类苗木3.45万株；实施11个村优质燃煤替代工程，4个村“煤改电”工程和2个村农宅保温工程。

（高丽营镇）

【民生工程持续改善】各项民生保障政策全面落实，城乡居民养老保险参保5992人；扩大镇级老年生活补贴范围，补贴人员年龄从70周岁提前至65周岁，全年累计发放生活补贴273.63万元，2512人受益；发放高校新生奖励资金22.1万元；出台拥军优属奖励政策，发放奖励资金8.24万元；提高独生子女家庭奖扶和特扶人员镇级奖励标准，奖扶人员每人每年800元，特扶人员每人每年2000元，累计发放奖扶、特扶资金54万元；发放各类民政资金520余万元；合作医疗参合率达100%，普通门诊、住院和特病累计报销4万余人次1366万元，镇级门诊及住院二次报销375万元，1.8万余人次受益；落实《北京市城镇劳动年龄内无业居民大病医疗保险制度》和“一老一小”政策，新增“一老一小”199人，报销医疗费用34.8万元。就业服务水平持续提升，二三产业就业率保持95%以上；培训劳动力564人，实现城乡劳动力就业1065人，完成农村劳动力就业转非69人，完成征地转非194人。

（高丽营镇）

【社会治理】发挥综合巡控作用，全镇划分130个网格，网格长、安全员累计提供数据信息3756条，登记检查出租大院382处、出租房屋17400间；取缔无证经营单位99家，检查食品药品生产经营单位386家次，下达责令改正通知162件，立案查处88件。保持违法建设查处工作高压态势，全面国土卫片挂账违建全部拆除，恢复耕地397亩；镇内巡查发现违法建设197宗，拆除违法建设5.9万平米，清除非法沙场12宗，恢复耕地230亩。安全监管工作深入开展，全年累计检查企业800余家，发现整改隐患1500余处，下达执法文书400余份。加强民主法制建设，全年累计受理群众和基层各类服务事项10525件，办结率、满意率100%。

（高丽营镇）

【党建工作】党建联络员工作机制荣获2015年度“北京市新农村党建创新项目”；完成25个村党组织换届工作和社区“两委”换届选举，“一肩挑”、“交叉任职”和“本土化”率均为100%；全镇26个村（社区）党组织与中华女子学院各支部开展结对共建，围绕“六个一”活动开展工作，即“一次调研、一堂讲座、一项辅导、一场宣讲、一门课程、一种服务”。以村规民约为载体，促进村民共治，在高丽营镇全镇范围内推广一村“一村党员户标牌、五个十佳（家）标牌、村规民约星级户标牌”等村规民约制定和执行的经验，引导群众参与村级事务管理。深入开展宣传教育思想文化工作，编发高丽营镇自创报纸《高丽营时报》12期12万份，向全镇家庭发放；继续举办“高丽营镇广场舞大赛”（第二届）、“戏曲专场演出”等群众文化活动；创新开展“戏曲进校园活动”、“非遗进校园活动”活动；开展“我的家乡高丽营”征文活动，将优秀作品编辑成书----“我的家乡高丽营”，并在全镇发放。鼓励文化队伍建设发展，出台《高丽营镇群众文化体育“特色品牌”创建活动奖励办法》，11个村被授予“特色品牌”称号，发放奖励扶持资金31万元。获得2015年“首都文明镇”荣誉称号。

（高丽营镇）

杨　镇

【概　况】杨镇位于北京市顺义区潮白河以东，是顺义东部九镇中心，是北京市42个重点发展小城镇、顺义新城规划的重点镇之一；镇域面积96平方公里，下辖42个行政村和4个居委会；顺平路、白马路、木燕路纵贯杨镇区域，是华北地区主要的交通枢纽。驱车20分钟可到首都国际机场，15分钟可到六环路、M15号地铁线、顺义火车站及顺义城区，10分钟可达水上奥运场馆。2016年，杨镇认真开展“三严三实”专题教育，围绕“打造经济新引擎、实现新型城镇化”的目标，积极转方式、调结构、促改革、惠民生，经济实力显著增强，重点工作稳步推进，环境质量明显提升，社会建设创新推进，全镇经济社会保持平稳健康发展的良好态势。全年共完成属地财税收入6.97亿元，同比增长23%；完成一般公共预算收入1.56亿元，同比增长22%，农民人均劳动所得达到1.6万元，同比增长11.2%。

单位名称：顺义区杨镇人民政府
地址：顺义区杨镇府前街3号
电话：（010）61451287
邮编：101309
网址：www.yangzhen.bjshy.gov.cn

（虞天娇）

【第五届杨各庄“药王节”庙会】2月14日，顺义区第五届杨各庄“药王节”庙会---暨年货大集拉开帷幕，本届庙会主题为：赏民俗文化，购实惠年货。庙会年货品种丰富，质优价廉。本届药王节年货大集共3天，分别是腊月廿六和正月初一、初六，营业时间为8:00—14：00，方圆100公里内的群众都前来采购。

（虞天娇）

【北京郁金香文化节外围环境保障工作】加强周边道路环境整治力度，重点整治白马路、木燕路等鲜花港周边重点路段，并启动4000棵树木的粉刷工作。加强周边村环境整治力度，重点整治红寺、东疃以及沟东等5个周边村乱堆乱放、私搭乱建等环境问题。增强保洁力量，成立环境整治突击队，巡查鲜花港周边环境卫生情况，对发现的问题及时清理；加派保洁人员，重点负责鲜花港中心区的道路保洁以及白马路沿线、绿化带的白色污染捡拾。严控周边道路扬尘污染，加强工程施工单位及渣土运输车辆的管理与检查，开展日巡夜查行动，严控违规车辆上路，杜绝鲜花港沿线道路的扬尘和渣土乱堆乱倒现象。

（虞天娇）

【“环境立镇”战略】健全组织，成立镇长为组长，城管、环卫中心、新农村办、土地科等相关部门环境负责人为成员的镇环境卫生领导小组，明确分工，强化合作。保障投入，加大镇村投入力度，用于工程建设、市容环境卫生管理等。创新机制，出台村级环境建设管理考核奖励办法、村级环境管理人员奖励办法等，建章建制、责任到人；实现建筑垃圾和渣土管理、垃圾池（桶）管理、生活垃圾规范管理的“垃圾收、转、运、处理”一体化。强化监管，采取联合执法、专项执法等形式，保持对违反环境卫生条例行为的高压态势；坚持日常巡查、月拉练检查以及月通报制度，每次检查、考核结果与集体奖励、个人奖励、评先创优等直接挂钩，激励先进，鞭策后进。

（虞天娇）

【顺义区第二医院与凤凰医疗集团开展合作共建】 5月28日，顺义区与凤凰医疗集团签订《合作共建北京市顺义区新型社区医疗卫生体系协议》。为缓解基层卫生资源不足，满足群众不断增长的医疗卫生服务需求，顺义区探索实施将医疗卫生等公共服务项目纳入政府和社会资本合作范畴，通过公私合营伙伴关系合作模式（PPP模式），与凤凰医疗集团合作共建顺义区新型社区医疗卫生体系。以顺义区第二医院和顺义空港医院作为发展龙头，建立新型社区快捷诊疗中心服务网络，打造顺义东部和西部两个次级区域医疗中心。

（虞天娇）

【曾庄大鼓社团参加非遗文化艺术展演】 6月6日，杨镇沙岭学校曾庄大鼓社团参加第24届燕京啤酒节顺义区非遗文化艺术展演。由30名学生组成的演出团队作为开场的第一个节目为展演增添青春的活力。沙岭学校曾庄大鼓社团作为非遗传承单位，以鼓舞育人为办学理念，以传承大鼓表演技法为内容，挖掘曾庄大鼓文化，发展曾庄大鼓表演形式，形成集表演、育人合一的创新大鼓文化。学生在表演与创新中理解、传承大鼓，形成了学校特色项目。

（虞天娇）

【“优美特”成为杨镇首个“新三板”挂牌企业】 杨镇二三产业基地内企业优美特（北京）环境材料科技股份公司经“全国中小企业股份转让系统有限责任公司”审查同意，于6月10日正式在全国中小企业股份转让系统（简称“新三板”）挂牌，证券简称为“优美特”。优美特是杨镇首家挂牌新三板的科技创新型企业。

（虞天娇）

【李士祥到北京城市学院顺义校区现场督查】 10月17日，市委常委、常务副市长李士祥来到杨镇，实地查看北京城市学院顺义校区，并召开研讨会议。会上，市教委负责同志和北京城市学院院长汇报城市学院发展和顺义校区建设情况及需要解决的问题。市发改委、人力社保局、国土局等相关部门负责同志就项目实施和存在的问题进行探讨。

（虞天娇）

【南南学习论坛交流学习】 11月11日，来自30个国家的第六届南南学习论坛成员来到杨镇，交流学习杨镇在城市化进程中社会救助体系的运行和发展情况。杨镇民政科、社保所等部门进行相关情况的介绍和汇报。第六届南南学习论坛：城镇化进程中社会救助体系的建立与完善，有75个国家的相关成员出席，为期一周的论坛是研讨、分享和学习城市化背景下社会救助体系建设的最新知识、经验与创新的一次具有开拓性和里程碑意义的活动。

（虞天娇）

【北京城市学院落户杨镇】 9月，北京城市学院中关村校区迁入杨镇，合并位于杨镇职教园区的原现代职业技术学院、顺义一职、汽职三所学校，填补潮白河以东2885平方公里市域无高校的空白。杨镇校区已入驻2015级新生和2014级部分老生共计5000余名，主要专业为信息技术、文化创意、国际商贸、现代服务、城市建设与环境管理、城市交通运营服务、航空类服务等学生及近千人的专、兼职教职工。

（虞天娇）

赵全营

【概　述】 赵全营镇调结构、促改革、惠民生，全年主要开展五项工作，一是扎实推进环境治理与生态文明建设，城乡环境取得了明显成效；二是着力推动产业转型升级，经济发展的质量和效益不断提升；三是坚持统筹协调发展，新型城镇化水平不断提升；四是认真落实各项方针政策，民生服务持续改善；五是认真开展“三严三实”专题教育，着力打造法治型、廉洁型、服务型政府。全年实现属地税收6.85亿元、公共财政预算收入1.37亿元、农民人均可支配收入19976元，同比增长10.5%。

单位名称：顺义区赵全营镇人民政府

地址：顺义区牛板路101号

电话：60432871

邮编：101301

网址：http://www.zhaoqy.bjshy.gov.cn/

（赵全营镇）

【环境整治】开展环境整治工作，完成解放村市场、赵全营村排水沟整治、后桑园村污水沟改造、三四阶段中小河道治理等重点工程。清理卫生死角465处，完成市区两级环境建设任务台账24处。坚决治理违法建设，拆除违法建设96宗、20.5万平方米，恢复土地25.8公顷。

（张欣慰）

【注册区域品牌】2015年6月，在国家工商总局注册名为“京承汇”的赵全营镇经济社会专属品牌。

（张欣慰）

【招商引资】2015年本镇新引进注册资金100万元以上的项目100个，其中注册资金500万元以上的项目34个，注册资金累计达18亿元。

（张欣慰）

【新三板产业加速器】10月16日，赵全营镇作为顺义区发展新三板试点镇在清华大学科技园国际会议中心举行“北京顺义新三板产业加速器”新闻发布会暨授牌仪式。目前，本镇已有趋势传媒、国富纵横、众拓联、科净源4家企业挂牌上板。

（张欣慰）

【新农村建设】深入推进新农村建设，完成8个村24户的农宅新建翻建抗震节能改造工程，完成19个村优质燃煤替代、节能炉具更换工程。在全区率先完成22座太阳浴室消毒防疫改造工作。加快路网改造，大修公路5条，总里程5.81公里。修补破损路面3582平方米，大修1座北郎中危桥，新安160盏联村路节能灯。

（张欣慰）

【完成板桥回迁安置工作】2015年12月，完成板桥回迁房安置工作，共安置982户，3830人，分配回迁房2437套。

（张欣慰）

【就业服务】全年城镇新增就业775人，完成总任务的138%。

（张欣慰）

【社会保障全覆盖】本镇投入110万元，规范出台《参合人员大病医疗救助政策试行办法》，全镇符合条件的所有群众享受医疗二次报销福利。投入150万元，为全镇每村配备2辆治安巡逻车。

（张欣慰）

【教育资金扶持】新建建筑面积为2000平方米的燕华营村幼儿园。全镇先后投入1536万元用于新建村办幼儿园、学生公交补贴、师生慰问、教育教学设施改善。

（张欣慰）

牛栏山镇

【概　况】牛栏山镇位于北京城东北部，东邻潮白河，北接怀柔区，距顺义城区9公里，距北京市区35公里，距首都机场15公里，是“京郊八大古镇”之一。101国道、昌金路和京承铁路贯穿全境，顺安北路、富北路、牛富路交织成网，交通便利。所辖20个行政村，总面积31.4平方公里。年内本镇实现地区生产总值260.5亿元，同比增长12%；属地财税收入15.6亿元（其中扣除房地产因素，工业及其它企业缴纳税款7.18亿元,同比增长5%),一般公共预算收入2.5亿元，农民人均纯收入2.06万元；二三产业就业率达到97%。本年荣获北京市第十二届思想政治工作优秀单位、北京市2015年度积极参与无偿献血公益事业单位、全国文明村镇复合合格镇等荣誉称号。

单位名称：顺义区牛栏山镇人民政府

地址：牛栏山镇府前街9号

电话：（010）69411036

邮编：101301

网址：//www.niulsh.bjshy.gov.cn/

（牛栏山镇）

【生态环境】牛栏山镇开展清洁空气行动，二三产业基地“煤改气”项目实现顺利竣工，项目总投资4300万元，完成5公里天然气管道铺设、600米蒸汽管线改造及3台35蒸吨锅炉的安装和锅炉房结构改造工作。开展“减煤换煤”工程，替换优质燃煤2248吨，完成范各庄村74户“煤改电”项目。

（牛栏山镇）

【环境整治】开展“四大环境”联合执法专项行动，重点区域秩序得到改善。全面推进农村生活垃圾户分类、保洁员入户收集、垃圾统一规范处理工作，实现农村垃圾日产日清。提升环境管护水平,聘请专业公司负责重点区域的绿化养护。严厉打击盗采砂石和违法用地等行为，制定责任追究和奖惩机制，共拆除违法建设22宗，腾退土地163.6亩，其中强制拆除1宗，协助拆除、自拆21宗。

（牛栏山镇）

【转型升级，优化产业结构】盘活原海达尔钢结构厂闲置土地140亩，闲置厂房2万平方米。落实转型发展要求，新引进以物联网技术及软件系统研究为主的北京嘉顺物联网科技有限公司。

（牛栏山镇）

【基础设施建设】加强公路建设，对镇域内4条乡村公路进行大修工作，共计4.86公里。配合区重点办推进牛山三路、站前北街延长线项目。完善配套服务设施，投资224万完成剩余3个村的社区服务站建设，实现本镇村级便民服务站全覆盖。

（牛栏山镇）

【新农村建设】本年圆满完成87户农村农宅新建翻建工程和2275户单项改造工程。继续开展液化石油气下乡项目，更换液化气近2万罐，镇级财政补贴47万元。农村改水工作顺利完成，为10个村建设机井房和消毒设备。开展联村路灯安装项目，安装路灯300盏。新建芦正卷村太阳能浴室1座，全镇太阳能浴室达10座。完成兰家营村、范各庄村、芦正卷村三个村的美丽乡村创建工作。

（牛栏山镇）

【民生保障】投入216万元加大社会保障力度，切实发挥社会救助作用。对122户低保家庭采暖、建房等进行补贴,有效保障贫困群体的基本生活。扎实做好老龄工作，走访慰问700位高龄老人，并对1423名无保障老年人进行生活补贴。完成镇敬老院改造工程，被评为北京市二星级养老服务机构。为减轻农民就医负担，出台新农合大病保险“二次报销”办法，报销金额73.5万元。

（牛栏山镇）

【公共文化发展】投入170万元，对富各庄、相各庄、北军营等9个村的文化墙进行更新，为部分村建设村史馆，营造浓厚的文化氛围，成为新农村建设的新亮点。积极开展弘扬文明家风、“北京榜样”活动，为推进精神文明建设发挥示范引领作用。群众文体活动量质齐升，组建各村文体特色团队，积极组织群众参加赵全营花会、高丽营戏曲大赛、健身操大赛等各类活动，代表顺义区参加北京市农民健身运动展示周及北京市市民促进健身挑战赛，均获得优异成绩。

（牛栏山镇）

【教育事业】投资300万元提升教育教学服务质量。镇第二小学顺利通过国家级义务教育均衡发展达标验收工作，镇第二幼儿园被评为北京市一级二类幼儿园。村办园教师学历和专业水准全部达到大专以上或幼师专业毕业，保教保育质量得到明显提升。认真做好挂牌督导工作，学校、幼儿园及周边环境得到有效治理。为106名考入大学的应届高中毕业生发放奖励资金共计39.4万元。

（牛栏山镇）

南彩镇

【概　况】 作为顺义城区的东大门，南彩镇与城区仅潮白河一水相隔，居顺义区中心位置。镇域面积57.6平方公里，辖26个行政村和1个社区，总人口3.7万人。2015年，各项经济指标平稳增长，重大项目进展顺利，产业转型升级稳步推进，新农村建设不断深化，社会各项事业蓬勃发展。

单位名称：顺义区南彩镇人民政府
地址：顺义区府前东街延长路47号
电话：（010）89477031
邮编：101300
网址：www.nancai.bjshy.gov.cn

（刘海军）

【重点项目引进】 年内新引进项目13个，注册资金9.4亿元，预计达产产值3.4亿元，实现税收1525万元。

（刘海军）

【新农村建设】 完成前、后俸伯村、后郝家疃村1564户农宅节能保温单项改造工程和81户抗震农宅改造工程；完成河北村、南彩村、前俸伯、九王庄4个村的楼区4473户居民外墙保温和窗户改造工程。完成镇域内1850盏太阳能路灯、节能灯维修换新工作。新建西江头、水屯、双营3个村太阳能浴室。

（刘海军）

【基础设施建设】 完成顺平辅路南侧向东延至河北村小区北侧天然气管道、自来水管线工程，顺平辅路及六眼涵沟污水管线工程等；完成西江头、水屯、双营村排水改造工程，改造排水沟2017延米。

（刘海军）

【就业培训工作】 城乡劳动力就业723人，完成城乡劳动力就业培训750人，失业人员培训108人，城乡居民养老保险参保8460人，完成新型农村合作医疗参合人员20488人，门诊、住院等累计报销1607.72万元。

（刘海军）

【补选镇人大代表】 因工作调动等原因，南彩镇第十六届人大代表出现3名缺额。为便于开展工作经请示区人大，按照选举法有关规定，经党委推荐、镇人大主席团研究决定，7月18日在第6、10、16选区补选田晓丹、何泽扬、古大军同志为镇人大代表。

（刘海军）

【曲美家具荣获红星奖】 曲美家居集团股份有限公司设计研发的致趣尚品“旋律”休闲椅和自在空间“蜂巢”屏风分别获得中国设计红星奖委员会颁发的“中国设计红星奖”银奖和“中国设计红星奖”。据悉，“中国设计红星奖”被誉为中国工业设计“奥斯卡”，代表着当前中国工业设计的最高水平，这也是曲美家具第四次获得“中国设计红星奖”。

（刘海军）

【两家企业上市成功】 3月26日、4月22日，北京丰荣航空科技股份有限公司、曲美家具集团股份有限公司相继在新三板和上证主板成功上市，其中前者成为本镇首家上市公司。

（刘海军）

【瑞麟湾酒店获评星级饭店】 2月北京瑞麟湾酒店正式挂牌五星级饭店。年内该酒店推出“一日游”、“短时游”、“亲子水上乐园”、“康体活动中心”等新项目，并将在网络上推出相应的优惠活动。

（刘海军）

【开通微循环公交】本镇开通微循环公交—南彩1路，运营里程8.4公里，发车间隔30分钟。南彩1路设前郝家疃、后俸伯、南彩工业区、地铁俸伯站、二手车交易市场、强制治疗管理处站点，之后返回前郝家疃。线路全程单一票制2元，市民可持市政交通一卡通刷卡乘车。目前运营时间为6时至18时30分，发车间隔30分钟，根据群众需求还将进行调整。

（刘海军）

【足球培训进校园】西班牙顶级青少年足球训练专家霍斯特•文带着“游戏教学法”来到本镇，与顺义区中小学体育教师以及喜欢足球的孩子们开展互动交流。

（刘海军）

北小营镇

【概　况】北小营镇位于顺义区东北10公里处，潮白河东岸，距北京城区35公里，距首都机场15公里，顺密路、昌金路贯穿镇域，白马路与京承高速相接，直通镇中心，是顺义新城河东新区的重要组成部分，是北京市首批社会服务管理创新工作试点镇之一。全镇总面积55.8平方公里，下辖17个村，2个居委会，常住人口3.8万，其中户籍人口3.6万。2015年全镇完成农村经济总收入69.4亿元，同比增长6.7%；完成属地财税收入6.35亿元，同比增长3%；完成公共财政预算收入1.47亿元，同比增长9%；人均劳动所得达到18107元，同比增长10%。

单位名称：顺义区北小营镇人民政府
地址：顺义区北小营镇府前街9号
电话：（010）60483190
邮编：101305
网址：http://www.beixy.bjshy.gov.cn/

（张乃迪）

【重点项目建设】 年内，新华联合物流项目完成主体建筑，正在进行外立面施工。双健塑料包装项目生产厂房已竣工；中粮（北京）饲料项目正在进行设备调试；洪恩教育研发基地项目已开工建设；科雅扩建项目正在办理规划设计方案审核。

（张乃迪）

【招商引资】 年内，引进注册企业50家，其中500万元以上注册企业5家；引进实投企业3家。

（张乃迪）

【基础设施建设】 完成府前街改造、顺密路改造一期工程，雨、污、中水、燃气等市政管线全部入地。30街区电力规划工程稳步进行，镇级再生水厂完成主体工程，西府110KV变电站投入使用。投入资金500余万元，完成北榆路、牛大路等5条镇村公路大修工程，涉及里程6.92公里。完成水色时光社区天然气改造工程，涉及小区居民1601户，居民用气价格由原来的3元/立方米下降至2.28元/立方米。

（张乃迪）

【大气治理】 年内，投资400万元新建仇家店小学至后鲁各庄村委会、赵陈路至后鲁构件厂两条市政燃气管线，完成11家企业煤改气工程114蒸吨，年均可削减燃煤1.5万吨。推进优质燃煤替代工作，上报炉具2472台、燃煤3000余吨。东府村煤改电安装取暖设备农户达到959户。在抗战胜利70周年、空气重污染预警期间，42家企业按要求停产限产，为保障空气质量做出贡献。

（张乃迪）

【环境建设】 年内，投资400万元优化潮白河沿岸环境，对左堤路（昌金路以北路段）进行垃圾清理、围挡，栽植树木1.4万株。“我的小院我做主”庭院绿化美化项目在榆林、西府等3个村得到推广，961户群众参与其中。完成平原造林255亩，林木覆盖率达到35%。加大对违法建设的查处力度，拆除违法建设50余宗、3.4万平方米。加强水环境治理，推进箭杆河污水口治理工程。新建后鲁构件厂污水处理站1座。完成箭杆河清淤前期拆迁准备工作。更新东府等13个村17眼机井，保证水源地生产生活用水。实施后鲁村坑塘整治工程，增加蓄水能力2000余立方米。

（张乃迪）

【新农村建设】年内，为后礼务、榆林等12个村新建桥涵8座，硬化道路6万余平方米。为马辛庄、上辇等6个村修建排水沟6513米。完成农宅单项改造和新建翻建775户，实现17个村全覆盖。申请财政补贴资金427万元，完成大胡营、东乌鸡老年活动站装修改造工程。榆林村和东乌鸡村被确定为环境优化型和平安建设型试点村，通过明确“什么可为、什么不可为”，明确“违反后谁来处理、怎么处理”等内容，使村规民约成为法律、制度以及行政手段的有益补充。

（张乃迪）

【社会保障】 年内，新增就业人数2977人。城乡居民养老保险参保人数达到8700人，新农合完成报销4.7万余人次，报销金额1453万元。完成3户低保家庭房屋翻建工程。投入90万元，完善镇敬老院基础设施建设；完成残疾人基本状况和需求专项调查；规模企业建会率达到100%，覆盖全镇职工3146人。

（张乃迪）

【社会事业】 投入128万元，完成北小营小学环境提升、大胡营村办幼儿园活动场地改造工程，改善办学条件。完成全民体检和两癌筛查工作，惠及全镇1.8万人次。新建篮球场地12块，更新健身路径5条，永利社区被评为“北京市体育生活化社区”。投入700万元安装高清摄像头424个，实现区镇动态同步监控。加强对企业、村居安全隐患的排查整改，成功创建“北京市安全社区”。

（张乃迪）

【补选镇级党委委员】 4月23日，召开中共北小营镇第十三届代表大会第四次会议。共有83名代表参加会议，大会补选杜金胜、韩文学为北小营镇党委委员。

（张乃迪）

【全国妇联领导调研】 6月18日，全国人大常委会副委员长、全国妇联主席沈跃跃到北小营镇榆林村调研加强群团工作落实情况。沈跃跃一行参观榆林村“妇女之家”工作开展情况，听取北小营镇妇联主席马小芬关于党建带妇建以及依托“妇女之家”服务村内妇女儿童工作情况的汇报，与榆林村党支部书记、妇联主任、社工（村官）等进行交谈，详细了解榆林村的基本情况、妇女需求等。

（张乃迪）

【村党组织换届选举】 10月31日，本镇17个村顺利完成党组织换届选举工作。选举出新一届村党组织班子成员57人，平均年龄44.8岁，比上届降低0.5岁；女性支部委员14人，比上届提高1.8个百分点；大专以上学历37人，比上届提高3.5个百分点。

（张乃迪）

李遂镇

【概　况】李遂镇位于顺义中部偏南。形成于辽代，距顺义城区10公里，距北京市五环路25公里，距首都国际机场5公里，距天津塘沽港90公里。辖区总面积40.22平方公里，下辖16个行政村，总人口2万，全年完成属地财税收入2.59亿元，同比增长25%；一般公共预算收入8093万元，同比增长29%，超额完成计划指标。

单位名称：顺义区李遂镇人民政府
地址：顺义区李遂镇南孙路李遂段9号
电话：（010）89481680
邮编：101300
网址：http://www.lisui.bjshy.gov.cn

（李遂镇）

【党的建设】一是党支部班子建设进一步加强。圆满完成村党支部换届选举工作，17名新同志进入党支部班子，占委员总数的31.5%，新一届村党支部班子成员的年龄结构、文化程度得到较大改善；强化后备干部培养，加大考核力度，保障各村配备2名以上村级后备干部。二是基层服务型党组织建设扎实推进。全年落实基层党组织服务群众经费270余万元；积极开展六星基层服务型党组织创建活动，树立优秀典型，充分发挥典型标杆示范引领作用。2015年，柳各庄、葛代子均获得北京市基层“五个好党组织”荣誉称号。

（李遂镇）

【重大产业项目】北京松鹤温泉新村正式投入运营,新华联温泉酒店项目顺利完工投入试运营，易郡三期项目竣工开始销售。先后有北大资源控股有限公司顺义分公司、中航建开物业管理有限公司中航世纪分公司2家总部入驻。经济发展动力不断增强。

（李遂镇）

【工业园区建设】东方城钢构、加南模具、庆丰食品、佩尔哲等企业年税收均达到千万元。2015年，34家企业完成属地财税收入4900万元，同比增长17%，直接提供就业岗位800个，吸纳就业能力同比提高近二成，经济效益和社会效益实现双提升。

（李遂镇）

【企业经济运行】严格执行禁限产业目录，把好项目筛选准入关，招商项目质量稳步提高。全年引进税收千万元以上的3家、百万元以上的13家。

（李遂镇）

【环境整治】投资612万元，完成左堤路和府前街环境提升工程，增加景观绿地7万平方米。投资160万元，新打造村级精品街16条，农村环境面貌显著改善。累计拆除违法建设25宗4万平方米，取缔非法加工砂石土方单位6家，依法处理破坏耕地行为2起，恢复土地80亩。

（李遂镇）

【生态环境】完成211亩年度平原造林任务，恢复景观林地111亩，2.66公里的箭杆河后营段绿道建设与环境提升工程全面竣工。

（李遂镇）

【环境保护】投资65.6万元，改造垃圾填埋场1处，新建村级垃圾临时存储点52处；查处随意倾倒垃圾行为27起，随意倾倒垃圾现象得到有效遏制。箭杆河沿线2家养殖企业排污得到治理，1座污水处理站和3处排污口在线监测系统即将投入使用。扎实推进减煤换煤、煤改电、煤改气，全年为群众更换新型节能炉具1594台，替换优质燃煤2521吨，赵庄村119户居民使用上了更加清洁的电暖气，完成社会单位燃煤锅炉改造9家21蒸吨，关停污染企业3家。

（李遂镇）

【基础设施建设】完成9条乡村公路及顺平南线大修工程，新增公路里程5.8公里。投资800万元，完成顺平南线、李魏路、集贸市场北路燃气管线工程，镇域燃气管线总长达到10.2公里。顺利完成镇域10千伏输电线路改造，群众用电得到切实保障。完成1800米农村集中供水管线建设工程，集中供水管网实现全覆盖。

（李遂镇）

【新农村建设】高标准完成农业综合开发2014年度续建和2015年度新建项目，农产品质量安全监管镇创建成功，改造老旧农业设施大棚330亩，农业发展质量效益进一步提高。完成1658户农宅抗震节能单项改造及新建翻建工程，群众居住条件不断改善。8个村级太阳能浴室设施和110盏太阳能路灯得到更新维修。

（李遂镇）

【就业服务】全年实现城乡劳动力就业484人，困难人员就业318人，完成年度任务的117%和154%。新农合医疗报销7万人次，报销金额944万元。累计发放各类社会救助和民政优抚款物400余万元，低困群体生活得到有效保障。投资220万元，完成镇敬老院翻建工程。

（李遂镇）

【公共服务】投资450万元，实施镇卫生院扩建工程，新增医疗服务设施面积1000平方米，预计2016年6月全面投入使用。

（李遂镇）

【公共安全保障】安全生产标准化创建和隐患排查治理扎实推进，全镇安全生产形势保持总体平稳。强化食药市场监管和专项整治，食药抽检合格率达到98%以上。投资311万元，完成镇综合管控平台监控系统升级改造，配备村级电动巡逻车16部，应急管理和治安防控能力显著增强。加强社会矛盾和信访问题排查治理，严格落实重点时期安保维稳责任，社会安全稳定形势良好。

（李遂镇）

【综治维稳】完成在“中国人民抗日战争暨世界反法西斯战争胜利70周年纪念活动”、“2015年国际田联世界锦标赛”、五中全会召开等重要时段的安保维稳工作，开展“大排查大摸底大整治”，确保全镇的安全稳定。落实干部包村、领导包案责任制，及时协调解决信访问题，有效化解90%的历史积案，全镇社会稳定局面持续好转。

（李遂镇）

木林镇

【概 况】木林镇下设26个行政村。常住人口总数为3.5万人。流动人口3200人，主要公交线路有970、顺36、顺31等。在区委、区政府和镇党委的坚强领导下，不断壮大经济实力、促进转型发展、积极改善民生、保持社会稳定，全镇经济社会保持持续健康发展的良好态势。2015年，实现一般公共预算收入5833万元，同比增长29%；实现农民人均现金收入同比增长10%，保增长目标基本实现。新引进千万元以上的项目23家，发展后劲持续增强。

单位名称：顺义区木林镇人民政府
地址：顺义区顺焦路木林段71号
电话：（010）60456216
传真：（010）60457819
邮编：101314
网址：www.mul.bjshy.gov.cn

（木林镇）

【发展新优势】空港木林产业基地承载空间有力拓展，产业基地一期水、电、气等市政工程有序推进，二期土地征地开发手续加紧办理，服务项目水平持续提升。抓好优质项目引进，与“联东U谷·金林产业综合体”项目达成合作协议，充分发挥产业园区的集聚效应、平台优势，顺势带动产业优化升级，高端服务业发展后劲增强。抓住京津冀协同发展战略重要契机，加快落后产能淘汰，取缔“三高”企业2家，产业结构逐步优化。

（木林镇）

【重点项目】大唐燃气母站建设和天然气管线建设进展顺利，木林、大林、大韩庄等村承担大量工作，积极配合做好相关拆迁工作。顺王线、长王线电力建设有序推进，西沿头、蒋各庄等村积极协调，配合完成包括长王线历史遗留难题在内的相关拆迁工作，促进两条线路建设顺利完成。

（木林镇）

【基础设施】在登山步道重要节点加装3组6个生态厕所和30个临时垃圾桶方便游客，改造峪子沟和十二涧停车场服务设施，旅游服务功能逐步完善。打造优美生态景观，完成舞彩浅山龙林沟峪景观提升工程，浅山绿化美化效果明显；启动鞑子沟水系、区域景观提升项目，山林水系景观正在形成。提升浅山周边环境，以浅山为中心，辐射带动茶棚、唐指山、贾山和安辛庄4个村环境长效优化，浅山环境整体和谐。

（木林镇）

【品牌效应】立足浅山资源禀赋和优势特色，

成功举办中韩体育明星对抗赛、北京市第六届登山大会、国际山地马拉松赛等大型活动。以浅山活动和农业休闲双势发力，推动融合观光体验、农产品采摘于一体的旅游产业成长，助推浅山综合发展不断攀升，加速浅山效应放大。

（木林镇）

【农业健康发展】高效完成“三夏三秋”工作，小麦收割面积1.4万亩，夏玉米播种面积1.4万亩；秋收面积2.3万亩，冬小麦种植1.2万亩。北京绿富农果蔬产销专业合作社建设水肥一体化项目，创建蔬菜节水高产栽培模式，农业节水效率明显提升。

（木林镇）

【农林生态效果】 高标准完成平原造林任务6406亩，栽植乔木、花灌木等各类树木28.6万株，全镇森林覆盖率达35%。积极做好20340亩平原造林的管护工作，实现树木良好生长，绿色生态景观进一步呈现。

（木林镇）

【便民工程】 全面落实清洁空气行动计划，积极推进“减煤换煤，清洁空气”工作，完成木林等23个村优质燃煤替代工程，共配送优质燃煤4037吨。完成陈各庄村煤改电取暖工程，更换取暖设备378台，优化取暖环境，降低取暖成本。为87户争取到新建翻建奖励政策，主体建设工程完成；围绕2014年门窗“单项改造”剩余工程，193户农村住宅房屋完成改造。

（木林镇）

【公共设施维护】对4600余盏节能路灯、525盏太阳能路灯进行日常管护，在西沿头等4个村安装路灯117盏，有效改善道路照明条件。完成马韩路、东长路等6条公路大修工程，总长2公里，有效改善村民出行环境。对26个太阳能浴室和56个公厕进行日常检修和定期考核，确保公共设施正常运行。

（木林镇）

【劳动就业】 认真落实各项促进就业政策，全方位、多渠道促进城乡劳动力就业，建立就业供求信息登记制度，与镇域及周边乡镇企业联合搭建就业平台，及时对接就业供求，全年新增城乡劳动力就业1125人、困难劳动力就业703人。扎实做好城乡劳动力培训，开设叉车、电工、电气焊、厨艺等各类培训班3次，免费培训劳动力535人，劳动力技能有效提升。

（木林镇）

【社保政策落实】为低保、低收入、困难家庭实施分类救助、应保尽保，全年累计发放基本生活救助金430万元、医疗救助金99万元，切实解决救助对象实际困难。对特困群体实施再救助，设立应急救助专项资金，实现基金救助128人，应急救助的补充作用有效发挥。积极做好老年人服务工作，发放养老助残金、高龄津贴等，改扩建敬老院、新建马坊村老年活动中心、在贾山村设立村级老年餐桌，养老服务日趋完善。关注残疾人和困难残疾家庭，加大扶助力度，残疾人基本生活有效保障。

（木林镇）

【社会治理】深化治安防控体系建设，396名巡防队员深入各村全方位巡逻防控，有力保障社会面安全。世界田径锦标赛和抗日战争胜利70周年重大活动的安保任务圆满完成，实现重大节日期间“零治安事件”。坚持重大信访领导包案制，实行分级接待、归口办理，逐案制定措施，确定专人跟踪督办、协调，保证信访案件及时办结。加强流动人口和出租房屋规范化管理，配合做好区级专项整治行动。加大预防煤气中毒工作力度，人民群众生命财产安全得到保障。

（木林镇）

龙湾屯镇

【概　况】龙湾屯镇地处顺义东北部，位于顺义、平谷、密云三区交界，距北京市区60公里，顺义城区30公里，首都国际机场35公里。镇域面积56.6平方公里，下辖13个自然村，户籍人口1.6万。2015年，全年完成属地财政收入8721万元，完成一般公共预算收入3185万元，人均现金收入15915元。全年共引进7家注册企业，注册资金4300万元。

单位名称：顺义区龙湾屯镇人民政府
地址：顺义区龙湾屯镇府前街
电话：（010）60461634
邮编：101306
网址：http://www.longwt.bjshy.gov.cn

（龙湾屯镇）

【生态建设】 2015年完成镇域内30家企业的环保大检查，完成优质燃煤替代2418吨、炉具更换157台，清退污染企业1家，在重大活动、重度雾霾天气期间，对镇域内9家企业分别采取停限产措施，保证空气质量；围绕创建园林小城镇目标，完成1017亩平原造林任务和4935.8亩平原造林工程移交管护，累计造林达1.6万亩。新增双源湖北湖、开发区、镇内主要道路两侧绿化美化面积3.6万平方米，全镇林木覆盖率达到72%。

（龙湾屯镇）

【安全监管】 完善预防煤气中毒工作机制，加大日常入户检查和宣传力度，投入20余万元为镇域煤炉取暖户安装5500个风斗，为260户低保、优抚家庭更换一氧化碳报警器；镇财政投入298万元，新增26处沿山防火监控和8座防火检查站，安装防火监控设备1套。

（龙湾屯镇）

【休闲旅游】 依托登山步道、焦庄户地道战遗址纪念馆、葫芦文化观光园、果品采摘园、民俗户等旅游资源，打造京郊金秋最美休闲游线路—顺义“舞彩慢步”游，龙湾屯镇“一日游”，更好的满足都市人群假日休闲消费的需求。柳庄户村被评为中国最美休闲乡村，欧菲堡酒庄被评为全国休闲农业与乡村旅游示范点。圆满完成2015北京国际山地马拉松赛事接待、保障任务及央视体育频道过年“运动派”节目录制等活动，进一步提升舞彩浅山知名度和影响力。全年共接待游客35万人次，实现旅游综合收入1500万元。

（龙湾屯镇）

【新农村建设】 完成3条乡村公路大修，32100平米街坊路硬化改造，完成焦庄户、柳庄户50盏节能灯安装；完成龙湾屯、丁甲庄、树行3个村农宅节能改造和焦庄户、唐洞2个村35户农宅新建翻建工程；完善公共基础设施日常监查和管护机制，全镇13个太阳能浴室、28个公厕均可正常开放使用，群众生活环境和生产条件进一步改善。

（龙湾屯镇）

【社会保障】 年内城镇新增就业728人，城乡劳动力就业376人，城乡就业困难人员就业172人，完成职业技能培训371人，城乡劳动力二三产业就业率达到95.2%；完成城乡居民养老保险缴费4497人，缴费金额499万元。完成新农合报销医药费848.6万元，受益群众3.8万人次，农民医疗负担进一步减轻。投资260万元为镇卫生院新增全自动生化仪、彩超、手诊脉络仪三套设备，群众就医更加方便。投入244.5万元，实现195户低保、五保户应保尽保，发放医疗、困难救助金9.4万元，残疾人生活补助163.4万元。完成镇养老院管理机制改革，落实“九养政策”，发放养老助残补贴80余万元。改善优抚对象和低收入人群生活、居住条件，发放抚恤金135.3万元，完成5户家庭危房翻建。投资448万元完成焦庄户水库移民村提升改造工程。推进木孙路建设迁坟工作，共迁坟54个。为5191户投保农宅保险，受理公租房申请审核295户。

（龙湾屯镇）

【文体建设】 举办广场舞大赛、文艺汇演、卡拉OK大赛等活动，全年共组织各类演出80余场。新建山里辛庄村、张中坞村文体活动场所，完成卫生院体能测试器材的安装，为焦庄户村、小北坞村、山里辛庄村各配备1套健身器材。

（龙湾屯镇）

张　镇

【概　况】张镇位于北京市东北部，距北京城区60公里，首都机场30公里，距顺义城区25公里,处于平谷、天津、河北交汇的黄金地带，是顺义区的东大门。镇域南北长约10.4公里，东西宽约6.1公里，总面积53.45平方公里，下辖29个行政村，1个社区，户籍人口2.3万。2015年张镇完成属地财税收入11276万元，同比减少2514万元，同比下降18%；实现一般公共财政预算收入3554万元，同比减少1702万元，同比下降32%；农民人均劳动所得达到16297.9元，同比增长9.79%；人均现金收入达到17536.5，同比增长10%。

单位名称：顺义区张镇人民政府
地址：顺义区张镇府前街3号
电话：（010）61480550
传真：（010）61480609
邮编：101307
网址：http://www.zhangzhen.bjshy.gov.cn

（张　镇）

【村级财务管理】为加强农村村级财务规范化管理，2015年，张镇聘请金诚立信会计师事务所为全镇会计工作人员进行业务培训，并对全镇29个村2014年村级财务进行规范化审计。

（张　镇）

【镇级重点工程】张镇配电网绝缘化改造工程共投资1700余万元，涉及本镇10个村庄的改造，其中10千伏线路1条、换绝缘导线11.03千米、换变压器12台、改造变压器47台；北京东特高压配套500千伏输变电工程，需在张镇8个村庄内建设43座塔基，涉及8个村委会及33户群众，已完成第一次拆迁工作。

（张　镇）

【产业结构调整】协助金江雅龙建材、赵联石料厂、跃明建材厂争取市、区两级关停淘汰落后产能的扶持政策，调整镇域内企业产业结构；引导东友法莫西（北京）科技发展有限公司及北京和海益制冷科技有限公司申请2015年区中小企业专项资金，支持企业采用新技术、新工艺改造提升传统产业。

（张　镇）

【历史遗留问题解决】1、张镇服装厂问题：自2006年张镇服装厂整体停产歇业、全体职工待岗以来，张镇通过举债的方式为全体职工发放生活补贴，近十年累计发放生活费已超过1000万元,2015年张镇将119名在岗职工全部安置得当，且未引发职工上访等过激行为；2、原集体企业的贷款清欠问题：北京市永飞锯条厂、北京市顺义县长征电器元件厂因经营问题停产停业，但同银行的贷款等债务问题一直未得到妥善解决，2015年通过与顺义区法院协商沟通，彻底梳理、解决两家企业的债务问题。

（张　镇）

【环境建设】浅山公园二期绿化工程已顺利完工，在2100平米的主广场周边种植黄杨球等植物，同时完善篮球场、乒乓球场等文体设施，安装健身器材26套；镇域内通过实施专业化保洁，平均月清运建筑垃圾1200余吨、清除小广告2轮，修整主干路、连村路路肩、路边沟68公里，春秋季粉刷修剪树木36000棵；修建张镇大街自行车棚2座，分别在浅山公园、两个集市中心修建便民公厕3处，更换、粉刷垃圾桶1000余个，更换路牌606块、村牌42个，更换、维修电表箱461个；在25个村栽植绿化美化树木10000余棵，清理村内边沟共计37000米，粉刷墙壁19万平方米，整治街道乱堆乱放550处，修建、修补花墙10000米。

（张　镇）

【乡村公路建设】年内新建、改建张各庄南路、贾李路、王庄路、西营环村路、后苏桥中路5条乡村公路，总长4.82公里；对大故现路、雁户庄南路、聂朱路、王庄路等10条乡村公路进行修补工作，共修补道路1839.65平方米。

（张 镇）

【慈善事业稳步推进】 为能够更好的保障和帮助低保、低收入、优抚对象等困难群体基本生活，缓解他们在医疗、教育等方面的压力，2015年为96名60岁以上低保老人办理慈善医疗救助，救助金额3.5万余元；在区慈善协会的组织下，开展以“春风送温暖”、“党员爱心捐款”、“冬衣送暖”为主题的捐款活动，捐款数额达10.8万余元。

（张 镇）

【市级慢病防控示范区创建】 年内，开展世界抗癌日、世界高血压日、中国学生营养日、世界无烟日、艾滋病日、全民健康生活方式日、全国高血压日、糖尿病日、结核病日等相关知识的宣传9次，向群众发放各类宣传材料及宣传品8000余份；利用各村健康教育宣传栏，向各村发放健康知识宣传海报7次，平均每两月更换一次；成立20余名医生组成的讲师团，为全镇29个村进行每村4场健康教育讲座，全年共完成116场，开展镇级健康知识大讲堂2次，顺利完成市级级慢病防控示范区的验收。

（张 镇）

【精神文明创建】 年内，在小三渠、大故现、后苏桥、聂庄村新建村级文化墙累计1000余延米，在29个村新建村级宣传栏105块，安装电子屏3块；开展评选“最美张镇人”活动，评出“最美张镇人”8人并开展宣讲活动，受教育面达4000余人；深入开展文明村镇创建活动，西营、大故现、驻马庄获得首都文明村荣誉称号。

（张 镇）

【文体活动】 开展“一月一特色、一季度一主题”文体活动，第一季度以“欢度佳节”为主题，第二季度以“全民健身”为主题，第三季度以“修身养性”为主题，第四季度以“歌唱祖国”为主题，在举办“二月新春”、“五月鲜花”、“十月金秋”等传统文化活动的基础上成功举办全镇象棋比赛、乒乓球比赛、瑜伽班、太极养生舞、健身舞培训及展演等文体活动；指导聂庄村成功举办春节、国庆等村民晚会；邀请近十支文艺团队慰问演出60场次，指导村级放映数字电影1319场，组织镇内干部群众近200人分别参加“马坡杯”乒乓球比赛、登山大会、钓鱼比赛等，均取得较好成绩。

（张 镇）

大孙各庄镇

【概 况】 大孙各庄镇位于北京市顺义区东南部，距顺义新城约20公里，西南距北京市区东直门50公里，西连北务镇，北靠张镇，东依平谷区马坊镇，南接河北省三河市高楼镇。大孙各庄镇总面积74.3平方公里，辖区东西长12公里，南北宽9.5公里，其中农业用地76692.6亩，工业用地19060.1亩，下辖39个行政村，户籍人口2.3万，镇政府驻地在大孙各庄村。

单位名称：顺义区大孙各庄镇人民政府

地址：顺义区大孙各庄镇府前街11号

电话：（010）61432061

邮编：101308

网址：http://www.dsgzh.bjshy.gov.cn

（大孙各庄镇）

【“三严三实”专题教育】 深入开展“三严三实”专题教育活动，坚持和完善党委中心组理论学习制度，围绕思想建设、组织建设、作风建设、制度建设及镇域环境治理、民生工程、社会管理等重点任务，开展20次集中学习、30次实地走访调研、12次专题座谈会，有效推动各项工作。

（大孙各庄镇）

【村级党支部换届工作】 年内，全镇集中力量抓好村级党组织换届选举各项工作，确保工作力量到位、保障手段到位。39个村顺利选出116

名党组织班子成员，3名政治素质好、年富力强的同志新当选为村党支部书记，基层核心力量得到强化。

（大孙各庄镇）

【新农村建设】 年内，完成老公庄环村路等4条3.12公里乡村公路大修工程，修补沉陷乡村公路18条3500平方米，检测镇域150余公里乡村公路和14座桥梁安全状况，并做好公路边坡、路肩、桥涵、标识牌等日常养护工作。同时，用足用好新农村建设相关政策，硬化、修补吴雄寺、田各庄等20个村破损街坊路路面20000平方米；新装小塘、小宋各庄等10个村连村路灯100盏，维护已过保修期的966盏节能路灯。

（大孙各庄镇）

【生态环境建设】 年内，圆满完成5474亩平原造林任务，全镇平原造林面积增至2.12万亩，建设休闲式景观，结合本地地理地貌特征，栽种藤本、花灌等树木92亩；在吴雄寺等2个村推广了煤改电工程；开展37个村减煤换煤清洁空气行动，更换优质燃煤3876.5吨；农村能源沼气化持续改进，为东华山沼气站加装地缘热泵系统，配合太阳能加热系统，完全取代燃煤加热方式，年节约燃煤50余吨。

（大孙各庄镇）

【社会保障体系逐步完善】 不断完善社会保障救助机制，对低保家庭实现应保尽保，并实行阳光评定、公开透明、动态管理。依托民政社会救助工作平台，开展大病救助和教育救助等工作，2015年共发放低保金85.23余万元，走访慰问困难群众710户，开展贫困计生家庭、低保户慰问活动，社会救助水平不断提升。

（大孙各庄镇）

【农村三资监管制度建设】 加强农村三资监管制度建设，规范村集体经济组织行为。在《规范村级财务管理的意见》基础上，同时制定《推行"村级账款双托管"工作的意见》、《规范农村产权流转交易工作的意见》等6个文件，形成"1+6"农村"三资"监管科学制度体系。在具体操作过程中，实行村级财务预决算制度，村级每一笔财务支出均需要村民代表大会以预算的形式予以明确。在原有的"村账镇管"基础上，实行"村级账款双托管"。规范票据管理，严格财务收支审批程序等工作，摸索建立起一套科学完整的"五统一"镇村财务管理机制，即：统一记账、统一制度、统一审核、统一公开、统一建档。

（大孙各庄镇）

【农业基础设施建设】 年内，高标准基本农田建设项目顺利完成，新增变压器22台、增容原有变压器57台，硬化田间路面1.89万余米，疏挖边沟1.32万余米，更新、维修机井7眼，铺设各类管线4200余米，4万亩农田灌溉能力有效提升。投资900万元，实施后陆马、东尹家府2个村600亩竹木大棚改造项目。

（大孙各庄镇）

【老物件博物馆】 年内，大孙各庄镇大崔各庄村建立老物件博物馆，馆内摒弃展柜展出的死板形式，将博物馆设计成老式民居的样子，还原旧时民居和百姓小院的风貌，老旧的生活用具按照生活实际情况摆设其中。

（大孙各庄镇）

【教育投资力度加大】 年内，争取资金3100余万元，完成大孙各庄幼儿园工程、小段村办园主体工程以及尹家府中心小学塑胶跑道铺设工程，改善幼小教育教学环境。年投入160万元，租赁校车11辆，为学生上下学提供接送服务。

（大孙各庄镇）

【"薛庄木雕"文化艺术节】 6月27日，顺义区第二届"薛庄木雕"文化艺术节在大孙各庄镇薛庄村举办，文化节上，民间手工艺者展示出自己精心雕琢、创意百出的木雕工艺品，并与前来观赏的市民热烈地交流作品选材和所含蕴意；10户手工艺者进行现场制作，直观地展示木雕制作的设计、雕琢过程。

（大孙各庄镇）

北石槽镇

【概 况】北石槽镇位于顺义区西北部，居北京市行政区域中心地理位置，是顺义、怀柔与昌平三区的交界处。镇域面积32平方公里，下辖16个行政村，常住人口1.4万人，京密引水渠东西横贯全境9.2公里。2015年属地财税收入1.12亿元，镇级财政收入3100万元，农民人均劳动所得1.88万元。

单位名称：顺义区北石槽镇人民政府

地址：顺义区北石槽镇府前街5号

电话：（010）60421658

邮编：101300

网址：http://www.beishc.bjshy.gov.cn/

（北石槽镇）

【重点工程】 北石槽镇中心区再生水厂工程完工，配套管网建设工程立项已由市发改委批复，该配套管网完成现场查验及道路定线工作。投资2200万元完成北石槽水安全隐患消除工程和西赵各庄村雨水收集灌溉农田工程，对6个村的4500米田间排水沟及牤牛河、西市沟2条河道4000米进行疏挖清淤整治，新建桥梁5座。

（北石槽镇）

【环境建设】 强化日常检查，清除各类卫生死角700处，清理垃圾650吨，完成12次月度考核，拨付奖励资金208.65万元。加强设施建设，新建翻建村级休闲活动广场7处共6600平方米，改造村级市场1处，累计硬化路面9000平方米，绿化空地3000平方米。在西范各庄、东辛庄、中滩营、营尔、武各庄、大柳树营6个村推行垃圾分类。新建公厕4座。

（北石槽镇）

【平原造林】 春季平原造林219亩，全镇造林面积11000亩，林木栽植和配套基础设施建设全部完成，林木总面积25000亩，林木覆盖率达到55%。

（北石槽镇）

【新农村建设】 为寺上等村安装臭氧消毒设备共7套，并配建井房三座，饮用水消毒率达到100%。完成“一事一议”村庄排水工程，铺设村庄排水管道约3000米。

（北石槽镇）

【劳动就业】 全镇新增就业796人，完成全年指标的190%；实现全镇城乡劳动力就业396人，完成全年指标的118%；推荐城乡就业困难人员351人，完成全年指标的209%。组织计算机、绿化、库管培训3期，430人参与培训，278人获得职业等级培训证书。

（北石槽镇）

【社会保障】 全镇新型农村合作医疗参合人数8564人，参合率97%。全年门诊、住院及门诊特殊病共报销4.6万人次，总费用1656.69万元，报销金额748.17万元。为城乡低保家庭、优抚对象、残疾人793人全年发放最低生活保障金、优待金等各类补助金771.2万元。为291人补充报销医药费44.3万元，实现城乡医疗补充报销镇级全覆盖。为15个村申请中央专项彩票公益金支持农村幸福院项目，共计45万元。新增3处公益性林葬公墓，补助迁移费22.5万元。为63名重度残疾人安装闪光门铃、申请无障碍升级改造。

（北石槽镇）

【社会治理】 强化镇域内重点部位布控，巡防队员、治安志愿者共798人重点时段全部上岗到位。开展综治联合检查6次，检查企业43家、出租房屋350间，调解群众纠纷16起，整改各类隐患33起，更换减速带180米。开展安全生产联合大检查和各类专项整治活动，共检查企业411家次，消除各类安全隐患325处。开展食品、药品等领域专项整治，立案查处案件14件，其中一般案件4件，罚没款5.5万元，取缔无证加工作坊9户、无证餐饮4户，受理投诉举报20件，属实立案率100%。

（北石槽镇）

【多措并举拓宽就业渠道】 通过与20家企业建立“一企一卡”预约推介服务的方式，向企业讲解就业优惠政策，收集用工单位岗位需求；了解劳动力就业意向，开展技能培训、创业培训，提高劳动力就业能力；通过劳动协管员入村走访，掌握就业困难人员情况，为有就业愿望的困难人员提供岗位，为用工双方牵线搭桥，帮助就业人员签订协议，全面做好就业惠民服务。

（北石槽镇）

北务镇

【概 况】北务镇位于北京市东北部，顺义区东南部，首都机场东侧。镇域面积32平方公里，耕地面积2.8万亩。下辖15个行政村，常住人口12753人。镇内地势平坦，有龙塘路、木燕路等道路穿境而过，京平高速公路在北务设有出口。镇中距首都机场17千米、京哈公路10千米、六环15千米、天津新港100千米，主要公交线路有顺18路、顺29路，东直门——吴雄寺923路。2015年，北务镇政府坚持把开展“三严三实”专题教育工作和推进年度重点工作相结合，做到政府自身建设和推动地区发展“两手抓、两手促”，镇域经济社会各项事业保持了稳健发展的良好态势。2015年属地财税收入完成6亿元，同比增长9%；一般公共预算收入完成1.33亿元，同比增长9%。

单位名称：顺义区北务镇人民政府
地址：顺义区北务镇府前街1号
电话：（010）61421439
传真：（010）61421450
邮编：101300
网址：www.beiwu.cn

（北务镇）

【镇域面貌持续改善】一是完成北务、郭家务等11个村优质燃煤替代工程，累计更换炉具1100余台，共为783户配送优质燃煤1142吨；完成林上、道口等4个村的“煤改电”工程。二是集中开展环境综合治理、特色环境专项治理和镇域环境秩序治理工作，共清理曝露垃圾场所11处、清理乱堆乱放1000余处；对北务镇郭家务村西南一处废旧坑塘实施集雨工程，共计清理淤泥2000余方。三是依法强制拆除违法建设30宗、拆除违建面积5.7万平方米；将335亩平原造林林木移交专业公司进行管护；有序开展镇内树木、绿地的修剪、补种和虫害防治工作。

（北务镇）

【设施农业稳步发展】一是对陈辛庄、林上、仓上三个村，共计4500余亩土地进行农业综合开发，新建道路17条，新建桥涵33座。二是实施中央财政小型农田水利重点县工程和农业节水灌溉工程，对全镇6560亩农田的灌溉系统进行改造，铺设地埋管4.5万米，更新机井39眼，新建井房25座。三是完成南辛庄户、于地、庄子、小珠宝4村1190亩的老旧竹木大棚改造工作，对4692亩农业综合开发项目区内的农田、菜田、果林地块实施农田培肥工作。四是继续实施小麦、玉米粮食直补工作，小麦补贴2773亩，补贴农户381户，补贴金额49.9万元。玉米补贴5408亩，补贴农户850户，补贴金额52.4万元；按照区农委菜田补贴政策，对符合条件的1217户农户实施菜田补贴工作，补贴露地285亩、温室756亩、大棚5412亩，补贴金额共计267万元。

（北务镇）

【新农村建设成效显著】 一是完成2014年36户节能抗震房屋的奖励资金发放，2015年为36户争取到新建翻建奖励政策；开展“液化石油气下乡”工程，累计换装3000余户；二是完成9个村的歌华有线高清机顶盒安装工作；对木燕路北务段22个太阳能路灯进行更换和修缮；在林上东路新安装50盏节能路灯；完成林上、仓上等六个村2053块水表更换工作。

（北务镇）

【民生服务持续改善】 一是全年实现新增劳动力就业487人、城乡劳动力就业303人，均超额完成指标任务；采集岗位信息指标1013个，完成指标的100%；免费培训城乡劳动力19人、城乡失业人员28人、创业培训25人，就业转非完成38人；二是城乡居民养老保险、无保障老人、一老一小实现“应保尽保”，全镇共计94户124人享受低保待遇；累计为低保、优抚、农村籍退役老兵、烈士子女等民政对象发放各类补助80万元，报销医药费10万元，发放高龄津贴17万元；加大社会救助力度，为困难群众发放各类救助款30万元。全年发放计生奖励资金40万元；为2273户计生家庭投保意外伤害险；新型农村合作医疗基本实现全覆盖，参合人数达到7107人，全年共报销1454人次，报销金额178万元；开展镇级合作医疗二次报销工作，累计报销382人次，报销金额110万元；完成1940人的育龄人群健康检查、育龄妇女两癌筛查和长效措施体检工作。三是成功举办第五届“北务杯”风筝比赛，完成星火演出28场次，连续四次被文化部授予“中国民间文化艺术之乡”的荣誉称号。

（北务镇）

【农村社会和谐有序】 一是成立镇村安全监督执法队伍，开展“安全大排查大整治行动”等专项行动8次，消除安全隐患213处；2015年巡查食品药品主体395户次，出动执法人员720人次，累计检测样品276件，共查处11起违法食品生产经营案件。完成1032家生产经营单位的安全生产条件普查工作。二是创建三级标准化企业2家，复评三级标准化企业3家，全镇80%的规模型企业通过三级标准化评审。三是认真贯彻落实劳动合同法，镇域企业劳动合同签订率达到95%，缴纳社会保险率达到90%；与镇域内50家企业签订《企业依法用工责任书》，全年共查处各类违法案件12起，涉及职工90余人，涉及金额45万元，全部得到妥善解决。

（北务镇）

人　物

组织机构负责人名单

一、区委机关

（一）中国共产党北京市顺义区委员会

书　记　王　刚
副书记　卢映川（12月免）
　　　　高　朋（12月任）
　　　　闫立刚（2月免）
　　　　林向阳（2月任）
　　　　周颖博
常　委　肖韵竹（女）
　　　　车克欣（女）
　　　　李国营
　　　　林向阳（2月免）
　　　　于庆丰
　　　　朱家亮
　　　　肖承继
　　　　霍光峰（2月任）
　　　　陈卫明

（二）中国共产党北京市顺义区纪律检查委员会

书　记　肖韵竹（女）
副书记　胡小兵
　　　　王文荣（女）
　　　　李　彬（3月任）
常　委　隗和春
　　　　王玉美（女，11月免）
　　　　袁日晨（满族，5月免）
　　　　徐立松（女，满族）
　　　　李　浩
　　　　王　卿（女，7月任）
　　　　芦　超（11月任）

（三）区委工作部门

办公室主任　朱家亮（2月免）
　　　　肖承继（2月任）
常务副主任（正处级）　王　颀
组织部部长　车克欣（女）
常务副部长（正处级）　刘庆顺（3月免）
　　　　单成刚（3月任）
宣传部部长　肖承继（2月免）
　　　　霍光峰（2月任）
常务副部长（正处级）　李　黎
政法委书记　周颖博
统战部部长　周颖博
常务副部长（正处级）　王振林
研究室主任　柳亚辉（5月免）
　　　　袁日晨（满族，5月任）
精神文明建设委员会办公室主任
　　　　田庆江（3月任）
社会管理综合治理委员会办公室主任

（维护稳定工作领导小组办公室主任）
王金广
防范和处理邪教问题领导小组办公室主任（政府防范和处理邪教问题办公室主任）
李剑文
直属机关工作委员会书记 朱家亮（2月免）
肖承继（2月任）
常务副书记 胡明才
台湾工作办公室主任（政府台湾事务办公室主任） 皮志杰（女）
保密委员会办公室主任（保密局局长）
王　颀
老干部局书记 王绍发（4月退休）
局　长 赵光国
社会工作委员会书记（社会建设工作办公室主任） 张守旺（10月任）
机构编制委员会办公室主任 李金贵
巡视组(临时机构) 组长 计战桥(3月免)
组长 张金林(3月免)
组长 高　栓(3月免)
巡视工作办公室（临时机构）主任
袁日晨(3月免)

二、人大机关

北京市顺义区人大常委会
主　任 胡尚云
副主任 冯庆森
赵贵恒
董占云
吴建国
白丽洁（女，不驻会）
办公室主任 龚玉友（3月退休）
田法德（7月任）
研究室主任 王守明
代表联络室主任 刘永凤（9月退休）
教科文卫工作委员会主任 高学通
农村工作委员主任 张志海
城乡建设环保工作委员会主任 罗振文
财政经济委员会主任 周振涛
内务司法工作委员会主任 李国庆
信访接待室主任 李赛楠（女）

三、政府机构

（一）顺义区人民政府

区　长 卢映川（12月免）
高　朋（12月任代理区长）
副区长 林向阳（2月免）
于庆丰
朱家亮（4月任）
张晓峰
禹学垠（4月任）
盛德利
李向英

（二）区政府工作部门

办公室主任 吴耀新（3月免）
王　颖（3月任）
政务信息化办公室（在区政府办挂牌子）
主任 吴耀新（3月免）
王　颖（3月任）
政府外事办公室主任 欧阳华洲(8月免)
政府外事侨务办公室主任
欧阳华洲（8月免）
政府对外联络办公室（在政府外事侨务办加挂牌子） 主任 欧阳华洲
突发公共事件应急委员会办公室（副处级）主任（应急指挥中心主任）
郭崇峰（6月免）
李光明（6月任）

监察局局长 胡小兵
发展和改革委员会主任 董建华
临空经济办公室（在区发展和改革委员会挂牌子）主任 胡 杰
物价局局长 单 林（6月免）
教育工委书记 冯义国（3月免）
教育委员会主任 刘克祥
政府教育督导室（在区教委挂牌子）主任 李卫国
科学技术委员会书记 范玉岭（5月任）
主任 李长勇（5月免）
金泰希（女，朝鲜族，5月任）
知识产权局（在区科学技术委员会挂牌子）局长 范玉岭（5月免）
金泰希（女，朝鲜族，5月任）
民政局局长 单成刚（3月免）
聂燕山（3月任）
民族宗教侨务办公室主任 闫连恒（5月免）
赵金荣（5月任，8月免）
民族宗教事务局局长 赵金荣（8月任）
政府法制办公室主任 吕海燕（女）
财政局局长 赵殿江
人力资源和社会保障局局长 张尚强
住房和城乡建设委员会主任 王 奎
政府住房保障和改革办公室（在区住建委挂牌子）主任 王 奎
市政市容管理委员会主任 赵振英（10月任）
城乡环境建设委员会办公室主任（在区市政市容委挂牌子） 张东民（4月任）
交通局局长 徐晓武
农村工作委员会主任 刘振河
农业局局长 刘振河
动物卫生监督管理局局长 赵桂清（女）
商务委员会书记 秦拥军（满族）
粮食局（在区商务委员会挂牌子）局长 秦拥军（满族）
文化委员会主任 王 颖（3月免）
马朝龙（3月任）
卫生和计划生育委员会主任 董杰昌
审计局局长 刘福海（6月免）
范士永（6月任）
环境保护局书记 赵 川（11月退休）
局长 洪 全
统计局局长 解长春
水务局局长 李守义（5月免）
苏东海（5月任）
经济和信息化委员会主任 郭振江（5月免）
宋 鹏（5月任）
司法局局长书记 闻广平（3月退休）
局长 李国印
旅游发展委员会主任 商广清（3月免）
申志红（3月任）
体育局局长 李 成
园林绿化局局长 申荣文（5月免）
李长勇（5月任）
绿化委员会办公室（在区园林绿化局挂牌子）主任 申荣文（5月免）
李长勇（5月任）
安全生产监督管理局局长 孙书林
信访办公室主任 赵志勇（11月免）
民防局局长 张希德
政府国有资产监督管理委员会书记 丁文强（3月免）
刘庆顺（3月任）
主任 丁文强
金融服务办公室主任 周继武
城市管理综合行政执法监察局书记 张东民（4月免）
韩 静（4月任）
局长 张东民
顺义区政务服务中心筹备办公室（临时机构）主任 于长雷

北京临空经济核心区管委会主任　张爱冬
北京顺义绿色生态产业功能区管理委员会（北京市顺义区推进浅山区建设办公室）
主任　管学文
中关村科技园区顺义园管理委员会（科技创新产业功能区管委会）　副主任
张友生

四、政协机关

政协北京市顺义区委员会
主　席　杨宝华
副主席　田建国
闫志广
孙桂祥
田家玉（不驻会）
刘　静（女，不驻会）
金泰希（女，朝鲜族，不驻会）
秘书长　李景林
办公室主任　张存忠
专委会工作一室主任　陈福全（1月退休）
王俊忠（2月任）
专委会工作二室主任　刘　峰
专委会工作三室主任　沈凤田（5月免）
申荣文（5月任）
专委会工作四室主任　李树江
专委会工作五室主任　高金龙
专委会工作六室主任　王海荣（女）
研究室主任　金向东

五、综保区机关

北京天竺综合保税区管理委员会

主　任　卢映川（12月免）
高　朋（12月任）
副主任　闫立刚（2月免）
林向阳（2月任）
庄　杰
李燕凌（女）
霍光峰（2月免）
杭金亮（8月任）
专职委员　杭金亮（8月免）
张爱冬（8月任）
吴耀新
兼职委员　宋建明
宋京雁
杨　杰
高世清
办公室主任　赵习文（2月免）
李宝东（6月任）
政策法规处处长　任国峰（2月免）
张廷军（2月任）
规划建设处处长　陈　红（3月免）
赵志齐（6月任）
经贸发展处处长　张其中（3月免）
陶黎黎（女，5月任）
保障处处长　张廷军（2月免）
赵习文（2月任）
信息处处长　王永宝（2月任）
党群工作处筹备组负责人　王少兵（8月任）

六、群众团体

总工会主席　刘永发（8月免）
李国新（8月任）
常务副主席（正处级）　苏瑞峰（3月免）
共青团顺义区委员会书记　郑晓博（3月免）
梁志刚（7月任）
妇女联合会主席　鲍晓芹（女）
残疾人联合会理事长　王振军
工商业联合会主席　田家玉

书记、常务副主席　单晓梅（女）
红十字会会长　于庆丰（3月免）
李向英（女，3月任）
书记、常务副会长　王新兵（女）
文学艺术界联合会主席　张中茂（9月任）
科学技术协会主席　李长勇（5月免）
金泰希（女，朝鲜族，5月任）
慈善协会会长　于庆丰（3月免）
盛德利（3月任）
常务副会长（正处级）　李玉峰

七、政法军事

北京市公安局顺义分局局长　李国营
政委　刘　泽
检察院检察长　张　豫
法院院长　郭铁相（1月免）
书记、代理院长
李旭辉（2月任）
司法局书记　闻广平（3月退休）
李国印（4月任）
局长　李国印
武装部部长　王子利
政委　陈卫明

八、镇、街道办事处

（一）街道办事处

光明街道办事处　书记　郭树文
主任　胡小刚（4月免）
姜慧琴（女，4月任）
胜利街道办事处　书记　贾崇彪
主任　梁心愿（3月免）
冯江全（4月任）
石园街道办事处　书记　赵金明
主任　于建波（5月免）
衣　晶（女，6月任）
旺泉街道办事处　书记　王俊忠（2月免）
郑晓博（3月任）
主任　黄学英（女）
双丰街道办事处　书记　赵靖宇
主任　刘海丰
空港街道办事处　书记　宋　鹏（5月免）
柳亚辉（5月任）
主任　申志红（女，3月免）
李　莉（女，3月任）

（二）镇（地区）

仁和镇（地区办事处）书记　赵洪涛
镇长（主任）　刘　洋
马坡镇（地区办事处）书记　贾文禹
镇长（主任）　董敬红（女，6月免）
于长雷（6月任）
牛栏山镇（地区办事处）书记
马朝龙（3月免）
郝蔚泉（3月任）
镇长（主任）　郝蔚泉（3月免）
陈　红（3月任）
赵全营镇　书记　李在东
镇长　李志刚
高丽营镇　书记　范学智
镇长　李　刚（11月免）
王彦利（女，11月任）
北石槽镇　书记　王　江（4月免）
王鉴远（4月任）
镇长　王鉴远（4月免）
胡小刚（4月任）
南法信镇（地区办事处）书记　李　衍
镇长（主任）　徐志国

后沙峪镇（地区办事处）书记　王学武
镇长（主任）　金泰希（女，朝鲜族，5月免）
孙雪松（5月任）
天竺镇（地区办事处）书记　宋　鹏（4月免）
王　江（4月任）
镇长（主任）王　辉（3月免）
杨登科（3月任）
李桥镇　书记　马云虎（6月免）
黄海鹏（6月任）
镇长　王卫军（2月免）
张春和（4月任）
南彩镇　书记　黄永志
镇长　闫　岩（女）
杨镇（地区办事处）书记　姜　蒙（11月免）
赵志勇（11月任）
镇长（主任）　陈向东
张镇　书记　刘晨光
镇长　赵海波
北小营镇　书记　马　强
镇长　朱新生
木林镇　书记　王海松
镇长　李　健
龙湾屯镇　书记　史卫东
镇长　宋　森（9月免）
张　伟（10月任）
李遂镇　书记　武　捷
镇长　李子腾
北务镇　书记　宋学农（10月免）
李　刚（11月任）
镇长　张小军
大孙各庄镇　书记　卞云鹏（3月免）
马卫国（3月任）
镇长　马卫国（3月免）
王秀刚（3月任）

九、事业单位

区委党校　校长　周颖博
书记　董大明（5月免）
闫连恒（5月任）
常务副校长　赵金荣（女，5月免）
闫连恒（5月任）
行政学院　院长　林向阳（2月免）
于庆丰（2月任）
常务副院长　赵金荣（女，5月免）
闫连恒（5月任）
农村合作经济经营管理站站长　焦庆海
地震局书记　张东生
局长　田福贵
水产服务中心书记　（未任）
主任　朱向国
投资服务中心主任　（未任，政务中心筹备办代管，于长雷负责）
北京现代职业技术学院院长　秦士友
汉石桥湿地自然保护区管理办公室主任
聂燕山（3月免）
牛玉江（8月任）
流动人口管理服务中心主任　王晓东
机关事务管理服务中心主任　陈　光
政府招待所所长　（未任，招待所由机关事务管理服务中心代管，陈光负责）
长青林场书记　张海泉
场长　李拥军（3月免）
李瑞军（3月任）
市场经营管理中心主任　申志勇（7月任）
书记　贺有余（7月免）
申志勇（7月任）
房屋征收事务中心主任　张香东（6月任）
住房保障事务中心（副处级）主任　刘　哲
北京天竺保税区综合服务中心主任
郭旭东（女）
投资促进局局长　杨凤辉
书记　黄建民

北京天竺房地产开发区管理委员会主任 任建军（10月免）

新城建设管理委员会主任 史长生

书记 杨家栋（3月免）

北京空港建设管理服务中心主任 姚颖

档案局局长（档案馆馆长、党史区志办公室主任） 梁军

政府驻海南办事处主任 于泉海

广播电视中心主任 黄海鹏（6月免）

宋森（9月任）

信息中心（副处级）主任 王永宝（2月免）

韩瑞军（2月任）

园林服务中心主任 孙仲秀

种植业服务中心主任 李宏伟（女）

农机服务中心主任 屈宝成

书记 李福利

社区教育中心（副处级）主任

陈成国（8月免）

李建军（8月任）

书记 李宝东（6月免）

李建军（8月任）

城镇环境卫生服务中心主任 单增友

教育研究考试中心主任 张海

牛栏山第一中学校长 张华礼

总部企业高管人员服务中心主任 张忠伟

卫生局卫生监督所（副处级）所长 侯宁

疾病预防控制中心（副处级）主任 李印东

区医院（副处级）书记 黄建江（1月免）

院长 王飞

中医院（副处级）书记 魏青

妇幼保健院（副处级）书记

张久越（10月退休）

副书记 张树海

院长 张树海（6月免）

人才服务中心（副处级）主任 郭有斌

劳动服务管理中心（副处级）主任 梁勇

社会保险事业管理中心（副处级）主任

解锡海

劳动人事争议仲裁院（副处级）院长

李栋

物价检查所（副处级）所长 张枫华

十、企业单位

北京燕京啤酒集团公司

书记 李福成（4月免）

郭振江（4月任）

董事长 郭振江（4月任）

总经理 赵晓东

北京市顺义区地方工业公司书记 徐海松

经理 石振东

北京市顺义区自来水公司

经理 康建龙（3月免）

书记 马成（5月免）

北京顺义燃气控股有限责任公司

董事长 杨文科（10月免）

经理 杨文科（10月免）

书记 姚仕松（7月免）

北京市顺义区建筑工程总公司经理

罗中义（10月免）

北京市顺义建筑工程公司经理 张殿友

北京顺义建筑企业集团公司经理

杨祥方（10月免）

北京通达实业总公司经理 孔祥普

北京市顺义区供销合作社主任 方建华

北京市煤炭总公司顺义区分公司经理

刘志新（3月免）

李奇（5月任）

北京国泰中百商业有限公司

经理 刘树忠

书记 李会娟（女）

北京鑫海韵通百货有限公司经理 张福海

北京市顺义大龙城乡建设开发总公司经理
李绍林（4月退休）
北京顺鑫农业发展集团有限公司
董事长　王　泽（2月免）
书　记　王　泽（2月免）
北京顺鑫控股集团有限公司
董事长　王　泽（2月任）
书　记　王　泽（2月任）
北京京顺轧辊厂厂长　陈　明
北京市天竺房地产开发公司经理
任建军（10月免）
北京市恒锋市政工程公司经理
刘宝春（10月免）
顺义区国有资本经营管理中心经理　赵柏青
北京综合保税区开发管理中心经理
张宏志（9月免）
杨文科（10月任）
北京鑫浩投资中心经理　董文利（10月免）
北京天竺空港经济开发公司
董事长　卞云鹏（3月任）
书　记　卞云鹏（3月任）
北京顺义生态旅游集团有限公司
董事长　张其中（3月任）
书　记　张其中（3月任）
北京顺义科技创新集团有限公司
董事长　赵洪峰
书　记　赵洪峰
总经理　蒙连胜
北京顺义市政控股有限责任公司
董事长　李守义（10月任）
书　记　李守义（10月任）
总经理　任建军（10月任）
北京大龙控股有限公司
董事长　马云虎（10月任）
书　记　马云虎（10月任）
总经理　杨祥方（10月任）
北京顺义建设投资服务有限公司
董事长　刘福海（10月任）
书　记　刘福海（10月任）
总经理　姚仕松（10月任）
北京市燕顺保障性住房投资有限公司
总经理　李文江（11月任）
北京顺义新城地产开发有限公司
董事长　宋学农（10月任）
书　记　宋学农（10月任）
总经理　纪品良（11月任）
建筑板块筹备组组长　张殿友（10月任）

十一、双管单位

北京市国土资源局顺义分局局长　韩凤桐
北京市药品监督管理局顺义分局
书　记　李长荣（12月退休）
陈福刚（12月任）
局　长　陈福刚
北京市规划委员会顺义分局局长　杨卫东
北京市路政局顺义公路分局局长　赵兴利
北京市顺义区国家税务局局长
雷　彤（回族，7月免）
胡永进（7月任）
北京市顺义区地方税务局局长
张　翅（5月免）
北京市顺义区质量技术监督局局长　陈长旺
北京市工商行政管理局顺义分局局　杨　鸣
国家统计局顺义调查队队长　张自林
北京市顺义区烟草专卖局局长　张秀武
北京市共青林场书记　张海泉
场长　律　江
北京市顺义区气象局局长　韩晓峰
北京市顺义区邮政局局长　李　勇
北京农业生态工程试验基地书记　胡荣海
主任　张　涛

统 计 表

2015年顺义区国民经济和社会发展主要指标统计表

项 目	计量单位	2015年	2014年	2015年为2014年%
基本情况				
土地面积	平方公里	1019.89	1019.89	100.0
街道办事处	个	6	6	100.0
建制镇	个	19	19	100.0
村民委员会	个	426	426	100.0
社区居委会	个	114	99	115.2
总户数	户	269929	268523	100.5
农业户	户	105930	106853	99.1
总人口	人	614872	609450	100.9
农业人口	人	254143	256741	99.0
非农业人口	人	360729	352709	102.3
常住人口	万人	102.0	100.4	101.6
地区生产总值	亿元	1440.9	1339.7	107.6
第一产业	亿元	21.9	25.5	85.7
第二产业	亿元	577.7	579.6	99.7
第三产业	亿元	841.4	734.6	114.5
地区生产总值构成	%			—
第一产业	%	1.5	1.9	—
第二产业	%	40.1	43.3	—
第三产业	%	58.4	54.8	—
农业				
农林牧渔业总产值（现价）	万元	581054.7	684925.1	84.8
主要农副产品产量				
粮食	万吨	9.8	11.1	88.3
夏粮	万吨	3.6	4.1	88.8
秋粮	万吨	6.2	7.0	87.9

蔬菜	万吨	31.2	38.6	80.8
干鲜果	万吨	5.5	5.7	96.5
出栏生猪	万头	74.7	87.8	85.1
出栏肉牛	万头	2.1	2.8	75.0
出栏羊	万只	9.8	10.1	97.0
栏鸡	万只	595.5	755.6	78.8
出栏鸭	万只	221.9	316.0	70.2
鲜蛋	吨	15016.4	13339.2	112.6
鸡蛋	吨	15016.4	13157.2	114.1
鲜鱼	吨	8817.7	11000	80.2
牛奶	吨	55556.5	53166.5	104.5
工业（规模以上）				
工业总产值	万元	28284423.1	29836106.2	94.8
工业主营业务收入	万元	29159159.7	30684561.0	95.0
工业利润总额	万元	2236600.2	2771816.0	80.7
外经.外贸				
三资企业签约项目	个	49	46	106.5
合同外资额	万美元	44407.9	28984.4	153.2
实际利用外资额	万美元	52113.6	52179.6	99.9
注册资本	万美元	49225.1	47799.2	103.0
投资总额	万元	79365.1	51072.0	155.4
固定资产投资				
全社会固定资产投资	亿元	465.2	432.3	107.6
城镇固定资产投资（含房地产）	亿元	421.1	355.6	118.4
#房地产开发投资	亿元	292.6	245.5	119.2
农村固定资产投资（含农户）	亿元	44.1	76.7	57.5
批发零售.住宿餐饮				
社会消费品零售额	万元	4099675.0	3766618.0	108.8
网点数	个	17082	17002	100.5
从业人员	人	94561	94821	99.7
财政.金融				
财政总收入	万元	5764176.0	6674455.0	86.4
地方财政收入	万元	2113953.0	3086427.0	68.5
公共财政预算收入	万元	1247607.0	1106151.0	112.8
地方财政支出	万元	3043455.0	3541868.0	85.9

公共财政预算支出	万元	2251054.0	1678380.0	134.1
各项税收	万元	4980896.0	4705266.0	105.9
地税	万元	1718279.0	1586337.0	108.3
国税	万元	3262617.0	3118929.0	104.6
各项存款余额	万元	16756963.8	16259305.0	103.1
城乡居民储蓄余额	万元	7052679.3	6772856.4	104.1
各项贷款余额	万元	7676112.0	7866377.1	97.6
劳动工资				
年末从业人员人数	人	467109	474187	98.5
第一产业	人	4634	3446	134.5
第二产业	人	187959	199454	94.2
第三产业	人	274516	271287	101.2
全年工资总额	万元	4568574.0	4167454.0	109.6
第一产业	万元	24372.0	17202.0	141.7
第二产业	万元	1514001.0	1456084.0	104.0
第三产业	万元	3030201.0	2694168.0	112.5
教育				
学校数				
普通中学	个	32	30	106.7
职业中学	个	5	5	100.0
小学	个	46	45	102.2
在校学生数				
普通中学	人	26785	27907	96.0
职业中学	人	1296	1964	66.0
小学	人	42784	40994	104.4
毕业生数				
普通中学	人	8857	8952	98.9
职业中学	人	780	505	154.5
小学	人	5238	5493	95.4
文化体育				
文化馆 . 站	个	26	26	100.0
公共图书馆	个	1	1	100.0
公共图书馆藏书	万册	88	82	107.3
电影放映单位	个	5	4	125.0
农村放映单位	个	416	430	96.7

区级以上重点文物保护单位	个	9	9	100.0
旅游人数	万人	466.0	411.0	113.4
旅游收入	万元	644199.7	605981.4	106.3
卫生				
医疗卫生机构数	个	672	593	113.3
医院及卫生院	个	214	175	122.3
医疗卫生机构实有床位数	张	3660	3122	117.2
医院及卫生院实有床位数	张	3270	2850	114.7
卫生技术人员	人	7422	6663	111.4
执业（助理）医师	人	3112	2860	108.8
每千人口拥有执业（助理）医师数	人	3.1	2.8	110.7
每千人口拥有医院及卫生院床位数	张	3.2	2.8	114.3
人民生活（抽样调查资料）				
城镇居民人均可支配收入	元	33394	30576	109.2
城镇居民人均生活消费支出	元	22174	20249	109.5
农村居民人均可支配收入	元	22648	20690	109.5
农村居民人均生活消费支出	元	13926	12583	110.7
城市建设与环境				
全区公路总里程	公里	2944.9	2848.3	103.4
天然气管道供应	万户	18.9	17.7	106.8
天然气供应量	万立方米	39256.2	27069.8	145.0
林木绿化率	%	35.60	34.51	—
城区生活污水集中处理率	%	98.7	97.9	—
能源消耗				
能源消费总量	万吨标煤	1123.8	1082.5	103.8
全区用电总量	万千瓦时	600135.4	591045.0	101.5
第一产业	万千瓦时	27620.6	27499.8	100.4
第二产业	万千瓦时	272498.9	276771.0	98.5
工业	万千瓦时	257844.6	261195.9	98.7
建筑业	万千瓦时	14654.3	15575.0	94.1
第三产业	万千瓦时	202691.1	192468.3	105.3
城乡居民生活用电	万千瓦时	97324.8	94306.0	103.2

注：1. 地区生产总值增速为现价增速，2015 年不变价增速为 7.8%；
2. 每千人口拥有执业（助理）医师数和拥有医院及卫生院床位数，人口按常住人口计算。

附　　录

2015年中共北京市顺义区委文件目录

中共北京市顺义区委文件

京顺发〔2015〕1号	中共北京市顺义区委关于落实党风廉政建设责任制党委主体责任和纪委监督责任的实施意见
京顺发〔2015〕2号	中共北京市顺义区委关于印发《中共北京市顺义区委常委会关于严格执行“三重一大”决策制度的实施办法》的通知
京顺发〔2015〕3号	中共北京市顺义区委北京市顺义区人民政府关于印发顺义区镇（街道）绩效管理考核办法（2014修订）的通知
京顺发〔2015〕4号	中共北京市顺义区委关于新形势下加强和改进人大工作的意见
京顺发〔2015〕5号	中共北京市顺义区委关于四届区委常委分工调整的通知
京顺发〔2015〕6号	中共北京市顺义区委关于转发《市委第四巡视组关于对顺义区巡视情况的反馈意见》的通知
京顺发〔2015〕7号	中共北京市顺义区委北京市顺义区人民政府关于区法院加强司法执行化解矛盾纠纷工作情况的通报
京顺发〔2015〕8号	中共北京市顺义区委关于巡视整改情况的通报
京顺发〔2015〕9号	中共北京市顺义区委北京市顺义区人民政府关于机构设置调整的通知
京顺发〔2015〕10号	中共北京市顺义区委关于进一步健全完善党风廉政建设和反腐败工作制度的意见
京顺发〔2015〕11号	中共北京市顺义区委北京市顺义区人民政府关于推动河东河西协调发展的意见
京顺发〔2015〕12号	中共北京市顺义区委关于印发顺义区党的建设工作考核评价办法（试行）的通知
京顺发〔2015〕13号	中共北京市顺义区委关于在深化国有企业改革中坚持党的领导加强党的建设的意见
京顺发〔2015〕14号	中共北京市委组织部北京市发展和改革委员会中共北京市顺义区委北京市顺义区人民政府等19家单位关于顺义区建设临空经济高端人才聚集区的实施意见

中共北京市顺义区委办公室文件目录

中共北京市顺义区委办公室文件

京顺办发〔2015〕1号	中共北京市顺义区委办公室关于印发《中国共产党北京市顺义区代表大会代表履行职务保障办法（试行）》的通知
京顺办发〔2015〕2号	中共北京市顺义区委办公室关于印发《区委常委会2015年议题计划》的通知
京顺办发〔2015〕3号	中共北京市顺义区委办公室北京市顺义区人民政府办公室关于印发《顺义区安全生产党政同责实施办法》的通知
京顺办发〔2015〕4号	中共北京市顺义区委办公室北京市顺义区人民政府办公室关于2014年改进工作作风密切联系群众“1+X”制度体系落实情况的通报
京顺办发〔2015〕5号	中共北京市顺义区委办公室关于印发《顺义区关于在处级以上领导干部中开展“三严三实”专题教育的实施方案》的通知
京顺办发〔2015〕6号	中共北京市顺义区委办公室北京市顺义区人民政府办公室关于印发《顺义区关于进一步加强社区矫正工作的实施意见》的通知
京顺办发〔2015〕7号	中共北京市顺义区委办公室北京市顺义区人民政府办公室关于印发《顺义区抗日战争暨世界反法西斯战胜胜利70周年纪念活动社会矛盾纠纷排查化解工作方案》的通知
京顺办发〔2015〕8号	中共北京市顺义区委办公室关于印发《顺义区村级干部待遇保障办法（试行）》的通知
京顺办发〔2015〕9号	中共北京市顺义区委办公室关于转发区“一助一”办公室《顺义区2015年“一助一”工作要点》的通知
京顺办发〔2015〕10号	中共北京市顺义区委办公室北京市顺义区人民政府办公室关于经济功能区工作职能的意见
京顺办发〔2015〕11号	中共北京市顺义区委办公室关于印发《关于开展基层服务型党组织星级创建活动的实施方案》的通知
京顺办发〔2015〕12号	中共北京市顺义区委办公室北京市顺义区人民政府办公室关于印发中共北京市顺义区委卫生和计划生育工作委员会北京市顺义区卫生和计划生育委

	员会主要职责内设机构和人员编制规定的通知
京顺办发〔2015〕13号	中共北京市顺义区委办公室北京市顺义区人民政府办公室关于印发中共北京市顺义区委中关村科技园区顺义园工作委员会中关村科技园区顺义园管理委员会（北京顺义科技创新产业功能区管理委员会）主要职责内设机构和人员编制规定的通知
京顺办发〔2015〕14号	中共北京市顺义区委办公室印发《顺义区反腐败协调小组工作规则》的通知
京顺办发〔2015〕15号	中共北京市顺义区委办公室关于印发《关于在查办党员和国家工作人员涉嫌违纪违法犯罪案件中加强协作配合的意见》的通知
京顺办发〔2015〕16号	中共北京市顺义区委办公室北京市顺义区人民政府办公室关于成立首都机场建设服务保障协调机构的通知
京顺办发〔2015〕17号	中共北京市顺义区委办公室北京市顺义区人民政府办公室关于更改作息时间的通知（试行）
京顺办发〔2015〕18号	中共北京市顺义区委办公室关于健全完善农村（社区）干部廉洁履职监督管理工作机制的意见
京顺办发〔2015〕19号	中共北京市顺义区委办公室北京市顺义区人民政府办公室关于理顺顺义新城建设管理体制的意见
京顺办发〔2015〕20号	中共北京市顺义区委办公室关于印发顺义区党风廉政建设和反腐败工作约谈制度的通知
京顺办发〔2015〕21号	中共北京市顺义区委办公室关于印发顺义区党风廉政建设责任制检查考核办法(试行)的通知
京顺办发〔2015〕22号	中共北京市顺义区委办公室关于印发《2015年顺义区党风廉政建设责任制检查考核工作方案》的通知
京顺办发〔2015〕23号	中共北京市顺义区委办公室北京市顺义区人民政府办公室关于做好2016年元旦春节期间有关工作的通知
京顺办发〔2015〕24号	中共北京市顺义区委办公室北京市顺义区人民政府办公室关于开展“八型社区”建设工作的意见
京顺办发〔2015〕25号	中共北京市顺义区委办公室北京市顺义区人民政府办公室关于印发《关于进一步规范机关事务工作暂行办法》的通知

2015 年中共北京市顺义区政府文件目录

顺政发 [2015]1 号	北京市顺义区人民政府关于印发政府工作报告的通知
顺政发 [2015]2 号	北京市顺义区人民政府关于王英丽等同志试用期满任职的通知
顺政发 [2015]3 号	北京市顺义区人民政府关于印发顺义区 2015 年重点工程安排计划的通知
顺政发 [2015]4 号	北京市顺义区人民政府关于印发顺义区行政及部分企事业单位绩效管理考核办法的通知
顺政发 [2015]5 号	北京市顺义区人民政府关于本行政区域内禁止设立食品生产加工作坊的通告
顺政发 [2015]6 号	北京市顺义区人民政府关于顺义区区镇财政管理体制改革的意见
顺政发 [2015]7 号	北京市顺义区人民政府关于印发顺义区第二批取消的行政审批事项目录和区属单位行政审批事项汇总清单（2014 年版）的通知
顺政发 [2015]8 号	北京市顺义区人民政府关于印发顺义区健全完善城市管理综合执法机制方案的通知
顺政发 [2015]9 号	北京市顺义区人民政府关于印发 2015 年区政府工作报告重点工作分工方案的通知
顺政发 [2015]10 号	北京市顺义区人民政府关于许凤伟等同志任免职的通知
顺政发 [2015]11 号	北京市顺义区人民政府关于王卫军等同志任免职的通知
顺政发 [2015]12 号	北京市顺义区人民政府关于于庆丰等同志任免职的通知
顺政发 [2015]13 号	北京市顺义区人民政府关于印发顺义区 2015 年为群众拟办重要实事的通知
顺政发 [2015]14 号	北京市顺义区人民政府关于进一步加强政府合同监督管理工作的意见
顺政发 [2015]15 号	北京市顺义区人民政府 关于印发顺义区交通治理行动纲要（2014—2016 年）的通知

顺政发 [2015]16 号　北京市顺义区人民政府关于聂燕山等同志任免职的通知

顺政发 [2015]17 号　北京市顺义区人民政府关于王颖等同志任免职的通知

顺政发 [2015]18 号　北京市顺义区人民政府关于王永宝等同志任免职的通知

顺政发 [2015]19 号　北京市顺义区人民政府关于印发区政府领导同志工作分工的通知

顺政发 [2015]21 号　北京市顺义区人民政府关于张东民等同志任免职的通知

顺政发 [2015]22 号　北京市顺义区人民政府关于侯宁等同志试用期满任职的通知

顺政发 [2015]23 号　北京市顺义区人民政府关于闫连恒等同志任免职的通知

顺政发 [2015]24 号　北京市顺义区人民政府关于金泰希等同志任免职的通知

顺政发 [2015]25 号　北京市顺义区人民政府关于印发顺义区社区物业管理办法的通知

顺政发 [2015]26 号　北京市顺义区人民政府关于印发顺义区创业摇篮计划实施方案的通知

顺政发 [2015]27 号　北京市顺义区人民政府关于精简与规范议事协调机构和临时机构的通知

顺政发 [2015]28 号　北京市顺义区人民政府关于李宝东等同志任免职的通知

顺政发 [2015]29 号　北京市顺义区人民政府关于印发顺义区区级行政事业单位结余资金管理办法的通知

顺政发 [2015]30 号　北京市顺义区人民政府关于范士永等同志任免职的通知

顺政发 [2015]31 号　北京市顺义区人民政府关于申志勇等同志任免职的通知

顺政发 [2015]32 号　北京市顺义区人民政府关于印发顺义区促进五彩浅山地区就业创业工作意见的通知

顺政发 [2015]33 号　北京市顺义区人民政府关于印发顺义区支持创业企业上市发展办法的通知

顺政发 [2015]34 号　北京市顺义区人民政府关于防空警报试鸣的通告

顺政发 [2015]35 号	北京市顺义区人民政府关于印发顺义区代履行费用追缴暂行办法的通知
顺政发 [2015]36 号	北京市顺义区人民政府关于印发顺义区加强政府投资建设项目全过程管理实施意见（试行）的通知
顺政发 [2015]37 号	北京市顺义区人民政府关于宋森等同志任免职的通知
顺政发 [2015]38 号	北京市顺义区人民政府关于印发顺义区促进重大产业项目发展定向扶持办法的通知
顺政发 [2015]39 号	北京市顺义区人民政府关于印发顺义区促进电子商务产业发展办法的通知
顺政发 [2015]40 号	北京市顺义区人民政府关于印发进一步加强国资国企监管工作意见的通知
顺政发 [2015]41 号	北京市顺义区人民政府关于赵金荣等同志任免职的通知
顺政发 [2015]42 号	北京市顺义区人民政府关于区政府向区人大及其常委会报告重大决策事项的意见
顺政发 [2015]43 号	北京市顺义区人民政府关于印发推动河东地区加快发展任务分工方案的通知
顺政发 [2015]44 号	北京市顺义区人民政府关于欧阳华洲同志任职的通知
顺政发 [2015]45 号	北京市顺义区人民政府关于印发推动北京天竺综合保税区与北京临空经济核心区融合创新发展实施意见的通知
顺政发 [2015]46 号	北京市顺义区人民政府关于李正义等同志任免职的通知

2015年中共顺义区政府办公室文件目录

顺政办发[2015]1号	北京市顺义区人民政府办公室关于印发顺义区建筑垃圾土方砂石规范化管理工作实施意见的通知
顺政办发[2015]3号	北京市顺义区人民政府办公室关于印发顺义区行政单位对生产经营单位安全生产监管（管理）职责规定的通知
顺政办发[2015]4号	北京市顺义区人民政府办公室关于印发顺义区清洁空气行动计划2015年实施方案的通知
顺政办发[2015]5号	北京市顺义区人民政府办公室关于印发顺义区高污染燃料禁燃区划定方案的通知
顺政办发[2015]6号	北京市顺义区人民政府办公室关于印发顺义区建设现代农业节水示范区实施方案的通知
顺政办发[2015]7号	北京市顺义区人民政府办公室关于印发顺义区2015年学法计划的通知
顺政办发[2015]8号	北京市顺义区人民政府办公室关于印发2015年区政府会议重要议题计划的通知
顺政办发[2015]9号	北京市顺义区人民政府办公室关于印发2015年顺义区城乡环境整治与垃圾治理推进实施方案的通知
顺政办发[2015]10号	北京市顺义区人民政府办公室转发区监察局等部门关于建设工程项目及政府采购领域行贿犯罪档案查询暂行办法的通知
顺政办发[2015]11号	北京市顺义区人民政府办公室关于成立顺义区电力重点工程建设领导小组的通知
顺政办发[2015]12号	北京市顺义区人民政府办公室关于印发顺义区社会公益性就业组织管理办法（试行）的通知

顺政办发 [2015]13 号	北京市顺义区人民政府办公室关于规范农村产权流转交易工作的意见
顺政办发 [2015]14 号	北京市顺义区人民政府办公室转发区监察局关于做好 2015 年违法用地违法建设消除存量控制增量工作文件的通知
顺政办发 [2015]15 号	北京市顺义区人民政府办公室关于开展 2015 年全国 1% 人口抽样调查的通知
顺政办发 [2015]16 号	北京市顺义区人民政府办公室关于政府向社会力量购买服务的实施意见
顺政办发 [2015]17 号	北京市顺义区人民政府办公室关于印发顺义区医疗卫生服务水平提升三年行动计划 2015 年实施方案的通知
顺政办发 [2015]18 号	北京市顺义区人民政府办公室关于成立顺义区打击非法集资和非法证券经营活动工作协调小组的通知
顺政办发 [2015]19 号	北京市顺义区人民政府办公室关于设立顺义区城市环境管理执法委员会的通知
顺政办发 [2015]20 号	北京市顺义区人民政府办公室关于设立顺义区市场监督管理执法委员会的通知
顺政办发 [2015]21 号	北京市顺义区人民政府办公室关于印发顺义区创业摇篮计划支持政策实施细则（试行）的通知
顺政办发 [2015]22 号	北京市顺义区人民政府办公室关于印发顺义区 2015 年政府信息公开工作要点的通知
顺政办发 [2015]23 号	北京市顺义区人民政府办公室关于印发顺义区企业环境信息公开办法（试行）的通知
顺政办发 [2015]24 号	北京市顺义区人民政府办公室关于印发顺义区企业环境信息公开实施方案的通知
顺政办发 [2015]25 号	北京市顺义区人民政府办公室关于成立顺义区第二次全国地名普查领导小组的通知
顺政办发 [2015]26 号	北京市顺义区人民政府办公室关于印发北京市顺义区旅游发展委员会主要职责内设机构和人员编制规定的通知
顺政办发 [2015]27 号	北京市顺义区人民政府办公室关于印发北京市顺义区人民政府外事侨务办公室北京市顺义区人民政府对外联络办公室主要职责内设机构和人员编制规定的通知
顺政办发 [2015]28 号	北京市顺义区人民政府办公室关于印发北京市顺义区民族宗教事务局主要职责内设机构和人员编制规定的通知

顺政办发 [2015]29 号	北京市顺义区人民政府办公室关于印发北京顺义绿色生态产业功能区管理委员会北京市顺义区推进浅山区建设办公室主要职责内设机构和人员编制规定的通知
顺政办发 [2015]30 号	北京市顺义区人民政府办公室关于印发顺义区促进产业结构调整和中小企业发展资金管理办法的通知
顺政办发 [2015]31 号	北京市顺义区人民政府办公室关于废止顺义区政府信息公开保密审查办法（试行）的通知
顺政办发 [2015]32 号	北京市顺义区人民政府办公室关于成立友谊医院顺义院区项目领导小组的通知
顺政办发 [2015]33 号	北京市顺义区人民政府办公室关于成立顺义区京沈客专征地拆迁工作领导小组的通知
顺政办发 [2015]34 号	北京市顺义区人民政府办公室转发区统计局关于进一步加强和完善部门统计工作意见的通知
顺政办发 [2015]35 号	北京市顺义区人民政府办公室关于调整北京市顺义区新城建设管理委员会成员单位及工作职责的通知

顺义区政府外事活动

【顺义区与美国劳顿郡签署友好合作谅解备忘录】 2015年4月27日下午，顺义区区长卢映川与美国劳顿郡监理委员会主席斯科特·约克共同签署了《美利坚合众国弗吉尼亚州劳顿郡 中华人民共和国北京市顺义区友好合作谅解备忘录》。自此两年之内，顺义区与劳顿郡将在两国所建立的外交原则下，增进传统友谊，增强信息互享，加强深入合作，促进共同繁荣。双方将在临空经济等领域进行合作，定期互派代表团访问，为劳顿郡与顺义区之间建立友好城市关系打下基础。走访了北京天竺综合保税区、北京临空经济核心区、首都机场集团等地。

（顺义区政府外事侨务办）

【顺义区代表团访问友好城市韩国首尔市城北区】 2015年5月5日至5月9日，应韩国首尔市城北区厅长金永培邀请，顺义区副区长盛德利带队前往城北区参加“区民日”活动。访问期间，代表团实地走访了城北区城市整合管制中心、垃圾处理中心和安岩洞社区，分别就城市管理和社区管理与城北区进行了深入交流。顺义区与城北区自1996年缔结友好城市关系以来，双方通过互访建立了深厚的友谊。此次访问，对巩固双方之间的深厚友谊起到了重要作用。访问期间，城北区厅长金永培表示将于明年4月回访顺义区，为双方建立互访机制、加深各领域交流、促进共同繁荣做出积极努力。

（顺义区政府外事侨务办）

【肯尼亚代表团来顺考察】 应全国友协邀请，2015年5月26日，肯尼亚欧凯利亚工业园区(OLKARIA INDUSTRIAL PARK)项目开发主任摩西·萨科瓦·威凯萨率团来我区参观临空经济核心区，实地考察了热力一厂和在建110千伏变电站。欧凯利亚工业园区与我区临空经济核心区在优化投资环境、服务企业发展有诸多相近之处，代表团此行主要目的是学习我区临空经济核心区在基础设施和建设方面的先进经验。考察期间，肯尼亚发电龙头企业、工业园区重点入驻企业肯尼亚发电公司（KenGen）与我方陪同人员在能源开发及利用等方面进行了深入交流，为双方园区发展都提供了很好的借鉴经验。肯尼亚发电公司是欧凯利亚工业园区主要投资企业，目前总投资额15亿美元，其发电量占全国发电总量的70%。

（顺义区政府外事侨务办）

【荷兰代尔夫特理工大学与顺义区政府签署战略合作框架协议】 2015年5月26日，荷兰代尔夫特理工大学与顺义区政府签署战略合作框架协议，开启了第三代半导体联合创新创业孵化新的里程碑。科技部副部长曹健林，荷兰驻华大使贾高博，顺义区委副书记、区长卢映川出席签约仪式。签约仪式上，荷兰代尔夫特理工大学校长闻岱博与顺义区政府区长卢映川共同签署了战略合作框架协议。今后荷兰代尔夫特理工大学将组建TU Delft中国研究院的研发团队，并就智能可穿戴设备，物联网设备，多功能智能传感系统，半导体照明，第三代半导体器件及模组等方面展开实质性研发。顺义区政府将努力创造良好的发展环境为第三代半导体产业的研发提供良好的硬件和软件保障。荷兰代尔夫特理工大学(TU Delft)创办于1842年，是荷兰规模最大最具有综合性的、世界顶尖理工大学之一，被誉为欧洲的MIT，其电子工程、航空航天、水利工程、能源工程、卫星遥测工程、工业设计等学科在世界上具有卓越声望。TU Delft因其卓越的创新人才培养能力，在多项全球顶尖科技竞赛中取得桂冠，培养了大量的有国际声望的顶级人才。

（顺义区政府外事侨务办）

【希腊雅典对华经济合作代表来顺考察】 2015年6月30日，希腊雅典对华经济合作代表福迪斯·普罗瓦塔斯来我区进行友好访问，实地考察了雅昌文化集团、天竺综保区德国商品展示区，详细了解了我区文化创意产业发展情况和进口商品购物平台的运营模式。此访旨在落实去年12月与北京市代表团在雅典达成的合作共识，积极推动顺义与希腊出口商协会开展农产品进出口贸易合作，以顺义作为中希贸易试点，发挥区位和产业优势，扩大中希合作，进一步推动首都经济社会发展。

（顺义区政府外事侨务办）

【2015国际学生北京夏令营开营】 2015年7月15日上午，由北京市教委主办的“2015国际学生北京夏令营”正式开营。此次夏令营的营地设在我区牛栏山第一中学，共吸引来自美国、加拿大、英国、德国、西班牙等21个国家和地区的750名师生参加。区委常委、副区长朱家亮出席开营仪式。“国际学生北京夏令营”创办于2011年，是北京市教委为落实国际及北京市中长期教育发展规划纲要精神，适应首都北京建设具有中国特色世界城市的需要，弘扬中国文化，促进汉语国际推广而举办的国际交流活动，目前已成功举办四届，共有30多个国家和地区的约4200名国际师生参加夏令营活动。

（顺义区政府外事侨务办）

【韩国青年代表团到顺义访问】 2015年8月4日，以韩国总统直属青年委员会委员长慎镛汉为代表的韩国青年代表团一行到顺义访问。区领导周颖博、朱家亮陪同。韩国青年代表团一行来到北京现代第一工厂，观看了北京现代宣传片和顺义区宣传片（印象顺义），实地参观了生产车间。在随后的座谈中，区委常委、副区长朱家亮介绍了顺义区基本情况，并就中韩青年国际创业园的建立与代表团一行进行了初步探讨。

（顺义区政府外事侨务办）

【顺义区政府因公赴南美团组出访成果显著】 2015年8月11日-20日区长卢映川率团一行6人赴智利、乌拉圭、阿根廷访问。此行，就双方国有经济发展、城市化进程及经验、金融资本贸易、友好城市和企业间的供应销售合作等开展交流。在智利莫利纳市政府签署了《中华人民共和国北京市顺义区 智利共和国莫利纳市友好合作谅解备忘录》，在乌拉圭蒙得维的亚市第二区政府签署了《中华人民共和国北京市顺义区 乌拉圭东岸共和国蒙得维的亚市第二区友好合作谅解备忘录》。访问期间，代表团还出席并见证了区属国有企业顺鑫控股与UAG公司的战略合作签约仪式。

（顺义区政府外事侨务办）

【在京外媒记者参观焦庄户地道战遗址】 2015年8月19日，来自5个国家及地区的9家常驻北京外媒记者共17人来我区实地参观焦庄户地道战遗址纪念馆，感受中国政府开展的爱国主义教育。一行人在纪念馆展厅内听取了讲解员对焦庄户人民抗日战争英雄事迹的详细介绍，并对展厅内的历史遗物拍照留念。随后，亲身体验了焦庄户地道，对地道的构造建设和焦庄户人民的智慧，以及中国人民反法西斯战争做出的贡献由心赞叹。

（顺义区政府外事侨务办）

【发展中国家经济发展高级研讨班领导到顺义区考察学习】 2015年9月14日，来自17个国家的发展中国家经济发展高级研讨班领导到顺义区就可持续发展情况进行考察学习。顺义区委常委、副区长朱家亮，区委常委、区委办主任肖承继参加，区委区政府研究室、顺义区政府外事侨务办相关领导陪同。研讨班领导一行实地考察了奥林匹克水上公园，观看了亚洲赛艇锦标赛选手热身训练，对顺义区奥运场馆赛后利用情况给予了高度的肯定。研讨班领导随后还考察了爱慕时尚工厂和马坡镇石家营村，对区政府在驻区企业经济可持续发展、新农村建设方面所做的努力给予了一致的好评。

（顺义区政府外事侨务办）

【“中日小大使”日本学生访京代表团到顺义区参观】 2015 年 10 月 13 日上午，“中日小大使”日本学生访京代表团到奥林匹克水上公园学习参观。代表团听取了奥林匹克水上公园设施建设情况及现阶段使用情况，并实地参观了索道滑水设施和帆船中心，对场馆设施赛后利用情况给予了高度评价。10 月 9 日上午，王安顺市长会见了日本永旺株式会社董事会主席横尾博先生带领的 2015“日本小大使”代表团一行，并表示中日一衣带水，比邻而居，和平友好是两国人民心中的主旋律。

（顺义区政府外事侨务办）

【外交部驻外大使参赞学习班到顺义区参观考察】 2015 年 10 月 15 日，外交部驻外大使参赞学习班一行 60 余人到顺义区参观考察，顺义区领导王刚、卢映川、林向阳、朱家亮等参加。学习班一行先后察看了北京天竺综合保税区沙盘及国家对外文化贸易基地、德国商品展示区和光峰华影公司，听取了相关情况介绍。在随后召开的座谈会上，学习班一行观看了《印象顺义》宣传片。区委副书记、区长卢映川向驻各国大使、参赞们介绍了顺义区悠久的发展历史以及现阶段经济社会发展情况及特点。他表示，顺义期盼与各国开展更多的交流合作，希望各位大使、参赞们在今后的工作中，向各个国家宣传顺义、推介顺义，帮助顺义提升开放合作水平。

（顺义区政府外事侨务办）

【肯尼亚纳罗克郡代表团到顺义区考察】 2015 年 11 月 24 日，肯尼亚纳罗克郡副郡长艾芙琳·阿鲁萨一行到顺义区顺鑫控股创新食品分公司考察现代农业发展和科技成果转化情况。肯尼亚纳罗克郡代表团一行参观了顺鑫控股创新食品分公司生蔬加工生产线和“我鲜吃”商品展示店。艾芙琳·阿鲁萨副郡长对顺鑫控股创新食品分公司农产品深加工技术给予了高度的评价，并希望顺义区和纳罗克郡在农业发展方面互为机遇、优势互补，为今后双方在农业领域的实质性合作发掘更大的潜力，创造更广阔的前景。

（顺义区政府外事侨务办）

【顺义参加第十九届京港洽谈会，推动企业“走出去”】 2015 年 11 月 27 日，第十九届京港洽谈会在香港举行，顺义和香港共商跨境电商发展大计。

27 日下午，北京天竺综合保税区“‘互联网 +’时代的发展新机遇——跨境电商北京发展对接洽谈会活动”举行。京港两地相关职能部门、专家学者、香港地区商会组织、品牌企业、已进驻天竺综合保税区运营的跨境电商企业代表和北京企业代表等共商跨境电商发展大计。对接洽谈会分为政策解读、产业聚焦、互动洽谈三个环节。政策解读环节中，北京市多部门联合解读一系列支持跨境电商发展和优化营商环境的政策和措施；产业聚焦环节中，天竺综合保税区和入驻企业代表做主题发言；互动洽谈环节中，投资人同与会部门和区域代表开展充分的互动洽谈，寻求合作空间和机会。

28 日京港洽谈会投资项目签约仪式举行。顺义区区委副书记、天竺综合保税区常务副主任林向阳，区委常委、副区长朱家亮出席签约仪式，并分别与经纬集团、安中国际石油控股有限公司、中国动力股份有限公司 3 家港资企业签订合作协议，将为顺义引资 7.89 亿美元，折合人民币约 50.5 亿元。签约项目主要涉及技术研发、新能源、跨境电商等领域。签约仪式上，拥有“互联网 +”新技术、新模式、新应用的外商独资集团公司—经纬集团，将投资 1.89 亿美元，在天竺综合保税区建设北京跨境电商园区；香港主板上市、致力于新能源业务投资的大型企业集团—中国动力股份有限公司，将投资 2 亿美元，与顺义科技创新产业功能区合作开发新能源电动巴士项目，并设立北京研发中心；跨国、跨行业的国际双跨综合产业集团—安中国际石油控股有限公司，将投资4亿美元，将在临空经济核心区建立安中亿巨北京技术创新总部。

本届京港会北京顺义“走出去”的企业基本实现了占比40%的预想，签约额超过92亿美元，这些直接投资未来还将带来更多消费收入增长，其中的18个在京投资项目预计未来两年在京将形成110亿元人民币以上的销售收入和12亿元人民币的税收贡献。

（顺义区政府外事侨务办）

【韩国首尔城北区代表团到顺义访问】 2015年12月2日、3日，韩国首尔城北区厅长金永培带领城北区代表团一行到顺义访问，区领导王刚、胡尚云、朱家亮、肖承继、盛德利陪同。代表团一行先后参观了八宝葫芦文化产业园、牛栏山酒厂、北京天竺综合保税区、北京现代第二工厂、燕京啤酒集团、北京韩美药品有限公司、雅昌文化集团，并听取了相关情况介绍。韩国首尔市城北区厅长金永培表示，希望顺义区与城北区能够把握两国友好交往的新机遇，以韩国入区企业为纽带，进一步深化两地之间的友好交流合作，促进两地共同繁荣。区委书记王刚表示，顺义作为北京市重点建设新城、临空经济高端产业功能区和现代制造业基地，多年来与城北区不断深化经济合作，两地人民友好交往更加深入，特别是北京现代等韩国企业在顺义的发展壮大，有力地促进了顺义经济社会发展。希望双方发挥各自优势，进一步寻求多领域、多层次合作，促进共同发展。

（顺义区政府外事侨务办）

【顺义区代表团访问意大利菲乌米奇诺市】 2015年12月17–21日，应意大利菲乌米奇诺市市长邀请，顺义区政府禹学垠副区长率团一行6人，赴意大利访问，并与意大利菲乌米奇诺市签署了《友好合作谅解备忘录》。出访期间，代表团会见了菲市市长、副市长兼农业局局长、城市规划局局长、商务局局长、旅游局局长的政府官员，深入探讨了双方临空经济、现代农业、商贸物流、安全生产、城市规划建设等领域发展现状与合作基础，并就项目互投、人员互访等友好交流项目达成共识。代表团与罗马首都国际机场相关负责人会面，就构建独特的临空经济格局、强化航空产业、空港物流业合作等开展了深入交流；与意大利企业联盟协会主席保罗·隆高巴蒂先生会谈，向对方企业推介了我区的临空经济发展状况和招商引资优惠政策。代表团实地走访了玛卡雷斯奶业集团股份有限公司（MACCARESE SPA）等当地的农产品加工企业，就双方安全生产、农业现代化、农产品深加工及运输设备等合作达成了初步意向。此次出访，得到了菲乌米奇诺市上级直属大区——拉齐奥大区政府的高度重视，大区政府秘书长扎格里先生会见了我方代表团，并就双方可开展物流仓储、可持续发展、绿色能源、新城建设等话题展开交流。

（顺义区政府外事侨务办）

顺义区社区居委会名录

光明街道办事处

名称	电话
东兴第一社区居委会	69442119
东兴第二社区居委会	89403141
东兴第三社区居委会	81493785
幸福东区社区居委会	69448561
双兴东区社区居委会	69421796
金汉绿港社区居委会	89420696
裕龙花园社区居委会	81485380
裕龙六区社区居委会	89497679
裕龙五区社区居委会	89408057
裕龙四区社区居委会	61490061
裕龙三区社区居委会	69420105
双拥社区居委会	66380279
绿港家园社区居委会	81487795
滨河第一社区居委会	89493673
滨河第二社区居委会	69463926

胜利街道办事处

名称	电话
建新北区第一社区居委会	69422437
建新北区第二社区居委会	69424278
建新北区第三社区居委会	69447615
建新南区第一社区居委会	69441328
建新南区第二社区居委会	69422257
双兴南区社区居委会	69423702
胜利小区社区居委会	69422524
前进社区居委会	69423441
太平社区居委会	69421730
幸福西街社区居委会	69424163
怡馨家园第一社区居委会	81490355
怡馨家园第二社区居委会	81490986
义宾南区社区居委会	81493064
义宾北区社区居委会	69422312
义宾街社区居委会	69424515
永欣嘉园社区居委会	81487224
龙府花园社区居委会	69438433
红杉一品社区居委会	61490786
华玺瀚榜社区居委会	56862066

石园街道办事处

名称	电话
石园东区社区居委会	89447283
石园西区社区居委会	89441202
石园北区第一社区居委会	81496697
石园北区第二社区居委会	89443998
石园北区第三社区居委会	89446819
石园南区社区居委会	89443151
石园东苑社区居委会	89442147
五里仓第一社区居委会	69447164
五里仓第二社区居委会	81493575
港馨家园南区居委会	89449310
港馨家园北区居委会	89453519
燕京社区居委会	89496860
仁和花园一社区居委会	89457258
仁和花园二社区居委会	89456530

旺泉街道办事处

名称	电话
西辛社区居委会	69468141
西辛第一社区居委会	81495731
铁十六局社区居委会	69440361
前进花园社区居委会	89433560

西辛北社区居委会	81490017	宏城花园社区居委会	69439360
牡丹苑社区居委会	60416837	望泉家园社区居委会	60416903

双丰街道办事处

名称	电话	名称	电话
马坡花园一区居委会	69402335	马坡花园二区居委会	69405086
富力湾社区居委会	60419223		

空港街道办事处

名称	电话	名称	电话
天房第一社区居委会	84167119	蓝星花园社区居委会	80490152
天房第二社区居委会	84167117	莫奈花园社区居委会	80410282
万科花园社区居委会	80493677	莲竹花园社区居委会	52136032
裕祥花园社区居委会	80494639	三山新新家园居委会	80424127
吉祥花园居委会	80470340	双龙源社区居委会	暂无办公电话
天竺新新家园居委会	84165192	翠竹新村一居委会	84167572
翠竹新村二居委会	84167852		

各镇村民委员会名录

仁　和　镇

名称	电话	名称	电话
石门村委会	69448156	沙井村委会	69475516
望泉寺村委会	69448355	军营村委会	69448335
梅沟营村委会	69421966	沙坨村委会	69472947
复兴村委会	69422040	北兴村委会	69441925
前进村委会	69421887	太平村委会	69421610
庄头村委会	69443015	各庄村委会	89446208
平各庄村委会	89498581	胡各庄村委会	89452430
杜各庄村委会	69448929	米各庄村委会	89407387
吴家营村委会	89496051	杨家营村委会	89401016
塔河村委会	60496172	河南村村委会	89498995
陶家坟村委会	89407014	窑坡村委会	89407062
临河村委会	89494682		

马　坡　镇

名称	电话	名称	电话
向阳村委会	69401989	东丰乐村委会	57903496
小孙各庄村委会	13051139039	西丰乐村委会	69401179
大营村委会	69403455	西马坡村委会	69401813
北上坡村委会	69405902	肖家坡村委会	69401931

秦武姚村委会	69409819	东马坡村委会	69401759
向前村委会	69409710	白各庄村委会	69409307
荆卷村委会	69409397	良正卷村委会	69409138
庙卷村委会	69409465	衙门村村委会	69409908
泥河村委会	69401072	石家营村委会	69409915
毛家营村委会	69409726	姚店村委会	69409722
马卷村委会	69409659		

南法信镇

名称	电话	名称	电话
南卷村村委会	69474545	三家店村委会	69473663
西海洪村委会	69472488	东海洪村委会	52130992
东杜兰村委会	69472534	西杜兰村委会	69473776
北法信村委会	69478657	大江洼村委会	69473300
焦各庄村委会	69473030	刘家河村委会	69473551
南法信村委会	69472483	马家营村委会	69472557
卸甲营村委会	69475128	哨马营村委会	89425329
冯家营村委会	69473605	十里堡村委会	89457293

李桥镇

名称	电话	名称	电话
李家桥村委会	81473143	后桥村委会	81472647
庄子营村委会	81473913	头二营村委会	89428868
三四营村委会	89428972	洼子村委会	81442124
南半壁店村委会	81463251	英各庄村委会	81478296
张辛村委会	89427188	临清村委会	89427969
西大坨村委会	69489427	西树行村委会	69481618
北河村委会	69485993	沙浮村委会	69489948
王家场村委会	69486015	沿河村委会	69486327
芦各庄村委会	69485978	史庄村委会	69481147
吴庄村委会	69488155	永青村委会	69486079
郭庄村委会	69486073	南河村委会	69485772
北桃园村委会	69486025	南桃园村委会	69486081
安里村委会	69486007	苏庄村委会	69486026
官庄村委会	69486010	堡子村委会	69485980
沮沟村委会	69486085	北庄头村委会	69486180
南庄头村委会	69486057		

天竺镇

名称	电话	名称	电话
天竺村委会	64567559	楼台村委会	64563498
小王辛庄村委会	64575547	二十里堡村委会	52131101
杨二营村委会	52133600	岗山村委会	80477708
龙山村委会	52151030	桃山村委会	80498222

后沙峪镇

名称	电话	名称	电话
双裕西区居委会	80488614	香花畦居委会	80429789
江山赋居委会	80425770	古城村委会	80496381
西泗上村委会	69454089	西田各庄村委会	80485440
罗各庄村委会	80496770	西白辛庄村委会	80493957
燕王庄村委会	80496759	马头庄村委会	80496702
吉祥庄村委会	80482076	前沙峪村委会	80496760
后沙峪村委会	80499974	火神营村委会	80496753
东庄村委会	80495108	回民营村委会	80496553
铁匠营村委会	80492567	董各庄村委会	80496704
枯柳树村委会	80483888		

高丽营镇

名称	电话	名称	电话
一村村委会	69455643	二村村委会	69455244
三村村委会	69455634	四村村委会	69455924
五村村委会	69455664	六村村委会	69454356
七村村委会	69455642	八村村委会	69455640
南王路村委会	69455734	北王路村委会	69455794
西王路村委会	69455843	唐自头村委会	69455884
于庄村委会	69455742	张喜庄村委会	69491445
东马各庄村委会	69493946	西马各庄村委会	69491477
水坡村委会	69491472	羊房村委会	69491478
前渠河村委会	69491435	后渠河村委会	69491476
闫家营村委会	69491475	夏县营村委会	69491473
河津营村委会	69491479	南郎中村委会	69491474
文化营村委会	69491193		

杨镇

名称	电话	名称	电话
一街村委会	61451249	辛庄子村委会	61412910
二街村委会	61451367	高各庄村委会	61412842
三街村委会	61451377	王辛庄村委会	61412905
张家务村委会	61451641	沙子营村委会	61413758
齐家务村委会	61451634	松各庄村委会	61412854
杜庄村委会	61456101	李辛庄村委会	61412830
二郎庙村委会	61453358	沙岭村委会	61444026
东庄户村委会	61455731	于庄村委会	61444776
老庄户村委会	61450848	徐庄村委会	61442354
沟东村委会	61451437	西庞村委会	61441836
东町村委会	61451660	东庞村委会	61442454
红寺村委会	61451307	大三渠村委会	61442474
下坡村委会	61453996	良庄村委会	61444459
下营村委会	61451154	白塔村委会	61442216
汉石桥村委会	61452077	曾庄村委会	61442422
安乐庄村委会	61451915	周庄村委会	61443298

荆坨村委会	61412914	曹庄村委会	61443314
井上村委会	61412846	别庄村委会	61442404
侉子营村委会	61412901	破罗口村委会	61442518
田家营村委会	61412859	辛庄户村委会	61452455
小店村委会	61412904	焦各庄村委会	61441330

赵全营镇

名称	电话	名称	电话
西小营村委会	89422719	北郎中村委会	60432753
赵全营村委会	60432672	小高丽营村委会	60431159
去碑营村委会	60432662	豹房村委会	60431138
陈各庄村委会	60433500	小官庄村委会	60431592
大官庄村委会	60435396	马家堡村委会	60431941
白庙村委会	60432410	忻州营村委会	60431150
前桑园村委会	60432402	后桑园村委会	60432401
红铜营村委会	60435337	板桥村委会	60442124
西绛营村委会	60442125	东绛营村委会	60442175
稷山营村委会	89422783	东水泉村委会	60442178
西水泉村委会	60442132	联庄村委会	60442139
河庄村委会	60442181	解放村委会	60442103
燕华营村委会	60442129		

牛栏山镇

名称	电话	名称	电话
北孙各庄村委会	69411181	龙王头村委会	69414002
富各庄村委会	69411799	芦正卷村委会	69414074
北军营村委会	69412679	相各庄村委会	60416156
官志卷村委会	69418228	范各庄村委会	89411083
后晏子村委会	69418353	前晏子村委会	69417989
兰家营村委会	69411373	姚各庄村委会	69411708
半壁店村委会	69419010	张家庄村委会	89411601
下坡屯村委会	69414064	史家口村委会	69411752
禾丰村委会	69411194	先进村委会	69411444
安乐村委会	69411081	金牛村委会	60411220
第一社区居委会	69416158	香醍漫步社区	60428921
香醍溪岸社区居委会	60428459		

南彩镇

名称	电话	名称	电话
南彩村委会	89469015	桥头村委会	89421069
九王庄村委会	89469044	前郝家疃村委会	89477243
前薛各庄村委会	89469246	后郝家疃村委会	89479330
后薛各庄村委会	89469273	望渠村委会	89469234
于辛庄村委会	89468572	东江头村委会	89469296
太平庄村委会	89469263	西江头村委会	89469294

大兴庄村委会	89460420	前俸伯村委会	89470255
水屯村委会	89469265	后俸伯村委会	89477230
坞里村委会	89469257	河北村村委会	89477714
双营村委会	89469293	杜刘庄村委会	89477236
小营村委会	89469065	北彩村委会	89421634
洼里村委会	89469297	柳桁村委会	89421651
道仙庄村委会	89469278	黄家场村委会	89421620

北小营镇

名称	电话	名称	电话
北小营村委会	60483651	上辇村委会	60483652
北府村委会	60483166	东乌鸡村委会	60483617
西乌鸡村委会	60483810	榆林村委会	60482547
后礼务村委会	60483735	前礼务村委会	60480596
马辛庄村委会	60485895	前鲁村委会	60483657
后鲁村委会	60483654	仇店村委会	60483667
西府村委会	60483659	东府村委会	60489700
大胡营村委会	69416975	小胡营村委会	69416973
牛富屯村委会	60480296		

李遂镇

名称	电话	名称	电话
宣庄户村委会	89481827	魏辛庄村委会	89481816
后营村委会	89481821	前营村委会	89481377
葛代子村委会	89481773	沟北村委会	89481370
柳各庄村委会	89481817	李遂村委会	89481088
西营村委会	89485058	东营村委会	89481813
李庄村委会	89481097	崇国庄村委会	89481373
陈庄村委会	69436839	赵庄村委会	69436820
太平辛庄村委会	89481815	牌楼村委会	89481823

木林镇

名称	电话	名称	电话
木林村委会	60456190	陈各庄村委会	60456377
蒋各庄村委会	60456121	魏家店村委会	60457189
东沿头村委会	60456253	西沿头村委会	60451099
长林庄村委会	60449256	孝德村委会	60459095
唐指山村委会	60456334	贾山村委会	60456139
茶棚村委会	60456123	安辛庄村委会	60456092
王泮庄村委会	60456013	大韩庄村委会	60448379
小韩庄村委会	60448350	马坊村委会	60448401
上园子村委会	60448153	大林村委会	60449193
陈家陀村委会	60492690	李各庄村委会	60492705
业兴庄村委会	60492696	陀头庙村委会	60492703
荣各庄村委会	60492706	前王各庄村委会	60492702

后王各庄村委会	60492691	潘家坟村委会	60492720

龙 湾 屯 镇

名称	电话	名称	电话
龙湾屯村委会	60461278	丁甲庄村委会	60463453
大北坞村委会	60461277	山里辛庄村委会	60461392
焦庄户村委会	60461250	七连庄村委会	60461318
柳庄户村委会	60465999	南坞村委会	60463339
树行村委会	60465650	张中坞村委会	60462683
史中坞村委会	60461610	小北坞村委会	60461260
唐洞村委会	60461298		

张　　　镇

名称	电话	名称	电话
张各庄村委会	61480695	小曹庄村委会	61442038
柏树庄村委会	61443108	驻马庄村委会	61443689
白辛庄村委会	61491223	赵各庄村委会	61491319
侯庄村委会	61493183	行宫村委会	61493792
前王会村委会	61493897	后王会村委会	61491306
前苏桥村委会	61491327	后苏桥村委会	61491687
王庄村委会	61491181	朱庄村委会	61492518
聂庄村委会	61492788	良山村委会	61480697
小三渠村委会	61480705	麻林山村委会	61480706
李洼子村委会	61480707	贾洼子村委会	61480709
吕布屯村委会	61489814	港西村委会	61489045
雁户庄村委会	61481815	大故现村委会	61480715
刘辛庄村委会	61480719	厂门口村委会	61483521
虫王庙村委会	61483077	北营村委会	61480703
西营村委会	61482872		

大孙各庄镇

名称	电话	名称	电话
大孙各庄村委会	61432194	客家庄村委会	61432148
西辛庄村委会	61432141	户耳山村委会	61432143
宗家店村委会	61432142	柴家林村委会	61432149
顾家庄村委会	61432184	田各庄村委会	61432538
小故现村委会	61432174	吴雄寺村委会	61432074
小宋各庄村委会	61432104	小塘村委会	61430523
南聂庄村委会	61432084	王户庄村委会	61432124
龙庭侯村委会	61432114	老公庄村委会	61433054
大坝洼庄村委会	61432134	小坝洼庄村委会	61433211
大塘村委会	61432144	佟辛庄村委会	61433599
薛庄村委会	61432145	前岭上村委会	61432146
后岭上村委会	61432164	东华山村委会	61472820
西华山村委会	61472950	大段村委会	61472917

小段村委会	61472914
赵家峪村委会	61472932
四福庄村委会	61472919
前陆马庄村委会	61472930
东尹家府村委会	61471237
大石各庄村委会	61432876
大洛泡村委会	61472846
谢辛庄村委会	61472927
湘王庄村委会	61472904
后陆马庄村委会	61472934
西尹家府村委会	61472925
大崔各庄村委会	61472921
大田庄村委会	61472849

北石槽镇

名称	电话
西赵各庄村委会	60422020
西范各庄村委会	60422108
南石槽村委会	60422287
东石槽村委会	60422105
寺上村委会	60422362
刘各庄村委会	60422507
大柳树村委会	60422392
李家史山村委会	60422117
下西市村委会	60422531
良善庄村委会	60422352
北石槽村委会	60425006
东辛庄村委会	60421596
武各庄村委会	60422501
中滩营村委会	60425240
二张营村委会	60422391
营尔村委会	60423328

北务镇

名称	电话
北务村委会	61421072
陈辛庄村委会	61421248
东地村委会	61424066
林上村委会	61421224
南辛庄户村委会	61421940
小珠宝村委会	61422234
于地村委会	61422759
庄子村委会	61421261
仓上村委会	61423007
道口村委会	61421262
郭家务村委会	61421967
马庄村委会	61421947
王各庄村委会	61421932
闫家渠村委会	61421506
珠宝屯村委会	61423035

顺义爱国主义教育基地

序号	基地名称	隶属关系	地　址	邮 编	联系人	联系电话（传真）	命名时间
1	北京焦庄户地道战遗址纪念馆（国家级）	区文化委	龙湾屯镇焦庄户村	101306	马　增	60465088	2001年6月（国家级）
2	顺义区光荣院	区民政局	顺义区石园北区东侧	101300	李　静	69425224	2003年4月21日命名为顺义区青少年首批德育基地
3	顺义区科技馆	区科委	顺义区光明南街24号	101300	刘全凤	69443483	2003年4月21日命名为顺义区青少年首批德育基地
4	顺义区图书馆	区文化委	顺义区光明南街20号	101300	史红艳	81483527	2003年4月21日命名为顺义区青少年首批德育基地
5	顺义区文物管理所	区文化委	顺义区拥军路2号	101300	李建林	69463542	2003年4月21日命名为顺义区青少年首批德育基地
6	顺义区档案馆（2008年2月市级）	区档案局	顺义区光明北街4号	101300	刘胜利	69420362	1997年4月命名为顺义县爱国主义教育基地；2003年4月21日命名为顺义区青少年首批德育基地、2008年4月被评为市级爱国主义教育基地
7	顺义区文化馆	区文化委	顺义区光明南街22号	101300	柴松林	69467503	2003年4月21日命名为顺义区青少年首批德育基地
8	北京林河工业开发区	区直机关工委	顺义双河大街18号	101300	邢瑞红	89492488	2003年4月21日命名为顺义区青少年首批德育基地
9	北京天竺空港经济开发区	自属	北京天竺空港经济开发区	101312	李媛	80489504	2003年4月21日命名为顺义区青少年首批德育基地
10	北京汇源饮料食品集团有限公司	区工商联	顺义区北小营镇汇源路	101305	曾照虎	13321181069	2003年4月21日命名为顺义区青少年首批德育基地
11	北京燕京啤酒集团	区国资委	顺义双河大街9号	101300	郭立刚	89492241	2003年4月21日命名为顺义区青少年首批德育基地

12	北京顺义三高科技农业试验示范区	区农委	北京顺义三高科技农业试验示范区	101300	张海莉	60489550	2003年4月21日命名为顺义区青少年首批德育基地
13	北京顺沿特种蔬菜基地	李桥镇政府	李桥镇西树行村后	101300	田国相	69485876 13910398038	2003年4月21日命名为顺义区青少年首批德育基地
14	北京顺鑫绿色度假村有限责任公司	顺鑫集团	北京市顺义区李遂镇西	101300	闫立新	89485191	2003年4月21日命名为顺义区青少年首批德育基地
15	顺义区潮白烈士陵园（2008年2月市级）	区民政局	北京市顺义区潮白河永久桥东侧1000米	101300	王凤云	89470880-8008	1963年顺义县委、县政府定名为顺义县革命烈士墓地。2003年4月21日命名为顺义区青少年首批德育基地。2008年4月被评为市级爱国主义教育基地
16	北京顺义西单商场	区国资委	顺义区府前西街	101300	李作昌	69429492或69441522	2003年4月21日命名为顺义区青少年首批德育基地
17	北京市顺义国泰商业大厦	区国资委	顺义区府前西街	101300	岳庆亭	69447410	2003年4月21日命名为顺义区青少年首批德育基地
18	神笛陶艺村（2008年2月市级）	顺义区三高管委会	北京顺义三高科技农业试验示范区内	101300	张 专	60489273	2006年底参评市委宣传部牵头组织的“市级爱国主义教育基地”2008年4月被评为市级爱国主义教育基地
19	北京七彩蝶创意文化有限公司		北京顺义高丽营镇，白马路北侧	101300	周岩清	89422400	

境域公交客运线路名录

序号	统编路号	起点至终点	首班时间	末班时间	途经主要站点
1	顺1路	河南村小区⟷滨河小区	5:30	滨23:30 河23:15	河南村小区、顺义九中、家具城、胡各庄、电信大楼、石园市场、石园南大街、人力社保局、五里仓、怡馨家园、检察院、隆华、西单、胜利小区、便民街东口、地铁顺义站、公路局、东大桥环岛、裕龙三区、裕龙一区、现代学院、裕龙五区、裕龙六区、滨河小区
2	顺2路	妇幼保健医院⟷鲲鹏集团	5:30	鲲23:30 妇23:15	鲲鹏集团、大江洼村、南法信小学、地铁南法信站、华英园、石门小区、供销大厦、社教中心、地铁石门站、西辛小学、西门、党校、西单、顺义区医院、东风小学、仓上小区、顺义五中、石园北区、石园小学、老干部局、妇幼保健医院
3	顺3路	澜西园--马坡16号院	澜6:00 马5:30	澜20:30 马20:30	澜西园、澜西园东口、梅沟营、五里仓、人力社保局、石园南大街、石园市场、港馨家园北站、妇幼保健医院、老年公寓、裕龙路口、裕龙北站、顺义电视台、顺义公园、东风小学、顺义区医院、便民街东口、双兴小区、双兴桥、双兴桥北、牛山一中实验学校、龙苑别墅、马场西路、乡村赛马场、马坡政府、马坡车站、佳和宜园、马坡二区、香悦四季、新马家园、马坡16号院
4	顺4路	顺和花园--海关大楼	顺5:50 海5:30	顺20:30 海19:20	顺和花园、顺鑫汇、林河开发区中街、一中新街、中核路口、港馨东区、啤酒厂、港馨小学、顺义九中、港馨家园北站、仁和花园、滨河南口、妇幼保健医院、裕龙五区、现代学院、裕龙一区、顺义电视台、顺义公园、东风小学、顺义区医院、交通局、地铁石门站、西辛小学、前进花园、石门北站、东海洪、西海洪、东杜兰、鲲鹏集团、大江洼、地铁南法信站、骏马公司、南法信政府、南法信、海关大楼
5	顺5路	河南村小区－山里辛庄客运站	河7:35 山6:00	河19:30 山18:00	河南村小区、顺义九中、胡各庄、港馨家园北站、电信大楼、石园南区、石园南大街、仓山小区、东风小学、区医院、便民街东口、双兴小区、双兴桥、双兴桥北、牛山一中实验学校、龙苑别墅、马场西路、乡村赛马场、金宝花园、金潮玉玛、水上公园、三高示范区、马辛庄南、马辛庄东、顺密路口、桥头、道仙庄、道仙庄东、望渠、红寺一桥、红寺村、鲜花港、红寺东、东疃、木燕路口、木北路口、中干渠路口、现代三厂、大曹庄、白塔西、白塔、白塔东、赵各庄、柏树庄、驻马庄、小曹庄、七连庄、山里辛庄西、山里辛庄、山里辛庄客运站
6	顺11路	裕龙小区⟷李家史山	裕6:30 李5:20	裕20:15 李18:45	裕龙小区、顺义电视台、顺义公园、东风小学、顺义区医院、西单、党校、西门、前进花园、石门北站、东海洪、西海洪、南卷、高炮二团、衙门村、庙卷、马卷、姚店、毛家营、石家营、马家堡、大官庄、小官庄、陈各庄、赵全营、小高丽营、晨光工贸、去碑营、忻州营、红铜营、二张营、中滩营、大柳树营、京承高速、李家史山
7	顺12路	航空配餐⟷安里	航6:09 安5:00	航21:10 安19:40	航空配餐、航空货运、航空食品、海关大楼、南法信、六环西、紫微星、木材市场、沙井、望泉寺、社教中心、地铁石门站、西辛小学、西门、党校、西单、隆华、中医院、东风小学、仓上小区、石园南大街、平各庄、石园东苑、港馨家园南站、啤酒厂北门、港馨东区、河南村西、河南村北、河南村、工业园、王家场北、王家场、北河、北河小学、吴庄、沿河卫生院、沿河村委会、沿河派出所、南河、北桃园、南桃园、安里

8	顺 13 路	河南村西 --- 于庄	河 6:00 于 5:00	河 21:00 于 19:40	河南村西、港馨东区、啤酒厂北门、港馨家园南站、平各庄东、顺义联通、石园北站、裕龙路口、裕龙北站、顺义电视台、顺义公园、怡园、检察院、隆华、交通局、地铁石门站、西辛小学、前进花园、石门北站、东海洪、西海洪、东杜兰、西杜兰、三北苗木、文化营、张喜庄市场、张喜庄、万万树、前渠河、羊房、闫家营、高丽营东、高丽营、高丽营小学、高丽营政府、西王路、北王路、南王路、于庄
9	顺 14 路	北孙各庄←→南庄头	5:10	20:20	北孙各庄、龙王头、富各庄北、富各庄、北军营、嘉寓集团、禾丰、牛栏山、牛栏山东口、牛栏山小区、龙湖别墅、乔波滑雪场、西丰乐、顺丰大街、花溪渡、香悦四季、马坡花园、金宝花园、乡村赛马场、马场西路、龙苑别墅、牛山一中实验学校、双兴桥北、双兴桥、双兴小区、胜利小区、西单、隆华、中医院、东风小学、仓上小区、石园南大街、平各庄、林河开发区、林河西站、陶家坟、山子坟、窑坡、后桥北站、后桥、后桥南站、李桥中学、李桥、李天路口、沿河路口、针织厂、西大坨 沿河 南河、郭庄、永青、官庄、堡子、北庄头、南庄头
10	顺 15 路	西门←→山里辛庄	西 6:05 山 5:00	西 21:20 山 19:30	西门、谊宾商城、顺义火车站、顺鑫农业、隆华、地铁顺义站、公路局、东大桥环岛、地铁俸伯站、南彩工业园、俸伯、南彩派出所、俸伯小学、河北村、前薛各庄、南彩车站、南彩市场、于辛庄、东江头、菜园子、汉石桥、下营、下坡村、仙泽园、杨镇三街、杨镇一中、顺鑫澜庭、东疃、红寺路口、沟东、陀头庙、李各庄、前王各庄、后王各庄、荣各庄、后王各庄北、前王各庄北、陈家坨西、陈家坨、树行、南坞、焦庄户路口、七连庄、山里辛庄西、山里辛庄
11	顺 16 路	顺义法医院←→大林	顺 6:00 大 5:20	顺 20:10 大 18:50	顺义法医院、怡馨家园西门、永欣家园、顺义火车站、顺鑫农业、隆华、地铁顺义站、公路局、东大桥环岛、地铁俸伯站、南彩工业园、后俸伯村、农机驾校、银杏园、北彩、前郝家疃、柳行、黄家场、桥头、白马路口、马辛庄、前鲁、后鲁、后礼务、北小营、北小营小区、水色时光南、水色时光、西乌鸡、东乌鸡、构件厂、牛富屯、马坊、木林路口、上园子、小韩庄北、大韩庄、大林西、大林
12	顺 17 路	谊宾商城←→大坝洼	谊 6:23 大 5:20	谊 20:30 大 18:20	谊宾商城、西单、顺义区医院、东风小学、仓上小区、石园南大街、平各庄、林河开发区、城关一中、中核公司、临河北站、啤酒厂、河南村、九龙加油站、东方太阳城北门、柳各庄桥、葛代子、顺义地坛分院、沟北、牌楼、牌楼东、田家营、小店、辛庄子、高各庄、王辛庄西、王辛庄、井上、郭家务、大崔各庄、大田庄、大石各庄、佟辛庄、薛庄、龙庭侯西、大塘东口、龙庭侯、大坝洼
13	顺 18 路	顺义二中←→马庄	顺 5:55 马 5:00	顺 21:05 马 19:10	顺义二中、石门北站、前进花园、西门、党校、西单、隆华、中医院、顺义区医院、地铁顺义站、公路局、东大桥环岛、地铁俸伯站、南彩工业园、俸伯车站、南彩派出所、俸伯小学、河北村、前薛各庄、南彩车站、南彩市场、于辛庄、东江头、菜园子、汉石桥、下营、下坡、仙泽园、杨镇三街、张家务北、张家务、沙子营北、沙子营、小店、辛庄子、高各庄、仓上、北务镇政府、北务中学、北务大集、于地新村、南新庄户、庄子村、小珠宝、珠宝屯、马庄
14	顺 19 路	龙府花园←→大故现	龙 6:18 大 5:20	龙 21:28 大 19:20	龙府花园、西单、隆华、中医院、顺义区医院、地铁顺义站、公路局、东大桥环岛、地铁俸伯站、南彩工业园、俸伯车站、南彩派出所、俸伯小学、河北村、前薛各庄、南彩车站、南彩市场、于辛庄、东江头、菜园子、汉石桥、下营、下坡、仙泽园、杨镇三街、杨镇车站、现代三厂、杜庄、焦各庄村、西庞里、沙岭、曾庄、大三渠、行宫、良山、莲花山滑雪场、浅山香邑、张镇小区、张镇、张各庄、张各庄南、白露山庄、刘辛庄、雁户庄、吕布屯、港西、大故现

15	顺 20 路	麻林山⟷相各庄	5:20	麻 20:15 相 20:00	麻林山、小段、大段、谢辛庄、赵家峪东街、赵家峪、石灰场、松各庄、垃圾处理场、辛庄户、果园、齐家务、杜庄、现代三厂、杨镇车站、杨镇三街、仙泽园、下坡、下营、汉石桥、菜园子、东江头、于辛庄、南彩市场、南彩车站、前薛各庄、河北村、俸伯小学、南彩派出所、俸伯、南彩工业园、地铁俸伯站、东大桥环岛、公路局、地铁顺义站、西单、党校、西门、庄头、庄头北、泥河、西马坡、白各庄、秦武姚、荆卷、向前、姚各庄、蓝家营、前晏子、后晏子、牛山二中、牛栏山环岛、范各庄、官志卷、相各庄
16	顺 21 路	大胡营⟷赵庄	大 6:00 赵 5:00	大 20:30 赵 18:40	大胡营、大胡营东、小胡营北街、小胡营、榆林东、榆林、榆林西、牛山桥、下坡屯、牛栏山酒厂、牛栏山东口、牛栏山小区、龙湖别墅、乔波滑雪场、西丰乐、顺丰大街、花溪渡、香悦四季、马坡花园、金宝花园、乡村赛马场、马场西路、龙苑别墅、牛山一中实验学校、双兴桥北、双兴桥、双兴小区、便民街东口、顺义区医院、东风小学、仓上小区、石园南大街、石园市场、电信大楼、港馨家园西站、林河北口、啤酒厂、河南村、九龙加油站、东方太阳城北门、柳各庄桥、葛代子、顺义地坛分院、柳各庄、李遂镇政府、李遂、西营村、东营、崇国庄西、崇国庄、赵庄
17	顺 22 路	龙府花园⟷三山小区	5:20	19:30	龙府花园、双兴小区、便民街东口、西单、隆华、检察院、怡馨家园、公安分局、梅沟营、澜西园东、澜西园、杨家营、吴家营、三四营、头二营、中国海关、洼子村、翼之城、半壁店路口、半壁店四街、南半壁店、樱花园、岗山南站、岗山、国泰超市、机场路口、三五九车站、天竺供销社、天竺卫生院、天竺花园、蓝天大厦、马连店、新国展、嘉浩别墅、白辛庄 燕王庄、中央美院城市设计学院、莫奈花园、三山小区
18	顺 23 路	谊宾商城⟷柳庄户	谊 6:25 柳 5:25	谊 20:30 柳 19:30	谊宾商城、西单、地铁顺义站、公路局、东大桥环岛、地铁俸伯站、南彩工业园、俸伯车站、南彩派出所、俸伯小学、河北村、前薛各庄、南彩车站、南彩市场、于辛庄、东江头、菜园子、汉石桥、下营、下坡、仙泽园、杨镇三街、杨镇车站、双阳小区、现代三厂、杜庄、周庄、大曹庄、梁庄南、破罗口东、柳庄户
19	顺 24 路	龙府花园⟷东府	龙 6:15 东 5:20	龙 20:50 东 19:40	龙府花园、西单、地铁顺义站、公路局、东大桥环岛、地铁俸伯站、南彩工业园、俸伯车站、南彩派出所、俸伯小学、河北村、前薛各庄、南彩车站、南彩小学、坞里、双营、小营、洼里、道仙庄、望渠、菜市场、仇店、西府、东府市场、东府
20	顺 25 路	裕龙小区⟷下西市	裕 6:15 下 5:05	裕 21:00 下 19:00	裕龙小区、东大桥环岛、公路局、地铁顺义站、西单、党校、西门、前进花园、石门北站、东海洪、西海洪、东杜兰、西杜兰、文化营、文化营西、张喜庄市场、张喜庄、张喜庄小学、张喜庄中学、丽喜花园、河津营、南郎中、蝴蝶园、西小营、稷山营、北郎中、前桑园、北汽东门、后桑园南、后桑园、三农研究会、东辛庄、刘各庄西口、寺上、北石槽政府东、东石槽、北石槽东、北石槽、南石槽、西范各庄东口、西范各庄、下西市桥头、西赵各庄、下西市
21	顺 26 路	裕龙小区⟷京顺车管所	5:50	裕 20:30 京 19:15	裕龙小区、东大桥环岛、公路局、地铁顺义站、隆华、检察院、怡馨家园、公安分局、梅沟营、望泉桥、南法信、检测场、物流园、回民营、枯柳树村、地铁后沙峪站、火神营、华润超市、白露雅园、香花畦、后沙峪小学、空港医院、物美、香蜜湾、莫奈花园、中央美院城市设计学院、西田各庄、龙湾别墅、古城东大街、顺义古城、泗上桥、泗上村、京顺车管所

22	顺 27 路	国家会计学院⟷东府	国 5:50 东 4:40	国 20:33 东 18:51	东府、西府、仇店、仇店中学、后鲁、后鲁北、汇源果汁、北小营镇政府、北小营小区、水色时光、榆林东、榆林、牛山桥、下坡屯、牛栏山酒厂、牛栏山东口、牛栏山小区、龙湖别墅、乔波滑雪场、西丰乐、顺丰大街、花溪渡、香悦四季、马坡花园、金宝花园、乡村赛马场、马场西路、龙苑别墅、牛山一中实验学校、双兴桥北、双兴桥、双兴小区、便民街东口、西单、交通局、社教中心、供销大厦、石门小区、华英园、地铁南法信站、刘家河北、物流园东、物流园西、京密路口、天龙汽配城、东马各庄、西马各庄、水坡东口、清岚小镇、顺义十中、后沙峪小学、空港医院、后沙峪政府、白露雅园、华润超市、火神营、铁匠营、地铁花梨坎站、海关大楼、大田集团、蓝天大厦、天竺花园、薛大人庄新村、国家会计学院
23	顺 28 路	太平辛庄⟷吉祥庄	太 4:40 吉 6:00	太 19:00 吉 20.50	吉祥庄、南航、蓝星集团、空港小学、三山小区、物美、东庄、万科花园、铁匠营、火神营、地铁后沙峪站、枯柳树、回民营、物流园、检测场、南法信、骏马公司、地铁南法信站、华英园、石门小区、供销大厦、社教中心、交通局、隆华、中医院、东风小学、顺义公园、顺义电视台、东大桥环岛、地铁俸伯站、南彩工业园、俸伯车站、南彩派出所、俸伯小学、河北村、前薛各庄、南彩车站、南彩市场、太平村、宣庄户北、宣庄户、魏辛庄、后营、前营、葛代子、沟北、顺义地坛分院、柳各庄、食品站、李遂镇政府、李遂、李遂环岛、太平路口、太平辛庄
24	顺 29 路	田各庄⟷顺义二中	田 5:30 顺 6:10	田 17:55 顺 21:00	田各庄、小故现村委会、小故现、港西路口、顾家庄、柴家林、宗家店、户耳山、大孙各庄、大孙各庄中学、西辛庄、东华山、西华山、湘王庄、四福庄、陆马庄、尹家府中学、尹家府、西尹家府、郭家务、陈辛庄、林上、北务路口、道口、北务市场、王各庄、闫家渠、李木路口、李庄、崇国庄、苏庄、沙浮路口、沙浮北、东方太阳城南门、王家场、东方太阳城西门、九龙加油站、望潮苑、河南村东、毓秀园、滨河东门、滨河北门、裕龙五区、东大桥环岛、顺义电视台、顺义公园、东风小学、顺义区医院、交通局、社教中心、供销大厦、石门小区、顺义二中
25	顺 30 路	现代二厂⟷河庄	现 6:10 河 5:00	现 21:00 河 19:00	现代二厂、米各庄、山子坟、陶家坟、林河西站、林河开发区、平各庄、石园南大街、仓上小区、东风小学、顺义区医院、便民街东口、双兴小区、双兴桥、双兴桥北、牛栏山一中实验学校、龙苑别墅、马场西路、乡村赛马场、马坡政府、白各庄、白各庄加油站、秦武姚、秦武姚西、马卷、姚店村、毛家营、石家营、马家堡、大官庄、小官庄、白庙、白庙北、赵全营、苗圃 、北郎中、食品厂、西绛州营、空港 C 区、板桥、板桥西、联庄、河庄
26	顺 31 路	焦庄户⟷国家会计学院	焦 4:40 会 6:10	焦 19:00 会 21:00	国家会计学院、翠竹新村、天竺花园、水木兰亭、马连店、地铁国展站、花梨坎村、地铁花梨坎站、喇苏营、空港 B 区、铁匠营、火神营、后沙峪地铁站、枯柳树村、回民营、物流园、检测场、南法信、二环路口、望泉桥东、梅沟营、怡园、检察院、中医院、区医院、地铁顺义站、公路局、东大桥、地铁俸伯站、南彩工业园、后俸伯、驾校、银杏园、北彩、前疃、柳行、黄家场、桥头、白马路口、马辛庄、前鲁、后鲁、后礼务、北小营、北小营小区、上辇、北府路口、昌金路口、魏家店、魏家店北、东沿头南、东沿头、木林开发区、孝德路口、木林、木林小学、王泮庄西口、王泮庄西街、王泮庄、王泮庄东、山丁路口、张中场、史中坞、加油站、龙湾屯、焦庄户村、焦庄户站

27	顺 32 路	孝德⟷顺义二中	顺 7:30 孝 6:20	顺 18:20 孝 17:10	孝德、长林小区、木林、陈各庄、蒋各庄北、蒋各庄、蒋各庄南、东府路口、魏家店、北府路口、上辇、北小营小区、北小营、后礼务、后鲁、前鲁、马辛庄、白马路口、三高科技园、水上公园、乡村赛马场、龙苑别墅、牛山一中分校、双兴桥、双兴小区、便民街东口、交通局、社教中心、供销大厦、石门小区、石门苑小区、顺义二中
28	顺 33 路	洼子村⟷别庄	别 5：35 洼 6:55	别 19:15 洼 20:30	洼子村、庄子营、后桥、后桥北、窑坡、山子坟、陶家坟、林河西站、林河开发区、平各庄、石园南大街、仓上小区、东风小学、顺义区医院、地铁顺义站、公路局、东大桥环岛、地铁俸伯站、南彩工业园、俸伯车站、南彩派出所、俸伯小学、河北村、前薛各庄、南彩车站、南彩市场、于辛庄、东江头、菜园子、汉石桥、下营、下坡、仙泽园、杨镇三街、双阳小区、阳洲鑫园、二郎庙、徐庄、别庄
29	顺 34 路	下坡屯小区⟷临清	5:50	19:00	下坡屯小区、下坡屯三区、金牛村、牛山一中、安乐村、牛栏山东口、牛栏山小区、龙湖别墅、乔波滑雪场、西丰乐、顺丰大街、花溪渡、香悦四季、马坡花园、金宝花园、乡村赛马场、马场西路、龙苑别墅、牛栏山一中实验学校、双兴桥北、双兴桥、双兴小区、便民街东口、顺义区医院、东风小学、仓上小区、石园南大街、平各庄、林河开发区、林河西站、陶家坟、山子坟、窑坡、后桥北站、后桥、后桥南站、李桥中学、李桥、李天路口、馨港庄园、英各庄、通顺物流、张辛、首钢公寓、临清
30	顺 35 路	营尔村委会⟷裕龙小区	营 6:30 裕 8:05	营 17:00 裕 18:20	营尔村委会、寺上东、寺上南口、寺上、刘辛庄西、东辛庄、三农研究会、后桑园、后桑园南、北汽东门、前桑园、北郎中、稷山营、西小营、蝴蝶园、南郎中、河津营、丽喜花园、张喜庄中学、张喜庄小学、张喜庄、张喜庄市场、文化营西、文化营、西杜兰、东杜兰、西海洪、东海洪、石门北站、前进花园、西门、党校、西单、地铁顺义站、公路局、东大桥环岛、裕龙小区
31	顺 36 路	大北坞⟷顺义二中	大 4:50 二 5:50	大 18:55 二 20:30	大北坞、小北坞、丁甲庄、安辛庄、市场、木林中学、木林、木林开发区、东沿头、东沿头南、魏家店、北府路口、上辇、北小营小区、北小营、后礼务、后鲁、前鲁、马辛庄、白马路口、桥头、黄家场、柳行、前郝家疃、北彩、银杏园、农机驾校、后俸伯村、南彩工业园、地铁俸伯站、东大桥环岛、顺义电视台、顺义公园、东风小学、顺义区医院、交通局、社教中心、供销大厦、石门小区、石门苑小区、顺义二中
32	顺 37 路	北府⟷澜西园	北 6:00 澜 7:10	北 18:35 澜 19:20	澜西园、顺平路口、石景苑小区、石门小区、供销大厦、社教中心、交通局、地铁顺义站、公路局、东大桥环岛、地铁俸伯站、南彩工业园、后俸伯村、农机驾校、银杏园、北彩、前郝家疃、柳行、黄家场、桥头、白马路口、马辛庄、前鲁、后鲁、后礼务、北小营、北小营小区、水色时光南、水色时光、构件厂、北府
33	顺 38 路	董各庄⟷临河	5:50	临 21:00 董 20:00	董各庄、残奥会管理中心、庄园、玉马教练场、顺义十中、后沙峪小学、香花畦北门、双裕小区、华润超市、火神营、地铁后沙峪站、枯柳树、回民营、物流园、检测场、南法信、骏马公司、地铁南法信站、华英园、石门小区、供销大厦、社教中心、交通局、隆华、中医院、东风小学、仓上小区、石园南大街、平各庄、林河工业区、城关一中、顺和路口、中核公司、临河北站、临河

34	顺 39 路	龙府花园⟷小曹庄	龙 6:00 曹 5:00	龙 21:00 曹 19:00	龙府花园、西单、隆华、中医院、顺义区医院、地铁顺义站、公路局、东大桥环岛、地铁俸伯站、南彩工业园、俸伯车站、南彩派出所、俸伯小学、河北村、前薛各庄、南彩车站、南彩市场、于辛庄、东江头、菜园子、汉石桥、下营、下坡、仙泽园、杨镇三街、杨镇车站、现代三厂、杜庄、焦各庄村、西庞里、沙岭、曾庄、大三渠、行宫、良山、莲花山滑雪场、张镇西、张镇、西营、前苏桥、后苏桥、朱庄、聂庄、王庄、前王会、后王会、赵各庄、白辛庄、柏树庄、驻马庄、小曹庄
35	顺 40 路	龙府花园⟷王户庄	龙 7:30 王 5:50	龙 19:00 王 17:20	龙府花园、西单、隆华、中医院、顺义区医院、地铁顺义站、公路局、东大桥环岛、地铁俸伯站、南彩工业园、俸伯车站、南彩派出所、俸伯小学、河北村、前薛各庄、南彩车站、南彩市场、于辛庄、东江头、菜园子、汉石桥、下营、下坡、仙泽园、杨镇三街、杨镇车站、现代三厂、杜庄、焦各庄村、西庞里、沙岭、曾庄、大三渠、行宫、良山、莲花山滑雪场、张镇西、张镇、张各庄村 刘辛庄路口、贾家洼子、李家洼子村、客家庄、华山、大孙各庄、王户庄
36	顺 41 路	龙府花园⟷东疃	东 6:00 龙 7:00	东 17:30 龙 18:30	龙府花园、西单、地铁顺义站、公路局、东大桥环岛、地铁俸伯站、南彩工业园、俸伯车站、南彩派出所、俸伯小学、河北村、前薛各庄、南彩车站、南彩市场、于辛庄、李木路口、东江头、西江头、望渠、望渠东街、红寺西、红寺一桥、东疃
37	顺 42 路	丽喜花园⟷滨河小区	丽 5:30 滨 6:00	丽 18:50 滨 20:00	滨河小区、裕龙六区、妇幼保健医院、老年公寓、胡各庄、电信大楼、石园市场、石园南大街、平各庄、林河开发区、林河西站、陶家坟、山子坟、窑坡、后桥北站、后桥、庄子营、李桥镇政府、中国海关、洼子村、六经路口、机场服务中心、国航地服、中国航油、岗山、国泰超市、机场道口、三五九车站、天竺供销社、天竺卫生院、天竺花园、蓝天大厦、索爱电子、海关大楼、松下电子、地铁花梨砍站、喇苏营、铁匠营、万科南口、裕祥花园、东庄、空港医院、后沙峪小学、清岚小镇、火寺路、西马各庄路口、西马各庄、活动中心、张喜庄路口、张喜庄小学、高丽营二中、丽喜花园
38	顺 43 路	羊房——九王庄	九 5:20 羊 6:30	九 17:50 羊 19:00	羊房、水坡村委会、水坡、西马各庄、东马各庄、天龙汽配城、京密路口、物流园西、物流园东、刘家河北、地铁南法信站、华英园、石门小区、供销大厦、社教中心、交通局、地铁顺义站、公路局、东大桥环岛、地铁俸伯站、南彩工业园、俸伯小区、南彩派出所、俸伯小学、河北村、前薛各庄、南彩车站、南彩市场、前薛各庄南、九王庄小区、九王庄
39	顺 45 路	西门 -- 木林	西 7:25 木 6:08	西 17:50 木 16:20	西门、谊宾商城、顺义火车站、顺鑫农业、隆华、地铁顺义站、公路局、东大桥环岛、地铁俸伯站、南彩工业园、俸伯、南彩派出所、俸伯小学、河北村、前薛各庄、南彩、南彩市场、于辛庄、东江头、菜园子、汉石桥、下营、下坡村、仙泽园、杨镇三街、杨镇一中、顺鑫澜庭、东疃、红寺路口、沟东、陀头庙、李各庄、前王各庄、后王各庄、荣各庄、蒋各庄、陈各庄、木林
40	顺 46 路	板桥新村——聚通嘉园	聚 6:00 板 7:00	聚 17:40 板 19:00	板桥新村、板桥西口、板桥、板桥小学、北汽北门、北汽东门、北郎中西、北郎中、赵全营、赵全营东、西陈各庄、小官庄、大官庄、马家堡、石家营、姚店、马卷、秦武姚、白各庄、泥河、南卷路口、衙门村、杜兰庄、金马开发区、金马开发区北、金马开发区南、地铁后沙峪站、火神营、火神营村、华润超市、万科花园、后沙峪政府、空港医院、聚通嘉园

41	顺 11 路区间	裕龙小区←→刘各庄	裕 7:20 刘 6:10	裕 18:30 刘 17:00	裕龙小区、顺义电视台、顺义公园、东风小学、顺义区医院、西单、党校、西门、前进花园、石门北站、东海洪、西海洪、南卷、高炮二团、衙门村、庙卷、马卷、姚店、毛家营、石家营、马家堡、大官庄、小官庄、陈各庄、赵全营、小高丽营、豹房、中滩营、刘各庄
42	顺 11 路区间	裕龙小区←→豹房	裕 6:15 豹 5:10	裕 20:30 豹 19:00	裕龙小区、顺义电视台、顺义公园、东风小学、顺义区医院、西单、党校、西门、前进花园、石门北站、东海洪、西海洪、南卷、高炮二团、衙门村、庙卷、马卷、姚店、毛家营、石家营、马家堡、大官庄、小官庄、陈各庄、赵全营、小高丽营、豹房
43	顺 12 路区间	南法信←→沙浮	沙 4:50 南 6:00	沙 19:30 南 20:55	南法信、六环西、紫微星、木材市场、沙井、望泉寺、社教中心、地铁石门站、西辛小学、西门、党校、西单、隆华、中医院、东风小学、仓上小区、石园南大街、平各庄、石园东苑、港馨家园南站、啤酒厂北门、职高、河南村北、河南村、工业园、王家场北、王家场、顺美、北河、北河小学、吴庄、沿河卫生院、沿河村委会、沿河派出所、沙浮
44	顺 17 路区间	谊宾商城 -- 大洛泡	大 5:48 谊 6:53	大 18:05 谊 18:40	谊宾商城、西单、顺义区医院、东风小学、仓上小区、石园南大街、平各庄、林河路口、啤酒厂、河南村、九龙加油站、东方太阳城北门、柳各庄桥、葛代子、顺义地坛分院、沟北、牌楼、牌楼东、田家营、小店、辛庄子、高各庄、王辛庄西、王辛庄、井上、荆坨、郭家务、郭家务村、大洛泡
45	顺 17 路区间	谊宾商城 -- 后岭	后 6:05 谊 7:20	后 18:40 谊 21：00	谊宾商城、西单、顺义区医院、东风小学、仓上小区、石园南大街、平各庄、林河路口、啤酒厂、河南村、九龙加油站、东方太阳城北门、柳各庄桥、葛代子、顺义地坛分院、沟北、牌楼、牌楼东、田家营、小店、辛庄子、高各庄、王辛庄西、王辛庄、井上、荆坨、郭家务、后岭
46	顺 18 路区间	嘉都 -- 二中	嘉 7:24 二 6:25	嘉 18:40 二 20:30	顺义二中、石门北站、前进花园、西门、党校、西单、隆华、中医院、顺义区医院、地铁顺义站、公路局、东大桥环岛、地铁俸伯站、南彩工业园、俸伯车站、南彩派出所、俸伯小学、河北村、前薛各庄、南彩车站、南彩市场、于辛庄、东江头、菜园子、汉石桥、下营、下坡、仙泽园、杨镇三街、张家务北、张家务、沙子营北、沙子营、小店、辛庄子、高各庄、仓上、北务镇政府、北务中学、北务大集、嘉都
47	顺 20 路区间	松各庄←→相各庄	松 6:20 相 7:56	松 17:12 相 19:20	松各庄、垃圾处理场、辛庄户、果园、齐家务、杜庄、现代三厂、杨镇车站、杨镇三街、仙泽园、下坡、下营、汉石桥、菜园子、东江头、于辛庄、南彩市场、南彩车站、前薛各庄、河北村、俸伯小学、南彩派出所、俸伯、南彩工业园、地铁俸伯站、东大桥环岛、公路局、地铁顺义站、西单、党校、西门、庄头、庄头北、泥河、西马坡、白各庄、秦武姚、荆卷、向前、姚各庄、盥家营、前晏子、后晏子、牛山二中、牛栏山环岛、范各庄、官志卷、相各庄
48	顺 28 路区间	汉石桥 -- 吉祥庄	汉 6:44 吉 8:14	汉 16:42 吉 18:08	吉祥庄、蓝星集团、三山小区、东庄、万科花园、铁匠营、火神营、地铁后沙峪站、枯柳树、回民营、物流园、检测场、南法信、骏马公司、地铁南法信站、华英园、石门小区、供销大厦、社教中心、交通局、隆华、中医院、东风小学、顺义公园、顺义电视台、东大桥环岛、地铁俸伯站、南彩工业园、俸伯车站、南彩派出所、俸伯小学、河北村、前薛各庄、南彩车站、南彩市场、大兴庄、水屯、汉石桥

49	顺28路区间	道口--吉祥庄	道6:48 吉8:23	道16:51 吉18:18	吉祥庄、蓝星集团、三山小区、东庄、万科花园、铁匠营、火神营、地铁后沙峪站、枯柳树、回民营、物流园、检测场、南法信、骏马公司、地铁南法信站、华英园、石门小区、供销大厦、社教中心、交通局、隆华、中医院、东风小学、顺义公园、顺义电视台、东大桥环岛、地铁俸伯站、南彩工业园、俸伯车站、南彩派出所、俸伯小学、河北村、前薛各庄、南彩车站、南彩市场、太平村、宣庄户、魏辛庄、后营、前营、葛代子、沟北、顺义地坛分院、李遂镇政府、李遂环岛 太平辛庄、道口
50	顺31路区间	唐洞--国家会计学院	唐5:20 6:20 7:20 8:20	会16:50 17:55 18:55 19:40	国家会计学院、翠竹新村、天竺花园、水木兰亭、马连店、地铁国展站、花梨坎村、地铁花梨坎站、喇苏营、空港B区、铁匠营、火神营、后沙峪地铁站、枯柳树村、回民营、物流园、检测场、南法信、二环路口、望泉桥东、梅沟营、怡园、检察院、中医院、区医院、地铁顺义站、公路局、东大桥、地铁俸伯站、南彩工业园、后俸伯、驾校、银杏园、北彩、前疃、柳行、黄家场、桥头、白马路口、马辛庄、前鲁、后鲁、后礼务、北小营、北小营小区、上辇、北府路口、昌金路口、魏家店、魏家店北、东沿头南、东沿头、木林开发区、孝德路口、木林、木林小学、王泮庄西口、王泮庄西街、王泮庄、王泮庄东、山丁路口、张中场、史中坞、加油站、龙湾屯、焦庄户村、唐洞
51	顺34路区间	史家口--临清	史7:00 临8:40	史17:00 临19:00	史家口、牛山酒厂、牛山税务所、牛栏山小区、龙湖别墅、乔波滑雪场、西丰乐、顺丰大街、花溪渡、香悦四季、马坡花园、金宝花园、乡村赛马场、马场西路、龙苑别墅、牛山一中实验学校、双兴桥北、双兴桥、双兴小区、胜利小区、西单、隆华、中医院、东风小学、仓上小区、石园南大街、平各庄、陶家坟、山子坟、窑坡、后桥北站、后桥、后桥南站、李桥中学、李桥、李天路口、馨港庄园、英各庄、通顺物流、张辛、首钢公寓、临清
52	顺36路区间	茶棚--顺义二中	茶5:27 二6:35	茶18:45 顺20:15	茶棚、峪子沟停车场、十二涧停车场、贾山、唐指山、唐指山景区、木林市场、木林中学、木林、木林开发区、东沿头、东沿头南、魏家店、北府路口、上辇、北小营小区、北小营、后礼务、后鲁、前鲁、马辛庄、白马路口、桥头、黄家场、柳行、前郝家疃、北彩、银杏园、农机驾校、后俸伯村、南彩工业园、地铁俸伯站、东大桥环岛、顺义电视台、东风小学、顺义医院、交通局、社教中心、供销大厦、石门小区、石门苑小区、顺义二中
53	顺39路区间	龙府花园⟷驻马庄	龙6:18 驻5:30	龙19:20 驻17:50	龙府花园、西单、隆华、中医院、顺义区医院、地铁顺义站、公路局、东大桥环岛、地铁俸伯站、南彩工业园、俸伯车站、南彩派出所、俸伯小学、河北村、前薛各庄、南彩车站、南彩加油站、于辛庄、东江头、菜园子、汉石桥、下营、下坡、仙泽园、杨镇三街、杨镇车站、双阳小区、科技园、杜庄、焦各庄村、西庞里、沙岭、曾庄、大三渠、行宫、侯庄、白辛庄、柏树庄、驻马庄
54	龙湾屯1路	丁甲庄——柳庄户 北线：丁甲庄——龙湾屯小学 南线：柳庄户——龙湾屯小学	北线：丁甲庄06:40、龙湾屯08:00	南线：山里辛庄06:40柳庄户07:15龙湾屯08:00	北线：丁甲庄、小北坞、大北坞、龙湾屯小学 南线：龙湾屯小学、龙湾屯政府、史中坞、张中坞、树行、南坞、七连庄、柳庄户

55	木林 1 路	大林——业兴庄	6:00	18:30	大林、长林庄、木林村、木林镇政府、木林中学、陈各庄、蒋各庄北、蒋各庄、蒋各庄南、搅拌站、荣各庄、后王各庄、前王各庄、李各庄、陀头庙、业兴庄北、业兴庄
56	杨镇 1 路	北京城市学院——双阳小区	北 6:15 双 6:30	北 18:15 双 18:00	北京城市学院、杨镇一中、仙泽园、杨镇三街、杨镇车站、双阳小区
57	南彩 1 路	鼎晟昊冉培训学校——鼎晟昊冉培训学校	6:00	18:30	鼎晟昊冉培训学校、南彩工业园东、后俸伯、南彩工业园、地铁俸伯站、二手车交易市场、强制治理管理处、鼎晟昊冉培训学校
58	空港 1 路	樱花园 --T2 航站楼	樱花园 4:50 航站楼首班 5:25	樱花园 21:50 航站楼 22:30	馨港车站、半壁店、樱花园、六区、管头（临时）、一经路（下行方向途径，上行方向不途径）、二号门（临时）、国泰广场、南平里、南平街、机场一小、花园路口、北平里、机场道口、航安路、飞行总队（临时）、武警总队、塔台、T2 航站楼
59	空港 2 路	东大桥环岛 --T2 航站楼	东大桥 05:20 航站楼 6:00	东大桥 20:00 航站楼 20:30	T2 航站楼、塔台、BGS 站坪、北库、大新华、天竺保税库（临时）、物流园、南法信、望泉桥东（临时）、东风小学、顺义区医院、便民街东口、金汉绿港、金汉绿港四区、东大桥环岛
60	空港 3 路	地铁后沙峪站 --T2 航站楼	后沙峪 6:00 航站楼 5:50	后沙峪 20:30 航站楼 20:00	T2 航站楼、塔台、BGS、国航货运、天竺村、天竺卫生院、天竺花园、临空假日酒店、新国展（临时）、花梨坎、地铁花梨坎（临时）、空港 B 区、铁匠营（临时）、万科城市花园、裕祥花园、东庄（临时）、后沙峪政府、农行、华润超市、火神营、地铁后沙峪站
61	空港 5 路	西降营村 --T3 航站楼	西降营村 4:30、4:45、5:00	T3 航站楼 21:00、21:30、22:00	T3 航站楼、六经路口、国门商务区、洼子村、头二营、三四营、吴家营、汽车基地总部、现代花园、梅沟营、怡馨家园、中医院、顺义区医院、双兴小区、乡村赛马场、马坡花园、西丰乐、牛栏山小区、牛栏山路口、富密路路口、范各庄、陈各庄、赵全营、北郎中、空港 C 区、西绛州营村
62	空港 6 路	李家史山 --T3 航站楼	李家史山 4:20、4:40、5:00	T3 航站楼 20:20、20:50、21:20	李家史山 – 寺上 – 北石槽镇政府 – 北石槽 – 南石槽 – 良善庄 – 范各庄 – 下西市村 – 后营 – 河庄营 – 西水泉 – 高丽营 – 闫家营 – 前渠河 – 万万树小区 – 张喜庄路口 – 西马各庄 – 清岚小镇 – 空港医院 – 空港 B 区 – 地铁花梨坎站 – 空港 A 区 – 天竺花园 – 天竺卫生院 – BGS 货运站 – T2 航站楼 – T3 航站楼
63	空港 8 路	山里辛庄 --T3 航站楼	山里辛庄 4:20、4:40、5:00	T3 航站楼 20:45、21:15、21:45	山里辛庄 – 七连庄村 – 柳庄户 – 龙湾屯 – 焦庄户地道战遗址纪念馆 – 龙湾屯镇政府 – 王泮庄 – 木林 – 东沿头 – 魏家店 – 上辇 – 北小营 – 后鲁 – 马辛庄 – 黄家场 – 柳行 – 北彩 – 后俸伯 – 地铁俸伯站 – 东大桥 – 顺义区医院 – 仓上小区 – 石园南大街 – 林河路口 – 吴家营 – 苏活小区 – 三四营 – 头二营 – 国门商务区 – 六经路口 – T3 航站楼

64	空港 7 路	小曹庄 --T3 航站楼	小曹庄 4:30、4:40、4:50	T3 航站楼 20:20、20:50、21:20；途径 T2 航站楼 20:35、21:05、21:35	小曹庄－赵各庄－行宫－沙岭－焦各庄－杜庄－现代三厂－双阳小区－杨镇三街－下坡－下营－菜园子－东江头－于辛庄－南彩车站－河北村－俸伯－地铁俸伯站－东大桥环岛－地铁顺义站－交通局－地铁石门站－梅沟营－南法信－检测场－物流园－综合保税－T2 航站楼－T3 航站楼
65	空港 9 路	吴雄寺 --T3 航站楼	吴雄寺 4:20、4:40、5:00	T3 航站楼 20:20、20:50、21:20	吴雄寺、小塘村、顾家庄、柴家林、宗家店、西辛庄、大孙各庄、尹家府、郭家务、陈辛庄、道口、王各庄、闫家渠、李庄、崇国庄、苏庄、东方太阳城、河南村、啤酒厂、林河开发区、陶家坟、窑坡、后桥、李桥、馨港庄园、国门商务区、六经路口、T3 航站楼
66	综保区公交专线 1 号线	地铁后沙峪站→综保区东行政卡口站	地铁后沙峪站 7:50、8:10、8:30	综保区东行政卡口站 16:00、16:50、17:00	地铁后沙峪站、管委会站、主卡口首末站、金岸东路站、检测场站、南法信站、航港大楼站、综保区东行政卡口站
67	综保区公交专线 2 号线	地铁后沙峪站→综保区三区东站	地铁后沙峪站 8:00、8:20	综保区三区东站 16:40、17:10	地铁后沙峪站、地铁花梨坎站、三区南站、综保区三区东站

顺义区主要旅游景区（点）名录

2015年顺义区旅游名录

类别	序号	名　称	地　址	电　话	星级质量等级
星级饭店	1	和园景逸大酒店	顺义区后沙峪镇裕民大街2号	69457777	五星级
	2	瑞麟湾温泉度假酒店	顺义区南彩镇顺平铺路39号	89468899	五星级
	3	国都大酒店	首都机场小天竺路	64565588（总机）	四星级
	4	北京中盛国际会议中心	顺义区李隧镇西	89485588（总机）	四星级
	5	北京春晖园文化娱乐有限责任公司	顺义区高丽营镇于庄村西侧	69454433（总机）	四星级
	6	金宝花园酒店	顺义区马坡顺安北路	69406060	四星级
	7	嘉宾国际	顺义区仁和镇东方太阳城社区	89431700	四星级
	8	北京京林大厦	首都机场生活区南平东里乙1号	64572626（总机）	四星级
	9	北京丰荣君华酒店	首都机场国门商务区李天路27号	81463366（总机）	四星级
	10	北京顺义宾馆	顺义城区府前中街3号	69444815	三星级
	11	东航商务酒店	天竺镇小天竺路1号	64575588（总机）	三星级
	12	望潮苑民俗度假村	北京市顺义区河南村村东	89491980	三星级
	13	安利隆生态农业旅游山庄	顺义区龙湾屯镇山里辛庄村东石门	60463603	三星级
	14	天龙宾馆	北京市顺义区枯柳树环岛东南	80494540	三星级
	15	东竹园宾馆	顺义区顺平东路3号	69448440（总机）	三星级
	16	北京豪雅商务宾馆	顺义区天竺镇府前二街1号	64533388	三星级
	17	金航线国际大酒店	顺义区四纬路8号	52139999	三星级
	18	花水湾磁化温泉度假村	高丽营镇水源九厂路	69456668	三星级
	19	北京空港金航国际商务酒店（首都机场新国展和颐酒店）	顺义区天竺镇府前二街南侧6号	58102333	三星级
	20	裕龙花园大酒店	顺义区裕龙花园2区甲9号	69445678	二星级
规模酒店	21	北京临空皇冠假日酒店	顺义区天竺镇地区府前一街60号	58108888	规模酒店
	22	怡生园国际会议中心	顺义区北小营镇后礼务	60485588（总机）	规模酒店
	23	金潮玉玛国际酒店	顺义区马坡向阳东路10号	69406868	规模酒店

规模酒店	24	中家鑫园温泉酒店	后沙峪镇古城村委会东 200 米	80495555	规模酒店
	25	乔波国际会议中心	顺义区顺安路	69419999	规模酒店
	26	阳光丽城温泉度假酒店	顺义区李桥镇苏庄村朝阳街 115 号	69486688	规模酒店
	27	北京国门商务酒店	顺义天竺地区天柱东路 1 号	64588866	规模酒店
	28	财培中心	仁和镇河南村毓秀园别墅内	89498855	规模酒店
	29	北京市馨紫宸酒店有限公司	北京市顺义区天竺镇府前街 24 号	64570173	规模酒店
	30	北京裕龙花园大酒店（空港分店）	顺义区后沙峪地区府前街裕祥花园北侧	80488881	规模酒店
景区	31	北京奥林匹克水上公园	顺义区白马路 19 号	69405821	AAAA 级
	32	北京国际鲜花港	顺义区杨镇红寺村北 1000 米	61417100	AAAA 级
	33	顺鑫绿色度假村	顺义区李隧镇西	89485588（总机）	AAA 级
	34	焦庄户地道战遗址纪念馆	龙湾屯镇焦庄户村内	60461906	AAA 级
	35	北京汉石桥湿地景区	北京市顺义区杨镇	61456099	AAA 级
	36	北京乡村高尔夫俱乐部	马坡向阳闸潮白河西侧	69403368	AA 级
	37	北京高尔夫俱乐部	顺义区南彩镇潮白河东岸	89470246/8	非 A 景区
	38	北京七彩蝶园	顺义区高丽营镇南郎中村白马路北侧（火寺路口）	89422400	非 A 景区
	39	舞彩浅山国家登山步道	龙湾屯镇（浅山办）	60466366	非 A 景区
	40	乔波室内滑雪馆	顺义区顺安路	69419999	非 A 景区
	41	河北村民俗体验园	南彩镇河北村	60418580	非 A 景区
旅行社	42	北京春畅旅行社	顺义区光明南街 7 号	69421682	旅行社
	43	北京阳光假日旅行社	顺义区站前东街商业 2 号楼 316 号	81498700	旅行社
	44	北京星空国际旅行社	顺义区李桥镇四纬路 3 号	64590022	旅行社
	45	春晖旅行社	仁和地区建新东街 11 号	69442657	旅行社
	46	北旅假日旅行社	顺义区光明南街 4 号（工人文化宫）	81498801	旅行社
	47	华信旅行社	新顺北大街 10 号中絮棉纺厂院内	81490506	旅行社
	48	鑫源旅行社	仁和地区双兴北区 10 楼 8 门 101	69462040	旅行社
	49	华夏典藏旅行社	空港物流基地物流园八街 1 号	66034434	旅行社
	50	顺天鑫旅行社	顺鑫绿色度假村内 27 幢一层	89485679	旅行社
	51	北京钰鑫假日国际旅行社	顺义区宏城花园 6 号 1 门 502	60480269	旅行社
	52	北京中航信旅行社	顺义区后沙峪镇双裕街 80 号 1 幢 301 室	52863397	旅行社
	53	北京新洲旅行社	顺义区新顺北大街东侧（纺织厂）	61400169	旅行社

旅行社	54	银建国际旅行社有限公司	北京市顺义区后沙峪地区火沙路后沙峪地段28号	69457127	旅行社
	55	北京高尔夫旅行社	北京市顺义区顺平路南法信段北侧	69472688	旅行社
	56	北京优加国际旅行社有限公司	北京市东城区安化北里1号3幢3层	65991588	旅行社
	57	北京环宇畅游旅行社有限公司	北京市顺义区东方太阳城万晴园102号楼一层12号	89431700-3647	旅行社
	58	汉能（北京）国际旅行社有限公司	北京市顺义区天柱路28号1号楼10层10-A	83914567	旅行社
	59	北京足印旅行社有限公司	北京市顺义区机场东路6号院10号楼4层520	59625656-382	旅行社
	60	北京爱旅途国际旅行社有限公司	北京市顺义区顺平路俸伯段45号1幢10号	63459458	旅行社
	61	北京捷登旅游有限公司	北京市顺义区天竺镇小王辛庄南路10号302室	87952141	旅行社
	62	北京聚美国际旅行社有限公司	北京市顺义区华英园9号1层1001	69264470	旅行社
	63	北京九州联合国际旅行社有限公司	北京市顺义区天竺镇三山新新家园四区2号楼1009室	64489499	旅行社
	64	天马国际旅行社顺义分社	顺义区裕龙花园六区20-2-102	89497800	分 社
	65	中国铁道旅行社顺义分社	顺义区新顺南大街路西（顺义电信局）8号楼301	69439525	分 社
	66	中国旅行社有限公司顺义门市部	顺义区仁和镇幸福东区9-6-101	57039258	门市部
	67	神舟国旅旅行社顺义门市部	顺义区旅游局三楼	69421682	门市部
	68	铁道旅行社顺义门市部	仁和地区双兴南区33楼3门101	69423030	门市部
	69	中广国际旅行社顺义门市部	顺义区新顺北大街3号	69462434	门市部
	70	北京天安国际旅行社有限公司顺义门市部	顺义区港馨西区48号楼3门602室	89453902	门市部
	71	大唐国际旅行社顺义营业部	顺义区南法信镇华英园9号5016室	69462462	门市部
	72	北京上古国际旅行社有限公司顺义营业部	北京市顺义区双兴南区9楼四单元102	69465495	门市部
	73	北京市华宇假日国际旅行社有限责任公司顺义门市部	北京市顺义区李桥镇李家桥村北二街34号	69429259	门市部
	74	中国国际旅行社总社有限公司顺义中心门市部	北京市顺义区新顺南大街7号	69447231	门市部
	75	中青旅控股股份有限公司北京市顺义门市部	北京市顺义区新顺南大街18号	58158248	门市部
	76	北京市中国旅行社有限公司新顺北大街门市部	顺义区新顺北大街16号1层（东风林吉商厦）	61400169	门市部

旅行社	77	中国康辉旅行社集团有限责任公司北京顺义门市部	北京市顺义区府前中街3号18幢	56139125	门市部
	78	中商国际旅行社有限公司北京顺义营业部	北京市顺义区南法信镇顺畅大道14号院1号楼3单元118室	50934028	门市部
	79	北京泛美国际旅行社有限责任公司顺义营业部	北京市顺义区高丽营镇金马工业区1号	69461472	门市部
	80	易游天下国际旅行社（北京）有限公司顺义门市部	北京市顺义区高丽营镇文化营村林海大街北区38号	89429310	门市部
	81	北京市首都旅行社有限公司空港营业部	北京市顺义区天竺镇二十里堡村天柱东路1号	64588866	门市部
	82	北京永利国际旅行社有限公司顺义营业部	北京市顺义区仁和镇石园西区1号楼1层四单元101	89457816	门市部
	83	北京永利国际旅行社有限公司顺义大街营业部	北京市顺义区仁和镇新顺南大街11号1幢3层307	52947318	门市部
	84	北京易捷国际旅行社有限责任公司顺义门市部	北京市顺义区仁和地区双兴南区京客隆店内	53309089	门市部
民俗村	85	焦庄户民俗村	顺义区龙湾屯镇	60461666	市级
	86	北郎中民俗村	顺义区赵全营镇	60434371	市级
	87	于地民俗村	顺义区北务镇	61422759	市级
	88	柳庄户民俗村	顺义区龙湾屯镇	60465999	市级
	89	田家营民俗村	顺义区杨镇	61412859	市级
工业旅游示范点	90	燕京啤酒厂	顺义区双河路九号	89495588	国家级
	91	北京顺鑫鹏程食品分公司	顺义区南法信地区顺沙路南侧	69472617	国家级
	92	北京顺鑫牵手有限责任公司	顺义区牛栏山工业区	69410081	国家级
	93	北京顺鑫牛栏山酒厂	顺义区牛栏山镇	69412531	国家级
	94	北京汇源饮料食品集团有限公司	北京市顺义区北小营镇汇源路	60487888	国家级
	95	北京现代汽车有限公司	北京市顺义区顺通路18号	89490070	国家级

顺义区律师事务所

序号	律所名称	地址	电话
1	北京市青天律师事务所	顺义区大东路 9 号	81483264
2	北京市扶正律师事务所	顺义区府前东街 9 号鲁班大厦 7 层	69432033
3	北京市顺新律师事务所	顺义区光明南街	69441913
4	北京市狄克律师事务所	顺义区双兴南区 22 栋 11 单元 102 室	81492373
5	北京市律港律师事务所	顺义区仁和地区裕龙花园六区 28-1-102	81496318
6	北京扬智勇律师事务所	北京市京顺路后沙峪双裕大街双裕小区 8-2-301	52361101
7	北京市玖典律师事务所	顺义区府前东街东兴路 9 号	52137927
8	北京智勇律师事务所	顺义区滨河小区律师楼	89492751
9	北京卞志忠律师事务所	顺义区府前东街	13910301028
10	北京市致知律师事务所	顺义区仓上街 8 号	89453862
11	北京刘明哲律师事务所	顺义区胜利小区物美超市北	69462821
12	北京朗泰律师事务所	顺义区光明北街甲 1 号	69446092
13	北京道盛律师事务所	顺义区新顺南大街 8 号院	81487767
14	北京盛堂律师事务所	顺义区石园南大街 18 号院	89453888
15	北京顺东律师事务所	顺义区毓秀园南园 B-19 号	89498839
16	北京冉午宁律师事务所	顺义区顺安路 33 号院 16-207	13910418143
17	北京朗空律师事务所	顺义区南法信镇东支路 6 号	13810083380
18	北京陆源律师事务所	顺义区仓上小区 33-2-102	13810606891
19	北京法驰律师事务所	顺义区石园南大街 18 号院 3-414	13911559649
20	北京首润律师事务所	顺义区 AMB 大厦 B 区 6 层	13701376786

顺义区公证处

名称	地址	电话
北京市顺义区龙诚公证处	北京市顺义区光明南街 18 号	69441820

顺义区教育机构名录

一、幼儿园名录

名称	地址	电话
北京市顺义区龙湾屯镇丁甲庄村幼儿园	北京市顺义区龙湾屯镇丁甲庄村	60463227
北京市顺义区高丽营镇张喜庄村幼儿园	北京市顺义区高丽营镇张喜庄村北环村路南侧	69492195
北京市顺义区河北村幼儿园	北京市顺义区南彩镇河北村	81460246
北京市顺义区李桥镇王家场村幼儿园	北京市顺义区李桥镇王家场村	15601052676
北京市顺义区裕龙双语艺术幼儿园	北京市顺义区拥军路甲 19 号	61400648
北京市顺义区李桥镇后桥村幼儿园	北京市顺义区李桥镇后桥村	15010397151
北京市顺义区牛栏山镇龙王头村幼儿园	北京市顺义区牛栏山镇龙王头村	69414003
北京市顺义区李桥镇北河村幼儿园	北京市顺义区李桥镇北河村	13811082736
北京市顺义区顺和花园幼儿园	北京市顺义区仁和镇顺和花园一区 7 号楼	89419951
北京市顺义区杨镇三街村幼儿园	北京市顺义区杨镇三街村	61459722
艾德双语幼儿园	北京市顺义区空港工业 A 区天纬五街蓝庭苑 6 号楼	80427631
北京市顺义区港馨东区幼儿园	北京市顺义区仁和镇港馨东区 17 号楼	89457897
北京市顺义区澜西园四区幼儿园	北京市顺义区澜西园四区 4 号	60496218
北京市顺义区马坡第二幼儿园	北京市顺义区马坡镇马卷村西侧	69407480
北京市顺义区建南幼儿园	北京市顺义区建新南区 36 号楼	52945217
北京市顺义区裕龙幼儿园	北京市顺义区裕龙花园四区 13 号楼	89406136
北京市顺义区西辛幼儿园	北京市顺义区西辛南区	61408620
北京市顺义区馨港幼儿园	北京市顺义区李桥镇馨港庄园二区 2 号	81477269
北京市顺义区温莎双语幼儿园	北京市顺义区首都机场路 89 号	64560020
北京市顺义区杨镇中心幼儿园	北京市顺义区杨镇政府街 4 号	61451973
北京市顺义区仁和中心幼儿园	北京市顺义区仁和地区石园南区 4 号楼后	89446064
北京市顺义区义宾幼儿园	北京市顺义区义宾南区甲 10 号	69422956
北京市顺义区采风幼儿园	北京市顺义区南彩镇前俸伯村附 4 路 9 号	89477510
北京市顺义区港馨幼儿园	北京市顺义区港馨家园西区	89448913
北京市顺义区北小营中心幼儿园	北京市顺义区北小营镇永利小区路北	60483603

北京市顺义区金汉绿港幼儿园	北京市顺义区金汉绿港三区	60417288
北京市顺义区怡馨幼儿园	北京市顺义区怡馨家园 27 号楼	69421015
北京市顺义区南法信中心幼儿园	北京市顺义区南法信政府北顺余西路 3 号	69473313
北京市顺义区石园幼儿园	北京市顺义区石园西区 20 号楼	89444844
北京市顺义区滨河幼儿园	北京市顺义区滨河小区 14 号楼前	69426048
北京市顺义区泛美幼儿园	北京市顺义区顺通路 29 号	89497758
北京市顺义区后沙峪第一幼儿园	北京市顺义区后沙峪镇政府东侧双裕街 31 号	61438058
北京市顺义区牛栏山第一幼儿园	北京市顺义区牛栏山镇相各庄村	69414003
北京市顺义区北务中心幼儿园	北京市顺义区北务镇政府街 4 号	61421717
北京市顺义区长颈鹿幼儿园	北京市顺义区裕龙花园二区 4 号楼	81482222
北京市顺义区万科城市花园幼儿园	北京市顺义区空港工业区 B 区万科城市花园	80482833
北京市顺义区赵全营中心幼儿园	北京市顺义区赵全营镇赵全营村	60431157
北京市顺义区南彩第二幼儿园	北京市顺义区南彩镇政府东侧	89477876
北京市顺义区天竺中心幼儿园	北京市顺义区天竺地区府前一街 20 号	64568509
北京市顺义区仁和镇庄头村幼儿园	北京市顺义区仁和镇庄头村	81493950
北京市顺义区幸福幼儿园	北京市顺义区幸福西街 6 号	69423143
北京市顺义区尹家府中心幼儿园	北京市顺义区大孙各庄镇四福通大街 82 号	61472812
北京市顺义区南彩第一幼儿园	北京市顺义区南彩镇南彩中大街 9 号	89469256
北京市顺义区马坡第一幼儿园	北京市顺义区马坡镇马坡花园西侧	69401653
北京市顺义区木林中心幼儿园	北京市顺义区木林镇顺焦路木林段 83 号	60459100
北京市顺义区李桥中心幼儿园	北京市顺义区李桥镇沿河村任李路沿河段 17 号	69485882
北京市顺义区木林镇大韩庄幼儿园	北京市顺义区木林镇大韩庄中路 29 号	60467830
北京市顺义区双兴幼儿园	北京市顺义区双兴南区 26 号楼东侧	81491161
中国人民解放军 66055 部队幼儿园	北京市顺义区拥军路 5 号	81492550
北京市顺义区北石槽中心幼儿园	北京市顺义区北石槽镇府前西街 2 号	60422127
北京市顺义区伊顿幼儿园	北京市顺义区后沙峪镇阿凯笛亚庄园 43 号楼	80472983
北京市顺义区木林镇王泮庄幼儿园	北京市顺义区木林镇王泮庄中街 53 号	60456013
北京市顺义区欢乐堡幼儿园	北京市顺义区高丽营镇张喜庄村南商业街东区 78 号	81746818
北京市顺义区龙湾屯中心幼儿园	北京市顺义区龙湾屯镇政府前街路南东侧 4 号	60461747
北京市顺义区张镇中心幼儿园	北京市顺义区张镇张各庄村建新二路	61483868
北京市顺义区李遂中心幼儿园	北京市顺义区李遂镇政府街南孙路李遂段 5 号	89481707
北京市顺义区嘉德蒙台梭利双语幼儿园	北京市顺义区仁和镇顺福路 2 号御墅 42 号	89452591
北京市顺义区宏城幼儿园	北京市顺义区前进花园石门苑 22 号	89423350
北京市顺义区高丽营第一幼儿园	北京市顺义区高丽营镇张喜庄拓新区 14 号	69492195
北京市顺义区高丽营第二幼儿园	北京市顺义区高丽营镇高泗路 13 号	69455943

北京市顺义区汇佳东方幼儿园	北京市顺义区东方太阳城万晴园 54 号	89431740
北京市顺义区建北幼儿园	北京市顺义区建新北区 37 号	69442746
北京市顺义区石园北区幼儿园	北京市顺义区石园北区 20 号楼前	69443353
北京市顺义区牛栏山镇芦正卷村幼儿园	北京市顺义区牛栏山镇芦正卷村	69414003
北京市顺义区赵全营镇去碑营村幼儿园	北京市顺义区赵全营镇去碑营村	60438029
北京市顺义区龙湾屯镇山里辛庄村幼儿园	北京市顺义区龙湾屯镇山里辛庄村	60463227
北京市顺义区后沙峪镇董各庄村幼儿园	北京市顺义区后沙峪镇董各庄村中街 13 号	80478590
北京市顺义区赵全营镇西小营村幼儿园	北京市顺义区赵全营镇西小营村	60409885
北京市顺义区赵全营镇解放村幼儿园	北京市顺义区赵全营镇解放村	60432871
北京市顺义区丽思嘉洛德双语幼儿园	北京市顺义区天竺府前一街 58 号	58101708
北京市顺义区金翼德懿双语幼儿园	北京市顺义区天竺丽苑路 6 号美林别墅会所	64509712
北京市顺义区启明香醍漫步双语幼儿园	北京市顺义区牛栏山镇龙湖香醍漫步庄园三区 6 号楼	60428517
北京市顺义区吉祥幼儿园	北京市顺义区空港吉祥花园小区 13 号楼	60401940
北京市顺义区杨镇第三幼儿园	北京市顺义区杨镇双阳东区 13 号	61419380
北京市顺义区马坡第三幼儿园	北京市顺义区马坡镇佳和宜园 29 号楼	57620103
北京市顺义区澜西园二区幼儿园	北京市顺义区仁和镇澜西园二区	60496355
北京市顺义区高丽营第三幼儿园	北京市顺义区新于庄园小区 17 号楼	69451968
北京市顺义区牛栏山第二幼儿园	北京市顺义区牛栏山镇下坡屯家园三区甲 6 号	61421684
北京市顺义区空港第一幼儿园	北京市顺义区三山新新家园一区 15 号楼	61468902
北京市顺义区南彩镇后俸伯幼儿园	北京市顺义区南彩镇后俸伯村吉祥路北一巷北养殖小区南侧	60400296
北京市顺义区睿德双语幼儿园	北京市顺义区后沙峪名都园 8208	80474372
北京市顺义区仁和花园一区幼儿园	北京市顺义区仁和花园一区 22 号	15910383818
北京市顺义区旺泉幼儿园	北京市顺义区贯通东路西侧	81493699
北京市顺义区南彩镇小营村幼儿园	北京市顺义区南彩镇小营村	61478151
北京市顺义区后沙峪第二幼儿园	北京市顺义区后沙峪镇清岚西区	80496148

二、小学名录

单位名称	地址	电话
北京市顺义区牛栏山第二小学	北京市顺义区牛栏山镇下坡屯家园三区甲 10 号	61427791
北京市顺义区裕达隆小学	北京市顺义区空港工业区 A 区天柱西路 28 号	80489121
北京市顺义区澜西园小学	北京市顺义区澜西园二区	60496235
北京市顺义区李桥半壁店学校	北京市顺义区李桥镇半壁店村	81466388

北京市顺义区博华外国语学校	北京市顺义区京顺路 99 号	69403302
北京市顺义区南彩实验学校	北京市顺义区南彩镇柳桁村	60418001
北京市顺义区沙岭学校	北京市顺义区杨镇沙岭青年路 5 号	61443968
北京市顺义区建新小学	北京市顺义区建新南区 38 号	69433973
北京市顺义区北小营中心小学校	北京市顺义区北小营镇北小营村平安路 47 号	60483734
北京市顺义区龙湾屯中心小学校	北京市顺义区龙湾屯镇府前南街 8 号	60461289
北京市顺义区仁和中心小学	北京市顺义区望泉家园北	69447725
北京市顺义区沿河中心小学校	北京市顺义区李桥镇任李路 115 号	69486021
北京市顺义区南法信中心小学校	北京市顺义区南法信地区办事处顺三路 3 号	69473552
北京市顺义区张镇中心小学校	北京市顺义区张镇张孙路张镇段 2 号	61480604
北京市顺义区板桥中心小学校	北京市顺义区赵全营镇板桥村牛板路板桥段 1 号	60442174
北京市顺义区石园小学	北京市顺义区石园北区	69425729
北京市顺义区李各庄学校	北京市顺义区木林镇李各庄育才路 1 号	60492697
北京市顺义区赵全营中心小学校	北京市顺义区赵全营镇牛板路赵全营段 92 号	60434624
北京市顺义区马坡中心小学校	北京市顺义区马坡镇政府西侧	69402868
北京市顺义区木林中心小学校	北京市顺义区木林镇木林村	60456039
北京市顺义区仇家店中心小学校	北京市顺义区北小营镇仇家店村环村北路 25 号	60483729
北京市顺义区明德小学	北京市顺义区木林镇马坊村中心街 5 号	60448505
北京市顺义区大孙各庄中心小学校	北京市顺义区大孙各庄镇府前东街 6 号	61432073
北京市顺义区东风小学	北京市顺义区光明街拥军路 9 号	69445326
北京市顺义区牛栏山第一小学	北京市顺义区牛栏山镇牛富路 2 号	69411083
北京市顺义区河南村中心小学校	北京市顺义区仁和镇河南村幸福路 3 号	89492187
北京市顺义区李桥中心小学校	北京市顺义区李桥镇馨港庄园 38 号	81478405
北京市顺义区港馨小学	北京市顺义区港馨家园东区	89449872
北京市顺义区双兴小学	北京市顺义区光明北街 22 号	81493907
北京市顺义区空港小学	北京市顺义区空港 B 区三山新新家园南侧	80477515
北京市顺义区裕龙小学	北京市顺义区拥军路 1 号	69468268
北京市顺义区高丽营第二小学	北京市顺义区高丽营镇张喜庄村拓新区 13 号	69491856
北京市顺义区南彩第二小学	北京市顺义区顺平路俸伯段 4 号	89477267
北京市顺义区尹家府中心小学	北京市顺义区大孙各庄镇四福通大街 90 号	61472814
北京市顺义区马坡第二小学	北京市顺义区马坡镇马卷村	69409805
北京市顺义区西辛小学	北京市顺义区顺西路 12 号	69461147
北京市顺义区仓上小学	北京市顺义区胜利街道办事处仓上小区	69441134
北京市顺义区光明小学	北京市顺义区东安路北	69422329
北京市顺义区北石槽中心小学校	北京市顺义区北石槽镇府前街 11 号	60422512

北京市顺义区杨镇中心小学校	北京市顺义区杨镇环镇东路 12 号	61451244
北京市顺义区小店中心小学校	北京市顺义区杨镇地区辛庄子村小学路 4 号	61412824
北京市顺义区后沙峪中心小学校	北京市顺义区后沙峪镇后沙峪村	80416056
北京市顺义区北务中心小学校	北京市顺义区北务镇商业街 17 号	61424311
北京市顺义区天竺中心小学校	北京市顺义区天竺地区府右街 7 号	64584338
北京市顺义区李遂中心小学校	北京市顺义区李遂镇南孙路李遂段 17 号	89484220
北京市顺义区牛栏山第三小学	北京市顺义区牛栏山镇香堤漫步庄园三区 16 号楼	60428983

三、中学名录

单位名称	地址	电话
北京市顺义区天竺中学	北京市顺义区天竺镇府前一街 29 号	80497213
北京市顺义区南法信中学	北京市顺义区南法信镇西海洪村	69476574
北京市顺义区第三中学	北京市顺义区府前东街 27 号	69422509
北京市顺义区第四中学	北京市顺义区光明南街 2 号	61409188
北京市顺义区李桥中学	北京市顺义区李桥镇李家桥村	81473876
北京市顺义区杨镇第二中学	北京市顺义区杨镇三街西	61451155
北京市顺义区北务中学	北京市顺义区北务镇商业街 15 号	61421946
北京市顺义区赵各庄学校	北京市顺义区张镇赵各庄村	61493151
北京市顺义区第十一中学	北京市顺义区顺平路俸伯段 2 号	89477257
北京市顺义区张镇中学	北京市顺义区张孙路张镇段 5 号	61480765
北京市顺义区大孙各庄中学	北京市顺义区大孙各庄镇府前东街 8 号	61432045
北京市顺义区第八中学	北京市顺义区光明北街 18 号	69429480
北京市顺义区李遂中学	北京市顺义区李遂镇南孙路沟北段 38 号	89481601
北京市顺义区沿河中学	北京市顺义区李桥镇平沿北河路 137 号	69480315
北京市顺义区北石槽中学	北京市顺义区北石槽镇府前西街 4 号	60422123
北京市顺义区新京华实验学校	北京市顺义区后沙峪镇安富街 9 号	80416787
北京市顺义区高丽营学校	北京市顺义区高丽营镇四村南	69455654
北京市顺义区第十五中学	北京市顺义区双丰街道秦武姚村	57056628
北京市顺义区牛山第二中学	北京市顺义区牛山镇京密路牛山段 3 号	69412537
北京市顺义区仁和中学	北京市顺义区站前东街 6 号	89493698
北京市顺义区赵全营中学	北京市顺义区牛板路赵全营段 129	60431128
北京市顺义区第五中学	北京市顺义区石园西区	89441490

北京市顺义区木林中学	北京市顺义区木林镇顺焦路木林段 1 号	60457445
北京市海嘉双语学校	北京市顺义区裕民大街 5 号	80410390
北京市顺义区高丽营第二中学	北京市顺义区高丽营镇张喜庄村拓新区 12 号	69493610
北京市顺义区龙湾屯中学	北京市顺义区龙湾屯镇府南路 5 号	60461319
北京市顺义区南彩学校	北京市顺义区南彩镇南彩村中大街 7 号	89469285
北京市顺义区沙岭学校	北京市顺义区杨镇沙岭青年路 5 号	61443968
北京市顺义区第十三中学	北京市顺义区北小营镇府西路 1 号	60483730
北京市第四中学顺义分校（北京市顺义区第十中学）	北京市顺义区后沙峪镇双裕街 45 号	80416138
北京市海嘉双语学校	北京市顺义区裕民大街 5 号	80410390
北京市鼎石学校	北京市顺义区后沙峪镇安富街 10 号	80496008
北京市顺义牛栏山第一中学	北京市顺义区牛栏山镇育才大街 1 号	69411142
北京市顺义区君诚学校	北京市顺义区后沙峪镇火沙路古城段 15 号	80490302
北京市顺义区杨镇第一中学	北京市顺义区杨镇地区三街村仿古商业街 43 号	61451055
北京市顺义区第二中学	北京市顺义区西二环北路前进花园南侧	69421643
北京市顺义区第一中学	北京市顺义区双河大街 15 号	69444448
北京市顺义区第九中学	北京市顺义区仁和镇河南村北	89498802
北京市牛栏山一中实验学校	北京市顺义区顺安路 99 号	81480932
北京市新英才学校	北京市顺义区安华街 9 号	80413037
北京市第二儿童福利院自强学校	北京市顺义区高丽营镇张喜庄村拓新区 15 号	69491330
北京市顺义区特殊教育学校	北京市顺义区仁和镇河南村 10 号	69423095

四、民办学校及培训机构、职业学校、教育机构名录

1、民办学校及民办培训机构名录

学校名称	学校地址	电话
北京市牛栏山一中实验学校	顺义区顺安路 99 号	81480932
北京市新英才学校	顺义区后沙峪镇安华街 9 号	80467115
北京市顺义区君诚学校	顺义区后沙峪镇火沙路古城段 15 号	80490307
北京市圣苑－美语实验学校	顺义区后沙峪镇万科城市花园北侧	80497460
北京市海嘉双语学校	顺义区后沙峪峪民大街 5 号	80410390
北京市顺义区民办大方职业学校	顺义区大孙各庄镇杜石路西尹段 3 号	61471503
北京市音乐舞蹈学校	北京市顺义区枯柳树环岛 1 号	51679555

幼儿园名称	学校地址	电话
北京市顺义区温莎双语幼儿园	北京市顺义区首都机场路 89 号	64560020
北京市顺义区采风幼儿园	北京市顺义区南彩镇前俸伯村附 4 路 9 号	89477510
北京市顺义区泛美幼儿园	北京市顺义区顺通路 29 号	89497758
北京市顺义区长颈鹿幼儿园	北京市顺义区裕龙花园二区 4 号楼	69443333
北京市顺义区万科城市花园幼儿园	北京市顺义区空港工业区 B 区万科城市花园	80482833
北京市顺义区伊顿幼儿园	北京市顺义区后沙峪镇阿凯笛亚庄园 43 号楼	80472983
北京市顺义区欢乐堡幼儿园	北京市顺义区高丽营镇张喜庄村南商业街东区 78 号	81746818
北京市顺义区景福幼儿园	北京市顺义区仁和镇顺福路 2 号御墅 42 号	89452591
北京市顺义区汇佳东方幼儿园	北京市顺义区东方太阳城万晴园 54 号	89431740
北京市顺义区丽思嘉洛德双语幼儿园	北京市顺义区天竺府前一街 58 号	58101708
北京市顺义区金翼德懿双语幼儿园	北京市顺义区天竺丽苑路 6 号美林别墅会所	64509712
北京市顺义区启明香醍漫步双语幼儿园	北京市顺义区牛栏山镇龙湖香醍漫步庄园三区 6 号楼	60428197
培训机构名称	**地址**	**联系电话**
顺义区育才文化培训学校	顺义区光明街路西	81499014
		13611206421
顺义区巨人文化艺术培训学校	顺义社区教育中心院内	51608188-8451
		13910301789
顺义区精诚文化学校	顺义社区教育中心电大楼	69422385
		60893669
顺义区益民培训学校	顺义府前街亿汇洋进出口公司	69421055
顺义区心语语言培训学校	顺义西辛北区乙 10-1-201、202	13621346179
顺义区启明星文化培训学校	顺义区石园北区 22 楼甲 2，甲 3	13716709668
顺义区博文鸿智文化艺术培训学校	顺义西辛南区 16 号楼 4 号	69460687
顺义区博识培训中心	顺义区府前东街人才中心院内	69442549-8070
顺义区海澄文化培训学校	顺义幸福东区丁 19 号 202 室	69426723
		13671347118
顺义区英才培训学校	北京首都机场京林大厦 5 层	64568963
		13311398452
顺义区童馨诚文化培训学校	顺义区顺平路后沙峪段 17 号	13661012965
顺义区爱嘉励儿童双语培训学校	顺义区后沙峪嘉浩别墅 3056 号	80467082
		13611334043
顺义区津桥培训中心	顺义区赵全营镇河庄村北	60441289
		13910527630
顺义区兴华职业技术培训学校	顺义区南彩镇后俸伯村北	69422156
		13801017792

顺义区杨名教育培训部	顺义区杨镇三街	13601228960
顺义区酬勤文化培训中心	顺义杨镇燕雄大厦	13371685988
顺义区圆梦文化培训中心	顺义区杨镇双阳小区 14 号楼 10 号	61455213
		67461526
顺义区百华文化培训学校	顺义区杨镇双阳南区办公楼	13520169301
顺义区启航信息化培训学校	顺义区北小营镇永利小区商业楼	60488111
		13522374073
顺义区成才育人英语培训学校	顺义区木林镇木林村	69442686
		13611122710
顺义区东方英才培训学校	顺义区北小营前礼务村建业路 37 号	13801208740
顺义区育圣源培训学校	顺义区怡馨家园 32 号楼 3 层	69466352
顺义区方村培训学校	顺义区杨镇大街	86050653
		13121016682
顺义区启智文化艺术中心	北京广播电视大学顺义分校院内	13911737182
顺义区科华培训学校		13801072063
顺义区绿港培训学校	顺义区站前街商业 2 号楼	69468518
顺义区求实外语培训学校	顺义区光明南街 15 号	81491180
		69433605
顺义区九日外国语培训学校	顺义区南彩九王庄	89469904
		130310530319
顺义区英美外语培训中心	顺义区文化馆内	86619550
顺义区育林外语培训学校	顺义区石园北区 68 号楼 4 门 202	69446117
		13501229330
顺义区朝阳英语培训学校	顺义区石园北区 68 号楼 4 门 402	69463856
		13466533366
顺义区神通外语培训中心		13701213619
顺义区勤力富昌外语培训学校	顺义区北务镇敬老院内	13701028762
		13801317921
顺义区明星外语培训学校	顺义区李遂镇潮华路沟北段 2 号	89484999
		13331063833
顺义区阳光外语培训学校		13511033575
顺义区顺发实用技术培训学校	顺义区电影院内	13161561431
		69425003
顺义区现代电脑培训学校		69464245
		86172664
顺义区顺图计算机培训学校	顺义光明南街 20 号图书馆内	69447265
		13691323894
顺义区金永大残疾人计算机培训学校	顺义区杨镇小店新街 7 号	61414522
		13911579667
顺义区捷创网苑计算机学校	顺义区仁和镇沙坨工业区西街 31 号	69464500
		13911623976

顺一汽车驾驶员培训学校	顺义区农机局院内	69444415
顺义区飞天驾驶学校	顺义区天竺镇府前西街粮库附近	80416379
顺义时星宇汽车驾驶学校	顺义区后沙峪镇泗上村	80416126
北京市安立汽车驾驶学校	顺义区后沙峪镇泗上村	69454563
顺义区维特汽车驾驶学校	顺义区后沙峪镇泗上村	13901009355
北京市京顺汽车驾驶学校	顺义区后沙峪镇泗上村	69454512
北京市京城汽车驾驶技工学校	顺义区后沙峪玉马教练场	80416739
北京恒通汽车摩托车驾驶培训学校	顺义区后沙峪镇泗上村	84328325
		13911836177
顺义平安驾驶学校	顺义区南法信顺高路南侧	69472690
顺义区交通培训学校	顺义区南法信顺平路北侧	69478911
顺义区顺交通达汽车驾驶员培训中心	顺义区交通局运输队院内	69433970
		.13911605550
北京市五环汽车摩托车驾驶员培训学校	顺义区后沙峪镇泗上村	84913618
		13901107598
顺义区农机汽车驾校	顺义区南彩镇后俸伯村	89477650
顺义区伟宁文化艺术培训中心	顺义区怡馨家园32号楼2层	69467266
顺义区春蕾文化艺术培训学校	顺义区石园东区居委会院内	89498534
		13901191813
顺义区东方太阳城文体培训学校	顺义区东方太阳城中心会所	89431700
顺义区群星乒乓球培训学校	顺义区后沙峪镇铁杨路一号	80482538
		13716257747
顺义区京奥国门乒乓球培训学校	顺义区车辆检测场东路2号	13311289621
顺义区威豪素质教育培训学校	顺义区武警十支队后院	13146795869
顺义区东方金子塔儿童潜能培训学校		81674163
顺义区精灵花雨文化艺术培训中心	顺义区幸福西区甲1—2号	69463345
顺义区蓝天空港职业文化培训学校	顺义区高丽营二中（四楼）院内	69497040
		13001016290
顺义区养元牧业培训示范中心	顺义区北石槽镇	60424717

2. 职业学校

学校名称	地址	联系电话
现代职业技术学院	顺义区裕龙花园三街	81497745
北京广播电视大学顺义分校	顺义区府前西街南侧	81484548
顺义区第一职业学校	北京市顺义区裕龙花园三街	69444559
顺义区汽车技术职业高中	顺义区仁和镇河南村西	89451090

3. 教育单位

单位名称	地址	联系电话
顺义区少年宫	顺义区府前东街	69436835
顺义区退休教师服务在中心	顺义区光明南街	69443059
顺义区中小学卫生保健所	顺义区幸福西街	81493237
顺义区教育资产管理服务中心	顺义区仁和镇庄头村南	69433295
顺义区教育研究考试中心	顺义区石幢西	69443837
顺义区社区教育中心	顺义区贯通路	69443449
北京市顺义区特殊教育学校	顺义区仁和镇河南村西	69423095

五、驻顺高校

高校名称	学校地址	联系电话
北京国际标准舞研修学院	顺义区后沙峪裕民大街甲 4 号	69453012
北京美国英语语言学院	顺义区京顺路 99 号	69409588
北京工业大学耿丹学院	顺义区牛栏山镇牛富路牛山段 3 号	60411788
北京人文大学顺义校区	顺义区天竺镇空港开发区裕东路 3 号	80497320
中央美术学院城市设计学院	顺义区后沙峪裕民大街 1 号	80410801
首都医科大学燕京医学院	顺义大东路 4 号	69443147
北京现代职业技术学院	顺义区杨镇	81497745
北京国家会计学院	顺义天竺开发区	64570088

顺义区卫生系统机构名录

单位	负责人	电话	地址
区医院	王　飞	69444548/69423220	北京市顺义区光明南街 3 号
中医院	王　洪	69469671/69465025	北京市顺义区站前东街 5 号
妇保院	杜忠东	89449208/89449002	北京市顺义区顺康路 1 号
结防所	马增启	69443478	北京市顺义区府前东街大东路
传染病院	何　伟	61491609	北京市顺义区张镇侯庄村
监督所	侯　宁	69439356/81494422	北京市顺义区卫生局卫生监督所
疾控中心	李印东	69420876/69443268	北京市顺义区光明南街 1 号
器修所	孔凡岳	69421653	北京市顺义区府前中街 8 号
改水办	赵　志	69441897/69428009	北京市顺义区幸福东区 19#-1-201
卫　校	黄建刚	89470940	北京市顺义区潮白河大桥东卫生学校
输血站	苏占峰	89470804	北京市顺义潮白河东
人才中心	李　辉	89453181	北京市顺义区卫生局院内（顺康路 1 号）
合作医疗	范润玲	89453183	北京市顺义区卫生局院内（顺康路 1 号）
社管中心	刘　跃	89453162	北京市顺义区卫生局院内（顺康路 1 号）
信息中心	李金福	89453307	北京市顺义区卫生局院内（顺康路 1 号）
区二院	谢　莹	61458894（执行院长）	北京市顺义区杨镇环镇东街临 2 号
	殷明岗	61455370	
区三院	刘文广	52135333	北京市顺义区牛栏山镇
北　务	蔡其冲	61421715-8015	北京市顺义区北务镇政府东侧
大孙各庄	栾福军	61432117	北京市顺义区大孙各庄镇府前东街 4 号
李　遂	李　娟	89481582	北京市顺义区李遂镇
沙　岭	王宪国	61444966	北京市顺义区杨镇沙岭
张喜庄	张宏宇	69491442	北京市顺义区高丽营镇张喜庄村南
李　桥	白春霞	69485961	北京市顺义区李桥镇沿河村西
木　林	王加强	60457195	北京市顺义区木林镇村西
张　镇	陈学志	61480647	北京市顺义区张镇大街 5 号
空港医院	傅景伟	80496842（执行院长）	北京市顺义区后沙峪镇
	房　宇	80496842	
高丽营	赵文芝	69456699	北京市顺义区高丽营镇
天　竺	冯善军	64566232	北京市顺义区天竺镇府前街 27 号

仁　和	梁佳颖	89442940	北京市顺义区石园南区东侧
南法信	陈丙利	69478565	北京市顺义区南法信镇顺榆路 9 号
马　坡	高效国	69404194	北京市顺义区马坡镇政府北侧
板　桥	牛东军	60441203	北京市顺义区赵全营镇板桥村
北石槽	李彦生	60422508	北京市顺义区北石槽镇北石槽村
赵全营	李红新	60431136	北京市顺义区赵全营镇中板路 119 号
俸　伯	杨志刚	89477261 － 8019	北京市顺义区南彩镇俸伯村东
南　彩	赵雪田	89469280	北京市顺义区南彩镇
龙湾屯	王新田	60462200	北京市顺义区龙湾屯镇
北小营	段新刚	60483645	北京市顺义区北小营镇
小　店	何海涛	61412835	北京市顺义区杨镇小店村
城　区	陈四光	69448469	北京市顺义区胜利街办事处建新南街
精神病医院	高　为	61455997	北京市顺义区杨镇小学东

系　统　外　单　位

国医医院	薛福玉	80497556-2580	北京市顺义区后沙峪
北京京顺医院	陈建平	69449024/8076	北京市顺义区府前西街铁路西
北京安康医院	师大尉	89474100	北京市顺义区南彩镇滨河路俸伯段 4 号
皮肤病医院	马春林	60497958	北京市顺义区后沙峪镇
法医院	王德胜	69441498	北京市顺义区法医街 3 号
李桥首儿所	李兴才	81472742	北京市顺义区李桥镇李天路李桥段 5 号
地坛顺义院区	张永利	89482747	北京市顺义区李遂镇

顺义区文物保护单位名录

北京市文物保护单位

名称	类别	时代	地址	公布时间
焦庄户地道战遗址纪念馆	革命	近代	顺义区龙湾屯镇焦庄户村	1979 年
元圣宫	古建	元末明初	顺义牛栏山一中校内	1995 年
无梁阁	古建	元末明初	顺义区大孙各庄镇顾家庄村东	2001 年

顺义区文物保护单位

名称	类别	时代	地址	公布时间
烈士陵园	革命	近代	顺义区潮白河东	1984 年
胡奴县遗址	遗址	西汉初年	顺义区北小营镇狐奴山下	1984 年
古城遗址	遗址	元代	顺义区后沙峪镇古城村北	1984 年
顺义城垣	古建	唐代末年	顺义区仁和镇太平村	1984 年
孔庙元碑	古建	元代	顺义区文物管理所内	1984 年
和硕亲王碑	石刻	清代	顺义区李桥镇王家坟村	1984 年

区域文物名录

庞山烈士墓	墓地	近代	顺义区大孙各庄镇	2000 年
关帝庙	古建	清代	顺义区高丽营镇南郎中村	1984 年
关帝庙	古建	清代	顺义区杨镇一中	1984 年
关帝庙	古建	清代	顺义区北石槽镇武各庄村	1984 年
开元寺	古建	清代	顺义区仁和镇复兴村	1984 年
清真寺	古建	清代	顺义区高丽营镇高丽营村	1984 年
清真寺	古建	清代	顺义区南法信镇回民营村	1984 年

顺义区域古树名木名录

序号	乡镇	地点	树种	级别
1	牛栏山	卢正卷	侧柏	1
2	牛栏山	相各庄	侧柏	1
3	牛栏山	相各庄	侧柏	2
4	牛栏山	北孙各庄	银杏	1
5	牛栏山	北孙各庄	银杏	1
6	牛栏山	龙王头	国槐	1
7	牛栏山	下坡屯	侧柏	2
8	牛栏山	牛山一中	国槐	1
9	牛栏山	牛山一中	国槐	1
10	牛栏山	牛山一中	侧柏	1
11	牛栏山	牛山一中	侧柏	1
12	牛栏山	牛山一中	侧柏	2
13	牛栏山	牛山一中	侧柏	2
14	牛栏山	牛山一中	侧柏	2
15	牛栏山	牛山一中	侧柏	2
16	牛栏山	牛山一中	侧柏	2
17	牛栏山	牛山一中	侧柏	2
18	牛栏山	牛山一中	侧柏	2
19	牛栏山	牛山一中	侧柏	2
20	牛栏山	牛山一中	侧柏	2
21	牛栏山	牛山一中	侧柏	2
22	牛栏山	牛山一中	侧柏	2
23	牛栏山	牛山一中	侧柏	2
24	牛栏山	牛山一中	侧柏	2
25	牛栏山	牛山一中	侧柏	2
26	牛栏山	牛山一中	侧柏	2
27	牛栏山	牛山一中	侧柏	2
28	牛栏山	牛山一中	侧柏	2
29	杨镇	白塔	国槐	2

顺义区域古树名木名录

30	杨 镇	杜 庄	国 槐	1
31	杨 镇	杨 镇 中 学	银 杏	1
32	杨 镇	杨 镇 小 学	侧 柏	1
33	杨 镇	杨 镇 小 学	侧 柏	1
34	杨 镇	东 疃	国 槐	1
35	杨 镇	田 营	侧 柏	1
36	仁 和	京汉房地产公司	国 槐	1
37	仁 和	京汉房地产公司	国 槐	2
38	仁 和	胜 利	国 槐	2
39	仁 和	军 营	枣	2
40	仁 和	赵 古 营	国 槐	2
41	仁 和	临 河	国 槐	1
42	马 坡	洼 子	国 槐	1
43	马 坡	良 正 卷	国 槐	1
44	马 坡	衙 门 村	国 槐	1
45	马 坡	马 卷	国 槐	2
46	北 石 槽	寺 上 小 学	国 槐	1
47	北 石 槽	寺 上 小 学	国 槐	2
48	李 遂	葛 代 子	国 槐	2
49	龙 湾 屯	丁 甲 庄	侧 柏	2
50	龙 湾 屯	山 里 辛 庄	国 槐	2
51	龙 湾 屯	山 里 辛 庄	国 槐	2
52	北 务	王 各 庄	侧 柏	2
53	南彩	九 王 庄	国 槐	2
54	李桥	沿 河 村	国 槐	2
55	北石槽	良 善 庄	国 槐	1
56	李桥	南 半 壁 店	枣 树	2

顺义区国税纳税前 100 名企业

序号	纳税人名称	注册地址	联系电话
1	北京现代汽车有限公司	北京市顺义区林河工业开发区顺通路 18 号	89490151
2	中国国际航空股份有限公司	北京市顺义区空港工业区天柱路 28 号蓝天大厦	61462186
3	北京现代摩比斯汽车零部件有限公司	北京市顺义区双河路 5 9 号	89448860
4	北京索爱普天移动通信有限公司	北京市顺义区天竺空港工业区 A 区天柱西路	80481188-203
5	北京顺鑫农业股份有限公司牛栏山酒厂	北京市顺义区牛栏山镇（牛山地区办事处东侧）	69411219
6	北京首都国际机场股份有限公司	北京市顺义区北京空港物流园区绿生路 2 号	64545627
7	华夏基金管理有限公司	北京市西城区金融大街 33 号通泰大厦	88066688
8	北京燕京啤酒股份有限公司	北京市顺义区双河路 9 号	89492136
9	北京现代摩比斯汽车配件有限公司	北京市顺义区顺通路 21 号 3 幢 1 层 101	84539111
10	中国民生银行股份有限公司信用卡中心	北京市丰台区海鹰路 6 号院 9 号楼	63628661
11	中国民航信息网络股份有限公司	北京市顺义区后沙峪镇裕民大街 7 号	84099934
12	中国民用航空华北地区空中交通管理局	北京市朝阳区首都机场航安路	64596322
13	中国航空油料有限责任公司	北京市顺义区天竺空港工业区 A 区天柱路 28 号蓝天大厦 6 层	59890382
14	日上免税行（中国）有限公司	北京市顺义区首都国际机场航安路机场商贸公司四楼	64542889
15	北京牛栏山鑫鑫贸易有限公司	北京市顺义区牛山地区下坡村西	69411204
16	北京康捷空国际货运代理有限公司	北京市顺义区顺平路南法信段 9 号院 2 幢	64579779-257
17	北京康仁堂药业有限公司	北京市顺义区牛栏山镇牛汇街 5 号	69418585

18	北京丽来房地产开发有限公司	北京市顺义区牛栏山镇牛汇街5号	69418585
19	北京市顺义烟草公司	北京市顺义区中山南大街路东	69438820
20	国航进出口有限公司	北京市顺义区首都机场国航基地四号	18610170123
21	北京韩美药品有限公司	北京市顺义区天竺镇（北京天竺空港工业区内）	80429898-171
22	翰昂汽车零部件（北京）有限公司	北京市顺义区南彩镇彩园工业区彩祥西路6号	13701154582
23	北京梵天高策资产管理有限公司	北京市顺义区杨镇二街村农场路6 2号6室	13621350653
24	北京顺丰速运有限公司	北京市顺义区南法信地区物流园六街10号1幢等6幢	69470503
25	联邦快递（中国）有限公司	北京市顺义区首都机场航空货运基地快件中心1号库27至37轴及27至37轴夹层	64685599-3026
26	中粮地产投资（北京）有限公司	北京市顺义区天竺空港工业区A区天柱路28号蓝天大厦4层南侧	85005980
27	北京飞机维修工程有限公司	北京市顺义区首都国际机场	64561122-5116
28	北京首都机场动力能源有限公司	北京市顺义区天竺镇府右街6号	64593654
29	北京江森汽车部件有限公司	北京市顺义区林河工业开发区林河南大街路南	89407755--8103
30	北京汽车股份有限公司北京分公司	北京市顺义区赵全营镇兆丰产业基地东盈路19号	18610319904
31	北京北汽大世汽车系统有限公司	北京市顺义区北方印刷产业基地中心路16号	61435005
32	北京燕京啤酒股份有限公司一分公司	北京市顺义区向阳西街6号	69402745
33	北京东方雨虹防水技术股份有限公司	北京市顺义区顺平路沙岭段甲2号	59031861
34	北京仁和日升房地产有限公司	北京市顺义区仁和地区燕京街9号	89486580
35	北京现代海斯克钢材有限公司	北京市顺义区仁和镇顺平西路9号（顺通路西侧）	89401540-122
36	北京汇源食品饮料有限公司	北京市顺义县北小营镇	60483388
37	凯菲克汽车系统（北京）有限公司	北京市顺义区马坡镇南环路2号	64606505
38	威乐（中国）水泵系统有限公司	北京市顺义区空港工业区C区兆丰一街	18601185137

39	延锋海纳川汽车饰件系统有限公司	北京市顺义区林河工业开发区顺通路55号	89407766--7326
40	北京首都机场商贸有限公司	北京市顺义区北京空港物流园区	64556084
41	中国南方航空股份有限公司北京分公司	北京市顺义区空港工业区B区裕华路27号2号楼	64546140
42	默克雪兰诺有限公司	北京市顺义区保汇一街7幢（天竺综合保税区F06库04-06号）	59072688
43	金刚化工（北京）有限公司	北京市顺义区顺通路51号	89498181-104
44	北京汽车股份有限公司	北京市顺义区顺通路2 5号5幢	17701282344
45	天地国际运输代理（中国）有限公司	北京市顺义区空港物流基地八街9号	69477060-2259
46	北京李尔岱摩斯汽车系统有限公司	北京市顺义区仁和镇河南村村委会南500米	89491121-6107
47	中国国际货运航空有限公司	北京市顺义区天竺空港工业区A区	61465576
48	北京顺义新城建设开发有限公司	北京市顺义区马坡镇向阳西街6号	69460198-6021
49	北京汇源食品饮料有限公司北京销售中心	北京市顺义区北小营镇府前街北侧（北京汇源食品饮料有限公司）	13261862712
50	北京三立车灯有限公司	北京市顺义区林河大街32号	15010396587
51	北京航空食品有限公司	北京市顺义区南法信府前街47号	56936889
52	北京曲美馨家商业有限公司	北京市顺义区南彩镇彩园工业小区	84937626-8861
53	中国航空器材集团公司	北京市顺义区空港工业区天柱路乙8号	89455041
54	中航鑫港担保有限公司	北京市顺义区北京空港物流基地物流园8街1号	64564265
55	北京首都机场广告有限公司	北京市顺义区北京空港物流园区	64557732
56	中石油昆仑燃气有限公司	北京市顺义区仁和地区杜各庄村东	84836072
57	北京艾莱发喜食品有限公司	北京市顺义区金马工业区	69497500
58	北京平和精工汽车部件有限公司	北京市顺义区南彩镇二三产业基地1号	89475001
59	北京菲斯曼供热技术有限公司	北京市顺义区北京天竺空港工业区B区	80490888-8222

60	中国新华航空集团有限公司	北京市顺义区天竺镇府前一街１６号	57818083
61	中恒国际租赁有限公司	北京市顺义区北小营宏大工业开发中心A区6号	67519143
62	北京株龙山汽车配件有限公司	北京市顺义区北小营镇北小营村	60489558-609
63	北京春晖园投资有限责任公司	北京市顺义区天竺空港经济开发区B区裕民大街9号	69454433-5041
64	迈恩德（北京）电子有限公司	北京市顺义区天竺空港工业区A区	80420210
65	中国航空油料有限责任公司北京分公司	北京市顺义区北京首都国际机场中国航空油料华北公司办公楼（首都机场内）	64567830
66	北京龙湖庆华置业有限公司	北京市顺义区牛栏山顺安北路8号	84661720
67	SMC（北京）制造有限公司	北京市顺义区竺园一街7号（天竺综合保税区）	67885566-16628
68	北京安泰和祥投资管理有限公司	北京市顺义区北小营镇府前街１４号	69448599
69	中石油燃料油有限责任公司华北销售分公司	北京市顺义区林河工业开发区顺仁路54号2幢3层310	56525973
70	首都机场集团财务有限公司	北京市顺义区首都机场四纬路9号B区三层315室	64557404
71	莱姆电子（中国）有限公司	北京市顺义区林河工业开发区林河大街28号	15810059506
72	北京顺义银座村镇银行股份有限公司	北京市顺义区西辛南区乙６２号楼一至二层	61408707
73	约翰内斯？海德汉博士（中国）有限公司	北京市顺义区天竺空港工业区A区	18600347516
74	北京乔波冰雪家园置业有限公司	北京市顺义区顺安北路路东	64827829
75	北京顺天顺水市政工程有限公司	北京市顺义区仁和地区府前东街10号	89498069
76	英瑞杰汽车系统制造（北京）有限责任公司	北京市顺义区杨镇地区纵二路7-1号	61418070
77	北京国泰平安百货有限公司	北京市顺义区天竺镇南平街南侧（天竺苗圃办公楼1-2层）	89496077
78	北京中都格罗唯视物流有限公司	北京市顺义区李遂镇龙太路1-118号	56767666
79	北京现工汽车部件有限公司	北京市顺义区北务镇杨燕路仓上段9号	61450377
80	北京长久物流股份有限公司	北京市顺义区顺平辅线177号10幢	89471419

81	积水医疗科技（中国）有限公司	北京市顺义区天竺空港工业区A区天柱路17号	80486942
82	江河创建集团股份有限公司	北京市顺义区牛栏山镇东方路甲2号	60411166
83	中铁物总国际招标有限公司	北京市顺义区北京空港物流基地物流园八街1号二层B2-079	51898503
84	曲美家居集团股份有限公司北京第一分公司	北京市顺义区南彩镇坞里中路2号	89478002
85	中国核工业二三建设有限公司	北京市顺义区顺康路58号院1幢	57968880
86	北京首都航空有限公司	北京市顺义区后沙峪镇吉祥工业区5－1号	69615087
87	中国邮政速递物流股份有限公司北京市分公司	北京市顺义区金航中路1号院2号楼１０１室（天竺综合保税区）	84179033
88	北京首都机场航空安保有限公司	北京市顺义区北京空港物流基地物流园八街1号	64595240
89	北京雅昌艺术印刷有限公司	北京市顺义区天竺空港工业区A区天纬四街7号	80486788--807
90	北京松下普天通信设备有限公司	北京市顺义区天竺空港工业区天柱东路19号	80480000
91	可附特汽车零部件制造（北京）有限公司	北京市顺义区南彩镇彩园工业区	89470429-205
92	北方海拉车灯有限公司	北京市顺义区林河大街32号	18510340314
93	北京德威英国国际学校	北京市顺义区首都机场路89号	64549105
94	北京恩布拉科雪花压缩机有限公司	北京市顺义区北京天竺空港工业区B区裕华路29号	80485375
95	北京莱茵服装有限公司	北京市顺义区北京天竺空港工业区B区裕东路5号	82282888
96	北京杜奥尔车饰有限公司	北京市顺义区杨镇人民政府东侧700米	61459202
97	北京汽车集团有限公司越野车分公司	北京市顺义区赵全营镇兆丰产业基地同心路1号	18910594520
98	北京韩一汽车饰件有限公司	北京市顺义区仁和镇林河南大街15号	18911448567
99	北京新世界千姿百货有限公司	北京市顺义区新顺南大街18号	61405385
100	北京京城国际融资租赁有限公司	北京市顺义区北京空港物流基地物流园八街1号	59772383

顺义区地税纳税前100名企业

序号	纳税人名称	注册地址	联系电话
1	北京现代汽车有限公司	北京市顺义区林河工业开发区顺通路18号	89490151
2	中国国际航空股份有限公司	北京市顺义区空港工业区天柱路28号蓝天大厦	61462186
3	北京现代摩比斯汽车零部件有限公司	北京市顺义区双河路5 9号	89448860
4	北京索爱普天移动通信有限公司	北京市顺义区天竺空港工业区A区天柱西路	80481188-203
5	北京顺鑫农业股份有限公司牛栏山酒厂	北京市顺义区牛栏山镇（牛山地区办事处东侧）	69411219
6	北京首都国际机场股份有限公司	北京市顺义区北京空港物流园区绿生路2号	64545627
7	华夏基金管理有限公司	北京市西城区金融大街33号通泰大厦	88066688
8	北京燕京啤酒股份有限公司	北京市顺义区双河路9号	89492136
9	北京现代摩比斯汽车配件有限公司	北京市顺义区顺通路21号3幢1层101	84539111
10	中国民生银行股份有限公司信用卡中心	北京市丰台区海鹰路6号院9号楼	63628661
11	中国民航信息网络股份有限公司	北京市顺义区后沙峪镇裕民大街7号	84099934
12	中国民用航空华北地区空中交通管理局	北京市朝阳区首都机场航安路	64596322
13	中国航空油料有限责任公司	北京市顺义区天竺空港工业区A区天柱路28号蓝天大厦6层	59890382
14	日上免税行（中国）有限公司	北京市顺义区首都国际机场航安路机场商贸公司四楼	64542889
15	北京牛栏山鑫鑫贸易有限公司	北京市顺义区牛山地区下坡村西	69411204
16	北京康捷空国际货运代理有限公司	北京市顺义区顺平路南法信段9号院2幢	64579779-257
17	北京康仁堂药业有限公司	北京市顺义区牛栏山镇牛汇街5号	69418585
18	北京丽来房地产开发有限公司	北京市顺义区牛栏山镇牛汇街5号	69418585
19	北京市顺义烟草公司	北京市顺义区中山南大街路东	69438820
20	国航进出口有限公司	北京市顺义区首都机场国航基地四号	18610170123
21	北京韩美药品有限公司	北京市顺义区天竺镇（北京天竺空港工业区内）	80429898-171

22	翰昂汽车零部件（北京）有限公司	北京市顺义区南彩镇彩园工业区彩祥西路 6 号	13701154582
23	北京梵天高策资产管理有限公司	北京市顺义区杨镇二街村农场路 6 2 号 6 室	13621350653
24	北京顺丰速运有限公司	北京市顺义区南法信地区物流园六街 10 号 1 幢等 6 幢	69470503
25	联邦快递（中国）有限公司	北京市顺义区首都机场航空货运基地快件中心 1 号库 27 至 37 轴及 27 至 37 轴夹层	64685599-3026
26	中粮地产投资（北京）有限公司	北京市顺义区天竺空港工业区 A 区天柱路 28 号蓝天大厦 4 层南侧	85005980
27	北京飞机维修工程有限公司	北京市顺义区首都国际机场	64561122-5116
28	北京首都机场动力能源有限公司	北京市顺义区天竺镇府右街 6 号	64593654
29	北京江森汽车部件有限公司	北京市顺义区林河工业开发区林河南大街路南	89407755--8103
30	北京汽车股份有限公司北京分公司	北京市顺义区赵全营镇兆丰产业基地东盈路 19 号	18610319904
31	北京北汽大世汽车系统有限公司	北京市顺义区北方印刷产业基地中心路 16 号	61435005
32	北京燕京啤酒股份有限公司一分公司	北京市顺义区向阳西街 6 号	69402745
33	北京东方雨虹防水技术股份有限公司	北京市顺义区顺平路沙岭段甲 2 号	59031861
34	北京仁和日升房地产有限公司	北京市顺义区仁和地区燕京街 9 号	89486580
35	北京现代海斯克钢材有限公司	北京市顺义区仁和镇顺平西路 9 号（顺通路西侧）	89401540-122
36	北京汇源食品饮料有限公司	北京市顺义县北小营镇	60483388
37	凯菲克汽车系统（北京）有限公司	北京市顺义区马坡镇南环路 2 号	64606505
38	威乐（中国）水泵系统有限公司	北京市顺义区空港工业区 C 区兆丰一街	18601185137
39	延锋海纳川汽车饰件系统有限公司	北京市顺义区林河工业开发区顺通路 55 号	89407766--7326
40	北京首都机场商贸有限公司	北京市顺义区北京空港物流园区	64556084
41	中国南方航空股份有限公司北京分公司	北京市顺义区空港工业区 B 区裕华路 27 号 2 号楼	64546140
42	默克雪兰诺有限公司	北京市顺义区保汇一街 7 幢（天竺综合保税区 F06 库 04-06 号）	59072688
43	金刚化工（北京）有限公司	北京市顺义区顺通路 51 号	89498181-104-
44	北京汽车股份有限公司	北京市顺义区顺通路 2 5 号 5 幢	17701282344
45	天地国际运输代理（中国）有限公司	北京市顺义区空港物流基地八街 9 号	69477060-2259
46	北京李尔岱摩斯汽车系统有限公司	北京市顺义区仁和镇河南村村委会南 500 米	89491121-6107
47	中国国际货运航空有限公司	北京市顺义区天竺空港工业区 A 区	61465576

48	北京顺义新城建设开发有限公司	北京市顺义区马坡镇向阳西街 6 号	69460198-6021
49	北京汇源食品饮料有限公司北京销售中心	北京市顺义区北小营镇府前街北侧(北京汇源食品饮料有限公司)	13261862712
50	北京三立车灯有限公司	北京市顺义区林河大街 32 号	15010396587
51	北京航空食品有限公司	北京市顺义区南法信府前街 47 号	56936889
52	北京曲美馨家商业有限公司	北京市顺义区南彩镇彩园工业小区	84937626-8861
53	中国航空器材集团公司	北京市顺义区空港工业区天柱路乙 8 号	89455041
54	中航鑫港担保有限公司	北京市顺义区北京空港物流基地物流园 8 街 1 号	64564265
55	北京首都机场广告有限公司	北京市顺义区北京空港物流园区	64557732
56	中石油昆仑燃气有限公司	北京市顺义区仁和地区杜各庄村东	84836072
57	北京艾莱发喜食品有限公司	北京市顺义区金马工业区	69497500
58	北京平和精工汽车部件有限公司	北京市顺义区南彩镇二三产业基地 1 号	89475001
59	北京菲斯曼供热技术有限公司	北京市顺义区北京天竺空港工业区 B 区	80490888-8222
60	中国新华航空集团有限公司	北京市顺义区天竺镇府前一街 1 6 号	57818083
61	中恒国际租赁有限公司	北京市顺义区北小营宏大工业开发中心 A 区 6 号	67519143
62	北京株龙山汽车配件有限公司	北京市顺义区北小营镇北小营村	60489558-609
63	北京春晖园投资有限责任公司	北京市顺义区天竺空港经济开发区 B 区裕民大街 9 号	69454433-5041
64	迈恩德（北京）电子有限公司	北京市顺义区天竺空港工业区 A 区	80420210
65	中国航空油料有限责任公司北京分公司	北京市顺义区北京首都国际机场中国航空油料华北公司办公楼（首都机场内）	64567830
66	北京龙湖庆华置业有限公司	北京市顺义区牛栏山顺安北路 8 号	84661720
67	SMC（北京）制造有限公司	北京市顺义区竺园一街 7 号（天竺综合保税区）	67885566-16628
68	北京安泰和祥投资管理有限公司	北京市顺义区北小营镇府前街 1 4 号	69448599
69	中石油燃料油有限责任公司华北销售分公司	北京市顺义区林河工业开发区顺仁路 54 号 2 幢 3 层 310	56525973
70	首都机场集团财务有限公司	北京市顺义区首都机场四纬路 9 号 B 区三层 315 室	64557404
71	莱姆电子（中国）有限公司	北京市顺义区林河工业开发区林河大街 28 号	1.581E+10
72	北京顺义银座村镇银行股份有限公司	北京市顺义区西辛南区乙 6 2 号楼一至二层	61408707
73	约翰内斯？海德汉博士（中国）有限公司	北京市顺义区天竺空港工业区 A 区	18600347516
74	北京乔波冰雪家园置业有限公司	北京市顺义区顺安北路路东	64827829

75	北京顺天顺水市政工程有限公司	北京市顺义区仁和地区府前东街 10 号	89498069
76	英瑞杰汽车系统制造（北京）有限责任公司	北京市顺义区杨镇地区纵二路 7-1 号	61418070
77	北京国泰平安百货有限公司	北京市顺义区天竺镇南平街南侧（天竺苗圃办公楼 1-2 层）	89496077
78	北京中都格罗唯视物流有限公司	北京市顺义区李遂镇龙太路 1-118 号	56767666
79	北京现工汽车部件有限公司	北京市顺义区北务镇杨燕路仓上段 9 号	61450377
80	北京长久物流股份有限公司	北京市顺义区顺平辅线 177 号 10 幢	89471419
81	积水医疗科技 (中国) 有限公司	北京市顺义区天竺空港工业区 A 区天柱路 17 号	80486942
82	江河创建集团股份有限公司	北京市顺义区牛栏山镇东方路甲 2 号	60411166
83	中铁物总国际招标有限公司	北京市顺义区北京空港物流基地物流园八街 1 号二层 B2-079	51898503
84	曲美家居集团股份有限公司北京第一分公司	北京市顺义区南彩镇坞里中路 2 号	89478002
85	中国核工业二三建设有限公司	北京市顺义区顺康路 58 号院 1 幢	57968880
86	北京首都航空有限公司	北京市顺义区后沙峪镇吉祥工业区 5 － 1 号	69615087
87	中国邮政速递物流股份有限公司北京市分公司	北京市顺义区金航中路 1 号院 2 号楼 1 0 1 室（天竺综合保税区）	84179033
88	北京首都机场航空安保有限公司	北京市顺义区北京空港物流基地物流园八街 1 号	64595240
89	北京雅昌艺术印刷有限公司	北京市顺义区天竺空港工业区 A 区天纬四街 7 号	80486788--807
90	北京松下普天通信设备有限公司	北京市顺义区天竺空港工业区天柱东路 19 号	80480000
91	可附特汽车零部件制造（北京）有限公司	北京市顺义区南彩镇彩园工业区	89470429-205
92	北方海拉车灯有限公司	北京市顺义区林河大街 32 号	18510340314
93	北京德威英国国际学校	北京市顺义区首都机场路 89 号	64549105
94	北京恩布拉科雪花压缩机有限公司	北京市顺义区北京天竺空港工业区 B 区裕华路 29 号	80485375
95	北京莱茵服装有限公司	北京市顺义区北京天竺空港工业区 B 区裕东路 5 号	82282888
96	北京杜奥尔车饰有限公司	北京市顺义区杨镇人民政府东侧 700 米	61459202
97	北京汽车集团有限公司越野车分公司	北京市顺义区赵全营镇兆丰产业基地同心路 1 号	18910594520
98	北京韩一汽车饰件有限公司	北京市顺义区仁和镇林河南大街 15 号	18911448567
99	北京新世界千姿百货有限公司	北京市顺义区新顺南大街 18 号	61405385
100	北京京城国际融资租赁有限公司	北京市顺义区北京空港物流基地物流园八街 1 号	59772383

顺义区驰名商标名录

序号	企　业　名　称	备注
1	北京燕京啤酒集团公司	
2	北京汇源食品饮料有限公司	
3	北京顺鑫农业股份有限公司牛栏山酒厂	
7	曲美家具集团股份有限公司	
4	北京顺鑫农业股份有限公司鹏程食品分公司	
5	北京东方雨虹防水技术股份有限公司	
6	北京顺美服装股份有限公司	
8	北京顺鑫牵手果蔬饮品股份有限公司	
9	北京嘉寓幕墙装饰工程（集团）有限公司	
10	北京美驰建筑材料有限责任公司	
11	北京顺鑫农业股份有限公司	
12	北京雅昌彩色印刷有限公司	
13	北京世纪百强家具有限责任公司	
14	中国国际航空股份有限公司	
15	北京艾莱发喜食品有限公司	
16	北京康贝尔食品有限责任公司	
17	北京東兰国际服装有限责任公司	
18	北京汽车集团有限公司	
19	北京市全富木制品有限公司	
20	北京金百万餐饮管理有限责任公司	
21	北京华卓餐饮连锁股份有限公司	
22	朗姿股份服装有限公司	

▲ 区领导慰问一线治安志愿者

▲东大桥环岛夜景照明

▲垃圾分类进校园

▲顺安路

▲北京现代全新第九代索纳塔正式下线

▲ 北汽首款紧凑型 SUV 车型绅宝 X55 正式下线

▲创业摇篮计划发布会

▲区领导与电商企业座谈

▲保理专委会与区商务委、区金融办、顺义区金担协会
现场签订四方合作协议

▲第二十四届中国北京国际燕京啤酒文化节开幕

▲燕京成为2015年
世界田径锦标赛赛场内部餐饮制定啤酒供应品牌

▲燕京啤酒获评2015最具世界影响力的中国啤酒品牌

▲燕京天然矿泉水成为抗战胜利七十周年阅兵指定用水

▲2015 上半年经济完成情况及下半年形势分析专题调研会在顺义地税局召开

▲市领导到顺义区走访调研，与顺义区委区政府主要领导就产业升级、国地税深度合作和干部交流进行座谈，并签署“互派挂职干部框架协议”

▲ 顺义区地税局、国税局签署《共建联合办税服务厅合作协议书》

▲分局消保科对鞋类市场开展抽检

▲消保科执法人员检查汽车 4s 店

▲张镇所对电动自行车商户进行检查

▲ 9.5 阅兵供电保障期间，顺义公司工作人员铁塔下进行守护巡

▲ 9.16 公司组织开展“走进法庭”普法宣传活动

▲ 10.28 公司党员服务队走进前进花园社区开展电力宣传活动

▲顺义区中学生中华传统文化知识大赛在顺义一中举行

▲顺义区中学生“魅力社团 _ 缤纷梦想”
社团风采展示大赛在仁和中学落幕。

▲顺义区小学生轮滑队参加
北京市中小学生田径运动会开幕式表演

▲顺义区启动“互联网 +ENGLISH”教育项目

▲ 顺义区举办 2015 年“春风行动”大型招工招聘洽谈会

▲ 顺义区品酒师技师研修培训班开班

▲顺义区 2015 年高级专家培训班在区委党校开班

▲顺义区举办随军家属专场招聘会

▲ 顺义区召开医疗卫生服务水平提升三年行动计划推进会

▲北京儿童医院托管顺义区
妇幼保健院合作签字暨揭牌仪式

▲在顺义区会议中心举行北京中医医院
顺义医院三级甲等中医医院揭牌仪式

▲光明街道社区工作者表演三句半《居民公约》

▲光明街道裕龙六区诚信文化园建成并投入使用

▲街道领导为十佳“银发达人”颁奖

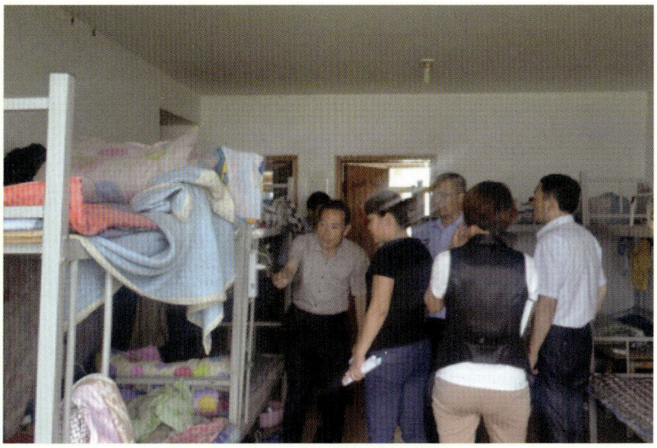

▲胜利街道开展群租房整治行动

▲胜利街道开展消防安全大练兵活动

▲ 胜利街道食药所食品安全周宣传周活动

▲ 胜利街道开展户外广告牌匾安全专项整治行动

▲联合执法保证环境秩序

▲ 石园街道办事处居家养老服务站港馨社区站正式启动

▲ 石园街道工委举办“工作在单位，活动在社区，
奉献双岗位”在职党员回社区报到集体签约仪式

▲ 庆祝石园街道办事处成立十周年成果展

▲ 北京市两委换届选委会莅临
旺泉街道宏城花园社区调研换届选举工作

▲ 首都综治办领导到旺泉街道宏城花园社区调研综治工作

▲ 旺泉街道西辛社区举办“我的社区我做主 居民议事厅”活动

▲ 双丰街道工委、办事处领导班子带队
深入 7 个新建居委会用房施工现场进行指导

▲ 马坡花园一区在职党员回社区签约仪式

▲ 2015 年 1 月 29 日人文素质提升年启动仪式

▲ 6.4 顺义马坡村及消防洒水车正式“上岗”

▲ 6.17 南陈路环境整治竣工

▲ 5.30 马坡镇举办“筑梦童心·乐享健康” 家庭亲子趣味运动会

▲ 南法信镇妇联在机关大会议室开展“跳骚市场”儿童专场活动

▲南法信镇在北法信村剧场举办
迎新春广场舞大赛，北法信村代表队表演现场。

▲ 区领导到南法信镇三家店村调研

▲ 抗战 70 周年文艺汇演

▲ 聚青春

▲后沙峪镇“三严三实”专题教育党课

▲ 后沙峪镇 2015 年“春风行动”春季招工洽谈会

▲后沙峪镇党员宣誓活动

▲ “优美特”成为杨镇首个“新三板”挂牌企业

▲ 9 月 12 日 -15 日，北京城市学院顺义校区新生报到

▲南南学习论坛到杨镇交流学习

赵全营镇新三板产业加速器首家上市企业参加敲钟仪式

▲ 北汽越野车分公司新生产的 B40V 和 B40L 越野车

▲顺义区十四届“赵全营杯”民间花会大赛暨京津冀三地民间花会闹元宵展演

▲ 国家督导专家组对牛栏山镇第二小学进行督导检查

▲ 区领导在牛栏山镇调研生物医药产业发展情况

▲ 顺义区消防中队在牛栏山镇龙湖社区举行消防应急演练

▲ 参加晨练的居民

▲ 河北村民俗文化体验园

▲ 思想教育从娃娃抓起

▲ 镇领导检查大胡营幼儿园室外活动场地改造情况

▲ 区领导到北京汇源饮料食品集团有限公司调研基层非公企业党建工作

▲ 全国妇联领导到北小营镇榆林村“妇女之家”调研加强群团工作落实情况

▲ 李遂镇 2015 年底二十二届“五月鲜花”暨“乡村大舞台”群众文艺汇演

▲ 党代表组团驻李遂镇党代表工作室开展活动

▲ 李遂镇党委开展“低碳环保绿色出行”骑行活动

▲ 中国共产党张镇第十届代表大会
第四次会议在张镇文体中心会议室胜利召开

▲ 张镇档案室通过北京市机关档案室市级优秀评审验收

▲ 张镇党委为新一届
党支部班子举办“基层党的建设培训班”

▲ 北石槽镇机关干部参加义务植树活动

▲ 北石槽镇在凤凰山森林防火区
组织开展森林防火应急演练

▲ 统计局农经科工作人员
到北石槽镇营尔村进行实割实测

▲ 北京临空经济核心区组织开展“走进核心区”推荐活动

▲ 临空经济核心区援建皮墨北京工业园区签约仪式

▲ 北京临空经济核心区组织党员开展红色主题教育活动

▲ 北京临空经济核心区职工运动会

▲ 北京临空经济论坛

▲ 北京临空经济论坛在顺义举办

▲ 博士后科研工作站授牌

▲ 科技创新功能区聘任中村修二教授
为北京新能源新材料新技术研究院名誉院长

▲ 荣宝斋产业园项目奠基

▲ 中关村顺义园工会成立

▲ 中关村顺义园首家创客中心授牌

▲ 汉石桥湿地张贴美术博物馆
揭牌仪式在汉石桥湿地景区内隆重举行

▲ 顺义区湿地保护协会以汉石桥湿地张贴美术博物馆本期
展览《画里童年》为背景，组织举办了忆童年主题活动

▲ 外交部驻外大使参赞学习班（共 38 位驻外大使），
到北京国际鲜花港和奥林匹克水上公园进行考察指导。

▲ 由顺义区文化委、顺义区文联等联合举办的
五彩浅山摄影艺术展正式启动，本次摄影艺术展汇聚了
北京众多风景摄影家和摄影爱好者的佳作，共展出 31 件作品。

▲ 2015 年第 16 届亚洲赛艇锦标赛
开幕式在顺义奥林匹克水上公园隆重举行

▲ 首届 2015RM 舞彩顺义・北京国际
山地马拉松在北京顺义舞彩浅山鸣枪开赛

燕京啤酒

李福成董事长陪同江西省委书记强卫视察江西燕京公司

燕京啤酒获评 2015 最具世界影响力的中国啤酒品牌

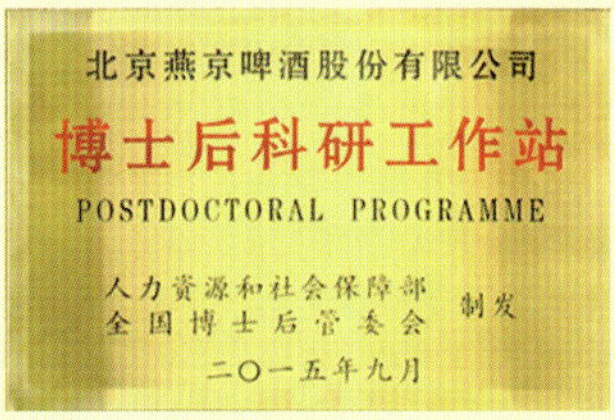

第二十四届中国北京国际燕京啤酒文化节开幕

2014 年 6 月燕京推出燕京原浆白啤，采用德国巴伐利亚纯净酿造工艺精心酿制而成

燕京啤酒股份有限公司总经理赵晓东为获得 2015 中国足协杯冠军的江苏舜天队颁奖

燕京啤酒开拓电商新版图

燕京天然矿泉水成为抗战胜利七十周年阅兵制定用水，演练期间供应桶装水650吨，瓶装水410吨，阅兵式当天用水14.2万瓶

燕京啤酒冠名 2015 中国足协杯，并实施种子计划，年度累计捐赠足球 10300 颗。图为中国足协杯包头比赛现场